木村 晟 著

駒澤大学国語研究資料 別巻一

中世辞書の基礎的研究

汲古書院

目次

第三章 『平他字類抄』と『聚分韻略』の双方に基づいて成立した韻書

第一節 『新韻集』

第二節 『伊呂波韻』

付　章　韻書と併用された韻事のための辞書

第一節　「国花合記集」

第二節　『下学集』

終　章　中世韻書の系列と特色

第一節　中世韻書の二系列

中世辞書の基礎的研究

序章　中世韻書の成立と研究課題

第一節　辞書の成立―韻書から辞書へ―

一―1辞書の成立と種類　広義の「辞書」は通常次の四種[注1]に分けられてゐる。それぞれの項に本邦成立の古辞書を配すると、

字書―新撰字鏡・類聚名義抄・字鏡・字鏡集（抄）・倭玉篇
辞書―倭名類聚抄・色葉字類抄・下学集・節用集・温故知新書・運歩色葉集
韻書―平安韻字集・平他字類抄・聚分韻略・伊呂波韻
類書―文鳳抄・拾芥抄・塵袋・壒嚢抄

しかしながら、これは平安時代初期成立のものから室町時代末期成立のものまでを総括的に扱つた場合に、結果として言へることであつて、角度を変へて辞書の成立史上の観点からすれば、おのづからそれは変はつて来るのである。橋本進吉博士は夙く『古本節用集の研究』[注2]（第五章、第一節）において、先づ中国の辞書を次のごとく三種に分類せられてゐる。

第一種　文字の形によって類別したもの（字形引辞書）、説文解字（漢の許慎）、玉篇（梁の顧野王）
第二種　文字の意義によって類別したもの（分類体辞書）、①爾雅、釈名（後漢の劉熙）、小爾雅（後漢の孔鮒）、広雅（魏の張揖）、埤雅（宋の陸佃）②芸文類聚（唐の欧陽詢）、初学記（唐の徐堅）、太平御覧（宋の李昉）、事文類聚（宋の祝穆）、永楽大典（明の解縉）、三才図会（明の王圻）
第三種　文字の音によって類別したもの（音引辞書）、切韻（隋の陸法言）、唐韻（唐の孫蜯）、広韻（宋の陳彭年）、集韻（宋の丁度）、増韻（宋の毛晃）、古今韻会挙要（元の熊忠）、韻府群玉（元の陰時夫）、洪武正韻（明の洪武帝）、古今韻会挙要小補（明の方日升）、五車韻瑞（明の凌稚）

わが国は奈良時代において、中国から伝来した辞書類を専ら使用してゐたが、平安初期には、中国辞書の日本化（国内版）とも言へるやうな辞書が編纂され始める。空海の『篆隷万象名義』は顧野王の『玉篇』をほぼさながらに踏襲して成つた字形引（＝部首分類）の辞書である。また菅原是善の『東宮切韻』は夙に逸書となつてゐるが、現存する逸文によつて陸法言の『切韻』（二六〇韻）に拠つたことが判る。

次に昌泰年間（八九八～九〇一）にやはり『玉篇』と『切韻』とを典拠として、昌住撰述の字書『新撰字鏡』も成立してゐる。この書は、『篆隷万象名義』の一五七〇〇字に対して、何と二一三四〇字と相当に多くなつてをり、剰へ体例も万葉仮名による和訓が約三〇〇〇字に施され、さらに玄応の『一切経音義』に依拠した反切注も加へてゐる。本邦成立の辞書史上、画期をなす辞書であり、この書が後出の『字鏡』や『字鏡集（抄）』の成立に大きな影響を与へたことは無視し得ないのである。『新撰字鏡』の体例で注視すべき『玉篇』の単字字書とは異なつてゐて、仏書から二字熟字を多く補入してゐることである。ここに『新撰字鏡』の日本語に適合すべき字書としての特徴が窺はれる。

『倭名類聚抄』(略称『倭名抄』)は『新撰字鏡』より三〇年余り後れて承平四年(九三四)頃に成立した辞書である。この書は意義分類体を採ってゐる上、百科項目も多いので、形態が類書的ではある。しかし万葉仮名による和訓を規範的な和名として示し、かつ「俗云」「此間云」として口頭語(日常語)を多く添へてゐる点では、やはり「辞書」の中に含むべき内容の書である。『倭名抄』は成立後、極めてよく使用され続け、また『類聚名義抄』や『色葉字類抄』を始めとする後出の辞書の成立にも大きな影響を与へた。

以上に掲げた本邦成立の辞書類は、謂はば日本辞書史における草創期のもので、これらは全て中国辞書を基盤に据ゑた、ある意味ではそれらの「国内版」とも言へるものである。単に「翻訳版」といふ程度を越えてゐて、日本の書記言語のために適合させた辞書編纂の営為を如実に示すものばかりである。これらの成立した時代を日本辞書史の草創期とも称される所以である。これらの中にも『東宮切韻』、『一切経音義』から『新撰字鏡』へと言ふ風に、「韻書から辞書へ」といふ辞書史上の流れが把へられはするが、中国辞書の模倣・改善といふ風潮の方が主流をなしてゐることは言ふまでもない。その点では院政期の康和二年(一一〇〇)頃の成立とされる『類聚名義抄』(略称『名義抄』)もほぼ同様である。特に『名義抄』の原撰本系たる『宮内庁書陵部蔵本』は零本ながら引用典拠名が多く明記されてゐて、その成立基盤がよく判り、編纂の目的をも示唆するものである。これの典拠としては慈恩の『法華音訓』が引用文献の首位を占めてをり、以下『篆隷万象名義』、『一切経音義』、『妙法蓮華経釈文』、『大般若経音訓』、『玉篇』、『東宮切韻』、『倭名類聚抄』と続く。『名義抄』の成立過程を眺めると「音義書から辞書」への生成過程が明確であるが、それは同時に、「単字字書から熟字辞書へ」の流れも考へられる。しかし、これとても、本稿が辞書史の流れを第一義的に採り挙げる「韻書から辞書へ」の過程を否定するものではないのである。この「韻書から辞書へ」の流れを明解に示すに到るのは、院政時代も後期の長寛二年(一一六四)頃に成立した橘忠兼撰の『色葉字類抄』以降のことであらう。『色葉字類抄』は明らかに先行する韻書『平安韻字集』の影響を受けて編纂された辞書なのである。

一―2韻書の成立と利用　全ての辞書は「読解と表現のため」に、何らかの必要があって編纂されたことは言ふまでもない。さうして、それの需要に応じて書写され刊行され続ける。従つて、その辞書の利用度に比例して伝本の数も増加する。このことは、韻書においても全く同断である。

漢聯句と連歌とが結合して、禁裏や公家社会、禅林との交流において新しい文芸形式が興つた、謂はゆる「和漢聯句」としての韻事の営みは、夙く鎌倉時代中期頃から行はれ始めたことが能勢朝次博士によって明らかにされた。この新文芸は時代が降るに従つて盛行し、それに必要な辞書・韻書の類をも多出せしめた。

先づ平安後期成立の『平安韻字集』(仮称、天理図書館現蔵のものは鎌倉時代の写本、七帖の零本)は上平・下平一六韻づつの三二韻の韻書で、各韻目毎に「天象・地儀・植物・動物……人名・両音」と二一部類に意義分類されてゐる。この書が、後出する『色葉字類抄』(イロハ順・意義分類体)の成立に際して、特に部類立てに関して直接に影響を与へたことは、ほぼ決定的である。この二書は当時宮廷や貴族社会の知識階層の中で、行はれた詩文活動によく利用されたことは言ふまでもなからう。無論、必要に応じて中国の韻書や類書も使用されたであらうし、本邦成立の『童蒙頌韻』も併用されたと思はれる。また類書『文鳳抄』の巻十「秘抄」(略韻)も同様に用ゐられたことも考へられる。さうしてその後の鎌倉時代末期には『平他字類抄』が誕生した。

『平他字類抄』が成立するまでの院政期から鎌倉時代後期に至るまでの間には、詩文製作のために、『平安韻字集』のごとき韻書や、『色葉字類抄』のやうな辞書、さらには『文鳳抄』巻十「秘抄」のごとき「略韻」類の書を併用してゐた。『平他字類抄』は、これら三種のやうな書を、一書に纏めあげて、至便な韻の辞書として編纂したものである。これは中世辞書史上、画期的な営為として特記すべき事実である。この『平他字類抄』の、上中巻は『色葉字類抄』の語彙を抽出して平仄に区分し、下巻は『文鳳抄』巻十「秘抄」の「略韻」に基づいて編輯された。蓋しイロハ順の『色葉字類抄』と「略韻」と双方の組織を併はせ有つ辞書として、詩文の実作のために編まれたことは、中世韻書史上、新機軸を打ち出した、まさしく記念すべき営みである。漢詩の作製をば「詩禅一如」の意味において、それを職とする五山僧は別として、宮廷や公家社会、あるいは学問所等の人々の作詩作文のための韻の辞書として、その編纂の意義と存在を私は大きく顕彰したいと思ふ。この書は成立して以後も、貴族や学問所等の有識者の間で秘蔵されつつ使用され続け、室町時代後期の文明期半ば以降の、謂はゆる「色葉字平他」類の韻書を簇出せしめるに到つたのである。時恰かも聯句連歌の最盛期を同じ頃に迎へることもあつて、「色葉字平他」類の韻書は、この聯句連歌の実作に供するために出現したと言つても過言でないやうに思はれる。

他方、禅林では、『平他字類抄』よりやや後れて、嘉元四年(一三〇六)には虎関師錬の『聚分韻略』(上平・下平、上声、去声、入声、全一一三韻)が成立してゐる。『平他字類抄』では、その韻字が平声か仄声かの弁別しかなし得ないので、詩聯作製の実際には、中国の韻書『広韻』、『集韻』、『増韻』などを併用しなければならなかった。虎関は、この『広韻』を第一の典拠とし、『増韻』を第二の典拠、『集韻』を第三の典拠とする短い漢字注を入れて『聚分韻略』を編纂した。この書は成立後間もなく、本邦初の刊行本として上梓せられ、後々まで多種の刊本を簇出せしめた。禅林は勿論のこと、公家社会や学問所の人々、連歌師などにも歓迎され、漢詩や聯句連歌の実作に資する韻書として洵に重宝されたのである。剰へ『聚分韻略』は「字書」としての役割をも果たすこととなった。江戸時代末期に到るまで、増刊・重刊され続けた所以である。『平他字類抄』が写本のままで公家社会や、学問所等の文雅を愛好する人々の間で愛用され秘伝されたのに対し、『聚分韻略』は印刷といふメディアに乗つたが故に、極めて広く流布し大流行するに到ったのである。

この『聚分韻略』も聯句や聯句連歌の興隆と共に、室町時代後期には文明一三年(一四八一)までに「原形本」から「三重韻」本に改編され、その後「平声」三一韻のみの、謂はゆる「略韻」類の韻書群を出現せしめるのである。この「略韻」類の中には、明応末期頃(一四九五以降)に、聯句連歌の特に「漢和聯句」専用の韻書『和訓押韻』(十一韻)が成立し、それが増補されて「十二韻」の『韻字記』『韻字之書』、「十五韻」の『漢和三五韻』、「三十一韻」の『和語略韻』へと展開して行くのである。これらは、禅林聯句のための「略韻」類の韻書(『国会本略韻』『海蔵略韻』『古澗略韻』など)と『聚分韻略』に基づいて成つてゐるといふ点においては共通してゐる。全て詩聯の隆盛に伴なつて現はれた韻書である。

第二節　中世韻書の研究課題

二—1中世韻書の系列

一—2で韻書の成立に関して述べたごとく、本邦成立の中世韻書は後のA・B二系列に分けられる。斯く二本の柱を立てることは、従来必ずしも明確であつたとは言ひ難い。寧ろ『平他字類抄』を事実よりもずつと軽視して来た感さへするのである。それは伝本の種類の多寡に基づくテクストの流布といふ点に立脚した故であらうと思はれる。しかしながら、私は中世の韻書が、言語生活の中の、特に韻事といふ営みに対して果たして来た役割に重点を置いて考へる時、詩聯の実作の興隆に比例して、テクストが生成されるといふ事実を特に重要視せねばならぬと思ふ。確かに『平他字類抄』は江戸時代に入るまで、現存伝本に見る限り、伝本の数は僅少であつた。さうして、その事由は先述の通りである。しかし、この書は必要があるからこそ、室町時代後期において『平他字類抄』を基幹とした「色葉字平他」類の韻書を簇出せしめたのである。さらに清原宣賢の撰述する『塵芥』には、各篇目の冒頭に『平他字類抄』の語彙群を集中的に置いてゐる。宣賢が、『平他字類抄』を聯句連歌の製作の資として、第一義的に扱つたからこそ、斯様な営為がなされたのだと思ふのである。また明の鄭舜功が『日本一鑑』撰述に際し、日本語の文献主義の辞書(寄語)を編む際に、やはり『平他字類抄』を主要典拠としたことも証明されてゐる。私はこれらの事実を重視するが故に、中世における二大韻書として『平他字類抄』と『聚分韻略』の二本の柱を立てて、次のA・B二系列に分けて考察しようと考へるのである。

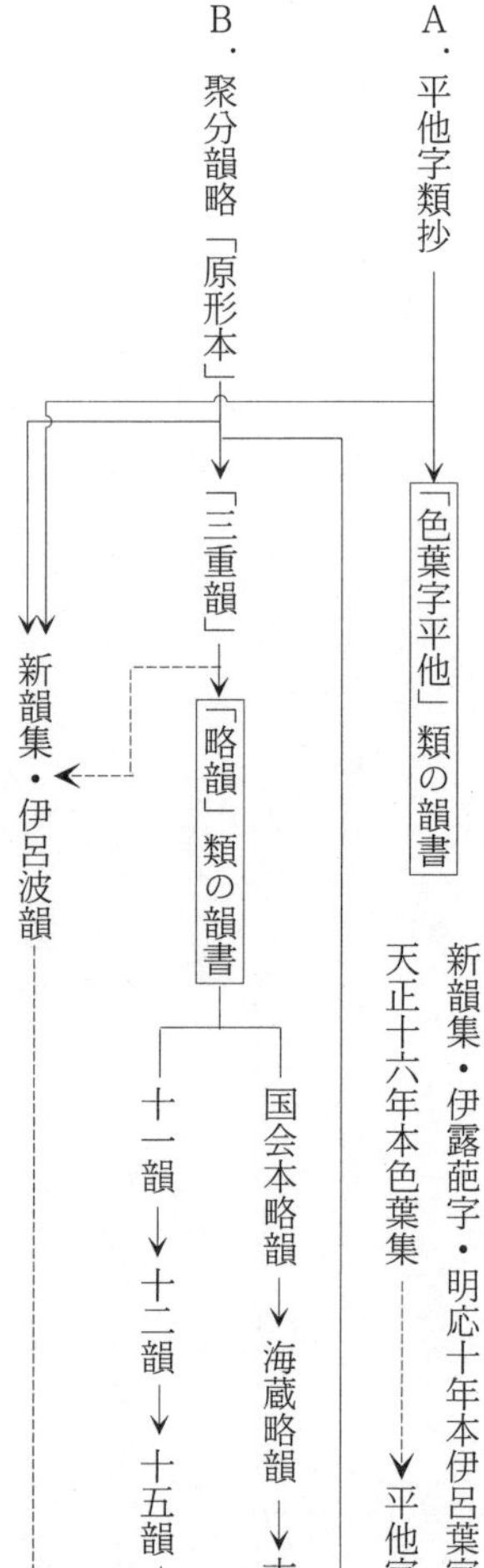

蓋し第一章を「『平他字類抄』とそれに基づいて成立した「色葉字平他」類の韻書」となし、第二章を「『聚分韻略』とそれに基づいて成立した「略韻」類の韻書」となして、第三章を「『平他字類抄』と『聚分韻略』の双方に基づいて成立した韻書（新韻集・伊呂波韻）」とした次第である。さうして、詩聯の製作に際しては、これら三種の韻書群と同じ程度に使用はされたが、韻書の形態を採らぬ書を扱ふために「付章」を設け、「国花合記集」と『下学集』の二種を採り挙げて詳述した。この「国花合記集」と『下学集』とは詩文作製の際に韻書と併用した辞書類である。従つて詩聯の実作に伴なつて生長した辞書であることを重視して、特に「付章」を特設したのである。

さすれば、やはり詩聯・連歌に供された『節用集』『温故知新書』『塵芥』『運歩色葉集』等も記述せねばならなくなる。就中、「国花合紀」を保有する『広本節用集』や、「国花合紀集抜書」を巻末に付載する印度本『節用集』にも触れない訳には行かぬであらう。しかし本稿は「中世における韻書」の記述を目指したものであり、それ以外の書に関しては別稿に譲りたく思ふ。従って、本書に付章とした『下学集』については、更なる調査と考察を重ねて後稿を期するものである。

二―2続稿での展開　私の一連の古辞書研究は、それぞれの辞書や韻書が、実際の言語生活の場で、どのやうに使用せられたかといふ証拠(辞書の体例や、公家や禅僧の日録類の記事など)に基づいて、その辞書・韻書の編纂目的を究明し、「韻書から辞書へ」とする辞書史の流れに対する私の仮説を証拠付けることに、大きな重点を置くものである。本書で取り扱った中世韻書群に関しては、概ね所期の目標は達成できたやうに思ふ。しかしながら、私の中世辞書研究全般に関してはまだ半ばに達してゐない。蓋し『平他字類抄』の直接の影響を受けた『塵芥』や、また『聚分韻略』の影響によって成った『下学集』『節用集』『温故知新書』『運歩色葉集』等々の委細な調査や考察は、今後に残された私の課題である。『下学集』については近く調査の結果を纏める予定であるが、私はやはり「詩文作製のための辞書」としての立場から追究しようと考へてゐる。さうすることによって、

下学集――→広本節用集――→印度本「節用集」(永禄十一年本類)

の線で、中世辞書史の一つの流れが鳥瞰し得るやうに思はれる。先覚が[注3]『広本節用集』のことを「日用の 消息文の ための 実用上の 目的に 供せられるのみならず、さらに 詩文作製の ためにも 合致する ものを もってゐる といふべきで ある」とせられる解説が、右の『下学集』や『永禄十一年本節用集』にもさながらに該当するのである。また、そのやうに説明することによって、『節用集』の伝本の生成過程についても私は、次に図示するごとくに把へられると思ふ。而かもこれは橋本博士が、伊勢本⇓印度本⇓乾本、とされる『節用集』の形成過程とも矛

盾せずに済むのである。

伊勢本┬略本……伊京集・天正十八年本・饅頭屋本・明応五年本・正宗本・大谷大学本など
　　　└広本……広本（国会本「雑字類書」）・辞林枝葉など
印度本┬略本……黒本本・枳園本など
　　　└広本……弘治二年本類・永禄十一年本類
乾　本……易林本

さうして「略本」系統本は、［下学集⇓伊勢本（略本）⇓印度本（略本）⇓乾本］の生成過程を経た辞書（語書）として把へられ、橋本博士の説にも一致することとなる。

私の立場としては、まづ「主に詩聯実作のための聯想に資する辞書」として［下学集⇓伊勢本（広本）⇓印度本（広本）］の形成過程を想定し、この仮説を実証的ならしむるために爾後精査したいと考へてゐる。これは本書刊行後に展開すべき私の課題である。

注1　北恭昭氏「古辞書の歴史」（『月刊言語』第四巻　第4号）並びに「日本語の辞書」（『岩波講座　日本語』9　一九七七年〈昭和52〉刊）参照。

注2　橋本進吉博士著『古本節用集の研究』（『東京帝国大学文科大学紀要』第2　一九一六年〈大正5〉刊）

注3　山田忠雄先生「橋本博士以後の節用集研究」（『国語学』第5輯　一九五一年〈昭和26〉2月刊）参照。

第一章　『平他字類抄』と
それに基づいて成立した「色葉字平他」類の韻書

第一節　鎌倉時代の和漢聯句と韻書の成立

一―1　時代背景　平安朝漢文学の衰退に伴なつて、院政期から鎌倉時代にかけての聯句文芸は、従来の七言聯句から五言聯句へと推移してゐる。この間の事情については、建治年間（一二七五〜一二七七）に僧良季によつて撰述された『王沢不渇抄』[注1]に記述がある。この頃の詩聯に関する記事を三箇条、次に摘記する。この書は「客」と「予」の問答体にして述べてゐる。

㈠　客云、連句者其様如何、予云、避㆑声居㆑韻次第、准㆑詩可㆑知、大旨五言也、二四不同二六対、又七言連句尤稀也（中略）近来七言連句无㆑之、皆五言也

㈡　執筆㆓発句㆒、多分例也、入韻亭主　或座中高位言㆑之、入韻者　発句下半句也、因㆑茲略頌曰、執筆発句　亭主入

韻

㈢　発句不レ用レ対如レ詩、春会言ニ春景一、夏会言ニ夏景一、若又言ニ当座事一

これに拠ると、鎌倉時代中期の聯句は、㈠『和漢朗詠集』に見るやうな七言聯句が稀となり、大概は五言のものとなつたこと、㈡発句は執筆をつとめる者が、押韻すべき入韻句(第二句)は、その一座張行の亭主か、座中の高位にある人物が付するのが普通であること、㈢漢詩で伝統的に重視する対句については、発句と入韻句とが対句とならぬやうにすべきこと、さらに発句には春の聯句会であれば春季の景を、夏の聯句会であれば夏季の景を、もし当季の景を詠まぬ場合にはその当座の事柄を詠ずべきこと、等の通例に従つてゐることが判る。

斯様に発句と入韻句、季の句の重要性を踏まへた当期の五言聯句が、鎌倉時代には既に流行してゐた長連歌と、この鎌倉中期以降、次第に同一の座で和・漢の順に交互に付け進むといふ新しい形式の文芸としてスタートするのである。勿論これは、禁裏や公家社会といふ限られた世界で、社交的な言語遊戯として行はれたものであることは言ふまでもない。

斯くて形式上の「和漢聯句」が誕生するに到ると、和句(連歌)の中に入つた漢句(聯句)が、漸次連歌の影響を強く受けて、和臭を帯びた性格のものと化して来る。また、聯句の規定そのものも連歌の式目に従ふやうになつて行くのである。従来の漢聯句には存しなかつた「句の去嫌」とか「輪廻の事」のごとき連歌の規定が、和漢聯句にも及ぶこととなる。成文化した和漢聯句の法式は、室町時代の『連歌新式追加幷新式今案等』に付載の「和漢篇」を俟たねばならぬが、現実には連歌の「建治新式」や「弘安新式」などと呼ばれてゐるものの式目に基づいたものとなつて行くのである。『異制庭訓往来』[注2]（延文～応安頃〈一三五六～一三七五〉成立）の「九月返状」に、次の記事が見られること

は、右の事情をよく表はしてゐる。

夫聯句 集二衆口一而綴二詩句一者也、以レ文会レ友、以レ友輔レ仁之謂也、其法式者、面則可レ書二十句一也 先唱句者、可レ詠二当気之景一、同字者レ去二七句一、但於二上下一者 一懐紙中同可レ去レ之、同趣者可レ去二四句一、終両句者可為祝言、可レ被レ存二知此旨一候也

同字の七句去とか、同趣語の四句去とかいふ「去嫌」の行はれた情況が判るのである。

一―2 和漢聯句の成立

二条良基撰になる『菟玖波集』に鎌倉時代の和漢聯句が収録されてゐることは衆知のことである。而かるに能勢朝次博士[注3]は、先掲の『王沢不渇抄』の詩聯関連の記載によつて文永頃(一二六四～)に和漢聯句の初期のものが存した旨と、その後の元応頃(一三一九～)以降の『菟玖波集』所収の和漢聯句について委しく解説されてゐる。この『菟玖波集』所載の、後宇多院御製の和句を付けられてゐる和漢聯句(元応一年〈一三一九〉)には、既に漢句が禅林の僧によつて入れられてゐることも指摘されてゐる。南北朝期に入つて、初代将軍足利尊氏の治める貞和五年(一三四九)に張行の直義家主催の和漢聯句などは、一四、五句のものであるが、この尊氏の時代に五山の夢窓国師が関はるやうになつて、早くも「百句」のものが行はれたのである。しかし和漢聯句が本格化するのは、公家衆と五山衆に、歌学者で連歌作者でもある二条良基(元応二年〈一三二〇〉～嘉慶二年〈一三八八〉)が加はつて、三代将軍義満の庇護・支配のもとに行はれた南北朝末期以降である。この期に五山で大活躍した義堂周信(正中二年〈一三二五〉～嘉慶二年〈一三八八〉)は日録『空華日用工夫略集』を著はしてゐる。この日録の康暦五年(一三七二)二月一五日条には、聯句の略史が記されてゐて、五山衆と公家衆との韻事による文化交流の重要性が説かれてゐる。斯

様に二条家学の興隆に尽瘁した良基が意欲的に活躍し、而かも義堂を始めとする五山衆が積極的に参加することとなつて、和漢聯句は大いに普及し、かつ進展したものと目される。

一―3　和漢聯句と韻書の成立　和漢聯句の漢句の実作に際しては、漢聯句の場合と同じく、中国の『広韻』『集韻』『増韻』などの韻書と共に、本邦の平安末期成立の『平安韻字集』[注4]のごとき韻書や、『色葉字類抄』などの辞書も併用せられたであらう。また鎌倉期に入つてからの類書『文鳳抄』[注5]巻一～九などは作詩の聯想のために、巻十「秘抄」（略韻・同訓平他字）は韻事の手引書として使用されたことは言ふまでもない。しかし、五山衆はともかく、公家衆など本来作詩に馴れてゐない人々にとつては、中国の韻書は専門的過ぎて検索するにも容易ではない。そこで『文鳳抄』巻十「秘抄」のごとき「略韻」と『色葉字類抄』のやうな双方の組織を併はせ有つ形態の簡便な辞書があれば、至便である。かういふ要望に基づいて編纂されたのが、鎌倉時代末期成立の『平他字類抄』（三巻）である。この韻書の上中巻は意義分類体になつてゐて、各部類毎に平・他の両声に分別し、それぞれがイロハ順排列になつてゐる。この「イロハ順」の韻書といふことに重要な意味が存するのである。これについて深く吟味する要がある。

先づその前提となる、和漢聯句の漢句を音読したか訓読したかを究めねばならないだらう。音読したか訓読したかによつて、参考すべき辞書・韻書も異なる故である。和漢聯句や後に発生する漢和聯句の漢句を連衆の座中で、音読したとする考へ方と訓読したとする考へ方とがある。結論を先に言ふが、私自身は「訓読で棒読み」にしたとする立場を採る。音読したとすれば、押韻した漢句は抑揚がありリズミカルで面白からう。しかし、和漢聯句を音読し朗詠したといふ記事は、公家衆の日記にも、五山衆の日録にも一切見られない。音曲として謡ふのは「謡曲」であり、音曲的に語るのは「平家物語」(平曲)であり、朗詠するのは「和漢朗詠(集)」である。また、和漢聯句においては、「歌合」のやうに左右を競つたといふ記録もない。寧ろ、漢句が滞りさうな時には、今詠んだばかりの人物が代はつて入句する場合も度々である。「和漢百句」の中に、和句と漢句の比率が五分五分であるとは限らない。それは理想形ではあるが、現実にはやはり和句の方が多いのは自然の理である。後の漢和聯句においては尚更である。この事実からしても和方と漢方で競つた理由は見付からない。かくして、和漢聯句の漢句は「訓読」したこととなる。和漢聯句の一座には、かなりこの文芸に熟達した「執筆」がゐて、連衆の和漢の句を記録するが、もし漢方が音読したとすれば、漢字には同音字が多く存して判断しにくく記録し難い。訓読するのであれば、五言で簡単な構文の句であるから、よく聴けば理解し得て記録することも可能である。一座の、連衆の中で、漢句が和方に理解されなければ、和方も和句をうまく付け得ないし、和漢聯句が進展しなくなるであらう。このやうな理由で、私は「漢句」は訓読して棒読みしたものと考へる。

もう一つ和漢聯句の漢句を訓読した証左を示すものがある。多くの「和漢百句」の漢句には、返り点も傍訓や送り仮名も付してゐないが、中には返り点や送り仮名を施した懐紙もまま見られるのである。例へば能勢朝次博士がその著『聯句と連歌』(168～175頁)に掲載されてゐる「応永一年(一三九四)一二月一二日成立 後小松院独吟和漢百句」を見ると、漢句にはほぼ網羅的に返り点や送り仮名が施されてゐる。因みに異本ではあるが、私が国立国会図書館蔵『連歌合集』第21集所収の「後小松院独吟和漢」について確認した処、やはり返り点と送り仮名が付されてゐた。また、大島富朗氏翻字の「細川幽斎和漢・漢和聯句」(昭和女子大学近代文化研究所の『學苑』第674号～第694号 一九九六年3月～一九九八年1月刊)に拠つても、所収全二九件中で返り点や送り仮名を付するのは、「天正一九年二月二〇日成立 和漢聯句」(宮内庁書陵部蔵『石鼎集』一五四・四八一)、「天正一九年四月二七日成立 和漢聯句」(宮内庁書陵部蔵『石鼎集』一五四・四八一)、「慶長三年三月九日成立 和漢聯句」(宮内庁書陵部蔵『石鼎集』一五四・四八一)の三件である。漢句に斯く返り点・送り仮名を付するものが伝存することは、和漢聯句の漢句を訓読した証拠を示すものではあるが、それは「和漢百句」の成立の際に執筆が記録したものではなからう。執筆は一座張行中に煩はしい返り点や送り仮名まで記録し得る時間的余裕はない。従つて私は、漢句に付けられてゐる返り点・送り仮名の類は、転写して異本が発生する際の、書写者の学習の形跡を示すものとして把握すべきものと考へる。原本成立の際の執筆による記録とは別のレベルのものと解することとする。

孰れにしても、和漢聯句の「漢句」が訓読されたとすれば、その漢句の実作に際して使用する「韻書」がイロハ引きで、而かも平声・他声(仄声)の弁別がしてあれば、この上なく便利な手引書となるであらう。このやうな必要を満たす韻書として『平他字類抄』が誕生したとする仮説を、私は殊更に設定する。さうして、後の室町時代後半、特に文明期~天正期の和漢聯句・漢和聯句の盛行の時期には、『平他字類抄』を原拠として成つた「色葉字平他」類の韻書(色葉集)が写本の形で多出する。更に江戸時代前期の儒学・漢学関係者によつてやはり和漢聯句が盛んに行はれるに到つて、『平他字類抄』の転写が数多くなされた所以も、右のごとき事情を具体的に裏付けるものと言へよう。

そこで、本項で述べたことに連関させて要点を次に纏めておく。

一、鎌倉時代後期に発生した和漢聯句は公家社会で次第に普及し、漢句は和句(連歌)の中で漸次和臭を帯びたものとなつた。この漢句の作詩に際しては、中国の韻書や本邦平安時代末期成立の「略韻」類や、『色葉字類抄』等の辞書が併用された。

二、和漢聯句の漢句は「訓読」されたと考へられる。そこで「略韻」と「辞書」の双方の組織を併はせ有つイロハ引きの「韻書」が必要となる。そのやうな欲求に応じて『平他字類抄』が編纂された。

三、右の二、の理由により、私は「『平他字類抄』は和漢聯句の漢句実作のための韻書である」との仮説を設定した。勿論、『平他字類抄』がイロハ順排列の辞書であるため、一般の国語辞書と同じやうに使用されたことも認めるものである。

注1・3　能勢朝次博士著『聯句と連歌』(一九五〇年〈昭和25〉2月　要書房刊)参照。建治年間(一二七五～一二七七頃)に池之坊不断光院の僧良季が撰述した書で、漢詩文・聯句・和漢聯句等に関しての記事が多い。和漢聯句について記述された書として、韻書・辞書の利用や、新たな韻書の成立を考へる上で有用なものである。同様に能勢博士の右の著書も聯句・和漢聯句の問題を考察する際に示唆する処多く、極めて有益である。

注2　南北朝期半ばの延文～応安頃(一三五六～一三七五)の成立。

注4　天理図書館蔵の韻書、現存七帖の零本。意義分類の部類名は『色葉字類抄』の先蹤をなすものとして、辞書史上注目すべきものである。委しくは、大友信一氏論文「『平安韻字集』考」(『岡山大学教育学部研究集録』第40号　一九七四年〈昭和49〉8月刊)参照。

注5　菅原為長撰述の類書で全一〇巻。巻十は「秘抄」(略韻・同訓平他字)で、『平他字類抄』(三巻)の下巻は、この「巻十　秘抄」を主要典拠として成る。寛元四年〈一二四六〉以前の成立。後崇光院(貞成親王)の日録『看聞御記』の永享一三年(一四四一)二月一二日条の記事によつても、院が『文鳳抄』(十帖)を秘蔵され、「御物本」の存した由が判る。後崇光院は『看聞御記』の記事に拠つて判る通り、洵に和漢聯句に意欲的で、これを月次御会にされる程尽瘁された。『古辞書研究資料叢刊』第2巻(一九九五年11月　大空社刊)参照。

第二節　『平他字類抄』

二-1　概要　『平他字類抄』は「略韻」と『色葉字類抄』と双方の組織を併はせ有つ、漢字の平仄を識別するための韻の辞書である。この定義に対する疑問をいだくものはない。謂はば衆知の事実になつてゐるにも拘はらず、本邦辞書史における本書の評価はあまりにも低いやうに思はれてならない。その理由は、次のやうな事情に起因するのではなからうか。蓋し、この辞書が、どういふ社会や階層の人々によつて、どのやうな文雅の営みのために使用されてゐたか。また本書以降成立の韻書群に如何なる影響を与へたか。この二点について触れた論文や著書が殆んど見られない。このことが『平他字類抄』の辞書史上の価値を異常に低くしてゐるのだと考へる。例へば、川瀬一馬博士は本書について次のごとき説明をされてゐる。

従つて本書が真言宗の寺院に伝へられてゐる点から、同宗の僧侶か若しくは、それ等僧侶に血縁の公家の学儒の所為であらうと推せられる。（中略）聚分韻略は同じく作詩の為の編纂であるが、当初は主として禅宗の僧侶の関係者の間に行はれたであらうから、その使用範囲が限られてゐたとしても、聚分韻略が世に弘まつた後ならば、本書の如き編纂は企てられなかつたであらうと思はれる。（『古辞書の研究』注1の「第二篇　鎌倉時代・南北朝に於ける辞書」）

この『平他字類抄』の成立に関する記事について、私は次の点を問題としたい。川瀬博士の言はれるごとく、もし『聚分韻略』が刊行された後であるならば、本当に『平他字類抄』は編纂されなかつたであらうか。『平他字類抄』そのものに対する価値判断が先づ不審に思はれるのである。『平他字類抄』と『聚分韻略』とは、同じ作詩のための韻書であると言つても、それを使用する人々や、それらの用途に相異があつたのではなからうか。『聚分韻略』が完全な韻分類の構成になつてゐるのに対し、『平他字類抄』は「略韻」(意義分類体)の部分(上巻)も第二次的にはイロハ順の排列になつてゐるし、中巻の「辞字」の部分は当然イロハ順である。斯く、一方は韻分類、他方はイロハ順といふ点からだけ見ても、両書の使用する人の層は別なのではなかつたか。『平他字類抄』のイロハ順排列といふことに重きを置いて考へるならば、漢詩で言ふならば初心者向けの参考辞書、あるいは公家社会等で使用された「聯句」あるいは聯句連歌(和漢聯句)の「漢句」のために供された韻書であつた、と私は推察する。室町時代中期の永正年間(半ば頃)に成立した清原宣賢撰述の辞書『塵芥』は実に『平他字類抄』を主要典拠として編纂されてゐるのである。『聚分韻略』が『三重韻』に改編され、広く流布して以降も、斯く博士家等の学問所では『平他字類抄』が愛用されてゐることを重視しなければならないだらう。さらに唱導文芸などの作文の際にも使用されたことも考へられる。現に『玉造小町壮衰書』[注2]の室町時代の写本たる『叡山文庫本』の後半部分の四六駢儷体の各句末に「平」「他」の標示が朱書せられてゐるのである。これに対して、『聚分韻略』は少なくとも『三重韻』に改編せられる文明期半ばまでは、主として五山を始めとする禅林において使用されてゐるのである。

斯様な見解からすれば、川瀬博士の右の説明は肯はれないことにならう。勿論、両書の成立年代にも関はる問題であるので、後に詳述することとする。私は斯く、『平他字類抄』は、五山の禅僧以外の、特に公家社会や博士家等の学問所の人々の作詩・作文のため、あるいは「和漢聯句」の実作に供する韻書であつた、との仮説のもとに、以下、『平他字類抄』の伝本の系統や本文の構成、成立年代と撰述者、依拠した典籍等について考察を進めたく思ふ。

〇種以上を算へることができる。その主要なテクストを挙げると、次の通りである。

二–2　伝本の系統

『平他字類抄』の伝本は『国書総目録』に登載するものが一八種、未登載のものを加へると二〇種以上を算へることができる。その主要なテクストを挙げると、次の通りである。

A　宮内庁書陵部蔵屋代弘賢識語本
B　宮内庁書陵部蔵石橋真国識語本
C　京都大学附属図書館蔵松平定信旧蔵本
D　東京大学国語研究室蔵黒河春村識語本
E　大東急記念文庫蔵山崎旧蔵本
F　京都大学附属図書館蔵本
G　東北大学附属図書館蔵本
H　東京大学国語研究室蔵伴直方写本
I　東京大学附属図書館南葵文庫旧蔵本
J　東京大学附属図書館蔵本
K　京都大学文学部国語学国文学研究室蔵本
L　国立国会図書館蔵本
M　静嘉堂文庫蔵本
N　大阪府立図書館蔵本
O　京都府立綜合資料館蔵本
P　天理図書館蔵本
Q　尊経閣文庫蔵本
R　刈谷市立図書館蔵本

右の現存諸本は全て江戸時代中期以降の書写本にて、しかも「嘉慶貳年……」の奥書を有つ同一系統本のみとなつてゐる。F本以下の末書になる程、書写者の考へで、適宜改竄されてゐるが、別系統のテクストと思はれる伝本は存しない。蓋し、A～Eの五本が比較的善本で主要な伝本と目されるものである。川瀬一馬博士[注3]はE『大東急記念文庫本』を最善本とされたが、その後、大友信一氏[注4]が右のA～Eの五本を考証されて、A『宮内庁書陵部屋代弘賢本』を最善本とされた。B本とD本とはE本の転写本であり、またA本・C本・E本などの相異も主にテクストの体裁上の面で、特にC『京都大学附属図書館本』が上巻の表紙に「平他字類抄　上」、中巻の表紙には「平他字類抄　下」とし、下巻の表紙には「平他同訓字 全」として、別書の扱ひにしてゐるのが顕著なものである。しかし、本文の内容面ではA本やE本と殆んど差異はない。A本とC本とには下巻の「平他同訓字」の部分に錯簡がある。而かるにE本はこれを修訂し、その転写本たるB本・D本もこれを踏襲する。従つてA本が最も古態を保有するテクストであるとするのが大友氏の見解である。しかしながら、A本・B本・C本・D本・E本の五伝本は、本文形態には異同が少なく、研究資料の価値としても大差はないものと思はれる。

本書の諸本が全て同一系統本と見做されるのは、本文形態の一致度は勿論のこと、各巻末に存する奥書までが共通するのである。Aの宮内庁書陵部蔵『阿波国文庫旧蔵屋代弘賢識語本』に拠つて示すと、

「上巻末」に、嘉慶貳年十一月廿三日於笠取之服薬所／為後見如形書写畢／執筆 釈迦院実守（花押）
「中巻末」には、嘉慶参年二月五日於釈迦院部屋町／為後見如形書写畢 執筆 実守（花押）
「下巻末」に、康応元年五月朔日於釈迦院部屋町／酉尅ニ書写畢 執筆 実守（花押）
此之字類集三帖秘蔵無極者也
「弘賢」の識語、右平他字類抄三巻借桂林舎蔵本／課山本 山本篤盈浦野元周模写／以納不忍文庫 源弘賢

とある。これに拠つても本来『平他字類抄』は「三巻本」であると考へてよいのである。

二-3 本文と構成

『平他字類抄』（三巻）は上中巻が謂はゆる「平他字類抄」であり、下巻が「平他同訓字」である。具体的にその内容を示せば、次のやうな構成になつてゐる。

〔上巻〕 天象附歳時 地儀 人(倫) 人躰 人事 動物 植物 雑物 飲食 方角 光彩 員数 国名 《内部

が平声・他声を第一次分類、イロハ順を第二次分類に排するが、イロハ順の標目は潜在、標出字は単字》

〔中巻〕辞字《イロハ順を第一次分類、平声・他声を第二次分類として排列。目は顕在、標出字は単字が主体》

〔下巻〕平他同訓字〈天　地　植物　動物　人倫　人躰　人事　飲食　雑物　光彩　方角　員数　詞字　重点　畳字〉

両音字〈地　動物　人倫　人躰　人事　雑物　詞字〉

随読平他字〈〔重点〕日　月　星　風　雨　雲　霞　霧　露　霜　雪　山　原　水　草　竹　苔　柳　鶯〉

表Ⅰ　『平他字類抄』の部類毎の平仄別収録字数

部類＼平・他	平　声	他　声	計
天　象	63	61	124
地　儀	182	133	315
人　倫	96	120	216
人　躰	62	74	136
人　事	29	25	54
動　物	122	58	180
植　物	120	74	194
雑　物	215	214	429
飲　食	34	34	68
方　角	48	48	96
光　彩	23	22	45
員　数	40	60	100
国　名	16	16	32
(小　計)	(1050)	(939)	(1987)
辞　字	992	1470	2462
総　計	2042	2409	4451

「上巻」と「中巻」の収録字数は表Ⅰ・Ⅱの通りである。（「辞字門」の「祢」は原本破損により、諸本欠。）上巻の意義分類体の部分の「辞字」以前には「平声」に一、〇五〇字、「他声」には九三九字が収録されてゐて、全て一、九八七字の標出字が存する。さうして中巻のイロハ順の「辞字門」には「平声」が九九二

表Ⅱ　『平他字類抄』の「辞字門」の平仄別収録字数

平・他 / イロハ順	平　声	他　声	計	平・他 / イロハ順	平　声	他　声	計
伊	49(15)	83(9)	132(24)	乃	30	28	58
呂	2	4	6	於	→乎	→乎	→乎
波	41(5)	51(2)	92(7)	久	19(5)	34(8)	53(13)
仁	9	9	18	也	17	35	52
保	18	28	46	末	31(1)	48	79(1)
倍	7(3)	8	15(3)	介	12(4)	15(5)	27(9)
土	28(4)	54(2)	82(6)	不	15(3)	22	37(3)
知	10(4)	14(2)	24(6)	古	46(8)	42(4)	88(12)
利	2(2)	5(3)	7(5)	江	7	15(3)	22(3)
奴	4	10	14	氐	5(2)	11(3)	16(5)
留	0	1	1	安	52(3)	77	129(3)
乎	45(2)	88(2)	133(4)	佐	26(3)	56(4)	82(11)
和	15(1)	20(2)	35(3)	幾	20(3)	26(6)	46(9)
加	74(6)	88(6)	162(12)	由	12	16	28
与	35(4)	30(5)	65(9)	女	9(1)	10	19(1)
太	·35	81(2)	116(2)	美	20	26(2)	46(2)
禮	2	6(3)	8(3)	之	37(4)	54(6)	91(10)
曽	19(7)	28(3)	47(10)	恵	7(3)	7(1)	14(4)
津	34	79	113	比	28	30(2)	58(2)
(祢)	破損(欠)	破損(欠)	(欠)	毛	26(2)	35	61(2)
奈	(36(4))	(29(4))	(65(8))	勢	10(6)	15(1)	25(7)
良	2(2)	5(4)	7(6)	寸	25(2)	57	82(2)
無	17(1)	15(1)	32(2)	合　計	983(110)	1447(95)	2430(205)
宇	43	57(2)	100(2)				
為	2	3	5				

〔注〕（　）内の数字は収録字数中に含まれる二字熟字の数を示す。

字、「他声」は一、四七〇字を有し、全て二、四六二字となつてゐる。従つて上・中巻を合計すると、「平声」二、〇四二字、「他声」二、四〇九字で、全部で四、四五一字を有する韻書となつてゐる。これは博士家等の学問所や公家衆の間で珍重され、室町時代後半に集中して現はれる「色葉字平他」類の韻書（「色葉集」〈平仄〉）にほぼ近い韻字数である。公家社会や博士家等の学問所において、「聯句」や「和漢聯句」の実作のための簡便な手引書としては十分なものであつた。これらの韻字や字音・和訓は、『色葉字類抄』に基づいて抽出せられたものなのである。

また上巻の「意義分類体」の部類名「天象」「地儀」以下の一四門も全て『色葉字類抄』を踏襲してゐる。博士家や公家社会の人々が、『色葉字類抄』を使用するのは「記録」類を書く際は勿論のこと、漢詩や聯句、和漢聯句の実作にも使用したことが考へられる。しかしながら、『色葉字類抄』の所収字が平・他（仄）別に排されてゐればなほ便利である。かういふ必要にせまられて、「平声」と「他声」に分類する『平他字類抄』が編纂せられたことは、当時の博士家等の学問所や公家社会においては極めて重要なことなのであつた。

次に下巻の「平他同訓字」「両音字」「随読平他字」の解説に移る。この下巻部分の典拠となつてゐる『文鳳抄』との関連から、『平他字類抄』の成立問題を究明された大友信一氏[注5]の研究がある。『平他字類抄』と『文鳳抄』の関係について最初に指摘された[注6]のは川瀬一馬博士である。それを具体的に調査されたのが、大友信一氏である。『文鳳抄』は菅原為長の撰述にかかる「類書」[注7]（百科全書）の一種である。成立は為長の歿する寛元四年（一二四六）以前であるが、現存最古の伝本は弘安二年（一二七九）書写の『真福寺本』である。編者の為長は他にも『字鏡集』『消息詞』『管蠡抄』等の辞書類を著述してをり、その博識の程は衆知の通りである。大友氏の分類に基づいて巻十「秘抄」を基準にして諸本を一覧にする。

A系統本〔①同訓平他字（以イロハ為次第、項目数349）・②帖字平他（項目数16）・③両音字（項目数50）・④依訓異音字（項目数56）・⑤四季十二月異名（項目数32）〕→尊経閣文庫本・慶応大学図書館本

B系統本〔①略韻（項目数879）・②同訓平他字（項目数167）〕→真福寺文庫本・内閣文庫丙本・慶応大学斯道文庫本

C系統本〔①同訓平他字（以色葉為次第、項目数168）・②随訓異声字（項目数45）・③両音字（項目数42）・④略韻（項目数681）〕→叡山文庫本・大阪府立図書館本

D系統本〔巻十「秘抄」存セズ〕→内閣文庫甲本・内閣文庫乙本・宮内庁書陵部鷹司本・宮内庁書陵部桂宮本・神宮文庫本・彰考館本・東京大学附属図書館本・京都大学附属図書館本・祐徳稲荷中川文庫本・早稲田大学本・石井積翠軒旧蔵本

右の伝本系統に依つて判ることは、『平他字類抄』下巻の「平他同訓字」「畳字」「両音字」「随読平他字」の四項目と対照し得るのはA系統本のみで、而かも巻十「秘抄」の存するのは、『尊経閣文庫本』のみである。従つて以下『尊経閣本』の本文と『平他字類抄』の下巻とを対比して考察する。

最初に「平他同訓字」について記す。『平他字類抄』の「平他同訓字」は項目数一六八項にて、それは、「天部」（12項）、「地部」（21項）、「植物」（7項）、「動物」（3項）、「人倫」（8項）、「人躰」（7項）、「人事」（26項）、「飲食」（1項）、「雑物」（11項）、「光彩」（3項）、「方角」（6項）、「員数」（2項）、「詞字」（61項）、「重点」（2項）、「畳字」（8項）、のごとき意義分類体に排列されてゐる。

それに比して『尊経閣本』[注8]はイロハ順排列の本文にて、「イ」(21項)、「ロ」(0項)、「ハ」(16項)、「ニ」(2項)、「ホ」(3項)、「ヘ」(2項)、「ト」(16項)、「チ」(3項)、「リ」(0項)、「ヌ」(2項)、「ル」(0項)、「ヲ」(22項)、「ワ」(5項)、「カ」(30項)、「ヨ」(8項)、「タ」(16項)、「レ」(0項)、「ソ」(4項)、「ツ」(9項)、「ネ」(1項)、「ナ」(15項)、「ラ」(0項)、「ム」(10項)、「ウ」(11項)、「ヰ」(=「イ」)、「ノ」(7項)、「オ」(=「ヲ」)、「ク」(9項)、「ヤ」(7項)、「マ」(13項)、「ケ」(0項)、「フ」(6項)、「コ」(13項)、「エ」(1項)、「テ」(0項)、「ア」(22項)、「サ」(11項)、「キ」(12項)、「ユ」(2項)、「メ」(2項)、「ミ」(8項)、「シ」(11項)、「ヱ」(=「エ」)、「ヒ」(10項)、「モ」(8項)、「セ」(3項)、「ス」(8項)、⇓計三四九項を収録してゐる。この三四九項中、『平他字類抄』の「平他同訓字」と共通のものが、一五四項見られる。つまり『平他字類抄』は、$\frac{154}{168}=0.916$（約九二%）を『文鳳抄』に依拠してゐるのである。ここで念のために付記するが、『平他字類抄』の「平他同訓字」一六八項といふ項目数を見ると、『文鳳抄』の「同訓平他字」は『真福寺本』一六七項、『叡山文庫本』一六五項、『大阪府立図書館本』一六八項にて、B系統本やC系統本などの方が数の上では『平他字類抄』に近似するごとく見えるが、実際はさにあらずである。例へば、「平他同訓字」の冒頭の「天部」1陽(ヒ)日　2年(トシ)歳載　3風(カセ)吹　4辰(トキ)時節(同)　の部分を、『文鳳抄』A・B・C各系統本の項目と対比させてみよう。

A系統『尊経閣本』	321陽(日)	45年(トシ)(歳載)	93風(カゼ)(吹)	46時(トキ)(辰)(節)
B系統『真福寺本』	157日(陽)。	28年。(歳載 ○祀○莽)	55風(吹)	〔存セズ〕
C系統『叡山文庫本』	158日。○○(陽)	29年。(○○歳載 紀莽)	55風(カセ○)(吹)	〔存セズ〕
『大阪府立図書館本』	155日○○(陽)	29秊(年同○○○○ 歳載祀莽)	55風○○(吹)	〔存セズ〕

となつてゐて、『平他字類抄』が『文鳳抄』の『尊経閣本』に基づいてゐることは明白である。

次に『平他字類抄』下巻の「畳字」（八語）について記す。これは『文鳳抄』の『尊経閣本』は「帖字平他」として掲げる一六語に対応する。具体的に『尊経閣本』に拠り検索する。（ ）内は『尊経閣本』を示す。

1任他。（サモアラハアレ）遮莫（1任他遮莫）　2如。何。（イカン）其奈（2如何其奈）　3何。因（ナニ、ヨッテカ）（12何因縁底）　4縁何底縁（12何因縁底）　5由。來。本自（11元來本自）　6宜。哉。（ムヘナルカナ）矣宜（存セズ）　7説言（イフナラク）閙導（14説言閙導）　8猗。哉（ヨキカナ）猗矣（9猗哉佳矣）

右に示すごとく、『平他字類抄』は『文鳳抄』の「12何因縁底」の引用の仕方に異なりを示すが、『平他字類抄』は、$\frac{7}{8}=0.875$（約八八％）を『文鳳抄』に依拠してゐることになる。

また「両音字」は『平他字類抄』では、やはり「地部」（四字）、「動物」（二字）、「人倫」（二字）、「人躰」（二字）、「人事」（一二字）、「雑物」（三字）、「詞字」（四二字）、の計七部類（六七字）、の構成になつてゐる。『文鳳抄』の『尊経閣本』は、次の五〇字の内、四三字が『平他字類抄』と一致する。

1望　2湅　3壙　4華　5萎　6王　7衆　8汗　9夢　10譽　11供　12詔　13醒　14祈　15勞　16論　17療
18聴　19聞　20観　21共　22忘　23伺　24治　25請　26和　27乗　28施　29猒　30調　31禁　32過　33壖　34勝
35振　36饒　37委　38抛　39操　40量　41従　42便　43漫　44要　45疏　46輸　47燎　48離　49降　50輿

『平他字類抄』は、$\frac{43}{67}=0.641$（約六四％）を『文鳳抄』に依拠してゐる。

さらに『平他字類抄』の「随読平他字」は五〇字存する。「読み」が異なれば、それに随って「平声」「他声」の別が変はる漢字を次のやうな形で示されてゐる。

1。空。他ナ ムナシ 平ソラ　2中。他アタル 平ウチ　3。縦。他タトヒ ホシキマヽ 平タヽマサ　4。重。他ヲモシ 平カサヌ　5。吹。他カセ 平フク フヱ　6。移。ウツル　7為。平 ツクル シワサこれに比して、『尊経閣本』は「依訓異音字」として五六字を収め、而かも整然と並べられてゐる。

1吹（平フク／他カセ　フエ）　2空（平ソラ／他アナ　ムナシ）　3更（平五更／他サラニ）　4浪（平塗浪／他ナミ　渡浪）　5蔵（平オサム／他クラ　カクル）

『平他字類抄』は、$\frac{43}{50}$=0.86（八六％）を『文鳳抄』の『尊経閣本』に依拠してゐることが判る。

処で、この「随読平他字」の部で、『平他字類抄』と『文鳳抄』の関係に異変が生じてゐることを識るのである。A系統の『尊経閣本』はこの項目に限り、『平他字類抄』とは順序不同なのであるが、C系統の『叡山文庫本』や『大阪府立図書館本』の排列順にほぼ併行してゐるのである。『叡山文庫本』（「依訓異音字」四五字）に徴して、以下、標出字のみ『平他字類抄』に対照させる。（　）内は『叡山文庫本』。

1空（1空）　2中（2中）　3縦（3縦）　4重（4重）　5吹（5吹）　6移（6移）　7為（7為）　8氏（8氏）　9遅（10遅）　10遺（11遺）　11思（12思）　12麗（13麗）　13唯（14唯）　14幾（15幾）　15兎（16菟）　16泥（17泥）　17冠（18冠）　18難（19難）　19間（20間）　20先（21先）　21燕（22燕）　22禅（23禅）　23傳（24傳）　24巻（25巻）　25教（26教）　26華（27華）　27相（28相）　28尚（29尚）　29長（30長）　30當（31當）　31浪（32浪）　32行（33行）　33傍（34傍）　34蔵（35蔵）　35盛（39盛）　36令（40令）　37興（42興）　38漸（43漸）　39鮮（44鮮）　40扁（45扁）　41控（存セズ）　42衣（存セズ）　43殷（存セズ）　44分（存セズ）　45聞（存セズ）　46漲（存セズ）　47操（存セズ）　48三（存セズ）　49旦（存セズ）　50荷（存セズ）〔『平他字類抄』の『叡山文庫本』との一致率は、$\frac{40}{50}$=0.80（八〇％）である。〕

勿論『平他字類抄』と『尊経閣本』との一致率（八六％）の方が、『叡山文庫本』との一致率（八〇％）より勝つてゐるので、『平他字類抄』が『尊経閣本』を典拠としたことに問題は存せぬが、それとは別に、この『平他字類抄』

とC系統の『叡山文庫本』(『大阪府立図書館本』も略同)と標出字の排列が四〇字も一致する事象を如何様に解すべきであらうか。私の一案であるが、『文鳳抄』のC系統本は、もしかすると、『平他字類抄』の「随読平他字」の部を参看して、斯く整へたのではなからうか。さすれば、A系統本(『尊経閣本』)やB系統本(『真福寺本』)は確かに『平他字類抄』以前に成立してゐるが、C系統本(『叡山文庫本』[注9]など)は『平他字類抄』より後の成立であらうと推定せられる。

『平他字類抄』は、最後の「重点」(各部の末尾に「畳字」)に標出語を一二四語掲げ、「日」(四語)「月」(一二語)「星」(二語)「風」(九語)「雨」(一〇語)「雲」(八語)「霞」(五語)「霧」(五語)「露」(九語)「霜」(三語)「雪」(一〇語)「山」(四語)「水」(一〇語)「草」(九語)「竹」(七語)「苔」(二語)「柳」(五語)「鶯」(六語)と意義分類体の「天象」に相当する語を「日・月・星・風・雨・雲・霞・霧・露・霜・雪」の一一部に、「地儀」に相当する語を「山・水」の二部、「植物」に相当する語を「竹・苔・柳」の三部、「動物」に相当するものは「鶯」の一部といふやうに、意義分類体の「重点」(+ 畳字)を登載せしめてゐる。

以上、『平他字類抄』上中下の三巻について、本文の構成と形態とを概観して来た。その結果、概ね次の一~三の三箇条に纒めることができると思ふ。

一、『平他字類抄』上中巻は先行する『色葉字類抄』を原拠として、上巻には意義分類体の「天象部」~「国名部」の一三部を置き、下巻には「辞字部」を掲出して、それぞれの部類を一貫して韻事に資する辞書の形態に編成してゐる。

二、『平他字類抄』下巻は「重点」「畳字」の二部を除いては、『色葉字類抄』に存せぬ「平他同訓字」「畳字」「両音字」「随読平他字」の各項を、『文鳳抄』（巻十秘抄）に依拠して、新しく編成し、作詩作文等の韻字に供すべく編輯してゐる。

三、『平他字類抄』はイロハ順排列を宗とするので、簡便で日常的な辞書としての役割を果たすと共に、特に右の一、二、の事実からしても韻事、特に博士家等の学問所や公家社会の人々の聯句、和漢聯句の実作に資する韻書として、鎌倉時代の成立当初から江戸時代に到るまで重宝された。

この三、の項については、後述の『平他字類抄』を原拠として成る文明期以降の「色葉字平他」類の韻書の写本群が簇出することとも連関するので、その項で詳述することにする。

二－4　成立年代と撰述者

『平他字類抄』の成立年代については夙く川瀬一馬博士[注10]が、またその後に大友信一氏[注11]が『文鳳抄』との連関を中心にした考察をされてゐる。まづ川瀬博士は『古辞書の研究』[注12]の中で、『大東急記念文庫蔵本』（山崎美成旧蔵本）の奥書に基づいて、次のごとく説明せられてゐる。

右の識語に拠つて本書が嘉慶二年以前の著作である事が限定せられるが、それ以前何時頃の撰述であるかは明確に定め難い。釈迦院は、上巻に「笠取」（山科の笠取山であらう。）と言ってゐる点から推しても、醍醐の子院なる釈迦院であらう。従って本書が真言宗の寺院に伝へられてゐる点から、同宗の僧侶か若しくは、それ等僧侶に血縁の公家の学儒の所為であらうと推せられる。（『古辞書の研究』四七七頁）

と、先に掲げた『平他字類抄』の奥書・識語に基づいて述べられてゐる。現存伝本が全て同一系統本であり、「嘉慶二年……」の識語を有するが故に、川瀬博士が指摘される「嘉慶二年」（一三八八）を本書成立の下限とするのは当然是とせられる。大友氏[注13]は川瀬博士説を一往は承けながらも、さらに一歩前進した見解を述べられてゐる。蓋し、『平他字類抄』下巻がほぼ全面的に『文鳳抄』の「巻十秘抄」のA系統本たる『尊経閣本』に依拠してゐること、さらに『尊経閣本[注14]』の巻末に「正安元年己亥五月六日書写了同日交畢　筆海末流阿妙」とあり、正安元年（一二九九）頃の成立であらうと推察される所以である。さうして大友氏は『文鳳抄』のD系統本の『神宮文庫本』の巻一の奥書に、

大蔵卿菅原為長撰／于時正安元年十月十四日於上醍醐寺／狩尾多聞院令写書畢

とあるのが、そのことを裏付るものである旨を述べられてゐる。この大友氏の成立年代推定は、極めて当を得た見解である。私は『平他字類抄』が、禁裏や公家社会、あるいは博士家等の学問所において、この正安頃（一二九九以降）には「和漢聯句」といふ韻事が言語遊戯の社交の場で多く張行された所以をもつて、この和聯聯句に資すべき韻書として編纂せられたものと考へる。この立場から、大友氏説に賛意を示し、支持するものである。

次に本書の撰述者は誰かといふことについて記したい。川瀬博士[注15]が前掲のごとく「（真言宗の）僧侶か若しくは、それ等僧侶に血縁の公家の学儒の所為であらう」とされるのが、正に当を得てゐると思はれる。二条良基撰の『菟玖波集』（延文一年〜二年〈一三五六〜七〉成立）の中に見られる和漢聯句の中で、最古のものは、元応元年（一三一九）に後宇多院が六条内大臣の禅林寺行幸の際張行されたといふものである。しかし、能勢朝次博士[注16]の指摘によると、建治年間（一二七五頃）に成つた『王沢不渇抄』の記事に拠れば、文永頃（一二六四〜）に、既に和句と漢句を交互に作る「和漢聯句」の初期的な形態の言語遊戯が、禁裏や公家社会で社交の具として試みられてゐた由である。さすれば正安元年（一二九九）頃に撰述されたと目される本書『平他字類抄』が、この和漢聯句の実作の「手引書」として編まれたと

することは強ち不当とは言へないであらう。勿論、先掲の菅原為長の『文鳳抄』の「巻十秘抄」が存するので、これが漢詩や漢聯句の他に、新しく始められたばかりの「和漢聯句」の作句のためのも使用されたであらう。しかしこの「秘抄」を更に充実した形態の書となすべく著作されたのが、『平他字類抄』であると、私は考へるのである。従つて、これを著述する人物としては、朝廷に学問をもつて仕へる大学寮や学問所などに関係ある人といふことにならう。

因みに言ふ、『平他字類抄』成立当初の和漢聯句には、まだそれ専用の式目は必要でなかつた。和句には連歌の規定があり、漢句には漢聯句の法式は存したが、この双方を組み合はせる和漢聯句は、漢字の平仄の弁別さへできれば可とせられるものであつたらう。勿論、『菟玖波集』に入集せられる程の和漢聯句は、表現も洗錬され押韻が正しくなされてゐる。しかし実際に公家社会で社交的に行はれた多くの和漢聯句は、面倒な規定などは存しなかつたものと目される。そのやうな公家社会で重宝されたのが『平他字類抄』ではなかつたかと思はれる。

二-5　本書の典拠　『平他字類抄』の依拠した原典については、記述の都合上、既にその大半を一-3の項で記したので、ここでは、それを取り纒めることとしたい。

一、『平他字類抄』三巻の中、上中二巻は『色葉字類抄』(三巻本)を直接の典拠とし、部類名も踏襲し、本文も「平声」「他声」に弁別して編輯してゐる。

二、下巻の「平他同訓字」「畳字」「両音字」「随読平他字」の各項は、『文鳳抄』のA系統本(『尊経閣本』のごとき)の「巻十秘抄」(略韻　同訓平他)に依拠してゐる。

と、前々項(二-3)を繰り返すこととなる。右の一、で問題となるのは、『平他字類抄』が依拠した原拠のことである。院政期成立の三巻本『色葉字類抄』なのか、それとも、鎌倉時代に増補されて成つた十巻本『伊呂波字類抄』なのかといふことである。この問に対する私の回答は、やはり『色葉字類抄』であるとする。既に『平他字類抄』の本文と「三巻本」「十巻本」の本文との対照表を作成してゐるが、細かい表記の異同の問題もあつて決し難い。現段階では私は一往「三巻本」に拠つたこととしたい。無論、先行する平安末期成立の『平字韻字集』のごとき書も併はせ参照したことは考慮に入れるべきかとも思ふ。また、『平他字類抄』下巻編輯に際して、『文鳳抄』の外に、中国の韻書や日本の平安時代に成つた辞書・韻書を併用したことも考へられなくもない。従つて、右の纏めの一、二、は現在『平他字類抄』の典拠として明確に特定し得るもののみについて記した。

二―6　本書の流布と受容

『平他字類抄』を原拠として、室町時代中期（文明頃）から末期にかけて数多く成立した「色葉字平他」類の韻書の写本については、後に詳述するので、今委しくは触れない。ここで問題となるのは『平他字類抄』が成立後、この書がどういふ社会で珍重され使用されたか、といふことは辞書史を究める上で是非考へて置かなければならない。このことが『平他字類抄』の版本化されなかつた事由を示唆するであらう。まづ「字類抄」と名の付く先行辞書には『色葉字類抄』『世俗字類抄』がある。鎌倉時代成立のものでは本書『平他字類抄』の他に、やはり鎌倉末期成立とされる『要略字類抄』[注17]がある。これら平安時代から鎌倉時代末期までに成立した「字類抄」の類がどういふ階層の人々に秘蔵され、かつ愛用せられたかといふことについて、先覚[注18]は次のごとく説明せられてゐる。

> 字類抄は ふたたび 公家搢紳の 間に なりを ひそめ、 しづかに 展転書写された。その 学者の あひだに しられるに いたったのは、やうやく 幕末 ちかい ころ 伴信友が これを ひろめてからの ことに 属する。

この御指摘は、そのまま本書『平他字類抄』にもあてはまるものである。成立の直後に刊行された『聚分韻略』とは性質を異にするので、そのことを含んで比較せねばならぬのである。従つて、川瀬博士が[注19]、

聚分韻略が世に弘まった後ならば、本書(平他字類抄)の如き編纂は企てられなかったであらうと思はれる。

と説かれるのは不当である。『聚分韻略』が成立して以来、禅僧が専ら使用した時代、つまり室町末期までの、「三重韻」の「付訓刻版」が刊行されるまでの期間においては、『聚分韻略』のごとき作詩の専門家(禅僧など)向けの韻書と、公家社会の社交的言語遊戯のための韻書たる『平他字類抄』のやうな書とは、本来的には別々の世界で成立し流布して来たのである。それが室町時代の文明期に到つて、『聚分韻略』が「三重韻」に改編され、一般の人々に広く使用されるに及んで、『聚分韻略』と『平他字類抄』とが内容的に融合して、新たに『新韻集』のごとき韻書が出現するに到つたのである。もし川瀬博士の説かれる通りに、『聚分韻略』が刊行された後では、『平他字類抄』のごとき書の編纂は企てられなかつたとするのなら、何故に室町後期に『平他字類抄』を原拠とする「色葉字平他」類の韻書が簇出したのか。また、何故に『平他字類抄』が江戸時代中期以降に多く書写されたのか。この問題を解くには、『聚分韻略』と『平他字類抄』と両書の使用される人々の、使用目的や使用階層の相異を明らかにせねばならぬと思はれる。博士家の学問所の清原宣賢が、『平他字類抄』を主要典拠として『塵芥』を撰述した営為なども、右の事情を解く鍵となり、それを具体的に説くための発言力となり得るのではないか。

【付記】『平他字類抄』は夙く『続群書類従』(巻八八七)に「翻字本文」が収録されてゐる。C本『白河楽翁松平定信旧蔵本』が京都大学文学部国語学国文学研究室編『京大本平他字類抄』(一九七三年〈昭和48〉10月刊)として影印刊行されてゐる。またこの「影印本」に基づき、木村晟編『平他字類抄本文と索引』(一九九一年〈平成3〉1月　笠間書院刊)に「翻字本文」と「和訓索

引」を収録。B本は『古辞書研究資料叢刊』第2巻（一九九五年11月 大空社刊）に影印収録。

注1・3・6・10・12・15・19 川瀬一馬博士著『古辞書の研究』（一九五五年〈昭和30〉10月 講談社刊）参照。

注2 山内潤三・木村晟・杤尾武共編『玉造小町壮衰書』（一九八一年〈昭和56〉3月 笠間書院刊）中に『東大本』『叡山文庫本』『京大文学部図書館本』の三本の「影印本文」を収録。

注4 大友信一氏論文「『平他字類抄』の諸本について」（『岡山大学教育学部研究集録』第38号 一九七四年〈昭和49〉2月刊）参照。

注5・11・13 大友信一氏論文「『平他字類抄』の成立――『文鳳抄』との連関を中心に――」（『岡山大学教育学部研究集録』第40号 一九七四年〈昭和49〉8月刊）参照。本稿は大友氏のこの論文に負ふ処大である。学恩に深謝する。

注7・9 菅原為長撰の『文鳳抄』（全一〇巻）は、巻一天象部、巻二歳時部、巻三地儀部、巻四居処部、巻五人部、巻六神仙部・釈教部・文部・音楽部・飲食部、巻七宝貨部・服用部・儀飾部・乗御部、巻八草樹部、巻九鳥獣部・魚虫部・方角部・光彩部・一字抄、巻一〇略韻・同訓平他字・帖字平他・両音字・依訓異音字（・四季十二月異名）、の一〇巻で、一〇巻全てが揃つてゐる完本は『叡山文庫本』のみである。「類書」（百科全書）としての役目を果たすと共に、漢詩や聯句の実作の際の聯想にも資するものである。版本として刊行されることはなかつたが、成立後、室町期に到るまでよく転写され、テクストの異本化が生じてゐる。現存するだけでも一八種以上が報告されてゐる。大友信一・木村晟編『文鳳抄 真福寺本 叡山文庫本』（「近思学報」第1 一九八一年〈昭和56〉10月 小林印刷出版刊）、後に『古辞書研究資料叢刊』第2巻（一九九五年11月 大空社刊）に再録。

注8・14 注7の『古辞書研究資料叢刊』第2巻の巻末に、萩原義雄氏による新写本を影印付載。

注16 能勢朝次博士著『聯句と連歌』（一九五〇年〈昭和25〉2月 要書房刊）参照。本稿はこの書に負ふ処大である。

注17 『古辞書研究資料叢刊』第21巻（一九九七年9月 大空社刊）に『要略字類抄』（四巻四冊）の「影印本文」「翻字本文」を収録。底本は『龍谷大学写字台文庫本』（江戸中期写本）の岡田希雄氏による転写本（国立国会図書館蔵本）。この書は「字類抄」とあるが、実際は『字鏡抄（鈔）』の類を主要典拠として意義分類体に編纂したものである。

第三節　『平他字類抄』を典拠とする「色葉字平他」類の韻書

三—1　時代背景　義堂・良基を中心に繁栄した聯句連歌は、既述のごとく応仁の乱の強烈な影響を受けて、一時的には衰微せざるを得なかつた。しかし、その後数年を経て、景徐周麟・策彦周良らの聯句活動に誘導されることもあつてか、聯句連歌は禁裏や公家社会を中心に最盛期を迎へる。宮中では最早や連歌を凌ぐ勢ひである（付載資料三、〔八〕「『連歌総目録』に基づく聯句連歌の年代別分布状況一覧」参照。）『実隆公記』『十輪院内府記』『宣胤卿記』、あるいは五山の『蔭凉軒日録』『鹿苑日録』等における聯句連歌の関連記事がその活況振りを如実に示してゐる。室町末期になると聯句文芸はかなり衰退するが、聯句連歌の方は勢力が衰へることは全くなく、寧ろ江戸時代初期になると元和・寛永・正保・寛文の各期にかけて、一層盛行する。室町時代後期においては禅僧が専ら指導的立場で「漢句」を担当したが、江戸時代前期になると、禅僧よりも儒学者や文化人、やがては真宗東本願寺派[注1]の僧侶の世界にまでこの文芸は拡大する。それにつれて、聯句連歌（和漢聯句・漢和聯句）の実作に資する辞書・韻書の類が新たに成立したり、既に伝存するものが転写されたりして一層流布・普及するのである。

三—2　概要　斯くて聯句連歌の作句に資する辞書・韻書は種々存するが、就中、殊に瞠目させられるのは、『平他字類抄』を典拠としてイロハ順排列にし、各部を平声・他声に二分して成つた形態の「色葉字平他」類の韻書群[注2]である。これが文明一〇年（一四七八）前後から天正末年（一五八八頃）にかけて簇出するのである。勿論、これら「色葉平他」類の韻書はイロハ順排列で、しかも簡便な韻書であるから、一般の国語辞書としても使用された。概して「辞書」といふものは常に多目的・多用途に供されるものである。そうしてその編纂の主目的が何であるかといふことを見究めることは重要である。蓋し私は、「色葉字平他」類の韻書群が公家社会や学問所といふ場で、聯句や聯句連歌(特に後者)に供するものとして重宝され愛用されたものと考へる。しかし、『聚分韻略』のごとく版本化されることはなかつた。やはり公家社会、あるいは学儒の学問所といふ極く限られた世界でのみ秘蔵され使用された結果、版本化されなかつたものと目される。これは「字類抄」の書名を付する『平他字類抄』と同じ性格が継承せられてゐる所以である。ただし、「色葉字平他」類の韻書の中で成立の最も早い万里集九の『新韻集』は、『平他字類抄』を第一次の典拠としながらも、『聚分韻略』に拠つて極めて多くの語彙を増補してゐるため、結果的に聯句連歌のためにも使用されたであらうけれども、当初の編纂意図は専ら聯句制作に主眼を置いて編まれたものであることは、後に詳述することとする。以下「色葉字平他」類の韻書の篇目と構成、伝本の系統・本文形態・成立年代と撰述者・本文や注文の典拠等について具体的に記述する。

三―3　篇目と構成

現存の「色葉字平他」類の韻書六種のうち、私が実際に調査し得た四種の韻書の篇目のイロハ仮名を次に列挙する。《A本・C本・D本・F本の記号は次項(三―4)の分類のものである。》

A本『天正十六年本』(収録字数三、三三九)

以　呂　波　仁　保　辺　登　知　奴　遠　和　加　与　大　所　津　祢　奈　武　宇　為　能　久　夜　摩

計　布　古　江　天　安　左　幾　由　女　美　之　比　毛　世　寸〔両音〕

C本『色葉字平它』（収録字数四、〇二〇字）

以 露 波 仁 保 辺 登 知 里 奴 留 遠 和 賀 与 太 礼 素 津 祢 那 良 牟 宇 為

能 久 夜 麻 計 布 古 江 天 安 左 幾 由 女 美 之 比 毛 世 寸〔両音〕

D本『伊露葩字』（収録字数五、二七二字）

イ ハ ニ ホ ヘ ト チ ヌ ヲ ワ カ ヨ タ ソ ツ 子 ナ ム ウ ノ ク ヤ マ ケ フ

コ エ テ ア サ キ ユ メ ミ シ ヒ モ セ ス〔両音字 半読字 重点 地理〕

F『新韻集』（収録字数八、二四九字）

伊 露 波 仁 保 辺 登 知 里 奴 遠 和 加 与 太 礼 楚 津 祢 那 羅 牟 宇 為 乃

久 夜 摩 計 布 古 江 天 安 左 幾 由 免 美 志 比 毛 世 寸

D本のみ片仮名のイロハ標目に、他の三本は万葉仮名による標目になつてゐる。C本とF本とはやや近似してはゐるが、全く同一ではない。また「色葉字平他」類の韻書の共通の典拠たる『平他字類抄』とも一致するものはないのである。念のため『平他字類抄』の中巻「辞字部」のイロハ標目は、

伊 呂 波 仁 保 倍 土 知 利 奴 留 乎 和 加 与 太 礼 曽 津 奈 良 無 宇 為 乃

於 久 也 末 介 不 古 江 氐 安 佐 幾 由 女 美 之 恵 比 毛 勢 寸

となつてゐる。斯様に本文の体裁は『平他字類抄』中巻「辞字部」を継承し、かつ収録標出字（韻字）もやはり『平他字類抄』の上中巻を主要典拠にする「色葉字平他」類の韻書のイロハ標目の仮名が、このやうに異なるのは何故であるのか。これに対する私の考へは次の通りである。確かに本文形態全体としては先行する典拠『平他字類抄』を継承

するが、篇目のイロハ順を示す万葉仮名は、それぞれの韻書の成立年代における『節用集』等のイロハ標目の影響を受けた結果であるとしたい。また、この四書のイロハ各部の収録字数は付載資料 一、〔一〕〜〔四〕表Ⅰ〜Ⅳのごとくである。本文の広略や韻字の排列については後項（三―5）で詳述する。

三―4 伝本の系統 『平他字類抄』に基づく「色葉字平他」類の韻書六種の概要を次に記すこととする。

A 天正十六本[注3] 無窮会蔵の藍色表紙を新たに添へた本であるが、元は本文とも仮綴本であつたらしく、現在扉になつてゐる第一葉の中央に、本文と同筆で「色葉集」と題し、第二葉から本文を起こしてゐる。毎半葉一一行七段の写本。本文第二四葉の末尾に「色葉集之文字 終」として改行し、「維時天正十六年戊子年三月吉日書畢 沙門存益扒」との識語を有してゐる。巻末に「両音」を付す。

B 明応十年本[注4] 表紙に「伊呂葉字平它」と題し、かつ「光延寺中将公」との署名識語を有する一本で、「明応十年辛酉初春 書之」と書写の年次が明らかなものである。字訓は右傍、字音は左傍に記し、別訓や注文は一切存しない。巻末に「両音」を付載する。夙く川瀬一馬博士が紹介せられた書である。大東急記念文庫現蔵。

C 色葉字平它[注5] Bの『明応十年本』と共に川瀬博士によつて紹介せられた龍門文庫蔵の室町末期の写本である。施訓・施音の形式が『平他字類抄』を承けてゐると報ぜられてゐる。注は原則として字訓を左傍、字音は右傍に置く。巻末に「両音字」を付載する。川瀬博士はこの『色葉字平它』を『明応十年本』に基づく増補本とせられた。この書は影印公刊されてゐる。

D 伊露葩字[注6] 祐徳稲荷神社中川文庫蔵で室町末期の写本。内題に「伊露葩字 平仄声」、尾題は「色葉集 終」とある。

「イ平」から「ス仄」まで計五、〇五〇字、その後に両音字五一字、半読字七字、重点三一字、地理三九字を付載して全て五、一七八字を収録する。「重点」も平・仄に分けて「天象」～「地理」に意義分類する。この書がA～C本と異なるのは「同訓異字」を特に多く収載することと、篇目標示を万葉仮名をもつてせず、片仮名によつてゐる点とである。

E　色葉文字[注7]　岡田希雄氏の紹介せられた一本で、室町末期若しくは慶長頃の書写とされてゐる。本文六五葉、巻首に「色葉文字」と題し、毎葉九行六段に漢字を列記する。「寸他」部の後に、葉を改めて「両音字」を付す。紙末に「伊路葉文字并両音之字大概之」との識語を有する。そのまた後に「十二月異名」を付載する。岡田氏によれば、『色葉文字』はC『色葉字平它』に近く、またB『明応十年本』(三、五三〇字)やC『色葉字平它』(四、〇二〇字)に比して、この書は五、九九九字を算へ、BCE三本間では収録字数の最も多い書であるとされてゐる。

F　新韻集[注8]　阿波国文庫(徳島県立光慶図書館)に収蔵せられてゐたが、惜しくも一九四五年(昭和20)夏の戦火に遭ひ焼失した。幸ひ本書は「日本古典全集」の一冊として一九四四年(昭和19)に亀田次郎氏の解題を付して影印刊行せられてゐる。上下二巻の写本で、内題は「色葉字」、尾題は「色葉集」となつてゐる。本文は『平他字類抄』中巻を単行せしめたやうな形態になり、「色葉字平他」類の韻書の中では最古の文明期半ば頃、しかも漢字注の多いことが特徴となつてゐる。収録字数も八、二四九字とA～F本中で最多(広本)であり、この大幅な増補は『聚分韻略』に基づくものであることが私の調査で判明した。巻末に「両音字」を付せぬのは、A～F本中、本書のみである。転写本に東京大学国語研究室蔵の『黒川本』(黒川春村により、天保一五年〈一八四五〉写)があり、『黒川本』の再転写本に中京大学図書館蔵の『岡田真氏旧蔵本』がある。斯く転写本が伝存するのもA～F本中で本書のみである。

斯くて「色葉字平他」類の韻書A～Fの六種の概要を記した。序でに記すが、これら六本は孰れも撰述の第一次の典拠として『平他字類抄』に基づく処から、私は本稿で「**色葉字平他**[注9]」**類の韻書**と称して取り扱ふこととした。以上の記述を整理し、一覧にすると次のやうになる。

第一類　略本系統

A本＝『天正十六年本色葉集』〈無窮会本〉（収録字数　三、三三九字）

B本＝『明応十年本伊呂葉字平它』〈大東急記念文庫本〉（収録字数　三、五三〇字）

第二類　広本系統〈Ⅰ・Ⅱ・Ⅲは増補の多いものの順、Ⅲが最多〉

Ⅰ　C本＝『色葉字平它』〈龍門文庫本〉（収録字数　四、〇二〇字）

Ⅱ　D本＝『伊露葩字』〈祐徳本〉（収録字数　五、一七八字）

　　E本＝『色葉文字』〈所蔵者不明〉（収録字数　五、九九九字）

Ⅲ　F本＝『新韻集』〈阿波国文庫本、原本焼失〉（収録字数　八、二四九字）

これら六種の伝本中、私が実際に調査し得たのはA・C・D・Fの四本である。第二類ではⅠよりⅡ、ⅡよりⅢへと進むほど、増補する標出字を『聚分韻略』に依拠する比率が高くなつてゐる。従つてF本たる『新韻集』が『聚分韻略』からの増補が最多で、しかも書写年代が最も古い。さうしてC・D・E本もF本（『新韻集』）に次いで書写（成立）年代が古いと思はれる。さすれば本稿で「色葉字平他」類の韻書の生成過程を考へる上で、〔広本→略本〕といふことになつてくると目される。而かもその根拠を裏付けるかのごとく、「第一類　略本系統のA本（『天正十六年本』）」

の書写が最も新しくなつてゐる。勿論、短絡的な断定を避けるために、現在までに散佚してしまつてゐる「色葉字平他」類の韻書の幾多の伝本の存在も考慮に入れねばならぬとは思ふ。しかし、その散佚したn個の伝本を現実には調査し得べくもない。従つてやはり現存する伝本に基づいて一往の処理をなすのが最善の策であると思慮せられる。

かうして本稿の調査を基本にして**「色葉字平他」類の韻書**のテクストを古いものの順に並べ換へると、伝本の系統は次のやうになる。

『平他字類抄』を第一次の典拠として成る**「色葉字平他」類の韻書**

〔一〕　広本系統

F本＝『新韻集』（『聚分韻略』に拠る増補が最多）

E本＝『色葉文字』（岡田希雄氏によれば『色葉字平它』に近い由）

D本＝『伊露葩字』（漢字注の多くが『聚分韻略』に一致する）

C本＝『色葉字平它』（漢字注は存せぬが、標出字は『聚分韻略』による増補が多い）

〔二〕　略本系統

B本＝『明応十年本』（『色葉字平它』を抄出〈略本化〉したごとき本の由）

A本＝『天正十六年本色葉集』（書写年代が最も新しい）

とすることができる。ただしかし、ここで注意せねばならぬことは、略本系統のA本『天正十六年本』の収録字数が伝本中で最少であるといつても、この本が単純に『平他字類抄』の収録字に排列にいたるまで最もよく一致する訳ではないのである。これは既に散佚したn個の伝本の本文形態のα本かβ本かを承けてゐることが考へられる。孰れに

表Ⅳ 『平他字類抄』（中巻）と「色葉字平他」類韻書との共通語数 注10

諸本＼イロハ	平他字類抄		天正十六年本		色葉字平它		伊露葩字		新韻集	
	平声	他声	平声	他声	平声	他声	平声	他声	平声	他声
イ	49	83	32	75	53	82	52	82	61	90
ロ	2	4	2	2	2	5			4	1
ハ	41	51	60	71	70	79	62	70	74	83
ニ	9	9	12	10	18	13	14	11	24	13
ホ	18	28	25	25	26	28	23	25	29	32
ヘ	7	8	5	6	7	6	2	5	6	4
ト	28	54	34	56	42	65	34	58	40	63
チ	10	14	9	17	9	16	9	13	10	17
リ	2	5			4	2			0	0
ヌ	4	10	6	11	4	12	4	10	5	12
ル	0	1			0	0				
ヲ	45	88	46	82	68	88	55	96	72	103
ワ	15	20	18	18	20	21	18	17	20	22
カ	74	88	102	106	117	120	100	72	139	127
ヨ	35	30	22	32	33	30	31	30	26	33
タ	35	81	58	65	79	86	61	69	79	97
レ	2	6							0	0
ソ	19	28	17	22	18	28	13	24	21	26
ツ	34	79	35	89	44	94	41	78	47	98
ネ	欠	欠	(3)	(1)	(4)	(1)	(3)	(1)	(5)	(3)
ナ	36	29	46	46	47	45	41	44	53	50
ラ	2	5			3	2			1	1
ム	17	15	24	19	26	22	22	22	29	25
ウ	43	57	41	42	39	46	42	51	60	60
ヰ	2	3	2	2	2	3			0	0

ノ	30	28	26	25	29	24	25	25	28	25
オ	0	0	／	／	／	／	／	／	／	／
ク	19	34	24	38	42	42	36	41	51	49
ヤ	17	35	22	34	24	36	27	38	26	42
マ	31	48	38	42	41	51	36	49	48	48
ケ	12	15	9	7	10	6	7	6	9	7
フ	15	22	22	27	27	29	22	27	31	31
コ	46	42	45	34	57	35	50	32	62	36
エ	7	15	10	10	11	11	10	10	15	11
テ	5	11	2	5	4	7	0	5	1	5
ア	52	77	72	75	84	89	77	73	104	103
サ	26	56	32	44	41	51	37	46	47	58
キ	20	26	26	24	28	26	24	26	38	29
ユ	12	16	14	15	17	18	14	13	17	20
メ	9	10	10	10	11	12	10	9	13	16
ミ	20	26	32	20	34	24	34	29	43	38
シ	37	54	38	44	38	47	38	41	52	57
ヱ	7	7	／	／	／	／	／	／	／	／
ヒ	28	30	42	35	41	48	44	44	48	47
モ	26	35	20	28	23	22	18	26	28	34
セ	10	15	9	10	9	10	9	11	10	10
ス	25	57	26	42	37	53	33	50	36	49
計	983	1447	1138	1366	1343	1529	1178	1379	1512	1675
合計	中巻 2430		A 2504		C 2872		D 2557		F 3187	
	上巻 1986									
総計	T 4416		$\frac{A}{T}$ 56.7%		$\frac{C}{T}$ 65.0%		$\frac{D}{T}$ 57.9%		$\frac{F}{T}$ 72.2%	

しても『平他字類抄』上・中巻を編輯の第一次の典拠にしてゐることに違ひはない。また、A本とほぼ同年代に実在した『伊呂波韻』の影響があるかも知れない。これのさらなる考究は今後、新しい伝本の出現により一層詳密な記述がなし得るものと思ふ。

三—5 「色葉字平他」類の韻書の本文形態　『平他字類抄』上中巻を第一次の撰述の典拠とする「色葉字平他」類の各韻書の、『平他字類抄』の本文との一致率を示すのが、付載資料の一、〔二〕～〔四〕である。それに基づけば、A本『天正十六年本』の『平他字類抄』との一致率は、平声の平均値は七八・四％、他声は八四・一％で、総平均が八一・二五％を占めてゐる。C本『色葉字平它』では、一致率は平声七二・七％、他声七九・三％にて、総平均は七六・〇％となる。D本『伊露葩字』では、平声五二・一％、他声四八・八％にて、総平均は五〇・二五％である。F本『新韻集』では、平声三八・六％、他声三八・六％であり、総平均で三八・六％となつてゐる。さすれば、A・C・D・F本の四本における『平他字類抄』との一致率は、略本系統のA本よりも、広本系統のⅠのC本の方が低率、ⅠのC本よりⅡのD本の方が低率、ⅡのD本よりもⅢのF本の方が低率となり、広本になるほど低率になるのは、広本になつて行くに従ひ、『聚分韻略』よりの増補が多くなる故で、『平他字類抄』との共通語数はA・C・D・F本の四本間に、さほど大きな差はないのである。このことは重要で、特記せねばならない。そこでA・C・D・F の四本の『平他字類抄』との共通語数付載資料一、〔二〕～〔四〕Ⅰ～Ⅳより摘出して、表Ⅴとして一覧する。

表Ⅴを見て判ることは、『平他字類抄』上中巻と、「色葉字平他」類の韻書A・C・D・F本との共通語数は、F本が全体の収録語数が【八二四九語】と多い分だけ、共通語数も多く、その比率も高率になつてゐる。この表Ⅴに現はれてゐるやうに、F本は勿論のこと、A・C・D本も『平他字類抄』上中巻を第一次的な典拠として、語彙収録に際して、全面的に依拠してゐることが判る。しかしながら、それが偶然の一致でないことは、「色葉字平他」類の韻書の語彙排列がその典拠たる『平他字類抄』中巻の語の排列と、並行する順序になつてゐる箇所が相当数見受けられるのである。委しくは付載資料一、〔一〕〜〔四〕に詳細に記してゐるので、ここで屢説することを避けるが、その一斑を示すため、少しく実例を挙げてみよう。各本共（　）内は『平他字類抄』の整理番号を示す。

〔A本〕1雷（平1天象）2霆（平2天象）4今（平4天象）5泉（平126地儀）6沙（平127地儀）7砂（平128地儀）8家（平132地儀）9廬（平133地儀）10庵（平134地儀・平135地儀〈135菴〉）

〔C本〕13[雨/追]（平2天象）14靂（平3天象）15今（平4天象）16池（平125地儀）17泉（平126地儀）18沙（平127地儀）19瀛（平129地儀）20巖（平131地儀）21家（平132地儀）22廬（平133地儀）

〔D本〕1雷（平1天象）2霆（平2天象）3今（平4天象）4池（平125地儀）5泉（平126地儀）7沙（平127地儀）8砂（平128地儀）9巖（平131地儀）11家（平132地儀）12廬（平133地儀）

〔F本〕3霆（平2天象）4雷（平1天象）5池（平125地儀）7泉（平126地儀）8沙（平127地儀）18家（平132地儀）19廬（平133地儀）20庵（平134地儀・135地儀〈135菴〉）21甍（平138地儀）

斯く任意の一部を示してもA本『天正十六本』、C本『色葉字平它』、D本『伊露葩字』、F本『新韻集』、の四本共に『平他字類抄』上中巻を第一次の典拠にしてゐることは明白である。そこで「色葉字平他」類の韻書とその原拠たる『平他字類抄』との関係を纏めてみる。

一、「色葉字平他」類の韻書は本文の体例のみならず、標出字(韻字)も、またその排列も、『平他字類抄』を第一次の典拠としてゐる。

二、従来は「色葉字平他」類の韻書が『平他字類抄』中巻(イロハ順)に拠るとされて来たが、本稿の調査により、『平他字類抄』上巻と中巻の双方に依拠してゐることが明確となつた。

三―6　成立年代と撰述者　まづ「色葉字平他」類の六種の韻書のうち、書写(成立)年代が明確なものは、A本『天正十六年本』(一五八八)、B本『明応十年本』(一五〇一)、F本『新韻集』(文明一〇年～文明一四年〈一四七八～一四八二〉頃)、の三本である。残るC本・D本・E本は全て、最古のF本『新韻集』の成立年次たる文明一〇年以降、最も成立の遅いA本『天正十年本』までの年代に成立したことが明白となる。もう少し委しく記せば、E本『色葉文字』は岡田希雄氏によれば、C本『色葉字平它』に近い由、また川瀬一馬博士によれば、C本『色葉字平它』は『明応十年本』の増補本とされるので、明応一〇年(一五〇一)よりやや後れての成立となる。而うして、E本『色葉文字』もC本にほぼ同じと考へてよいことになる。さすれば、D本『伊露葩字』はE本『色葉文字』より韻字数がやや少ないので、C本『色葉字平它』に相前後する程度に近い頃の成立といふことになる。以上六本は全て文明一〇年～天正一六年といふ室町時代後期の成立と考へられる。

次に六本の撰述者について記す。表紙・序・奥書等の識語や記載内容に拠つて、撰述者(あるいは書写者)が明らかなものは、A本『天正十六年本色葉集』は「沙門存益扒」とあるので、僧あるいは公家で出家した人物たることを識る。B本は「光延寺中将公」とあるので公家衆たることが判る。C・D・E本の三本は明記されてゐないが、本文に

「両音字」等を有してゐるので、『平他字類抄』の影響を受けてゐることが色濃く感ぜられる故、やはり学儒あるいは公家衆か、それに縁のある僧による撰述と考へてよからう。F本『新韻集』のみ還俗はしてゐるが禅僧であつた万里集九といふことになる。孰れの韻書も聯句または聯句連歌の実作に資すべくなされた営為と考へるべきである。

三-7　「色葉字平他」類の韻書の典拠　「色葉字平他」類の韻書のうち、「両音字」等の付載の全く存しないのは、F本『新韻集』のみである。従つて、最初に六本の付載部分を除く、韻書の本体部分について記述する。これについては既に三-4の「伝本の系統」の項と、三-5の「本文形態」の項において殆んど述べた処であるが、ここで今一度纏めをして置きたい。

一、標出字(韻字)は『平他字類抄』を第一次の典拠としてはゐるが、A〜Fの六伝本共に任意に『聚分韻略』等より適宜増補してゐる(ただし『平他字類抄』の二字熟字の標出語は引用されてゐない)。『聚分韻略』からは略本より広本になるほど、増補を多くしてゐる。従つてF本『新韻集』の増補が最多である。

二、注文において、漢字注はD本『伊露葩字』とF本『新韻集』の二本のみ『聚分韻略』を典拠として引用する。D本は『聚分韻略』の「三重韻」、F本は「原形本」に基づいてゐる。

三、字音・字訓の仮名は、『平他字類抄』上中巻より引用のものは『平他字類抄』の音訓カナに基づくことを原則とするが、『聚分韻略』等により別訓を入れる場合もまま見受けられる。

四、『聚分韻略』より抽出した標出字(韻字)の字音・字訓は、多くその拠つた『聚分韻略』の書入れ部分の音訓カナに依拠する場合が多いが、まま別訓を補入する。

五、A・B・C・D・E・Fの六本中で、字音カナに唐音を入れるのは、F本『新韻集』のみである。『新韻集』は『聚分韻略』に基づく増補が極めて多く、それに伴なひ唐音カナを多く入れたのである。これは『新韻集』のみ禅僧の手によつて撰述されたといふ事情にも基づくためである。

次に「両音字」等の付載部分についても触れることとする。六種の伝本のうち、F本『新韻集』には付載部分は全く存せぬ故、他の五本について述べる。A・B・C・D・Eの五本とも「両音字」を置くが、私が実見できるのはA・C・Dの三本である。「平声・他声の双方とも使用して可」とする両音字は、A本『天正十六年本』に「3198蟻」～「3242蔵」の四五字を置き「両音之終」と記してゐる。A本は「両音」（四五字）の後に「3243鐘」～「3339従」の九七字を追補する。この九七字の補入は「3243鐘カ子」～「3318樹カキシヤ」の七六字が「加部」（「3243鐘カ子」～「3274片カタ〱」の三二字は平声、「3275構カマフ」の四三字は他声）、「3319與平」～「3339従ヨル」の二一字が与部」（「3320宵ヨル」～「3331呼ヨフ」の一二字が平声、「3332宜ヨロシ」～「3339従ヨル」の八字が他声）の追補であるが、これらは「3318樹カキシヤ」と「3319與平」の二字を除いて全部、本体部分（略韻・イロハ順）と重複するものである。「加部」の「3318樹」は本体部分に存せぬ追加、「3319與平」は「与部 平声」の意の「与部」のイロハ標目の万葉仮名である。従つて「3243鐘」～「3339従」は両音字ではない。また、A・C・D三本の「両音字」は、諸本により字数はまちまちである。

A本『天正十六年本色葉集』3198蟻～3242蔵（全て四五字）
C本『色葉字平它』3908正～4020妻（全て一一三字）
D本『伊露葩字』5065吹～5115聴（全て五一字）

『平他字類抄』の下巻の「両音字」六七字と、「随読平他字」五〇字、の計一一七字の中から摘出してゐると思慮されるが、A本とC本は他の韻書に基づいて排してゐることも考へられる。D本『伊露葩字』のみ菅原為長撰[注11]の『文鳳抄』の「巻十秘抄」(略韻・同訓平他字)のA系統本の『尊経閣文庫本』[注12]の「依訓異音字」五六字にほぼ全面的に依拠してゐることが、本稿の調査で始めて判明した。『平他字類抄』の「両音字」部は「地部」「動物」「人倫」「人躰」「人事」「雑物」「詞字」と意義分類体になつてゐる。而かるに『伊露葩字』の「両音字」に該当するのは、『平他字類抄』の「随読平他字」の箇所である。『伊露葩字』は『平他字類抄』よりも『文鳳抄』により多く一致する。次に『尊経閣本』(『文鳳抄』巻十秘抄)の「依訓異音字」[注13]と、D本『伊露葩字』と対比させる。

伊露葩字			文鳳抄(依訓異音字)		
5065	吹 平仄	フク カセ	1	吹 平他	フク カセ フエ
5066	空	ムナシ ソラ アナ	2	空 平他	ソラ アナ ムナシ
5067	更	カワル 五― サラニ	3	更 平他	五更 サラニ
5068	浪	白― 滄― 波―	4	浪 平他	塗浪 ナミ 渡浪
5069	蔵	ヲサム カクス クラ	5	蔵 平他	オサム クラ カクル
5070	泥	塗― ナツム	6	泥 平他	泥塗 ナツ(ム)カコツ 泥梨
5071	氏	シ ウチ	36	氏	平 月氏國 他 ウチ
5072	屏	―風 シリソク	7	屏 平他	ヘイ シリソク
5073	荷	ハチス ニナウ	8	荷 平他	ハチス ニナウ
5074	華	ハナ ―山	9	花 平他	ハナ 花山
5075	蔣	コモ ―生	10	蔣 平他	コモ 蔣生
5076	騎	ノル 軒	11	騎 平他	ノル 軒騎
5077	莵	ト ウサキ	12	莵 平他	莵裘 ウサキ
5078	鮮	アサヤカ スクナシ	14	鮮 平他	アサヤカ スクナシ ナマス
5079	相	アウ シヤウ	15	相 平他	アヒ 相門
5080	將	ト 大―	16	將 平他	ト 大将
5081	先	サキタツ マツ	17	先 平他	マツ サキタツ サキ
5082	長	ナカシ ヲサ ヒト、ナル	18	長 平他	ナカシ ヒト、ナル オサ
5083	咽	ノント ムセフ	19	咽 平他	ノムト ムセフ
5084	衣	コロモ キル	20	衣 平他	コロモ キル コケ
5085	冠	カンフリ カウムラシム	21	冠 平他	カフリ カフラシム カフリス
5086	扁	ヒトへ ヘン	22	扁 平他	扁舟 扁鵲
5087	巻	ケン マク	23	巻 平他	所名 マキ
5088	令	セシム レイ	24	令 平他	セシム 令月 教令

5089 蒼 サウ アヲシ	25 蒼 平他 青蒼々 莽蒼
5090 三 ミツ ミタヒ	26 三 平他 ミツ ミタヒ
5091 重 シケシ ヲモシ	27 重 平他 シケシ カサヌ オモシ
5092 幾 コイ子カウ イクハク	28 幾 平他 コヒ子カフ イクハク
5093 遺 ノコル ヲクル	29 遺 平他 ノコル オクル
5094 中 ウチ ヘタツ	30 中 平他 ナカ ウチ アタル
5095 間 アイタ ヘタツ	31 間 平他 アイタ ヘタツ
5096 罷 ツカル マカル	33 罷 平他 ツカル マカル
5097 為 タリ ナス タメ	34 為 平他 タリ シハサ シク タメ
5098 思 ヲモウ ヲモイ	37 思 平他 オモフ オモヒ
5099 遅 ヲソシ マツ	38 遅 平他 オソシ マツ
5100 教 セシム ヲシウ	39 教 平他 セシム オシフ
5101 盛 モル サカリ	40 盛 平他 モル サカル
5102 行 ユク ツラナル ヲコナウ	41 行 平他 ユク ツラ オコナフ
5103 不 イナヤ ス	42 吥 平他 イナヤ セス
5104 正 ー月 マサニ タ、シ	43 正 平他 正月 マサニ タ、シ
5105 興 ヲコル 感	45 興 平他 オコル 興盛
5106 禪 坐ー シツカナリ ユツル	47 禪 平他 坐禅 ユツル
5107 傳 ツタウ 左ー	48 傳 平他 ツタフ 左傳
5108 尚 ー書 ナヲ	49 尚 平他 尚書 并官 ナヲ
5109 當 アタル ソノ	50 當 仄他 アタル マサニ ソコ
5110 稱 唯ー カナウ	51 稱 平他 稱唯 カナフ
5111 漸 イル ヤウヤク	52 漸 平他 イル ヤウヤク
5112 從 ヨル シタカウ	53 縦 平他 タテ ホシイマ、 タトヒ 〔両音41從〕
5113 應 ヘシ コタウ	〔ナシ〕
5114 夢 ホウ ユメ	〔両音9夢〕
5115 聴 チイ キク	〔両音18聴〕

のやうであり、D本『伊露葩字』の「両音字」は『文鳳抄』の『尊経閣本』のごときA系統本に依拠してゐることは間違ひない。『平他字類抄』の下巻に「随読平他字」（五〇字）にも対応すべき標出字は多いが、韻字の排列まで略一致するのは『文鳳抄』（A系統本）の方である。

また、E本『色葉文字』は岡田希雄氏によると、巻末に「伊路葉文字并両音之字大概之」の識語の後に「十二月異名」を付するといふ。これは『節用集』類に拠つたことも考へられるが、先行する韻書の例としては、やはり『文鳳抄』のA本系統の『尊経閣本』の巻末に存するのである。『色葉文字』もこのA系統本の『文鳳抄』からの引用であることが考へられる。

最後にD本『伊露葩字』は巻末に「色葉字　終」とした後に「辶」繞の付く字を「5055辷」～「5064辻」の一〇字を置く。さうして「両音字」の後に「半読字」として再読文字の類を「5116遣シテシム」～「5123盍ナンゾヤ」の八字を置き、さらに続けて「重点」（平声・仄声、地理）の用例を七〇語列記する。『平他字類抄』下巻の「随読平他字」の後の畳字群中にも相当数「重点」を含むが、『伊露葩字』の「重点」と共通するのは一〇語程度で、『平他字類抄』が典拠になつてゐるとは考へられない。『色葉字類抄』や『節用集』類に基づいたものと思はれる。『伊露葩字』の付載部分の最末に七九語の「世話字」類を付してゐる。これも『下学集』『節用集』等から採録したとも考へられる。孰れにしても『伊露葩字』は「色葉字平他」類の韻書の中では、特に斯様に多種の付録類を備へ、作詩・作文のためには勿論、当座の便利の用に供するものを置き、辞書・韻書としての充実を図つてゐるのである。

本項の冒頭に「色葉字平他」類の韻書の典拠に関して要点を纏めて一、～五、に記したが、D本『伊露葩字』の「両音字」が『平他字類抄』下巻に拠らず、『文鳳抄』のA系統本（『尊経閣本』）に依拠してゐることを特記し、付言することとする。

注1　天和・貞享頃（一六八一～一六八七）東本願寺において聯句連歌会が屢々張行されてをり、昌純・立閑・宇都宮由的等が連衆に加はつてゐることを深沢眞二氏が委しく報告されてゐる。深沢氏論文「『漢和三五韻』の周辺」（『和漢比較文学叢書』第16巻「俳諧と漢文学」所収、一九八八年6月　汲古書院刊）参照。

注2・9　『平他字類抄』上中巻を第一次の典拠として成つた室町時代後期成立の韻書群。多く「色葉集」類の書名を付してゐる。韻書でない「色葉集」類と区別するため、本稿では斯く名付ける。

注3・5・6　『古辞書研究資料叢刊』第3巻（一九九五年11月　大空社刊）に「翻字本文」「和訓索引」収録。

注4　川瀬一馬博士が『椎園』第3輯（一九三八年〈昭和13〉8月刊）に紹介せられてゐる。

注5　川瀬一馬博士監修『龍門文庫善本叢刊』第3巻（一九八五年〈昭和60〉10月　勉誠社刊）に「影印本文」が収録されてゐる。また、「翻字本文」は注3の書に収録。

注7　岡田希雄氏が『書誌学』第11巻第4号（一九三八年〈昭和13〉10月刊）に紹介せられてゐる。

注8　正宗敦夫氏編『新韻集』（「日本古典全集」所収、一九四四年〈昭和19〉2月　日本古典全集刊行会刊）として影印刊行された。また「翻字本文」と「和訓索引」とは『古辞書研究資料叢刊』第4巻（一九九六年6月　大空社刊）に収録する。

注10　表Vの『平他字類抄』の収録語数は中巻（辞字部）のみのものである。それに対して、「色葉字平他」類の韻書四種（A本・C本・D本・F本）の収載語は、『平他字類抄』上・中巻と対応するものの数値を示したものである。委しくは付載資料一、〔二〕～〔四〕参照。

注11　菅原為長（保元三年〈一一五八〉～寛元四年〈一二四六〉）撰述の類書『文鳳抄』の「巻十秘抄」が「略韻」「同訓平他字」となつてゐる。この『文鳳抄』のA系統本『尊経閣本』が『平他字類抄』下巻の典拠となつてゐる。『尊経閣本』の書写年は正安元年（一二九九）である。大友信一氏論文「『平他字類抄』の成立――『文鳳抄』との連関を中心に――」（『岡山大学教育学部研究集録』第40号　一九七四年〈昭和49〉8月刊）参照。本稿第一章第二節に扱ふ。

注12　『尊経閣本』の新写本の「影印本文」を『古辞書研究資料叢刊』第2巻（一九九五年11月　大空社刊）の巻末に付載する。

注13　注12の文献（影印本文）所載。

第二章　『聚分韻略』とそれに基づいて成立した「略韻」類の韻書

第一節　南北朝時代から室町時代前期にかけての聯句と韻書の成立

一－１時代背景　鎌倉時代から南北朝期にかけての学僧・禅匠とも称された人々は、その殆どが中国からの来朝僧と、中国で留学を了へて帰朝した僧侶であった。それらの中で、特に後世、五山文学の祖とも仰がれた帰化僧の一山一寧（一二四四～文保元年〈一三一七〉）は、本邦鎌倉五山の建長寺や円覚寺に住し、後には京都五山の南禅寺でも住持となった人物である。百科全書的頭脳をもつ学僧とも言はれた程博識の人で、五山叢林の学問と詩文興隆に偉大な指導力を発揮した。

『聚分韻略』を撰述した虎関師錬（弘安元年〈一二七八〉～貞和二年〈一三四六〉）は一山の学統をよく承け継いだ人物である。虎関は禅林の詩人であったと共に、勝れた文筆家でもあった。詩集に『済北集』（二〇巻）があるし、他に史学書『元亨釈書』（三〇巻）、評論『通衡五篇』などに窺はれるごとく、卓越した文人として、五山文芸に与へた影響は洵に大きく、量り知れぬものがある。夢巌祖応の『虎関和尚行状』に拠って見れば、前掲書の外に『仏語心論』(一八巻)、『十禅支録』(三巻)、『禅余惑問』(二巻)、『正修論』(一巻)、『禅戒規』(一巻)、『和漢編年干支合図』、『禅儀外交集』(二巻)と、頗る多方面に亘つてゐる。『聚分韻略』の跋は虎関の師たる叟一寧が記してゐる処からも、虎関が文筆の才能を一山に認められてゐたことは事実で、以つて虎関の学識の偉大さが窺はれると言ふものである。

処で、南北朝期以前の五山文芸(五山前期)の傾向は何と言つても漢詩文が中心である。その源流を辿ると次のやうなことが考へられる。帰化僧や帰朝僧が学んだ中国の、宋代以降明代に至るまでの禅林は、専ら四六駢儷体が流行し、詩偈・法語の類までもこの駢儷体を採つてゐた。その思潮を本邦にも帰化僧や帰朝僧たちは伝来せしめ、本邦においても、五山叢林は挙つて四六の詩文を製作する風勢と化した。従つて一山・虎関の時代の叢林でも四六文が隆盛を極めたのである。本来、虎関は一山の学統を継いだ人であり、古文復古を説いた人物であつた。この古文復古主義の虎関までが、四六文やその疏を説くほどにまで五山は四六一色になつてゐたのである。蓋し虎関の著『禅儀外文集』は四六文の法語や疏、さらには作法をも説くに到つてゐた。

虎関に続く学僧として義堂周信[注1]（正中二年〈一三二五〉～嘉応二年〈一三八八〉）と絶海中津（正慶二年〈一三三六〉～応永一二年〈一四〇五〉）の名を挙げねばなるまい。共に夢窓派を代表する禅匠にて、この期の詩文の双璧とも称されてゐる。義堂は虎関の『禅儀外文集』を講じて『禅儀外文集抄』を著はした。他に彼は『貞和類聚祖苑聯芳集』（一九巻）を編輯して偈頌のモデルを示し、自らの詩文を『空華集』（二〇巻）に収録した。『空華集』の文芸的価値は極めて高く、中国大陸の文人をも驚嘆せしめたと言ふ（『空華日用工夫略集』[注2]応安二年〈一三六九〉七月一四日条）。彼の日録『空華日用工夫略集』には義堂や絶海らとの交友関係についても記されてゐる。義堂は同じ夢窓派の無外円方や大照円熙らと連衆して聯句に興じてゐる。

貞治五年（一三六六）七月日条　七夕、無外、大照五六人来遊聯句、々未央・聴売瓜、乃命侍衣（＝衣鉢侍者絶海中津）令買之。

また、玉岡如金・雲渓如龍・天祥一麟らとも聯句を楽しんでゐることが、次の記事に拠つて判る。

至徳元年（一三八四）九月四日条　金玉岡、龍雲渓、麟天祥各袖茶而来遊、々興不尽、連句数十度、昏而去。

義堂の『空華日用工夫略集』には、聯句よりも聯句連歌（和漢聯句）に関する記事が多出するのである。この義堂・絶海の時代は四六体の漢詩文から聯句へ、さらに聯句連歌へと、禅林文芸の風潮は確実に推移してゐることを識る。時恰も将軍義満の天下を支配する時代で、五山叢林は幕府の全き庇護下にあり、義満自身までが参禅する程であつた。この頃の文人二条良基は義満の手厚い待遇を受け、聯句にも強い関心を示した。良基が義堂に聯句の指導・批評を請うてもゐる（永徳二年〈一三八二〉一月二十七日条）。斯様にして禅林は聯句と共に、聯句連歌の気運が愈々向上して行くのであつた。五山衆と公家衆、連歌師などが同じ一座で交流する所以である。

一―2 禅林聯句と韻書・辞書　鎌倉時代末期に成立した韻書『平他字類抄』と、それより後の嘉元四年（一三〇六）に成つたとされる『聚分韻略』とが、双方共にこの南北朝期～室町前期には詩文作製のために存してゐた。しかしながら両書の間には当然のこと、明確な差異が認められる。[注3]『平他字類抄』は先行する『色葉字類抄』を典拠として成つたものであるから、書名の通りに「字類抄」の系統に属する書である。「字類抄」は公家社会や学問所等の一部の文雅の士の間で秘蔵されつつ愛好せられた。それに対して『聚分韻略』は成立直後から刊行され流布した。

さうしてそれは必然的に五山叢林を中心とする禅宗寺院で禅聯句のために使用されたが、徐々に一般に広がって行つた。「原形本」が「三重韻」に改編されたのみならず、室町時代中期には『聚分韻略』に基づく「略韻」類が漢詩や漢聯句の作詩用参考辞書として出現する。『聚分韻略』の平声（上平・下平）の部（三一韻）のみを独立せしめた『国会本略韻』、それよりやや後出の『海蔵略韻』、さらに慶長十年頃成立の古澗慈稽の『古澗略韻』なども、やはり『聚分韻略』の韻字を韻内字（本韻）とし、『韻府群玉』や『古今韻会挙要』あるいは『古今韻会挙要小補』等から、必要と思はれる韻字（標出字）を補充して、これを「韻外字」として、韻書としての内容を充実せしめてゐる。これらの韻書編輯、あるいは上梓はすべて、応仁の乱後の聯句や聯句連歌の興隆に伴なってなされた具体的営為である。さうして室町時代後期の明応年間になると、聯句連歌の「漢和聯句」のための韻書『和訓押韻』（十一韻）の最古写本の『松平文庫本』が現はれる。かくて聯句連歌は漢和聯句が和漢聯句を凌ぐほどにも盛行すると、これに付随して、天正二十年成立の『和訓押韻』の『北岡文庫本』、さらに時代が降ると『松平文庫本』と『北岡文庫本』とを合成して成つた『龍門文庫本』も現はれてゐる。これら「十一韻」の諸本も、やはり『聚分韻略』に基づいて編纂され、必要に応じて『古今韻会挙要』からの韻字をもつて韻外字となし、若干づつ補入する。「十二韻」の段階になると、『韻字記』も『韻字之書』も、『聚分韻略』を基幹として編輯する方針は全く同一であるが、「韻外（字）」は明の『古今韻会挙要小補』を多く用ゐてゐる点が特に注目される。

江戸時代初期に入って、これら漢和聯句の韻書の成立はさらに継続され、貞享三年（一六八六）には『漢和三五韻』が編まれるに到る。「十一韻」や「十二韻」の韻書では、極めて盛んとなつた漢和聯句に資するには不十分であつたことが領けよう。十五韻の『漢和三五韻』は、韻外字を『古今韻会挙要小補』や『五車韻瑞』『字彙』などから補入するばかりでなく、韻内字についても、その語注の中に、ほぼ全面的に『古今韻会挙要小補』から、長めの漢文注を引用して、辞書としての内容の充実を図つてゐる。この書は単に韻書としてよりも、学術書としての内容のものに編纂した意図が窺はれる。この『漢和三五韻』の辞書的性格を承けつつ、一層の斬新さを増す書として、元禄一一年（一六九八）には『和語略韻』が刊行されてゐる。この書は三一韻で平声全韻の韻書である。『和語略韻』は韻内字のみで、韻外字は存せぬが、全三一韻の各韻字には、和漢の典籍から実に多くの熟字例を補入して、詩文作製のための参考書としての徹底を図つたと松峯散人の序に記すが、聯句連歌の実作よりも寧ろ、辞書としての内容を高めてゐる。

以上に掲出した各韻書は全て『聚分韻略』に基づいて成立した韻書である。以下、私の立場からする記述を展開する。

注1・2　朝倉尚氏著『就山永崇・宗山等貴』（一九九〇年9月　清文堂出版刊）並びに『抄物の世界と禅林の文学』（一九九六年12月　清文堂出版刊）に詳述されてゐて参考になる。本稿でも第二章各節において、『聚分韻略』に基づく韻書に関して以下に取り扱ふ。

注3　室町時代の漢詩・聯句、あるいは聯句連歌の韻書については、本稿第一章各節、第二章各節、並びに付章第一節、第二節において、論を展開する。

第二節　『聚分韻略』

二―1　概要　虎関師錬によつて編纂された『聚分韻略』（全五巻）の「原形本」は、南北朝時代初期に本邦最初の刊本として上梓された。本書は作詩に際して韻字を探るための韻の辞書で、約八、〇〇〇字（『原形本』全て七、九四五字、『三重韻』七、九七三字）の漢字を平声（上平・下平）、上声、去声、入声の五項・一一三韻に分かち、その標出字（韻字）の下位に簡単な漢字注を付した体例のものであつた。慶長初期刊行以前の、室町時代末期までに上梓された中世版の『聚分韻略』は、「原形本」も「三重韻」も全て無訓刻版として刊行された。これらの版本に利用者の立場で音訓仮名が加筆されたのは刊行直後からである。従つて各刊本に書入れられてゐる音訓仮名は、その版本の刊行年次に近い情況を示してゐると考へてよい。音訓仮名が付刻されるやうになつたのは、慶長初頃刊の『無刊記九行付訓刻版』以降のことである。この辺りは、他の一般の辞書とは成立の事情が大分異つてゐる。さうして、韻書でありながら、各韻目毎に「乾坤」「時候」「気形」「支躰」「態芸」「生植」「食服」「器財」「光彩」「数量」「虚押」「複用」の一二門に意義分類されてゐることに大きな意義が認められる。意義分類体の辞書では同じ部類に同義語・同類語が集められてゐる。これは漢詩や聯句の実作のために「聯想」に資するものとして必須のものである。また、この意義分類は、以降の一般辞書は勿論、作詩に資する韻書類もこれを多く踏襲するに至つた。この『聚分韻略』が室町期以後、江戸時代末期に到るまで世に有用な書として多用され、版種も数十種以上に及んでゐる。まさしく驚愕させられるのである。

処で、従来の『聚分韻略』研究は版種や異本の多さに基づく、本文や書物としての体裁の異同をめぐる書誌に関するものが特に多く、この方面の研究は相当に進んでゐる。しかし、そもそも「『聚分韻略』とは何か」といふ基本的な問題が十分に議論されて来たとは言ひ難い。更に、『聚分韻略』が南北朝初期に刊行されて以来、江戸時代末期まで、他の便利な幾多の辞書・韻書が簇出しても、なほかつ続刊されて来たのは、どういふ事情に基づくものであるかについても考究する必要がある。本稿では、斯様な基本的な問題を中心にして、以下考察を進めたいと考へる。

二―2　韻目と構成

『聚分韻略』(五巻)の韻目を次に列挙する。さうして、各韻目の収録韻字数は付載資料二、表I～Vに示す通りである。

[平声]「上平」一、東韻　二、冬鍾韻　三、江韻　四、支脂之韻　五、微韻　六、魚韻　七、虞模韻　八、齊韻　九、佳皆韻　一〇、灰咍韻　一一、真諄臻韻　一二、文欣韻　一三、元魂痕韻　一四、寒桓韻　一五、刪山韻(上平計十五韻)、「下平」一、先仙韻　二、蕭宵韻　三、肴韻　四、豪韻　五、歌戈韻　六、麻韻　七、陽唐韻　八、庚耕清韻　九、青韻　一〇、蒸韻　一一、尤侯幽韻　一二、侵韻　一三、覃談韻　一四、塩添韻　一五、咸銜韻　一六、嚴凡韻(下平計一六韻)〔平声計三一韻〕

[上声]一、董韻　二、腫韻　三、講韻　四、紙旨止韻　五、尾韻　六、語韻　七、麌姥韻　八、薺韻　九、蟹駭韻　一〇、賄海韻　一一、軫準韻　一二、吻隠韻　一三、阮混很韻　一四、旱緩韻　一五、潸産韻　一六、銑獮韻　一七、篠小韻　一八、巧韻　一九、晧韻　二〇、哿果韻　二一、馬韻　二二、養蕩韻　二三、梗耿静韻　二四、迥韻　二五、拯等韻　二六、有厚黝韻　二七、寝韻　二八、感敢韻　二九、琰忝儼韻　三〇、豏檻范韻〔上声計三〇韻〕

[去声]一、送韻　二、宋用韻　三、絳韻　四、寘至志韻　五、未韻　六、御韻　七、遇暮韻　八、霽祭韻　九、泰韻　一〇、卦怪夬

韻　一一、隊代韻　一二、廢韻　一三、震稕韻　一四、問韻　一五、焮韻　一六、願慁恨韻　一七、翰換韻　一八、諫襇韻　一九、霰線韻　二〇、嘯笑韻　二一、效韻　二二、號韻　二三、箇過韻　二四、禡韻　二五、漾宕韻　二六、敬諍勁韻　二七、徑韻　二八、證嶝韻　二九、宥候幼韻　三〇、沁韻　三一、勘闞韻　三二、豔㮇釅韻　三三、陷鑑梵韻〔去声計三三韻〕

〔入声〕一、屋韻　二、沃燭韻　三、覺韻　四、質術櫛韻　五、勿韻　六、迄韻　七、月没韻　八、曷末韻　九、黠轄韻　一〇、屑薛韻　一一、藥鐸韻　一二、陌麥昔韻　一三、錫韻　一四、職德韻　一五、緝韻　一六、合盍韻　一七、葉帖韻　一八、洽狎韻　一九、業乏韻〔入声計一九韻〕〔合計一一三韻〕

この『聚分韻略』の一一三韻の韻目整理について一言する。委細に亘つては後述（一-6）するが、『聚分韻略』は韻字並びにその漢字注の八〇％程度を『広韻』に典拠を得てゐて、二〇六韻の『広韻』（平声〈上平二八韻・下平二九韻〉・上声五五韻・去声六〇韻・入声三四韻）を主要典拠として成つてゐる。二〇六韻の韻書を一一三韻の通用韻に整理したのは、宋の丁度撰『韻略』、これの重刊本たる賈昌朝撰『礼部韻略』、それに増改を加へた南宋の毛晃撰『増修互註礼部韻略』（通称『増韻』）等で、これら中国韻書でも既に一一三韻に整理されてゐる。従つて日本に韻書が入つてから韻目が整理されたのではない。然らば、本邦における『聚分韻略』以前の韻書と、虎関の『聚分韻略』成立以降の韻書とでは、どう違つてゐるか。また虎関の韻目整理法に独創性が認められるのか、等々について記すこととする。

まづ『聚分韻略』は「切韻系」に属する韻書であるが、切韻系の古い『東宮切韻』や『季綱切韻』などは佚書となつてゐて佚文でしか残つてゐないので、「韻目名」については調べやうがない。実際に調査し得る韻書に天理図書館蔵の『平安韻字集』[注1]（仮題・零本）がある。この書の現存七帖中に韻目名が見られるのは、第二帖・第四帖・第六帖の三帖で、次のごとくになつてゐる。

第二帖（脂之韻）　第四帖（先仙韻）　第六帖（庚耕清韻）さすれば、残りの四帖は、大友信一氏[注2]が推定されてゐるやうに、第一帖（東韻・支韻）、第三帖（虞模韻）、第五帖（陽唐韻）、第七帖（尤侯幽韻）、とあつたものと思はれる。現存の七帖が全て平声の韻目のみであるから、この書は謂はゆる「略韻」の韻書であつた。『平安韻字集』は平安時代末期の天喜（一〇五三）・康平（一〇五八）頃といふ比較的早い頃の成立とされてゐるものである。[注3]また年代が数十年降つた天仁二年（一一〇九）に成立した三善為康撰『童蒙頌韻』では韻目名が次のやうになつてゐる。これも平声全て三二韻である。

[上平]　東一　冬鐘二　江三　支四　脂之五　微六　魚七　虞模八　齊九　佳皆十　灰咍十一　真臻十二　文殷十三　元魂痕十四　寒十五　刪山十六

[下平]　先仙一　蕭宵二　肴三　豪四　歌五　麻六　覃談七　陽唐八　庚耕清九　青十　尤侯幽十一　侵十二　塩添十三　蒸登十四　咸銜十五　嚴凡十六

降つて鎌倉時代の、寛元四年（一二四六）以前に成立した菅原為長撰『文鳳抄』の巻十秘抄は「略韻 同訓平他」となつてゐるが、この「略韻」の韻目名を次に掲出する。弘安元年（一二七八）写本の『真福寺本』に拠つて示す。やはり平声三二韻の韻書である。（『真福寺本』の傍訓・声点は省略する）

[上平]　東韻　冬鐘韻　江韻　支韻　脂之韻　微韻　魚韻　虞模韻　齊韻　佳皆韻　灰咍韻　真臻韻　文殷韻　元魂痕韻　寒韻　刪山韻

[下平]　先仙韻　蕭宵韻　肴韻　豪韻　歌韻　麻韻　覃談韻　陽唐韻　庚耕清韻　青韻　尤侯幽韻　侵韻　塩添韻　蒸登韻　咸銜韻　嚴凡韻

となつてゐて、『童蒙頌韻』の韻目名に一致する。さうしてさらに遡つて、『平安韻字集』とも一致するものと推定される。具体的には「支韻」と「脂之韻」とに分けられてゐること、「真臻」となつてゐて「真諄臻」とはなつてゐないこと、『聚分韻略』には「文欣」とあるが「文殷」[注4]となつてゐること、などに気が付くのである。本邦において平安末期(前半)から鎌倉時代にかけての韻書が右の通りの韻目であつたのを、本書『聚分韻略』では、全韻(平声・他声)の一一三韻とし、前掲のごとき韻目整理と韻目名にしてゐるのは、まさに中国の『礼部韻略』(原刊本は『韻略』)と『増韻』に基づいた所以である。ここに本邦韻書史における虎関の新機軸とも言ふべき韻書編纂の意図が看て取れる。さうしてこの『聚分韻略』の韻目名は、後出の『聚分韻略』を原拠として成つた「略韻」[注4]類においても、『国会本略韻』を除いては『聚分韻略』の「平声」の韻目名を踏襲するのである。

次に『聚分韻略』の各韻目毎に細分類されてゐる意義分類について記す。本書は前掲(一-1)のごとき一二部類(乾坤門・時候門……複用門)になつてゐる。先行する辞書『色葉字類抄』も同じく意義分類をなすが、これの先蹤としては、先に触れた一一世紀中葉に成立した『平安韻字集』に既に見受けられるのである。この書の第一帖の残存部分に「二人」「両音」(以上「東韻」の末尾)と「殖物」「動物」「人倫」(以上「支韻」の冒頭部)が見られ、第二帖(脂之韻)には「天象」「地儀」「殖物」「動物」「人倫」「人躰」「人事」「飲食」「雑物」「光彩」「方角」「員数」「辞字」「異訓」「重点」「畳字上」(上平)「畳字下」(上他)などが、また第三帖には「天象」と「光彩」「方角」「員数」「辞字」「異訓」「重点」「畳字上」「畳字下」「雙貫」(上下)「三字畳字」「官職名」「所名」「二所名」「人名一字」「二字」(上下)「三字上」(中他)「四字」「二人名上」などが認められる。第四帖には「天象」と「光彩」「方角」「員数」「辞字」「異訓」

「重点」「畳字上」「畳字下」「雙貫」（上下）「三字畳字」「官職名」「所名一字」「所名二字」（上下）「二所名」「人名一字」「二字上」「二字下」「三字上」「二人上」など、第五帖（後半残存部分）には「異訓」「重点」「畳字上」「畳字下」「雙貫」（上下）「三字畳字」「四字畳字」「官職名」「国名上」「所名中」（皆平）「所名下」（上他）「二所名」「人名一字」「二字上」「二字下」「三字上」（中他）などがあり、第六帖は残存部（冒頭部分）は「天象」「地儀」「殖物」「動物」の四部類が見え、第七帖には「地儀」「殖物」「動物」「人倫」「人躰」「人事」「飲食」「雑物」「辞字」「異訓」「重点」「畳字上」「畳字下」「雙貫」（上下）「所名下」「二所名」「三所名」「人名一字」「人名二字上」「人名二字下」「三字上」「三字下」などの部類が確認し得る。斯くて『平安韻字集』の「部類」[注5]は、

天象・地儀・殖物・動物・人倫・人躰・人事・飲食・雑物・光彩・方角・員数・辞字・異訓・重点・畳字・雙貫・官職名・所名（国名）・人名・両音〔二一部類〕

のやうであつたと見られる。『色葉字類抄』や『平他字類抄』はほぼこの部類名を承けてゐる[注6]。この『平安韻字集』の「部類名」と『聚分韻略』の一二門の「部類名」とを比べると、呼称がかなり相異してゐることに気付く。虎関は『聚分韻略』の自序に次のごとく記してゐる。「一二門」設定に際して解説を加へてゐる。

（上略）乃博考韻篇 碁布隊類 分為五巻 象于五行也 裁為十二門 象于四序也 已而書成 客曰二六之数 其説如何 余曰夫風雨・雪霜皆天也 山川・宮室皆地也 至于方所・郡国・沙石・灰塵 莫不尽載者 蓋取諸乾坤門 運春秋而成年 累晦朔而為月 古今・朝暮・陰霽・干支 莫不畢見者 蓋取諸時候門 形於上者 日月・星辰也 形於下者 人獣・虫豸也 姓名・官党之品也 戎狄・軍旅之區也 莫不僉挙者 蓋取諸気形門 耳目之排顔 股肱之翼體也 毛髪與涕唾 羽翮及角牙 莫不咸存者 蓋取諸支體門 歌舞開宴 漁

獵為嬉 講習詩書 争賭博塞 何特吾人而已乎哉 飛鳴走吼者 禽獣之事也 游泳勃卒者 蟲魚之事也 坐立動止之儀 宦婚・祭喪之禮 無不併括者 蓋取諸態芸門 灌漑而開蔬 耕耘而成穀 待雨露 自茂経霜雪不凋果蓏・柴樵・枝葩・株梼 莫不兼收者 蓋取生植門 味于口 為食御于身 為服類緒之瑣細也 糟糠之麁糲也 莫不皆包者 蓋取諸食服門 混而為財 散而為器 動而適用 收而帰資 膠漆之在塗糊也 金玉之於荘飾也 莫不共蓄者 蓋取諸器財門 黼黻之殊彩 燈炬之分光 燧燧之明 紅紫之色 莫不備含者 蓋取諸光彩門 一生二而萬物出焉 錙積銖而千鈞成焉 寸尺之差 毫氂之異 莫不倶列者 蓋取諸数量門 上之十門 皆有党伍 今復捃摭 読而虚者以為両部 読而虚者有単 而可押 有複 而可用所以後之二門之重建也 凡五行之動不過一歳 剖于五 判于十二也(下略)

これを読むと、虎関が一二門の部類名を命名するに際しての苦心の程が窺はれる。例へば「乾坤」は本邦の例では古く平安初期(九七〇年成立)の源為憲の『口遊』に「乾象……坤儀」があるが、『聚分韻略』は漢籍の用語を使用したものと思はれる。「時候」も本邦の本書以前の辞書には見られない。『平安韻字集』や『色葉字類抄』の「人倫」と「人躰」とを統合して「支躰」、「飲食」と「雑物」とを統合して「食服」、「動物」を「気形」にするなど、全て漢籍から用語を選んでゐる。各部類の排列も『平安韻字集』を踏襲したとは思はれない。さうして右の「序」にも謂ふ通り、「乾坤」～「数量」の一〇門の後に「虚押」「複用」の二門を付加したのは、虎関の独創にして『聚分韻略』の特徴ともなつてゐる。斯く部類名の多くは漢籍に用語を索めてゐるのである。

この『聚分韻略』の「意義分類」とその「部類名」は本邦韻書史上、画期をなすもので、本書以降成立の韻書や、辞書の多くは、『聚分韻略』の部類名を継承する。特に『色葉字類抄』の収録語を数多承ける『節用集』類が『聚分韻略』の部類名を踏襲するのは、本邦辞書史の上で特筆すべきことである。中世辞書の始まりと基盤はまさに『聚分韻略』にあると言つても過言ではない。

ここに付記すべきことがある。それは『聚分韻略』の意義分類体が聯句の実作の上で果たした役割についてである。意義分類体に排列されてゐることは、類語・類句が同じ場所に集められてゐて検索に便利である。しかし応仁の乱以後においては、その役割は利便性にのみにとどまらなかつた。特に和漢聯句の盛行する文明期半ば頃から、連歌の式目の影響によつて、聯句にも法式が整備されて行つたのである。その結果、『聚分韻略』の部類名(門)がみごとに聯句の法式に組み込まれるに到るのである。万里集九(正長一年〈一四二八〉~永正四年〈一五〇七〉頃)が文明一四年(一四八二)頃に成文化した彼の「聯句説」の後半に次のごとき記事が見られる。注目すべき内容である。

但本邦之老古錐、為二童蒙一有レ云、聯句破題之五字、第二置レ仄、是為二正躰一、第二置レ平、是為二偏躰一、勤避二一三之声一、或乾坤、或時候、或気形、或態芸、或生植、或器財、或食服、或光彩、或数量、或複用等、各其門類、隔二六句八句一用レ之、句法同者避レ之(下略)(『梅花無尽蔵』第六巻所収)

この中の「本邦之老古錐」とは虎関師錬を指し、「為童蒙有云」は具体的には『聚分韻略』の前掲の序文をいふのである。五山衆が公家衆との交流を通じて、連歌への関心が漸く高まつて行つた結果、斯く顕著に連歌の式目の影響が聯句にも及んだのだと思ふ。これは自然の動向であり、かつ聯句の文芸性の向上をも意味するものであつた。

二―3　伝本の系統

『聚分韻略』の伝本は極めて多いが、その殆んどが「版本」である。写本も現存はするが、版本の転写本のみで、注目すべきものは報告されてゐない。従つて本項では「版本」の系統について記すこととなる。

最初に『無刊記原形本』があり、それが刊行後間もなく重刊されたり、改版せられて、次に「平声」を上段に「上声」を中段に、「去声」を下段に積み重ねて対照し得るやうに改編した、謂はゆる『三重韻』が現はれるやうになる。『原形本』は勿論のこと、『三重韻』になつてからも慶長期頃までの「中世版」は全て「無訓刻本」である。字音・字訓のカナは専ら利用者側の書入れによるものであつた。「付訓刻本」は近世極初期になつてからの刊本である。この各伝本の成立の過程を図示すると次のやうになる。後掲の奥村三雄氏の「版本の分類表」[注7]を参照した。

A
- a 駿河御譲本（五行本）
- b 無刊記原形本（九行本）《内閣文庫蔵『伊沢蘭軒旧蔵本』》
- c 無刊記原形本（一〇行本）《国立国会図書館蔵『愚堂本』など》
- d 有刊記原形本（一〇行本）《『応永一九年京都版』⇓『文明一八年美濃版』》

←── 第一過程（A⇓B）

B
無訓刻本三重韻（九行本）《『文明一三年薩摩版』⇓『明応二年周防版』・『永正元年中央版』（一〇行本）⇓『亨禄三年日向版』など》

←── 第二過程（B⇓C）

C
付訓刻本三重韻（九行本）《『無刊記版』⇓『慶長一七年版』⇓『寛永版』（七行本）・『正保四年版』・『慶安元年版』など》

第三過程（C⇒D）

←

D ┌a付訓刻本三重韻［増補本］（六行本）《『寛文五年版』など⇒『延宝二年版』（七行本）など》
　└b付訓刻本三重韻［改編本］（五行本）《『亨保一九年版』など⇒『文化四年版』（一一行本）など》

右のテクスト生成過程で、Bの最初の刊本『文明一三年本』[注8]やCの「付訓刻本」中の最古の『無刊記本』（江戸時代極初期刊）は、伝本の系統を考へる上で重要である。また、この『無刊記付訓刻本』の「音訓カナ」に最も近い「中世版」の『三重韻』の「書入れ」は孰れのテクストであるかを究めることも肝要である。三澤成博氏の調査[注9]に拠れば、「無訓刻本」一〇行本の内閣文庫蔵『永正元年刊本』の「書入れ」などが考へられるのである。

また『聚分韻略』の伝本は夥しい数にのぼるが、これらの「版種」については、斯学の先覚、山田忠雄先生や川瀬一馬博士、奥村三雄氏などの委細な調査があり研究も相当に進んでゐる。さらに近時、付刻本に関する三澤成博氏の研究も注目される。この数多の伝本の系統を纏められた奥村氏の「聚分韻略諸版本の分類表」[注10]は貴重であり、『聚分韻略』研究や利用の指針ともなるものである。

二―4・本文形態　『聚分韻略』の原初の形態は現存『無刊記原形本』に見るやうな、巻一（上平）・巻二（下平）・巻三（上声）・巻四（去声）・巻五（入声）の五巻本であり、各巻頭に「綱目」として「韻目次」を掲げ、それに「分件」として意義分類の「部類名」を続けてゐる。本文は各韻目とも、部類名は陰刻で「乾坤門」「時候門」のごとくし、『三重韻』のやうに「乾―」「時―」のごとき略表記にはしてゐない。各巻・韻目毎の標出字（韻字）の字数は付載資料二、の表Ⅰ～Ⅴの通りである。各韻字の下位に置かれた注文は、簡潔な漢字注・漢文注が小字単行または双行に施されてゐる。その注記は、例へば「上平」一、東韻の、

［乾坤門］　1東春方　6涷分小水入大水　7嵩崧同　15樬房室之疏也 檻也　16鄌邑名

のごとき漢字注・漢文注のものと、次に挙げるやうな、その韻字を上位または下位に含む熟字例のものとがある。

［態芸門］　41聰ー明　42功ー勞　43聾耳ー　51礱磨ー又

また、漢字注と熟字例の両方並記する乾坤門「9穹高也 蒼ー」のやうなものもあれば、反切注記が気形門「36衆又之仲切」のごとき例もまま存してゐる。これらの漢字注や熟字例の約八〇％は『広韻』に典拠を得てゐて、残りは『増韻』『集韻』等に依拠してゐる。この典拠の問題は後項（一-6）に詳しく記述するので、ここでは触れないことにする。

斯様な体例の本文形式で開板されたのであるが、刊行された直後以降、専ら利用者によつて、音訓カナが網羅的に書入れされた。漢詩や聯句の実作に供するために漢字注や熟字例が施されたことは判るが、利用者の側で音訓仮名が書入れされたのは何故なのか。まづこのことについて触れて置きたい。禅林における漢詩の学習は「訓読」の方法で行はれた。また聯句も、聯句連歌の漢句もやはり訓読したものと考へる。さすれば、本書の標出字（韻字）に字音や和訓が付せられてゐる方が検索には便利である。このやうな使用上の必要に基づいて「書入れ」がなされ、利便性が増すやうになり、これが全韻字に亘つて施されたものと目される。漢詩文に熟達した者が音訓カナを網羅的に書入れをすれば、これを初心者が利用するのに一層便利となる。さうして、その「書入れ」は以後伝統的に、国立国会図書館蔵『無刊記原形本』（愚堂本）のやうになされる。一、東「乾坤門」の例を挙げると、

1 ツン 東トウ 春方 ヒカシ　2 ウン 虹コウ 蝀也 ニシ　3 涷トウ ー凌 又　11 クン 空ー虚ムナシ 又 ソラ

と漢音(稀に呉音)の字音カナを韻字の右傍に、和訓カナは、下位の注文の左傍に書入れ、さらに唐音カナを韻字の左頭部に冠してゐる。和訓の複数訓存するものは、漢字注の左傍の外、右傍にも付した。この「書入れ」の方式は、『三重韻』になつても行なはれ、現存する「中世版」の多くが継承してゐる。このことは、『聚分韻略』が作詩・作文の際は勿論のこと、後の「節用集」的な辞書としても多用されたことを物語る。このやうに本書は「書入れ」の施された段階から多用途に供されたことが考へられ、後々まで数多く重刊・改版されて行つたのである。

次に『三重韻』について記す。これの形式については、既述のやうに上段(平声)・中段(上声)・下段(去声)の三段に積み重ねて、漢字の平仄が一瞥して判るやうに工夫したもので、作詩の際の韻字探りに至便のものとなつた。一旦『三重韻』が開板されると、『駿河御譲本』のごとき豪華版は別として、殆んどが「三重韻本」に移行して行つた。ここで次のやうな疑問も生じて来るであらう。『三重韻』が開板される文明期の半ば頃まで、『聚分韻略』の「原形本」が最初に刊行された徳治二年(一三〇七)から一七〇余年もの間、『原形本』のままで使用しても何の不便もなく、五山叢林を始めとする各地の禅院で漢詩や聯句は極めて盛んに行なはれてゐたのは何故かといふことである。例へば『看聞御記』の記事に見られるやうに、後崇光院の尽力によつて「和漢聯句」が応永二四年(一四一七)頃から盛んとなり、応永二五年末には「月次御会」も張行されるほどになつてゐる。この和漢聯句の「漢句」の実作に『聚分韻略』が使用されたことは言ふまでもない。それでも『聚分韻略』の『原形本』で十分間に合つてゐたのである。畢竟、「原形本」が使用されてゐた間は、禅林か学問所等のかなりの知識階層の人々に利用されてゐたが、文明期半ば以降は五山衆の他に公家衆・武家衆、連歌師に至るまで聯句連歌などの韻事に多く関はり、利用者が拡大されて行つた結果、「三重韻」が考案された。その『三重韻』が板行されると、その利便性の故に版種も多く、而かも長く江戸時代末期に到るまで夥しい数の刊行がなされるやうになつた。蓋し『三重韻』開板後は、禅林のみならず、広く一般社会においても使用され続けたことが考へられるのである。

二－5　成立年代と撰述者

『聚分韻略』の場合は、成立年代も撰述者もはつきりしてゐるので屢説することもないが、記述の都合上、他書の形式に合はせて記すこととする。『無刊記原形本』の巻頭に虎関師錬（弘安元年〈一二七八〉～正平元年〈一三四六〉）の自序があり、そこに「嘉元四年（一三〇六）」とあり、一山一寧の跋に「徳治二年（一三〇七）」とある処から、『聚分韻略』は嘉元四年成立で徳治二年に刊行されたとしてよい。撰述者が虎関師錬であることも問題はない。虎関の叢林における五山文芸の業績については諸書に詳述されてゐるので改めて述べることはない。しかし、虎関の活躍した頃の時代背景と五山文芸活動のことについては重要であるので一言する。五山文学の時代区分を蔭木英雄氏[注11]の四期説に従へば、次の通りである。

第一期　弘安頃（一二七八～一二八七）から元徳二年（一三三〇）までの興隆期。この期には大休正念・無学祖元・一山一寧等の来朝僧の作詩活動と日本人禅僧に対する漢詩教育熱は絶大である。さすればこそ第二期の五山文芸の最盛期が展開するに到るのである。虎関はこの期に京都に生まれ、一山一寧の指導を受けて当代屈指の学僧となる。彼は二四歳の若さで早くも『聚分韻略』を撰述し刊行を果たしてゐる。虎関は中国へ留学はしなかつたが、来朝帰化僧の教育によつて高い漢詩文の学力を身につけた。その証左としてこの『聚分韻略』纂輯の業が採り挙げられよう。

第二期　至徳三年（一三八六）までの最盛期。この期にも清拙正澄・竺仙梵僊等の来朝僧がゐて、虎関は、雪村友梅・寂室元光・中岩円月・義堂周信・絶海中津等の日本人禅僧と共に詩文や禅学研究に励む。著書も『元亨釈書』（三〇巻）、

『仏語心論』(一八巻)、『十禅支録』(三巻)、『禅余惑問』(二巻)、『正修論』(一巻)、『禅戒規』(一巻)、『和漢編年干支合図』、『禅儀外交集』(二巻)、『済北集』(二〇巻)など、多くの著述をなし、文字通り学匠としての活動振りを示してゐる。殊に『済北集』はこの期の五山文芸を代表する作品集で、抒情詩の絶句の佳作が注目される。これらの点から虎関は来朝僧に伍して禅学・漢学の研究に励み、詩文創作活動をなして、続く義堂・絶海等の指導的立場にあつて、直接的あるいは間接的に偉大な刺戟を与へたものと思はれる。この期の義堂周信の頃に聯句連歌は、「和漢聯句」の他に「漢和聯句」といふ、押韻の点で一層規程を厳しくした文芸活動が開始されてゐる。虎関の『聚分韻略』がより多く使用がされるやうになることは想像に難くない。『原形本』の網羅的な「書入れ」もこの期には数多くなされてゐたであらう。時代背景として、この期の後半に将軍義満の五山支配・庇護のあることも忘れてはならない。

第三期　応仁元年(一四六七)までの爛熟期。この期は南北朝が合一する年をはさんでゐる。この期の漢詩文芸は「四絶」の作品が目立ち、太白真玄・惟肖得岩・江西龍派・心田清播等の名が挙げられる。この期は漢詩と共に聯句や聯句連歌の方面でも義堂に引き続いて大活躍した景徐周麟の名が挙げられる。彼の聯句活動がこの期に始められ、次の第四期に花開く訳である。聯句活動に『聚分韻略』が使用され続けてゐることは言ふまでもないが、『三重韻』といふ改編本の出現は、次の第四期を待たねばならない。

第四期　元和元年(一六一五)までの五山漢詩の衰退期。しかしこの時代は逆に禅林聯句の活動が洵に盛んで瞠目させられる。希世霊彦・横川景三・彦龍周興・万里集九・景徐周麟等は応仁の乱以前にも活躍したが、何と言つても乱以降の聯句文芸が圧倒的に多い。中でも『梅花無尽蔵』といふ作品集のある万里と、「湯山聯句」の作者として知られる景徐周麟とは、応仁の乱後の聯句作者の双璧である。この文明期後半に虎関の『聚分韻略』は「原形本」から「三重韻」に改編せられてゐる。現存最古の『三重韻』の伝本は『文明一三年刊本』であるが、これはまさにこの第四期の前半に当る。第一期に成立した『聚分韻略』の『原形本』が、約一七〇年を経過して、第四期に『三重韻』に改編せられ、以降夥しい伝本へと重刊・改版されて行く。同時に聯句と聯句連歌といふ文芸活動が極めて旺盛に展開されたのである。これらの実作に供された『三重韻』の至便性と有用性とは言を俟たない処である。また、『聚分韻略』を原拠として成つた「略韻」類の韻書群も、この期に多くは『三重韻』に基づいて成つてゐることは注視すべきことであらう。

二―6　注文の典拠　『聚分韻略』の韻字とその下位に置かれてゐる漢字注・漢文注についての記述としては、夙く川瀬一馬博士[注12]が『古辞書の研究』の中で次のごとく説明せられてゐる。

広韻・礼部韻略・古今韻会挙要・韻府群玉・氏族大全等をも参照したに相違なからう。但し、特に何れの一書を基にしたといふ程の明白な影響の跡は見られない。

とされてゐるが、これは実際に調査された結果ではなく、『聚分韻略』の本文を眺められた印象を記されたものなのであらう。奥村三雄氏[注13]は一歩進めて次のやうに記されてゐる。

㈠1　聚分韻略における本文の内容を見ても、概ね、広韻またはそれに準ずる中国韻書に則ったものと見るべき場合が多い。少なくとも、それぞれの漢字注の多くは、広韻によったものと見なして支障がない様である。

2　韻書といえば、集韻の如きも、広韻より詳しい漢字注の認められるものとして、一おう注目される訳であるが、しかし、この場合、《聚分韻略の漢字注が、集韻よりも広韻のそれに近い》ものなる事は、下記の如きを一

見して明かであろう。（『広韻』『集韻』との対照表は省略）

3　また、彼の地の韻書類の中、『礼部韻略』（一〇三七年宋の賈昌朝ら撰。その祖本は戚倫ら撰の『韻略』であろうか。南宋の毛晃ら撰『増修互註礼部韻略』はその増広本）の類は、広韻の略本ともいうべきもので、『……韻略』という書名が、聚分韻略と共通である点など、大いに注目されるが実際問題として、聚分韻略が、広韻より礼部韻略に似ているとは、必ずしも言えないのである。

奥村氏は2の説明の後に、「上平」の「一、東韻」の冒頭部「1東」～「20僮」の二〇字の漢字注を『広韻』と『集韻』のそれぞれの注文に対照せしめた一覧表を掲載されてゐる。この調査によつて1と2の見解を得られたものと思ふ。また奥村氏は右の1～3より後の項[注14]で、次のやうに説かれる。

㈡1　ただし、聚分韻略の本文が、すべて広韻からとったものであるという様な事は、勿論言えない。

2　所で、それら広韻と一致しない部分の出典関係は難しい。右記「晒式忍切」「齔其謹切」などの形は、広韻と一致しないのみならず、諸韻書を通じて、ちょっと認められない所である。

3　要するに、《聚分韻略の直接的な出典として、広韻以外に、いかなる文献を挙げるべきか》は、将来にまつ所が大きいのである。

として、『広韻』に存しない漢字注が『集韻』に見られるものもあるが、どの韻書とも一致しない漢字注もあるので、3に「将来にまつ」と結ばれてゐる。（㈠㈡は私が記述の都合上付したものである。）

問題は㈠の3と㈡の2とである。㈠の3の中に『聚分韻略』と同じ一一三韻の毛晃の『増韻』の名が挙げられてはゐるが、実際に調査を実施されたやうには思はれない。また㈡の2の「反切注記」がどの韻書とも一致しないとされるが、これらの反切注は『広韻』の反切注に一致してゐるのである。「上声」の「軫準韻」の「22哂式忍切」は『広韻』(沢存堂版)の巻三-22オ(軫)に「式忍切」と認められる。また、やはり「上声」の「吻隠韻」の「7齔其謹切」は『広韻』の巻三-24ウ(隠)に「其謹切　又其靳切」とあるのを承けてゐて、これも『広韻』で確認し得る。奥村氏の行はれたのはサンプル調査であるので、明解な結論が得られなかつたものと思ふ。

その後、私が『聚分韻略』(五巻)全巻について逐条調査[注15]を実施した処、付載資料二、の表I~Vのごとき結果が得られ、表VIのやうなグラフも描き得た。これを見て明らかなやうに、『聚分韻略』の主要典拠(第一位)は『広韻』で、第二位が『増韻』、第三位が『集韻』といふ順に依拠してゐることが判明した。表VIを説明すると、次のやうになる。

私の調査では、『聚分韻略』の漢字注・漢文注の典拠を探るのに、『広韻』『増韻』『集韻』と、韻書ではないが、南北朝期には既に使用[注16]されてゐる『大広益会玉篇』を以つて比較対照した。『大広益会玉篇』には反切注も入つてゐるし、五山や公家の記録類にも記事が見られるのである。そこで、『聚分韻略』について、次の二項目に纏める。

一、『聚分韻略』の漢字注・漢文注の依拠せる中国の韻書で一貫して首位を占めるのは、何と言つても『広韻』である。『広韻』が典拠として占める百分率は、「上平」六七・四%、「下平」六四・〇%、「上声」七〇・七%、「去声」八三・一%、「入声」八三・〇%と「平声」(上平・下平)「他声」(上声・去声・入声)に移行するに従つて、寧ろ上昇してゐる。第二位の『増韻』[注17]は「上平」三八・一%、「下平」三三・一%、「上声」三六・四%、「去声」三六・七%、「入声」三九・九%と、「平声」より「他声」の方が幾分上昇気分にはあるが、比較的平均した数値を示してゐる。第三位の『集韻』も「上平」三〇・七%、「下平」二六・六%、「上声」二八・七%、「去声」三一・九%、「入声」三一・九%

と、殆んど平均した情況を示す。（ここで付載資料二、の表Ⅰ～Ⅴの比率（％）の示し方について説明する。『聚分韻略』の漢字注が『広韻』と一致し、かつ『集韻』とも一致する場合に、『聚分韻略』が孰れの書に依拠したかは決し難い。そこで本稿では、かういふ場合は両書に拠つたとする計算方法を採つた。従つて、この百分率の示し方は、『広韻』の注文が『聚分韻略』の注文中に何％を占めてゐるかといふ方式を採つた。以下『増韻』『集韻』『広益会玉篇』についても同断である。）

二、『聚分韻略』の漢字注・漢文注で、比較するのに使用した『広韻』『増韻』『集韻』『広益会玉篇』の四書の孰れとも一致せぬ注文の多くは、二字の熟字である。私はこれら二字熟字が玄応の『一切経音義』に基づくものではないかとの予測を立てて逐一調査を行つたが、さにあらず、といふ結果が出た。元の『韻府群玉』に拠つたとすれば、殆んどが解決するが、『韻府群玉』といふ元代成立の韻書に依拠したといふことについては躊躇せざるを得ない。結局、これら各韻目に存する典拠未詳の二字熟字は、虎関ほどの語学力を有する人物の場合には、何の典拠によらずとも補入することが可能であるとも思はれるので、斯く処理することにする。

注1・2・5　大友信一氏論文「『平安韻字集』考」（『岡山大学教育学部研究収録』第43号　一九七五年〈昭和50〉8月刊）参照。本稿は大友氏の論文に負ふ処が大で、学恩に感謝する。

注3　吉田金彦氏論文「詩苑韻集の部類立てと色葉字類抄」（山田忠雄先生編『本邦辞書史論叢』所収、一九六七年〈昭和42〉2月三省堂刊）参照。

注4　聯句や聯句連歌の漢句のための韻書『海蔵略韻』、『和語略韻』など。『海蔵略韻』に擬して大改編を試みた『古澗略韻』（三一韻・三〇冊）も同じである。

注6　注1の大友氏論文や注3の吉田氏論文参照。大友氏は、平素「古辞書」に関する談話の中で、常に「韻書から辞書へ」といふ成立過程を述懐される。私もこれを是とする立場で、辞書史の事象を観察することにしてゐる。平安時代末期でも韻書『平安韻字集』から辞書『色葉字類抄』へ、さうして中世に入つても、韻書『聚分韻略』から辞書『下学集』、『節用集』へ、といふ過程において把握することが可能である。

注7・8　奥村三雄氏著『聚分韻略の研究』（一九七三年〈昭和48〉6月　風間書房刊）参照。本稿は奥村氏のこの書に負ふ処大である。学恩に深謝する。

注9　『古辞書影印文献』第7輯（二〇〇〇年10月　港の人刊）附載の「主要伝本和訓対照一覧」参照。

注10　注7の奥村氏『研究』の「第二章　聚分韻略諸本考」（5頁）参照。

注11　蔭木英雄氏著『五山詩史の研究』（一九七七年〈昭和52〉2月　笠間書院刊）参照。

注12　川瀬一馬博士著『古辞書の研究』（一九五五年〈昭和30〉10月　講談社刊）481頁参照。

注13・14　㈠は奥村氏注7の『研究』61～64頁参照。㈡は『研究』67～70頁参照。

注15　木村晟「『聚分韻略』の漢文注の典拠」［一］［二］［三］［四］［五］参照。［一］［二］［三］［五］は『駒澤国文』第28～31号（一九九一～九四年〈平成3～6〉2月刊）に、［四］は『駒澤大学文学部研究紀要』第54号（一九九四年〈平成6〉3月刊）に分載。『古辞書研究資料叢刊』第1巻（一九九五年11月　大空社刊）に再録。

注16　『大広益会玉篇』は本邦において南北朝期以降盛んに使用せられてゐる。『聚分韻略』成立の頃にも当然好く用ゐられたことが考へられるので、調査の対象として擇んだ。例へば『五行大義』の『元弘相伝本』においては、中村璋八氏の調査に拠れば、本文と背書の記事を併はせて、『広益会玉篇』が実に81箇所も引用せられてゐて、『原本玉篇』の56箇所よりも多用せられてゐるのである。（中村璋八氏著『五行大義の基礎的研究』一九七六年〈昭和51〉3月　明徳出版刊）参照。

注17　『聚分韻略』（一一三韻）は当然、同じ一一三韻の中国の韻書『礼部韻略』に依拠してゐることが考へられる。そこで私

は注15の調査で、南宋の毛晃・毛居正父子二代に亘つて『礼部韻略』を増補改訂した『増修互註礼部韻略』(通称『増韻』)を撑んだ。調査に使用したテクストは、天理図書館善本叢書「漢籍之部」第8巻『増修互註礼部韻略』(一九八二年3月 八木書店刊)の「影印本文」である。

注18 通常の百分率の比率を示す方法、つまり、『広韻』の比率+『増韻』の比率+『集韻』の比率=一〇〇%、といふ計算方法は採りやうがない。従つて斯く『広韻』の『聚分韻略』に占める百分率、『増韻』の『聚分韻略』に占める百分率、『集韻』の『聚分韻略』に占める百分率、といふふうに、『広韻』『増韻』『集韻』『広益会玉篇』について、それぞれ一〇〇%といふ基準で計算した。

第三節　『聚分韻略』を典拠とする「略韻」類の韻書〔一〕（漢詩・聯句のための韻書）

一、『国会本略韻』

一－1　概要　ここに採り挙げる国立国会図書館蔵の『略韻』[注1]（写本一冊）は、虎関師錬撰述の『聚分韻略』の「平声」（上平・下平）の部分を独立せしめた、謂はゆる「略韻」の一種である。四声の全てが揃つてゐるのは「韻略」にて、「略韻」は「平声」のみの韻書の呼称である。平安末期以降「略韻」と称する書名の韻書は数多く伝存する。そこで本書と他の「略韻」と区別するために、本稿では『国会本略韻』と呼ぶことにする。この『国会本略韻』は、その成立に関しても種々議論の有る書であり、明確にせねばならない問題点も多い。剰へ本書の巻末には「弘安二年（一二七九）卯四月写畢」との識語が存することも影響して、本書が『聚分韻略』成立以前のものであるとする見方まで[注2]出るほどであつた。また随所に古い本文の様相を呈することもあつて、更に極めねばならない点もあるが、後掲三－2項の表Iが示す通り、収録韻字数からも、そして本文の注文、字音・和訓カナの有様からしても、やはり『聚分韻略』より後に成つた韻書であると考へざるを得ない。従つて、テクストの伝本間における新古の問題も、本書の場合は、［広本⇒略本］といふ成立過程を考へてよいやうに思はれる。さすれば『聚分韻略』と『国会本略韻』との成立上の関係は、『原形本』⇓『三重韻』⇓『国会本略韻』といふ線で把へられると推定し得るのである。本稿では、これらの成立上の問題、本文形態に関する疑問点などを解明したく思ふ。特に「弘安二年」の識語に比重を置いて考察を進めたい。

一―2　韻目と構成

『国会本略韻』は「上平」「下平」それぞれの冒頭に「韻目次」を置き、本文各韻の最初にも「韻目」を立ててゐる。次にそれを示す。（　）内は本文最初に立てる韻目名である。

［上平］東第一（東）　冬鐘二（冬鐘）　江第三（江）　支脂四（支脂之）　微第五（微）　魚第六（魚）　虞模七（虞模）　齊第八（齊）　佳皆九（佳皆）　灰咍十（灰咍）　真諄臻十一（真臻）　文欣十二（文殷）　元魂痕十三（元魂痕）　寒桓十四（寒）　刪山十五（刪山）［上平一五韻］

［下平］先仙（先仙）　蕭宵（蕭宵）　肴（肴）　豪（豪）　歌戈（歌）　麻（麻）　陽唐（陽唐）　庚耕清（庚耕清）　青（青）　蒸登（蒸登）　尤侯幽（尤侯幽）　侵（侵）　覃談（覃談）　塩添（塩添嚴）　咸銜（咸銜）　嚴凡（嚴凡）［下平一六韻］〔計三一韻〕

これを見て判るやうに、「下平」の韻目次には第一～第十六の番号を付してゐない。この『国会本略韻』の「韻目次」と、原典たる『聚分韻略』の「韻目」と対比するために、次に『聚分韻略』の「韻目」を掲げる。（三―2項表Ⅰ参照）

［上平］東第一　冬鐘第二　江第三　支脂之第四　微第五　魚第六　虞模第七　齊第八　佳皆第九　灰咍第十
真諄臻第十一　文欣第十二　元魂痕第十三　寒桓第十四　刪山第十五

［下平］先仙第一　蕭宵第二　肴第三　豪第四　歌戈第五　麻第十六　陽唐第七　庚耕清第八　青第九　蒸登第

十　尤侯幽第十一　侵第十二　覃談第十三　塩添第十四　咸銜第十五　嚴凡第十六

『聚分韻略』と『国会本略韻』との各韻目名を対比させて、奥村三雄氏[注3]は次のごとき問題提起をされてゐる。それは「冬鐘」（冬鐘）、「支脂」（支脂之）、「真諄臻」（真臻）「文欣」（文殷）、「寒桓」（寒）、「下平」の「歌戈」（歌）、「塩添」（塩添嚴）、の七韻目において、『国会本略韻』の「支脂」や「塩添嚴」などは、『聚分韻略』（原形本）より新しく、「支脂」といふ「支脂之」の略表記は延宝八年（一六八〇）刊の『新増広益三重韻』などに見られるので、中世版の『聚分韻略』とは異なるとする。また『国会本略韻』の「塩添嚴」は平水韻の特徴をもち、『新増広益三重韻』[注4]（一〇七韻）が「塩添韻」と「嚴韻」を合併した「平水韻」の特色を示すのと合致する。かつ『聚分韻略』においては、『享保九年（一七二四）刊本』以降の「改編本」にしか見られないとのことである。従来の研究で、本書『国会本略韻』の書写（成立ではない）年代を江戸中期とする考へ方は、かういふ比較的新しく感じられる韻目名を根拠にして言はれたのである。しかしこれは現存『国会本略韻』の書写年代からする事象であつて、『国会本略韻』の原本の成立年代とは自ら別の問題である。

次に奥村氏が本書の古さを指摘される「冬鐘」「真臻」「文殷」「寒」「歌」の五韻目名について追究する。奥村氏は三善為康撰述の『童蒙頌韻』（天仁二年〈一一〇九〉成立）の『霊雲院本』[注5]の韻目名に近いことを挙げて、『国会本略韻』の古態性を説かれてゐる。そこで私は『国会本略韻』の巻末にある「弘安二年」といふ識語に着目して、「弘安元年五月之比一部書冩早」といふ奥書をもつ『文鳳抄』第十の「秘抄」（略韻　同訓平他字）の『真福寺本』[注6]の「略韻」の部分の「韻目」を次に掲出する。「秘抄　第十」（略韻）の巻頭に置かれてゐる「韻目次」には、

[上] 東(ヒムカシ)　冬鐘(トウショウ)　江(エ)　支(サヽフ)　脂之(シシ)　微(ヒ)　魚(キヨ)　虞模(クホ)　齊(セイ)　佳皆(カカイ)　灰咍(クワイタイ)　真臻(シンシン)　文殷
元魂痕(クヱンコンコン)　寒(サムシ)　那山(ナンサン)

[下] 先仙(せンせン)　蕭霄(せウせウ)　肴(カウカミノカウト云)　豪(カウシモノカウト云)　謌(ウタ)　麻(ハ)　覃談(タンタン)　陽唐(ヤウタウ)　庚耕清(カウカウ)　青(アヲシ)　尤
侯幽　侵(ヲカス)　塩添(エンテム)　蒸登(ショウトウ)　咸銜(カンカン)　嚴凡(ケンハン)

とあつて、本文各韻の最初の標示(韻目)とも一致してゐる。『童蒙頌韻』の韻目は三-2項の表Ⅰにも掲げてゐるので、これによつて、真福寺蔵の『文鳳抄』巻十「秘抄」(略韻)と比するに、奥村氏が古態を指摘される『国会本略韻』の「冬鐘」「真臻」「文殷」「寒」「歌」の五韻目が、全て『真福寺本』(略韻)とも一致する。『童蒙頌韻』の『霊雲院本』は三善為康の自筆本と伝へられてゐるが、「イ」として「異本」との校合も行なつてゐるので、鎌倉時代に入つてからの転写本であると考へられる[注7]。その点では『真福寺本』(略韻)は「弘安元年」(一二七九)と明確な年代を示してゐる。斯く『童蒙頌韻』の『霊雲院本』も、『文鳳抄』の『真福寺本』(略韻)も鎌倉期の書写本であり、而かも右の問題の五韻目名が一致するのである。奥村氏が、言はれる通り、古態性を示してゐることに違ひないが、私としては『国会本略韻』の韻目名は弘安元年写本の『文鳳抄』の「秘抄」(略韻)と深い関連を有つのではないかと思ふ。蓋し、この『真福寺本』(略韻)の影響を受けて、『国会本略韻』の韻目名が記されたものであらうと考へる。更にまた、韻書の伝統上、最も有力視されてゐた菅原為長撰の『略韻』(秘抄)の「韻目名」に擬して、辞書の規範性を示さうとしたものであることを、私は指摘したい。

次に『国会本略韻』の本文の構成について、結局これは『聚分韻略』(三重韻)の「平声」の部分を独立させたものである。標出字(韻字)の多寡とか注文の補入等については、次項(二-3)以降で具体的に取り扱ふことにする。

一―3　本文形態　『国会本略韻』の本文形態で問題となる点は、㈠標出字（韻字）数、㈡注文の増補、㈢字音・字訓（特に唐音の在り様）、の三つであらう。以下、順を追つて、『聚分韻略』と対比させながら考察して行きたい。㈠標出字（韻字）数の一覧は三―2項の表Ⅰに示した通りである。さすれば『国会本略韻』は『聚分韻略』の『原形本』に拠つたか、『三重韻』にに基づいたかが次の重要な問題となる。この表Ⅰによつて概観すると、「上平」の「四、支脂」（375字）は『原形本』335字・『三重韻』336字、「六、魚」（78字）は『原形本』77字・『三重韻』78字、「七、虞模」（204字）は『原形本』202字・『三重韻』204字、「十一、真臻」（134字）は『原形本』133字・『三重韻』134字、「十三、元魂痕」（108字）は『原形本』107字・『三重韻』108字。「下平」では、「八、庚耕清」（161字）が『原形本』160字・『三重韻』161字、となつてゐる。以上六韻目全てにおいて、『国会本略韻』は『聚分韻略』の『三重韻』に拠つたことが確認できる。『原形本』基づいたのでは韻字が不足する。しかし問題は残る。それは『国会本略韻』の「上平」の「一、東」（111字）に『聚分韻略』より二字多く韻字が存する。「一、東」（111字）は『原形本』・『三重韻』共に109字であつて、『原形本』『三重韻』の孰れに基づいても韻字が二字不足する。その理由は『国会本略韻』の「時候門」の「朧」の次に「朣」が補入され、また「生植門」の「蓊」字の次に「葒」字が補入されてゐるために、『国会本略韻』が二字多くなつてゐるのである。この二字は「時候門」にも「生植門」の末尾にも補入された韻字である。従つて『国会本略韻』独自の増補である。さうしてこの「朣」「葒」の二字は、『聚分韻略』には存せぬ「韻外字」である。『国会本略韻』には「韻外字」が、他に「三、江」の「生植門」に「茳」字、「四、支脂」の「乾坤門」に「觜」、「霔」、「溜」の三字が見られ、前掲の「朣」「葒」の二字を加へて全て六字が存することになる。これらは『古今韻会挙要』から補なつたものである。斯くて『国会本略韻』は『聚分韻略』の『三重韻』に基づき、一部に韻外字が混つてゐることが判る。しかし、各門の韻字は全て排列に至るまで『三重韻』に一致する訳ではない。ほぼ『三重韻』に並行はしてゐるが、細かい違ひも見られるのである。

なほ『国会本略韻』は標出字（韻字）の後に、二字あるいは三字の熟字を標出語として増補してゐるのである。三－2項の表Ⅰの「収録字数」欄の下位に（　）で示したものである。それは「上平」に計一一八語、「下平」に六二語見られ、平声全体（合計）で一八〇語も存してゐる。委しい韻目毎の内訳は表Ⅰに示してゐるので省略するが、増補した二、三字の熟字の例を挙げてみよう。例へば「上平」の「東韻」の「複用門」の後に付されてゐる増補語は「崆峒・閬風・新豊・豊窿・青葱・石崇・王戎・馬融・梁鴻・王充・壺公・文通・盧同・痩公・恵崇・郝隆・楊雄・戴嵩・黄石公・仲弓」の二〇語である。これらの熟字は右に例示した熟字の最下位の文字に圏点を付したものが全て「東韻」に属してゐる。従つて無造作に排列してゐるのではなく、熟字の最下位の文字の韻によつてゐるのである。漢詩や聯句の実作に、特に禅林で多用された中国の元代の韻書『韻府群玉』なども、その韻字を含む二字、三字、四字の熟字は、それぞれその熟字の最下位に置かれてゐる。斯様に『国会本略韻』が標出語として増補したものは、直接的か間接的かは別として、『韻府群玉』や『古今韻会挙要』『洪武正韻』等の中国の韻書に依拠したものである。

さうしてこのやうに二、三字の熟字を登載したのは、本邦室町時代の文明期以降の聯句・聯句連歌の興隆に伴なふ需要に応へてなされたものと目される。斯く熟字の標出語を増補したのは、作詩のためのみならず、この書を通常の辞書としても一層充実したものにしようとする意図が存した所以である。因みに『国会本略韻』は、『聚分韻略』を原拠にしてゐるので当然のことであるが、単字の辞書である。漢詩や聯句の実作のためには、単字の辞書より熟字を標出語とした辞書の方が、作詩の実際には役立つ。熟字例やそれを含む用例が付いてゐれば作詩のためには一層有用な参考辞書となることが判る。斯くて『海蔵略韻』のごとき形態の熟字例の多い韻書が誕生するのである。

次に『国会本略韻』の注文の増補に関して述べる。本書の注文の増補部分は明瞭である。最初に『聚分韻略』の注文を置いた後、┗印を付け、それ以降に数多の二字、三字の熟字例を排するのである。例へば上平の「一、東」の乾坤門の冒頭の標出字と注文を掲げてみる。

東ツウン春方┗城— 皐— 蘺— 山— 林— 墻— 江— 園— 日— 丁— 星— 聚— 楼— 大— 正— 海— 易— 征— 水必— 生終— 欲— 角— 流— 水— 月—

ここで『聚分韻略』の漢字注は「春方」のみである。┗以後の熟字例は全て『国会本略韻』の増補である。二字の熟字例が大半であるが、三字のものも混つてゐる。漢詩や聯句の実作のために「熟字例集」が必須のものであつたのであらう。右の┗後の熟字例は『韻府群玉』や『古今韻会挙要』に殆んどが見られるが、特に『韻府群玉』に多く依拠してゐる。本書『国会本略韻』よりはやや後れて成立したと目される『海蔵略韻』[注8]（三一韻）を眺めても、「林—[杜]」「墻—[押]」「丁—[方]」「籬—[杜]」「聚—[注]」「江—[古]」「楼—[並対]」「江—[全]」「易—[詩]」「山—[詩]」「征—[詩]」「必—[詩]」「欲—[詩]」「大—[詩]」「海—[詩]」のごとき熟字例を含む用例が入れられてゐて、作詩の聯想に資する努力がなされてゐる。（[杜]は『杜子美』、[押]は『押韻』、[方]は『方秋崖』、[注]は直前の引用書の注解書、[古]は『古文真宝』、[対]は『対類』、[全]は『翰墨全書』、[詩]は『毛詩』(詩経)、等の略号である。）

また、『国会本略韻』の注文の┗の後の増補は熟字ばかりではない。例へば「上平」では「一、東」所属字の標出字「酆」字の注の増補部分などは「周文王所也」、「光彩門」の「紅」字の補入注に「鶴翎— 牡丹也」、「虚押門」の「隆」字の「衆 豊也 大也 高也」といふ補入注、等々これらの補入注文の殆んどが、元の熊忠の『古今韻会挙要』に拠つてゐることを識る。それは孰れの韻目においても同じである。「下平」でも「十一、尤侯幽」所属字の「器財門」の標出字「輶」字の補入注「軽車也 詩徳—如毛」もやはり『古今韻会挙要』からの引用である。『国会本略韻』の┗印の後の注文の増補は、何といつても『韻府群玉』等から引用の熟字例が大部分であるが、斯く『古今韻会挙要』に基づく漢文注もまま補入せられてゐる。

さらに『国会本略韻』の注文の┗印の後の補入注には反切注も若干見られる。今、その中から抽出する。「上平」の「一、東」所属字で「乾坤門」の「雺」の補入注「武公反」、「器財門」の「罞」字の「莫聾反」、「虚押門」の「汎」の「扶弓反」、「禮」字の「女容反」、「複用門」の「芃」の「歩同反」、「蓯」字の「即孔反」。「二、冬鐘」所属字では「乾坤門」の「癰」字の「於容反」、「時侯門」の「蚣」字の「先恭切」。「三、江」でも「器財門」の「杠」字の「古双切」、「虚押門」の「庬」字の「莫江切」などが見受けられる。この┗印の下の補入注の中の反切注記は最初の「一、東」「二、冬鐘」「三、江」の三韻に集中して存してゐる。さうして「○○反」は『大広益会玉篇』からの引用であり、「○○切」とするのは切韻系の『広韻』からの引用であることが判明した。「○○反」と「○○切」の弁別を典拠の通りに明確にしてゐて、『国会本略韻』は「辞書」としての規範性を有してゐると言へる。同じ室町時代後期に成立した金剛輪寺蔵『法花文句難字書』[注9]は『法華文句』の所収字を標出字順に排した一種の辞書であり、注文中に多くの反切注記が存してゐる。この書には『広韻』と『大広益会玉篇』からの反切注の引用が目立つ。しかしこの『難字書』の反切注記は『広韻』は「○○切」、『広益会玉篇』は「○○反」と明確にはせず、「反」「切」の混同がまま生じてゐる。奥村氏は『聚分韻略の基礎的研究』[注10]の第四章で、

(は)また、略韻の漢字注の中、┗印以下の反切注記は、前述の如く概ね「――反」の形になっているが、この注記は、原形本聚分韻略などの「――切」形と異なり、切韻系韻書では稀である。一見、「――切」の形よりも古そ

うに思われるが、必ずしもそうではない。むしろ、増補七行本など新しい聚分韻略において、「――反」の形が認められるのである。

と「増補七行本」(『延宝二年(一六七九)刊本』以降の版本)の名を出して、『国会本略韻』の新しさを示す一要素であることをほのめかしてをられる。しかし、『国会本略韻』の┗印以下の補入は『聚分韻略』以外の典籍から引用せられてゐるので、『聚分韻略』の範囲内で考へない方がよいのである。従つて奥村氏が右の「○○反」の補入注をもつて『国会本略韻』の近世的要素とは見做すのは妥当でないと考へるのである。

最後に『国会本略韻』の標出漢字(韻字)の右傍にほぼ網羅的に付せられてゐる「唐音カナ」に関して記す。右傍訓が「唐音」であるといふことは、本書『国会本略韻』を「唐音」の用例集(辞書)として、整備したものにしようとする撰述者の意図が看て取れる。因みに国立国会図書館蔵の『文明一三年(一四八一)刊本』(薩摩版の「三重韻」)の書入れの唐音は標出字(韻字)の左肩部に朱筆されてゐる。この『文明一三年本』も相当多く唐音を付した良質の中世唐音資料と考へられる。『国会本略韻』は更に唐音を韻字の右傍に置いて第一義的に扱ひ優先させ、漢音・呉音を左傍とする。これは特に重視すべきことである。蓋し『国会本略韻』は、中世唐音に「規範性」をもたせるやうに意識的に努めて、禅林や公家、学問所等の人々の学習に供すべき目的を果たしたものと評価し得る。特に「尤侯幽韻」の字音は「樓ロウ」「溝コウ」「侯コウ」「歐ヲウ」「投トウ」のごとく[-ou]形に統一したり、「桓韻」は[-on]形でなく、「般ハン」「瞞マン」「端タン」「團タン」のやうに[-an]形を採つてゐる点に、やはり規範性が認められる。また、唐音の表記法も「通摂韻」は、「紅ウミン」「公クウン」「樅スミン」「凍ツミン」「封フミン」「蠓ムミン」「籠ルミン」のごとく、長音表記を整へて、「唐音資料集」としての体裁を整備して、ここでも規範性を示さうと努めてゐることが判る。本書『国会本略韻』は字音研究、就中、中世唐音研究資料として極めて重要である。この方面の研究者[注11]によつて高く評価せられてゐる所以である。

斯くて『国会本略韻』の本文形態を概観して来た結果、『聚分韻略』の伝本との関係においてテクストの新古を考へると、やはり通常の《略本⇒広本》といふ生成過程を経たと見做すことができる。畢竟、

『聚分韻略』（無刊記「原形本」）⇒『聚分韻略』（文明一三年刊「三重韻」）⇒『国会本略韻』

として把へられ、中世版『三重韻』（文明一三年刊本など）の「平声」部分の「増補本」と見做すことが妥当である。そこで、本項の要点を次の二項・六箇条に纏める。

一、『国会本略韻』は中世版『三重韻』（文明一三年刊本）の「平声」部分の「増補本」である。そのために、

(1) 各韻の標出字（韻字）の末尾に二字あるいは三字の熟字の標出語を掲出して、漢詩や聯句の実作や聯想に資することを図つてゐる。

(2) 各韻字の注文の┗印の後に、数多くの二字、三字の熟字例を補入してゐる。これも(1)と同じく詩聯の実作に供することを図つてゐる。

二、『国会本略韻』は次の(1)~(4)の四点で、辞書・韻書としての「規範性」を示して、禅林や公家社会、学問所等における学習に資することを意図して編輯してゐる。それは具体的に、

(1) 各韻の韻目名に、伝統的で権威ある菅原為長撰『文鳳抄』の巻十「秘抄」（略韻）の韻目名に擬して標示し、伝統的で規範性を示すものとすべく努めてゐる。

(2)　各韻字の注文の┛印の後に二字、三字の熟字を補入するに際しては、禅林で重視し、かつ多用した『韻府群玉』から引用してゐる。また、同じく漢字注を補入するには『古今韻会挙要』に基づいて引用してゐる。

(3)　各韻字の注文の┛印の後の補入注の中に反切注記を置く場合には、禅林や学問所等で重視し多用した『広韻』と『大広益会玉篇』を引用してゐる。その際、本書で『広韻』の反切は「〇〇切」、『大広益会玉篇』(実際は「〇〇切」)の反切は「〇〇反」と「反」と「切」の書き分け(区別)をしてゐる。

(4)　標出字(韻字)の右傍にほぼ網羅的に唐音カナを付し、規範的な唐音の表記を示して、禅林や学問所等での唐音学習に資することを意図してゐる。

一―4　成立年代と撰述者

『国会本略韻』の成立年代については、夙く「弘安二年卯四月写早」の識語に基づく山田孝雄博士[注12]の『聚分韻略』(徳治二年〈一三〇七〉成立)以前の弘安二年(一二七九)とされたのが最も早い。もしこの山田博士説が是とされるならば、『国会本略韻』は『聚分韻略』の「草稿本」といふことになる。しかしながら『国会本略韻』は如何なる立場から考へても、『聚分韻略』以前の形態の本文とは考へられない。やはり『聚分韻略』の「平声」の部分に増補を加へて独立させたものである。斯様な見方からすれば大友信一氏[注13]・奥村三雄氏[注14]・高松政雄氏[注15]・湯沢質幸氏[注16]など、斯学の先学諸氏の見解は共通してゐるが、それぞれの成立年代推定に小異がある。大友氏[注17]は「韻書の歴史の上からは、正に『聚分韻略』の後に成立したものであり」とされ、高松氏は室町時代初～中期のものとされる。また、湯沢氏は室町末期～徳川初期頃の写本とされる。更に奥村氏は『国会本略韻』の古態を示す部分、逆に新しさを顕はす部分との両面を委細に調査されて、「敢えて言うならば、この略韻と聚分韻略原形本との関係は、やはり直接的な親子関係の様なものではなく、兄弟関係或は従兄弟関係の如きものと見なさねばなるまい（中略）おそらく、相当複雑な出典関係を想定すべきものであろうが、その辺詳しくは今後にまちたい[注18]」と慎重に断言を避けてをられるが、成立年代に関して言へば、湯沢氏説に近いものと思はれる。

そこで、私の立場からする考へ方は、

㈠『国会本略韻』は標出字（韻字）数の上からも『聚分韻略』の『三重韻』を基盤にしてゐること（前項一-3）から、『三重韻』の最古版『文明一三年刊本』成立の直後に成立したと考ふべきである。

㈡『国会本略韻』の標出字（見出し語）の増補、あるいは注文の┗印以下の補入注の在り様（前項一-3）などから、文明期以降の聯句・聯句連歌の興隆に伴なつて、その必要に基づいて成立した。（特に補入注に『韻府群玉』や『古今韻会挙要』が使用されてゐることとも連関する。）

㈢『国会本略韻』は、伝本の生成過程が《略本⇓広本》の関係で把へられることから、『三重韻』の最も古版『文明一三年刊本』以後、『海蔵略韻』成立前の成立と思はれる。具体的には文明一四年（一四八二）から長享元年（一四八七、『海蔵略韻』の書写年）の間といふことになる。

の三項から、右の㈢のごとき帰結を得ることになる。さすれば、右の㈠㈡は㈢の結論を得るための条件ともならうか。従つて大友氏や高松氏の説に極めて近いことになるが、私としては相当に成立年代推定の上限・下限の幅を狭めることができた。

ここで明かにせねばならない問題が一つ残つてゐる。それは『国会本略韻』の巻末にある「弘安二年卯四月写㝵」といふ識語である。本書研究の先学諸氏も山田博士を除いては、識語が本分とは別筆であるといふことなどから、そのまま放任されてゐる。私はこの識語についても明確な処理をせねばならぬと考へる。『国会本略韻』には辞書としての「規範性」を示さうとする意図が随所に現はれてゐる（前項一-3）。従つて既述のごとく、本書は「略韻」の伝統上、極めて重要視されてゐた菅原為長撰『文鳳抄』の巻十「秘抄」（略韻）を念頭に置いて編輯されたものと目される。その証左として『国会本略韻』の「韻目名」は、この『文鳳抄』の「略韻」のものに近いものとなつてゐる。そこで、この韻書の伝統を重視し、規範性を示さうとした『国会本略韻』は、『文鳳抄』の『真福寺本』（弘安元年写本）の巻十「秘抄」（略韻）のごときものを意識して「弘安二年」の識語を記したと考へてよいのではなからうか。真福寺本『文鳳抄』の書写に関する識語「弘安元年五月之比一部書寫㝵」と、『国会本略韻』の識語「弘安二年卯四月写㝵」とでは、約一年の齟齬が存するが、『国会本略韻』編輯の頃には弘安二年の写本も存したか、あるいは「弘安二年」云云の識語を記した人物が「弘安元年」を「弘安二年」と勘違ひして書いたかの、孰れかではないかと思ふ。『国会本略韻』成立の時代には、よく『文鳳抄』が珍重され、また転写されてゐた事実がある。[注19]『看聞御記』の永享一三年（一四四一）二月一二日条に次の記事が見られる。

抑秘抄十帖第六欠所持本無之間、禁裏尋名申入文鳳抄云々、第六欠之間、御本被下、為長卿筆第十禁裏無之御本云々、被召置、十六日文鳳抄第六書写畢。

また、『建内記』の嘉吉元年（一四四一）三月一二日条にも、

内府送使、文鳳抄十帖所進也、第十禁裏本欠闕、仍先所進也、明日可持参由答了。

さらに『管見記』の嘉吉元年四月二一日条にも、

去年目六之内、先文鳳抄十帖可進之由、先日万里小路大納言相示之間、今日召進之、則付彼亜相。

さうして『建内記』の嘉吉元年四月二二日条には、

内府所進文鳳抄十帖進上了、叡覧之後可被返下之由被下之。

とあつて、御物本『文鳳抄』は「巻十秘抄」(略韻)を欠いてゐたので、西園寺公名をして進覧せしめてゐる。『看聞御記』の著者後崇光院(貞成親王)は応永二四年(一四一七)から永享三年(一四三一)にかけて、禁裏における「和漢聯句御会」の張行に格別に尽力され、応永二五年末には「月次和漢聯句御会」が張行されるほどである。その文雅の業に尽力された後崇光院が『文鳳抄』(特に巻十の「秘抄」)を珍重されるのは当然のことである。それ以降文明期中頃までに『文鳳抄』は多く転写され、種々の異本も生じたものと思はれる。右の永享一三年(三月以降は、嘉吉元年)から三七年後の、『小槻晴富記』の文明一〇年(一四七八)四月一日条の記事に、

一昨日自禁裏有召之間、今日参之、以民部卿忠富卿、雖異体不苦可参上云々、仍今日参之、以民部卿申上之、先日所書進上之文鳳抄七八九十、被下両本之内、為正本可書之御本承誤、写他本之間、其子細言上了、仍又四五六三帖可書進之由被仰下者也、官務歓楽之間未書進、非緩怠之趣言上之処、然者御本料紙可返上云々。

とあるところから、時の帝、後土御門天皇に命ぜられた晴富・雅久父子が二種の『文鳳抄』の伝本に基づき校合して善本を遺すことにした旨が判る。

斯く禁裏でも重宝されてゐた『文鳳抄』(特に巻十「秘抄」)が、『国会本略韻』成立の頃に禅林や公家社会・学問所等で重要視されたのは自然の理である。さうして当時既に複数の伝本(異本)が存したことは当然考へられる。さすれ

ば、『国会本略韻』の識語の「弘安二年」を『文鳳抄』成立の「弘安元年」に連関せしめて考慮することも強ち不当なことではないであらう。

一-5　『国会本略韻』の典拠

まづ標出字（韻字）は全て『聚分韻略』に依拠してゐることは事実である。これを本韻（韻内字）と呼ぶとすれば、謂はゆる「韻外字」とされるものが、「一、東」に二字、「三、江」に一字、「四、支脂」に三字の計六字存し、それを各部類の韻内字群の末尾に追加してゐる。この「韻外字」（六字）は全て『古今韻会挙要』を原拠としてゐる（一-3項）。聯句や聯句連歌の盛行する文明期（後半）に成立した『国会本略韻』としては、「韻外字」が少ないやうに思はれる。その理由は、『聚分韻略』と同じく、『国会本略韻』を使用すべき禅林や公家、学問所の人々、連歌師等が、他に『韻府群玉』や『洪武正韻』、あるいは『広韻』や『古今韻会挙要』なども併用し得ることを考へれば、特に問題は生じない。

次に注文の典拠について触れる。┗印の内に置かれてゐる注記は全て『聚分韻略』のままである。┗印より後に置かれる補入注の熟字例は、『韻府群玉』あるいは『洪武正韻』等に拠り、熟字例以外の漢字注は主に『古今韻会挙要』に拠つてゐる。更に、冒頭の「一、東」、「二、冬鐘」、「三、江」の三韻目には『広韻』と『大広益会玉篇』から反切注記が引用されてゐる（一-3）。また、『国会本略韻』の「韻目名」は、『文鳳抄』の巻十「秘抄」（略韻）の「韻目名」に拠つてゐると考へられる。奥村三雄氏の挙げられた『童蒙頌韻』の韻目名を典拠とすることも否定はしないが、『文鳳抄』の巻十「秘抄」とする方が、一-4項で述べた通り、自然であるやうに考へられる。

注1　「略韻」と名の付く書は多い。宮内庁書陵部蔵の『略韻』（二冊本）、やはり書陵部蔵『略韻』（八冊本、伝智仁親王書写本）、静嘉堂文庫蔵『略韻』（八冊本）、やはり静嘉堂文庫蔵『略韻』（一帖本）等がある。共に室町末期頃の写本である。本稿で採り挙げる国立国会図書館蔵『略韻』を他の「略韻」と区別するために『国会本略韻』と呼ぶ。使用したテクストは、『古辞書研究資料叢刊』第22巻（一九九七年9月　大空社刊）の「影印本文」。

注2・12　山田孝雄著『国語の中に於ける漢語の研究』（一九四〇年〈昭和15〉宝文館刊）参照。

注3・10・14・18　奥村三雄氏著『聚分韻略の研究』（一九七三年〈昭和48〉6月　風間書房刊）参照。『聚分韻略』の総合的研究書として最初の専著。後半に『慶長一七年刊本』『文明一三年刊本』『無刊記原形本』、『国会本略韻』の「影印本文」を付載。

注4　『新刊礼部韻略』は南宋の劉淵の撰で一〇七韻。『聚分韻略』は一一三韻で、この書と直接の関係は認め難い。

注5・7　大友信一氏論文「『童蒙頌韻』の諸本とその覚え書き」（『岡山大学教育学部研究集録』第41号　一九七五年〈昭和50〉2月刊）参照。『霊雲院本』は一九〇一年（明治34）刊行の「影印本」があり、それの「翻字本文」を『古辞書研究資料叢刊』第23巻（一九九七年9月　大空社刊）に収録。

注6　大友信一氏論文「『平他字類抄』の成立――『文鳳抄』との連関を中心に――」（『岡山大学教育学部研究集録』第40号　一九七四年〈昭和49〉8月刊）参照。『真福寺本』と『叡山文庫本』の「翻字本文」を、「近思学報」第1『文鳳抄』（一九八一年〈昭和56〉10月　小林印刷出版刊）に収録する。『古辞書研究資料叢刊』第2巻（一九九五年11月　大空社刊）に再録。

注8　大友信一氏論文「『聚分韻略』と『海蔵略韻』」（『岡山大学法文学部学術紀要』第38号　一九七八年〈昭和53〉1月刊）参照。江戸時代初期刊の『整版本』の「影印本文」を渡辺剛毅監修『海蔵略韻』（一九九九年1月　臨南寺東洋文化研究所編、棱伽林刊）に収録。

注9　『古辞書研究資料叢刊』第7巻（一九九五年11月　大空社刊）に「影印本」と「翻字本文」を収録。
注11・13・14・15・16　大友信一氏の注8の論文参照。奥村三雄氏の注3の著書参照。高松政雄氏著『日本漢字音の研究』（一九九三年10月　風間書房刊）、『日本漢字音概論』（一九九三年6月　風間書房刊）など参照。湯沢質幸氏著『唐音の研究』（一九八一年2月　勉誠社刊）、『日本漢字音史論考』（一九九六年2月　勉誠社刊）等を参照。
注17　大友信一氏の注8の論文参照。
注18　奥村三雄氏の注3の著書の第四章（108頁）参照。
注19　注6の「近思学報」第1、および『古辞書研究資料叢刊』第2巻（一九九五年11月　大空社刊）参照。

二、『海蔵略韻』

二―1　概要　南北朝時代初期に虎関師錬の『聚分韻略』は刊行されて以来、漢詩や禅林の聯句、聯句連歌の漢句など、作詩・作文のために極めて多用されて来た。しかし『聚分韻略』の注記は簡単な音注・漢字注以外は、二字の熟字例が施されてゐる程度であつた。漢詩や聯句の実作に際しては、その作詩のための「聯想」に供する参考辞書が何としても必要となる。熟字の他に、豊富な用例集が存すれば、更に便利となる。前節に採り挙げた国立国会図書館蔵『略韻』は『聚分韻略』の「平声」(三一韻)の部分を独立させて、二字・三字の熟字例を多く増補せしめてはゐるが、漢字注をさほど多くは加へてゐない。従来『聚分韻略』を詩聯のために使用してゐた五山衆や公家衆も、作詩の聯想のためには、中国の韻書『韻府群玉』や『古今韻会挙要』、さらには『初学記』『太平御覧』『太平広記』『事林広記』『事文類聚』等の類書(百科全書)をも併用して来た。これらの韻書・類書の注記や豊富な熟字例が、一書の中に包含された形態の韻書が出現すれば至便である。斯くて、この需めに応じて具体的に撰述されたのが、本書『海蔵略韻』(平声三一韻)なのである。(因みにここで一言する。何故「平声韻」のみの「韻書」を編纂したかといふことである。横川景三(永享一年〈一四二九〉~明応二年〈一四九三〉)の作品集『小補東遊集』の応仁元年(一四六七)八月に近江の慈雲寺で張行した五十韻の聯句に関する記事に「凡韻無広狭、自東互厳咸、各押五十韻、只未押陽一韻而已」とあるやうに、通常の聯句には「平声」三〇韻が使用されたことが判る。本書『海蔵略韻』は、聯句の実作のためには、「平声字」の熟字例や、それを含む実例(用例)集を編むことが何よりも肝要であると考へた営為なのである。)

この『海蔵略韻』は川瀬一馬博士[注1]によつて、これが『聚分韻略』の別名であると説明されて以来、一九七八年(昭和53)に大友信一氏[注2]が、この二書は別書である旨の論文を発表されるまで、長く『聚分韻略』と『海蔵略韻』との弁別の概念が曖昧にされて来た。もし『海蔵略韻』の撰述者が『聚分韻略』と同じ虎関師錬であるならば、『海蔵略韻』は遅くとも虎関の歿した貞和二年(一三四六)までには成立してゐた筈である。而かるに室町時代後半の文明・長享・延徳・明応頃の五山僧や公家の日録類の記事中に、この書名が一切見られない。また、長享年間以前の『海蔵略韻』の写本も刊本も現存してゐないのである。如何様に推察しても、『海蔵略韻』は応仁の乱後に復古した禅林の文明期以降の、聯句や聯句連歌の興隆期を迎へてからの編纂であるとしか考へやうがない。斯様な観点から、本節ではこの『海蔵略韻』の本文構成・伝本の系統・撰述者と成立年代、本文の典拠等について考察し記述する。

二―2　韻目と構成

『海蔵略韻』の韻目は次の三一韻である。

［上平］一、東韻　二、冬韻　三、江韻　四、支韻　五、微韻　六、魚韻　七、虞韻　八、齊韻　九、佳韻　一〇、灰韻　一一、真韻　一二、文韻　一三、元韻　一四、寒韻　一五、刪韻

「下平」一、先韻　二、蕭韻　三、肴韻　四、豪韻　五、歌韻　六、麻韻　七、陽韻　八、庚韻　九、青韻　一〇、蒸韻　一一、尤韻　一二、侵韻　一三、覃韻　一四、塩韻　一五、咸韻　一六、嚴韻

この韻目数は『聚分韻略』の「平声」(上平一五韻・下平一六韻)をさながらに継承したものである。ただし、『聚分韻略』の韻目の標示とは異なり、簡単な一字の韻目になつてゐることが判る。表Ⅰに示す通り、『聚分韻略』では、［上平］東第一・冬鍾第二・江第三・支脂之第四・微第五・魚第六・虞模第七・齊第八・佳皆第九・灰咍第十・真諄臻第十一・文欣第十二・元魂痕第十三・寒桓第十四・刪山第十五、［下平］先仙第一・蕭宵第二・肴第三・豪第四・歌戈第五・麻第六・陽唐第七・庚耕清第八・青第九・蒸登第十・尤侯幽第十一・侵第十二・覃談第十三・塩添第十四・咸銜第十五・嚴凡第十六、である。また各韻目は、さらに意義分類に基づく部類名として、乾坤・時候・気形・支躰・態芸・生植・食服・器財・光彩・数量・虚押・複用、の一二門が設けられてゐる。さうしてその部類名の第一字(「乾坤」なら「乾」)が陰刻で標示されてゐる。この一二門の分け方は、『聚分韻略』を踏襲したものである。『海蔵略韻』が新たに加へたのは「韻外字」と「(平仄)両音字」との語群である。『聚分韻略』に存せぬ韻字群をまとめて［匀外］と陽刻にして、『韻府群玉』と『古今韻会挙要』の韻字の中から抽出して纏めて置いてゐる。「両音字」は「韻外」の後

に部類名を標示せずに纏めてゐる。さらに「祖師」と「二者駢言」の二門を設け、「祖」「二」（および「二処」）と陰刻してゐる。その後に「薬」として本草関係語の中、特に生薬等に関はる語句を置き、各韻目の最末尾に「雑」として、「年号」「書名」「曲名」「字様」等雑多なものを纏めてゐる。「薬」と「雑」とは陽刻の標示である。これら陽刻の「韻外」「薬」「雑」と、標示のない「両音」の三部は、陰刻の一二門に収め得ない語群を、一二門の後に置いたものと目される。また陰刻による「祖師」と「二者駢言」とは『海蔵略韻』が新たに付加した部類であると見做せば、『海蔵略韻』は一四門の韻書であるとすることができる。因みに付言するが、「二所」は平安時代末期成立の『平安韻字集』の部類名を承けてゐるのである。

この一四門から成る『海蔵略韻』の構成は、表Ⅰの韻字数表に示した通りである。本韻（韻内字）は『聚分韻略』に基づいた標出字である。各韻字の注文として簡単な注記をなす外、豊富な熟字例と、その熟字を含む用例を収めてゐる。また巻末には「歴代紹運図」「異名部」（生植部・気形部・器財部）「国花合記集抜萃」を付載してゐる。これら各部類に収載されてゐる語群の委細に関しては、各項目毎にその内容と問題点とについて細説する。

表Ⅰ　『海蔵略韻』の韻目毎の韻字数（対照『聚分韻略』『国会本略韻』）

海蔵略韻（版本）									聚分韻略			国会本略韻		
韻目	本韻（韻内）	韻外	両音	祖師	二者	薬	雑	計	韻目	原形本	三重韻	韻目次	韻目	韻字（増補）
一、東	107	12	17	13	者13	1	1	164	一、東	109	109	一、東	東	111（20）
二、冬	83	9	18	10	者11	1	18 1 └19┘	151	二、冬 鍾	83	83	二、冬 鐘	冬 鐘	83（13）

三、江	32	45	2	0	者2	0	0	81
四、支	335	0	42	15	者17	1	1	441
五、微	51	19	10	5	者7	1	1	94
六、魚	76	21	14	7	者11	1	1	131
七、虞	200	3	19	14	者20	1	1	258
八、齊	81	13	11	4	者4	1	1	115
九、佳	43	22	1	3	者2 処2	0	1	74
一〇、灰	42	9	10	9	者5 処4	1	1	131
一一、真	134	2	14	15	者11 処9	1	1	187
一二、文	54	15	9	4	者7 処3	1	1	94
一三、元	106	3	12	9	者10 処3	1	1	145
一四、寒	105	10	26	9	者7 処1	1	1	160
一五、刪	41	17	7	2	者3 処1	1	1	73
計（上平）	1540	200	212	109	者130 処23	13	18 14 ⌊32⌋	2259
一、先	172	3	32	14	者13 処4	1	1	239
二、蕭	126	10	23	7	者12 処4	1	1	184

三、江	33	33
四、支脂之	334	336
五、微	50	50
六、魚	77	78
七、虞模	202	204
八、齊	82	82
九、佳皆	45	46
一〇、灰咍	92	92
一一、真諄臻	133	134
一二、文欣	55	55
一三、元魂痕	107	108
一四、寒桓	107	107
一五、刪山	42	42
計（上平）	1551	1559
一、先仙	172	173
二、蕭宵	128	128

三、江	江	35（0）
四、支脂	支脂之	375（24）
五、微	微	50（3）
六、魚	魚	78（6）
七、虞模	虞模	204（12）
八、齊	齊	82（6）
九、佳皆	佳皆	44（4）
一〇、灰咍	灰咍	92（4）
一一、真臻	真臻	134（8）
一二、文欣	文殷	54（7）
一三、元魂痕	元魂痕	108（5）
一四、寒桓	寒	107（6）
一五、刪山	刪山	42（0）
計（上平）	＼	1599（118）
一、先仙	先仙	171（10）
二、蕭宵	蕭宵	127（0）

三、肴	48	16	6	1	者2 処2	1	1	87
四、豪	73	17	13	5	者6 処5	1	1	121
五、歌	97	9	17	5	者6 処3	1	1	139
六、麻	96	10	8	2	者4 処4	1	1	126
七、陽	214	0	35	7	者14 処7	1	1	279
八、庚	159	1	15	11	者13 処8	1	1	209
九、青	66	15	14	8	者4 処4	1	1	113
一〇、蒸	67	15	14	12	者8 処4	1	1（補22）	144
一一、尤	179	12	20	9	者11 処4	1	1	237
一二、侵	62	11	13	11	者11 処3	1	1	113
一三、覃	47	16	7	4	者5 処3	1	1	84
一四、塩	54	20	10	6	者4 処3	1	1	99
一五、咸	23	25	5	0	者1	0	1	55
一六、嚴	6	0	3	1	者1 処19	0	1（補5）	36
計（下平）	1489	180	235	103	者115 処77	14	27 16 → 43	2265
合計（上平下平）	3029	380	447	212	者245 処100	27	75	4524

三、肴	48	48
四、豪	75	76
五、歌 戈	98	98
六、麻	96	95
七、陽 唐	215	217
八、庚 耕 清	160	161
九、青	65	65
一〇、蒸 登	69	69
一一、尤 侯 幽	179	179
一二、侵	62	62
一三、覃 談	48	48
一四、塩 添	55	55
一五、咸 銜	23	23
一六、嚴 凡	7	7
計（下平）	1500	1506
合計（上平下平）	3051	3065

三、肴	肴	47（2）
四、豪	豪	75（2）
五、歌 戈	歌	98（0）
六、麻	麻	95（8）
七、陽 唐	陽 唐	215（13）
八、庚 耕 清	庚 耕 清	161（11）
九、青	青	65（2）
一〇、蒸 登	蒸 登	69（4）
一一、尤 侯 幽	尤 侯 幽	178（6）
一二、侵	侵	62（2）
一三、覃 談	覃 談	48（2）
一四、塩 添	塩 添 嚴	55（2）
一五、咸 銜	咸 銜	23（0）
一六、嚴 凡	嚴 凡	7（0）
計（下平）	＼	1496（62）
合計（上平下平）	＼	3096（180）

［備考］『海蔵略韻』の「薬」と「雑」の箇所は、それぞれの標示［薬］［雑］（共に陰刻）の下に用例の存するものを1とし、用例の存せぬものは0とした。この二部類とも、用例の存するものは、その数が1ではないのであるが、標出字を置いてゐないので、斯く表示した。

二―3　伝本の系統　『海蔵略韻』の現存の伝本は三〇部を下らぬと思はれるが、伝本の種類は『聚分韻略』のごとく多くはない。A、写本とB、版本とが存するが、本文の広略等の形態による差異は認められず、韻字の排列に異同は認められるものの、本文系統に基づく諸本の分類がなせる程ではない。ここで、写本と版本の別、また版本の版種による分類をなせば、次のごとくになる。なほ、「版本」に更なる増補改編を加へたものをCとする。

A　写本（東京大学附属図書館南葵文庫蔵、長享元年〈一四八七〉写本、一冊）
B　版本（上下二冊）
　a　古版本（早稲田大学図書館蔵本）
　b　整版本（江戸時代初期頃刊本）
C　増補改編本
　a　写本（三井家旧蔵本、駒沢大学図書館蔵『聚分韻略』など）
　b　版本（万治二年〈一六五九〉刊『広益略韻』、しかしこれは既に別書と扱ふべき形態になつてゐる。）

Aの『東京大学南葵文庫本』（一冊本）には「下平」の部分に、次のごとき識語[注3]が見られる。「蕭韻」の「祖」「氏」の前に「長亨[享]丁未初冬　梵恵写了」、「肴韻」の末尾にも「長亨[享]季冬　梵恵写了」、「麻韻」の「祖」「氏」の前に「梵恵写」、「青韻」の末尾にも「長亨戊申　釈梵恵写了」、さらに「侵韻」の「祖」「氏」の前には「明応甲寅季秋　釈梵恵写了」、巻末にも「梵恵写了」と梵恵なる僧が　長享元年（一四八七）から明応三年（一四九四）までの七年間に全巻を書写したことになる。他に別筆で「青韻」の識語の箇所に「長享戊申二一四八　足利将軍義熙」、「侵韻」の識語の箇所にも「明応甲寅二一五四年　足利将軍義稙」と記されてゐる。この別筆の「長享戊申（一四八八）」は第九代将軍義熙（義尚）の時代であり、後の「明応甲寅（一四九四）」は第一〇代将軍義稙（義材）の世に相当することを示す。当時の禅林が足利将軍の庇護・支配下にあつたことを偲ばせ、この別筆は後筆ながら、この写本が長享元年～明応三年の七年間に亘つて書写されるものであることの信憑性を高めるものとなる。

Bの版本の中、B-aの早稲田大学本（上下二冊）は『国書総目録』に「五山版」たる旨を記してゐる。確かに「五山版」を感じさせる程に古い版本であるが、「五山版」たることを示す決め手が存しない。やはり未詳とせざるを得ない。「五山版」と同程度に古い刊本たることは理会し得る。この「古版本」に元所蔵者の記した「丹波天田郡福知山在荒川邑丈六山相寿庵」が墨で抹消されてはゐるが、京都府福知山市相寿庵は臨済宗の禅院である。その後に「赤穂城下南三木氏」の印が捺されてゐるので、播州赤穂の三木氏の蔵に移つたことが判る。この「古版本」の存在は『海蔵略韻』の成立年代や刊行年代を考察するに資するものとならう。

B-bの「整版本」は『国書総目録』に掲載されてゐる『国立国会図書館本』（上下二冊、東京図書館旧蔵本）、『国立国会図書館亀田文庫本』（上下二冊、亀田次郎氏旧蔵本）、『東京大学国語研究室本』（上下二冊、書入れ多し）、『東北大学附属図書館狩野文庫本』（上下二冊、狩野亨吉氏旧蔵本）、『高野山大学本』（上下二冊、高野山大学図書館寄託、光台院蔵本）等、全て近世初期の整版本と思しき伝本のみであること、全て大友信一氏の調査[注4]された通りである。

Cの「増補改編本」は『海蔵略韻』が成立し、上梓されて以降、漢詩や聯句の実作の立場から、更なる大幅な熟字例の増補とそれを含む禅籍・漢籍からの用例を補入する必要が生じた結果、編まれたものである。この中のC-aは江戸時代初期以降、中期にかけて、B-a・bの版本の形が判りにくくなる程に大増補された伝本であろ。しかし、各韻字の注文の最初の部分を逐つて行けば、『海蔵略韻』の「増補改編本」たることが判断し得る。ただこの「増補改編本」には『聚分韻略』系統のものと、『海蔵略韻』系統のものとが存し、この二種がそれらの成立に際して相互に影響し合つてゐて複雑である。また書名も「海蔵」を冠しないものもある。川瀬一馬博士[注5]が挙げられた『韻礎』『活套』『円車広略韻』『韻略』『禅林集句分韻』等を実見する機会を得てゐないが、このC-a系統の伝本を指してゐるのであらう。宮内庁書陵部蔵の万治二年（一六五九）刊『広益略韻』（全三一巻）などは、既にこのC-b系統に属し、『海蔵略韻』の一二門に「両音」「祖（師）」「氏（名）」「人物」「女」「二名」「二人」「二処」「篇」「名」「二物」「三物」「四物」「分字」「薬」「雑」の一六部類が加へられた、別書として扱ふべきものになつてゐる。この中の「二物」「三物」「四物」「分字」等は、次節で扱ふ『古澗略韻』（三一韻）の巻頭にも見られるもので、これとの関連も考へられる。また、C-a系統の伝本の中で、『駒沢大学図書館本』[注6]（全五冊、三井家旧蔵本）などは、各冊の表紙の題簽に「聚分韻略」の名を付してゐる。この本の実際の内容はC-a系統本のものと認められるものである。斯く、『聚分韻略』と『海蔵略韻』とのそれぞれの「増補改編本」の成立の過程において相互に影響し合つて成つた証左を示すものとして注目されよう。

二-4　本文形態　『海蔵略韻』は、A写本、B-a・b版本との間に本文形態の広略を問題にする程の差異は認められない。ただし、Aの『写本』は意義分類の部類の排列や韻字の順序が未整理の箇所がまま見られる。C-aの増補改編本には大幅な増補がなされてゐるが、C-a、更にC-bの本文については、後稿において近世韻書史の場で採り挙げる。従つて本節では除外することにする。

そこで『海蔵略韻』を構成する部類と、その本文の形態について若干例示し、解説を加へたい。既述（前項二-3）の通り、『聚分韻略』の一二門の意義分類を継承し、かつ『海蔵略韻』になつた段階で、「韻外」「両音」「祖師」「二者（駢言）」「薬」「雑」等が付加されてゐる。まづ一二門の部分について二、三の箇所を採り挙げてみる。最初に「本韻」（韻内字）は、

［上平］ 東第一

《乾》 1東 ○巴陵洞庭日本―［杜］○拝月歩林―［同］○黄花満院―菊也［押］○鶯声只在水西―［同］―西鷗背晋斉盟方夢不到漢―［谷］漢―随州也○又随飛絮過檣―蝶事也［押］○朝―暮西労大竜玄宗事也［前］○又鮑子明亡朝―暮西無定所也［六］（中略）○有鶴横江―来［古］○薛氏兄弟三人称河―三鳳［十七］（中略）○采葑々々首陽之―［詩］○斗北之韓江―之李李曰也［全］○漢鄭玄事馬融辞皈融曰吾道―矣［韻］○丁寛易―○乃―八草各也○皷角漏天―○叫怒索飯啼門―○山―出相○馬超為征―将軍○蜀趙雲為鎮―将軍（中略）○海―陜―斉―隣―大―［詩］也篇也刺乱東々妓各也［並韻］○賓西主―之位為正［礼記］（下略）

4空 ○毛―暗春沢雨事也［坡］○此身如虚―○書―草復真广字也［押］○胸中尽掃―［珍］○飯香悟真―［文潜］○松風竹雨其談―［了］（中略）○豈有円―入井中［坡］［回也屢―天字―去声］

［下平］ 先第一

《虚》 1先 ［詩］不自我―［語］三者何―○示朴為天―［漢］文帝事也著鞭任使祖生―［坡］酌誰―［孟］得月―近水楼台八―得月［韻］（中略）○子将奚―［論］○張―作三影詩号張三影［排］○亦以為他日昼繡之―［全］○真一―生［全］（中略）○―子即西子也［選］注［或云―音善仄也」［――天易時仄也」［サキタツハ両音］

《乾》 2天 ○蜀―何処盡［谷］○李白騎鯨飛上―［前］○月在青―水在瓶［六］李翱投一機頌也○君侯少挙摩―翮［珍］（中略）小雪―十月也掲釈―之日月［珍］○花―［押］（下略）

《時》 23年 ○一炉香篆祝尭―［続灯］○我謫黄岡四五―［坡］○卯―猶放仏狸還［方］○六―怡悵茘支紅［谷］（中略）○蚍―同○胡広飲菊水延―［全］○湖山只昨―［翰］

各韻目の最初の韻字が、［東韻］は「東」字、［冬韻］は「冬」字、「江韻」は「江」字、［先韻］は「先」字、つまり戸主

文字を意義分類に先行させて置いてゐる。従つて「先韻」など冒頭に「〘虚〙1先」となつてゐるが、戸主文字の直後からは、『聚分韻略』の「三重韻」(平声)の順にほぼ従つてはゐるが、全く同一の排列にはなつてゐない。

標出字(韻字)の字数は『聚分韻略』の「原形本」に拠つてゐるか、それとも「三重韻」に基づいてゐるかを検することとする。前掲の表Iを見て明かなやうに、『海蔵略韻』の「本韻」(韻内字)は当然のこと、『聚分韻略』の韻字数の範囲で使用されてゐる。さうしてそれは「原形本」ではなく、「三重韻」に基づいてゐることが、次の三韻目に示す韻字数によつて明らかである。

［上平］四、支韻［海蔵335字・原形本334字・三重韻336字］

　　十一、真韻［海蔵134字・原形本133字・三重韻134字］

［下平］九、青韻［海蔵66字・原形本65字・三重韻66字］

さすれば問題となるのは「下平」の「六、麻韻」の場合である。この韻目では［海蔵96字・原形本96字・三重韻95字］となつてゐて、『海蔵略韻』と『三重韻』とが一致しない。そこで具体的に『三重韻』に基づいて徴するに、『海蔵略韻』で「55花・56華」となつてゐる箇所が、『三重韻』では「580華花同」と一箇所に収まつてゐる。これによつて『海蔵略韻』が「華」と「花」とを分けて二字にしたのである。従つて『海蔵略韻』の「麻韻」も『聚分韻略』の「韻内」に収まり得ることとなる。

ここで付言するが、『海蔵略韻』が中世版『聚分韻略』(三重韻)に依拠したのは、標出字(韻字)と極一部の漢字注とであつて、国立国会図書館蔵の『文明十三年刊薩摩版』に見られるがごとき、ほぼ網羅的に施されてゐる豊富な字音カナ・和訓カナ等の書入れの類は引用せられてゐない。斯かる点からせば、本邦室町期の主要な字音・字訓史料とはなり難いものではある。

『海蔵略韻』の本文形態が、『聚分韻略』のそれと大きく異なるのは、大幅な熟字例とそれを含む用例集とを置いてゐる点である。これは漢詩・聯句の実作における「聯想」に資することを、本書の最も主要な編纂の目的としたことに違ひない。さらに、このやうに委細に亘つて引用される禅籍・漢籍（あるいは本邦・隣邦の聯句集をも）の引例や注記は、『海蔵略韻』が一種の類書（百科全書）的な用途にも供されたものであることを示してゐる。これは単にこの『海蔵略韻』に限らず、中国の元の『韻府群玉』や『古今韻会挙要』の場合にしても同断である。畢竟、浩瀚本たる大部な韻書は、第一義的には「韻書」として使用されながら、副次的には「類書」としての役目をも果たすのが常である。斯様に『海蔵略韻』も多用途に供する韻の辞書であつたことは事実である。

なほ、『海蔵略韻』の注文中に引用されてゐる用例の典拠については、後項（二－7）で詳述する。また、本項（三－4）で取り扱つた一二門（乾坤・時候・気形……複用）以外の「韻外」「両音」「祖師」「二者駢言」「薬」「雑」の部類に関しては、次項（三－5）で採り挙げる。

二－5　韻外・両音・祖師・二者駢言・薬・雑

この項で扱ふ部類は『聚分韻略』に存せぬものである。その理由は、聯句や聯句連歌の文芸活動が極めて盛んとなつた、応仁の乱後の文明期以降に、漢詩・聯句の実作の必要に基づいて、増補された故なのである。また、この中の「祖師」「二者駢言」「薬」「雑」などは、『海蔵略韻』に類書（百科全書）的な性格を有たせるために、整備したものである。

まづ「韻外」について、これは『聚分韻略』の「韻外字」の意味であつて、『聚分韻略』の韻内字のみでは、聯句や聯句連歌の漢句実作の上で不足して来たため、韻字を補入する必要が生じたのである。前掲の表Ⅰに拠れば、『海蔵略韻』の「韻外字」の三字以内の韻目は、

［上平］四、支韻（本韻335・韻外0）　七、虞韻（本韻200・韻外3）　一一、真韻（本韻134・韻外2）　一三、元韻（本韻106・韻外3）

［下平］一、先韻（本韻172・韻外3）　七、陽韻（本韻214・韻外0）　八、庚韻（本韻159・韻外1）　一六、嚴韻（本韻6・韻外0）

の八韻目である。この中、「下平」の「嚴韻」は韻字の絶対数が少ないゆゑである。この韻目を除けば、全て「本韻」（韻内字）の韻字数の多いものばかりである。逆に「韻外字」の一五字以上補入されてゐる韻目を挙げると、次の一三韻が算へられる。

［上平］三、江韻（本韻32・韻外45）　五、微韻（本韻51・韻外19）　六、魚韻（本韻76・韻外21）　九、佳韻（本韻43・韻外22）　一三、文韻（本韻54・韻外15）　一五、刪韻（本韻41・韻外17）　「下平」三、肴韻（本韻48・韻外16）　四、豪韻（本韻73・韻外17）　九、青韻（本韻66・韻外15）　一〇、蒸韻（本韻67・韻外15）　一三、覃韻（本韻47・韻外16）　一四、塩韻（本韻54・韻外20）　一五、咸韻（本韻23・韻外25）

これらを眺めると、孰れも本韻（韻内字）が一〇〇字以内韻目のみである。聯句や聯句連歌の作詩には、本韻（韻内）が一〇〇字以内の韻目には「韻外字」を補入して、一〇〇字に近づけたのであらう。

そこで、これらの「韻外字」が如何なる典拠に基づいて抽出されたものであるかを吟味したい。〔上平〕の「支韻」、〔下平〕の「陽韻」「嚴韻」以外の韻目には、全て「韻外字」を有してをり、それらの韻字の注文中の引例にも［會］［韻］の書名が多く見られるので見当がつく。蓋し、これらは元の熊忠の『古今韻会挙要』と陰時夫の『韻府群玉』との二書に基づいてゐるのである。就中、『古今韻会挙要』を第一義的に使用してゐる。これは漢和聯句のための韻

書『和訓押韻』における「韻外」の場合と軌を一にする。

さすれば、この「韻外」の項はどういふ立場の人に対して、如何なる理由で設けられたのであらうか。取り敢へずこのことを明確にしておかねばならない。『海蔵略韻』が出現するまでの間は、主に五山僧は『聚分韻略』の外に、中国の韻書『韻府群玉』や『古今韻会挙要』等を併用してゐた。しかし、浩瀚本の『韻府群玉』や『古今韻会挙要』を使用することは、五山僧の中でも聯句や聯句連歌の初心者には難事に属する。ましてや公家衆や連歌師等にとつては困難を極める。そこで『聚分韻略』の「韻内字」のみでは不足する韻目に韻字を抽出して、この『海蔵略韻』に「韻外」として特設した。而うして室町時代後半以降の聯句・聯句連歌の盛行に伴なつて誕生したのが本書『海蔵略韻』であると判断し得るであらう。

次に「両音」について述べる。「両音字」の項目を設けた韻書としては、夙く平安時代末期（一一世紀半ば頃）成立の天理図書館蔵の『平安韻字集』（零本）の第一帖末尾の残存部分に「両音」が存する。また菅原為長撰の『文鳳抄』（寛元四年〈一二四六〉以前に成立）の『叡山文庫本』の「巻十秘抄」（略韻）にも「両音字」の項目が確認できる。さらに鎌倉時代成立の『平他字類抄』に「両音」を有してをり、これを基本にして成つた室町時代の「色葉字平他」類の韻書では、『新韻集』を除いて、全ての書に「両音」が存してゐる。この「両音」の先蹤としての、『平他字類抄』下巻の直接の典拠となつた菅原為長撰述の類書『文鳳抄』巻十「秘抄」では、「略韻・同訓平他字」となつてゐて、この中に「両音字」と「随訓異声字」の項が存する。漢詩や聯句を作るには、漢字の平仄を識らなければ押韻等の法式を遵守することはできない。漢字の平仄を記した参考書は多くあつても、同一の漢字に平・他（仄）両音が存するものが相当数ある。この平声・他(仄)声双方の使用を可とする両音字を知らなければ、やはり作詩は困難である。従つて「両音」の項目が韻書に特設されるのは自然の成り行きである。因みに付言しよう。『聚分韻略』の「原形本」が「三重韻」に改編せられた際、同一丁(頁)内に平声字と他(仄)声字とが上中下三段に重ねられてゐるので、同一漢字に平声・他(仄)声両方が共に存するか否かは一目瞭然である。従つて『聚分韻略』には「両音」の項目を特設する必要はなかつた。而かるに『海蔵略韻』のごとき、「平声」のみの韻書となつた場合には、両音字を識るべき「両音」の項は必須のものとなつたのである。

なほ、本書『海蔵略韻』は三一韻の「両音」欄を設けてゐる外、本韻(韻内)字の語注の随所に平声・他声の両用を可とする「両音」に関する注記が見られる。「両音」と明記するものと、明記せざるものと対照させて二、三例示する。いづれも注文の末尾に注記が存する。

〔上平〕一、東韻　4空〔回也　屢―天字―　去声〕　50挏〔―馬官両音〕

四、支韻　119騎〔吹笳劫胡―散―　姓ハ仄也〕　138籽〔両音也〕

〔下平〕一、先韻　1先〔或云―音善　仄也〕〔―天易時　仄也〕〔―(サキタツハ)両音〕

七、陽韻　28浪〔波―ハ仄也〕　38涼〔―(ウスシ)ノ時ハ両音〕

「祖師」は本書『海蔵略韻』の禅林における教養書としての価値を高からしめるために設けた部類(門)である。中国と日本の禅籍に見られる高僧・禅匠の名を挙げ、また、それらに関する故事等が解説されてゐる。ただし、標出字(韻字)に対する注文は、『海蔵略韻』の撰述者が解説を加へることは殆んどせず、多く典拠とした韻書・漢詩集・禅籍等からの引用文をもつて充ててゐる。従つてその大部分が中国の典籍に基づいた内容となつてゐる。次に一、二を例示する。

[上平] 四、支韻　378潙―山祐禅師作水牯牛左脇書五字曰―山僧某甲如何是潙仰下事曰断碑横古路[會]

[下平] 八、庚韻　176澄○仏図―能使鬼神腹有一孔出光照一室云云幾鉢水生蓮華[鑒]○―法師誓誦蓮経以求西邁[六]

右の「378潙」の注記は元の熊忠の『古今韻会挙要』からの引用であり、「176澄」の注記は『釈氏通鑑』と『六学僧伝』からの引用である。これらの典拠は『海蔵略韻』の「本韻」（韻内）の注文の出処と共通の典籍である。「祖師」が禅林の僧たちの知識・教養のために重要であつたことが理会できる。

次に「二者駢言」について触れる。この部類の先蹤としては、例の『平安韻字集』（零本）の第一帖末尾に「二人下」、第三帖に「二人名上」、第四帖に「二人上」「二所名」、第五帖にも「二所名」、第七帖に「二所名」がそれぞれ確認できる。『海蔵略韻』の部類名の標示は陰刻でなされてをり、その在り様も各韻目によつて区々である。「上平」では、一、東・二、冬・三、江・四、支・五、微・六、魚・七、虞・八、齊の各韻目は単に［二］となつてゐる。さうして、九、佳・一〇、灰の二韻目は［二］［処二］の二項に分けられてゐる。一一、真・一二、文・一四、寒・一五、刪の四韻目は［二］［二処］であり、一三、元は［一名］［二処］となつてゐる。「下平」でも一、先・三、肴・四、豪・五、歌・六、麻・八、庚・九、青・一〇、蒸の八韻目が［二］［二処］の二項になつてゐて、二、蕭のみ［二処］である。七、陽・一一、尤・一二、侵・一三、覃・一四、塩・一六、嚴の六韻目は［二人］［二処］の二項で、残る一五、咸は［二人］となつてゐる。例へば、次の「上平」の「七、虞韻」の例などは「二処」のものである。

254愚○貪―彼二水[坡]―泉―溪也　256湖　江―二水一般白[全]

また［二人］は、次のごときものである。例へば、「下平」の「一一、尤韻」の、

235丘○軻―十二先生孟―孔―也○―江谷―遅―淹也　240牛○李―莫学痴人―与　―坡ハ牛僧孺李徳裕也　皆嗜石人也

のごときものである。禅林は勿論のこと、文事に携はる人々のための知識・教養に資するものとして特に重要であるので、この部類を設けたのであらう。

最後に「薬」と「雑」の二部類について述べる。［薬］は標出字（韻字）を立てることはせずに、次の「上平」の「一三、元韻」の次の例のやうに、

144薬○葛根圓○復元丹○奔豚圓○正元散根香名　又丹（中略）○金盆菊ニ名也○玉盆同（中略）○八干

○○円・○○丹・○○散のごとき形で薬名を挙げてゐる。他に香名もあり、本草等に関する語を並べてゐる。而かも右の「根」「元」「豚」「盆」「干」などのごとく、その本草名の第二字めにその韻目に属する韻字のあるものを列挙してゐるので、「韻引き辞書」としての『海蔵略韻』に相応しいものになつてゐる。また「雑」の方は、文字通り、教養人の文事に属する雑多な項目を含めてゐるが、概して「書名」「卦名」「経名」「年号」「王名」「曲名」「分字」等が目立つ。而かも、その名詞の第二字めがやはり、その韻目所属の韻字となつてゐる。例へば、「下平」の「一七、陽韻」の「279雑」の注記を見ると、

279雑易老荘［載］○楊墨黄老［同］（中略）○公羊伝○穀梁伝○十吉祥経［般若］○八吉祥経同悳王経［涅槃経］（中略）（年号）魏正光元午達磨寓止少林寺［普］○大康晋年号左思等詩為――体［全］○會昌唐（曲名）満庭芳辛稼軒曲名［全］○燕皈梁［谷］注四名○陌上乗曲名（中略）（分字）章貢贛字也○木旁鬼槐字也○供十方羅漢僧伝ト八馬祖ハ什那縣人ナル故ニ（下略）

のごとくとなつてゐて、禅林は勿論のこと、文雅の業に携はる人々の教養に資することを目指して設けられた部類である。

ここで、本書『海蔵略韻』が、『聚分韻略』の一二門の後に増補した「韻外」と「両音」、「二者駢言」「薬」「雑」の五項目によつて、『海蔵略韻』の韻書としての価値を高めた、その価値について、次の三箇条に纏めておきたい。

一、「韻外字」を本韻(韻内)字の少ない韻目に補入することによつて、文明期以降の漢詩や、隆盛になつた聯句・聯句連歌のために韻字の充実を図つた。

二、平声・仄声両方とする「両音字」を掲げて説明することによつて、「平声」のみの『海蔵略韻』の、作詩のための韻書としての価値を高めた。

三、「薬」「雑」の二項目を特設することによつて、『海蔵略韻』に単に韻書としてのみならず、類書(百科全書)的な性格を帯びさせ、禅林を始めとする知識階層の人々の教養を高めるために役立つ書とした。

二―6 成立年代と撰述者

『海蔵略韻』の成立年代を考へるのに、東京大学南葵文庫蔵の写本の識語は、そのまま信じてよいか否かは問題が残るが、一往の目安になるのではなからうか。この写本の識語の長享元年(一四八七)といふのは、応仁の乱後の文明期の直後である。最早や復古した禅林において、漢詩や聯句・聯句連歌が五山衆を中心に、公家衆・武家衆・連歌師等が融合して文芸交流の場を展開した結果、これらの文芸は隆盛を極めた。さういふ風潮の中で、本書『海蔵略韻』は誕生したのである。しかし、聯句・聯句連歌の興隆は室町最末期まで続くので、いつと特定することは難しいが、南葵文庫本(写本)の長享元年(一四八七)といふ年代は、川瀬一馬博士の写本『海蔵』に見られる識語が永正一四年(一五一七)であることを考へると、強ち無視し得ないのではないかと思へる。本書はやはり文明末年から長享初年頃の成立と考へてよいやうに思はれる。大友信一氏が[注8]「せいぜい『温故知新書』の序文の時期、文明十六年(一四八四)頃までしかさかのぼれない」とされることが肯はれる。それを物語るものとして、本書に「韻外字」の項を特設したことの意義を時代背景に併せて考へても判ることであらう。

処で、川瀬一馬博士は[注9]『海蔵略韻』を虎関師錬の作とされた。その根拠とされる処は、次の記述に見られる。

「海蔵略韻」を聚分韻略と別書とし、これも亦虎関の作であるとする所説もあるが、これは虎関が東福寺海蔵院に棲住した為に、海蔵院虎関禅師の略韻の意で、即ち、聚分韻略の別名と考ふべきである。

この説明によれば、『聚分韻略』と『海蔵略韻』とが同一の書であるといふことになる。しかし両書を比較対照するに、『『聚分韻略』が『海蔵略韻』の先行書たることは一瞥して明白である。また、『海蔵略韻』中に三箇所『聚分韻略』を引用した記事が見られる。今その箇所を具体的に示す。

(1)「上平」の「七、虞韻」の気形門の「59余」字に、

59余〔聚分匀〕云　我也〔府廣〕無之〔會〕云　史記 檮—匃奴山名　又魚匀　聚我也ト書ス事如何

(2)「下平」の「一、先韻」の器財門の「97絃」字に、

97絃(前略)〔又匀府別出弦字　廣匀ニハ弦同字トシタ故　聚分ニモ同字ニ用タ〕匀府云弦木為孤〔語〕弦哥(下略)

(3)「下平」の「一一、尤韻」の態芸門の「64游」字に、

64游游同　聚分　但匀府別出遊字也　游ハ浮也ト別ニシタ○來—来哥〔匀〕(下略)

として、『海蔵略韻』は、『聚分韻略』を『広韻』や『韻府群玉』に対比せしめて解説を加へてゐる。もし、『海蔵略韻』の撰述者が『聚分韻略』と同一人物であつたならば、(1)の記事のやうに、「聚我也ト書ス事如何」と評するであらうか。

蓋し、川瀬博士説はこの点からしても肯ひ難いであらう。

さらに、『海蔵略韻』の撰述者が『聚分韻略』と同じ虎関師錬であるとすれば、『海蔵略韻』は編纂されて百数十年も世に行はれなかつたこととなる。これは何としても不審である。川瀬博士説を肯定し得ない要因は、博士が『聚分韻略』と『海蔵略韻』の弁別を必ずしも明確にされてゐないことに存する。

次に山田忠雄先生の御説を採り挙げる。『韻さぐり』[注10]（子規筆）の山田先生の「解説」中に、

> 平安時代末期以降、世々簇出した略韻の中では「海蔵略韻」が最も詳しい。一に「海蔵略韻」（一本の題簽）「韻略」とも言ひ、増補本は用語例を多く加へ、異名を冠するものが殊の外多い（猶、本書と「聚分韻略」とは、著者を等しくするのみで、全く別書である。世に両書を混同して説く向きも有るので、念の為附記する）。

とせられてゐる。この中に『海蔵略韻』の「増補本」の用例の大幅な補入のことに触れられてゐるが、前述（二―3）の『駒沢大学本』などはこの「増補本」に含められ、しかも『聚分韻略』の書名が付せられたものであるので、川瀬博士説が出たのかも知れない。山田先生の説かれる通り、『海蔵略韻』は『聚分韻略』とは全く別書なのである。ここまでは先生の御説の通りであるが、先生も「著者を等しくするのみ」[注11]と、『海蔵略韻』の著者を虎関とされてゐる点はやはりいぶかしい。第一に『海蔵略韻』の編者が『聚分韻略』と同じ虎関師錬であるならば、本韻（韻内字）の他に「韻外字」の項目を設けたことの意義が認められなくなるだらう。また前掲の『海蔵略韻』中の『聚分韻略』引用の記事(1)に「聚　我也書事如何」と評することからしても、『海蔵略韻』の撰述者は虎関師錬ではなく、大友信一氏の説かれる[注12]ごとく、文明最末年から長享初年頃に東福寺海蔵院に住した禅僧といふことになるのである。本書が禅林聯句や聯句連歌の盛行に伴つて成立した韻書たる所以である。

二―7　『海蔵略韻』の注文の典拠

『海蔵略韻』とその原典たる『聚分韻略』の分量を比較することは、両書の本文形態の相異から簡単になし得るものではないが、今仮に「版本」の丁数をもつて示すならば、次の通りである。まづ『海蔵略韻』の丁数は、全て五二四丁で、韻目毎の明細は次のごとくである。

［上平］(上冊)初(出処)1　東21　冬15　江5　支32　微1　魚14　虞25　齊13　佳8　灰17　真26　文11　元21　寒21　删9　(計250丁)

［下平］(下冊)先27　蕭19　肴7　豪15　歌18　麻17　陽30　庚22　青12　蒸14　尤19　侵12　覃9　塩9　咸4　嚴2　(附録)37　(人異名)1　(計274丁)　［合計524丁］

これに対して、『聚分韻略』は、「三重韻」の『文明一三年版』(薩摩版)を例にとつて丁数を算へると、

序・目次5　上平36　下平32　入声16　［合計89丁］

と全て八九丁である。斯く単純に両書を丁数で比べても、『海蔵略韻』は『聚分韻略』の約六倍もの分量となつてゐる。「平声」のみの略韻の『海蔵略韻』が、「平声」「他声」全韻(三一韻)の『聚分韻略』の約六倍も存することは、『海蔵略韻』の独自の大増補による結果である。『海蔵略韻』には標出字(韻字)の注文中に尨大な分量の熟字例と、それを含む用例が大幅に補入されてゐることは、一目瞭然である。然らばその注文中に徹底して数多く引用してゐる用例は、一体如何なる典籍に基づくのか。本書上冊の巻頭に「此内之出処」として、引用書(一〇五種)の「出典一覧」と謂ふべきものが、「凡例」のごとくに記されてゐる。今これを次に掲出する。

万宝詩山　押韻　十二先生　韻府群玉　排韻　楊誠齋　三体詩(一三巻)　絶句　鶴林玉露　唐詩鼓吹　翰墨全書
方秋涯　杜子美　東坡詩　山谷詩　首楞嚴　法華経　勧善書　釈氏通鑑　漢書　史記　十八史　正宗賛　僧宝伝

六学僧伝　古文真宝　真宝前集　礼記　論語　孟子　毛詩　左伝　蔵叟摘稾　元史　如々居士　編年通論　風雅集　稽古畧　才子伝　了庵録　卒菴録　古今韻会挙要　詩林広記　貞和集　法華文句　碧岩録　韓文　柳文　対類　羅湖野録　錦繡段　錦繡策　尚書　太平御覧　無文印　皇侃疏　歐陽詩　百川学海　詩学大成　五灯会元　漁隠叢話　経律異相品　蔵経　海録碎事　詩格　白玉蟾　開元遺事　伝灯録　金剛経　蒙求　北磵　普灯録　山庵雑録　仏祖通載　四教儀　江湖集　枯崖漫録　雲臥紀談　東菜集　韻語陽秋　白雲集　釈門正統　方輿勝覧　玉屑　困学紀聞　虚堂録　臨済録　月江録　千家集　荘子　中州集　事文類聚　続灯録　源流至論　横川録　酉陽雑俎　冷齋夜話　続僧宝伝　白氏文集　書林外集　顕密　林間録　石門文字禅　橘洲文集　（以上一〇五書）

今この一〇五書を概観すると、まづ韻書としては、本書『海蔵略韻』の引用書の中枢をなすとも謂ふべき中国元の陰時夫撰の『韻府群玉』が眼に入る。引用例に［匀］と標示するものは全てこの『韻府群玉』である。次に注目せられるのは元の熊忠撰の『古今韻会挙要』である。この書は［會］と標出した引例であるが、本韻（韻内）の部分にはさほど多くの引用は見られない。而かるに「韻外」の部分に集中して引かれる。本韻の注記の部分に「外」とか「匀外」とか記するに際しては、「本韻」（韻内）の規準として、『聚分韻略』を基本にしつつ、常に『古今韻会挙要』に徴して排して行つたものと目される。五山の叢林で多用された『韻府群玉』は可能な限り多く引用すべく努めてゐる。また五山で内典（仏典・禅籍）に準じて重視された『三体詩』『山谷詩』『東坡詩』『杜子美』も頻度高く引用されてゐる。『李白詩』の引用がさほど多くないのは、『海蔵略韻』に限らず、禅林で編纂された韻書一般の事象である。五山で講釈された「詩集」においても同断である。『錦繡段』や『江湖集』なども同じ傾向にある。仏典や禅籍が五山で格別に重視されるのは当然での理で、『首楞嚴』『法華経』『正宗賛』『僧宝伝』『法華文句』『金剛経』『貞和集』『釈門正統』『六学僧伝』『石門文字禅』や禅林の語録書たる『了庵録』『卒菴録』『碧岩録』『伝灯録』『五灯会元』『普灯録』『虚堂録』『月江録』『続灯録』『横川録』などが使用されてゐる。これらは禅林の文事のためには重要な典籍なのであつた。五山では漢籍や漢詩に重きを置くと同時に、教養書としてもよく使用し、講釈もした。『海蔵略韻』の引用書目の中にも『論語』『孟子』『古文真宝(前集・後集)』『詩学大成』『蒙求』『史記』『十八史略』『毛詩』『左伝』『尚書』『荘子』『白氏文集』などが挙げられる。これらの中、『論語』『孟子』『古文真宝』『詩学大成』『蒙求』『毛詩』『荘子』『白氏文集』などは五山や公家社会でもよく講釈の会が催された。前の『三体詩』『山谷詩』『東坡詩』『江湖集』などと共に、禅林学芸の聞書集録とも謂ふべき「抄物」類が多く現存する所以である。

更に『海蔵略韻』の引用書の中には、『韻府群玉』『古今韻会挙要』のやうな大部の韻書と共に、中国の類書『太平御覧』『太平広記』『事文類聚』『事林広記』が採り入れられてゐる。これによつて『海蔵略韻』は詳しい類書のごとき性格も併はせ有つ内容の韻書となつた。その結果として漢詩や聯句の実作の際の聯想に大きく資するものとなつてゐる。同時に五山並びに公家社会・武家社会、連歌師など知識層の人々の教養に供する書となつてゐることに注目させられる。

二―8　『海蔵略韻』の付録類　本書『海蔵略韻』(下冊)の巻末(三七丁分)に「歴代紹運図」と「異名部」(〔天象部〕・生植部・気形部・器財部)「国花合記集抜萃」が付載せられてゐる。三丁を費して掲げる「歴代紹運図」は中国古代からの皇帝を中心とする歴史を識る上で重要で、知識階層の人々の教養のために役立つものである。続く「異名部」には「天部」(標出語＝「天・日・月・雨・雪・風・星・霜」の八語)「生植部」(標出語＝「松・梅・竹・蓮・菊・苔・薔・躑躅・牡丹・芍薬・蒲萄・棗・菖蒲・辛夷・梨・芋・芡・海棠・萱・草・菓・茶・茄子・茯苓・芭蕉・茘支・榴・杓杞・瓜・山礬・欵冬花・芙蓉・人参・藤・木名・葛・桂花・槿・雑花・槐」の四〇語）「気形部」（標出語＝「馬・虎・獅子・牛・犬・猿・猫・羊・鹿・鼠・鶯・鸚鵡・鷺・鳩・雉・鶏・鴨・鷗・翡翠・鷹・鸛・燕・鵑・鴈・鴛鴦・麒麟・豕・螳螂・亀・蛙・蟹・蝶・蛩・蛛・螢・蚯蚓・雑鳥・蟬・蚊」の三九語）「器財部」（標出語＝「箏・硯・墨・燈・紙・旗・銭・剣・弓・枕・箪・酒・杖・炭・払子・香・爐・扇・冠・帽・巾・盃・樽・鐘・船・鏡・琴・瑟・琵琶・玉・帳・曲・経・書・袈裟」の三五語）の四部類に計一二一語の標出語を登載せしめ、それらの異名を詳細に掲げてゐる。この「異名部」を特設することは、勿論知識・教養のためにも役立つが、何よりも漢詩や聯句の実作のためには必須の参考資料となる。

最後に「国花合記集抜萃」[注13]について触れる。これは何と言つても専ら聯句・聯句連歌の作詩のために重要である。殊に永禄頃から慶長・元和頃までの聯句連歌（広義の「和漢聯句」）の漢句にも和句にも「国花合記集」の音訳漢字による仮名書がかなりなされてゐる。聯句や聯句連歌の「漢句」の場合は、㈠句末に仮名書によつて漢字の韻を合はせるため、㈡句頭・句中に音訳漢字の仮名書を置くことにより、一句五言の字数を合はせるため、の二用法がある。（ただし、㈡の句中の例は句頭に比して幾分使用例が少ない。）「和句」に使用するのは漢和聯句の和句の押韻すべき入韻句などの偶数句に限られる。「国花合記集」は、夙く文明期成立の『広本節用集』に「国花合紀」「合紀」などとして一〇六語登載されてゐるのが最も古い。その後、「永禄二年本」類の『節用集』に「国花合紀集抜書」として付せられてゐる。『海蔵略韻』の巻末付載の「国花合記集抜萃」には一三五語の標出語が掲出されてゐて、中世の「国花合記集」の一特色を示すものである。近世に入ると『増補下学集』『国花集』『続国花集』所載のものなどが現はれ、それらの「国花合記集」の収載語数は一五〇語～一七〇語程度に増加する。近世初期に及んで「聯句」や「聯句連歌」

における音訳漢字使用の仮名書を混入するといふ、聯句文芸の言語遊戯が一層盛んになつた所以であらう。孰れにせよ、『海蔵略韻』に「国花合記集抜萃」が付載されてゐることは、聯句・聯句連歌等の韻事のために極めて有用であつたことを如実に物語るものである。

注1・5・9　川瀬一馬博士著『古辞書の研究』（一九五五年〈昭和30〉10月　講談社刊）参照。

注2・3・4・8・12　大友信一氏論文「『聚分韻略』と『海蔵略韻』」（『岡山大学法文学部学術紀要』第38号　一九七八年〈昭和53〉8月刊）に委しい論がある。本稿は大友氏の論文に負ふ処大である。学恩に深謝申しあげる。

注6　梅田信隆監修・木村晟・片山晴賢編『改編増補聚分韻略』（一九八七年〈昭和62〉3月　小林印刷出版刊）参照。

注7　大友信一・木村晟編『文鳳抄真福寺本叡山文庫本』（「近思学報」第一、一九八一年〈昭和56〉10月　小林印刷出版刊）に「翻字本文」収録。『古辞書研究資料叢刊』第2巻（一九九五年〈平成7〉11月　大空社刊）に再録。

注10　山田忠雄先生「語末辞書として見た『韻さぐり』」（『韻さぐり』〈影印本〉一九七一年〈昭和46〉8月　菜根出版刊の「解題」）参照。

注11　『海蔵略韻』と『聚分韻略』とは別書であるが、著者は同じ虎関師錬であるとするのは、古くは尾崎雅嘉の『群書一覧』（享和二年〈一八〇二〉）に見られる。橋本進吉博士著『古本節用集の研究』（一九八六年〈大正5〉東洋文庫刊）と岡井慎吾博士著『日本漢字学史』（一九三四年〈昭和9〉有朋書房刊）も尾崎雅嘉と同説。山田先生もこれを踏襲せられた。

注13　足立雅代氏論文「『仮名書』一覧並びに漢字索引稿」（『国語文字史の研究　二』一九九四年〈平成6〉10月　和泉書院刊）に委細に亘る調査がある。

三、『古澗略韻』

三―1　概要　文明期以降、禅林・公家・武家の三社会融合に伴なふ聯句連歌の隆興の後も、五山の叢林においては、相変らず聯句が禅林文芸の主流をなしてゐた。例へば『鹿苑日録』中に見える聯句関連記事の分布状況を表Ⅴ(付載資料三、の(七))によつて眺めると、永禄九年(一五六六)以降の和漢聯句・漢和聯句の多出した年代においても、聯句は禅林で確実に盛行してゐる事実が看て取れる。さすればこそ文明末年〜長享頃(一四八五〜一四八七)に三一韻の『海蔵略韻』が成立して以降にも、なほかつ本書『古澗略韻』[注1]のごとき浩瀚本を編述する必要があつたのだと思はれる。これは『海蔵略韻』よりも遙かに多くの注記や熟字例を保有する大部な伝本である。現存する『海蔵略韻』の最古の写本は東京大学附属図書館南葵文庫蔵の『長享元年本』であるが、『古澗略韻』の撰述者が『海蔵略韻』の古写本か古版本の孰れかを参看したことは確定的である。その証左として『海蔵略韻』を引用した箇所が存する上に、引用する文献も『海蔵略韻』の引用書を継承した箇所が相応に見られる。しかし、それ以上に『古澗略韻』は多種の引用書を駆使して厖大な分量の語注となつてゐて、『海蔵略韻』に存しない特異性も見られるのである。さうして後出の『広益略韻』[注2](三一韻三一巻、万治二年〈一六五八〉刊)に近い形態の書となつてゐる。斯くて本書は『海蔵略韻』と『広益略韻』との中間的形態を有する伝本として注目せられる。当期における聯句や聯句連歌の盛行に伴なつて現出した韻書として、本書の形態を明らかにすることが肝要である。以下、本書の韻目と構成、伝本、本韻(韻内字)と韻外字、成立年代と撰述者、注文の典拠等について詳述する。

三―2　韻目と構成

『古潤略韻』の韻目は、『海蔵略韻』と全く同一であるが、『海蔵略韻』と異なるのは、『古潤略韻』が韻目名を一切明記せぬことである。しかし、一韻目を一冊として（「下平」の一五咸韻と一六嚴韻のみ分量が少ないので併合して一冊に）全三〇冊とする処からも三一韻の韻書たることは明白である。その三一韻の韻目は次の通りである。

[上平] 一、東韻　二、冬韻　三、江韻　四、支韻　五、微韻　六、魚韻　七、虞韻　八、齊韻　九、佳韻　一〇、灰韻　一一、真韻
一二、文韻　一三、元韻　一四、寒韻　一五、刪韻

[下平] 一、先韻　二、蕭韻　三、肴韻　四、豪韻　五、歌韻　六、麻韻　七、陽韻　八、庚韻　九、青韻　一〇、蒸韻　一一、尤韻
一二、侵韻　一三、覃韻　一四、塩韻　一五、咸韻　一六、嚴韻

この韻目数は『聚分韻略』の「平声」（上平一五韻・下平一六韻）を継承したものである。また各韻目は、さらに意義分類されて、乾⃝（乾坤）・時⃝（時候）・気⃝（気形）・支⃝（支躰）・態⃝（態芸）・生⃝（生植）・食⃝（食服）・器⃝（器財）・光⃝（光彩）・数⃝（数量）・虚⃝（虚押）・複⃝（複用）、の一二門に部類分けされてゐる。ただし、「上平」の東韻〜「下平」咸韻に至る三〇韻に時⃝の標示が存せぬので、一一門であるかのやうにも見えるが、最終の「下平」の「一六、嚴韻」に生⃝が見られるので、本書はやり一二門の部類立ての書とすべきである。また「上平」の「一一、真韻」は、部類標示に〇印が付せられてゐないものがある。また、各韻目の幾つかの箇所に部類名標示を脱するものもある。しかしながら、本書が一二門の部類立てである原則に変はりはない。

各韻目において、先行書の『海蔵略韻』が謂はゆる「戸主文字」を冒頭に置いたのに対し、『古潤略韻』は戸主文字を最初にもつてくることをしない点、『海蔵略韻』と、同様に『聚分韻略』に依拠するとは言へ、斯く排列に小異

が見られる。『海蔵略韻』と構成が大きく異なるのは、『海蔵略韻』の「匀外」と「両音字」「祖師」「二者駢言」「薬」「雑」の各部類においてである。「韻外」は『海蔵略韻』が一二門の直後に纏めて掲げてゐるのに対して、『古澗略韻』では、「韻外字」をも一二門の各部類に分けて挿入してゐる。また「両音字」「祖師」「二者駢言」その他は全て『古澗略韻』が各巻（韻目）の巻頭または末尾に「付載」の形式を採り、特に部類立てをしないことで『海蔵略韻』とは大きな差異を示してゐる。かつ、それぞれの用例も、『海蔵略韻』の本文を踏まへながらも独自に多く補入し、『古澗略韻』が『海蔵略韻』の単なる増補本とは言ひ難い性格のものになつてゐることが判る。従つて、本稿では『古澗略韻』が『海蔵略韻』とは別書であるとの立場を採り記述することにした。なほ、各韻目に存する本韻（韻内）字や韻外字の字数、韻外字の典拠については、後項（四-5　韻内・韻外字）にて詳述する。

三-3　伝本の系統

『古澗略韻』は、宮内庁書陵部に収蔵する写本[注3]（全三〇巻）が唯一の伝本で、他に転写本があることも識らない。まして上梓されることもなかつた。同じく書陵部等に蔵される『広益略韻』[注4]（万治二年〈一六五九〉刊）も「三一韻」の韻書であるが、一二門の後に、「両音」「祖師」「氏名」「人物」「女」「二名」「二人」「二処」「篇」「名」「二物」「三物」「四物」「分字」「薬」「雑」の一六門が加はり、全て二八門の部類立てとなつてゐる。この『広益略韻』などは明らかに『海蔵略韻』の形態を踏襲しつつ改編増補したものとして把へられるが、本書『古澗略韻』は『海蔵略韻』と『広益略韻』との中間的形態を示してゐる。さうして『聚分韻略』や『海蔵略韻』を踏まへながらも、独自の撰述の仕方をする韻書として、禅林の聯句や聯句連歌の実作に供するために編纂されたことが随所に看て取れる点、特に注目すべきであらう。

三―4　本文形態　まづ『古澗略韻』が先行の韻書『海蔵略韻』の本文を直接承けてゐるか否かを確認する必要があらう。少なくとも本文の体裁や出典名等において『古澗略韻』は、『海蔵略韻』を継承する意図で編述されたことは事実である。しかし、細部に亘つて観察すると、『古澗略韻』は『海蔵略韻』よりも遙かに多くの典拠を駆使し、用例も増加せしめて、『海蔵略韻』を超えた内容の、別なる韻書と認むべきものとなつてゐる。それを具体的に記述するために、「上平」の「一、東韻」の冒頭「東」字の注記を検討してみよう。最初に『海蔵略韻』との関連を、次に『韻府群玉』との関連について検索する。

最初の①「朝―暮西労レ六竜ヲ〔坡七〕玄宗叓也」、②「牽牛ハ西織女ハ―」、③「山ニハ―出レ相ヲ」、④「叫怒索レ飯啼クレ門―」(毛詩)、⑤「斗北ノ……江―ノ李」、⑥「平―将軍……平将軍」、⑦「漢鄭玄叓レ馬融辞ニ」、⑧「賓西主…為正(礼記)」、⑨「片西片―(普)」、⑩「鼓角漏天―」、⑪「巴陵洞庭日本―ノ」(杜詩)、⑫「漢王問レ良吾」、の部分は、用例の処出順は異なるが、『海蔵略韻』を踏まへた本文であることが判る。次に同じ「東」字の部分を『韻府群玉』に拠つて検するに、⑬「韋瓊勅シテ日給ニ河―ノ酒一升ヲ一…吾股肱カ郡ノ」、⑭「山―ニハ出レ相ヲ……レ徳化賈ヲ山」、⑮「叫怒索レ飯啼クレ門―……在レ―」、⑯「秀句満レ天―荊公」、⑰「呉喜為ニ河―ノ太守一……望レ風降散」、⑱「避ニ世墻―ヲ一……王応仲也」、⑲「丁當佩ハ声……即當也」、⑳「施家―西施家―施家」、㉑「籬―隣―」、㉒「項羽敗シテ―還無レ面目シテ……独歩」、㉓「江―日暮雲ノ」、㉔「寂寞クハ冦巴―……呼冦巴―」、㉕「裴俠遭ニ父憂ノ一……葬ニ於桑―ニ一」、㉖「張敞為ニ膠―リノ相ニ」、㉗「寧至遼―ニ……若レ将レ終」、㉘「蜀馬超魏ノ……征将軍ノ」、㉙「符登謂レ雷ヲ……其聖乎レカ」、㉚「晋王濬杜預皆……将軍」、㉛「斉以レ張壊ヲ……可レ平」、㉜「漢鄭玄叓レ馬……吾道―カ矣」、㉝「小ニモ―大シニモ―……於ス―国ニ一」、㉞「丁寛学ニ易於田何ヲ一……易已―矣」、㉟「科斗沽ハ―(爾雅)蝦蟆名」、㊱「急就シテレ章ヲ……淩レ寒而生ニ一」、㊲「夏枯草名乃―ト……五月枯」、㊳「此身漂泊苦西―」、㊴「礼器大明生ス二於―ニ一」、㊵「東山詩我来ルレ自レ―」、㊶「車攻詩駕セヨレ言レ徂ユカンレ―ニ一」、㊷「決スル二諸―方ヲ一則―ニ汴（孟）」、㊸「順テレ汴ニ而―ニレ行」、㊹「官名レ―」、㊺「馮緄開レ綏笥ヲ……遼―ノ守一」、㊻「川障レ―ニ」、㊼「障百川而―」、㊽「梟徒レ―……猶悪子」、㊽「住西住―」、㊾「陸機参佐……住西頸」、㊿「宿レ西食レ―」、(51)「斉有一女二家……西家貧而美也」、(52)「在テレ西笑ニレ―ニ緒」、(53)「还如三瞽老……西而レ―笑」、(54)「水必―」、(55)「水ハ万折必―」、(56)「畝尽―」、(57)「晋人曰必使二……其畝ヲ一」、(58)「石言勿レ―スルコト」、(59)「石言ニ於モフス……勿レ―スルコト也」、(60)「尹翁皈河―……所ナリ三施設クル一」、(61)「斗柄―ニシテ而天下春」、(62)「徐凝送ニ日本使ノ……有碧海十州記」、(63)「陸―京祐中為リ二……不レ受」、(64)「―ゝ妓名竇犨……似リレ叫レ―々ト」、のごとく『韻府群玉』からの引用が極めて多く見受けられる。蓋し『韻府群玉』を出典の中の大きな柱として立て、それらの中に種々の漢籍・漢詩や禅籍などを豊富に織りなしてゐる。

これに拠つて判る通り、『古澗略韻』は『海蔵略韻』と一見類似した記事になつてはゐるが、その差異の大きな特色は、『古澗略韻』が『韻府群玉』を徹底して引用することにあると言へよう。畢竟『古澗略韻』は『海蔵略韻』に比して、『韻府群玉』使用の頻度の高さが頗る顕著である。また同時に、『古澗略韻』は『古今韻会挙要』引用の頻度も格別である。各韻目とも、各韻字の注記の冒頭に「會」と明記して『古今韻会挙要』からの引用が、これもまた大きな本文の特徴となつてゐる。この「古今韻会挙要」が元の熊忠撰の『古今韻会挙要』であるのか、それとも明の方日升の『古今韻会挙要小補』[注5]であるのかが重要な検討課題となる。結論を先に言ふならば、『古澗略韻』が依拠した「古今韻会挙要」は、明の『古今韻会挙要小補』の方である。委しい証明は後項（三―5・三―6）で詳述するが、『古澗略韻』の注記中に「叶音」を示す記事が存したり、標出字（韻字）に「古読」に属するものが採録されてゐたりして、同一の韻字数でもより広範囲に利用し得る『古今韻会挙要小補』を使用した形跡が確認できるのである。

さらに『古澗略韻』の「韻外字」の基準が『海蔵略韻』や、漢和聯句のための韻書『和訓押韻』『韻字記』『韻字之書』『漢和三五韻』などとは相異してゐることも、『古澗略韻』の本文の特色の一つとして指摘し得る。『海蔵略韻』や漢和聯句の韻書類の「韻外字」は、『聚分韻略』に存せぬ韻字を『古今韻会挙要』から(『漢和三五韻』[注6]は『古今韻会挙要小補』を主に、ごく少数『五車韻瑞』からも)引用した。而かるに本書『古澗略韻』は『聚分韻略』(韻内)に存せぬ韻字を『古今韻会挙要小補』と『韻府群玉』に索め、それらに存せぬ場合は『増韻』『広韻』『集韻』の順に探し求め韻外字に補充してゐる。その結果、次項の表IIに示すがごとき韻外字数になつてゐる。韻外字の絶対数は『海蔵略韻』の二倍強となつてゐて極めて特徴的である。蓋し韻外字の典拠が『海蔵略韻』とは幾分性格を異にする所以である。

三―5　本韻(韻内字)と韻外字

『古澗略韻』の韻内字と韻外字の収録字数を『海蔵略韻』と『聚分韻略』とを対比せしめて、表IIに一覧する。

表II　『古澗略韻』収録字数・付載資料等一覧

韻目	本韻(韻内)	韻外	計	聚分韻略	海蔵略韻(韻外)	巻頭・巻末の付載資料
一、東韻	87	35(8)	122	109	107(12)	両音・三物・四物・分字・祖・俗・二処
二、冬韻	78	50(8)	128	83	83(9)	両音・分字
三、江韻	30	62(5)	92	33	32(45)	両音
四、支韻	258	23(6)	281	336	335(0)	両音

五、微韻	53	22（1）	75	50	51（19）	
六、魚韻	67	23（5）	90	78	76（21）	両音・祖
七、虞韻	160	16（6）	176	204	200（3）	
八、齊韻	63	29（4）	92	82	81（13）	両音
九、佳韻	45	39（5）	84	46	43（22）	
一〇、灰韻	83	29（8）	112	92	42（9）	両音・三物・四物・祖・俗
一一、真韻	117（＋27）	18（8）	135（＋27）	134	134（2）	両音・仏・祖・分字・支・草名
一二、文韻	50	16（4）	66	55	54（15）	
一三、元韻	84	22（7）	106	108	106（3）	両音・三字熟字・江策聯句（300句）・処名・人名・祖・仏・聚分韻略（原形5行本）・分字・三物・四物
一四、寒韻	90	22（5）	112	107	105（10）	
一五、刪韻	39	40（7）	79	42	41（17）	
上平計	1304	446（87）	1750	1559	1540（200）	
一、先韻	125	11（4）	136	173	172（3）	両音・春秋熟字（三字・四字）・仏・俗・処・分字・仮名書（国花）・気・器・光・数・三物・四物
二、蕭韻	114	19（8）	133	128	126（10）	両音・相似・処名・祖・俗
三、肴韻	47	37（8）	84	48	48（16）	
四、豪韻	71	34（4）	105	76	73（17）	

五、歌韻	78	16（4）	94	98	97（9）	両音
六、麻韻	89	41（9）	130	96	96（10）	両音・仏・分字・光・数
七、陽韻	168	6（3）	174	217	214（0）	両音・三物・四物・仏・祖・分字・支・態・光
八、庚韻	146	21（7）	167	161	159（1）	両音・三物・四物・乾・気・支・態・生・器・数・俗・処・春秋熟字
九、青韻	61	21（4）	82	66	66（15）	
一〇、蒸韻	60	27（7）	87	69	67（15）	両音（巻末）
一一、尤韻	165	40（7）	205	179	179（12）	両音・分字・三物・四物・祖・俗・処・仏
一二、侵韻	56	25（6）	81	62	62（11）	両音（巻末）・月舟和尚点（仁岳・策彦・江心等聯句400句）・三字熟字
一三、覃韻	47	37（9）	84	48	47（16）	
一四、塩韻	54	36（8）	90	55	54（20）	両音（巻末）
一五、咸韻	22	70（4）	92	23	23（25）	両音（巻末二字）
一六、厳韻	7	45（4）	52	7	6（0）	
下平計	1310	486（96）	1796	1506	1489（180）	
総計（上平 下平）	2614	932（183）	3546（＋27）	3065	3029（380）	

まづ本韻（韻内）字は、『海蔵略韻』が『聚分韻略』の韻字数にほぼ近いのに対して、『古澗略韻』はかなり少ないことに気付く。例へば「上平」では『聚分韻略』が一五五九字で、『海蔵略韻』はその中の一五四〇字を引いてゐる。

それに対して『古澗略韻』は一三〇四字しか引用してゐない。「下平」でも同じことで、『聚分韻略』の一五〇六字の中、『海蔵略韻』が一四八九字を採録するのに、『古澗略韻』は、一三一〇字を引用する程度である。『聚分韻略』を本韻として取り扱ふ限り、『聚分韻略』に多く依拠することは当然であるが、『海蔵略韻』のごとく、悉く引用するといふのとは聊か趣を異にし、『聚分韻略』の収録字から撰択したことが識られる。その代りに謂はゆる「韻外字」を大幅に補入してゐることが判る。

「韻外字」は、聯句や漢詩の立場で、『聚分韻略』の韻字のみでは不足するゆゑに、『韻府群玉』や『古今韻会挙要』等から特に選んで韻字を補充したものである。そこで具体的に『古澗略韻』の韻外字の在り様を探ってみたい。『古澗略韻』の撰述者が『聚分韻略』の韻字を「本韻」として認定してゐることは、次の例に見るごとく、標出韻字の右肩に小字で「本」と傍書してゐることから理会し得る。下平の「一、先韻」所属の、83莜・84蔞 に、

83莜[本]・84蔞[本]

とある。本韻(韻内字)二六一四字中、斯く「本」と注記するものは極めて少ないが、「外」と注記する「韻外字」以前の標出字は、その殆んどが本韻(韻内字)である。また、『古澗略韻』の韻外字は、『海蔵略韻』が韻外字を採録した典拠『古今韻会挙要』と『韻府群玉』の他に、新たに『広韻』『増韻』『集韻』に基づいて補入し、『海蔵略韻』の二倍強の上平・下平合はせて九三二字を韻外字として置いてゐる。これは五山の叢林を始めとする禅林等の漢詩・聯句実作の場で、『聚分韻略』の外に『韻府群玉』、『古今韻会挙要小補』、『広韻』、『増韻』、『集韻』、『礼部韻略』等の韻書や『大広益会玉篇』が併用されてゐた事実(=『鹿苑日録』など五山の記録や、公家の日記の記事)とも連関するものである。

次に本書の「韻外字」の語注中に具体的に見られる典拠について次に少しく例示する。韻外字の大多数は原則的には「會」と語注の末尾に記した『古今韻会挙要小補』に基づくものと、『韻府群玉』から採録したものである。例へば上平「三、冬韻」の態芸門の末尾に次の六字が置かれてゐる「韻外字」について眺める。

55 慒（外・ソウ）　慮也　又謀也　通作悰　會
56 忪（セウ）　心動　増匀　警也　會
57 摏（セウ）　衝也　撞也　通作舂　會
58 踳　蹋也　匀
59 𨘢　馬不行皃　匀
60 詾　昊天不レ傭（イヤシカラ）ー　降ニ此鞠（キツキヨウ）ーー（中略）六凶反　匀府云鞠窮也　ー乱也

右の例で55・56・57は『古今韻会挙要小補』、58・59・60は『韻府群玉』に依拠した旨が注記によつて示されてゐる。56は語注の中に「増匀」とあるが、これは既に『古今韻会挙要小補』に引かれてゐるもので、『古澗略韻』が新たに『増韻』を補入したのではない。謂はゆる孫引きに類するものである。しかし、『古澗略韻』は他の箇所で、確実に『広韻』『増韻』『集韻』を検索してゐる。また下平「一三、覃韻」所属の「65鑑（外）　會。廣。毛。三。匀。無之」などは、この韻外字が『韻府群玉』に存するが、『古今韻会挙要』や『広韻』『増韻』（毛晃）には存せぬ由を示してゐる。しかし『韻会』『広韻』『増韻』を検索してゐることも事実である。下平「一〇、蒸韻」の「19騬　會廣　搭馬也（下略）」などは、韻外字を先づ『韻会』に索め、かつ『広韻』をも検して、その韻外字が存することを確認した例である。同じ下平の「六、麻韻」所属の「123佳（外）　説文古牙反　美也　又ー匀　礼部匀」などは『礼部韻略』に拠つてゐる。また上平の「九、佳韻」所属の「78汰（外）　直皆切　沙ー也　択也　集匀」などは、『古今韻会挙要小補』では「古読」に入つてゐる韻字にて、これは『集韻』から採録した例である。

斯く『古澗略韻』が『韻会』『韻府』『広韻』『増韻』『集韻』『礼部韻略』を多く検索してゐる事実は、この「韻外字」の箇所に限らず、「本韻」においても全く同断であるので、後述の［三－7　注文の典拠］にて委しく記述することとする。

最後に『古澗略韻』の標出字（韻字）の排列について記す。まづ「本韻」（韻内字）で、先行の『海蔵略韻』では、各韻目とも、その韻の戸主文字を最初に置いたが、本書『古澗略韻』はそのやうにはなつてゐず、『聚分韻略』の字順にほぼ並行した形で登載せしめてゐる。しかしながら、『聚分韻略』に忠実といふ程にはなつてゐない。他に『海蔵略韻』と少し趣を異にする点は、『古澗略韻』が本韻（韻内字）を『聚分韻略』から抄出するに際して、ほぼ逐条的に『古今韻会挙要（小補）』や『韻府群玉』は勿論のこと、『増韻』『集韻』などにも徴して韻字を排し、必要に応じて注文の初めの部分に記してゐるのである。具体的には、［三-7　注文の典拠］の項で詳述する。

「韻外字」の置かれてゐる場所も『海蔵略韻』や『漢和三五韻』などとは異なるのである。『海蔵略韻』や『漢和三五韻』では、各韻目の「本韻」（韻内字）の後に纏めて置いてゐる。而かるに本書『古澗略韻』は韻外字を各部類（乾坤・時候・気形・支躰・態芸・生植・食服・器財・光彩・数量・虚押・複用の一二門）の末尾毎に纏めて置いてゐる。その韻外字群の最初の標出字の右肩に「外」と付記してゐる。さうして、それに続く韻外字には「外」を傍書しないことにしてゐる。例へば上平「一、東韻」の「乾坤」を見よう。（「乾坤門」と「時候門」とを合併してゐる。）

㊇乾　1東　2穹　3蝀　4涷　5櫳　6虹　7風　8酆　9竆　10嵩　11峒　12潼　13宮　14空　（以上一四字が本韻）

15窓外　16塳　17澧　18寠　19邦　20瞳　（15〜20の六字が韻外）［注、この六字を『古今韻会挙要小補』によつて検するに、「15窓」は「古読江韻」。「16塳」は「独音」の注記に一致。「17澧」も「独音」の注記に初三行が一致。「18㝠」は「本韻」の注記に一致。「19邦」は「古叶江韻」にあり。「20曈」は「本韻」の注記「―曈日欲出會」と一致、その下の「日欲明皃玉」は『韻府群玉』の注を引く。」

となつて、㊂21童　22僮……(本韻)へと続ける。この形態が本書の三一韻目全てに共通してなされてゐる。前掲表IIの韻字数を見て明らかなやうに、本書の編者は本韻(韻内字)の他に韻外字を大幅に補充して、禅林の漢詩や聯句の作文の実際に役立つやうに充実すべく努めてゐることが判然とする。

以上、『古澗略韻』の本韻と韻外字とに関して記して来たが、その要点を次の四箇条に纏める。

一、『古澗略韻』の本韻(韻内字)は『聚分韻略』の韻字より抄出し、『聚分韻略』にほぼ併行してゐるが、字順に至るまで忠実といふ程に並行する訳ではない。

二、各韻目の冒頭の韻字が、先行する『海蔵略韻』では、戸主文字が最初に置かれてゐるのに、本書では戸主文字を各韻目の冒頭に置くことはしない。従つて先行する『海蔵略韻』の撰述方法を一往は承けてはゐるが、同一ではない。寧ろ『古澗略韻』の方が韻書としての内容を一層高める努力をし浩瀚本となつてゐる。

三、本書の「韻外字」は『海蔵略韻』が各韻目の末尾に纏めて置いたのに対して、各韻目(三一韻)共に各韻・各部類(門)の末尾に纏めて、使用上の利便を図つてゐる。

四、『古澗略韻』は韻外字数を『海蔵略韻』の二・五倍程度に増加せしめ、漢詩聯の実際に供すべく内容の充実に努めてゐる。韻外字の典拠は『古今韻会挙要小補』を第一、『韻府群玉』を第二の順にして、また『広韻』『増韻』『集韻』をもつて検索し、補充もする。さらに纔かではあるが、『礼部韻略』や『大広益会玉篇』を用ゐて補入してゐる。（これら「韻外字」の典拠の多様性は、本書の語注の出典の豊富さに比例し、連関するのである。）

三―6　成立年代と撰述者

『古澗略韻』の成立年代を推定することは、撰述者の「古澗」といふ禅匠の事績に基づいてなすことにより、比較的容易に果たせる。本書の撰述者たる古澗慈稽（天文一三年〈一五四四〉～寛永一〇年〈一六三三〉）は、字を「古澗」と称した。近時公刊された『連歌総目録』（一九九七年4月 明治書院刊）に拠つて「古澗」が連衆として加はつてゐる和漢聯句・漢和聯句の件名と、古澗の句数、さらに古澗の第唱句（第一句が漢句のもの）のある場合は、それも掲げる。次に(1)～(13)の記事を年代順に列挙する。

(1)慶長一三年（一六〇八）一月二三日成立　漢和百句　第唱句・梅晩窺林罅　古澗12句、所在・早稲田大
(2)慶長一三年（一六〇八）二月四日成立　和漢百句　古澗7句、所在・曼殊院目録
(3)慶長一四年（一六〇九）九月一八日成立　漢和百句　古澗8句、所在・書陵部
(4)慶長一七年（一六一二）九月一七日成立　漢和百句　第唱句・菊亦停車愛　古澗8句、所在・大阪女子大
(5)慶長一八年（一六一三）九月二三日成立　和漢百句　古澗8句、所在・書陵部・京大平松文庫・広大福井文庫・刈谷
(6)元和二年（一六一六）一月一二日成立　和漢百句　古澗8句、所在・国会連歌合集23・京大平松文庫・国文学資料館
(7)元和二年（一六一六）二月八日成立　和漢百句　古澗　所在・国会連歌合集23・京大平松文庫
(8)元和三年（一六一七）一月二一日成立　和漢百句　古澗　所在・国会連歌合集23・36・京大平松文庫
(9)元和四年（一六一八）三月二五日成立　和漢百句　古澗8句、所在・書陵部

⑽元和四年(一六一八)六月一〇日成立　漢和百句　第唱句・仁風忘夏盛　古澗10句、所在・書陵部
⑾元和七年(一六一九)一一月一六日成立　漢和百句　古澗9句、所在・大阪女大・曼殊院目録
⑿元和八年(一六二二)五月二六日成立　漢和百句　第唱句・竹新窓吸翠　古澗9句、所在・大阪女大・曼殊院目録
⒀元和九年(一六二三)九月一九日成立　漢和百句　古澗9句、所在・大阪女大

これらの聯句連歌は、古澗が詩聯に多く関はつた文禄頃(一五九四～一五九六)より後のものである。蓋し大統院に住した後、古澗は慶長一〇年(一六〇五)に建仁寺二九四世として住し、更に慶長一三年(一六〇八)に南禅寺の住職にもなつてゐる。右の⑵の『曼殊院目録』56の慶長一三年二月四日成立の「和漢百句」は禁裏において張行されたもので、発句は後陽成院で「菊もはや折袖匂ふやとの梅」とある。古澗もこの御会に陪席して漢句七句を入れてゐる。古澗が右の⑴～⒀の各百句に七句～一二句をそれぞれ入句してゐる処からしても、彼は聯句並びに聯句連歌の重要作者として大活躍したことが推察し得る。古澗の事績に関しては注7『鹿苑日録』の記事に委しく見られ、仏国派夢窓下に属する禅僧であることが判る。出身は信州土田氏であるが、若くして禅門に入り、間もなく上洛して学を修め、博多の聖福寺に住すること数年、また京都に戻つて師の奎文慈瑄の後を承けて建仁寺大統院に住した。この大統院在住の頃、儒学者羅山林道春を招じて書を読み、聯句や聯句連歌等の文芸活動をも共にし大活躍してゐる。また時の帝、後陽成院に『三体詩』を進講するなど、禁裏にも出入りし、「禁裏和漢(・漢和)御会」にも参仕して連衆に加はつてゐるのである。斯様な点からしても、古澗は禅林聯句の作者としても、また学匠としても偉大な活躍をし、五山後期文芸の、特に最末期の功労者として把へることができるであらう。

さすれば、本書『古澗略韻』は古澗の大統院在住の頃、即ち早ければ、文禄年間(一五九四～一五九六)の詩聯等の

文事によく活動した頃、どんなに遅らせても慶長一〇年（一六〇五）以前に成立したと推定し得る。従つて徳川時代初期まで成立時期を降らせる必要はないやうに思ふ。古澗の撰述した『古澗略韻』は遂ひに板行されることなく、写本のままで今日まで伝存するが、本書より後出の万治二年（一六五八）刊の『広益略韻』（三一韻・三一巻）の類の韻書の基礎となつたであらうことは十分考へられる。

三―7　『古澗略韻』の注文の典拠　本書が先行書『海蔵略韻』を基底に置いて撰述したことは、本文を一瞥して判断し得る。また本書の依拠した典籍の一つとしても『海蔵略韻』の名が見出し得るのである。下平の「二、尤韻」に、

82游　瓢撿　海蔵聚分匀　但記一字　撿匀會匀府二書　各記―遊公

とある記事の「海蔵聚分匀」を海蔵院（＝虎関師錬）の『聚分韻略』と解せぬこともないが、ここは『海蔵略韻』『聚分韻略』の二書として解する。本書に頻出する『聚分韻略』の引用記事は全て「聚分匀」とあり、「海蔵」を上位に冠するのは、この箇所のみである。今一歩譲つて、この記事を『聚分韻略』のみを指すとして取り扱ふにしても、『古澗略韻』が『海蔵略韻』を典拠としたことは、その本文の在り様からして肯はれるのである。また、本書の出典の類も『海蔵略韻』に見られるものは全て使用してゐるし、その上、『古澗略韻』が独自に採り挙げた典籍も相当数に達する。従つて、本書の注文に見られる典拠群は『海蔵略韻』を遙かに超えたものになつてをり、本書は、『海蔵略韻』の増補本と見るよりも、別なる一書と認むべき韻書であること言を俟たぬであらう。

『古澗略韻』の主要典拠とした韻書が『古今韻会挙要』と『韻府群玉』とであることは、『海蔵略韻』と同じであるやうに見えるが、『古澗略韻』の使用した「韻会」は元の熊忠の『古今韻会挙要』ではなく、明の日升の『古今韻会

挙要小補』（以下『小補韻会』と略称）なのである。まづ、そのことの説明からはじめる。「韻会」が『小補韻会』であることを証明するには、『古澗略韻』の標出字（韻字）や注記が、『小補韻会』の「古読」並びに「古叶」に拠つてゐる実例を挙げねばならない。最初に「古読」の例を少しく掲出する。これは標出字に多く見られる。例へば、上平の「十一、真韻」の「127玁」、「十二、文韻」の「11閿」、「十三、元韻」の「89緄」、「十四、寒韻」の「103散」「112灢」、「十五、删韻」の「13般」「43患」「63頊」。「一、先韻」の「18西」「35歎」、「二、蕭韻」の「99褕」「120要」、「三、肴韻」の「20蛸」「46撓」「47勦」「48媌」「60芁」「68鞘」、「四、豪韻」の「98翿」、「五、歌韻」の「24犠」のごとく、斯く任意に検索しても、孰れの韻目にも「古読」の用例が『古澗略韻』の韻外字中に随所に見出し得る。「古読」は、明代（『小補韻会』の成立頃）の音を「今読」とするならば、古代の音、即ち唐以前の字音を指すことになる。この「古読」について、唐作藩氏著『音韻学教程』（一九九二年〈民国81・平成4〉5月　五南図書出版刊）に、「東漢魏晉の時、先秦西漢の古本を読むために付けられた発音である。その音注形式は「読若」「読為」「読如」「読曰」等によつて示される。例へば『尚書大伝』に「播国卒相手行事」は「鄭玄注播読若磨。」と注記されてゐる。「播」（pō）は「磨」（fan）とも読む」旨が記されてゐる。要するに同じ韻字を「今音」（明代の字音）の他に「古音」（先秦時代の字音）も用ゐることで、『小補韻会』の「古読」所属字は二音以上の多用途に供されることとなる。蓋し、『古澗略韻』の編者は「韻外字」中に『小補韻会』における「古読」の韻字を補入することによつて、韻字の用法の拡大を図つたことが窺はれる。

次に『古澗略韻』の「韻外字」には『小補韻会』の「古叶」所属の韻字も多く登載されてゐる事例を挙げる。これも『小補韻会』の「古叶」に基づいてゐる。まづ上平では、

一、東韻　19邦　叶卜工反　詩

十一、真韻　96千 外　朱晦庵集注叶七因反

のごとき例に「叶」とする用例が見られ、その標出字が叶音たることを示す。下平にも同様に、

一、先韻　98翰外　叶胡田反　叶胡千反　　一五、咸韻　75緘　叶音所咸切　又塩匀

と見られ、これらが『小補韻会』に依拠したことは明白である。「叶音」について、陳新雄氏著『古音研究』（一九九九年〈民国88・平成11〉4月　五南図書出版刊）を繙くと、次のやうに記されてゐる。

宋朱熹『詩集伝』大量使用「叶音」之説、其意以為詩人為押韻之方便、可任意将詩中之字音改読一可協韻之音、由於此一観念之影響、幾乎無字不可叶。（＝宋の朱熹の『詩集伝』に多用される「叶音」説がある。それによると、叶音は詩人が押韻のために、都合によつて字音を改めてよいとのことである。）

として、『詩経』に見られる「家」字の用例を挙げてゐる。

①桃之夭夭　灼灼其華　之子于帰　宜其室家（詩経・周南・桃夭の首章）　②靡室家　玁狁之故　不遑啓居　玁狁之故（詩経・小雅・采薇の首章）　③謂爾遷于王都　曰予未有室家（詩経・小雅・雨無正の卒章）

①の「家」は本韻(jia)にて「本韻」である。而かるに②の「家」は「故」に対応させるため、③の「家」は「都」に対応させるために、「叶音」[注8]に基づき「古胡切」(ku)と読むことになるのである。

畢竟、『古澗略韻』が元の熊忠の『古今韻会挙要』に依拠せず、明の方日升の『古今韻会挙要小補』に拠つたのは、「古読」や「古叶」の所属韻字の使用によつて、韻字の用法の拡大を図り、漢詩や聯句の作文のために一層の利便を配慮したものと解せられるのである。

『古澗略韻』の編者が、『小補韻会』と共に最も大きな比重をかけた出典に、元の陰時夫撰『韻府群玉』がある。中

国においては『韻府群玉』は韻書としてよりは「類書」(百科全書)としての用途の方が多いとされてゐる。この本は各韻字を最下位に置く二字・三字・四字の熟字を登載せしめ、その熟字を含む用例を極めて多く掲げて、深い内容の辞書となつてゐるのである。漢詩文作製のための韻書として撰述された『古澗略韻』は、『海蔵略韻』の一〇倍以上も委しい注記にしてゐる。そのために多くの出典に基づき、中でも『韻府群玉』に悉く依拠してゐる点は、本書の性格を特色付けてゐる。『古澗略韻』には斯く、『小補韻会』と『韻府群玉』がほぼ全面的に使用され引用せられてゐるが、『広韻』『増韻』『集韻』など中国の韻書と、虎関師錬の『聚分韻略』をも随所に引いてゐる点に特に注目させられる。これらの引用例を若干次に記すこととする。この中で「本韻」(韻内字)は、全て『聚分韻略』に基づいたものである。最初に語注の中にこれを引用した例を示す。

「上平」では、「四、支韻」の、34提 常支切(中略)、地理志産銀會 聚分匀三音時　137趍 有此者會府無此字趨与―同 聚分　「六、魚韻」の、29伃 或作好監匀 本出好字 會 聚分匀作好

「下平」では「六、麻韻」の、110縀 赤色 聚分匀入時候　「七、陽韻」の、76創 雖然府―与瘡別出立 聚分匀無二　「一〇、蒸韻」の、51楞 聚分匀稜与―二字記之會(中略)、聚分匀有楞稜二字故用之乎　「一一、尤韻」の、82游 瓢撿 海蔵聚分匀 但記一字撿匀會匀府二書 各記―遊二字　「一三、覃韻」の、29痰 胸上水病 聚病液也 會　「一四、塩韻」の、49鉗 聚分匀―箝同 會府別出之或作鉆匀

これらの出典注記に拠り、『古澗略韻』は、単に本韻(韻内)字の標出字を『聚分韻略』に基づくのみならず、斯く語注にも引用してゐることが判る。それは当然のことながら、韻内字の注文についてのみ言へることである。さすれば、ここで、『古澗略韻』が使用した『聚分韻略』は「原形本」であつたが、それとも「三重韻」であつたのか、といふことも極めて置かねばならない。本書の成立年代(慶長一〇年頃)からすれば、当時盛行した『三重韻』が使用されたと思はれ勝ちであるが、実際はさにあらず、なのである。その証拠として、『古澗略韻』の上平「一三、元韻」の

巻頭に『原形版五行本』（小型本）六丁を貼付けてゐるのが見られる。これは蓬左文庫蔵の万里集九の聯句説の書入れのある『聚分韻略』と同じ「小型本」にて、五山の学匠は彼等にとつて安直な「三重韻」は余り使用しなかつたものと思はれる。また『古澗略韻』は主に「韻外字」の注文中には『小補韻会』『韻府群玉』の他に『広韻』『増韻』『集韻』『礼部韻略』等の韻書や『大広益会玉篇』を引用する箇所も随所に見受けられる。以下主要な用例を掲出する。

「上平」で「一、東韻」の、95双（韻外字）匀會毛 匀無之　「二、冬韻」の、11硿（韻外字）戸封切 石隕声匀 平 宗切毛匀 平攻切會　「三、江韻」の、77幇（韻外字）會廣 無之　90憽（韻外字）會廣 無之　「四、支韻」の、91郗（韻外字）廣會毛二 匀無之　225玭（韻外字）斉匀云匹支切 ―霜石薬 廣 匀― 房脂切 石也 玉篇　「七、虞韻」には、34顱（韻内字）―鸕在廣匀々 府匀會 不入也　36獹（韻内字）―天下俊犬也 會匀府 不入之　67鬍（韻外字）毛匀 廣 匀 無之　「九、佳韻」の、78汰（韻外字）直皆切 沙― 也 択也 集匀

「下平」でも、「一、先韻」の、72蓮（韻内字）荷実 叓類 並 見荷 匀府　97弦（韻内字）匀府 匀會 別 出―絃二字　「二、蕭韻」の、41膲（韻外字）三―通 作集匀

「四、豪韻」の、88璈（韻外字）楽器 會楽名府 △十方彩女歌雲 ― 玉虫 △仙―匀 △玉―匀　「六、麻韻」の、123佳（韻外字）又―匀 礼部匀　「一三、覃韻」でも、8檐（韻外字）會廣毛三 匀 無之　9岩（韻外字）會廣毛三匀 無之 雖然　65鑑（韻外字）會廣毛三 匀 無之　「一四、塩韻」の、33黚（韻外字）叓文類聚別集十三書法部（中略）五 音類聚十三黒部（中略）玉篇黒部

84舑（韻外字）譫―長舌府會 不 入之 廣匀在之

これらの注記を見て明らかなやうに、韻内字よりも韻外字に多く存するのは当然であるとしても、『古澗略韻』が韻内字・韻外字の双方の語注に、主要典拠『小補韻会』『韻府群玉』の外に、『広韻』『増韻』（毛晃）『集韻』などの韻書や『大広益会玉篇』のごとき反切注を有する字書を援用したことは確かである。ここに『古澗略韻』の編者の徹底した韻書類利用の姿勢が看て取れるのである。本書はこれらの韻書の他に、「排匀」とする例がある。例へば「下平」

の「二、尤韻」の、160球（有乏短供之句 匀排無之）もこの類である。『排韻』は本邦でも明徳四年（一三九三）八月刊とする「五山版」で『新編排韻増広事類氏族大全』（一〇巻）が見られる処から、これが禅林で多用されたことが考へられる。以上の韻書群が『古澗略韻』の標出字並びに語注に使用せられたものである。

次に本書『古澗略韻』に引用された類書（百科全書）について触れる。これは引例することを省略し、書名のみを挙げる。『事文類聚』『芸文類聚』『初学記』『太平広記』『太平御覧』『事林広記』『詩林広記』等である。『海蔵略韻』の体例を継承し、かつ一層の充実を図らうとした『古澗略韻』は、『韻府群玉』や『小補韻会』を悉く引用した。これらは中国では「韻書」でありながら「類書」としての役目も果たし得たものである。韻書の中に、熟字例とそれを含む引用文を大幅に採録して、詩文製作のための聯想に資することを目指した。その結果、頗る浩瀚本となつて、類書（百科全書）のごとき諸事万般に亘る本格的な参考辞書となり、韻書・類書双方の役割を果たすこととなつたのである。

さらに、詩文の実作や聯想に供するために、数多の漢詩・漢籍、仏書・禅籍等を典拠として厖大な量の典籍を用ゐて用例を掲げてゐる。本書の語注に見られる主要な書名を次に列挙する。

玉屑　柳文　城南聯句　九千句　東坡詩　山谷詩　杜甫詩（杜子美）　錦繡段　続錦繡段　詩格　文殊格　三略詩　聖徳詩　皇明詩集　古今詩話　類説　類説詩話　石林詩話　石鼎聯句　唐文字聯句　征蜀聯句　策彦聯句　文選　説文　博雅　爾雅　礼記（曲礼・月令）　周礼　晋書　漢書　周書　隋書　唐書　唐書列伝　詩経　書経　易経　古

文孝経　尚書　晋史　元史　史記　十八史略　老子　老子伝　列子　墨子　論語　孟子　大学　大学新注　中庸
蒙求　白氏文集　長恨哥　楚辞　呂氏春秋　戦国策　国語　左伝　神仙伝　博物志　山海経　荊楚歳時記　酉陽雑
俎　類義楚六帖　資治通鑑　釈氏通鑑　揚雄伝　揚子法言　千字文（注）　白虎通　近思録　言行録　輟耕録　鶴林
玉露　漢王商伝　過秦論　呂氏童蒙訓　文献通考　欧陽愛蓮記　唐聖教　湖海新聞　丙羅崎伝　橘州文集　玉岳文
粋　続文粋　困学紀聞　竹楼記　王建宮詞　講徳論　海録砕事　古文真宝前集（・後集）　剪灯夜話　拾芥集　事苑
説苑　韻苑　百川学海　玉海　韻海　事海　本草　薬草（喩）　卓南食　廬山記　唐韋承慶伝　宗鏡　賓退録　白雲
伝　庚信海　胡氏伝全后甲　介石録　李靖伝　東漢史　李賀集　阿波那陀経音義　一切経音義　漢書音義　法華経
観仏三昧経　三論玄主義　大智度論　大集経　大般若経　涅拌経　円覚経　心経（抄）　三身無量無辺経　目蓮救母
経　宗鏡　無明羅刹集　古今仏道論　法苑珠林　首楞厳　大蔵綱目　毘盧法宝大蔵　翻訳名義集　釈氏要覧　仏眼
録　東岐録　伝声録　和如録　古尊宿録　天明録　松源録　普灯録　大明録　虚堂録　広灯録　宏智録　林間録
聯灯録　仏鑑録　幽冥録　臨光録　従容録　碧岩録　月庵録　山庵雑録　瑞岩怒中録　中峰録　癡絶録　石門文字
禅　大恵普説　禅林類聚　六物図　貞和集　風雅集　羅山集　東山集　東山外集　南湖集　万花集　万花後集　江
湖集　艶簡集　竹居集　晦庵文集　玉蟾集　江西道院集　唯海集　覆瓿集　笑海集　唐僧秀集　高祖記　五灯会元
人天宝鑑　正仏鑑　六学僧伝　僧宝正続伝　禅門宝訓　高僧伝　東夷伝　軒轅伝　白雲伝　仏祖高記　曹山伝　大
覚伝　正大覚　正宝覚　長芦覚　正雪峰恵　正智門　大宝箴　光明蔵　正馬祖賛　雪豆賛　応庵賛　全芳備祖　聖
得賢頌　聖詩賢頌　正保寧　正風穴　正道山　正潙山　正徳山　正首山　正丹霞　正六祖　正臨済　卓王通墓誌
大応塔銘　宣和画譜　国花合記集

以上、『古澗略韻』に見られる注文中の典拠名を恣意的に摘出したものだけでも、中国の韻書・類書の類は勿論のこと、漢詩・漢籍、仏典・禅籍も本邦で見得る殆んどの典籍をほぼ網羅する程に引用し、これらの群書から百般の事項を収録して、本書の内容を深め充実せしめてゐる。五山僧や学問所等に属する知識階層の人々のために、詩文製作専用の参考文献として、かつ百科全書としての性格をも具備した浩澣本となつてゐることを識る。また禅聯句の関係書では、五山衆が重宝した中国の『城南聯句』を愛用する他、本邦の五山の策彦周良の聯句を随所に引用する点も注目させられる。剰へ策彦・江心等の禅匠の聯句集を本書は二箇所に収載してゐる。第一三冊(元韻)の巻頭に、「江策両吟聯句集」(三〇〇句)を、第二七冊(侵韻)の巻頭には「月舟和尚点」として仁岳・江心・策彦等の聯句集(四〇〇句)を置き、聯句の実作の参考に供すべく配慮してゐる。策彦周良も江心承董も共に、単に五山の叢林で活躍した禅匠といふのみならず、公家衆や学問所、博士家の人たちとも、また宗祇などの連歌師とも、聯句連歌会などで共に活動し交流した後期五山文芸の最末期の代表的人物である。古澗が本邦の当代禅匠の聯句集を主要な典拠の一つとしたごとき特徴は『海蔵略韻』には見られないことであるこの点、特に注目に価しよう。

最後に、「国花合記集」の引用について記して置きたい。先行書『海蔵略韻』は巻末に「国花合記集抜萃」として特設して掲げたが、『古澗略韻』は「国花合記集」を「国花」または「合記」と明記して注文中に引例するに過ぎない。主な例を次に列挙する。先づ「上平」では、[三、冬韻]37容 洞(ツユ)― 露也 合記 [四、支韻]48児 脚曰叉(アシ)― 玉露 113
嬉 沙― 酒也 玉露 115詞 八題(チ)― 連(蓮)也 合記 136之 客(カセ)― 風也 合記 客安― 風也 鶴林 153離 各― 厂也 合記 162
毘 縁― 蜆也 国花 ○他摩是(トモシ)― 灯也 合記 172梨 火阿― 氷也 合記 243弥 安― 網也 合記 竿― 紙也 合記 ○蘇―
墨也 玉露 ○革― 紙也 合記 251其 合(カキ)― 垣也 合記 260奇 蓉(ユ)― 雪也 合記 270伊 模坦― 甕也 合記 [七、虞韻]104蘇卓柳欧—坡也 玉露 ［八、齊韻］53提 末美—楓也 合記 ［一、真韻］123岣 番—橋也 合記 126漂 捌脱—肌也 国花

夜—山也 合記

「下平」では、［七、陽韻］7杭 意沙—砂也 国花 ［一四、寒韻］55蔓 了晩遅—檻也 合記 100残 比—膝也 合記 107漫

と多く典拠名を「合記」として掲げる。『鶴林玉露』の仮名書の用例を含めても、この程度の用例しか存せぬが、「下平」の「一、先韻」の巻頭に「假名 分天筆 瞑年峰 塗延杖」の三語の仮名書を置いてゐる。これは『鶴林玉露』にも見られる仮名書例である。『海蔵略韻』のごとくに「国花合記集」を一箇所に纏めて付載することをしないが、「国花合記集」を軽視した訳ではなからうと思ふ。「国花合記集」は『古澗略韻』の撰述年代に詩聯実作の上で必須のものであつたであらう。既に印度本の『節用集』や『海蔵略韻』、また『国華集』や『続国華集』等々多くの書に付載せられてゐて、参照するに不自由はない。それ故に本書は「国花合記集」を特設しなかつたものと考へるのである。

ここで『古澗略韻』の注文の典拠について、本稿の調査結果を次の六箇条に纏めて記す。

一、本韻（韻内字）の注文も韻外字の注文も、主要な典拠を元の『韻府群玉』と明の『古今韻会挙要小補』とに得てゐる。中国の韻書の中では断然この二書の使用が多い。引用した『韻会』は、「古読」と「古叶」（叶音）が随所に見られる処から『小補韻会』であることは確実である。

二、『韻府群玉』と『小補韻会』の他に、中国の韻書では『広韻』『増韻』『集韻』『排韻』が使用され、また韻書ではないが『大広益会玉篇』（反切を有する）も多用されてゐる。本邦の韻書『聚分韻略』（原形版五行本）も注記されてゐる。

三、中国の類書（百科全書）も多用され、特に『事文類聚』『初学記』『太平広記』『太平御覧』『事林広記』の使用が目立つ。〈これらの類書に多く依拠してゐるので、本書は百科全書的性格が濃くなつてゐる。〉

四、漢詩・聯句に供する韻書として、本書は厖大な量の熟字例とそれを含む用例を東坡詩・山谷詩・杜甫詩（杜子美）・三略詩より採録するが、中でも東坡詩と山谷詩の用例が際立つて多い。〈五山を始めとする禅林では、これらの漢詩群は禅籍に準じた性格の書として扱つてゐる。禅の境地を表現するのに適してゐるのであらう。〉

五、右の一、～四、に挙げた以外でも、本書は実に多くの漢籍・禅籍に依拠して、作詩・作文の実作（聯想）のために役立つべく配慮してゐる。五山後期文芸の世界で重要視された『城南聯句』を多用してゐる。また本邦の「策彦・江心聯句集」からも多く引用してゐることにも注目させられる。

六、一、～五、のごとき典籍を引用することにより、本書は厖大な量の浩瀚本となつてをり、単に詩聯や作文のための韻書としてのみならず、類書（百科全書）としての機能も十分に備へた書となつてゐる。

三―8　各冊（韻目）の巻頭・巻末に掲げる付録類

三―5に収めた表IIに示す通り、『古澗略韻』（全三〇冊）の各冊の巻頭と巻末には、『海蔵略韻』が「両音」「祖師」「二者」等を部類立てにして特設したやうな形態にはなつてをらず、付録といふか、覚書きのやうな形態にして記載してゐる。『古澗略韻』より後出の『広益略韻』[注9]（万治二年〈一六五九〉刊、全三二巻）などは、『海蔵略韻』の形態を継承して一二門の他に、両音・祖師・氏（名）・人物・女・二名・二人・二処・篇・名・二物・三物・四物・分字・薬・雑 の一六部類を特立せしめてゐる。その点で本書『古澗略韻』は『海蔵略韻』や『広益略韻』とは形態を異にするが、「両音」「三物・四物」「祖師」等の付載資料を多く巻頭に位置せしめてゐて、重要視することに変はりはない。以下内容を概観する。

「両音」は「上平」で一、東韻　二、冬韻　三、江韻　四、支韻　六、魚韻　八、齊韻　一〇、灰韻　一一、真韻　一三、元韻、の九韻目の巻頭に存し、「両音」が存せぬのは、五、微韻　七、虞韻　九、佳韻　一二、文韻　一四、寒韻　一五、刪韻、の六韻目である。「下平」では、一、先韻　二、蕭韻　五、歌韻　六、麻韻　七、陽韻　八、庚韻、一一、尤韻、の七韻目の巻頭と、一〇、蒸韻　一二、侵韻　一四、塩韻　一五、咸韻、の四韻目の巻末に存する。存せぬのは、三、肴韻　四、豪韻　九、青韻　一三、覃韻　一六、嚴韻、の五韻目である。「両音字」は平声・仄(他)声の孰れに使用しても可とするもので、詩文製作には重要である。先行書では『海蔵略韻』が部類を特設してゐるし、同じ室町期の韻書で、『平他字類抄』を典拠にして成つた「色葉字平他」類の韻書群では『新韻集』を除く全ての書に、「両音字」が巻末に付載されてゐる。また、これらの韻書の源になつてゐる鎌倉時代末期成立の『平他字類抄』にも、さらにそのまた典拠たる菅原為長撰『文鳳抄』の巻十「秘抄」(略韻)にも「両音字」の項が見られる。斯く『平他字類抄』系統の韻書にも、『聚分韻略』系統の韻書にも「両音字」の項目が設けられてゐる事実からして、これが詩聯の実作に如何に肝要であつたかといふことが明確に判るのである。

「三物」「四物」は先行書『海蔵略韻』にも設けられてゐない項目で、「三字成句」「四字成句」等の謂はゆる「名数語彙」と呼ばれるものを置いてゐる。これは『古澗略韻』より後出の『広益略韻』(万治二年〈一六五九〉刊)には部類立てされ、「分字」「薬」「雑」の前に置かれてゐる。この「三物」「四物」は中国の韻書・類書より抽出したものであるが、やはり漢詩・聯句の実作に利便であつたことは言ふまでもない。「祖師」「二処」などは既に先行の『海蔵略韻』に部類として特設されてゐるものであり、詩聯の作文や、それのための聯想に資するものであつたことは言を俟たぬ。これらの付載資料は、本書『古澗略韻』の百科全書としての形態をも具備するにも有効なものばかりである。蓋し『海蔵略韻』と同様に、韻書としての用途の他に、類書(百科全書)としての役割をも果たすために編述された書であることは、この巻頭・巻末の全ての付載資料の内容・性格からも言ひ得ることである。

注1・3　五山の禅匠、古澗慈稽の撰述にかかる全三〇巻・三一韻の韻書。伝本は宮内庁書陵部蔵の写本一本のみ。先学の研究では奥村三雄氏著『聚分韻略の研究』(一九七三年6月　風間書房刊)に次のごとき記載が見られる程度であり、詳述したものはまだない。

図書寮蔵の略韻二冊本や古澗略韻の類は、書写年代不明であるが、やはり、聚分韻略の影響をうけたものと見るのが妥当であろう。後者の「古澗」は、虎関の意味とも見なされようか。《奥村氏著95頁「第四章　国会図書館蔵略韻と聚分韻略」》

奥村氏の「聚分韻略の影響をうけた」は当つてゐるが、「古澗は虎関の意味」とされる推定は当つてゐない。大統院に住した禅僧、古澗慈稽(一五四四〜一六三三)のことである。∴⇩注7参照。なほ、『古澗略韻』は『臨南寺全書』第七・第八・第九『宮内庁書陵部蔵　古澗略韻』(上)(中)(下)と三分冊にして影印刊行(一九九九年3月〜二〇〇一年3月　棱伽林刊)されてゐる。

注2・4・9　宮内庁書陵部蔵『広益略韻』(全三一韻・三一巻)は万治二年(一六五八)刊本にて、本書『古澗略韻』の体裁を整へ部類を増やした韻書で、これも当然百科全書としての性格を併はせ有つ。

注5　明の方日升の『古今韻会挙要小補』は、元の熊忠の『古今韻会挙要』を基本に「古読」「古叶」等の項目を特設して大幅に増補したもの。本邦における中世の韻書で『聚分韻略』を基本に成立した一一韻の『和訓押韻』や、『海蔵略韻』(三一韻)は元の『古今韻会挙要』に拠つてゐるが、室町時代最末期成立の本書(『古澗略韻』)や、室町時代最末期から江戸時代極初期に成立した一二韻の『韻字記』『韻字之書』、さらに一五韻の『漢和三五韻』(貞享三年〈一六八六〉刊)などは専ら明の『古今韻会挙要小補』に依拠してゐる。江戸時代初期の『韻鏡』の大流行に伴なふ「叶音説」と共に、『古今韻会挙

要小補』は韻書の編纂や聯句の参考書としての用途以外にも多用された。本稿で使用したのは、『明版古今韻会挙要小補』全5巻（一九九四年2月 近思文庫編刊）の「影印本文」である。

注6　宇都宮由的撰述『漢和三五韻』（貞享三年〈一六八六〉刊本）は『古辞書研究資料叢刊』第5巻（一九九五年11月 大空社刊）に「翻字本文」を収録する。『漢和三五韻』の注文が悉く『古今韻会挙要小補』に依拠してゐることを、具体的に全用例を掲げた『漢和三五韻の研究 資料篇』（「古辞書研究文献1」二〇〇〇年6月 港の人刊）参照。

注7　古澗慈稽の事績に関して参考になる記事を『鹿苑日録』より摘記して次に掲げる。

(1)天正一七年（一五八九）五月一八日条　当月八日赴恵日、熈春・惟杏之両老令法語一覧、上方有節和尚拈香故、有節翁亦同道也、建仁之両足院梅仙和尚、古澗西堂者、以侍衣令見法語、去十五日当寺之諸老列参。

(2)天正一九年（一五九一）四月二五日条　自幽斎有使、廿八日和漢云々、東山古澗光訪、素紈一柄賜之。

(3)天正一九年（一五九一）六月九日条《六学僧伝ヲ瑞保ニ借ル》自建仁大統院書札来、六学僧伝十冊遣之、全部也。

(4)天正一九年（一五九一）六月一七日条　自古澗六学僧伝全返璧。

(5)天正一九年（一五九一）一二月二〇日条《耳峯出世官資》建仁寺古澗西堂来臨、耳峯西堂出世之事告報、即於西州相府帖天正七年拝領、即一覧矣、及官資之事、古澗音問。

(6)文禄一年（一五九四）三月一八日条《大村由己ノ和篇》自建仁寺古澗西堂、由己和篇来、両足亦同前。

(7)文禄二年（一五九五）四月四日条《駢儷》於鳳闕漢和、即侍御前、抵頭拝龍著座、蓋当年御会始也、御製曰、夏勝春緑樹　聖門主、雨ニケサナク山杜鵑　自建仁寺古澗西堂駢儷住僧持来。

(8)文禄二年（一五九五）九月一八日条《秀次ノ入湯ヲ音問ス》携疏赴建仁大統庵、々主出迎、冷麪・吸物、侑盃帰矣、古磵云、殿下江御音信以幸便相達、則寺中之大幸云々、諾矣。

(9)文禄二年（一五九五）九月一日条《妙心寺入院山門疏ヲ製ス》自妙心寺南化長老使僧、来月妙心入寺在之、予（瑞保）同門疏可製之云々、諾矣、山門疏月渓西堂、以沈痾辞之、予可計云々、建仁古澗可也。

(10)文禄二年(一五九五)九月三日条　裁書投于建仁古澗西堂、山門疏之事申遣也。
(11)文禄二年(一五九五)九月四日条　自妙心虚堂録五冊来也、調書遣古礀也。
(12)文禄二年(一五九五)九月一五日条　建仁古礀西堂山門疏持来。
(13)文禄二年(一五九五)九月二三日条　自古礀山門疏清書之草案来也、午時南禅英岳西堂・泰甫西堂来也。
(14)文禄二年(一五九五)一〇月二〇日条《茶会ヲ催ス》自古澗有状、廿四日晩可賜茶云々。
(15)文禄二年(一五九五)一〇月二四日条　午後乗荷輿赴建仁大統、主翁出迎著座。
(16)文禄三年(一五九六)三月二四日条　赴東山、問両足、以他出不面也(中略)、古澗在座扇一本送之(中略)、月溪来訪、評詩也、五明一本送之也、古澗同宿、連床夜話而已。
(17)文禄三年(一五九六)七月二五日条　詩聯如恒(中略)、古澗・進月・竹溪(卿)三僧云、東福友月貞首座公事。
(18)文禄三年(一五九六)八月六日条　鹿苑斎如恒、辞退者蘭秀也、午後建仁古澗携雙缾・一籠東会。
(19)文禄三年(一五九六)八月一二日条　於富春有斎、有非時、秉燭帰矣、自古澗・進月状来、蓋東福公事之一件也。
(20)文禄三年(一五九六)八月一六日条　古澗来訪、及東福公事一件、進暮烟也。
(21)文禄三年(一五九六)八月二五日条　聯会如恒(中略)、雅会了、則赴手常楽、正統・天護・古澗・進月・蕉庵・集雲同座。
(22)文禄三年(一五九六)八月二六日条　於龍吟有斎、友月展待也、同伴天護・古澗・進月・集雲・蕉庵也(中略)、不題名加判也、正統・古澗・予(瑞保)同列如此也。
(23)文禄三年(一五九六)自二月五日至三月二七日裏書《五山月次聯句会ニ出座》[南禅寺]語心院・悟西堂・沖西堂・洪西堂・伝首座[天龍寺]禅昌院・彰西堂・寔西堂・彭西堂[相国寺]鹿苑院・普広院・宥西堂・舜首座・松首座、月次聯句出座衆[建仁寺]両足院・稽西堂・精西堂[東福寺]龍吟庵・海蔵院・澄西堂・珊西堂・藤西堂・済西堂・賢西堂・玄首座・柔首座、以上　文禄二年正月五日。
(24)慶長五年(一六〇〇)三月二二日条　各々五岳諸老午頭ニ出頭、南禅ヨリハ聴松玄甫和尚・悟心梅印和尚・以心伝西堂、天

龍ヨリハ妙智三章西堂、建仁ヨリハ進月精西堂・古礀稽西堂、東福ヨリハ退耕和尚。
(25)慶長一五年（一六一〇）一月一四日条　次到建仁大統、々々主盟古澗大和尚対顔、点心吸物、酉水一中。
(26)慶長一七年（一六一二）九月一七日条《漢和聯句会ヲ興行》自早天侍大統庵古澗和尚興行漢和之席。
(27)元和一年（一六一五）二月一九日条《追悼林道春父理才頌》赴道春私宅請、蓋為養父理才老人設斎筵也、道春示大統和尚追悼理才之頌。
(28)元和一年（一六一五）八月三日条《仙洞三千句聯句》大統古澗和尚携仙洞三千句跋来臨。
(29)元和七年（一六二一）一二月二三日条《建仁寺住持》七仏事建仁一山之衆勤之、宿忌行道住持古澗和尚也。
(30)寛永一〇年（一六三三）九月一一日条《遷化》到大統、伸古澗和尚遷化弔礼。

以上の古澗の事績に基づいて推察すると、『古澗略韻』は文禄頃（一五九四～一五九六）から慶長一〇年（一六〇五）の間に成立したことが考へられる。

注8　一二韻の韻書『韻字記』『韻字之書』、一五韻の『漢和三五韻』等にも『古今韻会挙要小補』を使用して、「古叶」として「叶音」を採り挙げてゐる。漢和聯句も和漢聯句も室町最末期以降、江戸時代初期にかけて、連歌を淩ぐほどの勢ひで隆興すると、『聚分韻略』（韻内）のみでは不足する。「韻外字」を掲出する場合、元の熊忠の『古今韻会挙要』を使用するよりも、同じ韻字数で一層広範囲に使用できる『小補韻会』に依拠したのである。時恰かも、音韻研究で『韻鏡』の研究が隆盛で、これに影響されて「叶音」が加熱した事象でもある。

第四節　『聚分韻略』を典拠とする「略韻」類の韻書〔二〕（漢和聯句のための韻書）

一、室町時代の聯句連歌と韻書の成立

一―1　時代背景　前期の鎌倉時代において、公家社会や武家社会に大きな影響を与へてゐた五山を中心とする禅林の文化・文芸は、室町時代に入ると、逆に公家社会や武家社会の文化・文芸が、禅林にも浸透するやうになつて来る。勿論それには限界があらうが、その一つの要因に、室町時代には五山僧に公家出身の者が増加したことが挙げられる。しかもその貴族出身の禅僧たちは室町期の禅林・公家・武家の三社会で活躍するのである。その主たる活動は禅林聯句といふ文芸の方面のものではあるが、政治面での発言力や行動力までも有するに到るのである。まづ公家社会に主流をなしてゐた和歌の世界にも、貴族出身の禅僧たちが参入することにより、禅林と公家・武家社会との交流が次第に深まつてくる。追善の雅会までが多く催されるやうになつたりする所以であらう。

室町時代後期の文明期以降、聯句連歌（和漢聯句・漢和聯句）は、宮中や公家社会において隆盛を極めた。この時期の連歌や聯句を集成した文芸作品として、宗祇撰の『新撰菟玖波集』（全二〇巻、明応四年〈一四九五〉成立）がある。この

集は大内政弘の要請によつて、永享元年(一四二九)頃から六〇年間の天皇・公家・武家・僧侶・庶民等二五〇名による二〇五二句を収録してゐる。時の帝、後土御門天皇は聯句連歌にも格別の意欲を示された。禁裏聯句連歌御会の主要な催である外様衆による「外様月次和漢聯句御会」が、文明一三年(一四八一)から明応五年(一四九五)までの一六年間に亘つて盛大に行はれてゐる。朝倉尚氏[注1]に拠ると、この御会の連衆の大半が『新撰莵玖波集』に入集してゐて、聯句連歌の部への入集作者も一〇名に及ぶとのことである。このことから、『新撰莵玖波集』の撰者が、「外様月次和漢聯句御会」の作品や懐紙を撰集の判別の一資料としたことが明らかであるといふ。この御会の発起人の一人に近衛政家が加はつてをり、徳大寺実淳や三条西実隆が主要な連衆となつてゐる。

この期に和歌・連歌・聯句連歌の三文芸に通達し、かつその指導的役割を果たした代表的な人物として三条西実隆(康正元年〈一四四五〉~天文六年〈一五三七〉)の名を挙げられる。彼は宗祇から古今伝授を受け、『源氏物語』の注釈『細流抄』を著はし、数多の史書・古典の書写・校定をなすなどして、古典復古運動を確立するほどの功績を積んだ人である。彼の日記に『実隆公記』があるが、これは単に実隆個人の生活や活動を記すにとどまらず、室町後期、特に文明期後半から大永年間(一四八〇年代~一五二〇年代)にかけての和歌・連歌・聯句連歌等の当代の文事の詳細な記録がなされてゐる。特に注目すべきは、実隆と禅林の僧侶たちとの関はりであらう。三条西家[注2]の家督を継いだのは次男の公條(文明一九年〈一四八七〉生まれ)であるが、長男の公順(文明一六年〈一四八四〉生まれ)は真言宗醍醐寺派の金剛王院空済僧正の附弟となつてゐる。空済は実隆の母方の従兄であるといふ縁に由るものであらう。三男の鳳岡桂陽(本名未詳。明応三年〈一四九四〉~大永六年〈一五二六〉)は実隆と親交のあつた東福寺の了庵桂悟の附弟となつてゐる。当代の公家の子弟で家督を継ぐ者以外は、多く僧門に入るのが普通であつた。東福寺は摂政九条道家を開基として開山されてをり、当然九条家の菩提寺である。実隆の長女保子（文明一二年〈一四八〇〉生まれ）は時の権大納言左大将九条尚経に嫁してゐて、三条西家とは姻戚関係があつたことにも起因したのであらう。実隆は東福寺の了庵を特に信頼してゐたことと思はれる。当時、権大納言の侍従を勤めてゐた実隆は三男桂陽の師僧了庵を後土御門天皇に仲介の労をとつてゐる。それ以降、了庵は禁裏における『円覚経』の進講をなすほどにもなり、文芸の方面でも交流が行はれてゐる。また、このやうな関係にあることから、実隆は桂陽のために、禅林の聯句活動にも積極的に関はつたり、また逆に禅僧の和歌・連歌・聯句連歌方面の文芸の指導助力を行つてゐる。それらの禅僧の代表的な一人が宗山等貴（寛正五年〈一四六四〉～大永六年〈一五二六〉）である。実隆が面倒を見た宗山は、前記の禁裏における「外様月次和漢聯句御会」の予行張行とも称すべき「後土御門天皇内々月次和漢聯句御会」の連衆として、不定期ながらも文明一七年〈一四八五〉から明応八年〈一四九八〉まで加へられてゐる。「内々月次和漢聯句御会」は天皇の私的な御会であり、中御門宣胤や姉小路基綱らと共に三条西実隆は御会の補佐役を勤めてゐたので、宗山が参仕してゐる背後には実隆の助力があつたのであらう。しかしながら、実隆の助言・尽力があつたにせよ、準勅撰連歌集たる『新撰菟玖波集』に宗山の入集が果たせなかつたことは、禅僧といふ立場に対しては、やはり限界があつたことを示す。因みに宗山は竹園連枝・伏見宮家出身の禅僧で和歌にも聯句にも秀でた人物であつた。

一―2　和漢聯句と漢和聯句の発生　通常、禅林における漢聯句を「禅林聯句」と称し、またこれを簡単にした言ひ方にして単に「聯句」とも呼ぶ。禅林聯句が文芸史の上で特に活況を示すのは、文明期以降で、万里集九・景徐周麟などを中心とする禅林の学僧による応仁の乱以降の聯句活動においてである。さうして、それに伴なつて「聯句連歌」

が隆盛となつたのである。しかしながら、それら室町時代後期の文明期以降の洵に旺盛な禅林聯句の作詩活動が突如とした興つたものではないのである。それ以前の時代に禅林聯句は基盤が既に確立してゐるのである。

中世前期の後半の南北朝時代に禅林で最も活躍した義堂周信（正中二年〈一三二五〉～嘉慶二年〈一三八八〉、臨済宗黄龍派）と絶海中津（建武三年〈一三三六〉～応永一二年〈一四〇五〉、臨済宗夢窓派）との、謂はば五山文学の双璧とも呼ばれる、この二人の名とその功績とを挙げなければならない。就中、義堂周信の日録『空華日用工夫略集』に見られる義堂の聯句連歌に関はる活動に注目させられる。この日録の応安五年（一三七二）二月一五日条において、義堂は聯句の略史を解説し、聯句を通じての五山衆と公家衆との文化交流の重要性を説いてゐる。特に、禅僧にとつては何ともなく比較的容易になし得る韻事も、公家衆にとつては相当に困難なことであるので、公家衆にとつても平明で理会し易い白居易の詩に親しみ、漢句に対する実力を養ふべきことを記してゐる。この風潮の中に、「和漢聯句」の発生する機運が看て取れよう。さうして、応安五年（一三七二）に「応安新式」を制定した二条良基（元応二年〈一三二〇〉～嘉慶二年〈一三八八〉）が実は、義堂に聯句の添削・加点を依頼してゐることが、義堂のこの日録の永徳二年（一三八二）正月二七日条に記された記事によつて判る。二条家歌学の隆盛のために尽瘁し、当代の連歌の第一人者であつた良基が、斯く聯句に強い意欲を示すことは、この時期の文芸界に「和漢聯句」が急速に普及した所以なのであらう。

ところで、義堂周信の日録『空華日用工夫略集』（以下略称『略集』）の中で、「和漢聯句」に関して、具体的に記した記事は、康暦二年（一三八〇）以降の各条である。康暦二年（一三八〇）八月八日条に「赴二条殿倭漢聯句会（中略）接全於水亭　互叙久渇之懐　引水御榻閣　倭漢聯句百韻　時会者　安国相山　洞春玉岡　大龍器之　准后摂政令子梵樟存者也」とある通り、義堂は二条良基邸における久闊を叙する雅会に出かけ、「和漢聯句百句」の会に陪席してゐる。同行した連衆の中に相山・玉岡・器之などが漢方に連なつたことが判る。和方の名は出てゐないが、良基の周囲の公家衆であらう。相山・玉岡・器之らは義堂の指導下にある禅僧であるが、最後に「梵樟」とあるのは良基の息男で、僧門に入つてゐる惟秀梵樟である。

また、義堂が謂はゆる「漢和聯句」の和句の押韻について触れるのは、『略集』の康暦三年(一三八一)一一月二日条の記事である。すなはち「凡吾国俗旧例　和漢聯句　漢有韻　和無韻　今則新立此　和亦押韻」として「半個分愛日」を第唱句(第一句で、連歌の発句に相当)とする漢和聯句が張行されたことを記してゐる。一般に「和漢聯句」と呼ばれるのは、広義には「和漢」と「漢和」の双方の聯句の総称として、「聯句連歌」といふのと全く同じである。これに対して狭義の「和漢聯句」は「和漢」のみを指し、これに対する「漢和」は「漢和聯句」といふ。――禅林聯句に通達した五山衆にとつては、「和句」に押韻を要しない「和漢聯句」は緊張を欠くものに感じられたのであらう。しかし逆に、禅僧でない公家衆や連歌師、特に和方の連衆にとつては、和句までが平仄・押韻の法式によつて束縛される「漢和百句」といふのは容易なことではなかつた。「百句」一巻として纏つたものが出現するに到るのは、実に義堂の日録より後一〇〇年も経過[注3]してからなのである。

一―3　漢和聯句の法式と韻書の成立　後土御門天皇の禁裏における「外様月次和漢聯句御会」(文明一三年〈一四八一〉~明応五年〈一四九五〉)の主要連衆の一人で、しかも『新撰菟玖波集』にも入集を果してゐる徳大寺実淳は、明応七年(一四九八)に「漢和法式」を成文化した。以後この法式は江戸時代中期に到るまで頗る重宝されたと見えて、貞享三年(一六八六)刊の宇都宮由的撰述にかかる『漢和三五韻』(十五韻)の巻末にも附載せられてゐる。今この『漢和三五韻』附載のものを次に掲げる。

漢和法式

一、端作漢和聯句ト四字ニ書也

一、第唱句出来ノ時　其内ノ平字其韻ノ字ヲ除テ　入韻ノ字ヲ定ル也

一、面八句漢四句和四句也　内ニ漢ノ對句一所アルヘシ　漢唱句ナレハ　八句シテ和也　和ノ發句ナレバ　八句シテ漢句也　上-句又　此例也

一、百句漢和五十句ツヽ也　乍去和ニテモ漢ニテモ　二三句多キ分不レ苦

一、花四本和漢二句宛也　但隔番タルヘシ

一、月和漢共ニ三句五句ツヽツキテモ不レ苦

一、雪四ツ漢ニテモ和ニテモ　一方ニ四ナカラモスルナリ

一、二句アルモノ　兩方ヘ一句ツヽ取　其外異名ニテ出ルハ　和漢出カチニ一句有ヘシ

一、トヲリ字　漢句ニ古ハ上下共ニ嫌　今ハ上ノヲシリ字計ヲ嫌フ　下ハ不レ苦

一、五句去　七句去ノ物ハ　韻字タリトモ可仕也

一、名殘ノウラハ　漢ノ對句ナクテモ不レ苦

斯様に漢和の法式が定められたとは言へ、和方に入る公家衆にとつては、やはり和句においても平仄・押韻の規定を遵守せねばならぬとする、この法式に従ふことは、た易いことではなかつたに違ひない。深沢眞二氏が指摘され[注4]るやうに、一六世紀前半（文亀から天文にかけて〈一五〇〇〜一五五〇〉）の漢和聯句の実作の資料も次の三種の「漢和百

句」が伝存するに過ぎないのである。《各「漢和百句」に冠する通し番号は深沢氏論文に合はせる。》

② 永正一五年(一五一八)頃成立「漢和百句(陽韻)」(宮内庁書陵部蔵)

③ 享禄年間(一五二八～一五三二)頃成立「漢和百句(支韻)」(国立国会図書館蔵『連歌合集』30集)

④ 天文一九年(一五五〇)四月二八日「漢和百句(支韻)」(国立国会図書館蔵『連歌合集』27集)

実淳の「漢和法式」以前の「漢和百句」[注5]の数少ない伝存資料の中で、最古のものとして、深沢氏が挙げられた文明期後半成立の、次の①もやはり「支韻」である。

① 文明一四年(一四八二)三月二六日「漢和百句(支韻)」(国立国会図書館蔵『連歌合集』26・27集)

斯く「支韻」に偏りが認められることは、深沢氏も言はれる通り、文明期後半には「支韻」の韻書が成立してゐたのかも知れない。それにしても「十一韻」の韻書が成るのは、まだ先のことであらう。

義堂周信の『空華日用工夫略集』(略称『略集』)に和漢聯句(「漢和」を含む)の「和句」の押韻に関して記述した康暦三年(一三八一)以降一五〇年を経過しても、漢和聯句は和漢聯句に比して相当困難であつたらしく、現存する漢和聯句の資料の少なさが[注6]、そのことを如実に物語つてゐる。さすれば康暦三年以降、明応七年(一四九八)に、徳大寺実淳の「漢和法式」が成分化されるまでの間に、「月次和漢聯句御会」に臨んだ際に、参仕した連衆は如何なる参考書を持つ[注7]てゐたであらうか。『略集』の康暦三年一一月二日条に「和漢聯句　始今大明撰洪武正韻群玉為韻遇第一東字」とある通り、中国明代の韻書『洪武正韻』と元代の韻書『韻府群玉』に拠つたとする。しかし、これらの韻書は共に浩瀚本であり、即興の座で繙くには余りにも大部に過ぎる。決して簡便の書とは言ひ難い。まして和方に属すべき多くの公家衆には至難の業ではなかつたか。本邦成立の韻書『聚分韻略』にしても、それが文明期以降、いくら『三重韻』の簡便な本文の形態になつたとは言つても、即興性の要求される「漢和聯句」の座では、まだしの感があり、決して便利とは考へられない。蓋し、漢和聯句がそれ相応に盛行するためには、そのための便利な手引書(韻書)が出なければならないだらう。それには一六世紀後半(天文二〇年代以降)を俟たねばならない。奇しくも、この頃に「和句」実作に供する韻字と、それを含む熟字例を附した「漢和聯句」のための十一韻の韻書『和訓押韻』が成立したのである。

一-4 漢和聯句のための韻書

禅林聯句のために使用された『聚分韻略』が、和漢聯句や漢和聯句にも使用されたことは事実である。漢字の標出字(韻字)に漢字注を施した『聚分韻略』に和訓や熟字例の書入れがなされたのも、和漢・漢和聯句の実作に資するためのものであつた。しかし、『聚分韻略』が「平声」と「他声」(上声・去声・入声)の全韻の書であることは、「平声」さへあれば事足りるとする漢和聯句の立場からせば、「他声」は不要なのである。けれども逆に『聚分韻略』の「平声」の標出字(韻字)のみでは、少し韻字が不足する、といふのが漢和聯句の立場からする実情である。その不足分の韻字を元の熊忠の『古今韻会挙要』から摘出して「韻外字」として纏める必要も生じた。これはやや先行する漢聯句のための韻書『海蔵略韻』(三一韻の「略韻」)の撰述方法を承けたのであらう。このやうに『聚分韻略』を基幹とはしつつ、「漢和聯句」の実作のために適ふ韻書が成立するのは、韻事の立場からすれば、極めて自然にして、かつ必然の所為ではなかつたかと考へられる。斯くて十一韻の『和訓押韻』が「漢和聯句」専用の韻書として誕生したのである。

この書の序に「かの海蔵の分韻三十一のうち その字おほからぬは百句にもちゐることかなはざるゆへに さりぬべきを十一韻ぬきいづ」とあるごとく、『聚分韻略』の平声三一韻の中から、取り敢へず「漢和聯句」の実用に必要な「十一韻」を抽出した由が記されてゐる。この中に『和訓押韻』の成立事情が簡潔に述べられるやうに汲み取れるのである。なほ、「海蔵の分韻三十一」とは、『聚分韻略』の撰者虎関師錬が東福寺海蔵院に楼住してゐたことに由来すること、あるいは文明一六年（一四八四）成立の大伴広公の編になる『温故知新書』の序に「専擬海蔵略韻分二六之門」とある「海蔵略韻」が実は『聚分韻略』を指すこと、と解せられ、「海蔵分韻」とは『聚分韻略』の「平声三十一韻」[注8]と考へてよいだらう。さうして、その「十一韻」とは、

〔上平〕　東韻・支脂之韻・虞模韻・真諄臻韻・寒桓韻（五韻）
〔下平〕　先仙韻・蕭宵韻・麻韻・陽唐韻・庚耕清韻・尤侯幽韻（六韻）　計一一韻

である。

　さすれば、やがて「十二韻」の韻書が生まれることとなるが、その成立の事情は、貞享三年（一六八六）刊の『漢和三五韻』（宇都宮由的撰）の序に里村昌純が次のやうに記してゐることによつて理解し得る。

　そのかみ後常恩寺殿のぬき出給ひし和訓押韻に　誰の人か元匂を加て十二韻といひて　世に行はれ侍る（「常」は「成」の通用字）

斯く「十一韻」に〔上平〕の元韻を加へて十二韻とした訳であるが、十二韻の韻書に叡山文庫蔵『韻字記』、宮内庁書陵部蔵『韻字之書』、聖護院蔵『増補和訓押韻』などが現存する。この「十二韻」の韻書の成立は、室町後期以降、徐々に漢和聯句の作品が増加する経過にも連関して、和漢聯句ほどでないにしても、漢和聯句が相応に盛行するに到る寛永頃（一六二四年以降）に成つたものであることをも意味する。

　さらに、「十二韻」は先に挙げた宇都宮由的撰述の『漢和三五韻』（貞享三年〈一六八六〉刊）に成長して「十五韻」と

なつた。この書の序に昌純は前掲の文に続けて次のごとく記す。

　今又冬灰歌の三の韻をそへしは 和漢に用へき文字共おほくて 麻元なとにおさ〲おとるましきによりてなん

漢和聯句に供する韻の辞書としては、やはり「十二韻」でも不足してゐるので、「冬韻」(八三字)、「灰韻」(九二字)、「歌韻」(九八字)の三韻を加へたと言ふ。もともと「十一韻」に入つてゐる「麻韻」は九六字であり、「十二韻」になつてから追加された「元韻」は一〇八字であるが、今また『漢和三五韻』に加へた三韻は、それら「麻韻」「元韻」に決して劣るものでないとするのである。しかし漢和聯句の実作が十分になされるには、やはり「十五韻」でも十分ではないのである。

　元禄一一年(一六九八)には松峯散人によつて、平声全韻(三一韻)の『和訓韻略』[注9]が刊行されるに到るのである。この書は序に「和訓韻略叙」とし、本文の表題「和訓三重韻」とするものである。巻末の識語は「和訓韻略　洛烏丸書梓　吉村吉左衛門壽梓」とある。版を重ねて『正徳三年(一七一三)刊本』では、「和語略韻」と書名を改めてゐるので、本稿では一般に通行する『和語略韻』として扱ふこととする。この書の松峯散人の序に次のごとく記してゐる。

　嚮有十一韻三五韻 而行于世矣 蓋學者之一助也 然韻未廣 字不多 而疎庸之士 或患不足矣 故
　増益之 引證漢字本朝之書 旁加和語 乃録木名和訓韻略(下略)

これによると、先行書たる「十一韻」(『和訓押韻』)や『漢和三五韻』では韻字が不足してゐるので、大幅に増補して『聚分韻』の平声全韻(三一韻)とした旨が記されてゐる。安田章氏[注10]も言はれる通り、結局、漢和聯句がよく行はれるには、「十一韻」、「十二韻」とか「十五韻」に限られるものではなく、「三十一韻」全部が必要だつたのである。安田氏が挙げられてゐる国立国会図書館蔵の『押韻』も三一韻である。この『押韻』の跋には次のごとく記されてゐる。

茲希或人之庭訓　不察詩聯句之字　抄出歌連歌之詞　於及百句者　用東文字・旨脂・真諄・先仙・陽唐・庚耕清・尤侯幽　有執行叓者　普通之儀歟　惟依文字繁多也　于然毎韻書載謂者　頓作之時　五句三句之云捨有之　會席用意也

とあつて、漢和聯句の韻書は、「十一韻」、「十二韻」、「十五韻」と増補の過程を経るのであるが、所詮は「三十一韻」(平声全韻)を必要としたことが示されてゐる。同時に辞書としての充実をも図つたものである。

注1　朝倉尚氏著『就山永崇・宗山等貴』(一九九〇年9月　清文堂出版刊)の「第七章　連句連歌活動について」に詳細な記述がある。本稿一－1・2・3は同氏のこの書と、やはり同氏著『抄物の世界と禅林の文学』(一九九六年12月　清文堂出版刊)、の二書に負ふ処が大である。学恩に深謝する。

注2　注1の朝倉氏著参照。

注3　深沢眞二氏論文「『和訓押韻』考」(『国語国文』第六五巻第5号　一九九六年5月刊)参照。

注4・5　注3の深沢氏の論文中に掲げ、その「和句」の押韻の仕方を具体的に確認されてゐる。なほ、実淳の「和漢法式」以前の「漢和聯句」張行の例として、安田章氏は次の記録類の記事を挙げられてゐる。「今日禁裏月次和漢御会也(中略)抑今日被頒人数於両座　漢和々漢被遊之」(『実隆公記』文明一七年〈一四八五〉七月二日条)、「内々和漢月次御会也、今日為漢和」(同、延徳二年〈一四九一〉閏八月七日条)、「月次和漢御会也(中略)和漢早速事終間令張行漢和畢」(『後法興院記』文明一八年〈一四八六〉五月一四日条)、これらの記事から、安田氏は「漢和聯句が和漢聯句と対等の位置を獲得するに至らず、むしろ和漢聯句に従属した存在であったことが推察し得る」とされてゐる〈安田章氏著『中世辞書論考』三〇三頁(一九八三年9月　清文堂出版刊)〉。

注6　注3の深沢氏論文参照。

注7　後土御門天皇の禁裏における「月次和漢聯句御会」の主要連衆の一人であつた三条西実隆の記録では「広韻五冊到来（中略）広韻代物遣之了」（『実隆公記』永正元年〈一五〇四〉一二月七日・一一日条）、「寿蔵主来臨（中略）韻府銘令書之」（同、永正三年〈一五〇七〉二月二一日条）、「毛晃愚本有余本今日相傳之事在之」（同、永正六年〈一五一〇〉四月二二日条）、とあつて、中国の宋代の『広韻』、元代の陰時夫の『韻府群玉』、毛晃の『増韻』（礼部韻）、等を挙げてゐる。このやうに中国の基本的な韻書を常用してゐたことが判る。

注8　『聚分韻略』の平声三一韻を特立させて、数多の熟字例を排する『海蔵略韻』がある。ここは、あるいはこれを指すのかも知れない。なほ、『海蔵略韻』は従来、この書の撰述者を虎関師錬とされることが多かつたが、大友信一博士により否定された。この書の成立は文明一六年頃とされる。大友信一氏論文「『聚分韻略』と『海蔵略韻』」（『岡山大学法文学部学術紀要』第三八号　一九七八年1月刊）参照。

注9　木村晟編『古辞書研究資料叢刊』第24巻（一九九七年9月　大空社刊）に影印本文収録。

注10　安田章氏著『中世辞書論考』（一九八三年9月　清文堂出版刊）所収論文「和漢聯句と韻書」に指摘がある。なほ、この論文には「漢和聯句」に関する詳細な記述がある。本稿は安田氏のこの著書に負ふ処大である。

二、『和訓押韻』（十一韻）

二－1　概要　平安時代に成立した韻書は、源為憲の『口遊』、長和から長元頃（一〇一二～一〇三六）頃の成立かとされる天理図書館蔵『平安韻字集』（仮称）、さらに三善為康の『童蒙頌韻』や『掌中歴』、『掌中歴』をもとにして編まれた

『二中歴』など、全て平声韻のみのものである。ここに採り挙げる『和訓押韻』も、本邦の韻書の系譜[注1]からいへば、これらの韻書の伝統を踏まへたものであると言へよう。

しかしながら、平安朝成立の韻書類と、『和訓押韻』を始めとする漢和聯句のための韻書類とが、特に性質を異にするのは、韻目の排列においてである。平安朝成立の韻書の多くが、『東宮切韻』などの謂はゆる「切韻」系の韻書に範を得てゐるのに対して、漢和聯句のための韻書（「十一韻」、「十二韻」、「十五韻」、「三十一韻」）は、『広韻』を主要典拠として成る南北朝期の『聚分韻略』（虎関師錬の撰）を基幹として編述されたものである。以下、『和訓押韻』（十一韻）の本文構成・伝本の系統・撰述者・典拠等について考察し詳述したく思ふ。

二-2　韻目と構成

十一韻の『和訓押韻』の韻目は、次の通りである。

［上平］　一、東韻　二、支脂之韻　三、虞模韻　四、真諄臻韻　五、寒桓韻
［下平］　六、先仙韻　七、蕭宵韻　八、麻韻　九、陽唐韻　一〇、庚耕清韻　一一、尤侯幽韻

また、本文は［1］入韻字、［2］本韻（韻内）、［3］韻外、の三部から成つてゐる。

［1］入韻字（入韻句〈第二句の和句〉に用ゐる韻字）
［2］本韻《韻内》（『聚分韻略』より抽出した韻字）
［3］韻外（『聚分韻略』に存せぬ韻字で、『古今韻会挙要』より抽出したもの）

『和訓押韻』の伝本は、『北岡文庫本』（略称『北岡本』）・『松平文庫本』（略称『松平本』）・『龍門文庫本』（略称『龍門本』）・『版本』があり、『松平本』には［1］入韻字が存しない。［2］は「韻脚に用ふべき字」とすべきかとも思ふが、さす

れば［1］［3］と［2］との厳密な意味での区別がし難くなる。従つて中村元氏[注2]の呼称に倣ひ、「本韻」とした。

次に『和訓押韻』の各伝本の収録韻字数を韻目毎に一覧して表Ⅰに示す。

表Ⅰ『和訓押韻』（十一韻）諸本の韻字数

韻目	入韻字				本韻（韻内）				韻外				総字数（　）内は入韻字を除く				聚分韻略
	北岡	松平	龍門	版本	北岡	松平	龍門	版本	北岡	松平	龍門	版本	北岡	松平	龍門	版本	
一、東	13	無	16	16	72	71	75	113	15	14	19	16	100(87)	(85)	110(94)	145(129)	109
二、支脂之	19	無	19	19	149	117	148	327	0	0	0	0	168(149)	(117)	167(117)	346(327)	336
三、虞模	13	無	13	13	105	71	106	206	0	0	0	0	118(105)	(71)	123(106)	219(206)	204
四、真諄臻	12	無	12	12	88	64	89	133	0	1	0	0	100(88)	(64)	101(89)	145(133)	134
五、寒桓	7	無	7	7	58	54	58	57	2	6	0	51	67(60)	(60)	65(58)	115(108)	107
六、先仙	14	無	15	15	89	79	88	175	0	0	0	0	103(89)	(79)	103(88)	190(175)	173
七、蕭宵	5	無	5	6	70	65	64	125	1	4	0	0	76(71)	(65)	69(64)	131(125)	128
八、麻	7	無	7	7	56	49	58	97	0	10	0	0	63(56)	(59)	65(58)	104(97)	96
九、陽唐	15	無	15	15	129	96	130	219	0	2	0	0	144(129)	(96)	145(130)	234(219)	217
一〇、庚耕清	20	無	20	20	90	80	90	159	0	0	0	0	110(90)	(80)	110(90)	179(159)	161
一一、尤侯幽	10	無	10	10	85	75	(84)	176	0	0	0	0	95(85)	(75)	(94)(84)	186(176)	179
計	135	無	139	140	991	821	(990)	1787	18	37	19	67	1144(1009)	(821)	(1148)(1009)	(1994)(1854)	1844

（備考）1、『龍門本』の「一一、尤侯幽」の本韻に（　）を付して、本文の末尾が欠落してゐるために推定した韻字数を示す。

2、『版本』は本調査の直接の対象からは外してゐるが、参考のために数値を記入した。

この一覧表によつて識り得ることは、次の二点である。

一、『松平本』は「入韻字」が皆無であり、漢和聯句の韻書の本文としては、初期的形態を有つ伝本である（「未整理本」と謂ふのは言ひ過ぎであらう）。

二、四種の伝本を所収韻字数の順に並べると、『松平本』、『北岡本』、『龍門本』、『版本』のやうになる。つまり『松平本』の収載字数が最少である。通常のテクストの成長過程「略本」→「広本」といふことを考へると、『松平本』が最古の伝本といふことになる。しかしながら、諸本の新古の問題は、やはり各テクストの本文徴証に基づいて決せられねばならぬゆゑ、ここで断定することは控へるべきである。

二-3　伝本の系統

『和訓押韻』（十一韻）には三系統の伝本が存する。本項の目ざす直接の目的は、三系統の伝本の本文の関係を明らかにすることにある。最初に現在までに紹介せられてゐる諸本[注3]を掲げることとする。

A　北岡文庫本（熊本大学永青文庫蔵、写本一冊、天正二〇年〈一五九二〉三月書写との細川幽斎の識語を有す）→A系統本

B　松平文庫本（島原図書館松平文庫蔵、写本一冊、「入韻字」を有せず。識語存せず）→B系統本

C　龍門文庫本（阪本龍門文庫蔵、写本一冊、識語存せず）→C系統本（増補本）

D　版本→C系統本（増補本）を版本化

a　天理無刊記本（伊藤東涯書入本。天理図書館古義堂文庫蔵、版本一冊）

b　天理正保二年本（伊藤仁斎書入本。天理図書館古義堂文庫蔵、正保二年〈一六四五〉版本一冊）

c　京大本（京都大学附属図書館近衛文庫蔵、正保二年版本一冊、bと同種本）

d　天理写本（天理図書館古義堂文庫蔵、写本一冊、内容から見てa・b版本の手写本）

安田章氏[注4]は右のA・Bの二種と、CとDとを同系統のものと見做し、計三系統に大別されてゐる。私は安田氏の

説を承けて、さらにC『龍門本』やD『版本』類が、A『北岡本』とB『松平本』との合成本であり、なほかつC『龍門本』はA系統本とB系統本とを合成した上に、増補に際して、C本独自の注文をも補入して成つたものであることを明らかにした。[注5] さうして、D『版本』はC系統本に若干の改増を加へて版本化したものと見て、C『龍門本』をD『版本』類の書写本とは見ない立場を採ることにした。D-dの『天理写本』は明らかに『版本』からの写本と目されるが、Cの『龍門本』は注文の形態からして、それと同じやうにして成つたとは思はれないのである。蓋しA系統本とB系統本とを合成し、さらに独自の注文も補入して、C系統本といふ増補系本が成つたと思慮せられる。Dの『版本』はC系統本（増補本）が刊行されたのであらう。C『龍門本』とD『版本』は同一本文ではないが、極めて類似した本文形態になつてゐる。このことはC『龍門本』とD『版本』の体裁[注6]をを見ても判然とする。「序」はC『龍門本』もA『北岡本』やB『松平本』と同じくが存してゐる。Dの『版本』もC『龍門本』と同様である。しかるに「韻脚に用ふべき字」（韻字）は、C『龍門本』が字音・字訓の両用であるのに対して、D『版本』は字訓のみである。「韻外字」もC『龍門本』の「東韻」にのみ見られるのに対して、D『版本』は「東韻」と「寒桓韻」とに存するといふ差異を示してゐる。斯様にC『龍門本』とD『版本』とは標出字（韻字）の排列や注文の異同の面で大同でありながら、少なからぬ小異を示してをり、本文の体裁上からも前に示した差異が存する。さらに、D『版本』は表Ⅰに示すごとく、「本韻」（韻内字）の韻字数が大幅に増加してゐる。この点でCとDとは大きく異なる。やはりC『龍門本』とD『版本』とは二種に別けて考へるのが至当のやうに思はれるのである。さすれば、『和訓押韻』の伝本の系統をまとめると、次の表のやうになる。

A系統本（北岡本）┐
B系統本（松平本）┘──C増補系統本（龍門本）──D版本

この伝本の系統関係表を証明するために、次項（二―4）で『和訓押韻』の本文系統を詳細に検討する。

二―4　三本の本文形態　現存の『和訓押韻』の伝本は、A系統本の『北岡本』（略称［A］）、B系統本の『松平本』（略称［B］）、C系統本の『龍門本』（略称［C］）、と［C］に韻内字を増補して版本化されたD『版本』が存するが、Dは C系統本と本文の系統としてはCに帰属するので、［C］に含められる。従つて本稿では、［A］［B］［C］の三本の本文について検討を加へる。そこで三本の本文の在り様を次のⅠ～Ⅳの四型に分けて整理することとする。

Ⅰ　［A］［B］［C］が全同のもの〈A＝B＝C〉

Ⅱ　［C］が［A］と［B］の合成であるもの〈A＋B＝C〉

Ⅲ　［A］が無注、［B］と［C］が全同のもの〈B＝C〉

Ⅳ　［A］と［B］が無注、［C］に増補のあるもの〈Cのみ〉

Ⅴ　［B］に標出字無く、［A］と［C］が全同であるもの〈A＝C〉

Ⅵ　［A］に標出字無く、［B］と［C］が全同であるもの〈B＝C〉

Ⅶ　［A］［C］に標出字無く、［B］のみにあるもの〈Bのみ〉

このⅠ～Ⅳの四型のうち、特にⅡの型に該当するものが、［C］を［A］と［B］の混成本と見做し得る根拠を示す核となるものであるが、Ⅰ・Ⅲ・Ⅳも、Ⅱを支持するものとなる。以下「十一韻」全体について、韻目毎に概観する。

（逐条調査の詳細は「資料篇」参照）

〔一〕東韻

Ⅰ　A＝B＝C（Ⅰa5＋Ⅰb4＝9例）

2凍　[A]コホリトハ仄也　[B]又コホリノ時ハ仄也　[C]又コホリハ仄ナリ

のごとき例はⅠに属するものであるが、[C]に独自の注文が補入されてゐるもの〈A＝B＝C（＝A・B＋α）〉として、次のやうな例もあり、これもやはりⅠの中に加へる。

58隆　[A]花ナトニ不可用日本　[B]花ニハ不可也日本記　[C]盛—　花ナトニ不可也日本

[C]の「盛—」は『龍門本』のみの増補（α）である。〈A＝B＝C〉をⅠaとし、〈A・B＋α〉をⅠbとして算へると、Ⅰaが五例、Ⅰbが四例で、計九例となる。

Ⅱ　A＋B＝C（Ⅱa13＋Ⅱb7＝20例）

1東　[A]又和琴ノ名ニ可用之　[B]春方　[C]春方　又和琴名可用之

この型に属するものが一三例存する。これをⅡaとする。またⅡaを原則としながらも[C]独自の注文を補入する〈A＋B＝C（＝A＋B＋α）〉型のものに、

5嵩　[A]大—（オホダケ）　近江　[B]比叡（ヒエ）大—　[C]崧同　大—（ヲホダケ）　近江　比叡大—也

[C]独自の補入「崧同」がαである。これをⅡbとする。Ⅱbは七例存し、これをⅡaに加算すると、一四例となる。このⅡ型のものは、[C]が[A]と[B]の合成本たることを積極的に示すものである。

Ⅲ　B＝C（Ⅲa19＋Ⅲb11＋Ⅲc11＋Ⅲd1＝42例）

21工　［A］無注　［B］百―　［C］百―

このⅢは［A］は標出字のみ存し、注文が存せぬもので、［B］の注文「百―」が増補本たる［C］に継承されてゐるものである。これはⅠbに近い性質のものである。この型のものをⅢaとして、このⅢaに属するものが一九例存する。また、このⅢaに［C］独自の注文の補入された〈B＝C（B＋α）〉もある。これをⅢbとする。

29忠　［A］無注　［B］―節　［C］―節　衷同

このⅢb型のものが一一例見られる。さらに、Ⅲbと大同であるが、［B］と［C］の注文に小異が存したり、［C］が［B］の注文の一部を承けてゐたりするものもある。これをⅢcとする。次の「8穹」は前者、「11櫳」は後者の例である。

8穹　［A］無注　［B］空也　蒼―　［C］空也　高也　蒼―

11櫳　［A］無注　［B］窓也　檻也　養獣所也　［C］窓也

このⅢcに属するものが四例ある。また、次に示す「43菘」のごとき用例もⅢcに含める。

43菘　［A］無注　［B］菜也　［C］菜名

このやうな例が七例存し、前の四例に加へると、Ⅲcは一一例となる。さらにⅢdとして、

57充　［A］無注　［B］無注　［C］塞也

のごとき例を三dとする。Ⅲdは一例である。斯くて三a・三b・三c・三dを合計すると四二例となる。

Ⅳ　Cのみ増補（Ⅳ4例）

これは［A］と［B］とが標出字のみ存し、［C］にのみ独自の増補が見られるものである。

3虹　［A］無注　［B］無注　［C］蝀ナリ

のごときものが四例存する。このやうな型の用例をⅣａとする。

Ⅴ　［B］標出字無シ〈A＝C〉（Ⅴａ2＋Ⅴｃ7＋Ⅴｄ2＝11例）

86癰　［A］罷也　［B］標出字無シ　［C］罷也

このやうな用例をⅤａとするが、これは二例が見られる。また、Ⅴａ型に［C］独自の補入（＋α）されたⅤｂ型の例は存しない。さらに、Ⅴｃとして扱ふべき［C］独自の補入のある、

4蝀　［A］無注　［B］標出字無シ　［C］虹也

Ⅴｃに該当するものは七例見られる。さらに、Ⅴｄとすべき、

13曨　［A］無注　［B］標出字無シ　［C］無注

のごときものは二例存する。

Ⅵ　［A］標出字無シ〈B＝C〉Ⅵａ3＋Ⅵｂ1＝4例）

松平24功　［A］標出字無シ　［B］万葉ニ　イサヲシ人トアリ　功有ル人也　八雲ニモアリ　［C］万ニ　イサヲシ人　功アル人ナリ　八雲

このやうなものをⅥａとすると、三例が算へられる。

松平83窓　［A］標出字無シ　［B］無注　［C］無注

のごときⅥｂとすべきものは、この一例のみである。

Ⅶ　［A］［C］標出字無シ〈Bのみ〉（2例）

松平84悰　［A］標出字無シ　［B］憂也廣　［C］標出字無シ

この型のものは二例である。

斯くて「東韻」において、『龍門本』が『北岡本』と『松平本』との合成本であることを証明する根拠となるものは、Ⅰの九例、Ⅱの二〇例、Ⅲの四二例、Ⅳの四例の総和たる七五例である。この数を、『龍門本』の総字数から入韻字の字数を減じた本韻の字数（九四字）で除すると、$\frac{75}{94}=0.798$（約八〇％）となり、その比率は約八〇％にも達してゐる。

［二］　支脂之韻

Ⅰ　A＝B＝C（Ⅰa12＋Ⅰb15＝27例）

16朞　［A］周年　［B］周年　［C］周年

このやうなⅠaの例は一二例で、〈A・B＋α＝C〉としての次のごときⅠbの例は、一五例存する。

5麗　［A］高(コマ)—　［B］高(コマ)—　［C］高(コマ)—　国名

Ⅱ　A＋B＝C（Ⅱa21＋Ⅱb5＋Ⅱc1＝27例）

55期　［A］チギル万　［B］—信　チギル万　［C］チキル万　—信

のごときⅡaの用例は二一例存する。Ⅱbとすべき〈A＋B＋α＝C〉に相当するものは、

79為　［A］タメトヨム時ハ仄也　無(コトナシ/アヂキナシ)—也　［B］詩ヲ作ニ用　无(コトナシ)—　无(アヂキナシ)—　以(ヲモヘリ)—　タメトヨム時ハ仄也　［C］作也　又
詩ヲツクルニモ用之　タメトヨム時ハ仄也　無(コトナシ/アヂキナシ)—　—　以(ヲモヘリ)—

のごときもので、［C］独自の補入（α）は「作也」である。Ⅱbは五例見受けられる。

59癡　［A］愚(グチ)―ノ―　［B］無注　［C］愚也

これはIIc型の例である。

III　B＝C（IIIa33＋IIIb7＋IIIc5＋IIId5＋IIIe5＝55例）

4障　［A］無注　［B］女墻　［C］女墻

このIIIa型のものは、三三例存する。また、〈B＋α＝C〉のIIIbの例は、

3岐　［A］無注　［B］八(ヤチマタ)―　［C］―路　八(ヤチマタ)―

のごとき型のものは七例。この例のαは［C］の「―路」とある補入である。さらに、IIIcは、

25鴟　［A］無注　［B］玄鳥　燕也府　［C］鵜―　玄鳥

のやうな型で、五例存する。IIId型は五例見られる。

105旗　［A］無注　［B］雲ノ―　［C］旌―

21騏　［A］無注　［B］騏驎　［C］無注

のごときものはIIIe型となる。これは五例存する。

IV　Cのみ増補（IVa1＋3＝4例）

14颸　［A］無注　［B］無注　［C］風也

のごときIVa型は、この一例である。IVb型として取り扱ふべき例は、次の一例のみ。

1陂　［A］葛(カッヒ)―　［B］無注　［C］無注

これは［A］に存する注文が［C］に承けられてゐない例である。

V　[B]　標出字無シ〈A＝C〉（Va3＋Vb1＋Vc23＋Vd6＝33例）

149蛇　[A]透（モコヨフ）—日本　[B]標出字無シ　[C]透（モコヨフ）—日本

このVa型は三例見られる。Vb型の次のごとき例がある。これは一例である。

96藁　[A]瓜（ウリツル）—ナトノ類　[B]標出字無シ　[C]蔓草　瓜ツルナトノ類

また、Vc型の例は、二三例見受けられる。例へば、

48罷　[A]無注　[B]標出字無シ　[C]倦也　止也

のごときものである。さらに、Vd型の例は六例存してゐる。

31嶋　[A]無注　[B]標出字無シ　[C]無注

次の例はVe型とすべきものである。

2堤　[A]長（チャウテイ）—　[B]標出字無シ　[C]無注

Vf型の例は

112緇　[A]—（シ）　素（ソシ）—　[B]標出字無シ　[C]黒也

VI　[A]標出字無シ〈B＝C〉　該当例が存しない。

VII　[A][C]標出字無シ〈Bのみ〉（6例）

松平92涯　[A]標出字無シ　[B]山—　[C]標出字無シ

これに該当するものが六例存してゐる。

VIII　[A][B]に存し、[C]標出字無シ（1例）

147滋　[A]草木露ナトノヿニ用　[B]露草木露(ニ)用之　[C]標出字無シ

かういふ用例は一例のみである。

以上の「支脂之韻」におけるⅠの二七例、Ⅱの二七例、Ⅲの五五例、Ⅳの四例、を合計すると、一一三例となる。『龍門本』が『北岡本』と『松平本』との合成本であることの証拠となるこの一一三例は、『龍門本』の、$\frac{113}{149}=0.758$（約七六%）で、七六%近くを占めてゐる。

〔三〕虞模韻

Ⅰ　A＝B＝C（Ⅰa 1＋Ⅰb 19＝20例）

10叟　[A]須―(シハラク)万　[B]須―(シハラク)万　[C]須―(シラハク)万

このⅠa型に属するのは一例であるが、Ⅰbの〈A・B＋α＝C〉の型の例は一九例ある。

2衢　[A]九―(キウクノク)　八―(ヤチマタ)万　[B]八―(ヤチマタ)　[C]街―　八―(ヤチマタ)万

Ⅱ　A＋B＝C（5例）

15虞　[A]騶―(スウクノ)　―獣ノ狩ニ可用之　[B]―人　騶―　カリヒトトモ訓スヘシ　獣ノ狩ニ用

[C]騶―　カリ人トモ可訓　獣ノ狩ニ用ヘシ

このⅡa型のものが、五例存する。Ⅱb型の〈A＋B＋α＝C〉の例は存しない。

Ⅲ　B＝C（Ⅲa 25＋Ⅲd 8＝33例）

[A]が無注で、[B]と[C]が一致するⅢaの例は、二五例存する。

4湖　[A]無注　[B]江—　[C]江—

Ⅲb・Ⅲc型は存せず、Ⅲd型のものとして、次のやうな例が八例見られる。

11皃　[A]無注　[B]駕—　[C]—雁

Ⅳ　Cのみ増補（Ⅳa12例）

12駑　[A]無注　[B]無注　[C]—駘

のごときⅣaの例が一二例見られる。Ⅳbの例は存しない。

Ⅴ　[B]標出字無シ〈A＝C〉（Ⅴb7＋Ⅴc33＝40例）

Ⅴa型の例は存ず、Ⅴbの例が七例見られる。

24奴　[A]御（ミヤツコ）—　[B]標出字無シ　[C]—婢　御（ミヤツコ）—　恋ノ—

Ⅴcの例は多く三三例もある。斯く『北岡本』に注文が存せぬ箇所は多いのである。

1隅　[A]無注　[B]標出字無シ　[C]陬也

Ⅵ　[A]標出字無シ〈B＝C〉（2例）

Ⅵbに属する例としては二例見られる。

松平204迂　[A]標出字無シ　[B]声ノダミタル也　[C]曲也　声ノタミタルナト也

Ⅶ　[A][C]標出字無シ〈Bのみ〉（4例）

松平242虖　[A]標出字無シ　[B]嘆也　[C]標出字無シ

のごときものが四例見られる。

以上で「虞模韻」の本文を概観し了へたが、この韻目にも『北岡本』に存せぬ標出字（韻字）が『松平本』に存し、『龍門本』がそれを承けるVIの例があることは注目すべき例である。Vの例のやうに、『龍門本』は『松平本』に存しない標出字を『北岡本』から承けてゐるが、その逆の『松平本』を承ける場合もVIのごとく少数存する。そこで例のごとく、『龍門本』が『北岡本』と『松平本』を合成して成ることを積極的に証明する用例の数を求めると、I二〇例、II五例、III三三例、IV一二例、で計七〇例に及ぶ。これは、$\frac{70}{106}=0.661$（約六六%）である。しかし、この比率は［A］［B］［C］三本に共通して標出字（韻字）が揃つて見られるものを示してゐて、VaやVIも加算すれば、『龍門本』が『北岡本』と『松平本』と合成本たることは決定的である。

［四］真諄臻韻

I　A＝B＝C（Ia3＋Ib10＝13例）

76新　［A］アラタマル万　年月ノ事ヲイヘリ　［B］アラタマル　年ノ事ニ用　［C］年ノ事ニ云リ　アラタマル万

このIa型のものは三例存する。しかし、Ibの〈A・B＋α＝C〉型の［C］に独自の注文を補入する例は、一〇例見られる。

12辛　［A］辛苦ノ事ニ用之　［B］辛苦之叓ニ用　［C］庚―　太歳在―曰重光　亦薑味辛苦ノ事ニ用之

II　A＋B＝C（4例）

43薪　［A］御―（ミカマキ）　年中行事　［B］柴―　御―（ミカマキ）　年中行事　［C］柴―　御―（ミカマキ）　年中行事

このIIa型の例が四例存する。その一つの用例は『北岡本』16・89「人」が『松平本』では294「人」の一箇所に統合されてゐる。ところが、『龍門本』は『北岡本』と同様に20・90の二箇所に分載されてゐる。これは『龍門本』が『北岡本』を承けてゐるが、何故「人」が二箇所に分けられてゐるのかといふ理由が判りにくい。またⅡbの例は見られない。

Ⅲ　B＝C（Ⅲa24＋Ⅲb3＋Ⅲc3＋Ⅲd5＝35例）

5旻　［A］無注　［B］―天　［C］―天

このⅢa型の例は二四例存してゐる。また、Ⅲb型に該当するものに、〈B＋α＝C〉型の

19親　［A］無注　［B］―族（ハラカラ）万　［C］―族万　同気之―也

このⅢbに属するものは三例である。

Ⅲc型のものは三例存する。

25麞　［A］無注　［B］―鹿　［C］鹿―

さらにⅢd型に属する例が五例見受けられる。

48紳　［A］無注　［B］下ノ　―　［C］大帯

Ⅳ　Cのみ増補（11例）

9辰　［A］無注　［B］無注　［C］時―　太歳在曰執除

このⅣa型に属するものが一一例存してゐる。

Ⅴ　［B］標出字無シ〈A＝C〉（Ⅴb1＋Ⅴc25＝26例）

この韻目にはⅤa型の用例は存せず、Ⅴb型のものが一例見られる。

74湮　［A］捌脱（ハタエ）―　肌也　［B］標出字無シ　［C］沈也　捌脱―　肌也

他は全てＶｃ型のものである。Ｖｃ型に属するのは二五例存してゐる。

13倫　［A］無注　［B］標出字無シ　［C］等―

Ⅵ　［A］標出字無シ〈B＝C〉（1例）

松平301馴　［A］標出字無シ　［B］従也　［C］従也

Ⅶ　［A］［C］標出字無シ〈Bのみ〉（4例）

松平314瓊　［A］標出字無シ　［B］―珠　［C］標出字無シ

［A］［C］に存せず、［B］のみに存するのは四例である。

これら「真諄臻韻」に於けるⅠの一三例、Ⅱの四例、Ⅲの三五例、Ⅳの一一例を合算すると六三例となる。これが『龍門本』の『北岡本』と『松平本』との合成本であることの証拠となり得るものである。これの比率は、$\frac{63}{89}=0.708$（約七一％）である。

［五］寒桓韻

Ⅰ　A＝B＝C（Ⅰａ1＋Ⅰｂ9＝10例）

53殫　［A］盡也　［B］盡也　［C］盡也

Ⅰａ型の例は一例。

〈A・B＋α＝C〉のⅠｂ型のものは、九例見られる。

4湍　［A］下（クタリセ）—万　上（ノホリセ）—万　上津（カミツセ）—万　瀧津（タキツセ）—万　［B］瀧津（タキツセ）—　上（ノホリセ）—　下（リ）—　上津—　［C］急瀬　上津（カミツセ）—　瀧津—万
下（クタル）—　上—

II　A＋B＝C（IIa6例）

2瀾　［A］厦途（カツラ）—桂也　［B］波—　［C］波—　又厦途—桂也

このIIa型の例が六例存する。

III　B＝C（IIIa17＋IIIb7＋IIId3＝27例）

3欄　［A］無注　［B］—干　［C］—干

このIIIa型のものが一七例見られる。また、〈B＋α＝C〉型のIIIbのものは、七例ある。

10官　［A］無注　［B］京（ツカサメシ）—　除目　仕—　［C］—人　京（ツカサメシ）—　除目也

IIId型の用例は三例見られる。

49干　［A］無注　［B］満（ミチヒキ）—　［C］犯—

IV　Cのみ増補（IVa10例）

12観　［A］無注　［B］無注　［C］視也

IVa型のものが一〇例存する。

V　［B］標出字無シ〈A＝C〉（Vc7例）

Va型とVb型の用例存せず。Vc型の例は七例存する。

11翰　［A］無注　［B］標出字無シ　［C］毛羽也　又

Ⅵ　[A]標出字無シ〈B＝C〉(0例)
Ⅵa型・Ⅵb型、共に用例無し。

Ⅶ　[A][C]標出字無シ〈Bのみ〉(9例)
松平353韓　[A]標出字無シ　[B]三ノ　―　[C]標出字無シ
のごとき例が九例見られる。

Ⅷ　[A][B]に存し、[C]標出字無シ(2例)
60霙　[A]雨露ニ用之　[B]雨露ニ用之　[C]標出字無シ

以上の結果からⅠの一〇例、Ⅱの六例、Ⅲの二七例、Ⅳの一〇例を加へると、計五三例となる。これは『龍門本』の本韻の、$\frac{53}{58}$＝0.914(約九一%)を占めてゐる。

[六]　先仙韻

Ⅰ　A＝B＝C(Ⅰa1＋Ⅰb15＋Ⅰc3＝19例)
15鵑　[A]杜―　[B]杜―　[C]杜―
Ⅰa型のものはこの一例である。Ⅰb型の〈A・B＋α＝C〉の例は一五例見られる。
9漣　[A]涙―万　[B]涙―万　[C]―漪　涙―万
Ⅰc型の例も三例見られる。
6淵　[A]稲―(イナブチ)　神南備―(カミナヒノフチ)　[B]稲―　岩―　片―　青―　[C]稲―(ブチ)　神南備―(カミナミノ)

Ⅱ　Ａ＋Ｂ＋Ｃ（Ⅱａ5＋Ⅱｂ6＝11例）

24駢　［Ａ］馬ナトヲナラフル也　［Ｂ］並駕　車馬ニ用之　［Ｃ］並駕　馬車ナトヲナラフル也

このⅡａ型に属するものは五例である。また、Ⅱｂの〈Ａ・Ｂ＋α＝Ｃ〉型のものは、六例ある。

1天　［Ａ］蒼《オホソラ》―　分天《フテ》筆也　［Ｂ］半《ナカソラ》―　蒼《ヲヽソラ》―　分《フデ》―筆也　国花　［Ｃ］―地　半《ナカソラ》―　蒼《ヲヽソラ》―万　分《フテ》―筆也

Ⅲ　Ｂ＝Ｃ（Ⅲａ23＋Ⅲｂ6＋Ⅲｃ3＝32例）

32権　［Ａ］無注　［Ｂ］―変　［Ｃ］―変

Ⅲａ型は二三例見られる。また、Ⅲｂの〈Ｂ＋α＝Ｃ〉のものは六例である。

25編　［Ａ］無注　［Ｂ］十《トフ》―　薦ノアミメ也　［Ｃ］次也　又十《トフ》―　薦ナトノアミメナリ

Ⅲｄ型の例は三例見られる。

Ⅳ　Ｃのみ増補（Ⅳａ6例）

13仙　［Ａ］無注　［Ｂ］―人　［Ｃ］神―

20賢　［Ａ］無注　［Ｂ］無注　［Ｃ］―能

このⅣａ型の例が六例見られる。Ⅳｂ型の例は存しない。

Ⅴ　［Ｂ］標出字無シ〈Ａ＝Ｃ〉（Ⅴｂ2＋Ⅴｃ18＝20例）

53蠙　［Ａ］玉ノ匂脚　虞模ニアリ　［Ｂ］標出字無シ　［Ｃ］―珠　玉ノ員脚　虞模ニアリ

このやうなⅤｂ型の例が二例ある。Ⅴｃ型の例は次のやうなものである。

4磌　［Ａ］無注　［Ｂ］標出字無シ　［Ｃ］礎也

このVc型の用例は一八例認められる。

VI　[A]標出字無シ〈B＝C〉（VIb1例）

VIa型の用例は存せず、VIb型の例が次の一例見受けられる。

松平449筌　[A]標出字無シ　[B]魚—　[C]ウエフセヲキテ　ウエハ筌也　川ニシツメテ魚トル物也八雲

VII　[A][C]標出字無シ〈Bのみ〉（6例）

松平481塡　[A]標出字無シ　[B]谷—　田孫走　[C]標出字無シ

この型のものが六例存する。

以上の「先仙韻」の調査結果により、Iの一九例、IIの一一例、IIIの三二例、IVの六例を合算すると、六八例となる。これは『龍門本』の本韻の、$\frac{68}{88}$＝0.773（約七七％）になる。

[七]蕭宵韻

I　A＝B＝C（Ia1＋Ib1＝2例）

7朝　[A]早—（アサマツリコト）　長恨哥　霜—（シモアサ）　[B]早—（アサマツリコト）　霜—（シモアサ）　[C]早—（アサマツリコト）　長恨歌　霜—

このIa型のものは一例のみ。Ibの〈A・B＋α＝C〉型のものも次の一例のみである。

2潮　[A]シホ万　塩ニ用　入—（アサル）万　[B]入—（アサル）　シホ万　塩ニ用也　[C]—水　シホ万　塩ニ用也　入—（アサル）万

II　A＋B＝C（IIa10＋IIb1＝11例）

3飆　[A]波ノ—（ナミノタツ）万　ツンシカセ和名　[B]—風　波—（ノタツ）万　[C]—風　波—（ノタツ）万　ツジカセ和名

このⅡa型のものが一〇例見られる。また、Ⅱbの〈A・B＋α＝C〉型の例は、
11鵠　［A］コノリ和名　雀ツミ—和名　［B］—子　雀ツミ—　［C］—子　又雀ツミ—　若狭チノ山ノ黒ツミ　コノリ和名
ⅢB＝C（Ⅲa25＋Ⅲb4＋Ⅲc6＋Ⅲd3＝38例）
13蜩　［A］無注　［B］大蟬　［C］大蟬
Ⅲa型の用例が二五例存する。Ⅲb型の〈B＋α＝C〉の型のものは四例ある。
15釗　［A］無注　［B］遠也　［C］周康王名　亦遠也
Ⅲc型のものも六例見られる。
18跳　［A］無注　［B］躍也　［C］—躍
Ⅲd型の例は三例存する。
29招　［A］無注　［B］尾花—　［C］—呼
ⅣCのみ増補（Ⅳa5例）
12鵰　［A］無注　［B］無注　［C］雕
このⅣa型は五例存する。Ⅳb型の例は見られない。
Ⅴ　［B］標出字無シ（Ⅴc7例）
Ⅴa型・Ⅴb型の用例は存せず、Ⅴc型のものばかり七例存してゐる。
14獢　［A］無注　［B］標出字無シ　［C］猲—　犬也
Ⅵ　［A］標出字無シ〈B＝C〉（0例）

Ⅵa型・Ⅵb型、共に用例存せず。

Ⅶ　［A］［C］標出字無シ〈Bのみ〉(3例)

松平550騒　［A］標出字無シ　［B］愁也　［C］標出字無シ

この種の用例は三例見られる。

Ⅷ　［A］［B］に存し、［C］標出字無シ(6例)

67妖　［A］無注　［B］―艶　［C］標出字無シ

この型の用例は六例存する。

「蕭宵韻」の以上調査により、Ⅰの二例、Ⅱの一一例、Ⅲの三八例、Ⅳの五例を合はせると計五六例となる。これは『龍門本』の本韻の、$\frac{56}{64}=0.875$（約八八%）に達してゐる。

［八］　麻韻

Ⅰ　A＝B＝C(Ⅰa1＋Ⅰb6＝7例)

38華　［A］光―(ヒカリ)日　―カサル日　［B］光―(ヒカリ)日本　カザル日本　［C］光―(ヒカリ)日本　―(カサル)日本

このⅠa型は一例であるが、Ⅰb型の〈A・B＋α＝C〉の型の例は六例見られる。

19牙　［A］葦―(アシガヒ)日本　象―(キサノキ)　［B］葦―(アシノカイ)　象―(キサノキ)　［C］―歯　葦―(アシノカイ)日本　象―(キサノキ)

Ⅱ　A＋B＝C(Ⅱa2＋Ⅱb3＝7例)

2家　［A］驛―(ムマヤ)万　去―(タヒ)旅也万　［B］―居　驛―(ウマヤ)万　去―(タビ)旅也万　［C］―居　驛―(ウマヤ)万　去―(タビヤ)旅也万

このⅡa型のものが二例存する。また、Ⅱb型の〈A＋B＋α＝C〉型の用例は三例見られる。

4沙　[A]高（タカサゴ）—　山浦名　[B]真（マサコ）—　高（タカサゴ）—　山浦　[C]砂同　真砂　高—　山浦名

Ⅲ　B＝C（Ⅲa14＋Ⅲb2＋Ⅲc4＋Ⅲd2＝22例）

1畬　[A]無注　[B]焼種田也　[C]焼種田也

このⅢa型の用例が一四例存してゐる。Ⅲbの〈B＋α＝C〉型のものは二例見られる。

17霞　[A]無注　[B]牡鹿　[C]牡鹿　麛同

Ⅲc型のはものは四例存してゐる。

6笆　[A]無注　[B]籬—　[C]—離（籬）

Ⅲd型の例は二例である。

11鴉　[A]無注　[B]山—　群—　夕—　[C]鵶同

ⅣCのみ増補（Ⅳa13例）

Ⅳa型の次のごとき型の用例が一三例見受けられる。

8蛙　[A]無注　[B]無注　[C]青—

Ⅳb型・Ⅳc型の用例は見られない。

Ⅴ　[B]標出字無シ（Ⅴc8＋Ⅴd1＝19例）

Ⅴa型・Ⅴb型の用例は存せず、Ⅴcの次のやうな例が八例存してゐる。

10奢　[A]無注　[B]標出字無シ　[C]呉人呼レ父

また、Ｖd型のものは次の一例のみである。

15驊　[A]無注　[B]標出字無シ　[C]無注

VI　[A]標出字無シ〈B＝C〉(VIb1)

松平597耶　[A]標出字無シ　[B]是(ソレカ)一　非(アラヌカ)一　兩(ラ)不(イサ)知(ヤ)文選　[C]俗呼父謂一　耶同

VIa型の用例は存せず、これはVIb型の例である。VIbの例もこの一例のみである。

VII　[A][C]標出字無シ〈Bのみ〉(12例)

これに該当するのは一二例存してゐる。

以上の「麻韻」の結果をまとめると、Iの七例、IIの七例、IIIの二二例、IVの一三例を合はせて計四九例となる。これは『龍門本』の本韻の、$\frac{49}{58}=0.844$（約八四％）となる。

[九]　陽唐韻

I　A＝B＝C（Ia4＋Ib20＝24例）

29商　[A]秋也　[B]秋也　[C]秋也

このIa型に属する用例が四例存する。また、Ibの〈A・B＋α＝C〉型の例は、

6房　[A]子ヤ万　尼私(アマノワタクシノムロ)一万　僧房ノ心也　[B]尼私(アマノワタクシノムロ)一万　子ヤ万　僧一也　[C]子ヤ万　一室　尼私(アマノワタクシノムロ)一万　僧房ノ心也

のごときものが二〇例見受けられる。

II　A＋B＝C（IIa5＋IIb10＝15例）

23杭　[A]サヽクリ和名小栗也　[B]州名　サヽクリ和名小栗也　[C]州名　サヽクリ和名小栗也

このIIa型のものは五例見られる。また、IIb型の〈A＋B＋α＝C〉に属するものとして、

68嘗　[A]新（ニヰナメ）―會也　大（オホムヘ）―會　[B]大―　新（ニイナメ）―　[C]口味也　新（ニイナメ）―新嘗會也　大（ヲウムベ）―大嘗會也

のごときIIbの例が一例存する。

III　B＝C（IIIa14＋IIIb9＋IIId3＝26例）

2洋　[A]無注　[B]大―　[C]大―

このIIIa型の例は一四例存する。また、IIIbの〈B＋α＝C〉型の例も九例見受けられる。

10場　[A]無注　[B]馬―　法ノ―　鞠ノ―　戦ノ―　[C]壇―　馬―　法ノ―　鞠ノ―

IIIc型は見られず、IIId型の例に、

36狼　[A]無注　[B]虎―　[C]豺―

このIIIdは三例存してゐる。

IV　Cのみ増補（IVa28例）

14霜　[A]無注　[B]無注　[C]―雪

このIVa型の用例が二八例見られる。IVb型・IVc型の用例は見受けられない。

V　[B]標出字無シ（Vb6＋Vc32＝38例）

Va型の用例は見られない。Vb型の例は次のやうなものである。

18倉　[A]朝（アサクラ）─神楽　又山名　宝（ホグラ）─和名　神殿也　[B]標出字無シ　[C]─庚　朝─神楽　又山名　宝（ホクラ）─　神殿也

鎌─山名

Ⅴb型の用例は六例存する。また、Ⅴc型の例も三二例見受けられる。

1暘　[A]無注　[B]標出字無シ　[C]─谷　日出─

Ⅵ　[A]標出字無シ〈B＝C〉（2例）

Ⅵa型の用例は二例存してゐる。

松平709功　[A]標出字無シ　[B]高也　[C]高也　我也

Ⅶ　[A][C]標出字無シ〈Bのみ〉（4例）

松平695将　[A]標出字無シ　[B]送也　遠（クル）─　[C]標出字無シ

この例は四例見られる。

以上の「陽唐韻」の調査をまとめる。Ⅰの二四例、Ⅱの一五例、Ⅲの二六例、Ⅳの二八例を合計すると九三例となる。これが『龍門本』の本韻に占める比率は、$\frac{93}{130}$＝0.716（約七二%）である。

[一〇] 庚耕清韻

Ⅰ　A＝B＝C（Ⅰa2＋Ⅰb10＝12例）

45營　[A]イホリ日本私記　庵也　[B]イホリ　庵日本記　[C]庵日本私記

このⅠa型の用例は二例見られ、Ⅰb型の〈A・B＋α＝C〉の例は一〇例である。

14鶬　[A]鶬（ヒバリ）—万　[B]鶬（ヒバリ）—万　[C]鶬（ヒハリ）—　鶬（ヒハリ）—万

II　A＋B＝C（IIa13＋IIb1＝14例）

IIa型の用例は一三例存してゐる。

2棚　[A]閼伽（アカ）—（ダナ）　[B]棧也　閼伽（アカ）—　[C]棧也　閼伽—（ダナ）

また、IIbの〈A・B＋α＝C〉型の例は次の一例のみである。

11庚　[A]長—（ユフツヽ）太白也　星名和名　[B]—辛　長（ユウツヽ）—　晩ニ出ル星也和名　[C]—辛　太歳在—曰上章　長（ユフツヽ）—　晩ニ出ル星ノ名和名

III　B＝C（IIIa23＋IIIb1＋IIIc8＋IIId8＋IIIe1＝43例）

3霙　[A]無注　[B]雨雪　[C]雨雪

このIIIa型の例が二三例見られる。また、IIIbの〈B＋α＝C〉型の例は次の一例のみである。

64觵　[A]無注　[B]觵同　[C]酒器　觵同

さらに、IIIc型の例は、次のごときものが八例存してゐる。

1䫻　[A]無注　[B]暴—　[C]暴風

IIId型の用例は八例見られる。

21名　[A]無注　[B]人ノ—　化（アダ）—　アラヌ—　[C]—字

IIIe型の例とすべき例が一例存する。

35誠　[A]偽ニ對シタルマコトニテハナシ　忠節ノ心也　[B]無注　[C]敬也

IV　Cのみ増補（IVａ12＋IVｂ1＝13例）

15鬇　［A］無注　［B］無注　［C］似蟹

このIVａ型の用例が二例見受けられる。IVｂ型の用例は次の一例である。

31耕　［A］無注　［B］カタヘ—ス　［C］—犂

IVｃ型の用例は見られない。

V　［B］標出字無シ（Vｃ11例）

48攖　［A］無注　［B］標出字無シ　［C］迫近也

これはVｃ型の用例であり、Vａ型・Vｂ型の例は見られない。このVｃ型は一一例存する。

VI　［A］標出字無シ〈B＝C〉（0例）

これに該当する例が、この韻目には存しない。

VII　［A］［C］標出字無シ〈Bのみ〉（7例）

792閎　［A］標出字無シ　［B］門—　［C］標出字無シ

この［B］のみの例は七例見られる。

以上の「庚耕清韻」における調査結果をまとめるために、Iの一二例、IIの一四例、IIIの四三例、IVの一三例を合計すると、計八二例となる。これの『龍門本』の本韻に対する比率は、$\frac{82}{90}=0.911$（約九一％）にも達してゐる。

［一一］尤侯幽韻

Ⅰ　A＝B＝C（Ⅰa3＋Ⅰb8＝11例）

Ⅰa型の例は三例見られる。

39蒐　[A]春獵ノ也　[B]春獵　[C]春獵

Ⅰb型〈A・B＋α＝C〉が八例見られる。

3洲　[A]—日本(クニ)　秋津—日　沫道(アハヂシマ)—日　流(ナガレス)—　奥津(オキツス)—　[B]流(ナガレス)—　興津—　秋津—日本　クニ日本　[C]—渚　—流(ナガレス)—　興津—　秋津(シマ)—日本　沫道(アハジシマ)—日本

Ⅱ　A＋B＋C（Ⅱa5＋Ⅱb5＋Ⅱc1＝11例）

10溝　[A]御(ミカハミツ)—　[B]—渠　御(ミカハミツ)—　[C]—渠　御(ミカハミツ)—

Ⅱa型に属するこの種の用例は五例である。また、Ⅱb型の〈A＋B＋α＝C〉の例も。

44遊　[A]游(カリ)　迂(ウヲ)—魚也　[B]東(アツマアソヒ)—　神楽類也　[C]遊同　游ヲヨク　迂(ウヲ)游魚也　東遊(アツマアソヒ)　童遊　神楽ノルイ也

のごときものが五例存する。さらにⅡc型の例は次の一例のみである、

70幽　[A]カクレタリ日本　[B]無注　[C]—微　幽事(カクレタルコト)日本記

Ⅲ　B＝C（Ⅲa30＋Ⅲb7＋Ⅲd3＋Ⅲe1＝41例）

2湫　[A]無注　[B]水池也　[C]水池也

のごときⅢa型の用例が二例存する。ただし、『龍門本』は巻末の「65鈞」までにて、「66篝」以下の語を欠いてゐる。今仮に、『龍門本』が『北岡本』と同じく「85躊」に至るまでの韻字が在つたとすれば、『版本』によつて補つてみると、同じⅢa型のものが一〇例追加し得、合はせて三〇例となる。

また、Ⅲb型の〈B＋α＝C〉のものは七例見られる。『龍門本』の末尾の欠落部分に、

11調　［A］無注　［B］朝也　［C］朝也　見詩　又

『龍門本』の末尾の本文欠落部分についても『版本』に基づいて求めると一例追加し得て、計八例となる。Ⅲc型の用例は存せず、Ⅲd型の例が三例見られる。

8漚　［A］無注　［B］海―　［C］浮―

さらに、Ⅲe型の用例が一例見受けられる。

13飈　［A］無注　［B］高風　［C］無注

Ⅳ　Cのみ増補（Ⅳa5例）

4州　［A］無注　［B］無注　［C］郡

このⅣa型の用例は四例であるが、『龍門本』は末尾の欠落部分も『版本』によつて補なふと一例追加し得て計五例となる。

Ⅴ　［B］標出字無シ〈B＝C〉（Ⅴc15＋Ⅴd1＝16例）

Ⅴa型・Ⅴb型の用例は存せず、Ⅴc型の次のやうな用例が一五例見受けられる。

7桴　［A］無注　［B］標出字無シ　［C］棟

また、Ⅴd型の例は次の一例のみ見られる。

18鶩　［A］無注　［B］標出字無シ　［C］無注

Ⅵ　［A］標出字無シ〈B＝C〉（0例）

このVIに属する用例は、一例も見られない。ただし、『龍門本』は末尾を欠くため明確なことは言へないのである。

VII　［A］［C］標出字無シ〈Bのみ〉（6例）

松平840 掊　［A94］標出字無シ　［B］把也　［C］標出字無シ

このVIIに属する用例は六例見受けられる。

　この「尤侯幽韻」の調査結果をまとめるために、Iの一一例、IIの一一例、IIIの四一例、IVの五例を合計すると、計六八例となる。これは『龍門本』の本韻の、$\frac{68}{84}=0.809$（約八一%）といふ比率に達してゐる。『龍門本』が『北岡本』と『松平本』との合成本たることをよく示してゐる。

　以上『和訓押韻』の伝本三本の本文形態について、本文の異同に主眼を置き、調査を試み、それらの数値をまとめたのが、次に掲げる表IIである。

表II

韻目	甲	%	乙	丙	%	[B]のみ無シ	[B]のみ有リ
一、東	75/94	79.8	8	83/94	89.3	11	5
二、支脂之	113/149	75.8	10	123/149	82.6	33	6
三、虞模之	70/106	66.1	9	79/106	74.5	40	4

四、真諄臻	63/89	70.8	2	65/89	73.0	26	4
五、寒桓	53/58	91.4	0	53/58	91.4	7	9
六、先仙	68/88	77.3	3	71/88	82.9	20	6
七、蕭宵	56/64	87.5	0	56/64	87.5	7	3
八、麻	49/58	84.4	2	51/58	87.9	19	12
九、陽唐	93/130	71.6	8	101/130	77.6	38	4
一〇、庚耕清	82/90	91.1	0	82/90	91.1	11	7
一一、尤侯幽	68/84	80.9	1	69/84	82.1	16	6
計	790/1009	78.3	44	834/1009	82.6	228	66

〔備考〕 1．甲欄の分母→『龍門本』の本韻の韻字数
2．甲欄の分子→Ⅰ＋Ⅱ＋Ⅲ＋Ⅳ
3．乙→Ⅴａ＋Ⅴｂ＋Ⅴｄ＋Ⅵａ＋Ⅵｂ
4．丙欄の分母＝甲欄の分母
5．丙欄の分子→甲欄の分子＋乙
6．［Ｂ］のみ無シ→Ⅴ
7．［Ｂ］のみ有リ→Ⅶ

この調査の結果に基づいて、「十一韻」としての『和訓押韻』現存三本の関係を次に要約する。

一、『龍門本』は、韻字（標出字）数において、『北岡本』を基準として編纂されたものである。その具体的な事実は、次の1～4の諸点に示されてゐる。

1、「入韻字」は、『北岡本』が一三五字であり、『龍門本』は一三九字である。従つてこの二本は極めて近い関係にある。これに対して『松平本』には「入韻字」は一切存しない。

2、「本韻」（韻内）においても、『北岡本』が九九一字で、『龍門本』は九九〇字であることから、この二本はやはり極めて近い数値を示してゐる。これに対して『松平本』は約一七〇字も少ない八二一字の略本である。

3、「韻外字」においては、『北岡本』が一八字であり、『龍門本』も一九字であつて、この二本は極めて近い関係にある。これに対して『松平本』は三七字あつて、『北岡本』や『龍門本』の約二倍も存すること、つまり『松平本』は『北岡本』とは別系統の伝本であることが判る。

4、右の1と2の事項から、『松平本』は、『北岡本』や『龍門本』よりも「略本」であり、しかも「入韻字」を有しない「十一韻」成立の初期的な本文形態を有してゐる。従つて最も古態を保つ伝本であると言へる。

二、『龍門本』と『北岡本』との注文を比較対照することにより、『北岡本』の注文は極めて簡略で、『龍門本』は『北岡本』を規準として編輯される際に、大幅に注文を増補してゐる事実が判明した。このことは『松平本』を加へて、三本を対照することにより一層明確になる。その具体的な事項は、次の1〜3の通りである。

1、伝本三本の「注文」のみを一瞥する時、『北岡本』が三本中で最も簡略であると直観的には思はれる。しかしながら、『和訓押韻』（十一韻）全体の注文を熟視すると『松平本』が三本中、最も注文が簡略になつてゐる箇所がまま存することに気付く。特に注文中に熟字例を多数含める語彙において特徴的である。それは、次に掲げる一六字において顕著である。

一、東韻　「風」（北岡9・松平9・龍門8）、「雺」（北岡10・松平8・龍門10）

「夢」（北岡70・松平63・龍門68）

二、支脂之韻　「池」(北岡8・松平93・龍門8)、「時」(北岡17・松平101・龍門17)
三、虞模韻　「途」(北岡6・松平209・龍門6)
四、真諄臻韻　「濱」(北岡1・松平277・龍門1)、「神」(北岡15・松平293・龍門19)
六、先仙韻　「田」(北岡5・松平410・龍門4)、「川」(北岡12・松平417・龍門10)
七、蕭宵韻　「橋」(北岡4・松平492・龍門4)
八、麻韻　「花」(北岡37・松平585・龍門39)、「車」(北岡45・松平591・龍門46)
九、陽唐韻　「牆」(北岡15・松平623・龍門15)
一〇、庚耕清韻　「生」(北岡27・松平742・龍門27)
一一、尤侯幽韻　「萩」(北岡53・松平843・龍門54)

これらは全て注文の分量が多めの語彙で、連歌・聯句の基本語彙と目されるものである。さうして、右の一六例において『松平本』は、伝本三本中で注文が最も簡略である。

2、右の1に掲げた長めの注文をもつ語彙一六例の中で、最も極端なものは、先仙韻の「川」である。韻字「川」の注文中に含まれる熟字例は、次に示すごとく、『松平本』には僅か二例しか存しないのに対して、『北岡本』と『龍門本』は九二例も収められてゐる。しかも『北岡本』は第一三例めの「泉川」以降、末尾の「角田―」まで、『龍門本』は第三例めの「泉―」以降、末尾一一例めの「角田―」までの河川名(熟字例)が、共にイロハ類聚となつてゐる。これは『龍門本』に先行する『北岡本』が成立する際に、「古本節用集」等のイロハ順排列の古辞書を原拠とし増補したことが明瞭である。

［北岡本］

12 川
冬— 夏— 夕— 湊— 関（セキカハ）—源ニ
アリ 相坂ニ 夜— 山— 谷—
瀧— 早— 杣— 貫（ヌキガハ）— 催馬楽
泉（イツミ）川 生田（イクタ）— 五十鈴（イス）、— 射水（イミツ）— 印（イ）
南（ナミ）— 妹背（イモセ）— 磐田（イハタ）— 石（イシ）— 泊瀬（ハツセ）—
— 堀（ホリ）— 丹生（ニフ）— 細（ホソ）— 戸難瀬（トナセ）—
泊瀬（トマセ）— 鳥籠山（トコノヤマ）— 利根（ト子）— 築摩（チクマ）—
音羽（ヲトハ）— 音無（ヲトナシノ）— 紙屋（カミヤ）— 鴨（カモ）— 桂（カツ）
（ラ）— 神南備（カミナミノ）— 淀（ヨト）— 吉城（ヨシキ）— 吉野（ヨシノ）
— 横（ヨ）— 龍田（タツタ）— 高瀬（タカセ）— 竹（タケ）—
催馬楽 多度（タト）— 玉（タマ）— 山城 近江
武蔵 陸奥 紀伊 摂津 染（ソメ）— 中
— 夏箕（ナツミ）— 涙（ナミダ）— 名取（ナトリ）— 梅津（ムメツ）—
六田（ムツタ）— 思（オモヒ）— 武庫（ムコ）— 宇治（ウヂ）—
猪名（ヰナ）— 能登（ノト）— 大井（オホヰ）— 熊野（クマノ）
野洲（ヤス）— 待乳（マツチ）— マツチノ山川 松（マツ）
浦（ラ）— 冨士（フジ）— 木幡（コワタ）— 巨勢（コセ）—
衣（コロモ）— 有栖（アリス）— 飛鳥（アスカ）— 穴瀬（アナセ）—
秋津（アキツ）— 天（アマノ）— 阿久刀（アクタ）— 安蘇（アソ）—
澤田（サハタ）— 佐保（サホ）— 桜（サクラ）— 佐野中（サノヽナカ）—

［松平本］

417 川（セン・カワ）
涙— 中—

［龍門本］

10 川（セン）
山— 貫— 催馬楽 泉— 生田—
五十鈴（イスヾ）— 不知哉（イサヤ）— 射水（イミツ）— 印南（イナミ）—
妹背— 磐田（イハダ）— 石— 泊瀬—
丹生— 堀— 細— 戸難瀬（トナセ）—
鳥籠山（トコノ）— 利根（ト子）— 紙屋（ヤ）— 築摩（チクマ）—
音羽— 音無— 鴨— 桂— 神南備
— 淀— 吉城（ヨシキ）— 吉野— 横（ヨ）—
竜田— 高瀬— 竹— 催馬楽 玉—
山城 近江 武蔵 陸奥 紀伊 摂津
多度（タド）— 深— 梅津— 六田（ムツダ）川
武庫— 涙— 名取— 中— 思—
夏箕（ナツ）— 宇治— 猪名（イナ）— 能登—
大井— 熊野— 野洲（ヤス）— 待乳（マツチ）—
マツチノ山 松浦— 富士— 木幡—
巨勢— 衣— 有栖— 秋津—
飛鳥（アスカ）— 穴瀬（アナセ）— 天（ノ）— 阿久刀（アクタ）—
安蘇（アソ）— 澤田— 佐保— 桜—
佐野中（ノ）— 貴布祢（子） 見馴（ミノレ）— 三輪—
水無瀬— 湊— 宮— 三（ミツガハ）— 三河
三尾杣（ミヲノソマ）— 白— 山城 筑前 餝万（シカマ）—

貴布禰(キブ子)— 三輪(ミワ)— 見馴(ミナレ)— 水無瀬(ミナセ)
— 湊(ミナト)— 宮(ミヤ)— 三(ミツ)— 参河 三尾杣(ミオノソマ)
— 白(シラ)— 山城 筑前 餝万(シカマ)— 廣(ヒロ)
瀬(セ)—
最上(モカミ)— 芹(セリ)— 関藤(セキノフヂ)— 角田(スミダ)—

廣瀬— 最上— 芹— 関(ノ)富士—
角田— 関— 相坂— 冬— 夕—
杣夜— 鵜飼也 山— 谷— 滝—
此— 御穣— 夏—

3、右の1・2の事象から『松平本』は、「十一韻」の韻書の原本編纂当初の古い本文形態を保有する「略本」であると考へられる。これに対して『北岡本』は、2に挙げた一六例においても、少なくとも増補本（広本）であると言ひ得る。

三、『龍門本』の注文が、『北岡本』を承けてゐることは当然であるが、同時に『松平本』の注文をも受容してゐる。この事実は今般の調査で初めて明らかにし得たことである。このことから、『龍門本』は、『北岡本』と『松平本』との混成本であると言ひ得る。さうしてA本とB本に基づいて増補し『龍門本』が成立するに際しては、独自の補入をも行なつてゐる。このことから、次の1のやうな伝本の系統図を作成することが可能であり、また、2のごとき諸例が、この事項を支持する発言力を有つことを識る。

1、現存写本三本の関係は、次のやうに図示することができる。また、『版本』（D）はC系統本をさらに増補して版本化された結果と見られる。

A系統『北岡本』┐
　　　　　　　　├─C系統『龍門本』（増補本）──D『版本』
B系統『松平本』┘

2、『和訓押韻』（十一韻）全体の中では、極めて少数の例ではあるが、『北岡本』に存せぬ標出字（注文も）が『松平本』には存してゐて、かつそれを『龍門本』がさながらに継承してゐる用例が九例、次の通り見受けられる。

東韻

(1)　[A] 標出字無シ　[B] 24功　万葉ニイサヲシ人トアリ　功有ル人也　八雲ニモアリ　[C] 27功　万ニ　イサヲシ人　功アル人ナリ八雲

(2)　[A] 標出字無シ　[B] 58沖　和也　深也　茂徳渕—文選ニ　[C] 63沖　和也　深也

(3)　[A] 標出字無シ　[B] 69罿　會ニ　捕魚—　[C] 70罿　匀會云　捕魚網

虞模韻

(4)　[A] 標出字無シ　[B] 220駒　〈無注〉　[C] 19駒　馬—　其駒神楽名　甲斐ノ黒—

(5)　[A] 標出字無シ　[B] 274迂　声ノダミタル也　[C] 106迂　曲也　声ノタミタルナト也

真諄臻韻

(6)　[A] 標出字無シ　[B] 301馴　従也　[C] 22馴　従也

先仙韻

(7)　[A] 標出字無シ　[B] 449筌　魚—　[C] 49筌　ウエフセヲキテ　ウエハ筌也　川ニシツメテ魚トル物也　八雲

陽唐韻

(8)　[A] 標出字無シ　[B] 709功　高也　[C] 123功　高也　我也

(9)　[A] 標出字無シ　[B] 710鏘　鏗（サヤカ）—日本　琴ノ音也　[C] 130鏘　鏗（サヤカニス）—日本　琴ノ音也

これら九例に拠つても『龍門本』が『松平本』を引用して増補した事実が判る。

四、『龍門本』はA系統『北岡本』とB系統『松平本』との合成本であると考へられるが、前掲の表IIによれば、『龍門本』の『北岡本』並びに『松平本』との一致率が「十一韻」全体で八二・六%にとどまり、それ以上の高率になつてゐない。その理由は次の通りである。『松平本』に標出字が存せず、『北岡本』が無注で、かつ『龍門本』が独自の補入(+α)を行なつてゐるVc型の場合、例へば、

[A] 55茵　無注　[B] 標出字無シ　[C] 56茵　―褥

などは、表IIでは、[C]が[A]を承けたとせず、[C]が独自に「―褥」を補入(+α)した例として処理した。しかしながら、このVc型の用例は、[C]が[A]の「無注」を承け、かつ独自の補入「―褥」(+α)を付加したことも考へられる。さすれば、Vc型の用例は相当数存するので、八二・六%よりはずつと高率に上昇することになる。従つて、『龍門本』が『北岡本』と『松平本』との合成本たることはやはり動かし難い事実なのである。

二―5　成立年代と撰述者

『和訓押韻』の成立年代は、この書が「十一韻」の韻書として整つた形態のものになつた時期を謂ふことは言ふまでもない。「漢和聯句」のための韻書は、「十一韻」の形態に生成される以前においては、幾つかの韻目毎の「手引書」[注6]とも称しつべき小冊子が存し、後にそれらが韻目を追補して「十一韻」の書となつたもののやうである。深沢眞二氏が調査された資料、一巻の「漢和百句」として纏つた「漢和聯句」にしても、①「文明一四年(一四八二)三月二六日　漢和百句(支韻)」、③「享禄頃(一五二八～一五三二)成立　漢和百句(支韻)」、④「天文一九年(一五五〇)四月二八日　漢和百句(支韻)」など「支韻」のものが殆んどである。②「永正一五年(一五一八)頃成

立漢和百句(陽韻)」もあるが、この頃は「支韻」のものが多かつたのであらう。深沢氏も言はれる通り、「早ければ、文明期には、漢和聯句の和句のための韻書が、少なくとも支韻については、成立していたことが推測される」[注8]のである。

斯く「支韻」、「陽韻」など韻目毎の冊子は存したにしても、それらが合冊され、追補されて「十一韻」の形態に纏められた韻書と成るには年月を要し、やはり一六世紀半ば近くの明応末年か永正・天文初年(一五三〇年頃)まで待たねばならない。深沢氏はこの論文[注9]の中で、

> 年代的上限は、序文の一節「近は宗祇法師が新撰菟玖波にも漢句付たる連歌を撰入したる」により、明応末ごろに設定できよう。一条兼良説が否定されたのもそれゆえであった。下限は、北岡本の幽斎奥書の年時「天正二十(1592)壬辰歳季春上澣」である。

と『和訓押韻』の「十一韻」としての成立年代の範囲を示されてゐる。私の立場からして、「上限」の方は何の問題も無く賛成できるが、「下限」の方は、『北岡本』の幽斎の識語に見える天正二〇年(一五九二)まで降らせる必要はないのではないかと思ふ。本稿の一-4においても述べたやうに、『北岡本』は『松平本』に比しては一種の増補本(広本)である。従つて、『和訓押韻』の成立年代を考へる場合には、最も古態を保つてゐると目される『松平本』について推定すればよいのではあるまいか。深沢氏は『松平本』(あるいはその祖本)の作者を三条西実隆(康正元年〈一四五五〉~天文六年〈一五三七〉)に擬してをられる。さうして『松平本』(あるいはその祖本)は実隆晩年の頃(天文初年)の作であらうとされる。実隆が『松平本』の撰述者であるかどうかの当否の問題は暫く措くとして、『松平本』の成立年代そのものについては、私も大いに賛意を表するものである。

さうして、私の立場からする考へ方は次の通りである。『松平本』の序に、

韻脚に用へき字をかきいたしつゝ 日本紀 万葉集よりはしめて 順か和名なといふ物まて 義にかなへる字訓を此下に注し 名所なとの然へきをかきくはふるになん 又国花合記に見えたる所の韻にかなへる物をも おなしくのす

とある。『松平本』に「国花合記」と作るのを、『北岡本』や『龍門本』は「国花合記集」としてゐる。「国花合記」は「国花合記集」の略称なのではなく、古称なのである。別稿「国花合記集について」(『楞伽林学報』)でも詳述する[注10]やうに、『広本節用集』(文明六年〈一四七四〉～延徳二年〈一四九〇〉)成立の頃から「国花合紀集抜書」を附載する『永禄二年本節用集』の成立する永禄二年(一五五九)の直前までは「国花合記(紀)」と謂ふ古称が通行してゐたものと思はれる。さすれば、「国花合記」と作る『松平本』は明応末年から永禄初年までに撰述されたことになる。従つて『松平本』の成立時期の下限は永禄二年(一五五九)以前と特定され、従来の天正二〇年(一五九二)よりは少なくとも三〇年以上を遡らせることができると思ふ。

次に『和訓押韻』の撰述者(作者)について記すこととしたい。従来の通説に細川幽斎説と里村紹巴説の二説があつた。幽斎説は『北岡本』の奥に「天正二十壬辰歳春上澣　蓍穐五十九　幽斎玄旨」とある識語が見られることと、同じ永青文庫蔵の『御歌書目録』に「ゆうさい様の御さく也」とあるのに基づくものである。次の紹巴説は、寛文一〇年(一六七〇)刊『増補書籍目録』や天和元年(一六八一)刊の『新増書籍目録』、さらに元禄五年(一六九二)刊『広益書籍目録大全』、元禄一一年(一六九八)刊の『増益書籍目録』など、実に四種もの目録に「紹巴」または「紹巴撰」と明記せられてゐるのに拠るものである。幽斎・紹巴二説以外にも、貞享三年(一六八六)刊の『漢和三五韻』(宇都宮由的撰)

の里村昌純の序に、後常恩寺殿（「常」は「成」の通用字）即ち一条兼良を撰者に擬してゐる。しかし、この兼良説は、兼良が文明一三年（一四八一）に歿してゐるので、この時期に『和訓押韻』はまだ成立してゐないので否定せられることとなる。享保一五年（一七三〇）刊の『漢和初心抄』には中院通勝説[注11]を提示する記事もある。他に『禁裡御蔵書目録[注12]』の記載にある「和訓押韻　旧院御作並宸筆　一冊」に拠れば、旧院即ち後陽成院（元亀二年〈一五七一〉～元和三年〈一六一七〉）の御作だとしてゐる。これは秀吉・家康の重臣であつた幽斎が丹後の田辺城主をつとめた頃、『詠歌大概』の講義案たる『詠歌大概抄』を後陽成院に叡覧賜はる程のこともあつたことなどから、幽斎説に関連して出て来た説であると思はれる。

昭和三七年（一九六二）九月には、「西日本国語国文学会翻刻双書」の第一期第四冊下に『和訓押韻』（北岡文庫本）が石坂正蔵氏校・解題として油印で公刊された。この「解題」の中で石坂氏は、従来の四説（兼良・博士家某・紹巴・幽斎）を挙げて、前二説を否定した上で、「紹巴と幽斎との線が考えられて来るのである」とされてゐる。

その後、安田章氏[注13]は石坂氏説を承けながら、次のごとく述べられてゐる。

和訓押韻の作者として、紹巴・幽斎の線が従来考えられて来たが、漢和初心抄の、

凡和漢漢和に押す所の韻類は、也足軒素然公（中院通勝）虎関師の聚分三十一韻の平声の中より十一韻を撰出し、倭国唐の熟語熟字を付添たまひて、和訓押韻と名付たまへるを、古来より連歌俳諧にも用ひたり（68オ）

と説く中院通勝を新たに加えるとすれば、これまた一つの線に繋がる。果たしてこの線なのであろうか。彼等は和訓押韻についてであり、それ以前の原型に関しては、むしろ彼等以外の、しかし、彼等とまた繋がる人を配すべきではないだろうか。

とされ、国立国会図書館蔵『押韵』[注14]（慶長二年〈一五九七〉写、三一韻）の「東韻」所収の韻字「夢」の注に「夢と云時は仄といへともつかふへき由　閑斎の説也」（6オ）とある「閑斎の説」を採り挙げ、天正期に連歌・和漢聯句の方面で活躍した「閑斎」が原型に関はつたと推測された。いづれにしても、石坂・安田両氏の説は、天正期頃の人物を指すことで共通してゐると言へよう。現存伝本三本（写本）中で『北岡本』が最も古態を保つとの先入観が念頭にあることからする推定ではないかと、私は臆測する。

しかるに近時、深沢眞二氏は卓越した作者説[注15]を提示された。深沢氏は、

ここであらためて、「作者」を定義しようとすれば、少なくとも三種類の「作者」に分けて考えねばならない。

作者甲＝漢和聯句のための韻字の抄出を初めておこなった人物。

作者乙＝韻目を十一種に定め、序文を付した人物。

作者丙＝諸本それぞれについて、修訂や増補をおこなった人物。

このうち甲は、言いかえれば最も古い「原型」の作者であって『和訓押韻』の作者ではない。韻字の抄出は支・陽などよく用いられる韻目から始まったことであろうし、韻ごとに作者甲が異っていた可能性もある。（中略）丙はいわば修訂者である。余りに修訂が甚しい場合には丙を作者と称しても構わないかもしれない。だが、丙は乙と区別されるべきであり、その混同が諸説乱立の原因と思われる。

と、明確な作者設定法を示された。従つて深沢氏がその後に言はれるやうに「幽斎・通勝、そして天正期の連歌作者閑斎は、作者丙ではあり得ても作者乙となることは苦しい」のである。さすれば、『松平本』（あるいはその祖本）の作者が、十一韻たる『和訓押韻』の作者乙となり得るか否かが重要な問題点となる。と言ふのは『松平本』には「入

韻字」の存しないことが問題なのである。この点で石坂正蔵氏、安田章氏は[注16]『松平本』に「入韻字」が存せぬことを、『松平本』の不備とされてゐる。この『松平本』が不備であるかどうかが不審なのである。

これに対して、深沢氏は『和訓押韻』の序に「入韻の字とて兼て定めをける事偏に愚案の義也」とあるのに着目されて、「入韻字」が必ずしも絶対的な規定ではなかつたことを、「天正六年(一五七八)九月二五日　漢和聯句(支韻)」の入韻句(第二句め・和句)に入韻字が当てられてゐない例を挙げて、実作の立場からする発言をされてゐる。[注17]この深沢氏説が是とせられるならば、少なくとも『松平本』成立の頃には、「入韻字」の存せぬテクストであつても、決して不備であるとは言へないのである。

さうして、深沢氏は、『和訓押韻』の作者乙について、さらに発言を一歩進められる。[注18]

もう一度作者乙の人物像を整理してみよう。宗祇より遅く、紹巴より早い連歌作者。しかし、「筑波」より「敷嶋」を先に言う所からすれば、歌道のほうにより堪能で且つ経験豊富。しかも韻書を新たに編む程に漢籍にも明るい。また、当時の漢和聯句の座として後柏原・後奈良両天皇連歌壇にゆかりのある人物。「予壮年より……年久し」と言うから老人の域に入っている。

として、晩年の実隆を作者乙の候補者として想定せられてゐる。これは相当に思ひ切つた提案である。三条西実隆を『和訓押韻』の作者と確定するには、まだ幾つかの証明の段階を経なければならない。しかし作者想定の年代的考察は当つてゐると思はれる。深沢氏のこの提案を証拠付けることが今後の課題となるであらう。

二―6　入韻字・本韻(韻内)・韻外字

最初に「入韻字」について記す。明応七年(一四九八)に徳大寺実淳によつて、漢和聯句のための式目「漢和法式」が成文化された。この「法式」の第二項に、「一、第唱句出来ノ時 其ノ内ノ平字其ノ韻ノ字ヲ除キテ 入韻ノ字ヲ定ムル也」とある。この漢和聯句においては、連歌の発句に相当するのが「第唱句」(第一句)である。さうして「入韻句」の和句は脇(第二句)に相当する。蓋し、第唱句たる漢句の韻脚に用ゐた韻字と同韻の字は除いて、和句の押韻を「平声字」から選んでせねばならないこととなる。和句が押韻するといふことは、その和句の末尾の和語を漢字表記した場合に、その漢字が韻を踏んでゐなければならないのである。そこで、

表III 「十一韻」「十二韻」「十五韻」の入韻字数

韻目	十一韻				十二韻			十五韻
	北岡	松平	龍門	版本	記	書	増	三五韻
一、東	13	無	16	16	15	15	(3)	15
二、支脂之	19	無	19	19	19	19	19	24
三、虞模	13	無	13	13	13	13	13	14
四、真諄臻	12	無	12	12	12	12	12	15
五、寒桓	7	無	7	7	7	7	7	9
六、先仙	14	無	15	15	16	16	16	17
七、蕭宵	5	無	5	6	5	5	5	10
八、麻	7	無	7	7	7	7	7	7
九、陽唐	15	無	15	15	15	15	15	21
一〇、庚耕清	20	無	20	20	20	20	6	21
一一、尤侯幽	10	無	10	10	10	10	10	10
計	135	無	139	140	138	138	(126)	163

〔備考〕
1.「十二韻」、「十五韻」については、「十一韻」に相当する分のみ掲出した。
2.「十二韻」と「十五韻」の書名の略号は次の通り。
記(韻字記)・書(韻字之書)・増(増補倭訓押韻)・三五韻(漢和三五韻)

「入韻句」(第二句の和句)の句末の韻字は、原則として「入韻字」の中にあるものから選ぶこととなる。深沢眞二氏が調査された[注19]①の資料「文明一四年(一四八二)三月二六日　漢和百句」の場合、第唱句は「花濃黐画錦」(勧修寺大納言)で、入韻句は「青柳の絲」(海住山大納言)となつてゐる。この句末の韻字「絲」を『和訓押韻』によつて検索すると、「支脂之韻」の「入韻字」中に「絲」(北岡8・龍門8)を確認し得る。

しかしながら、実際の漢和聯句の作句に際しては、必ずしも式目通りに行なはれた訳ではないことは、安田章氏[注20]や深沢眞二氏[注21]が既に言及せられてゐるところである。その意味においては、表Ⅲにも掲げてゐる『松平本』に「入韻字」の存しないことは、『松平本』成立の当初においては、入韻字が掲げられてゐなくても、不備であるとは言へないのである。けれどもしかし、「漢和法式」が定められてから以降は、殆んどの漢和聯句のための韻書には形式を整へる意味もあつてか、『松平本』以外の伝本には全部「入韻字」が置かれてゐる。『松平本』に「入韻字」が存せぬことは、『松平本』の本文が古態を示す所以であると思はれる。

また、表Ⅲにも見られるやうに、「十一韻」の入韻字数は、「十二韻」となつてからも殆んど変化がない。貞享三年(一六八六)刊の『漢和三五韻』(十五韻)に到つて、幾分増加する程度である。

次に「本韻」(韻内)について概説する。禅林聯句が文芸史上、特に活況を示すのは、応仁の乱の後の文明期以降である。『聚分韻略』はこの頃に「原形本」から「三重韻」の形態に改編せられた(現存する伝本中、最古の「三重韻」は『文明一三年〈一四八一〉刊本』[注22]〈薩摩版〉である)。虎関師錬によつて撰述された『聚分韻略』は、その成立・刊行当初の南北朝時代から室町前期の文明初年頃まで、これを使用するのは五山衆を始めとする禅僧か特定の知識階層の人であつたであらうから、聯句の実作に際しても「原形本」が十分有用であつたに違ひない。しかし、聯句連歌（和漢聯句）が盛行するやうになつて、五山衆のみならず公家衆や武家衆、さらに連歌師もが『聚分韻略』も利用するに到ると、「原形本」はやはり不便に感じられるやうになつてくる。五山衆も公家衆も、その他の人々も共に常用する『聚分韻略』の「三重韻」が必要となる。

「和漢聯句」は漢句さへ押韻してゐればよいのであるが、「漢和聯句」ともなると、漢句は勿論のこと、和句までが韻を踏んでゐなければならなくなる。これら聯句連歌に必要なのは、概して「平声字」であるが、何よりも、その漢字（韻字）の平仄の弁別が寸時に判ることである。さういふ韻事の需要に応へたのが、平声・上声・去声を三段にして、平仄が一瞥して判断し得る形態の「三重韻」なのである。『和漢新撰下学集』（元禄八年〈一六九五〉初刊の書名は『和漢便蒙』）に「夫世ニ三重韻ト云フ書アリ　詩ヲ作ル時ニ　字ノ平仄ヲ辨ヘテ　詩ノ法式ニ差ハザルベキ為ニ設タル書ナリ」（巻三、第三切韻門。大空社版166頁）と説明があるのも、このことを意味してゐる。

ところが、例へば後土御門天皇の時に毎月定められた日に張行された「禁裏月次和漢聯句御会」などでは、豫め翌月の御会の韻目が定められてゐたのである（「今日豪韻兼日被定之　不披聚分韻　来月可為斉韻」『実隆公記』文明一八年〈一四八六〉一一月七日条）。さすれば「三重韻」を持参して、その韻目の箇所を集中して参照することになる。できることなら、その韻目の箇所のみの手引書（小冊子）が欲しいとも思ふやうになるであらう。斯くて各韻目毎の小冊子ができ、その幾種かが実作の便宜のために合冊されたりもした。それが『和訓押韻』の原型なのである。しかし、和漢聯句や漢和聯句が盛んになるにつれ、単一の韻目、あるいは二、三の韻目の手引書では、実作の時、検索に十分間に合はず、それらを統合する必要が生じて来た。さうして生成されたのが『和訓押韻』である。これら『和訓押韻』

形成の経緯をふり返ると、全て『聚分韻略』を基盤としてなされた営為であることを識る。各韻目毎の韻字の手引書も、それらを統合して成つた結果としての『和訓押韻』も、みな『聚分韻略』の所収の「平声字」を抽出したものである。従つて『和訓押韻』の「本韻」(韻内)の標出字(韻字)は全面的に『聚分韻略』に依拠してゐることは言ふまでもない。

表Ⅳは、『和訓押韻』(十一韻)の「本韻」(韻内)の字数に、「十二韻」、「十五韻」、「三十一韻」の相当する韻目の「本

表Ⅳ　「十一韻」「十二韻」「十五韻」「三十一韻」の本韻(韻内)字数

韻目	十一韻 北岡	十一韻 松平	十一韻 龍門	十一韻 版本	十二韻 記	十二韻 書	十二韻 増	十五韻 三五韻	三十一韻 和語	聚分韻略
一、東	72	71	75	113	108	109	105	112	107	109
二、支脂之	149	117	148	327	286	297	286	343	330	336
三、虞模	105	71	106	206	155	156	153	209	203	204
四、真諄臻	88	64	89	133	111	112	108	133	132	134
五、寒桓	58	54	58	57	106	107	105	113	105	107
六、先仙	89	79	88	175	148	150	152	177	171	173
七、蕭宵	70	65	64	125	107	107	106	134	129	128
八、麻	56	49	58	97	92	93	89	94	95	96
九、陽唐	129	96	130	219	219	219	216	218	215	217
一〇、庚耕清	90	80	90	159	148	152	148	163	159	161
一一、尤侯幽	85	75	(84)	176	141	143	145	179	179	179
計	991	821	(990)	1787	1641	1663	1633	1875	1825	1844

〔備考〕

1. 「十二韻」「十五韻」「三十一韻」については、「十一韻」に相当する分のみ掲出した。
2. 「十二韻」「十五韻」「三十一韻」の書名の略号は次の通り。
   記(韻字記)・書(韻字之書)・増(増補倭訓押韻)・三五韻(漢和三五韻)・和語(和語略韻)

韻」の字数を対照せしめたものである。前記の「入韻字」の場合には「十一韻」→「十二韻」→「十五韻」となつても、字数に大差はなかつた。特に「十一韻」→「十二韻」の段階では全く差がなかつた。しかるに「本韻」においては、「十一韻」→「十二韻」の過程で大幅な増加が見られる。「十二韻」の所収字数は原拠たる『聚分韻略』に相当近づいてゐることを識るのである。徐々に時代が降り、室町末期から江戸時代初頭にかけて漢和聯句が盛行するにつれて、殊に多くの韻字が必要となつたのである。

「本韻」(韻内)の韻字(標出字)の排列は、概して典拠たる『聚分韻略』に準じてゐることは勿論であるが、完全に一致する訳ではない。原典の『聚分韻略』は、各韻目毎に意義分類せられてをり、乾坤・時候・気形・支體・態芸・生植・食服・器財・光彩・数量・虚押・複用、の一二門に部類分けされてゐる。『和訓押韻』はこれをほぼ処出順に韻字を抽出してゐるので、部類(門)名は付してゐないが、結果的には意義分類潜在の排列となつてゐる。概して『聚分韻略』からの抽出は、各部類(門)毎になされ、その部類(門)が終了する度に見直しをする伝本と、その韻目全部が終了してから点検をして追補する伝本とがある。『和訓押韻』全体の排列に関する委細は別刊「『和訓押韻』の本文系統 資料篇」注23に整理番号を付して一覧にしてゐるので、ここでは異同の顕著な例を二、三挙げるにとどめる。

まづ「東韻」の「种」(北岡26・松平30・龍門72)では、『北岡本』が『聚分韻略』の「気形門」35の位置にあるものを、そのままの順に置いてゐる。しかるに『松平本』は、『聚分韻略』の「態芸門」末尾の「54攏」に該当する箇所に置くのである。『松平本』は「態芸門」まで進行させた後、「気形門」の「种」字を30の位置に追補せしめたのである。増補本たる『龍門本』は、韻字の排列の多くは『北岡本』に準拠するのであるが、この「种」字においては、「東韻」の最後まで済ませてから、「本韻」(韻内)の最末尾の72に付加してゐるのである。

「支脂之韻」所属の「遺」字は、『聚分韻略』の「虚押門」522の位置にある。『北岡本』はこの「遺」字を「態芸門」に相当すべきものと見做して、「態芸門」の「408追」と「415僖」の間に置いて「86追・87遺・88僖」としてゐる。『松平本』は『聚分韻略』の通りに、「虚押門」の「520祁」と「533治」との間に置き、「190祁・191遺・192治」のごとく排してゐる。『龍門本』も『聚分韻略』の「虚押門」に相当する位置に排し、「134祁・135遺・136唯」とする。斯様に『聚分韻略』を基準にして言へば、その箇所によつて若干の排列の差異が見られる。このやうな事象は「辞書」の常とも言ふべき性質のものである。

「真諄臻韻」所属の「人」字について見よう。『聚分韻略』は「気形門」1151に位置してゐる。『北岡本』は「気形門」の「1150神」と「1152臣」との間に置いて、「15神・16人・17臣」と排し、この部分を見る限り『聚分韻略』に忠実である。ところが後の方まで凝視すると、『北岡本』はこの韻目の「本韻」の最末尾に「89人」を追加し、重出せしめてゐる。さうして「16人」の注文と「89人」の注文とは別の項目になつてゐる。これは『北岡本』の編述者が、参看した別の典拠に「人」字に多くの注文が施されてゐたか、若しくは『北岡本』の祖本に多くの注文が存したのを「16人」に前三分の一を引き、この韻目の「本韻」が終はつてから、三分の二の注文が残つてゐるのに気付いて、追加せしめたものと思はれる。『松平本』は『聚分韻略』の「気形門」の通りに「293神・294人・295臣」と排してをり、『北岡本』の「16人」の注文も、「89人」の注文も一箇所に統合された形になつてゐる。また『龍門本』は『北岡本』を承ける伝本であるので、『北岡本』と同様に「19神・20人・21臣」とし、かつ「本韻」の最末尾に付加した「90人」の注文を多く増補する。これも『北岡本』と同じである。

最後に「尤侯幽韻」所属の「蕕」字を見る。『聚分韻略』の「生植門」1240に「蕕」がある。その直前に「1239萩」があり、二字後に「1242薤」、さらにそれより三字後に「食服門」の「1245袠」が存してゐる。従つて『北岡本』は「53萩・54薤・55蕕・56袠」となつてゐて、ほぼ『聚分韻略』に沿つてゐる。ところが『松平本』についてみると、「822揄・823蕕・824摟」となつてゐる。これを『聚分韻略』に基づいて検するに、「態芸門」は「1194揄・1195投・1198摟」とある。『松平本』が、何故「蕕」字を「態芸門」の字群に混入せしめてゐるのかは判断し難い。「蕕」字を「生植門」の字群より後に補入してゐるのなら、見直しの後の追補と見られるが、この場合は逆で、本来あるべき「生植門」の位置より前に来てゐるのである。斯様に『松平本』の「蕕」字の位置は気まぐれになされてゐるやうに感じさせるが、これは『松平本』の祖本など、曾て存在して、現在散佚してしまつてゐるn箇のテクストに『松平本』と同じ位置になつてゐたものがあつたに違ひない。『龍門本』もここは『松平本』と似た順序になつてゐる。『龍門本』は「28揄・29蕕・30投・31偸・32摟」の順になつてゐるのである。

以上、採り挙げた四例は、『和訓押韻』現存写本三本における排列の差異の比較的大きな箇所を記したものである。この外、『聚分韻略』の排列に比して、一、二字前後する例は、三本共に相当数存する。しかしこれは大局的に言へば大同小異であつて、三本共に『聚分韻略』の順序に沿つて排列せられてゐるといふ原則に変はりはない。

「韻外字」について記すこととする。「韻外字」は漢聯句のための「略韻」の一種たる『海蔵略韻』（文明末年頃成立か）に収録されてゐる。『和訓押韻』の「本韻」（「韻外字」に対して「韻内字」[注24]とも謂ひつべきもの）の韻字数は、表IVに拠れば、十一韻の韻目の合計が『北岡本』九九一字、『松平本』八二一字、『龍門本』九九〇字、となつてゐる。畢竟、「本韻」（韻内字）では『松平本』の収録字数が最少である。漢和聯句の実作に供するために、「本韻」の韻字のみでは十分でないので、その不足分を補ふものが「韻外字」である。表Ｖに示すごとく、「韻外字」の所収字数は、「本韻」の場合とは逆で、『北岡本』が一八字、『松平本』三七字、『龍門本』が一九字と、『松平本』が最多になつてゐる。この事象を如何様に解釈すべきか。蓋し、『松平本』が「本韻」（韻内）の不足分を「韻外字」によつて補完しようとしたものと見るのが自然の理であらう。

表Ｖ　「十一韻」「十二韻」「十五韻」の韻外字数

韻目	十一韻				十二韻			十五韻
	北岡	松平	龍門	版本	記	書	増	三五韻
一、東	15	14	19	16	33	27	65	72
二、支脂之	0	0	0	0	0	0	(3)	113
三、虞模	0	0	0	0	27	28	17	101
四、真諄臻	0	1	0	0	19	19	15	65
五、寒桓	2	6	0	51	19	21	14	58
六、先仙	0	0	0	0	10	10	9	49
七、蕭宵	1	4	0	0	24	25	7	57
八、麻	0	10	0	0	13	13	8	32
九、陽唐	0	2	0	0	3	3	10	42
一〇、庚耕清	0	0	0	0	0	0	8	65
一一、尤侯幽	0	0	0	0	1	1	9	80
計	18	37	19	67	149	147	165	734

〔備考〕
1.「十二韻」「十五韻」については、「十一韻」の韻目に相当する分についてのみ掲出した。
2.「十二韻」と「十五韻」の書名の略号は次の通り。
　記（韻字記）・書（韻字之書）・増（増補倭訓押韻）・三五韻（漢和三五韻）
3.「三十一韻」の『和語略韻』には「韻外字」存せず。

「本韻」(韻内字)が全て『聚分韻略』に依拠してゐるのに対して、「韻外(字)」は、貞享三年(一六八六)刊『漢和三五韻』の東・冬・灰・真諄臻・元魂痕・寒桓・先仙・歌戈・麻・庚・尤侯幽の各韻目にある「三重韻外」、虞模・蕭宵の二韻目にある「三重韻之外」、陽唐韻に見える「三重韻外」などとあるごとく、『聚分韻略』の「三重韻」に存せぬ韻字といふことである。さうして『和訓押韻』の場合、「東韻」の「本韻」の次に位置する、『北岡本』の「韻外字」、『松平本』の「韻外　韻會ニ」、『龍門本』の「韻外　韻會」とあり、かく『松平本』との『龍門本』とに「韻会」の書名が見られる。これは『和訓押韻』の「韻外字」が元の熊忠の撰する『古今韻会挙要』(略称『韻会』)を原拠としてゐることを意味する。『韻会』が『和訓押韻』の標出字(韻字)の典拠となつてゐるのは、「韻外字」の部分のみであるが、注文の中に『韻会』を引用するのは『松平本』や『龍門本』の本韻の中に見受けられる。「韻会」と出典名明記された例が次のごとく見られる。「會」とあるのは『韻会』の略号である。

東韻　[A]標出字無シ　[B]69罿　會ニ　捕魚―　[C]70罿　匀會云　捕魚網

『松平本』は『韻会』の外に、宋の陰時夫撰の『韻府群玉』も「本韻」や「韻外」の注文中に認められる。なほ、注目すべきは、『韻会』に基づき抽出した韻字を「韻外字」としてゐる筈のものが、「一、東韻」の『松平本』には最末尾に二字「84悺(キウ／ウレウ)　憂也　廣」「85焪(キウ／カハク)　乾也」のやうに、『韻会』でなく『広韻』から抄出してゐるものがある。この二字は『韻会』に存せぬ韻字であるので、『広韻』に拠つたのであらう。この二字の中、「焪」字は後出の十二韻の韻書『記』『書』にも承け継がれてゐる。このやうな例は幾つか見られ、「八、麻韻」に属する「611謯」なども同様に『韻会』に見られない韻字である。これらの委細については、次の「二―7　注文の典拠」の項で詳述する。

二―7 注文の典拠

『和訓押韻』の注文は標出字の典拠たる『聚分韻略』の漢字注も若干入れてはゐるが、『和訓押韻』

の「序」に言ふ通り、「韻脚に用べき字をかきいだしつ丶 日本紀 万葉集よりはじめて 順が和名などいふ物まで 義にかなへる字訓を此下に注し 名所などの然べきを かきくはふるになん」とある本邦の『日本書紀』『万葉集』『和名類聚抄』等の文献に拠つて和訓や熟字例を施こし、名所も必要に応じて抄出してゐるのである。さうして、同じ「序」に続けて「又国花合記に見えたる所の韻にかなへる物をもおなじくのす」とあるやうに、「国花合記集」からの引例が目立つ。「国花合記集」は古く「国花合紀(記)」と称せられた、[注25]音訳漢字による「仮名書[注26]」の用例集である。『和名抄』と同様に、標出漢字に対して仮名書(音訳漢字表記)されてゐるので、「和語」を漢字表記にした場合に押韻せねばならぬ「漢和聯句」の「和句」のためには頗る便利な書であつたのであらう。

表VIは『和訓押韻』の用例数を中心にして、それに相当する韻目の用例数を「十二韻」「十五韻」からも摘出して対照させたものである。『和訓押韻』(十一韻)は「序」に唱ふるごとく、さすがに[B]『松平本』には三三例、[A]『北岡本』二八例、[C]『韻門本』二九例、[D]『版本』二八例、平均三〇例程度の用例を入れてゐる。謂はば『和訓押韻』の注文の主要典拠に数へ得る所以である。特に「支脂之韻」の用例数が突出してゐる。これは「支脂之韻」の標出韻字数(「本韻」の字数は『北岡本』一四九字、『松平本』一一七字、『龍門本』一四八字、『版本』一三七字)そのものが多いことにも関係するが、それにしても「支脂之韻」に「国花合記集」の用例が殊に多い。その理由として、「支脂之韻」は十一韻の『和訓押韻』が成立する以前の段階で、この韻目のみの独立した「韻書」(手引書)の形態を採つてゐたことの形跡をとどめてゐるであらうことが挙げられる。さうして、表VIから読みとれることは、『和訓押韻』の伝本四本の中、最古の成立の書と考へられる[B]『松平本』の用例が三三例と特に多い。剰へ『松平本』の引用の方法は、全三三例中

表VI 「十一韻」「十二韻」「十五韻」の「国花合記集」の用例数

韻目	十一韻 北岡	十一韻 松平	十一韻 龍門	十一韻 版本	十二韻 記	十二韻 書	十五韻 三五韻
一、東	0	0	0	0	0	1	0
二、支脂之	13	16	14	13	23	22	13
三、虞模	2	2	2	2	4	2	3
四、真諄臻	5	4	5	5	5	5	4
五、寒桓	2	3	2	1	3	3	2
六、先仙	4	5	4	5	5	5	5
七、蕭宵	0	0	0	0	0	0	0
八、麻	0	1	0	0	1	1	1
九、陽唐	0	0	0	0	0	0	0
一〇、庚耕清	0	0	0	0	0	0	0
一一、尤侯幽	2	2	2	2	2	1	0
計	28	33	29	28	43	40	28

〔備考〕
1.「十一韻」所収の「国花合記集」の用例数を中心にして、「十二韻」と「十五韻」から「十一韻」に相当する韻目の用例数を対照させた。
2.「十二韻」と「十五韻」の韻書の書名の略号は次の通り。記(韻字記)・書(韻字之書)・三五韻(漢和三五韻)。

で六例を除く二七例に「国花」と出典を明記してゐるのである。これに対し、『松平本』より成立の遅い『北岡本』『龍門本』には一例とて「国花」と明記した用例は存しない。この事象をどのやうに考へうべきか。その理由は蓋し、「十一韻」の纏つた韻書として撰述する際に『松平本』は整然とした方法で、出典たる「国花合記」から用例を抄出し、ほぼ網羅的に「国花」と典拠を明示したためであらう。それに対して、『北岡本』や『龍門本』は、既に成立し、かつ引用されてゐた「国花合記」の用例をさながらに踏襲し、出典名も省略したのではないかと思ふ。ここにおいても[B]系統本たる『松平本』の本文の古態性を感じさせるものである。

注1　大友信一氏論文「韻書の系譜」(『岡山大学法文学部学術紀要』〈文学篇〉第39号　一九七八年12月刊)参照。本稿は大友氏論文に導かれて調査を推進せしめたものである。

注2　中村元氏論文「『十二韻』の三本について」(『中世文芸論稿』第12号　一九八九年3月刊)参照。

注3　『古辞書研究資料叢刊』第5巻(一九九五年11月　大空社刊)の「開題」参照。

注4　安田章氏論文「韻字の書」(『国語国文』第47巻一号　一九七八年1月刊。『中世辞書論考』一九八三年9月　清文堂出版刊、に再録)参照。

注5・23　木村晟「『和訓押韻』の本文系統」(『駒沢国文』第32号　一九九五年2月刊)、並びに「『和訓押韻』の本文系統　資料篇」(『駒沢大学文学部研究紀要』第53号　一九九五年3月刊)。この二種は『古辞書研究資料叢刊』第5巻(一九九五年11月　大空社刊)に再録。

注6・13　安田章氏論文「天理図書館蔵『十一韻』の書入」(『ビブリア』第75号　一九八〇年10月刊。『中世辞書論考』一九八三年9月　清文堂出版刊、に再録)、および注5の資料参照。

注8・9・15・17・18・19・21　深沢眞二氏論文「『和訓押韻』考」(『国語国文』第65巻五号　一九九六年5月刊)といふ好論がある。『和訓押韻』の成立年代を、漢和聯句の実作の立場から考究しようとする卓越した論文である。結論は私の注5の立場からする論と矛盾はしない。

注10・25　『楞伽林学報』第3輯(二〇〇〇年3月　臨南寺東洋文化研究所編刊)所収。

注11　安田章氏の注6の論文。また、中村元氏論文「聖護院蔵『和訓押韻東冬麻陽』影印・解説」(『中世文芸論稿』第11号　一九八九年3月刊)参照。

注13・16・20・24　安田章氏論文「韻字の書」(注4)中に指摘がある。「凡和漢漢和に押す所の韻類は　也足軒素然中院通勝　虎関師の聚分

三十一韻の平声の中より十一韻を撰出し倭国唐の熟語熟字を付添たまひて和訓押韻と名付たまへるを古来より連歌俳諧にも用ひたり」

注12　中村元氏論文（注7）に指摘がある。
注14　安田章氏論文（注4）参照。なほ、国立国会図書館蔵『押韵』は、『国語国文学 学術研究書シリーズ1』（一九九八年3月 大空社刊）に「影印本文」を収録した。
注22　奥村三雄氏著『聚分韻略の研究』（一九七三年6月 風間書房刊）に影印収録せられてゐる。
注26　足立雅代氏論文「『仮名書』一覧並びに漢字索引稿」（『国語文字史の研究二』一九九四年10月 和泉書院刊）参照。

三、『韻字記』『韻字之書』（十二韻）

三―1　概要　『和訓押韻』（十一韻）に「元魂痕」の一韻を追加して「十二韻」の韻書が成立した。「十二韻」の名は貞享三年（一六八六）刊の『漢和三五韻』の里村昌純の序に「そのかみ後常恩寺殿のぬき出給ひし和訓押韻に誰の人か元韻を加て十二韻といひて世に行はれ侍る」や、寛文一二年（一六七二）刊の『牛刀毎公編』の忍山山人の自序に「俳諧漢和十二韻独(リ)詠(シテ)レ之(ヲ)以(テ)伸(ヘ)二寸心(ヲ)一」等の記事に見えてゐる。言ふまでもなく漢和聯句が盛行するにつれて、「十一韻」所収の韻字では不足する事情が込められてゐる。「月次和漢聯句御会」に参仕する連衆は「十一韻」に不足する韻字や注記を各自の所有する『和訓押韻』などの韻書に書き入れをして行つたに違ひない。『漢和三五韻』の序にも昌純が「入韻の字より始おほつかなき事多く入へき文字もれたるたくひ有」と述べるやうな事情は、「十一韻」→「十二韻」の過程でも当然あり得たものと考へられる。深沢眞二氏が[注1]『和訓押韻』収録の韻字を一連の漢和聯句に関して、実作の立場から検討された結果、即ち①「文明一四年(一四八二)三月二六日 漢和百句(支韻)」〜⑦「弘治二年(一五五六)八月二三日 千句第九 漢和百句(庚韻)」等において、『和訓押韻』の写本三本中では『松平本』が最もよく適合するといふことである。しかるに、⑧「永禄一二年(一五六九)五月二三日成立 漢和百句(支韻)」〜⑬「策彦・紹巴両吟 和漢千句第一 漢和百句(陽韻)」に至る永禄期の資料群では、『松平本』の韻字や注文の枠を超えてゐて、寧ろ『松平本』より成立の後の『北岡本』や『版本』(『龍門本』系統の増補本)の方が適合し易い旨が述べられてゐる。五山衆の策彦周良(文亀元年〈一五〇一〉〜天正七年〈一五七九〉)や里村紹巴(大永四年〈一五二四〉〜慶長七年〈一六〇二〉)は共に安土桃山時代に活躍した代表的な人物である。特に紹巴の活動が目立つのは永禄〜天正頃であるが、この時期に幽斎の識語のある『北岡本』(天正二〇年〈一五九二〉写)が成り、それよりさほど時代の降らぬ頃に、特に注文(熟字例も含めて)を多く増補した『龍門本』も編纂されてゐる。『龍門本』の成立は『版本』以前である。『版本』の最も古いのは『無刊記本』であるが、これは『正保二年(一六四七)刊本』よりは早い時期の刊行であるから、寛永末年から正保元年(一六四〇年前後)までと目される。さすれば『龍門本』の成立は文禄初年(一五九〇年代)以降寛永初年(一六二〇年代)までの間であるといふことになる。この『龍門本』が編纂せられて幾年も経たないうちに、「十二韻」の韻書も成立したものと考へられる。

現存する「十二韻」の韻書の伝本は、叡山文庫蔵『韻字記』[注2]と宮内庁書陵部蔵『韻字之書』[注3]、それに少し系統を異にする聖護院蔵『増補倭訓押韻』[注4]の三本である。「十二韻」の韻書は、「十一韻」に「元魂痕韻」を付加したといふばかりではなく、各韻目の「入韻字」も「本韻」(韻内)も「韻外字」も大幅に増訂を加へてゐる。さうして十一韻の『和訓押韻』が「本韻」の注文や「韻外字」に専ら元の熊忠撰『古今韻会挙要』[注5](略称『韻会』)を使用してゐるのに対して、「十二韻」の韻書は「本韻」の注文中にも、また「韻外字」の標出字もその排列も、悉く明の方日升の撰述する『古今韻会挙要小補』[注6]（略称『小補韻会』）に基づいてゐることが特徴的である。また、定家の『拾遺愚草』所収の証歌が注文中に多用されるなど、熟字例も増補し、注記も充実させてゐる点が目立つ。特に「十二韻」が『小補韻会』に依拠してゐることが、「十二韻」の韻書の成立年代を示唆してをり、重要な問題を含むものであることも特記しなければならない事項であると思はれる。以下、本文の韻目と構成、伝本の系統、本文形態、成立年代と撰述者、典拠等について詳述したい。

三―2　韻目と構成　「十二韻」の韻書の韻目は、次の通りである。

［上平］一、東韻　二、支脂之韻　三、虞模韻　四、真諄臻韻　五、元魂痕韻　六、寒桓韻
［下平］七、先仙韻　八、蕭宵韻　九、麻韻　一〇、陽唐韻　一一、庚耕清韻　一二、尤侯幽韻

と「五、元魂痕韻」が『和訓押韻』（十一韻）より一韻多くなつてゐる。「十一韻」の韻書では韻字が不足するので「元韻」を付加したことについては、貞享三年（一六八六）刊の『漢和三五韻』の昌純の序に「そのかみ後常恩寺殿のぬき出給ひし和訓押韻に 誰の人か元韻を加て 十二韻といひて世に行はれ侍る」とあることに符号するが、なぜ「元韻」を追加したかの理由は記されてゐない。表Ⅰに見られる通り、「十二韻」の「本韻」（韻内）の韻字数が一〇〇字未満の韻目は「麻韻」のみである（しかし「麻韻」とても九〇字を超えてゐて一〇〇字に近い）。「漢和百句」は漢句・和句各五〇句づつであるから、和句五〇句のためには、最低一〇〇字の韻字が必要なのであらう。『和訓押韻』（十一韻）に到る以前の「原型」の段階において、最も早く成立[注8]したであらうと推察せられる「支韻」などは、一〇〇字程度の韻目の約三倍もの韻字を

表I 「十二韻」の韻書諸本の韻字数注7

韻目	入韻字 記	入韻字 書	入韻字 増	本韻(韻内) 記	本韻(韻内) 書	本韻(韻内) 増	本韻(韻内) 補	韻外字 記	韻外字 書	韻外字 増	総字数 記	総字数 書	総字数 増	聚分韻略
一、東	15	15	(3)	108	109	105	(16)	33	27	65	156	151	(183)	109
二、支脂之	19	19	19	286	297	286	(3)	0	0	(3)	305	316	321	336
三、虞模	13	13	13	155	156	153	(4)	27	28	17	195	197	187	204
四、真諄臻	12	12	12	111	112	108	(5)	19	19	15	142	155	139	134
五、元魂痕	10	10	(0)	107	109	(88)	(1)	24	24	3	141	143	(92)	108
六、寒桓	7	7	7	106	107	105	(5)	19	21	14	132	135	132	107
七、先仙	16	16	16	148	150	152	(3)	10	10	9	174	176	180	173
八、蕭宵	5	5	5	107	107	106	(2)	24	25	7	136	137	120	128
九、麻	7	7	7	92	93	89	(2)	13	13	8	112	113	106	96
10、陽唐	15	15	15	219	219	216	(1)	3	3	10	237	237	242	217
11、庚耕清	20	20	6	148	152	148	(1)	0	0	8	168	172	163	161
12、尤侯幽	10	10	10	141	143	145	(2)	1	1	9	152	154	167	179
計	149	149	113	1728	1754	1701	(55)	173	171	168	2050	2083	(2032)	1752

〔備考〕 1、「十二韻」の韻書の書名の略号は次の通り。記(韻字記)・書(韻字之書)・増(増補倭訓押韻)
2、『増補倭訓押韻』の「本韻」の下に( )で示すのは、「本韻」の後、「韻外字」の前に「補」として『韻会』より抄出せられた韻字数。

保有してゐる。「十一韻」→「十二韻」への過程で、実作の立場からは、一〇〇字を超える韻字を有つ「元韻」を追加するのが最も有効だと考へられたのであらう。

「十二韻」の本文も「十一韻」の場合と同じく、［1］入韻字、［2］本韻(韻内)、［3］韻外、の三部から成つてゐる。

ただし、表Iの［備考］2、にも記したやうに、聖護院蔵『増補倭訓押韻』には、「本韻」の後、「韻外」の前に、「補」として「本韻」(韻内)に存せぬ韻字を『韻会』から抽出してゐる。『韻会』から抄出する点は次の「韻外」と同様であるが、「韻外字」とは別の扱ひをしてゐる。『聖護院本』の「韻外」は『韻字記』や『韻字之書』等、他の「十二韻」の韻書のそれに倣つたのであらうが、「補」とするのは、『聖護院本』が独自に追補した項目なのであらうと思はれる。［1］［2］は「十一韻」と同じであるが、［3］が「十一韻」と異なる。

［1］ 入韻字(入韻句〈第二句の和句〉に用ゐる韻字)

［2］ 本韻(韻内字、『聚分韻略』より抽出した韻字)

［3］ 韻外(『聚分韻略』に存せぬ韻字で、『小補韻会』より抽出したもの)

表Iの一覧を見て識り得ることは、次の二点である。

一、「入韻字」、「本韻」(韻内)「韻外字」の韻字数が、「入韻字」を除いて、十一韻の『和訓押韻』の「本韻」「韻外」に比して大幅に増加してゐること(これは標出字のみでなく、注文も増補されてゐる)。

二、標出字(韻字)数の上では、「十二韻」の韻書三本間に広略と言へるほどの大きな差が認められないこと(注文の広略は全く別)。

右の一、からは、「十二韻」の韻書が成立する直前の安土桃山時代から江戸極初期の寛永頃には漢和聯句が相当盛んになつた時代背景を反映させてゐることが窺はれる。二、からは、伝本の広略の差異は窺ひ知ることができないが、注文の面から眺めると広本たる『韻字記』と、略本たる『韻字之書』の歴然とした差があるのである。これについては後の「三-4 本文形態」の項で詳述することとする。

三—3　伝本の系統

「十二韻」の韻書は次のA・B二系統の伝本が存してゐる。最初に現在までに紹介されてゐる諸本を次に掲げる。

A系統本
A-a　韻字記（叡山文庫蔵、写本一冊、識語存せず）→広本（略称『記』）
A-b　韻字之書（宮内庁書陵部蔵、写本上下二冊。上下各冊の末尾に「一交了」とある以外に奥書存せず）→略本（略称『書』）

B系統本　増補倭訓押韻（聖護院蔵、写本三冊、識語存せず）（略称『増』）
第一冊　題簽「増補倭訓押韻支東」（東・支脂之・虞模・真諄臻の四韻目）
第二冊　題簽存せず（元魂痕・寒桓・先仙・蕭宵の四韻目）
第三冊　題簽「増補倭訓押韻麻陽庚尤」（麻・陽唐・庚耕清・尤侯幽の四韻目）

右の『聖護院本』を私は実際に調査する機会を得てゐないので、中村元氏の論文[注9]に記述されてゐる範囲で『聖護院本』にも触れることとする。

まづ、A系統の二本の関係について記す。A-a『韻字記』とA-b『韻字之書』とは標出字の排列と注文の在り様から同一系統のものであることを一瞥して判断し得る。しかしながら、A-a『記』とA-b『書』の標出字の字数に差異のあることが、『記』『書』同系統とすることに対して疑念を抱かせないでもない。A-a『記』の標出字数は一七二八字、A-b『書』の標出字数は一七五四字で、『書』の方が二六字多い。しかし、逐一的に熟視すると、それは「二、支脂之韻」に大きな原因がある。A-b『書』の「支脂之韻」は、A-a『記』よりも一一字多くなつてゐる。その一一字の中で『書』の「19涯」と「107涯」とは重出した例であり、『記』の「329涯」に該当する標出字は、『書』の「159涯」に存するので、『書』の19 107は共に重出であり、『書』が三重出してゐることになる。この「支脂之韻」を除けば、他の韻目では、一字～四字以内の異同である。しかも、その中の多くは『書』の重出に起因するので、A-aとA-bとが別系統の伝本であるのではない。逆に、「一〇、陽唐韻」の「本韻」の末尾などは、『記』の「1693庠」～「1727勦」の三五字、『書』の「185庠」～「219勦」の三五字、が共に標出字のみにて、注文が一切存しないことなど、両本に共通した事象も見られるのである。さすれば、A-a『記』とA-b『書』との大きな差異は、両本の注文の広略に認められる。その一例を次に示さう。

「三、虞模韻」所属の「虞」字は、

A-a『記』491虞(ク) カリ　騶—　—(カリヒト)トモ可用　獣ノ—(カリ)ニ可用　私云—人ハ猟師也　會—　掌山澤之官　和訓亦此意

　欤(ヤスシ)　又安也　—(ハカル)　測度也

A-b『書』18虞(ク)カリ　騶—　獣ノ狩ニ用

このa『記』とb『書』とを比較すると、a『記』はa・bに共通する注記「騶—　獣ノ狩ニ用」の部分を承けた後、『記』独自の注を施し増補せしめてゐる。「會」すなはち『小補韻会』を引用したり、「十二韻」の主要典拠たる『和訓押韻』を採り挙げたりして、「私云」以下に『記』の編者の意見を提示し、注釈書や抄物のごとき体例の注文となつてゐる。また、熟字例や注記の典拠もA-b『書』よりもA-aの『記』の方が委しくて広本となつてゐる。しかし、「韻書」としての基本的な注記は『記』と『書』とはほぼ一致したものになつてゐるのである。斯様な観点から、a『記』とb『書』とを同一の系統本として取り扱ふこととすることが可能であると考へられる。

次に、『増補倭訓押韻』(略称『増』)が、A-a『記』やA-b『書』とは別系統の伝本であることについて記す。『増』は

第一冊の首部二丁を欠いてゐるので、「一、東韻」の「入韻字」は末尾の「楓」「桐」「篷」の三字を残すのみとなつてゐる。従つて「東韻」の「入韻字」については比較し得ない。「入韻字」の部で、三本が大きな差異を示すのは「五、元魂痕韻」と「一〇、陽唐韻」とである。「元魂痕韻」では『記』一〇字・『書』一〇字であるのに対して、『増』に「入韻字」が見られないのは、『増』がその部分一丁を欠くためである。従つて、この箇所も比較の対象にはならない。結局、三本の間に大きな差が見られるのは、「一二、庚耕清韻」のみである。『記』と『書』とに「入韻字」二〇字存するのに、『増』は六字しか存しないことである。この『増』の六字は、『記』『書』の二〇字の最初から六字までと一致する。「入韻字」に関しては、この程度の差であるからA系統の『記』『書』とB系統の『増』との間に、一往の区分は存在するものの、伝本の系統を弁別する程の決定的な違ひは見られないのである。

A-a『記』・A-b『書』と、Bの『増』とで大きな差異が認められるのは、「本韻」(韻内)においてである。「本韻」で大きな違ひがあるのは、「十二韻」成立の際に新たに付加された「五、元魂痕韻」である。A系統本の『記』や『書』が全て「韻外」として扱つてゐる韻字を、B系統本の『増』で「本韻」に入れてゐる箇所が存してゐる。『記』の「916蠻」(『書』110)～「939惛」(『書』133)を『増』は全部「本韻」に入れてしまつてゐる。『増』では「本韻」(韻内字)が『聚分韻略』からの抄出字群であるといふ「十一韻」以来の大原則が幾分曖昧になつてゐるやうに思はれる。剰へ、『増』は「本韻」の次に「補」として全て五五字の韻字を『小補韻会』から抽出し特設してゐる。『韻会』や『小補韻会』の韻字を抄出して「本韻」の韻字の不足分を補なふのは「韻外」欄なのであるが、『増』は「韻外」欄は他の「十二韻」の韻書(『記』『書』)と同様に置きながら、さらに「本韻」を補なふために「補」欄を特立する。しかもそれは『聚分韻略』からの抄出でなく、『小補韻会』からの抽出となつてゐる。このことは『増』の編述者の「本韻」と「補」、並びに「補」と「韻外」の韻字に関する弁別意識が必ずしも明確でなかつたことを示す。

さらにA-a『記』・A-b『書』と、Bの『増』との差異は、注文中に含まれる証歌の引例数にも現はれてゐる。「十二韻」の注文中に含まれる証歌は、『記』に七八首、『書』に七九首を収録する。しかるに『増』には証歌が六四首しか見受けられない。定家の歌を主要引歌として「十二韻」の韻書に証歌を多用することが、「十一韻」→「十二韻」の過程での大きな特徴の一つとなつてゐる。その証歌の引用に斯く『記』『書』と『増』の間に差異が存することは、伝本の系統を若干異にしてゐることを示す証左ともならう。因みに引歌の最多である『書』の証歌の中で、定家の関係のものは、七九首の中の七〇首であつて、『拾遺愚草』上巻の「花月百首」から一首、中巻の「韻歌」(韻字百二十八首)から四一首、下巻の「員外雑歌」(韻字四季歌)から二八首が引用されてゐる。

斯様に『記』と『書』に比して、『増』は「本韻」「補」、それに注文中の引歌などで幾分趣を異にしてをり、細かな韻字の排列にまで眼を及ぼせば、その差異は一層はつきりする。従つて本稿では『記』と『書』とをA系統、『増』をB系統との区分を施した所以である。

なほ、『増』を所蔵する聖護院には、この『増』の他に、次の二書が収蔵[注10]せられてゐる。

(一) 和訓押韻 東冬麻陽 (表紙に「後陽成院御作」、奥書に「右一冊 後陽成院以宸翰写之如端一枚堺アリ 急略之 寛文十戌年十二月下旬〈花押〉)

(二) 無名韻字 麻韻(外題・内題共に存せず、表紙・裏表紙は存する。墨付き一三丁の小冊子、「本韻」九九字、「韻外」二〇字収載。)

右二種の内、(一)は中村元氏によつて「影印[注11]」に付され、委しく解説されてゐる。(二)についても、(一)と共に解説せられてゐる。(一)の影印と、(一)(二)の中村氏の「解説」を見ると、(一)(二)共に「入韻字」は存せず、「本韻」と「韻外」とから成つてゐる。さうして「韻外」は『韻会』に基づいた抄出のごとくに思はれる。「本韻」の注文に見える典拠も『韻会』『広韻』に加へて毛晃の『増韻』(「礼部韻略」)も見られる。また証歌も『万葉集』は権大納言中御門宣胤撰述の『万葉類葉抄』(成立は延徳三年〈一四九一〉)から引用するものである。他に『夫木和歌抄』『拾遺愚草』の他は、『古今集』『後撰集』『拾遺集』『後拾遺集』『千載集』『新古今集』『風雅集』『続後撰集』等の勅撰集と、慈円の『拾玉集』からの引歌もある。斯く証歌の引例が格別に充実する所以をもつて、「十二韻」の本項に付言することとした。(一)の書名の『和訓押韻』と『韻会』の引用の点からすれば、あるいは「十一韻」の前項で触れるべきものかとも思ふが、(一)に「冬鐘韻」(「本韻」六一字、「韻外」二二字)が収録されてゐることから、「十一韻」の項では記さなかつた。「冬鐘韻」は本項「十二韻」とても存してはゐないが、「冬韻」を有する『漢和三五韻』(十五韻)の体例ともかなりの距離が感じられるので、一往、この「十二韻」の項で付説した。この聖護院蔵の(一)(二)の「韻書」の類本について、安田章氏[注12]が記述せられてゐる。それは京都大学附属図書館平松文庫蔵の次の二種の「韻書」と、曼殊院蔵の『韻字』との計三種である。その中の『曼殊院本』は安田氏によつて「影印」にも付せられてゐる。

(三)　韻字(曼殊院蔵、写本一冊、「東韻」のみ。「本韻」七一字、「韻外」二一字)

(四)　韻字集(京都大学附属図書館平松文庫蔵、写本一冊、「東」「冬鐘」「麻」「陽唐」の四韻)

(五)　入韻字(京都大学附属図書館平松文庫蔵、写本三冊、「東」「支脂之」「虞模」「真諄臻」「元魂痕」「寒桓」「蕭宵」「陽唐」の八韻)

安田氏によれば、(四)は前記聖護院蔵の(一)と「仮名遣に小異が認められる程度の近しい関係にある」[注13]ことが指摘されてゐる。(五)には「元魂痕韻」が含まれてゐるので、「十一韻」に属するものではないが、十二韻全ての韻目が揃つてゐる訳ではないので、「十二韻」の韻書の一伝本として加へることはしなかつた。将来、(五)の本文形態に類似した「十二韻」の韻書が出現すれば、「十二韻」は新たに「C系統本」が立項せられることもあるであらう。

また、聖護院蔵の(一)と、平松文庫蔵の(四)とは「冬鐘韻」を有してゐるので、「十二韻」→「十五韻」の情況をも示唆する伝本の生成過程を示すものなのであらうか。

三―4 本文形態

現存の「十二韻」の韻書三本の本文形態について記す。「十二韻」の韻書の構成が「入韻字」、「本韻」(韻内字)、「韻外」の三部から成つてゐることは勿論であるが、これらの「韻字」の構成・有無・排列等に関する諸事項は、後の「三―6」の項目で扱ふこととする。本項「本文形態」では主として、標出字(韻字)に対する注文の広略の問題と、「十二韻」の主軸となる典拠『和訓押韻』との関連について記述したく思ふ。出典の委細についても別項「三―7」に譲ることとし、本項では必要に応じて、原拠を引用するにとどめる。

最初にA系統におけるa『記』とb『書』との注文の「広略」に関して述べる。『記』の注文が委しくなつてをり、『書』の注文が簡略になつてゐることは、一瞥して明らかである。問題となるのは、『記』が『書』に比して、如何なる在り様で増補せられてゐるかといふことである。『記』の注文の長目のものを見ると、『記』の編述者の意見を開示し、抄物風に説明する箇所が相当多く見受けられる。その典型的な表現形式が「私云」といふ伝統的な古注釈・抄物等の形式を採つてゐることで、『記』の特徴の一つとなつてゐる。幾つかの例を挙げよう。

A―a『記』の「陽唐韻」所属の「1531杭」の注文は、

1531 杭カウ サ丶クリ　小栗也　和名ニ訓ス　大上天皇曰杭音亢　小栗也　元痕匀―呼郎切　州名也　和訓押匀　私云　和押匀　両説並一非一是
尓釋木三　―大木子似栗皮厚汁赤中蔵卵果　又廣亢匀　杭訓云木名　煎汁蔵果及卵不壊　然則尓耶　廣必有誤　而押之者
盖就二木之錯　則此匀　或亢之外者可
用　而為小栗欲―河廣一葦―注渡也

となつてゐる。これに該当するA-b『書』の注文は次のごとく簡略である。

23 杭カウ サ丶クリ　小栗也　和名ニ訓ス

a『記』とb『書』とに共通する注記「サ丶クリ　小栗也　和名ニ訓ス」は『和訓押韻』(北岡23・松平628・龍門23)の注文をさながらに承けたものである。『記』の編述者は原拠たる『和訓押韻』の注記に対して「大上天皇曰　杭　音亢　小栗也　元痕之匀　―呼郎切　州名也」を対照せしめ、「私云」以下に自己の見解を「両説並一非一是」と示して批評をなす。その後に『小補韻会』の注文中の『爾雅』の説明「爾雅釋木云　杭魚毒　註云　杭大木子似栗生南方皮厚汁赤　中蔵卵果」に『廣韻』の「亢匀　杭訓云　木名　煎汁蔵果及卵不壊」に対照せしめ、『記』の編者は「然則尓耶廣必有誤　而押之者　盖就二木之錯　則此匀　或亢之外者可用」と批評し、かつ「可用」と自己の意見を述べる。斯様にa『記』の編述者は多くの文献を引用し、異なる説明のものをも対照せしめ、批評する方法を採つてゐる。「私云」で始め、文末に「可用」とか「可用欤」の形で結ぶ。しかし、この形式を採らない例も多い。次に示す用例は、『廣韻』『廣益玉篇』『韻府群玉』等の中国の韻書を多用し解説をなして、最後に『説文』『准南子(注)』の説明や『東坡詩』の引例も付加して、終りに「是等為蛩者欤」と自己の見解も付してゐるものである。やはりa『記』の「陽唐韻」に属する「1550螿」の注文を次に掲げる。

1550 螿シャウ ヒクラシ　キリ〳〵ス　寒―　蟬属　寒蜩也　廣訓同上　玉篇寒蟬也　又蟬訓云　秦晋謂之蟬　楚謂之蜩　又府蟬訓云　大曰蜩小曰螿　螅蛄
又記仲夏之月　蟬始鳴　季秋之月　寒蟬鳴云〻　如上匀昼各不訓　黄及悉卒之義　為晩蟬者必矣　又分付寒―替　説愁　准南注水
鳥也　一義蛩云〻　坡六咽〻寒―鳴露
屮李寒―愛碧屮云〻　是等為蛩者欤

この『記』1550に該当するb『書』の注文は次の通り『和訓押韻』の『龍門本』の注文を承けてゐる。
42螿シャウ キリ〳〵ス 寒―

といふ簡略なものである。a『記』の注文が抄物的な記述方法で具現してゐるのとは実に対照的である。

因みに『記』の注文中に「私云」の形式を採る用例数を次に示すこととする。

一、東韻(0例) 二、支脂之韻(0例) 三、虞模韻 491虞・544蒲・558租・604蘇(4例) 四、真諄臻韻 673旻(1例) 五、元魂痕韻 815暾・842元(2例) 六、寒桓韻 994難(1例) 七、先仙韻 1093漣・1100躔・1156延(3例) 八、蕭宵韻 1268調・1315楞・1355嘤(3例) 九、麻韻 1421葩(1例) 一〇、陽唐韻 1517梁・1531杭・1557行・1614長(4例) 一一、庚耕清韻 1763更・1783行(2例) 一三、尤侯幽韻 1945麻(1例) 以上計二三例が見受けられる。この二三例中には「私」「私ニ」としたもの四例も含めてゐる。「私云」がなく、単に「可用」「不可用」とする形式の注文は極めて多く存するので、挙例することを省略する。

次に十二韻の韻書『記』『書』が共通の主要典拠たる『和訓押韻』(十一韻)の伝本は、[A]系統の『北岡本』であるのか、[B]系統の『松平本』であるのか、それとも[A][B]の合成本たる[C]増補系統の『龍門本』であるのかについて触れて置きたい。韻書の系譜の流れに従へば、「十一韻」→「十二韻」の過程を如実に示す増補系の[C]の伝本といふことになる。しかし実際の本文徴証に基づいて記さなければならない。既に全巻に及ぶ逐条調査を実施してゐるが、本稿では「資料篇」にも発表してゐる「東韻」と「先仙韻」の概要を述べることにしたい。

[東韻] まづ「入韻字」の部分であるが、a『記』とb『書』の1~15の一五字が完全に一致するのは、『和訓押韻』の現存写本三本の中では[C]増補系の『龍門本』のみである。『龍門本』の「入韻字」は一五字存するが、『松平本』には「入

韻字」が存しない。『北岡本』の「入韻字」は一三字しか存せず、しかもそれを「十二韻」の『記』や『書』の「入韻字」の排列順に合はせて並べてみると、3・1・2・12・6・5・10・14・15・11の順となつてゐて、到底「十二韻」が『北岡本』を基幹として成つてゐるとは考へ難い。

「本韻」は前述のごとく、「十二韻」の韻書の中で、『記』は独自の注文を多く入れて一種の抄物風の注記になつてゐる箇所が相当の数にのぼり、「広本」の形態になつてゐる。これに対し『書』は、原則的には『和訓押韻』の増補系本（『龍門本』や『版本』）をさながらに継承するのみか、または若干の補入をなす程度である。ここで、a『記』とb『書』の共通部分に主眼を置いて比較対照を試みる。冒頭の「十二韻」の「東」字（『記』は16、『書』は2）を挙げてみよう。まづ「十二韻」は、

a『記』16東（ヒカシ・アツマ）　春方　又和琴名用之　欸（ヤマフキ）—

b『書』2東（トウ・ヒカシ・アツマ）　春方　又和琴名用　欸東（ヤマフキ）　—（コチ）　西カ—カ

となつてゐる。b『書』の「—（コチ）　西カ—カ」は『書』の後筆による書入れにて細字になつてゐる。この「十二韻」の原拠を『和訓押韻』[A][B][C]三本について検索する。

[A]　『北岡本』　1東（ヒカシ・アツマ）　又和琴ノ名ニ可用之

[B]　『松平本』　1東（トウ・ヒガシ）　春方

[C]　『龍門本』　1東（トウ・ヒカシ・アツマ）　春方　又和琴名可用之

と、[C]＝[A]＋[B]型の注文になつてゐる。しかうして、[A][B]の合成本（増補本）たる『龍門本』が、十二韻の『記』『書』に継承されてゐることは一目瞭然である。もう一つ似た例を挙げてみる。「十二韻」の韻書では、

a『記』20嵩(スウダケ)　崧ト同　大(ヲホタケ)—　近江比睿
b『書』6嵩(スウダケ)　崧同　大(ヲホタケ)—　タカシ　山—　岩—　サカシキヲカ
近江比睿ノ大—　三吉野

となつてゐる。b『書』の「タカシ　山—　岩—　サカシキヲカ　三吉野」は細字の異筆にて、『書』のみにある書入である。

この後筆の書入部分を除外して考へる。この「嵩」字の注文の原拠たる『和訓押韻』三本は次のやうになつてゐる。

[A]　『北岡本』　5嵩(ダケ)　大(オホタケ)—　近江
[B]　『松平本』　4嵩(スウダケ)　比叡(ヒエノ)大—
[C]　『龍門本』　5嵩(スウダケ)　崧同　大(ヲホダケ)—　近江　比叡大—也

となつてゐて、まさしく十二韻の『記』『書』は、[C]独自の補入「崧同」をも承けてゐて、『龍門本』に基づいてゐることが判る。

ただし、「十二韻」の注文が全て右二例のごとく、うまく処理し得る訳ではない。「十二韻」の「櫳」字について検索する。「十二韻」の韻書の注文は次の通りになつてゐる。

a『記』26櫳(ロウ)マト ヲハシマ也　窓也　檻也　養獣所 ツ子ニ用通用
b『書』10櫳(ロウ)マト ヲハシマ　房室之疏也　檻也　—(マト)ハ常ノマトニカリ用ユ　—(ヲハシマ)トハ粮(ヤシナフ)レ獣(ケタモノヲ)所也

この『記』『書』の原拠となつた『和訓押韻』の三本の注文は、

[A]　『北岡本』＝櫳(マド)　(無注)

［B］『松平本』＝櫳（ロウ）　窓也　檻也　養獣所也

［C］『龍門本』＝櫳（ロウ・マト）窓（マド）也

となつてゐて、この場合は、寧ろ［B］『松平本』によく適合する。この事例は「十二韻」の韻書が『和訓押韻』の［C］増補系統本に基づくといふ原則に矛盾するかのやうにも看て取れる。現存する増補系本は偶々『龍門本』（仮に「C^1本」とする）しか現存してゐないが、曽つては「増補系本」にはC^1本以外に、C^2・C^3・C^4・C^5…C^n等n箇の伝本が存在した筈である。今仮に「C^n＝D」と考へてみることもできる。さすれば「十二韻」は「十一韻」の増補系本のC^2…C^nの孰れかのテクストに「檻也　養獣所也」の注記が存したことは十分に考へられるのである。

また、例外的ではあるが、「十二韻」のa『記』が無注で、b『書』の注文が『龍門本』を承けて、

a『記』40驝（ムマ）（無注）

b『書』24驝（モウ・ムマ）　駻子馬ト不用

となつて、広本系本文のa『記』が斯く無注になつてゐる場合もある。これの典拠となつた『和訓押韻』の三本の注文は、

［A］『北岡本』24驝（ムマ）　（無注）

［B］『松平本』　標出字無シ

［C］『龍門本』23驝　駻子

となつてゐて、「十二韻」のb『書』のみが『龍門本』を承けてゐる事例である。

同じやうな傾向が次に掲げる用例にも見受けられる。「十二韻」の注文は、

a『記』53楓(フウ) カエテ 若— 蔦— 文選ニ
モミチ カツラト訓スル也

b『書』39楓 カエテ香木 若— 蔦—
モミチ
カツラ—ハ文選ニテ訓スル也

と、b『書』にはa『記』に存せぬ「香木」がある。これの原拠たる『和訓押韻』三本の注文は、

[A]『北岡本』39楓(カエテ) 若(ワカカエデ)— 蔦(ツタカエテ)—

[B]『松平本』33楓(フウ カエテ) 若(ワカ)— 蔦(ツタ)—

[C]『龍門本』36楓(フウ カエテ) 若— 蔦— 香木

とあつて、「十二韻」のb『書』は[C]の『龍門本』の「香木」を承けてゐる。斯く「十二韻」はb『書』の方がa『記』よりも幾分『龍門本』を忠実に引用する傾向が見受けられる。

しかし、その逆のb『書』よりもa『記』の方が『龍門本』に忠実な例も見られる。「十二韻」は、

a『記』55叢(ソウ アツマル) 同 クサムラ —林 薮 藂 叢 古—條

b『書』38叢(ソウ) クサムラ アツマル—林 小田ノ— カル、— 野ヘノ— 茂る—

となつてゐて、『書』の別筆の草書体の書入は後筆である。「十二韻」の原拠の『和訓押韻』三本の注は、

[A]『北岡本』40叢(クサムラ) (無注)

[B]『松平本』32叢(ソウ クサムラ) 藂同

[C]『龍門本』37藂(ソウ) 薮 藂 叢同 —林

と、a『記』がb『書』よりも『龍門本』を忠実に引用してゐる場合である。

なほ、『和訓押韻』写本三本に存せぬが『版本』にのみ見られる標出字や注文を、十二韻の『記』『書』が承けてゐる例も多く見られる。一例を挙げる。「⿰歹冬」字は「十二韻」の韻書では、

a『記』105⿰歹冬(シウ)　ヲハル　ツクル

b『書』105⿰歹冬(シウ)　シルス　殁也

これに対する『和訓押韻』の写本三本には標出字存せず、『版本』に、

D『版本』108⿰歹冬(シルス　ヲフ)

とある。このやうな『和訓押韻』の写本三本に存せぬ標出字・注文が、増補本たる[D]『版本』には存してゐて、それが十二韻の『記』や『書』に継承せられてゐるものが三二例も存するのである。[D]『版本』は、増補系本「C^1本」が現存の『龍門本』であるとすると、C^2・C^3・C^4・C^5…C^nの散佚したテクストの「C^n本」に限りなく近似する本である。従つて「C^n＝D」としてよいものと思はれる。さすれば、「十二韻」のa『記』やb『書』は[D]『版本』を原拠として成立したものであると言つてよからう。

「十二韻」の韻書の「韻外」に移る。「東韻」の「韻外字」は『和訓押韻』では『北岡本』一五字、『松平本』一四字、『龍門本』一九字、『版本』一六字である。これに対して「十二韻」は『記』が三三字、『書』二七字、『増』六五字に増補されてゐる。この中でB系統本の『増』の六五字といふ「韻外字」の多さは、B系統本の『増』がA系統本のa『記』やb『書』よりも成立（＝編纂）年代の遅いことを物語るものであらう。そこで、A系統の中でのa『記』とb『書』との差異に関して熟視する必要が出て来よう。例へばa『記』の「137⿱⺮終(シウ ハコ)　音終　玉手箱ナトニ用　戎人呼篋(カタミ)レ―」が、b『書』では「123⿱⺮終(シウ ハコ)　戎人呼篋曰―　玉手(タマテ)―(ハコ)ナト用ユ」となつてゐて、『記』に見られる音注「音終」が存しない。この「韻外」

の部分にａ『記』に存する音注(127 128 130 131 132 133 135 136 138 139 148 151 152 153 154 155 156)が一七例もあり、これも広本たる『記』の本文の一特徴ともなつてゐる。さうして、この一七例の音注の中の131 132 138 153の四例が「131淇(コウ) 胡公切 水草(ミツクサ)」のごとく反切注になつてゐる。この反切注は『小補韻会』に基づいてゐることが確められる。殊に『記』の「151江」以下「156明」に至る六字の『書』に存せぬことが、さらに『記』の本文の特徴を裏付ける。この六字は『記』の編述者が全て『小補韻会』に拠って抽出してゐることが確認し得る。『記』の「韻外」の最末尾の標出字「156明」の注文の最後に、「巳上並叶 音但訌ハ非叶」と『小補韻会』の「古叶」の欄に見られることを意味し、本邦の寛永期に盛行した叶音説が反映してゐることが看て取れるのである。

以上の記述に基づいて、「十二韻」の韻書三本(『記』『書』『増』)の関係について纏めると、次の四項となるであらう。

一、標出字(韻字)や注文の異同の情況からすると、『記』と『書』が同系統の伝本と考へられるが、『増』はやや趣を異にする伝本である。従つて、『記』と『書』とをＡ系統本、『増』をＢ系統本、に大別し得る所以である。

二、Ａ系統の中で、『記』の注文を『書』のそれに比するに、全体としては、『記』の方が、和漢の典籍の引用や熟字例も多く採り入れ、「私云」等の表現形式をも用ゐて抄物風の文体に作つてゐる箇所が多く存して、「広本」の性格を有してゐる。このことから、『記』をＡ-ａ(広本)、『書』をＡ-ｂ(略)として細分類することができる。

三、Ａ-ａ『記』とＡ-ｂ『書』の注文は、先行書『和訓押韻』写本三本中では[C]増補系の『龍門本』に最も近い。しかし、『龍門本』に存せぬ語を『版本』によつて増補してゐる。この事実から、「十二韻」の韻書の原拠は、増補系「C^n本」即ち［D］『版本』であるとすることもできる。

四、「十二韻」の韻書は、「本韻」も「韻外」も『小補韻会』を多用してゐる。殊にA-a『記』の音注（漢字注）は悉く『小補韻会』に依拠してゐる。このことは、次項の「十二韻」の成立年代を特定するにも有用な示唆を与へる。

三-5 成立年代と撰述者 前項「本文形態」の記述において、「十二韻」の韻書の本文は「入韻字」、「本韻」、「韻外」の三部が揃つて、十一韻の『和訓押韻』の増補系本の［C］『龍門本』か［D］『版本』を原拠として成つてゐることが明確となつた。しかし、結果的に「十二韻」の韻書の本文が『和訓押韻』の［D］『版本』を享受した形態になつてはゐても、「十二韻」の韻書が『版本』以前の［C］増補本たる「C^2・C^3・C^4・C^5…C^n」のテクストの孰れかに拠つたことが十分考へられる。今仮に「C^5＝D」とするならば、「C^2・C^3・C^4・C^5…C^{n-1}」の各伝本は「C^1」たる『龍門本』と、「C^{-1}」たる［D］『版本』との間の年代に成立したことになる。C^2・C^3・C^4・C^5…C^{n-1}の各伝本が散佚してゐる現在、これ以上、C^2～C^{n-1}の伝本の形態や成立年代を追究しようがない。そこで本稿では、「十二韻」の韻書が「C^n本」あるいは［D］『版本』を受容したものとして、「C^2本」～「C^{n-1}本」たる「C^n本」、あるいは［D］『版本』との間に年代的な差異はないかを見究めたく思ふ。

さすれば、［D］『版本』の成立はいつ頃であるかと言ふことを最初に考へておかなければならない。『和訓押韻』の『版本』の現存するものは、次の二種四本である。

D-a 天理無刊記本（伊藤東涯書入本。天理図書館古義堂文庫蔵、版本一冊）

D-b 天理正保二年本（伊藤仁斎書入本。天理図書館古義堂文庫蔵、正保二年〈一六四五〉刊本一冊）

D-c　京大本（京都大学附属図書館近衛文庫蔵、正保二年刊本一冊、bと同種本）

D-d　天理写本（天理図書館古義堂文庫蔵、写本一冊、内容から見てa・b版本の手写本）

従つて、この四種の『版本』はD-a・D-bの二種に集約される。そこで本稿はD-a『無刊記本』がD-b『正保二年刊本』に先行するものと考へる立場を採る。このことからa『無刊記本』の刊行はb『正保二年刊本』の正保二年（一六四五年）以前といふことになる。そこで『無刊記本』が正保二年よりどのくらゐの年代を遡ることが可能であらうか、といふことが問題となる。畢竟、その『無刊記本』成立に関する年代推定は、D-a『無刊記本』とD-b『正保二年刊本』との間に本文の特徴的な異同が存せぬ限り、発言力は弱い。それ故、『無刊記本』の刊行も『正保二年刊本』をさほど遡ることのない、正保二年に極めて近い年代になされたとする以外に方法はない。

しかしながら、『和訓押韻』の『版本』（恐らく『無刊記本』）を原拠とした「十二韻」の韻書（『記』『書』）の本文形態を精査して、その本文徴証からする特徴が、「十二韻」の韻書の成立について示唆する場合があるなら、右の「正保二年」といふ年代を若干遡らせたり、あるいは降らせたりすることも可能となる。そこで重要な鍵を握るのが、十二韻の『記』や『書』に引用されてゐる明代の方日升の『小補韻会』の受容の仕方である。ある特定の語にのみ『小補韻会』の引用があるとしても、その『韻書』全体に引用があるとは限らない。その『小補韻会』引用の部分が後の増補であれば、その「韻書」の成立年代を推定することは難しい。また、「韻外」全体が『小補韻会』からの韻字の抄出で構成されてゐたとしても、「本韻」の全般に『小補韻会』の引用がなければ、これまた極めて発言力が弱くなる。そこで本稿では「本韻」と「韻外」の双方に『小補韻会』の享受が確認し得るか否かの検討を加へねばならなくなる。

まづ「十二韻」の『記』と『書』の注文中に『小補韻会』と出典名明記されてゐる例は、「四、真諄臻韻」の「韻外」の部分に、次のやうに見られる。

a『記』787 槿キンアサカホ　小補匀會真匀　渠巾友　古人ノ句ニ　哀猿巴樹裂
啼鳥越―纔ト云句ニ　平声用例モアリ

b『書』120 槿キンアサカホ　小補匀會　真匀　渠巾友　古人ノ句ニ　哀猿巴樹裂
啼鳥越―纔ト云句ニ　平声用ル例モアリ

とあつて、a・b二本は全くの同注である。a・b二本共に『小補韻会』の書名が明示されてゐるのは、ここ一箇所のみであり、あとはただ「匀會」とするものが多いし、「匀會」とも明記せずに『小補韻会』を引く場合もありさうである。ここで『小補韻会』の書名の明記されてゐる一例を手懸りに、「十二韻」の「韻外」全体を検討することから始めよう。

十二韻の『記』『書』の「韻外」における『小補韻会』の受容について検索する。その前に「十二韻」の「韻外」の韻字数を『記』と『書』において示すと次の通りである。まづ『記』の韻字数は、

一、東韻(三三字)　三、虞模韻(二七字)　四、真諄臻韻(一九字)　五、元魂痕韻(二四字)　六、寒桓韻(一九字)　七、先仙韻(一〇字)　八、蕭宵韻(二四字)　九、麻韻(一三字)　一〇、陽唐韻(三字)　一二、尤侯幽韻(一字)　《計一七三字》

となつてゐる。この『記』の「韻外字」一七三字中、『書』にも収載されてゐるのは、「二、支脂之韻」は『記』『書』に用例が存せぬので、「三、虞模韻」～「一二、尤侯幽韻」までの一四〇字と、「一、東韻」の「124玒」～「150烤」の二七字と、計一六七字となる。結局、『記』と『書』の二書の「韻外字」の差異は、『記』の「一、東韻」の三三字中の末尾の「151江」～「156明」の六字が、『記』にのみ存し、『書』に存せぬことである。この六字を『記』が元の熊忠の『韻会』から抽出したか、それとも明の方日升の『小補韻会』から抽出したかが重要な鍵となる。この『記』の六字中、

153家　各室切　詩誰謂女無―用　此句已上並叶、、音

156明　音蒙　義同　庚有―等可用　已上並叶、、音　但訌非叶

の二字の注文中に「叶音」と明記してゐる。「叶音」とある韻字は『小補韻会』に見る「古叶」の部に所属するものであることが判る。

『小補韻会』の「古叶」とは『小補韻会』成立の明代を基準として、例へば、「微韻」「魚韻」などは古く「支韻」中に含まれてゐた、そのやうな「古代の音」を謂ふのである。さすれば、その「古代」とは年表の上でいつ頃を指すのであらうか。何故ならば、隣邦において「古代」とは、

㈠「詩経」の時代を指し、具体的には春秋時代から戦国時代にかけての、謂はゆる先秦時代を意味する。

㈡一般的によく使用される、唐代以前と広く解する。

の二義がある。『小補韻会』における「古叶」(古代の叶音)の指す「古代」は、㈠・㈡の孰れの意味に解釈し得べきか、今『小補韻会』における『韻会』(元・熊忠撰)に対しての増補部分に具現する固有名詞を任意に摘出して示し検討を加へよう。例へば巻一―25ウには、

班固(漢代の人)、曹植(三国時代の人)、黄庭経(晋代の書)、柳宗元(唐代の詩人)

の名が見られる。この中には先秦より後代のものが混じてゐることからすれば、『小補韻会』における「古代」は、前の㈡の意味、蓋し先秦時代から唐代までを指すことが判る。従つて隣邦古代の詩文とは、具体的には『詩経』『易経』『尚書』『春秋』『左伝』等を指し示し、「古叶」はそれら古代の漢詩文中に使用せられた「韻脚字」(押韻に用ゐる文字)を意味することとなる。この字音は明代においては既に使はなくなつたものを指し、「今音」に対する謂ひである。『小補

韻会』では、元の『韻会』に行はれなかつた、「古叶」の項目を特設せしめてゐる。従つて、「今音」(明代の字音)の韻目に基づいて、その韻字を索めると、「古叶」の存するものには、古代の字音の所属韻目が明記せられてゐる。[注14]

この『小補韻会』の「叶音」を、本邦成立の「十二韻」の韻書たる『記』に採り挙げてゐることが、何を意味するのかといふことを考へなくてはならない。畢竟、本邦における音韻研究史上、叶音説が流行したのは、韻鏡学の盛行する寛永頃(一六二四~一六四四)のことである。『記』『書』など「十二韻」の韻書はまさしくこの影響を受けた年代に成立したものであることを識るのである。『和訓押韻』の[D]「版本」中のb『正保二年(一六四五)刊本』は、まさに寛永年間の韻鏡学の盛んな時代の刊行である。『小補韻会』の隣邦における初刊は、万暦三四年(一六〇六)で、それより何年も経過しないうちに、この『初刊本』(『万暦刊本』)は本邦に伝来し、洵によく使はれた。剰へ本邦の正保五年(一六四八)には『和刻本』も上梓せられてゐる。つまり寛永末年から正保初年には『小補韻会』が実によく使用せられた証左を示すものであらう。この頃に十二韻の『記』や『書』、あるいはそれらの祖本が成立したものと目されるのである。

十二韻の『記』が「叶音」の記事が「韻外」に存在する事実をもつて、「十二韻」の韻書の成立年代を寛永末年~正保初年(一六〇四~一六四五)と推定したが、これのみでは手続の上で不十分であらう。『記』の「一、東韻」の「韻外」の「叶音」と指示する「151江」~「156明」の六字以外の、注文中に「勻會」と明記する記事が全て『小補韻会』に基づくものであることを確かめねばなるまい。さうして、同じ十二韻の『書』に関しても同様のことを確認しなくてはならない。

そこで十二韻の『記』『書』の「本韻」の注文中に「勻會」と出典明示するものをいくつか摘出して吟味してみよう。例へば、「三、虞模韻」所属の「桴」字を検索してみる。

a『記』485桴（フイカタ・ムナキ・ハチ）　勻會曰桴筏字　本作附通作レー(下略)

b『書』11桴　棟―　匂會曰安柎筏字　本作泭通作―（下略）

この「匂會」とあるのは、『小補韻会』からの引用ではなく、元の『韻会』に存する注文である。その理由は、この箇所の「十二韻」の韻書は、原拠るたる『和訓押韻』の〔C〕『龍門本』（〔D〕『版本』も同じ）を承けてゐる故である。『龍門本』には「9桴イカタ棟―　匂會曰案柎筏字　索泭通作桴」とある。斯様に『和訓押韻』の増補系本（〔C〕〔D〕）を継承するものには元の『韻会』の注文が出てくるのである。次に示す「八、蕭宵韻」に属する「蕭」字で、「十二韻」の注文は、

a　『記』1286蕭　―蒿　匂會ニ荻也

b　『書』36蕭　―高　匂會ニ荻也（「高」は「蒿」の誤写。「こ」は片仮名「ニ」の譌字）

となつてゐる。この「蕭」字も『和訓押韻』（北岡本36）を承けてはゐるが、『北岡本』『版本』には『韻会』の引用は存しない。そこで『韻会』と『小補韻会』とを検索すると、両書が同注であつて、その孰れに拠つたか弁別し難い。

同じ「八、蕭宵韻」所属の「蕘」字の場合を検討する。「十二韻」の注文は、

a　『記』1338蕘　匂會刈レ草曰レ蒭　采レ薪曰レ―　菜名　蕪菁也　又云草既芟曰レ―

b　『書』88蕘　匂會刈レ草曰レ蒭　采レ薪曰レ―　又云草既芟　曰レ―

とある。『記』の引用の「刈レ草曰レ蒭…菜名　蕪菁」の部分は、元の『韻会』にも明の『小補韻会』にも共通して見られる。『書』は「菜名　蕪菁」を省略する。問題は末尾の「又云草既曰レ―」の部分である。この「又云」以下の注文は元の『韻会』には見られない記事である。『小補韻会』には独自の増補部分に「〇嘯韻　人要切　艸既芟曰蕘」とあり、まさに「十二韻」の韻書はこれを引用したのである。

次に「匀會」と明記せずに『小補韻会』を引用した例を一、二挙げてみよう。「一、東韻」所属の「潨」字を検索する。「十二韻」の注文は、

a　『記』29潨(キシ)(ミツアヒ)　水會也　音義　又厓也　職戎切

b　『書』77潨(シウ)(ミヅアヒ)(ナカレ)　小水入大水曰ㇾ—　水ノアツマル処也　水落(ノ)—　猶可尋　（「猶可尋」は後筆の書入れ）

となつてゐて、この場合は、『記』と『書』とは漢文注が同じでない。そこで『記』『書』の注文を『韻会』と『小補韻会』に拠つて確かめると、『記』の「水會也」も『書』の「小水入大水曰ㇾ—」も、『韻会』と『小補韻会』の双方に見られて、典拠をその孰れとは特定し難い。しかるに、『記』の漢文注の後半の「又厓也　職戎切」の部分は『韻会』には存せず、『小補韻会』にのみ「○又本韻　職戎切　厓也　一曰小水入大水」と認められる。「十二韻」の少なくとも『記』が『小補韻会』に依拠してゐることは確実である。次に掲げるのは「十二韻」の『記』には「匀会」の明示がないが、『書』にのみ明記する例がある。「九、麻韻」に属する「笆」字は「十二韻」の注文に、

a　『記』1393笆(ハカキ)(タケ)(マカキ)　蘺也　芦—　柴—　菊(ノマカキ)—　説文竹之有刺者　馬匀　訓竹名有刺

b　『書』5笆(ハカキ)(タケ)(マカキ)　—籬　芦—　柴—　菊(ノマカキタケ)—　—ト訓ス　匀會(ニ)竹(ノ)名(ト)アリ

とある。これを『韻会』と『小補韻会』の二書に拠つて検するに、『韻会』には「竹之有刺者　又竹籬」の部分が見えるのみである。しかるに『小補韻会』には『韻会』と同注の後に「○又馬韻博下切　竹名有刺　○又傍下切　竹名在蜀」とあつて、『記』と『書』の両注が共に『小補韻会』に基づいてゐることが判るのである。

以上、『韻会』と『小補韻会』とを検索して、十二韻の『記』と『書』との漢文注の中で『小補韻会』に依拠するものを若干挙例した。これによつて『記』『書』共に、「本韻」（韻内）の部分も「韻外」も『小補韻会』を引用してゐることは

確実と見られる。さすれば、本稿で「十二韻」の韻書の成立年代が近世初頭の寛永末年～正保初年（一六四〇～一六四五）までであるとする推定は十分なし得るものでないかと思ふのである。

次に、「十二韻」の韻書の撰述者（作者）については、目下のところ特定し得る資料が見付からない。深沢眞二氏が『和訓押韻』の作者を三条西実隆と擬せられたやうに[注15]、近世初期の漢和聯句の実作者の中に特定し得る人物が見られるのかも知れない。本稿における私の調査で見付けられた、ただ一つの手懸りとなるものは、『和訓押韻』の『版本』のD-b『正保二年刊本』（天理図書館古義堂文庫蔵）に多量に存する伊藤仁斎（寛永四年〈一六二七〉～宝永二年〈一七〇五〉）の「書入れ」である。この「仁斎書入」部分に、「十二韻」のA-b『書』の同時の増補部分と一致する記事が多く見られることである。例へば、「一、東韻」所属の「瓏」字を見よう。

a　『記』90瓏（ロウ）　玲—（テリカ、ヤク）日

b　『書』76瓏（ロウ）　玲—　玲—（テリカ、ヤク）日本　其於秀起（ヒテタツル）浪穂（ナミホ）之上（ニ）　起（タテ、ヤ）ニ八尋（イロノトノヲ）殿一　而手玉（タタマ）玲—（モユラニ）　織維（ハタヲル）之少女（ヲトメ）者（ハ）　是レ誰之子女（ムスメ）耶（ソヤ）神代下（上欄書入に「玲—（サヤケレ）明良」「カ、ヤク　玉声——」は後筆）

このやうに『書』は大幅な増補を『日本紀』に依拠して行なつてゐる。『和訓押韻』の写本三本は同注で「玲—日本」で、『版本』も同じである。ところがD-b『仁斎書入本』（版本）の「書入」部分に朱筆で『書』の増補する注文が一致した形で見受けられる。同様の事象は、『書』の「70穜」、「78螽」、「84瞢」、「80蘮」、「87銅」、「88融」、「90侗」、「92蓊」、「94蓯」、「95蘢」、「96罞」、「107箜」、などに悉く「仁斎書入」が集中的に見られる。「韻外」でも『書』の「116𢉱」、「125涷」、「127豋」、「128緵」、「129猣」、「131瀧」、「132熧」、「133崆」、「134瘲」、「135瀜」等にやはり「仁斎書入」部分とほぼ一致する注文が見られ

る。斯く「一、東韻」を見ただけでも、b『書』の注記と『版本』の「仁斎書入」部分と符合する箇所が多く見受けられるのである。これは仁斎にとつて、「十二韻」のbの『書』(略本系)のテクストが参看し得る環境にあつたことを物語る。逆に「十二韻」のbの『書』の編纂者が、『版本』の「仁斎書入」を参照して採り入れたと見ることができない訳ではない。しかしながら、私はこの逆の立場をとることをしない。その理由は、『版本』の「仁斎書入」部分(『書』の「二、支脂之韻」の「21朞」に該当する箇所)に、「朞　三五韻トシトアリ」とあることによつて、仁斎による『版本』の「書入」は貞享三年(一六八六)以降になされたことが明らかである。仁斎は十二韻の『書』の増補部分や『漢和三五韻』に基づいて、『版本』に書入れをしたものと目せられる。

元に戻つて、「十二韻」の韻書の撰述者(作者)について再び考へよう。前に掲げた宇都宮由的撰述の『漢和三五韻』の里村昌純の序に、

そのかみ後常恩寺殿のぬき出給ひし和訓押韻に誰の人か元韻を加て十二韻といひて世に行はれ侍る

と、「十二韻」の韻書の編述者(作者)を「誰の人か」と疑問形にして、人物を特定してゐない。昌純の「序」に「十二韻」の書名が見えるところから、「十二韻」の成立は貞享三年(一六八六)以前であることは言ふまでもない。さうして『和訓押韻』の『無刊記本』(正保二年〈一六四五〉を少し遡る頃)以降の成立であることもほぼ確かである。このやうな時期、上限が寛永末年〜正保初年(一六四〇〜一六四五)頃、下限を『漢和三五韻』刊行の貞享三年(一六八六)とする約四〇年間に活躍した人物といふことになる。なほかつ、『書』のごとき略本系は仁斎や東涯など堀川学派の人たちが、これを参看し得る環境にあつたことも、有力な作者設定のポイントとなる。さすれば、伊藤仁斎の他には、里村家の方では昌純の兄の昌陸やその周辺の人物も考へられる。『和訓押韻』の『版本』の「仁斎書入」部分に「仁斎母ハ紹巴ノ孫

ニアタル」とある記事によつて、「仁斎」とも、『漢和三五韻』の「序」の記述者「昌純」の兄の「昌陸」とも推測し得る。しかし、さうすると、昌純が一族(親族)の中に含まれる人物を「誰の人か」と疑問形にしたことに不審を感じる向きもあるかも知れないが、親族関係にある人物を、殊更に婉曲的な謂ひ方をしたのではないかとも考へられる。これは私の一案である。

しかしながら、和漢聯句が盛行したこの時代には、「十二韻」の撰述者(作者)に擬すべき人物は多からうと思ふ。全てそれ相応の考証を経て推測されなければならない。今後に残された課題であらう。

三―6　入韻字・本韻(韻内)・韻外　安土桃山時代以降、江戸時代初頭の寛永期にかけて、漢和聯句が極めて盛んに行はれるやうになつた。それに伴つて、漢和聯句のための韻書も『和訓押韻』の写本は寛永末年から正保三年(一六四〇～一六四七)頃に「版本」化され、重刊されるに到つてゐる。さうして、その直後に「十二韻」の韻書が誕生したのである。漢和聯句の連衆は『和訓押韻』の写本や版本に必要な追加項目の書入れをしたゐたであらうが、それらを纏めた形で「十二韻」の韻書となしたのであらう。しかし、その「十二韻」の韻書でも、漢和聯句の実用のためには、更なる韻目と韻字の追加が必要となつたのである。「十二韻」の韻書が「版本」として刊行されないうちに、貞享三年(一六八六)には「冬韻」「灰韻」「歌韻」の三韻を増補して『漢和三五韻』が上梓せられてゐるのである。

しかしながら、「入韻字」の字数に限つて言へば、漢和聯句が殊に隆盛になつたにも拘はらず、「本韻」(韻内)や「韻外」ほどには増加してゐないのである。その理由は、「入韻字」は「漢和百句」の「第唱句」(第一句めの「漢句」)の次にくる「入韻句」(第二句めの「和句」)にのみしか使用されない「入韻字」はさほど追加する必要はなかつたのであらう。しかし「本韻」や「韻外」に所属する韻字は、漢和聯句が頻繁に行はれるにつれて韻字を増加させる必要が生じる。「漢和百句」の4・6・8・10…100等の偶数句(和句)のために「本韻」と「韻外」の韻字が数多く用意されなければならない。それに対して「入韻字」は「入韻句」にのみしか使用されないため大幅な増加の必要がなかつたのである。「五、元魂痕」の一韻が増加したために、その「入韻字」一〇字が増加されたのである。この一〇字を除いて表IIを眺めると、十二韻の『記』『書』所収の「入韻字」は、「十二韻」の原拠となつてゐる『和訓押韻』の増補系本たる『龍門本』や『版本』と全く同一字数である。

表II「十一韻」「十二韻」「十五韻」の入韻字数

韻目	十一韻 北岡	十一韻 松平	十一韻 龍門	十一韻 版本	十二韻 記	十二韻 書	十二韻 増	十五韻 三五韻
一、東	13	無	16	16	15	15	(3)	15
二、支脂之	19	無	19	19	19	19	19	24
三、虞模	13	無	13	13	13	13	13	14
四、真諄臻	12	無	12	12	12	12	12	15
五、元魂痕	—	—	—	—	10	10	(0)	10
六、寒桓	7	無	7	7	7	7	7	9
七、先仙	14	無	15	15	16	16	16	17
八、蕭宵	5	無	5	6	5	5	5	10
九、麻	7	無	7	7	7	7	7	7
一〇、陽唐	15	無	15	15	15	15	15	21
一一、庚耕清	20	無	20	20	20	20	6	21
一二、尤侯幽	10	無	10	10	10	10	10	10
計	135	無	139	140	149	149	(113)	173

〔備考〕
1.「十五韻」の『漢和三五韻』の中の、「十二韻」の韻書に相当する韻目を対照させた。
2.「十二韻」と「十五韻」の書名の略号は次の通り。
記(韻字記)・書(韻字之書)・増(増補倭訓押韻)・三五韻(漢和三五韻)。

次に「本韻」(韻内)について概観する。前述の「四-3 伝本の系統」の項で分類したやうに、十二韻の韻書の『記』『書』『増』の三本は、標出字数と注文の在り様からしてA・Bの二系統に分たれ、さらに、Aの中では注文の広略の別によつて、A-aとA-bとに細分類することができた。

- A系統本
  - A-a『韻字記』(広本)
  - A-b『韻字之書』(略本)
- B系統本
  - B『増補倭訓押韻』

『増』をB系統とした理由は、標出字数と注文の内容だけでなく、『増』の本文構成そのものに、A-aやA-bとは大きな違ひが見られ、それは「本韻」と「韻外」との間に、表Ⅲで示す（　）内の「補」とする欄が特設されてゐることにある。「補」とする以上、文字通り、「本韻」の不足分を補なふ意図が存するのであらうが、「本韻」(韻内)はすべて『聚分韻略』の「三重韻」に基づいて抄出されるのが大原則である。しかるに『増』の「補」は『韻会』から韻字を抽出してゐる。「十二韻」も「十一韻」を踏襲してゐて、『韻会』並びに『小補韻会』からの抄出韻字群を「韻外」として「本韻」の後に置くことになつてゐる。『増』もその形式に従つて、末尾に『韻外』を置くが、「補」欄を設けることは、「本韻」に対しても、「韻外」に対しても、抄出の基準の意識が曖昧で、結果的に矛盾することとなる。斯く『増』はA-a・A-bに対して、全体としてやや趣を異にした構成になつてゐるので、B系統本とし、A系統本より後出の本文であるとした。

繰り返し述べるやうに、「本韻」の韻字の排列は『聚分韻略』に従ふことが原則となつてゐる。その点では『記』『書』『増』の三本共、ほぼ同じ原則に従つてゐる。しかし細かく見ると、三本間に小異が存する。これは「辞書」の常である。字順の小異を別とすれば、韻字数の違ひが見られることにどういふ意味があるかといふことである。A-a『記』

とA-b『書』とでは、同じA系統とは言つても韻字数に差がある。『書』が『記』よりも全体で二六字も多い。この二六字が如何なる性質の増字になつてゐるかが問題である。以下、韻目毎に検討しよう。

「一、東韻」では『記』が一〇八字で、『書』は一〇九字と一字多い。これは『記』に『書』の「41菘」「42蓬」「46筒」の三字がなく、『書』に『記』の「60幪」が存しない。『記』は「28曨」が「86曨」、「29涑」が「92涑」に重出してゐるし、『書』は「1籠」と「43籠」とが重出。これらを差引きすると『書』が一字多いことになる。ただし、「籠」字が「東韻」の冒頭に来ることは不審である。そこで『韻字之書』の原拠たる『和訓押韻』の『龍門本』を見ると、「籠」の字が「入韻字」の最末尾の位置に存する。『書』はこれに牽引せられたものである。

「二、支脂之韻」は、『記』二八六字、『書』二九七字と、『書』が一一字も多く差が大きい。『書』に存して『記』に存しないのは、「24曦」「170偲」「172巇」「179孲」「278埤」「287洏」の六字である。『記』に存して『書』に存せぬものはない。『書』は「1誰」と「145誰」、「13維」と「140維」、「19涯」と「159涯」と「329涯」、「166褫」と「277褫」とに重複が見られ、先の24・170・172・179・278・287の六字に、この重出の五字を加へると一一字となる。

「三、虞模韻」は、『記』一五五字、『書』一五六字で、『書』が一字多い。これは『書』の「50謨」が『記』に存せぬ故である。なほ『記』の「506愉」と「593愉」の重出は、『書』も同じく「32愉」と「119愉」が重出してゐる。『記』と『書』とは重出まで共通するのは、両本が共通の祖本に基づくためであらう。

「四、真諄臻韻」も『記』が一一一字、『書』は一一二字と『書』が一字多い。これは「人」字が17と80の二箇所に存するためである。これは単なる重複ではない。『書』の「17人」の注文と「80人」の注文とは別のものになつてゐる。その点で『記』は「685人」の一箇所に『書』の17と80の注文を統合した形になつてゐる。この原因は、実は「十二韻」が原

表III「十一韻」「十二韻」「十五韻」「三十一韻」の本韻（韻内）字数

韻目	十一韻 北岡	十一韻 松平	十一韻 龍門	十一韻 版本	十二韻 記	十二韻 書	十二韻 増	十二韻 （補）	十五韻 三五韻	三十一韻 和語	聚分韻略
一、東	72	71	75	113	108	109	105	(16)	112	107	109
二、支脂之	149	117	148	327	286	297	286	(3)	343	330	336
三、虞模	105	71	106	206	155	156	153	(4)	209	203	204
四、真諄臻	88	64	89	133	111	112	108	(5)	133	132	134
五、元魂痕	—	—	—	—	107	109	(88)	(1)	108	107	108
六、寒桓	58	54	58	57	106	107	105	(5)	113	105	107
七、先仙	89	79	88	175	148	150	152	(3)	177	171	173
八、蕭宵	70	65	64	125	107	107	106	(2)	134	129	128
九、麻	56	49	58	97	92	93	89	(2)	94	95	96
一〇、陽唐	129	96	130	219	219	219	216	(1)	218	215	217
一一、庚耕清	90	80	90	159	148	152	148	(1)	163	159	161
一二、尤侯幽	85	75	(84)	176	141	143	145	(2)	179	179	179
計	991	821	(990)	1787	1728	1754	1701	(55)	1983	1913	1752

〔備考〕
1.「十五韻」と「三十一韻」の韻書については、「十二韻」韻目に相当する韻字数を示す。
2.「十二韻」「十五韻」「三十一韻」の書名の略号は次の通り。
記（韻字記）・書（韻字之書）・増（増補倭訓押韻）・三五韻（漢和三五韻）・和語（和語略韻）。
3.『増補倭訓押韻』には「補」として「本韻」の後、「韻外」の前に『韻会』からの抄出字を置く。

拠とした十一韻の『和訓押韻』に基づくものである。『和訓押韻』写本三本では、『北岡本』（16・89）と『龍門本』（20・90）とが「人」字を二箇所に置いてゐる。しかるに『松平本』は「294人」の一箇所に、『北岡本』『龍門本』の二つの注文が統合された形で見られる。斯く「十二韻」のA-b『書』は、原拠とする『和訓押韻』の［C］系統本『龍門本』の元の形に基づいたため、「人」が二箇所に分散する結果となつてゐる。

「五、元魂痕韻」は「十一韻」になく、「十二韻」の韻書に新たに追加された韻目である。『記』が一〇七字、『書』は一〇九字と『書』が二字多い。『記』には『書』の「26閣」「27婚」の二字が見られないためである。

「六、寒桓韻」も『記』が一〇六字、『書』は一〇七字で『書』が一字多い。この原因は単純で、『書』が「16嘆」と「18嘆」に重出してゐるためである。

「七、先仙韻」では、『記』が一四八字、『書』は一五〇字と『記』より二字多い。『記』には『書』の「111謾」「112嗎」の二字が存しないからである。

「八、蕭宵韻」は『記』『書』共に一〇七字で、標出字に異同はない。

「九、麻韻」は、『記』が九二字、『書』が九三字で、『書』が一字多い。この理由も単純で『書』が「82哇」「83哇」と重出せしめてゐるためである。これは『書』を筆写した人が改丁の際に重複させたのであらう。

「一〇、陽唐韻」も、『記』と『書』と共に同字数で二一九字である。

「一一、庚耕清韻」は、『記』が一四八字、『書』は一五二字で、四字多い。これは『記』に、『書』の「59苹」「60橙」「66橕」「133杭」の四字が存せぬためである。ただし『書』は「60橙」を「121橙」とに重出せしめてゐるので、『書』が『記』よりも実質的に多いのは三字といふことになる。ただし『書』の「橙」字に対する和訓は「60橙カラタチ」、「121橙カフチ」と異なつてゐる。これは『書』が二つの典拠に基づいたことに起因するものか。

「一三、尤侯幽韻」では、『記』が一四一字、『書』は一四三字で、『書』が二字多い。『記』には、『書』の「119苿」と「140啾」の二字が存しないためである。

以上の調査結果を纏めると、表IIIでは一二韻目全体で『書』が『記』よりも二六字多いのであるが、この中から『書』の重出字九字を差引くと、『書』が一七字多いこととなる。これに対して、聖護院本『増』は実見してゐないので、標出字の異同の委細を記し得ないが、中村元氏の調査[注16]に拠れば、全体の韻字数も一七〇一字と、『記』よりは二七字も少なく、『書』よりも五三字少ない伝本である。この標出字（韻字）の面からも、『増』は『記』や『書』とは別系統の伝本であることが判る。『記』『書』をA系統、『増』をB系統と、韻字数の上からも分たれる所以である。

最後に「韻外」について概要を記す。十一韻の『和訓押韻』は『聚分韻略』に存せぬ韻字を元の熊忠撰『古今韻会挙要』（略称『韻会』）より抄出して「韻外」とした。さうして「十二韻」の韻書は『記』『書』共に、「韻外」は明の方日升撰の『古今韻会挙要小補』（略称『小補韻会』）から抄出して構成してゐる。さすれば、十二韻の『記』『書』が、原拠たる『和訓押韻』の増補系本（『龍門本』や『版本』）を承けてゐることは事実であるが、「韻外字」は『韻会』に拠つてゐるか、それとも新しく『小補韻会』を受け入れたかを確かめなくてはならない。『和訓押韻』の「韻外」で最も多くの韻字を有してゐるのは「一、東韻」（北岡一五字・松平一四字・龍門一九字）である。次に多いのは「九、麻韻」の『松平本』（一〇字）である。今この二つの韻目に当つてみる。「一、東韻」で十二韻の『記』と『書』とは、『記』の「124玒」〜「150焪」の二七字が共通して見られる。この中で『和訓押韻』の［C］『龍門本』・［D］『版本』に見受けられるのもは、「124玒」（龍門76・版本131）、「125艟」（龍門93・版本132）、「126菶」（龍門78・版本133）、「127堫」（龍門79・版本134）、「128葼」（龍門80・版本135）、「129總」（龍門81・版本136）、「130㢔」（龍門82・版本141）、「131葓」（龍門83・版本142）、「132谼」（龍門84・版本143）、「133訌」（龍門85・版本137）、「134襱」（龍門86・版本138）、「135豅」（龍門87・版本139）、「136霳」（龍門88・版本140）、「137緵」（龍門90・版本145）、「138窓」（龍門94・版本146）、の一五例である。『龍門本』の「91鬉」は十二韻の『記』『書』に継承されてゐない。この「鬉」字は『韻会』『小補韻会』の双方に存するのに、『記』『書』がこれを承けてゐない理由が判らない。右の「十二韻」に踏襲せられた『和訓押韻』

表IV「十一韻」「十二韻」「十五韻」の韻外字数

韻目	十一韻 北岡	十一韻 松平	十一韻 龍門	十一韻 版本	十二韻 記	十二韻 書	十二韻 増	十五韻 三五韻
一、東	15	14	19	16	33	27	65	72
二、支脂之	0	0	0	0	0	0	(3)	113
三、虞模	0	0	0	0	27	28	17	101
四、真諄臻	0	1	0	0	19	19	15	65
五、元魂痕	—	—	—	—	24	24	3	49
六、寒桓	2	6	0	51	19	21	14	58
七、先仙	0	0	0	0	10	10	9	49
八、蕭宵	1	4	0	0	24	25	7	57
九、麻	0	10	0	0	13	13	8	32
一〇、陽唐	0	2	0	0	3	3	10	42
一一、庚耕清	0	0	0	0	0	0	8	65
一二、尤侯幽	0	0	0	0	1	1	9	80
計	18	37	19	67	149	147	(165)	783

〔備考〕
1.「十五韻」については、「十二韻」の韻目に相当する分についてのみ掲出した。
2.「十二韻」と「十五韻」の書名の略号は次の通り。
記（韻字記）・書（韻字之書）・増（増補倭訓押韻）・三五韻（漢和三五韻）

の一五字の中で、『記』の「134襱 袴一曰裙」は『龍門本』の「86襱 袴一曰裙」を承けたものである。『龍門本』は『韻会』（巻一・15ウ）に拠つてゐる。『小補韻会』は「襱」字を「古読」に入れてゐて、『韻会』の注文「袴也 方言 袴一曰裙」が存しない。従つて十二韻の『記』『書』の「134襱」は『小補韻会』に拠らず、『和訓押韻』の『龍門本』あるいは『版本』をさながらに承けてゐることが判る。『記』の「138窓」（書124）も『韻会』には存するが、『小補韻会』では「古読」に属せしめてゐる。これらを見ても、十二韻の『記』『書』は『和訓押韻』を継承する場合には、新たに『小補韻会』に拠つて注記を入れ替へることをせずに、原拠を踏襲する姿勢が窺はれる。この規準を裏付けるやうな用例が一例見られる。『記』150（書136）の「焅 乾也（カハク）」は、「十二韻」が『和訓押韻』の『龍門本』または『版本』からの受容を了へて、『記』が「151江」～「156明」（六字）を独自に増補する直前に「150焅」を追加してゐる。この「焅」字は『和訓押韻』の『龍門本』や『版本』に存せぬ韻字、『松平本』にのみ見られるものである。十二韻の『記』『書』は『龍門本』や『版本』からの引用した字群とは別に、後から「焪」字を追加したことが考へられる。ところでこの『松平本』に見える「韻外字」の「85焪(キウ/カハク) 乾也」は『韻会』には見られない韻字である。当然『小補韻会』にも存しない。それを無批判に「十二韻」に享受したのは何故かと考へるに、やはり「十二韻」の韻書の編纂者は、原拠とする『和訓押韻』を尊重して踏襲したといふ姿勢が看て取れる。因みに『松平本』の「韻外字」の「84㤥(キウ/ウレウ) 憂也 廣」「85焪(キウ/カハク) 乾也」の二字は『韻会』でなく、『広韻』に依拠したものなのであつた。

また、「一、東韻」の「124玒」〜「128窓」の一五字の中、124〜136の一三字は、原拠『和訓押韻』の基幹とする『韻会』の排列の順に平行し、『小補韻会』に拠つて字順を変更することはしてゐない。原拠を尊重する編輯態度は変はつてゐない。十二韻の『書』は原拠にほぼ近似した簡略な注文となつてゐるが、注記を委しくする『記』には音注や漢文注を独自に補入する。この独自の補入は『韻会』に拠つてゐるか、それとも『小補韻会』に基づいてゐるのか、『韻会』『小補韻会』の孰れに拠つても補充が可能であり、弁別し難い。

次に問題となるのが、『和訓押韻』の『松平本』にのみ見られる「九、麻韻」の「韻外字」一〇字である。これについて、十二韻の『記』『書』に如何に受容せられてゐるかを確かめる。「十二韻」には『記』1481〜1493、『書』は94〜106、の一三字の「韻外字」が存する。この中で『松平本』の「韻外字」を承けてゐるのは、『記』の「1486䴥」(書99)、「1487蕸」(書100)、「1489艖」(書102)、「1491蒣」(書104)、「1492䴥」(書105)、「1493謯」(書106)、の六字である。この六字の中の末尾の「1493謯」(書106)を除く五字は、概ね『松平本』を踏襲してゐる。『記』が独自の補入を行なふ「1487蕸」の漢文注「音遐 芙蕖葉氷枯曲沼ー柳」も『韻会』『小補韻会』の孰れに拠つても同注であり弁別し難い。末尾の「1493謯」(書106)が問題である。「謯」字は『韻会』にも『小補韻会』にも存せぬものである。これは『和訓押韻』の『松平本』に存し、「十二韻」の韻書はここでも原拠の『松平本』を尊重して継承したものと見倣される。

その他、「二、支脂之韻」～「三、尤侯幽韻」の「韻外」では、「虞模韻」「真諄臻韻」「先仙韻」「陽唐韻」「庚耕清韻」の五韻目に、それらに所収の「韻外字」の排列は、小異を別として概ね『小補韻会』に平行してゐる。「二、支脂之韻」と「二、庚耕清韻」には「韻外字」が存せず。「三、尤侯幽韻」にも一字しか存しないので、問題となるのは「五、元魂痕韻」、「六、寒桓韻」、「八、蕭宵韻」、「九、麻韻」、の四韻目における「韻外字」の排列である。この四韻目は『韻会』にも『小補韻会』とも字順が平行せず、特に「十一韻」→「十二韻」の過程で追加された「元魂痕韻」が『小補韻会』の字順に平行せぬ点が不審である。結局、この四韻目の「韻外字」は『小補韻会』の韻字を恣意的に並べて行つたとしか考へられない。

三—7　注文の典拠　「十二韻」の韻書の「本韻」(韻内)の標出字は『聚分韻略』の「三重韻」から抄出してをり、その注文中にも若干は『聚分韻略』の漢字注も入れてはゐるが、多くは和漢の典籍から補入してゐる。勿論、原拠とする『和訓押韻』(十一韻)の注文の大部分を受容し、「十二韻」になる段階で、さらに新たにやはり和漢の書から注記・熟字例を抄出して増補してゐる。繰り返しになるが、原拠の『和訓押韻』(十一韻)は『日本書紀』『万葉集』『和名類聚抄』等の和書から和訓・熟字を採録し、中国の韻書では特に明代の方日升撰『小補韻会』に多くを依拠してゐる。十一韻の『和訓押韻』が元代の熊忠撰の『韻会』に専ら拠つたのに対して、「十二韻」の韻書は悉く『小補韻会』に基づいた注文になつてゐることが、本稿の調査において明らかとなつた。さうして、「十二韻」の韻書はa広本系統本の『記』と、b略本系統の『書』とに、実にその注文の分量によつて「広・略」に大別し得るのである。原拠の『和訓押韻』の増補系統本たる[C]『龍門本』、[D]『版本』の注文をほぼ踏襲し、それに若干の注文の増補を施したのが「略本」たる『書』(略本)である。その「略本」に大幅に注記を追加したのが『記』のごとき「広本」である。『記』は編者の見解を提示する形式の注文となつてゐて、謂はば、一種の抄物風の形態になつてゐるのが特徴的である。

本文(注文)の広略の問題はそれとして、a『記』・b『書』に共通する注文の特徴は『小補韻会』が多用されてゐることと、注記・熟字例の後に定家の歌を中心にして、数多の証歌を挙げてゐることである。「和語」を漢字に直したとして、その漢字が押韻すべき韻歌・韻字歌の先蹤は夙に建久七年(一一九六)秋の定家の「韻歌百廿八首」に索めることができる。これは、定家の学芸上の権威もさることながら、やはり新古今時代を代表する定家の和歌、特に韻歌・韻字歌を、後世の韻事のモデルとして掲げることに意義があると思はれる。「漢和聯句」の「和句」が韻を踏むといつても、「漢句」に類似したニュアンスの「和句」であつてはならない。「十一韻」の韻書にも四首の証歌が存したり、「定家卿韻歌」とか「定家卿韻字歌」と注記したりされてゐるけれども、全て七八首(『書』は七九首)もの証歌を掲出することは、「十二韻」の韻書の一大特色である。

表V「十一韻」「十二韻」の所収歌数

韻目	十一韻 北岡	十一韻 松平	十一韻 龍門	十一韻 版本	十二韻 記	十二韻 書	十二韻 増
一、東	2(2)	2(2)	2(2)	2(2)	4〈1〉	4〈1〉	4
二、支脂之	0	0	0	2(2)	15〈1〉	14〈1〉	15
三、虞模	(1)	(1)	(1)	0	6	6	4

四、真諄臻	五、元魂痕	六、寒桓	七、先仙	八、蕭宵	九、麻	一〇、陽唐	一一、庚耕清	一二、尤侯幽	計
0	—	0	（1）	0	0	2	0	0	（4）4
0	—	0	0	0	0	2	0	0	（3）4
0	—	0	0	0	0	2	0	0	（3）4
0	—	0	0	0	0	（1）2	0	0	（5）6
8	〈1〉4	6	〈4〉11	〈1〉5	8	〈2〉3	0	8	〈10〉78
8	〈1〉5	6	〈4〉11	〈1〉5	8	〈2〉3	0	8	〈10〉79
6	2	6	7	3	6	3	0	8	64

〔備考〕
1.「十二韻」の書名の略号は次の通り。
記（韻字記）・書（韻字之書）・増（増補倭訓押韻）
2.（）内に示した数は、「定家卿韻歌」・「定家卿韻字歌」・「拾遺愚草」と注記した注文数。
3.「十二韻」に〈〉内に示した数は、その所収歌の中に含まれる定家の証歌以外の歌数。

表Vは「十二韻」所収の証歌の用例数を示したものである。〈 〉内の数字は、その用例数に含まれる定家の歌以外の証歌の数である。従つて、各韻目の用例数から〈 〉内の数を減じた数が、定家の証歌の用例数である。合計七八首（『書』は七九首）の内訳は、定家の証歌が六八首（『書』は六九首）、残りの一〇首は定家の歌以外の証歌の数である。さうして定家の六八首（『書』は六九首）は『拾遺愚草』上巻の「花月百首」より一首、中巻の「韻歌百廿八首」より四〇首（『書』は四一首）、下巻の「員外雑歌・韻字四季歌」より二八首、といふ明細になつてゐる。

定家の『拾遺愚草』に拠る証歌以

外の「十二韻」の所収歌は、次のごときものである。

まづ『万葉集』に拠るものとして、

〘五、元魂痕韻〙　記884・書78「猿」　吾ヤトニサケル秋ハキツ子ナラハワカマツ人ニ令見—(マシ)モノヲ

これは『万葉集』巻一〇-2112の、

吾屋前尒開有秋萩常有者我待人尒令見猿物乎

この原文の第三句「常有者」を十二韻の『記』『書』は「ツ子ナラバ」と訓み下してゐる。『日本古典文学大系本』は「常にあらば」と原形に復原して刻してゐる。シラビーム言語としての上代語においては、「常にあらば」と「常ならば」とは同一の音韻に帰するものである。『万葉集』からの引歌は他にも、

〘七、先仙韻〙　記1165・書79「圓」　マスラオノ高—(マト)山ニセメクレハ里ニヲチクル鼯ノ声

とある。これの原文は、巻六-1026に、

大夫之高圓山尓迫有者里尓下來流牟射佐毗曽此

右一首　大伴坂上郎女作之

となつてゐる。第三句「迫有者」を『記』『書』共に「セメクレハ」、第五句「牟射佐毗曽此」を「鼯ノ声」と訓むのは『西本願寺本』系統の本文に基づいてゐるのであらう。

同じ「記1165・書79」の「圓」の注文の中の「マスラオノ……」の直後に、

高—(マト)ノ野チノシノハラ末サハキソソヤ秋風ケフ吹ヌ也　基俊

とあるが、この歌は『新古今集』巻四・秋歌上373に、次のやうに題して、

法性寺入道前関白太政大臣家歌合に　野風

高圓の野ちの篠原末さわきそゝや木枯けふ吹きぬなり

勿論『藤原基俊集』にも収録されてゐるが、『記』の歌の頭部に出典名注記「新古」とあるのに基づき『新古今集』に拠つたものとして取り扱ふ。

基俊の歌の後に、更に『続後撰集』巻三・春歌下127の「従三位行能」(藤原行能)の証歌が、

イタツラニ花ヤ散ラン高(マト)—ノ尾上ノ宮ノ春ノ夕暮

とある。この歌は承久元年(一二一九)七月廿七日の『内裏百番歌合』[注17]の「十四番(深山花)右持」とするもので、

十四番　左持　家衡

27桜花いくへかさねてみねの雪よしのの奥にたづね来にけり

右　行能

徒に花やちるらん高円の尾上の宮の春のゆふぐれ

これの判詞には「左　無指事　右もあまりことごとしきさまにて　それもことわりながら　無指事　仍為持」とされてゐる。この歌はまた、衣笠前内大臣家良撰の私撰集『万代集』巻二・春下382にも、「題しらず　従三位行能」として収められてゐる。

「圓」字の引歌の冒頭の歌(万葉歌「マスラオノ……」の直前に置く)、

敷島ヤ高(マト)—山ノホト、キスフルキ都ニハツ音啼ナリ

が存する。この歌の典拠をいまだ詳かにし得ないが、これの類歌として、藤原家隆の家集『壬二集』(『玉吟集』とも)

春廿首695に、

百首和歌　仙洞結句御百首

しきしまやたかまとやまのかすめるはふるきみやこにはるやきぬらん

因みに『壬二集』の部類立は全体として『拾遺愚草』に類似するものである。

次に『六百番歌合』からの証歌について見る。

〘一、東韻〙　記61・書48「弓」　今日ハ吾カ君カミマヘニトル文ノサシテカタヨル梓(ユミ)―哉

六百番哥合ニ賭弓ト云題ニテ後京極内大臣兼大将

とある。「後京極内大臣」とは藤原良経のことにて、中御門摂政殿とも称せられた。慈円の甥にあたる。建久四年(一一九三)頃「六百番歌合」を主催した。内大臣になつたのは建久六年(一一九五)である。『六百番歌合』の春上・二五番賭射(のりゆみ)[注18]に、

左勝　女房(良経)

49今日は我が君が御前に執る文の挾して方寄る梓弓かな

右　中宮権大夫(家房)

50百敷や近き衛(まもり)の梓弓引(く)方ぞ心にはいる

とあり、その判詞として、「右方申云　左歌　不レ知ニ子細ニ事也　左方申云　右歌　題正申也　判云　左歌　秦文　に挾す　お(を)かしく見え侍り　侍べし」とする記事がある。

〘二、支脂之韻〙　記422・書255「碑」　陸奥ノイハヲシノフハヱソシラヌカキツクシテヨツホノ――(イシフミ)

頼朝ヨリ慈鎮和尚へ

とある。「慈鎮和尚」とは慈円の嘉禎三年(一二三七)の一三回忌に際して四条天皇より贈られた謚号である。慈円は法性寺関白忠通の第六子、前掲の藤原良経の叔父。文治二年(一一八六)には兄の月輪関白兼実が摂政となり、兼実の女任子が入内し、九条家と後鳥羽天皇との結びつきが強まつて、頼朝の支持を背景として、慈円は建久三年(一一九二)には三八歳の若さで権僧正に任ぜられ、天台座主・護持僧に補せられてゐる。その結果、法界と政界とを連繫する実力者としての重きを占めるに到つた。慈円の家集『拾玉集』第五[注19]－5446に、

たちかへりまた返しに

みちのくのいはでしのぶはえぞしらぬかきつくしてよつぼのいしぶみ

この慈円の『拾玉集』も「漢和聯句」のために参看すべき証歌となるものが多く、十五韻の『漢和三五韻』にも別の歌[注20]が掲出せられてゐる。

なほ、次の二首の典拠も現在のところ明らかにし得ない。今後精査したい。

〘八、、蕭宵韻〙　記1254・書4「橋」　霰フル玉ユリスヘテミルハカリシハシナフミソト、ロキノ―(ハシ)

〘一〇、陽唐韻〙　記1517・書9「梁」　山里ノ家中ニハ雲ノ―(ハシ)ニハル〲キツ、燕ナク比

以上挙げた歌が、定家の証歌と共に、「十二韻」の韻書に収録せられて、「漢和聯句」の「和句」の実作に供するために掲げられたのである。

十一韻の『和訓押韻』で意図的に多用した「国花合記集」の用例は「十一韻」→「十二韻」の過程で、更に増加してゐる。その用例数の委細は表VIに示した通りである。「十二韻」の総用例数の二分の一強の割合を占めてゐるのは、「支

脂之韻」で、『和訓押韻』の場合と同断である。現存する「漢和百句」の「目録」[注21]を見ても「支韻」に属するものが特に多いことと連関するであらう。韻目毎に用例数が異なるが、「支脂之韻」を除けば、全て五例以内である。「国花合記集」そのものが、中世の「国花合紀集抜書」(印度本『節用集』付載)で一三〇語程度であるので、三分の一ほどの語(仮名書)が引用されてゐることになるのである。

韻書が「十二韻」→「十五韻」→「三十一韻」と増補の過程が進むにつれて、「漢和聯句」は隆盛になつて行くのに、「十五韻」や「三十一韻」では逆に「国花合記集」からの引例が減少するのは何故であるのか。それは「国花合記集」の所載語が全て名詞ばかりであるため、『万葉集』からの万葉仮名表記の用例が増加することに起因するのである。そのことは後項の「十五韻」や「三十一韻」の韻書の項で述べることとする。

十二韻の韻書のa『記』は、b『書』に比して、注文中に主要典拠たる『和訓押韻』や『聚分韻略』の記事に対して「私云」の表現形式を採つて注釈風に意見を開示し、「可用」とか「不可用」と結ぶことが多い。そのために『小補韻会』を始めとして、多くの和漢の典籍の注記・用例を独自に補入することが多い。その中で最も顕著なのが、『記』の『詞林三知抄』からの抄出である。『三知抄』はb『書』には一例も引かれてゐない。広本の『記』には「三」と出典注記して一七例が引用されてゐる。このことは中村元氏に指摘[注22]があるが、私もその全用例に『三知抄』の原文を対照させて掲出してゐる[注23]。今その二、三の例を次に挙げる。〔 〕内に『三知抄』の原文を記す。

〔二、支脂之韻〕 記242吹 雨(フブキ)|三 〔雨 ふゝき 雨風也 花のふゝきともよめり 雑部・下22ウ〕

記265離 夜(ヨガレ)|三 |々(カレカレ)三 〔夜離 よかれ 夜をへたてたる心也 ちきりはすれ よかれすなとよめり 雑部・上11ウ-2 離々 かれ〱 人の中はなれ〱成也 雑部・上11ウ-4〕

表VI「十一韻」「十二韻」「十五韻」「三十一韻」の「国花合記集」の用例数

韻目	十一韻 北岡	十一韻 松平	十一韻 龍門	十一韻 版本	十二韻 記	十二韻 書	十五韻 三五韻	三十一韻 和語
一、東	0	0	0	0	0	1	0	1
二、支脂之	13	16	14	13	23	22	13	14
三、虞模	2	2	2	2	4	2	3	4
四、真諄臻	5	4	5	5	5	5	4	4
五、元魂痕	—	—	—	—	0	0	0	0
六、寒桓	2	3	2	1	3	3	2	2
七、先仙	4	5	4	5	5	5	5	5
八、蕭宵	0	0	0	0	0	0	0	0
九、麻	0	1	0	0	1	1	1	0
一〇、陽唐	0	0	0	0	0	0	0	0
一一、庚耕清	0	0	0	0	0	0	0	0
一二、尤侯幽	2	2	2	2	2	1	0	0
計	28	33	29	38	43	40	28	30

〔備考〕
1.「十二韻」の用例数を中心にして、「十五韻」と「三十一韻」の中から相当する韻目(十二韻)の用例数を摘出した。
2.「十二韻」「十五韻」「三十一韻」の書名の略号は次の通り。
　記(韻字記)・書(韻字之書)・三五韻(漢和三五韻)・和語(和語略韻)。

【一〇、陽唐韻】　記1519廂　濱―三［濱廂　はまひさし　是もうつほ成躰也　白波のうつほに見ゆる濱ひさし　と詠り
雑部・下18ウ］
記1549孃　爺(カソイロ)―三［爺孃　是も父母の事也　かそいろやしなひたてしかひもなくあらくも雨の花を打哉　雑部・上

27オ」

記1654痒　眉根（マユ子カキ）―三［眉根痒　まゆねかき　人に戀らるゝ時は　眉のかゆき事也　眉根かき人やこふらん　と有　恋部・上11オ」

右に対照させた『三知抄』は、刊本中で最も古いとされてゐる『無刊記本　詞林三知抄』（正保・明暦〈一六四四～一六五七〉頃刊）であるが、『記』の使用したテクストは『無刊記本』よりは古い写本に依拠したものと目される。『記』に引用されてゐる一七例を逐一的に『無刊記本』と対照せしめてみると、次の一例が対応し得ない。

〔五、元魂痕韻〕　記829飧　求（アサル）―三

これを天理図書館吉田文庫蔵『万治三年（一六六〇）写本』など、写本系の本文では「求食火　いさり火　漁舩ニたく火也　あさる共讀也　鳥の物はむをいふ也　あさりするといふは　食をたつぬる躰也」（万治三年写本31オ）とあつて、対照せしめられる。『記』が拠つた写本の『三知抄』は正保年間（一六四〇年代後半）以前に書写された伝本といふことになる。さすれば『詞林三知抄』の撰述者は誰かといふことが問題となる。京都大学文学部国語学国文学研究室蔵の『三知抄』には「後成恩寺殿御作　宗祇伝」とある。「後成恩寺殿」とは一条兼良の通称にて、彼は『新式今案』を宗砌の意見を聴いて編纂した人物である。『漢和三五韻』の昌純の「序」にも『和訓押韻』の作者をやはり一条兼良に擬してゐる。兼良は文明一三年（一四八一）に歿してゐる。『和訓押韻』の兼良説は否定されるものであつた。『三知抄』の撰述者（作者）を一条兼良に擬する確証は何もない。現段階ではやはり未詳とせざるを得ない。しかし『三知抄』の撰述者を推測する手懸りが全くない訳ではない。『三知抄』の「喚子鳥　よふこ鳥　小鳥共　猿共云　数多説あり　可受師傳」（雑部・下19ウ）

とある「師伝」である。安田章氏の指摘[注24]されるごとく、『詞源略注』は「古六云猿鹿ナド云　不用」とあるので、「師伝」はこれではない。宗碩の『藻塩艸』も「猿と云共云り 又鹿を云共云り 不用也」とするので、やはり「師伝」ではあり得ない。「和歌秘伝」に「一切の声ある物の惣名」とするのが一条禅閤之私説であると言ふ。これが「師伝」に相当するとすれば、兼良説を「師伝」と称すべき立場の人物によつて『三知抄』は編述されたこととなる。さすれば、「十二韻」の『記』の編者は、この『詞林三知抄』の説を是として、多数の用例を採録したものと考へられる。

孰れにしても、『三知抄』の本文は、標出字の下にその標出字を含む熟字例と和訓を示し、さらに語釈や例歌を施こす「連歌辞書」としての形態を採つてゐるので、やはり「辞書」の体例を採る『記』にとつても用例を採出するのに便利であつたのであらう。この『三知抄』が同じ「十二韻」の『書』には全く引用されてゐないので、広本『記』の編述者が独自の立場で採録し、注文を増補せしめたことは確かである。

注1　深沢眞二氏論文「『和訓押韻』考」(『国語国文』第65巻五号　一九九六年5月刊)
注2　『古辞書研究資料叢刊』第5巻(一九九五年11月　大空社刊)に「翻字本文」を収録。
注3　『古辞書研究資料集成　1』(一九九三年10月　翰林書房刊)に「影印本文」を収録。
注4・9　中村元氏論文「『十二韻』の三本について」(『中世文芸論稿』第12号　一九八九年3月刊)参照。
注5　元の熊忠『古今韻会挙要』(一九七九年〈民国68〉大化書局刊)の「影印本」を使用する。
注6　明の方日升撰『明版古今韻会挙要小補』全5巻(一九九四年2月　近思文庫編刊)を使用する。
注7　聖護院蔵『増補倭訓押韻』に関する数値は中村元氏注4の論文に拠る。

注8・13　安田章氏論文「和漢聯句と韻書」（『論集日本文学・日本語3中世』所収、一九七八年6月刊。『中世辞書論考』一九八三年9月　清文堂出版刊、に再録）参照。

注10・11　中村元氏論文「聖護院蔵『和訓押韻東冬麻陽』影印・解説」（『中世文芸論稿』第11号　一九八九年3月刊）参照。

注12　安田章氏論文「韻字の書」（『国語国文』第47巻一号　一九七八年1月刊。『中世辞書論考』一九八三年刊、に再録）に『韻字東第一』（曼殊院蔵）が影印付載されてゐる。

注14　注6の『明版古今韻会挙要小補』（全5巻）の「開題」「木村晟執筆」参照。

注15　注1の深沢氏の論文参照。

注16　中村元氏論文『漢和三五韻』における『古今韻会挙要小補』の利用について」（『国文学論叢』第35輯　一九九〇年3月刊）参照。

注17　『新編国歌大観』第5巻「歌合編」に拠る。

注18　小西甚一氏編著『新校六百番歌合』に拠る。『新編国歌大観』は第5巻「歌合編」（273ペ下段）。

注19・20　『新編国歌大観』第3巻「私家集編Ⅰ」に拠る。

注21　『連歌総目録』（一九九七年4月　明治書院刊）参照。

注22　中村元氏の注16の論文参照。

注23　注3の『古辞書研究資料集成　1』の巻末の付載資料。

注24　安田章氏著『中世辞書論考』（一九八三年9月　清文堂出版刊）参照。

四、『漢和三五韻』（十五韻）

四―1　概要　室町時代における「聯句連歌」[注1]は、何と言つても和漢聯句が主で、漢和聯句はその十分の一にも満たぬ比率しか占めてゐないのである。それも天文の後半～天正末（一五五〇～一五九二）の約五〇年間に集中してゐて、天文以前の百句纒つたものは極めて僅かしか伝存してゐない。これらの事情を考へると、漢句の外に和句にも押韻せねばならぬとする規定が、公家衆や連歌師にとつては極めて困難なことであつたと思はれる。また逆に、五山衆にとつても、韻を踏む和句を詠むことは難事とされた所以なのであらう。しかしながら、江戸時代に入ると、漢詩漢文に熟達した人が多くなり、これに伴つて漢和聯句は頓に進展する。殊に寛永から天和にかけての期（一六二四～一六八三）において、特に正保以降の約四〇年間に、『連歌総目録』[注2]に登載せられてゐる漢和百句だけでも一〇〇件を超えてゐる。注目すべきは、江戸前期の漢和聯句の件数が和漢聯句の件数を凌ぐほどになり、逆転してゐる事実である。ここに貞享三年（一六八三）の『漢和三五韻』が上梓されるに到つた必然性が窺はれるのである。

十一韻の「版本」たる『無刊記本』や『正保二年（一六四五）刊本』が上梓され、さらに「十二韻」の韻書が出現して以降、今日伝存する天理図書館蔵の『仁斎書入本』[注3]や『東涯書入本』[注4]のごとき「書入れ」や「手控へ」の類が和漢の連衆の間に幾種も存したであらう。それらを取り纒めたものを「十五韻」の韻書の形態に整へて上梓したのが宇都宮由的（寛永一〇年〈一六三三〉～宝永四年〈一七〇七〉）の『漢和三五韻』である。この書は「十一韻」や「十二韻」を踏襲する面も多いが、注文中に明の方日升の『古今韻会挙要小補』[注5]を全巻に亘つてほぼ網羅的に引用して、由的の学者としての見識を示すと共に、和漢の典籍に拠つて多くの熟字例を掲げて、学術的内容を深めてゐる。単に韻事のためのみならず、多目的の用途に資することを考慮して編纂された韻書であると見做される。

江戸時代初期においては、五山衆以外にも漢詩漢文に通達した人が多くなつたとは言へ、やはり『聚分韻略』を漢和聯句の場で検索することは容易でなかつたのであらう。また、別に『聚分韻略』の韻内字のみでは韻字が不足するので、「韻外字」の項目を設けることが必要になつたと言ふこともある。蓋しこれらの要望に応へる書が出現しなければならなかつた。『漢和三五韻』を撰述した宇都宮由的は深沢眞二氏[注6]によつて詳述されてゐるやうに、実際に多くの漢和聯句会にも出座し、かつ実作の立場を熟知した、深い学識の有る人物である。だからこそ斯かる充実した韻書を編述し得たものと思はれる。

四―2　韻目と構成　十五韻の『漢和三五韻』の韻目は、次の通りである。

【乾巻】

〔上平〕　一、東韻　二、冬韻　三、支韻　四、虞模韻　五、灰韻　六、真韻　七、元韻

【坤巻】

八、寒韻

〔下平〕　九、先韻　一〇、蕭韻　一一、歌韻　一二、麻韻　一三、陽韻　一四、庚韻

一五、尤韻　付、漢和法式

昌純の「序」に「そのかみ後常恩寺殿のぬき出給ひし和訓押韻に 誰の人か元韻を加て 十二韻といひて世に行はれ

侍る 今又冬灰歌の三の韻をそへしは（下略）」と述べてゐるごとく、「十二韻」の韻書に「冬韻」「灰韻」「歌韻」の三韻を加へたのである。『聚分韻略』の「平声」に三一韻目が存する中で、何故「冬」「灰」「歌」の三韻を追加したのか。それはこれら三韻の各韻字数が、その必要性を示すであらう。『聚分韻略』の「三重韻」で、「冬鍾韻」には八三字、「灰咍韻」は九二字、「歌戈韻」は九八字、と既に「十二韻」に収録されてゐる韻目に次いで、韻字数の多い韻目である。「漢和百句」の目標としては漢句・和句が各五〇句づつといふことになつてはゐる。けれども実際の「漢和百句」の「和句」五〇句中で、押韻すべき箇所は二五句程度であるから、八〇字～一〇〇字くらゐあれば十分である。「漢和聯句」が一層盛んになつた寛文初年～貞享年間（一六六〇頃～一六八〇年代）には「十一韻」や「十二韻」の韻書では韻目・韻字共に不足したのである。そのことを裏付けるかのごとく、京都大学附属図書館平松文庫蔵の『韻字集』[注7]には「東・冬鍾・麻・陽唐」の五韻が収録されてゐるし、聖護院蔵の『和訓押韻』にも「東・冬鍾・麻・陽唐」の四韻が収載されてゐて、共に「冬鍾韻」が含まれてゐる。斯様に『和訓押韻』や「十二韻」の韻書の成立した直後に「冬鍾韻」を収める韻書が編まれてゐる。恐らく「灰韻」や「歌韻」を含める冊子も存したことであらう。

「入韻字」は「十一韻」→「十二韻」→「十五韻」の過程を経ても、殆んど変化が見られぬ程度の増加でしかない。いかに「漢和百句」の作品数が増加しても、「入韻句」（第二句の和句）にしか使用しない韻字群「入韻字」はそれで十分間に合つたものと思はれる。それに比して、「十五韻」の「本韻」[注8]（韻内字）や「韻外」の韻字数は、「十二韻」に比較して大幅に増加してゐる。漢和の「和句」五〇句のうち、二五箇所は偶数句が押韻してゐなければならないので、相応の韻字が用意されねばならなかつたであらう。表Ⅰを見て判るやうに、「本韻」の韻字数が原拠たる『聚分韻略』（三重韻）の韻字数を超えてゐる。これは同じ韻字の重出によるものと、『聚分韻略』に存せぬ韻字を『広韻』や『韻会』などから若干補入してゐるためである。ただし、「本韻」は『聚分韻略』の韻内字群として、ほぼ『聚分韻略』の韻字の排列に従ふといふ大原則が遵守されてゐることには違ひない。

また「韻外」が大幅に増加されてゐることも、表Iにはつきりと現はれてゐる。「十二韻」の『記』の一四九字、『書』の一四七字に対して、十五韻の『漢和三五韻』は全体で九三八字も存するので、六・三倍強にもなつてゐる。江戸初期の「漢和聯句」の実作には、『聚分韻略』を基幹として成る「本韻」（韻内字）のみでは勿論不足するので、「韻外字」も『小補韻会』から相当数抄出し、それでもなほ十分でないので、明代の[注10]『五車韻瑞』からも補充し、充実させてゐる。「本韻字」（韻内字）にも「韻外字」にも悉く『小補韻会』を使用し、さらに明代の梅膺祚の『字彙』からも引用文[注11]を掲げてゐるので、「漢和聯句」の実作の立場を離れて、「辞書」としての内容を深めてゐるのかとさへ思はれる程である。しかし「序」を書いた里村昌純も、編纂そのものに当つた宇都宮由的も、「漢和聯句」の指導的立場にあつて、大活躍してゐるのである。かういふ人物によつて企図され、編述された韻書であるので、やはり実作に供するために内容を充実せしめたものと解すべきであらう。

なほ、『漢和三五韻』の「韻外」欄は「十一韻」や「十二韻」の韻書のそれとは異なり、韻外字群に対して、次のやうな題名を付してゐる。

「三重韻外」（一、東韻　二、冬韻　五、灰韻　六、真諄臻韻　七、元魂痕韻　八、寒桓韻
九、先仙韻　一一、歌韻　一二、麻韻　一四、庚韻　一五、尤侯幽韻）

「三重韻之外」（四、虞模韻　一〇、蕭宵韻）　「三重韻ノ外」（一三、陽唐韻）

「三重韻之外出韻會韻瑞等」（三、支脂之韻）

特に「三、支脂之韻」の「韻外」につけた題名にあるやうに、『小補韻会』から多数の韻字を抄出した後に『五車韻瑞』に拠つて補充してゐる。例へば「一四、庚韻」の「三重韻外」におけるごとく、「以上韻会」「以上韻瑞」と区分を明示する場合と、「三、支脂之韻」のやうに、前半の「344崎」～「444壘」に『小補韻会』の字群を置き、後半の末尾に近い「445榿」～「455紱」の字群一〇字を『韻瑞』から付加する場合もある。この『漢和三五韻』の「韻外」の字群に「韻会」とあるのは一瞥して「古読」とある注記によつても直ぐに判断し得るが、注文の内容、韻字の排列などによつても、明の方日升撰の『小補韻会』に全面的に依拠してゐることが判るのである。

また、〔坤巻〕（下巻）の巻末には、徳大寺実淳が明応七年（一四九八）に成文化した「漢和法式」と「連歌新式」（新式今案）を附載してゐる。これを掲げた理由を『漢和三五韻』の「序」に昌純は次のごとく述べてゐる。

又奥に書そへたる和漢新式はなにかしか家に　はやくより侍る物にて　是のみに事皆盡るにはあらねと　初心の人の為　しるし付るもの也

蓋し「漢和聯句」の実作のためには、韻字群を排列するのみでなく、和漢・漢和の式目をも付載することがより、一層の便宜を図ることになつたのである。

四－3　伝本　『漢和三五韻』は貞享三年（一六八六）の刊本が存するのみである。版本が存する以上は、その原稿たる写本が成立の当初には存した筈であるが、残存してゐない。しかし「十一韻」や「十二韻」などの韻書には収録されてゐない韻目の「冬韻」などは、現存の冊子『韻字集』（京都大学附属図書館平松文庫蔵写本）に「冬鍾韻」が存するし、寛文十年（一六七〇）写本『和訓押韻』（聖護院蔵、表紙肩書に「後陽成院御作」）も「冬鍾韻」を含めた冊子である。将来、他の「灰韻」や「歌韻」を収載する韻字の冊子が出現する可能性もある。それらを比較することによつて本文を対照させ委細に考察することも可能となる。また「十二韻」→「十五韻」への本文生成の過程をより詳密に追究することもできよう。

四—4　本文形態　『漢和三五韻』の本文は、標出字（韻字）の下位に、その韻字の「和訓」を豊富に示し、その次に漢文注・漢字注を施こすことを原則としてゐる。さらに、その後に和漢の典籍から熟字例を多く引用する。「十一韻」や「十二韻」の韻書に存する熟字例は原則的に踏襲はするが、韻字数が増加してゐるので、注文も大幅に増補されてゐる。殊に『和訓押韻』（十一韻）や十二韻の『記』『書』に比して、『漢和三五韻』が新機軸を打ち出してゐるのは、全巻に及んで徹底した『小補韻会』に基づく漢文注・漢字注、音注（反切注も含む）を施こすことである。さらに『字彙』や『五車韻瑞』に拠つて、それを補してゐる。これは編述者宇都宮由的の示す一つの見識であらう。由的は和漢・漢和の聯句の作者として指導的立場にあつたのみならず、広く漢学にも通達し、漢詩文の著作をなす篤学の士であり、儒者として学問教授もなす程の人物であつた。寛文元年（一六六一）には二九歳の若さで『錦繡段抄』を刊行したり、寛文五年（一六六五）には『鼇頭評註古文前集』を三三歳の時公刊するなど、早くから著述を多く行なつてゐる。従つて、「十一韻」や「十二韻」の編述者が施こした注記の程度では満足できなかつたのであらうと思はれる。漢和聯句の実作のために供する内容面も決して怠らず、「国花合記集」や『武備志』等からの音訳漢字による仮名書や、「万葉仮名」による仮名書も大幅に増加せしめてゐる。これは「漢和百句」の盛行につれて種々の対応をした所以であらう。漢文注の頭部が「韻会」で始まるものは当然のこと、「説文」「広韻」「博雅」を冠する漢文注も殆んどが『小補韻会』に基づく引用文である。『小補韻会』に存せぬ韻字には「韻会不出」と注記する。また、『小補韻会』の漢文注の後に、他の文献に拠つて漢文注・漢字注を補充する場合には、原則として○印を付し、その下に注記してゐる。例へば「二、冬韻」所属の「訩」字では、

105 訩ウタヘ ミツル カマビスシ　虚容ノ切　訟也　盈也　一ニ曰衆言　○韻瑞ニ衆語乱也

のやうに、『小補韻会』の注文「虚容ノ切……一ニ曰衆言」を引用した後、○印を付して『五車韻瑞』によつて補充するのである。このことから、隣邦において『小補韻会』や『五車韻瑞』が本来は「韻書」でありながら、一方でその多彩な引用文のゆゑに「類書」（百科全書）的な役割を果したのと同様に、『漢和三五韻』も「字書」「辞書」として双方の機能を有つものになつてゐたことを識るのである。

なほ、『漢和三五韻』の「本韻」（韻内字）における韻字の排列は、㈠各韻目の冒頭に「入韻字」と同字を置き、㈡引き続き『聚分韻略』の排列に合はせることを原則としてゐる。この点は「十一韻」や「十二韻」で必ずしもさうはなつてゐないのに対して、由的がこの方針を徹底させてゐる。この『漢和三五韻』の排列により、「入韻字」の注記・熟字を即座に知り得て、「入韻句」のためには至極便利なものになつてゐる。

さらに、注文中に定家の証歌を始め、和歌の一首全部を多く引用してゐて、「漢和聯句」の「和句」の実作に資することを新機軸とする。既に十二韻の韻書『記』『書』において大幅な和歌の導入を実施したのであるが、これは十五韻の『漢和三五韻』においても踏襲してゐる。特に「十二韻」→「十五韻」への過程で追加された「冬韻」「灰韻」「歌韻」の三韻目においても、他の韻目と同様に証歌を引例してゐるのである。ただし「一四、庚韻」には証歌が一首も存しない。これは原拠たる十二韻の『記』『書』にも「一一、庚耕清韻」に証歌が存せぬことをさながら承けた

のであらう。定家の韻字歌の句末に「庚韻」に該当する和歌がない訳ではないが、安易に「十二韻」の韻書を継承したものかどうか、委しくは「注文の典拠」の項で詳述することとする。

四－5　成立年代と撰述者　十一韻の『和訓押韻』や「十二韻」の韻書の成立年代や撰述者(作者)については、それぞれの書の本文徴証に基づいて推定せざるを得なかつた。しかるに、『漢和三五韻』は刊行年月も撰述者も、「序」の筆者も版元も明記されてゐる。本書は貞享三年(一六八六)の刊行である。この書の奥書には、

貞享三龍集丙寅重陽日

帝畿宣風坊書林

杉田長兵衛／山岡市兵衛／梅村彌右衛門

とある。編述者の宇都宮由的と、「序」の執筆者里村昌純、それに天理本『正保二年刊本』(『和訓押韻』)の大幅な書入れを実施した伊藤仁斎との文芸上の交流については中村元氏[注12]に指摘がある通りである。中村氏の引用された『仁斎日記』(天和三年〈一六八三〉一一月七日条)に「一、昼より会所大学衍義補／会に参侯　勘解由小路殿／友佺　由的　慶雲　春竹／被出侯　入夜　漢和御左侯／〽雪裏増華菊由的／出る朝日の寒からぬかせ仍允／鳥の音も閑に春の立初て／第三句　北村伊衛被致侯」とあつて、宇都宮由的は勘解由小路韶光、村上友佺、水野慶雲、生島春竹らと共にこの漢和聯句の連衆に加はり、仁斎との近付きが見られる。また昌純と仁斎との関係については安田章氏[注13]に指摘がある通

り、『和訓押韻』の『正保二年刊本』（天理図書館古義堂文庫蔵）の「仁斎書入れ」部分に「韮　三五韻トシトアリ」とあり、「仁斎母ハ紹巴ノ孫ニアタル」とあるところから、親族関係にあり、しかも昌純と仁斎とは「漢和聯句」に同席[注14]もしてゐる。また由的は息三的[注15]を仁斎の古義堂に入塾させ学ばせてゐる。斯様な文芸上の人物交友によつても、相互に所持してゐた「漢和聯句」のための韻書の「書入れ」、「手控」（メモ）、「冊子」を参看し得る環境にあつたことが十分考へられる。この仁斎を中心とする文芸界の活動が、『漢和三五韻』の成立に大きく関はつたであらうことは無視できない。

四―6　入韻字・本韻（韻内）韻外　十五韻の『漢和三五韻』の「入韻字」は、『和訓押韻』（十一韻）や十二韻の韻書『記』『書』に比して若干増加してはゐるが、大幅な増補はなされてゐない。繰り返し述べるやうに、「漢和聯句」が盛行して寛永期以降「漢和百句」の件数が急増しても、「入韻句」に使用すべき「入韻字」の数は大きな増補がなされなくても間に合つたのである。ここで本稿では、「十一韻」→「十二韻」→「十五韻」の各段階で、「入韻字」が如何に取捨せられてゐるかを眺めてみたい。

【一、東韻】『漢和三五韻』は、一五字で、1東・2風・3宮・4空・5虹・6公・7弓・8楓・9桐・10紅・11蟲・12中・13鴻・14同・15豊、の順となつてゐる。「東韻」の「東」、即ち戸主文字が冒頭に来てゐる。さうして次の「本韻」の最初から一五字めまでは「入韻字」と同順にして、「入韻句」の実作の便を図つてゐる。ところで、十一韻の『和訓押韻』の〔C〕『龍門本』は冒頭に戸主文字はなく、3・2・4・10・〔5篷〕・8・5・9・〔9蓬〕・7・6・11・〔13叢〕・〔14濃〕・12・〔16籠〕、となつてゐる。従つて『漢和三五韻』の1・13・14・15の四字は存しない。逆に『龍門本』の「5篷」「9蓬」「13叢」「14濃」「16籠」が『漢和三五韻』には受容されてゐないのである。「十二韻」では、『記』『書』は共に『龍門本』の末尾の「16籠」を除く一五字が全て『龍門本』と同順に排列されてゐる。さうして『書』は『龍門本』を承けてゐて、「入韻字」の最末尾の「16籠」を「本韻」の冒頭の直前に置く。しかし『書』の編者は「16籠」を不審しく思つたのであらう。「入韻字」と「本韻」の中間に置くといふ苦しい処理をしてゐる。さすれば『龍門本』が勝手に「入韻字」の末尾に置いのであらうか。その原因は、実は『龍門本』(増補本)が原拠とする〔A〕系統の『北岡本』の「8籠」に由来するのである。『龍門本』の編者も不審に思つて「16籠」といふ最末尾に置いたものと考へられる。十二韻の『記』はこの「籠」を「入韻字」から省き、「本韻」にのみ置くこととしてゐる。

【二、冬韻】『漢和三五韻』に1冬〜8鐘、を置くが、「十一韻」と「十二韻」にこの韻目が存しないので採り挙げない。

【三、支脂之韻】『漢和三五韻』は二四字。1時・2池・3吹・4知・5枝・6梨・7芝・8絲・9椎・10移・11遅・12滋・13欹・14姫・15眉・16葵・17籬・18垂・19誰・20漪・21亀・22詩・23奇・24宜、の順である。十一韻の『龍門本』では、2・1・3・4・5・6・7・8・9・10・11・12・13・14・15・16・17・18・19のごとく、ほぼ同順になつてゐる。十二韻の『記』『書』も『龍門本』と同順である。因みに『北岡本』も同じなので、『龍門本』は『北岡本』を承けたのである。

【四、虞模韻】『漢和三五韻』は一四字。1湖・2蛛・3鳥・4駒・5蘆・6蒲・7珠・8壺・9無・10梧・11敷・12枯・13衢・14都、の順である。『和訓押韻』(十一韻)の『龍門本』は1・2・4・3・5・6・7・8・9・〔10櫨〕・10・11・12、の順となつてゐて、『漢和三五韻』の「13衢」〔14都〕の二字がない。逆に『和訓押韻』には「10

櫨」があるが、『漢和三五韻』には入つてゐない。「十二韻」は『記』『書』共に、1・2・3・4・5・6・7・8・9・〔10櫨〕・10・11・12の順となつてゐて「十一韻」にほぼ同順となつてゐる。

【五、灰韻】『漢和三五韻』は、「1臺」～「9限」の九字である。「十一韻」「十二韻」にこの韻目が存しない。

【六、真諄臻韻】『漢和三五韻』は一五字。1春・2濱・3津・4神・5人・6鱗・7鶉・8椿・9蘋・10蓴・11賓・12民・13鄰・14銀・15珍、の順である。『和訓押韻』は、1・2・3・4・5・9・6・8・10・〔10旬〕・〔11紐〕・7、の順になつてゐて、『漢和三五韻』の「11賓・12民・13鄰・14銀・15珍」の五字は、『和訓押韻』の『龍門本』には存しない。逆に『龍門本』の「10旬・11紐」は『漢和三五韻』に継承されてゐない。「十二韻」の『記』『書』は、『龍門本』と同順で全面的にこれを受容してゐる。

【七、元魂痕韻】『漢和三五韻』は一〇字。　1原・2源・3垣・4園・5門・6村・7坤・8軒・9元・10昏、の順である。『和訓押韻』にこの韻目は存しないので、十二韻の『記』『書』と比較する。「十二韻」の二書は、5・6・8・10・〔5根〕・1・4・〔8痕〕・3・〔10繁〕、となつてゐて、かなり相異してゐる。『漢和三五韻』の「2源」「7坤」「9元」の三字が「十二韻」にはない。逆に「十二韻」の「5根」「8痕」「10繁」を『漢和三五韻』は承けてゐない。「十二韻」と「十五韻」の韻字数は同じ一〇字であつても、韻字と排列に相異が認められる。（因みに、この韻目は「本韻」の字順も注文も「十二韻」と相異してゐるのである。）

【八、寒桓韻】『漢和三五韻』は九字。1寒・2欄・3端・4蘭・5闌・6殘・7安・8歡・9竿、の順になつてゐる。『和訓押韻』の『北岡本』の順は、1・2・3・4・5・〔6乾〕・6、となつてゐる。『漢和三五韻』の「7安・8歡・9竿」の三字は『北岡本』に存しない。逆に『和訓押韻』の「6乾」が『漢和三五韻』にはない。十二韻の

『記』『書』の二書は『和訓押韻』を踏襲してゐる。

【九、先仙韻】『漢和三五韻』は一七字。1天・2田・3川・4年・5泉・6邊・7蟬・8船・9蓮・10仙・11鵑・12前・13先・14連・15筵・16千・17淵、の順である。『和訓押韻』の『龍門本』は、1・2・3・4・7・8・〔7綿〕・〔8烟〕・12・〔10懸〕・9・〔12牽〕・〔13遷〕・14・15、の順となつてゐる。『漢和三五韻』の「5泉・6邊」「10仙・11鵑」「13先」「16千・17淵」の七字が『和訓押韻』には存しない。逆に『和訓押韻』の「7綿・8烟」「10懸」「12牽・13遷」の五字が『漢和三五韻』には入つてゐない。十二韻の『記』『書』は1・2・3・4・7・8・〔8烟〕・12・9・〔11懸〕・〔12牽〕・〔13遷〕・14・15・11、の順になつてゐる。「16鵑」を除けば「十二韻」は「十一韻」をほぼ継承してゐることとなる。「十二韻」は「十一韻」に「16鵑」を末尾に付加し、「十五韻」はそれを承けてゐる。

【一〇、蕭宵韻】『漢和三五韻』は一〇字。1朝・2苗・3消・4橋・5遥・6霄・7潮・8霄・9蜩・10蕉、の順である。『和訓押韻』の『北岡本』は五字で、1・2・3・4・5、の順となつてゐる。十二韻の『記』『書』の五字も全面的に『和訓押韻』を承けてゐる。『漢和三五韻』は「十一韻」「十二韻」の五字をさながらに受容し、その後に6〜10の五字を追加する。

【一一、歌韻】『漢和三五韻』は「1歌」〜「6阿」の六字。この韻目は「十一韻」「十二韻」には存しない。

【一二、麻韻】『漢和三五韻』は七字。1霞・2家・3鴉・4麻・5花・6車・7芽、の順である。『和訓押韻』の『龍門本』は1・5・3・7・4・6・2、の順となつてゐる。十二韻の『記』『書』も全く『龍門本』と同順にて『和訓押韻』を踏襲してゐる。ただし『漢和三五韻』は字順が相異してゐる。

【一三、陽唐韻】『漢和三五韻』は二一字。1陽・2郷・3方・4牆・5岡・6霜・7凉・8鴦・9牀・10楊・11觴・12光・13行・14香・15長・16芳・17常・18唐・19場・20傍・21黄、の順である。これを『和訓押韻』の『北岡本』の順にすると、10・7・6・8・2・3・4・5・20・13・〔11忘〕・14・9・15・16、のやうになつてゐる。『漢和三五韻』の「9牀」の字体が「十一韻」と「十二韻」では「床」。『和訓押韻』に存しない『漢和三五韻』の標出字は「11陽」「11觴・12光」「17常・18唐・19場」「21黄」の七字である。逆に『和訓押韻』の韻字が『漢和三五韻』に入つてゐないのは「11忘」の一字である。十二韻の『記』『書』は『和訓押韻』を全面的に踏襲してゐる。

【一四、庚韻】『漢和三五韻』は二一字。字順は、1鶯・2櫻・3英・4萠・5榮・6聲・7霙・8更・9晴・10程・11鳴・12行・13生・14莖・15明・16清・17成・18城・19名・20兄・21耕、となつてゐる。『和訓押韻』の『北岡本』は、1・2・3・4・5・6・7・8・9・〔10驚〕・11・13・12・14・15・〔16澄〕・16・17・10・〔20傾〕、の順になつてゐる。『漢和三五韻』の末尾「18城・19名・20兄・21耕」の四字が『和訓押韻』になく、『漢和三五韻』の増補である。十二韻の『記』『書』は、1・2・3・4・5・6・7・8・9・10・11・12・13・15・14・16・〔18澄〕・17・〔20傾〕、となつてゐて、『和訓押韻』にほぼ同じになつてゐるが、字順に若干の相異が見られ、『漢和三五韻』は「十二韻」を承けた後、「18城」〜「21耕」を追加する。

【一五、尤侯幽韻】『漢和三五韻』は一〇字。字順は、1秋・2流・3洲・4舟・5萩・6牛・7頭・8幽・9浮・10樓、のごとくなつてゐる。『和訓押韻』の『北岡本』は、1・5・4・〔4楸〕・2・3・6・7・8・9、となつてゐて、『漢和三五韻』の「10樓」は存しない。逆に『和訓押韻』の「4楸」が『漢和三五韻』には入つてゐない。「十二韻」の『記』『書』は全面的に『和訓押韻』を踏襲する。

以上の「十五韻」の「入韻字」の調査結果は、『漢和三五韻』にしか存しない「二、冬韻」「五、灰韻」「一一、歌韻」を除けば、概ね次のやうに纏められよう。

〔一〕「十一韻」「十二韻」「十五韻」の三書に共通する一一韻目においては、「十二韻」は小異を別として、原則的には十一韻の『和訓押韻』を踏襲する。韻字数もほぼ同じである。これに対して、

〔二〕十五韻の『漢和三五韻』は「十一韻」「十二韻」を原則的には承けつつも、適宜「韻字」の入れ替へをし、かつ若干独自の追加をなす。

〔三〕「十一韻」にない韻目の「七、元魂痕韻」において、『漢和三五韻』は十二韻の『記』『書』を基本にはしてゐない。『漢和三五韻』独自に韻字の抄出と排列とを行なつてゐる。

右の〔二〕と〔三〕の傾向は、編述者の宇都宮由的が寛永~貞享頃(一六六〇~一六八〇頃)の極めて盛んに興行された「漢和聯句」の実際場面に必要な「入韻字」を選び、独自の立場で字順も考へたものと見倣され、「十一韻」「十二韻」よりもさらに工夫を凝らして充実させたものと思はれる。

次に「本韻」(韻内字)について記す。まづ「十一韻」や「十二韻」に見られない『漢和三五韻』の特徴は、「本韻」の冒頭に、その直前の「入韻字」と同じ韻字を置き、「入韻句」の実作に供するための工夫をこらしてゐる。これは特記すべきことであらう。

そこで『漢和三五韻』の「本韻」(韻内)の韻字数が『聚分韻略』の韻字数より多くなつてゐる韻目について、以下その委細を確認したい。

【一、東韻】『漢和三五韻』の一一二字は『聚分韻略』の一〇九字より三字多い。その理由は、次の通りである。「8弓」が「80弓　出〻前」と重出、「15豊」が「87豊　見〻前」と重出してゐる。「弓」字は80の位置に、「豊」字は87の位置に在るのが、『聚分韻略』に平行するのであるが、『漢和三五韻』の編述者が「本韻」の冒頭部に「入韻字」を殊更に排して利用の便宜を図つて置いた。さうして『聚分韻略』に相当する部分に再度置いた結果、二字が重複することとなつてゐる。『聚分韻略』に平行する位置に再度置くことは無駄のやうにも思はれるが、『聚分韻略』を使ひ慣れてゐる使用者にとつては、『聚分韻略』に相当する箇所にその韻字が存せぬことともなれば、使用者は戸惑ふことであらう。そこで宇都宮由的は「出〻前」「見〻前」のごとき、「参照見出し」を付したのである。あと一字「26䆷」は『聚分韻略』に存せぬ標出字である。この韻字は『広韻』に「䆷 説文云房室之疏也 亦作櫳」とあるが、『韻会』や『小補韻会』の方が注文が『漢和三五韻』の注文によく符合する。重出が二字、追補が一字で、計三字の増加である。

【二、冬韻】『漢和三五韻』は『聚分韻略』と同じ八三字であるが、標出字が完全には一致しない。「16蜙」が『聚分韻略』に存せず、『韻会』『小補韻会』に存する。逆に『聚分韻略』の「支體門」の「128膿」は『漢和三五韻』に受容されてゐない。

【三、支脂之韻】『漢和三五韻』は三四三字、『聚分韻略』の三三六字より七字多い。その主な理由は、「本韻」の最初に「入韻字」と同字を置くために重複した例である。「3吹」が「169吹」と重出、「4知」が「170知」と重出。「7芝」が「222芝」と重出。「12滋」と「320滋」が重出。「16葵」と「221葵」が重出。「17籬」が「248籬」と重出。重出項の「参照項目」は169・170・221・222・248の韻字の下には「見〻前」、320の韻字の下には「見〼入韻〻」とある。「入韻字」と同じでないものの重複は、「88玼」が「81玼」に重出する一例。合はせて七例となる。

【四、虞模韻】『漢和三五韻』の二〇九字に対し、『聚分韻略』は二〇四字で、『漢和三五韻』が五字多い。「入韻字」と同字が「本韻」の冒頭に置かれてゐるために生じた重出は、「5蘆」と「131蘆」、「6蒲」と「135蒲」、「9無」と「185無」、「10梧」と「133梧」、がそれぞれ重複する。「参照項目」は131・133・135の韻字の下に「出〻前」、135の韻字の下には「入韻」とある。「33洿」と「130䅌」とが『漢和三五韻』に存して『聚分韻略』に存せぬ標出字である。33・130は共に『韻会』と『小補韻会』には見られる。逆に『聚分韻略』に存して『漢和三五韻』に見られないのは、「器財門」の「859篚」の一字である。以上を差引きすると、『漢和三五韻』が五字の増となつてゐる。

【八、寒桓韻】『漢和三五韻』が一一三字、『聚分韻略』は一〇七字で、『漢和三五韻』が六字多い。「入韻字」と同字が「本韻」の最初に置かれてゐるために、重複するのは次の六例である。「4蘭」と「57蘭」、「5闌」と「91闌」、「6殘」と「94殘」、「7安」と「96安」、「8歡」と「36歡」、「9竿」と「56竿」、がそれぞれ重出してゐる。「参照項目」が57・91・96・36・56は韻字の下に「出〻前」、94の韻字の下には「入韻〻出」とし、続けて熟字例を二例置き、さらに定家の証歌を入れて、「此外見前」として結ぶ。以上を合はせて六字となる。

【九、先仙韻】『漢和三五韻』は一七七字、『聚分韻略』の一七三字に対して四字多い。「本韻」の冒頭に「入韻字」と同字が重複するのは、「9蓮」と「98蓮」、「16千」と「134千」の二例である。『聚分韻略』に存せぬ標出字で『漢和三五韻』に見受けられるものに「112紘」がある。これは『聚分韻略』では「111弦」の漢字注に「紘同」とあるが、『韻会』と『小補韻会』とは「紘」と「弦」を独立した標出字として扱つてゐる。また『聚分韻略』には『漢和三五韻』の「158圜」が見られない。これも『韻会』と『小補韻会』には存するが、『小補韻会』の方がよりよく一致する。これらを合はせると四字となる。

【一〇、蕭宵韻】『漢和三五韻』には一三四字があって、『聚分韻略』の一二八字より六字多い。「入韻字」と同字を「本韻」の冒頭に置くための重複は、「6苗」と「76苗」、「7消」と「113消」、「8遥」と「117遥」、の三字が重出する。「参照項目」は76の韻字の下に「入韻」、113と117の韻字の下に「見㆓入韻㆒」となつてゐる。また『聚分韻略』に存せぬ標出字は『漢和三五韻』の「55驕」、「64雕」、「134要」、の三字である。これらは『韻会』『小補韻会』に存するが、『韻会』より『小補韻会』の注文の方がよく符合し、それが典拠である証左を示す。以上の六字が増となつてゐる。

【一一、歌韻】『漢和三五韻』は九九字で、『聚分韻略』の九八字より一字多い。「8沱」は「92沱」と重出。「49譌」が『聚分韻略』に存せず、『韻会』『小補韻会』には見られる。逆に『聚分韻略』の「歌戈韻」冒頭の「乾坤門」の「426池」が『漢和三五韻』に入つてゐない。結局『漢和三五韻』が一字多いことになる。

【一二、麻韻】『漢和三五韻』は九四字で『聚分韻略』の九六字より二字少ない。「58花」と「94耶」とが『聚分韻略』に存しないが、「58花」は「57華」の注文に「花同」とある。『韻会』と『小補韻会』は「華」「花」共に標出字存せり。因みに原拠とする「十二韻」の韻書も二項目に分けられてゐる。最末尾の「耶」も『韻会』『小補韻会』に見られる。逆に、『聚分韻略』の「生植門」の「583葩」、「器財門」の「601枷」「602珈」「603琶」の計四字は『漢和三五韻』に入つてゐない。差引き二字の減となる。

【一三、陽唐韻】『漢和三五韻』は二一八字、『聚分韻略』の二一七字より一字多い。それは「本韻」の「19場」「20場」の二項が、『聚分韻略』では「乾坤門」の「630場」一字である。『韻会』『小補韻会』は二項目になつてゐる。因みに「108望」の注文の末尾に「叶音平聲」として、『小補韻会』に依拠した証拠となる注記が見られる。

【一四、庚韻】『漢和三五韻』が一六三字で、『聚分韻略』の一六一字より二字多い。これは「入韻字」と同じ韻字が「本韻」の最初に置かれてゐるために生じた重複の二例である。「2櫻」と「98櫻」、「20兄」と「45兄」、の二字が重出してゐる。

他に『聚分韻略』と排列に小異の存するものがあるが、これを今は措く。以上の調査結果を纒める。

〔一〕『漢和三五韻』の「本韻」の冒頭に「入韻字」を置くために、その韻字のあるべき箇所に「参照見出し」(「出レ前」「見レ前」「見二入韻一」「入韻」等と注記)として再度置くので重出となる例が計二五字存する。また、「入韻字」にない韻字が重出するのは三字のみである。

〔二〕『漢和三五韻』の『聚分韻略』に存せぬ標出字を立てるものが、計一〇例存する。これは、その韻字の注文の在り様から『小補韻会』よりの抄出であることが判る。

この〔一〕〔二〕から、『漢和三五韻』の「本韻」の韻字数が、原拠とする『聚分韻略』の韻字数より多くなつてゐる理由が判る。この調査の〔一〕に付髄して言へることは、次の〔三〕である。

〔三〕『漢和三五韻』の「本韻」の冒頭に「入韻字」と同じ韻字を置き、「入韻句」(第一句めの和句)の実作の便を図ることを原則としてゐる。しかるに「五、灰韻」と「一二、麻韻」の二韻目においては、この原則を守つてゐない排列となつてゐる。

本韻の注文で主軸となつてゐる漢文注・漢字注の典拠は『小補韻会』である。『漢和三五韻』の「本韻」には「韻会」と随所に見られるが、これが元の熊忠の『韻会』ではなく、明の方日升の『小補韻会』を示すものであることは、漢文注の本文徴証に基づいて決せられなければならない。しかし、原拠となる「十二韻」の韻書に悉く『小補韻会』が使用せられてゐたことからも察せられるし、『漢和三五韻』の「二二、麻韻」の「三重韻外」に「古読」として『小補韻会』の反切注を含む注文が列挙せられてゐる事実によつても、見当がつく。このことは、中村元氏によつて実例を挙げて指摘されてゐる。[注16] 本稿で行なつた逐条調査においても、まさしく『小補韻会』であつた。例へば「一、東韻」の「本韻」の冒頭の「1東」～「15豊」の「入韻字」と同字を置いた直後の「16涷」以降には、『小補韻会』たる根拠を示す注記が悉く「古読」所収の韻字を指すのである。一、二の例を挙げる。

「一、東韻」所属の「峒」字の注文を見ると、

22峒　韻會送韻山穴也　硐深也　又東ノ韻徒東ノ切　崆ｰ峒ハ山ノ名　○按ニ　東韻ニテハ　ホラトヨムベカラズ

とある。『小補韻会』の「古読」の項には「東送韻」とあり、去声の「送韻」中から「峒」字を索めると「山穴也　硐深也」となつてゐることが判る。

「三、支脂之韻」所属の「崎」字と「匜」字とについてみる。まづ「崎」字は、

98崎　出ニ于紙韻ｰ　又支韻長脚䵷竃

となつてゐる。『小補韻会』の「古読」の項に「崎紙韻」と見られ、上声「紙韻」に在ることを示す。次に「匜」字は、

244匜　増韻盥手沃水器　又支韻全支切　義同

とある。「匜」を『小補韻会』に索めると「古読」の中に「匜紙韻」と見られ、やはり上声「紙韻」に存することが判るのである。

斯く『小補韻会』を注文の主軸になすと同時に、さらに『五車韻瑞』と『字彙』とをもつて漢文注を補完せしめて

ゐる。さうして「十一韻」「十二韻」以来の注記・熟字例を継承しつつ注文を構築せしめてゐる。これの更なる委細については「注文の典拠」の項で記すこととする。

　最後に「韻外」について記す。「十一韻」や「十二韻」で「韻外」となつてゐたのが、『漢和三五韻』では、「一、東」「二、冬」「五、灰」「六、真諄臻」「七、元魂痕」「八、寒桓」「九、先仙」「一一、歌戈」「一二、麻」「一四、庚」「一五、尤侯幽」の一一韻目は「三重韻外」となつてゐる。「四、虞模」「一〇、蕭宵」の二韻目は「三重韻之外」、「一三、陽唐」一韻目は「三重韻ノ外」、「三、支脂之」の一韻目のみ「三重韻之外出韻会韻瑞」とある。「韻外」は、やや先行する漢聯句のための韻書『海蔵略韻』(三一韻の略韻)に見られる。「十一韻」「十二韻」「十五韻」などでは『聚分韻略』の「三重韻」に基づく「本韻」(韻内字)に対する、「三重韻」に存せぬ『小補韻会』からの抄出字群をいふ。『漢和三五韻』の場合は『小補韻会』の他に『五車韻瑞』からも補充してゐる。以下、一五韻目について概観する。

【一、東韻】113〜184の七二字が全て『小補韻会』からの抄出字である。「184衕」は「古読」からの引例。

【二、冬韻】この韻も85〜154の七〇字が全て『小補韻会』に基づく、「古読」の引用は137〜154の後半に纏めてゐる。

【三、支脂之韻】この韻目のみ「三重韻之外出韻会韻瑞」との題になつてゐるが、注文に「韻会」「韻瑞」の出典名を明記した例は一つも存しない。そこで『小補韻会』と『五車韻瑞』によつて検索すると「韻外」冒頭の「344崎」から「444墓」までを『小補韻会』に基づき、「445愷」〜「455紋」の一一字は『韻瑞』に拠り、「456欹」は再び『小補韻会』に拠つてゐることが判る。

【四、虞模韻】210〜296の八七字は『小補韻会』からの抄出である。「296廔」の後に「以上韻會」とある。最後の「296廔」は「古読」の中に見られる。残る297〜309の一三字は『韻瑞』からの抄出のものを纏めてゐる。特に297 302 305 306 307 308

309の七字の注文には「韻瑞ニ」と明示されてゐる。

【五、灰韻】この韻ではほぼ全面的に『小補韻会』に拠つてゐる。「135禖」には「五車韻瑞ニ云」と『韻瑞』の名を明記してゐる。この標出字「禖」は、『韻会』や『小補韻会』にも「説文祭也」とある。また、104・108・111・117・118・133・134・138の八字の注文は『韻会』に一致せず。『小補韻会』に104・108・111・117・118は全て見られ、「133旆」も「古叶」の部分に存してゐる。

【六、真諄臻韻】この韻目もほぼ全面的に『小補韻会』に基づいてゐる。142・147・155・167・168・169も『韻会』の注文とは一致せぬが、『小補韻会』とは全て符合する。末尾187～198の一二例は『韻瑞』よりの抄出字を纏めてゐる。特に187・189・193・198の四例には「韻瑞」の書名が明示されてゐる。

【七、元魂痕韻】この韻目も全面的に『小補韻会』に拠つてゐる。『韻会』では122・123・128・157などの注文が一致しないが、122・128は『小補韻会』は見られる。「146笄」には「韻瑞」と出典明示されてゐるが、『韻会』も同注である。

【八、寒桓韻】ほぼ全部『小補韻会』に拠る。122・123・128・138・139・143などは「韻会」の注文と一致せぬが、『小補韻会』には全例が認められる。

【九、先仙韻】この韻目もやはり全面的に『小補韻会』に基づく。186・187・200・201・203・211・213・216などは『韻会』の注文と一致せぬが、『小補韻会』には全例が認められる。最末尾の「226秴」には「韻瑞」の書名を明示してゐる。

【一〇、蕭宵韻】162・190に「韻瑞」と出典明記されてゐる例以外は『小補韻会』に拠つてゐる。「191擾」は「古読」。

【一一、歌韻】この韻目も全面的に『小補韻会』に拠るが、124・133には「韻瑞」と明記されてゐる。また126～132の六例は『小補韻会』の「古読」に拠つてゐる。

【一二、麻韻】この韻目は95〜114のところに「以上韻會」として『小補韻会』に拠ることを示す。この中には「105艖フ子韻瑞舟也　韻會舟名」と『韻瑞』と『小補韻会』とを併記する例もある。後半の118〜126の八字は『小補韻会』の「古読」の字群からの抄出である。

【一三、陽唐韻】この韻目も219〜256のところで「以上韻會」とある通り、『小補韻会』に基づく抄出である。末尾の「258錫」には「五車韻瑞ニ云」、「260涼」に「韻瑞ニ曰」と『韻瑞』からの引用が見られる。259は『小補韻会』の「古読」に拠つてゐる。

【一四、庚韻】この韻目は164〜226の後に「以上韻會」とあり、『小補韻会』に拠る。末尾の227・228の後に「以上韻瑞」として『韻瑞』からの引用たることを示す。

【一五、尤侯幽韻】この韻目も全面的に『小補韻会』から抄出する。「202游」の注文に「三重韻曰遊ト同」とした後に『小補韻会』を引用してゐる。

以上の調査結果を纏めると、『漢和三五韻』の「韻外字」は大部分の韻字を『小補韻会』に基づいて抄出するが、それで不十分なものを『五車韻瑞』から補充してゐる。『漢和三五韻』そのものが原拠とする「十二韻」の韻書の「韻外字」とは結果的には一致するものが多いが、意図的に「十二韻」を承けて、不足分を追加するといふ形態にはなつてゐない。編述者の宇都宮由的が「漢和聯句」の実作の立場から、大幅な『小補韻会』からの抄出を行なひ内容を充実せしめたものと思はれる。「韻会」は元の熊忠の『韻会』ではなく、明の方日升の『小補韻会』であることを確認し得た。

き、かつ『五車韻瑞』と『字彙』とをもって漢文注・漢字注を補充してゐることは既に述べた。ところで、『漢和三五韻』が原拠とする「十二韻」の韻書の成立の時点で、新たに採録された数多の証歌が、この『漢和三五韻』ではどのやうになつてゐるか。それを調査したのが表Vである。「十二韻」では『記』も『書』も小異はあるものの、共に総数七八首（『書』は七九首）の証歌が収められてゐる。この七八首の内で、『拾遺愚草』の上巻「花月百首」より一首、中巻の「韻字百廿八首」より四〇首、（『書』は四一首）、下巻の「員外雑歌・韻字四季歌」より二八首、全て六八首が定家の証歌で占めてゐる。残る一〇首は『万葉集』『新古今集』『続後撰集』『壬二集』などからの所収歌である。「十一韻」から「十二韻」への過程で斯く多くの証歌を収めた所以は、「漢和聯句」の和句の実作に特に参看すべきものと考へたからなのであらう。殊に定家の韻歌・韻字四季歌は、建久七年（一一九六）といふ早い年代に、和語によつて押韻することの先鞭が着けられてゐる。この定家の歌にみる先蹤に、「十二韻」の韻書の撰述者が着目し、高く評価したために七八首（『書』は七九首）もの証歌が掲げられたのであらう。この「十二韻」の基本理念は、十五韻の『漢和三五韻』においても、所収歌数が減少するとはいふものの、やはり継承されてゐると考へられる。

表Vが示すごとく、『漢和三五韻』には全て六四首が収載されてゐる。その中、定家の証歌は五二首で、「十五韻」の段階で新たに追加された、「冬韻」「灰韻」「歌韻」においても定家の証歌を収めてゐる。また逆に、「支脂之韻」などは「十二韻」に一五首も定家の歌が存したのに、『漢和三五韻』では皆無にする韻目もある。押し並べて定家の証歌は各韻とも「十二韻」よりは減つてゐる。これに対して、定家の歌以外の証歌は計一二首と、「十二韻」の八首より纔かながら増えてゐる。次にその定家の歌以外の一二首の明細を調べてみよう。

まづ『万葉集』を引用した例として、次の二首が挙げられる。

【七、元魂痕韻】1原　妹カリト我通路ノシノス、キ我シカヨハヾナビケ——(シノハラ)　万七

『西本願寺本』系統の本文は、

妹等所我通路細竹為酢寸我通靡細竹原　巻七-1121

と、初句が「妹等所」となつてゐる。『類集古集』や『紀州本』系統の本文は「妹所等」と一字顚倒した形になつてゐて、『漢和三五韻』引例の訓み下し文「妹カリト」はこれに拠ることが判る。今一つの例は、

【一一、歌韻】　75鍋　サスナベニユワカセコトモイチヰツノヒハシヨリクルキツニアムサン

『西本願寺本』系統の本文は、「長忌寸意吉麻呂八首」とある一首で、

刺名倍尓湯和可世子等櫟津乃檜橋従來許武狐尓安牟佐武　巻一六-3824

『漢和三五韻』の引歌は第四句「檜橋從來許武」を「ヒバシヨリクル」と訓読した本文に基づいてゐる。

次に藤原長清撰の『夫木和歌抄』からの抄出と思はれる例を五首掲げる。

【三、支脂之韻】　89師　三世ノ師ノミ名トナヘツルシルシニハツミモヤコヨヒノコラザルラン

この歌は源俊頼の自撰家集『散木奇歌集』(巻四・冬部678)[注17]に、

仏名心をよめる

みよのしのみなとなへつるしるしにはつみもやこよひのこらざるらん

同じ歌が『夫木和歌抄』(巻一八・冬部三・仏名7575)にも、

家集　仏名を　俊頼朝臣

三世のしの御名となへつるしるしにはつみもやこよひのこらざるらん

として収録されてゐる。

【九、先仙韻】　98蓮　サク花ノモトアラノハチスクレナイニコゾメノ衣ナミヤカクラン

イツカミン八ノクドクノ池ニサク四イロノハチスキヨキ光ニ

と、二首の証歌が挙げられてゐる。最初の「サク花ノモトアラノハチス……」の歌は、未だ典拠を明らかにし得ないが、二首めの歌は、『夫木和歌抄』（巻九・夏部三・蓮3535）に、

いつかみん八のくどくの池に咲く四色の蓮きよきひかりを

とあるのを引用したものと思はれる。この歌を、『漢和三五韻』は【一一、歌韻】に、

61荷　イツカミン八ノクトクノ池ニサク四色ノハチスキヨキヒカリニ

と重出させてゐる。

【一一、歌韻】　29羸　竹馬ヲ杖トモケフハタノムカナワラハアソビヲオモヒ出ツヽ

この歌は西行の『聞書集』（167）に、

嵯峨にすみけるに　たはふれ歌とて人〻よみけるを

たけむまをつゑにもけふはたのむかなわらはあそひをおもひてつゝ

とあるもので、『夫木和歌抄』（巻二七・雑部九・動物部・馬1297）にも、

家集　さがに住みけるに　たはぶれうたとて人人よみけるに　西行上人

竹馬をつゐにも今日は頼むかなわらはあそひをおもひてつゝ

として収載されてゐる。なほ、西行『聞書集』所収歌と『夫木和歌抄』は共に第二句を「つゐにも」と「に」に作る。この「歌韻」には、西行の歌がもう一首、

66蓑　アヤヒ子ルサラメノコミノキヌニキン泪ノ雨ヲシノギガテラニ

これは『山家集』（恋百十首・1316）所収歌で、

あやひねるささめのこみのきぬにきん涙の雨もしのぎがてらに

とある。この歌も『夫木和歌抄』（巻三六・雑部一八・恋1724）にも収録されてゐる。

以上掲出の五首は、「先仙韻」の引歌「98蓮　イツカミン……」と、「歌韻」の引歌「61荷　イツカミン……」が同じ歌であるので、実質的には四首となる。これら五首を『漢和三五韻』が、それぞれの原拠『散木奇歌集』、『聞書集』、『山家集』から採録したか、それとも、これらの家集や『聞書集』をもつて撰集された『夫木和歌抄』に依拠したかが問題となる。三条西実隆（『実隆公記』永正五年〈一五〇八〉九月一四日条）や中御門宣胤（『宣胤卿記』文明一二年〈一四八〇〉九月一二日条・同年同月一四日条）などの記事によつても、『夫木和歌抄』が使用せられ、多くの証歌の典拠となつてゐることも指摘[注18]されてゐる。さらに『清水宗川聞書』にも、

もしほ草　夫木などは連歌師の用ゆる物也　歌にはよまぬ詞が有也

とあることに連関させても、『夫木和歌抄』に基づいた可能性が高い。

『夫木和歌抄』の他に慈円の家集『拾玉集』からも『漢和三五韻』は一首引いてゐる。

【七、元魂痕韻】　4園　ムカシ見シ人ノナミタヤツユナラン世ヲ宇治ヤマノアキノ花ー（ソノ）

この歌は『拾玉集』（第四―4823）に

貞応元年七月五日朝　すずろに詠之

むかしみし人のなみだや露ならんよをうぢ山の秋のはなぞの

とある。『拾玉集』は「十二韻」の『記』『書』にも「支脂之韻」に引歌する例が見られるので、「漢和聯句」のための韻書にもよく利用されたのであらう。『拾玉集』を原拠とした連歌辞書が編まれてゐることも、連歌や聯句連歌との関連が深い家集であると思はれる。

次に「十一韻」以来多用されて来た「国花合記集」の『漢和三五韻』における引例の情況について記す。「国花合記集」からの引例が、「十一韻」→「十二韻」の過程ではそれ相応に増加してゐるが、「十二韻」→「十五韻」の過程においては、世に「漢和聯句」が隆盛になつて行くのに、逆にやや減じてゐることが表Ⅵによつて判る。一見この事象は矛盾するやうにも見えるが、実際はさうではないのである。音訳漢字による仮名書の用語集たる「国花合記集」は中世のものでは一三〇語程度、それに増補を加へた近世のものでも一五〇語以内でしかない。しかも名詞ばかりである。そこで「国花合記集」の「仮名書」を補充する役目を果たすのが、『万葉集』からの「万葉仮名」と、伝具平親王撰の『真名伊勢物語』の「真名」表記とである。勿論、『和訓押韻』（十一韻）の段階から『万葉集』の用例は数多く引用されてゐる。しかしそれは標出字やその標出字を含む熟字の和訓を示すためか、それとも熟字例として掲出するためであつた。この『漢和三五韻』以降の「漢和聯句」のための韻書に新しく登場するのは、「国花合記集」の不足を補ふために抄出された「万葉仮名」なのである。このことについて、足立雅代氏は次のごとく指摘する。注19　足立氏の論文を引用する。

そして、『漢和三五韻』や『和語略韻』の段階で増補された「仮名書」の中で特徴的なものは次に示すような『万葉集』等の国内文献からの引用によるものである。

1　宇奈波良（うなはら・海原）　（陽唐韻）
2　久佐麻久良（くさまくら・草枕）　（陽唐韻）
3　於毛保由（おもほゆ・思ほゆ）　（尤侯幽韻）
4　目都良之（めづらし・珍し）　（支脂之韻）

《中略》

「万葉仮名」の「仮名書」の中で、特に注目されるものは、次に示すような、いわゆる活用語尾や附属語を含む「仮名書」の例である。

1　於知多芸都（おちたぎつ・落沸つ）　（虞模韻）
2　奈都炊（なつかし・懐かし）　（支脂之韻）
3　都追（〜つつ）　（支脂之韻）
4　奴（〜ぬ）　（虞模韻）

とされ、宝永二年（一七〇五）刊の天理図書館綿屋文庫蔵『漢和千句独吟』（岡西惟中）の中から、活用語尾や附属語になつてゐる「和句」の句末の例を挙げて示されてゐる。

なほ、「十二韻」に韻目が存せず、『漢和三五韻』成立に際して追加された「一一、歌韻」に「国花合記集」の引用が九例あって、「支脂之韻」に次いで多いことが注目される。この九例の中には、「46那　波（ハナ）—花也　国花合記」（『増補下学集』『国花集』『増補国花集』）「53摩　遠波志（ワバシマ）—万　檻也」（『増補下学集』『国花集』）、「55和　洗（シホ）—塩也」（『海蔵略韻』『増補下学集』『国花集』『増補国花集』）、「55和　志（シホ）—同　共国花合記」（『国花集』『増補国花集』）、のやうに主として近世の「国花合記集」に基づいた引用がなされてゐることも判る。

注1　広義の「和漢聯句」のことを、朝倉尚氏の「連句連歌」に倣つて「聯句連歌」と呼称する。朝倉氏著『就山永崇・宗山等貴』（一九九〇年9月　清文堂出版刊）192頁。

注2　連歌総目録編纂会『連歌総目録』（一九九七年4月　明治書院刊）に基づき「漢和聯句」を年代順に抽出したリストを『駒澤大学文学部研究紀要』（第58号　二〇〇〇年3月刊）に掲載した。

注3・4　安田章氏論文「天理図書館蔵『十一韻』の書入」（『ビブリア』第75号　一九八〇年10月刊。『中世辞書論考』一九八三年9月　清文堂出版刊、に再録）参照。

注5　『明版古今韻会挙要小補』全5巻（一九九四年2月　近思文庫編刊）に拠つて調査する。

注6・15　深沢眞二氏に「『漢和三五韻』の周辺」（『和漢比較文学叢書』第16巻『俳諧と漢文学』所収、一九八八年6月　汲古書院刊）といふ好論があり、本稿はこの論文に負ふ処大である。

注7　安田章氏論文「韻字の書」（『国語国文』第47巻1号　一九七八年1月刊。『中世辞書論考』一九八三年刊、に再録）に紹介されてゐる。

注8・9　中村元氏論文「『漢和三五韻』における『古今韻会小補』の利用について」（『国文学論叢』第35輯　一九九〇年3月刊）に詳細な調査報告をされてゐる。『聚分韻略』（『三重韻』）の「韻内字」のことを、中村氏に倣つて「本韻」と呼ぶが、（　）を付して「韻内字」と補記する。『古今韻会挙要小補』における「本韻」と区別するためである。

注10　『五車韻瑞』（一九九三年2月　近思文庫編刊）に拠つて調査する。『万治版』の和刻本である。

注11　『漢和三五韻』の本文中（注文）に「字彙」と出典名を明記した例は次の通りである。〔一、東〕42驝　55狆　67橦（3

例)、〔二、冬〕14儂　50鉛(2例)、〔三、支〕ナシ、〔四、虞〕42鸕(1例)、〔五、灰〕24鰓　36獃　58䭔　72姟　76迴(5例)、〔六、真〕ナシ、〔七、元〕15垠　132螇(2例)、〔八、寒〕38鼾　65紈　77盤　109岏(4例)、〔九、先〕19阡　77詮　161蔫　170軥(4例)、〔一〇、蕭〕ナシ、〔一一、歌〕6阿　48訛　72枷　74絅　83遳〔一二、麻〕91吧　99鈀(2例)、〔一三、陽〕27房　70孃　77賨　92尫　103鍚　209鏘　217泱(7例)〔一四、庚〕24匽　30泓　76酲　79惸　92抨　93撐　99蘅(7例)、〔一五、尤〕11鄹　17疇　28鶹　81蒐　118璆(5例)、計四七例。

注12・14・16　注8・9の中村氏論文参照。

注13　注3・4の安田氏論文参照。

注17　『新編国歌大観』第3巻「私家集編Ⅰ」に拠る。

注18　注7の安田氏論文参照。

注19　足立雅代氏論文「『仮名書』一覧並びに漢字索引稿」(『国語文字史の研究二』一九九四年10月　和泉書院刊)に委しい記述がなされてゐる。

五、『和語略韻』(三十一韻)

五-1　概要　聯句連歌(広義の「和漢聯句」)の中で、「漢和聯句」は近時公刊された『連歌総目録』(一九九七年4月明治書院刊)に拠つて検するに、例へば室町期の文明一四年(一四八二)～天正二〇年(一五九二)の一一〇年間に僅かに一五件(「千句」の中の漢和百句を含む)しか存してゐない。而かるに江戸期に入つて慶長四年(一五九九)～元禄一〇年(一六九七)の約一〇〇年の間には、実に一五八件と前期の十倍強の多きを算へるほどになつてゐる。就中、寛永期～元禄期における漢和聯句の盛行振りには瞠目させられる。ここに「十五韻」や「三十一韻」の韻書の出現の必然性が肯はれる。従来の十一韻の『和訓押韻』や「十二韻」の韻書では、韻目も韻字も絶対的に不足するので、大幅な増補が施こされ、貞享三年（一六八六）には『漢和三五韻』[注1]（十五韻）が上梓され、さらにそれより十二年後の元禄一一年（一六九八）には三十一韻（平声全韻）の『和語略韻』[注2]が刊行されるに到つたのである。ただし、単に多くの韻目と韻字とが収載せられてゐればよいといふのであれば、当時数多通行してゐる『聚分韻略』（三重韻）が存するので利用するに不足はない筈である。しかし「漢和聯句」のための専書が編纂されるといふことは、五山衆はともかくとして、公家衆や武家衆あるいは連歌師にとつても『聚分韻略』ではやはり韻字が検索しにくかつたのであらう。かくて『和語略韻』は『漢和三五韻』を補完する方法で編述されたのである。

『和語略韻』の序で松峯散人は次のごとく述べてゐる。

和訓韻畧叙

嚮（サキニ）有ニリ十ノ一ー韻　三ー五ー韻一　而行ハルニ于世ニ矣　蓋シ學ー者ノ之一ー助ナリ也　然レモ韻未レ廣カラ字不レ多カラ　而疎ー庸ノ之ー士或ハ患フレ不ルヲレ足ラ矣　故ニ增ー益シテ之ヲ引ニキ證シ漢ー家本ー朝ノ之書ヲ一　旁ラニ加ヘニ和ー語ヲ一　乃録シテレ木ニ名ケテニ和ー訓韻略ト一　欲スルノト與レ童ー蒙共ニセント之ヲ意ノ尒

元禄戊寅八月日　　松峯散人序ス

この記事に基づいて判る通り、元禄一一年の初刊本は「和訓韻略」と称し、別名を「和訓三重韻」とも称した。この書が『聚分韻略』の『三重韻』に韻字とその排列が悉く依拠してゐる証左である。正徳三年（一七一三）の再刊本では「和語略韻」と改名してゐる。本稿では既に世に『和語略韻』の書名で取り扱はれてゐるのに従ふこととした。

『和語略韻』が、先行書たる「十一韻」、「十二韻」、「十五韻」の韻書に比して、その組織を異にするのは、韻字（標出字）が「韻内字」のみにて、「入韻字」や「韻外字」を一切有せぬことである。漢和聯句の実作において「入韻字」や「韻外字」が重要であることに変はりはない。しかしそれらは既存の「十一韻」「十二韻」「十五韻」の韻書を参看することで、必要は十分に満たされる。それよりも『和語略韻』の立場においては、先行書にはない新機軸を打出す要があつた。それは和漢の数多の典籍に基づき、より多くの熟字例を収録して、単に「漢和聯句」のためだけでなく、「和漢聯句」のためにも、さらに聯句一般のためにも資すべき、多目的性を有たせしめることを考慮した所以であらうと思はれる。

新機軸と言へば、既に十五韻の『漢和三五韻』において、編述者の宇都宮由的は全巻に亘つて明の方日升の『古今韻会挙要小補』[注3]を全面的に注文中に引用するなどして韻書の多目的使用に耐へ得べき努力をしてゐる。本書『和語略韻』は、典拠たる『漢和三五韻』の注文中で、「十一韻」や「十二韻」には存しない新しい増補部分は極力継承するやうに努めてゐる。逆に『漢和三五韻』の注記中で、「十一韻」や「十二韻」に存するものは、その多くを省略して、『和語略韻』独自の立場からする熟字例をできるだけ多く含めるやうにしてゐることが判る。それらの具体例は既にその一部を報告[注4]したが、今後も続稿を果たしたいと考へてゐる。

五－2　韻目と構成　三十一韻（平声全韻）の『和語略韻』の韻目は次の通りである。

【上平】一、東韻　二、冬韻　三、江韻　四、支韻　五、微韻　六、魚韻　七、虞模韻　八、齊韻　九、佳皆韻　一〇、灰咍韻　一一、真諄臻韻　一二、文欣韻　一三、元魂痕韻　一四、寒韻　一五、刪山韻

【下平】一六、先仙韻　一七、蕭宵韻　一八、肴韻　一九、豪韻　二〇、歌韻　二一、麻韻　二二、陽唐韻　二三、庚耕清韻　二四、青韻　二五、蒸登韻　二六、尤侯幽韻　二七、侵韻　二八、覃談韻　二九、塩添韻　三〇、

咸銜韻　三一、厳凡韻

「十一韻」「十二韻」「十五韻」の韻書に存した「入韻字」や「韻外」は存せず、「本韻」（韻内）のみの韻書である。「入韻字」は「漢和聯句」の「入韻句」（第二句めの「和句」）に使用すべき韻字である。「漢和百句」において「入韻字」は重要なものではあつたが、寛永末〜正保初年（一六四〇〜一六四五）頃には『和訓押韻』の『版本』も刊行されてゐるし、貞享三年（一六八六）には『漢和三五韻』も上梓されてゐる。これらが世に広く流布してゐるので、『和語略韻』に立項しなくても済んだのであらう。また、『聚分韻略』に存せぬ韻字を「十一韻」は元の『韻会』から、また「十二韻」や「十五韻」は明の『小補韻会』から抄出したのが「韻外字」であるが、これも「十一韻」や「十五韻」の『版本』があれば間に合つたものと思はれる。それ以上に必要なのが、「十五韻」でもなほかつ不足した「韻内字」（『聚分韻略』の韻字）を採り挙げることであつた。またその韻字を含む熟字例を豊富に用意することでもあつた。その点で『和語略韻』は、先行する十五韻の『漢和三五韻』の注文を踏襲しつつも、新たに数多の国書・漢籍・禅籍から極めて多くの熟字例を抄出して、徹底した熟字の用例集になつてゐる。表Ⅰによつて判る通り、『和語略韻』の韻字数が、原拠たる『聚分韻略』の「三重韻」の韻字数を超える韻目は「一七、蕭宵韻」を除いてはない。この「蕭宵韻」が一二九字で、『三重韻』の一二八字より一字多いのは、「62瑂」と「65嬌」との間に『和語略韻』は「63驕」「64雕」の二字が入つてゐる。この「64雕」が『聚分韻略』には存しない。この「雕」字を『和語略韻』がこの位置に置くのは十五韻の『漢和三五韻』をさながらに踏襲したからである。「64彫」の注文も「キザムエルナドㇾ訓スルハ　彫ノ字ヘ通スル時ノ訓ナリ」も『漢和三五韻』の「64彫」の注記「〇按スルニ　――字　キザムエルナドㇾ訓スルハ　彫ノ字ヘ通スル時ノ訓ナリ」をそのまま承けたものである。それ以外は、韻字の排列の小異は別として、原拠の『聚分韻略』の韻字数を超えないのが、『和語略韻』の原則となつてゐる。しかし、「漢和聯句」が盛行するに到つた江戸時代初期においては、「十一韻」や「十二韻」は勿論のこと、「十五韻」でも最早や不十分であつたことは、既に慶長二年（一五九二）といふ早い時期に『押韵』[注5]（国立国会図書館蔵）が成立してゐるところからも肯はれる。『和語略韻』と『押韵』との違ひについては後述する。

五―3 伝本 『和語略韻』の「初刊本」は『和訓韻略』との書名で、元禄一一年（一六九八）年の刊行である。「初刊本」の松峯散人の「序」にも「和訓韻畧叙」と題して、前掲「五―1概要」のごとく記されてゐる。また、本文第一丁表の第一行の標題は「和訓三重韻」とあり、巻末の尾題は、

和訓韻畧　　洛烏丸書肆　吉村吉左衛門壽梓

とあり、京都の書肆で刊行されたことが判る。これらの記事によつて識り得ることは、『聚分韻略』の「三重韻」に典拠を得てゐることである。「略韻」とせずに、「韻略」としたことは、典拠たる『聚分韻略』に牽かれての命名であると思はれる。しかし「韻略」といふのは、「平声」「他声」（上声・去声・入声）の「全韻（書）」である。これに対して、「平声」のみの「三十一韻」は、『海蔵略韻』の書名のごとくに、「略韻（書）」でなければならない。従つて「初刊本」の『和訓韻略』は、正徳三年（一七一三）刊の「再刊本」では『和語略韻』と書名が改められてゐる。版種としてはこの二本が現存するが、それぞれが何刷までなされたのかは詳かにされてゐない。

五―4　本文形態　『和語略韻』の本文の構成は「十一韻」、「十二韻」、「十五韻」のやうに「入韻字」「本韻」（韻内字）「韻外」の三部になつてはをらず、「本韻」のみの書となつてゐる。さうして標出字の上欄に「乾」「時」「氣」「支」「態」「生」「器」「光」「虚」「複」の順に部類名の第一字が掲出されてゐる。これは『聚分韻略』の「乾坤門」「時候門」「気形門」「支體門」「態芸門」「生植門」「器財門」「光彩門」「虚押門」「複用門」の意義分類を継承したものである。「十一韻」～「三十一韻」の「漢和聯句」のための韻書の「本韻」は全て『聚分韻略』より抄出した韻字群となつてゐるが、斯く部類名を全巻に亘つて掲げるのは、この『和語略韻』のみである。ただ部分的に記載される例は、「十二韻」の『韻字之書』の「元魂痕韻」の「本韻」の「1昆」～「41源」の四一字についてのみ、各韻字の頭部に「気　昆」「器　琨」「気　鵾」のごとくになされてゐる。この「元魂痕韻」は「十一韻」↓「十二韻」の過程で追加された韻目であり、これも『聚分韻略』から抄出の証拠を示すものである。

『和語略韻』の注文の最大の特色は、その熟字例の豊富さに見られる。その熟字例には片仮名による傍訓が悉く施されてゐる。また、それらの熟字例は和漢の典籍や禅籍の漢字表記のもののみである。漢詩集の『東坡詩集』『山谷詩集』『杜詩集』や『三躰詩』、禅籍『大恵普説』『虚堂録』『禪義雑疏』、また『空華集』等の典拠からの熟字例が多出する。さすれば「詩偈」や「聯句」のための韻書かとも思はれる程である。しかし、さういふ面はあるにせよ、『和語略韻』は書名の通りにやはり「漢和聯句」の「和句」の実作のための韻書なのである。

ところで、『和語略韻』の標出字は、右傍に字音、下位に和訓を示すこととしてゐる。

1東（トウ）ハシメ　アツマル　ヒカシ　　2虹（コウ）蝀也　ニジ　　3凍（トウ）コホル　ニハカアメ　　4潼（トウ）闞　イヤシ　　5蝀（トウ）ニジ

この標出字に字音・字訓を付する形式は『聚分韻略』の「三重韻」の在り方を承けてゐるし、「漢和聯句」のための韻書でも『和訓押韻』[注6]の『龍門本』や、十二韻の『韻字記』[注7]『韻字之書』[注8]も同様である。また、標出字の直下の和訓の位置にある小字の漢字注は、『聚分韻略』の漢字注をそのまま承けたものである。注文も、『漢和三五韻』に存した『小補韻会』『五車韻瑞』『字彙』や『広韻』『爾雅』等から引用した漢文注はほとんど見られず、専ら熟字例を数多く補入せしめてゐる。例へば「冒頭の「東」字は、

【和語略韻】 1東(トウ ハシメ アツマル ヒカシ)　日—(ヒノモト)　在—(ニジ)虹　籬—(マカキノアナク)　活—(カヘルコ)科斗也 爾雅　話—(同)同　聲(ナラスヒカシニ)レ—大恵晋説　南—(タテサマヨコサマ)空華集　西—(コナタカナタ)白氏　説(トク)レ—(ヒカシニ)虚堂録

【漢和三五韻】 1東(ヒカシ ウゴク ハジメ アヅマ)　廣韻ニ春ノ方也　○説文ニ動也　○又和琴ノ名

【韻字記】 16東(ヒカシ アツマ)　春方 用之　又和琴名　欵—(ヤマフキ)

【韻字之書】 2東(トウ ヒカシ アツマ)　春方　又和琴名用　欵東(ヤマフキ)　—(コチ)　西—(カーカ)

【和訓押韻】『龍門本』 1東(トウ ヒカシ アツマ)　春方　又和琴名可用之

右の「東」字の注文を見て明らかなやうに、「十二韻」の『記』『書』は、「十一韻」の『龍門本』をほぼ踏襲してをり、十五韻の『漢和三五韻』が最初に『小補韻会』の注文（廣韻「春方也 説文動也」）を引用した後、「又和琴ノ名」と「十一韻」以来の注文を「十二韻」を経て承けてゐる。しかるに『和語略韻』は先行する「十一韻」「十二韻」「十五韻」を承けずに、全く新たな熟字例を置いて、新機軸を打ち出してゐる。右の「東」字の場合は極端な例である。やはり『漢和三五韻』の重要と考へる部分を『和語略韻』の編述者は継承してゐるのである。同じ「東韻」の「宮」字を見る。

【和語略韻】8宮(キウ)ミヤ　水府龍(ワダツミノミヅ)—多識　東(ヒツキノミヤ ミヤノミコ)—詩経碩人　守(イモリ)—本艸　子(コツボ)—婦ノ前陰　梵(テラ)—　天(マラナヘ)—陰嚢　殯(タカドノ モカリヤ)—日本記　産(ウブスナ)—同　齋院(イツキ)
—(ノミヤ)同　海(ワタツミノミヤ)—同　神(カンミヤ)—同伊勢也

【漢和三五韻】3宮ミヤ　若(ワカミヤ)—　古—　行—万　海(ワタツミノミヤ)—日本紀　常—　大—　朝—　夕(ユフ)—　神(カンミヤ)—万伊勢也　秋ノ—中宮　タ
ケノ—伊勢齊宮　香久山ノ—和州　橿原(カシハラ)ノ—和劦　高圓(タカマト)ノ—同上　野ノ—山城　山科ノ—同上　清見原ノ—大和　嶋ノ—
同上　朝熊ノ—伊勢

【韻字記】21宮ミヤ　行(カリミヤ)—万　海(ワタツミノ)—日本　常(トコノ)—　アサ—　大—　夕—　神—万　春ノ—東宮　秋ノ—中宮　竹—勢斉宮　小墾(ヲハタノ)ノ
—大和　香久山—同　橿原ノ—同　高円—同　野—山城　山科—同　清見原—大和　島—同　朝熊—伊梅宮　神マツル卯
月ノ榊トリソヘテ梅ノ宮居ニタテル御幣(ミテクラ)

【韻字之書】9宮ミヤ　—室　行(カリミヤ)—　海(ワタツミノミヤ)—日本　常(トコ)—　大(ヲホ)—　朝(アサ)—　夕(ユウ)—　神(カン)—万　春ノ—東宮也　秋—中宮也　タケノ
—伊勢斎宮也　小墾(ヲハタノ)—大和　香久山ノ—同　橿(カシバラノ)—同　高圓(タカマトノ)—同　野ノ—山城　山科(ヤマシナノ)—同　清見原—大和　嶋—同　朝熊(アサクマノ)—伊勢

【和訓押韻】『北岡本』6宮ミヤ　行(カリミヤ)—万　海(ワタツミノミヤ)—日本　常(トコミヤ)—　アサ—　大(ヲホミヤ)—　夕(ユフミヤ)—　神(カンミヤ)—伊セノヿ也　春(ハルノミヤ)—東宮ナリ　秋(アキノミヤ)—
中宮ナリ　タケノ—伊セ斉宮ナリ　小墾(ヲハタノミヤ)—　香久山(カクヤマノミヤ)—　橿原(カシハラノ)—　高円(タカマトノミヤ)—已上大和　野(ノヽミヤ)—山城　山科(ヤマシナノミヤ)—　嶋(シマノミヤ)—和　朝(アサ)
熊(クマノミヤ)—伊勢

『松平本』5宮(キウ)ミヤ　行(カリミヤ)—万　海—日本　大—　朝—　夕—

『龍門本』6宮(キウ)ミヤ　行(カリミヤ)—万　海(ワタツミノ)—日本　常—　アサミヤ　大—　夕—　神(カンノ)—万イセ也　秋ノ—中宮也　イセノ神—　小墾(ヲハタノ)
—(ミヤ)大和　香久山(カクヤマ)—同　橿原(カシハラ)—同　高円(タカマトノ)—同　野ノ—山城　山科(シナノ)—同　清見原(キヨミハラ)—大和　嶋ノ—同　朝熊(クマノ)—イセ

この「宮」字にも、「十一韻」↓「十二韻」↓「十五韻」における踏襲の情況がはつきりと見られ、連歌や聯句の基本語彙であることが判る。ところが、「十五韻」↓「三十一韻」の過程では、『和語略韻』は「海―(ワタツミノミヤ)日本紀」「神―(カンミヤ)万伊勢也」の二つの熟字例しか『漢和三五韻』からは承けてゐない。他の熟字例は全て、『和語略韻』が独自の増補を行なつてゐる。斯様に『和語略韻』は「十一韻」や「十五韻」のごとき「版本」で見られる注記や熟字例はなるべくそれを見ることにし、新たな熟字例を補入することに専ら努めてゐることが知られる。また、次の例は同じ「東韻」の「夢」字の場合である。ここでは極端なほどの差異を示してゐる。

【和語略韻】103夢(ホウ)(クモル)(ヲホロ)(ユメ) 弗レ―(スユメミ)文選

【漢和三五韻】108夢ユメ 會云 説文ニ不レ明也 ○爾雅ニ夢々ハ亂也 一曰楚ニ謂テ草中ヲ曰レ―ト 又雲夢ハ澤ノ名 ○去聲送韻 寢字下ニ曰 説文寐而覺者也 徐曰寢ノ之言ハ蒙也 不ノ明之貌 通作レ夢ニ 周禮占夢云云 又東韻叶 謨中ノ切 石宗カ詩ニ世事非レ所レ務 周公不レ足レ夢ニ ○和訓押韻ニ曰 常ノ夢ニハ不レ可レ用レ之 定家卿 月清ミ子ラレヌ夜シモ唐ノ雲ノ夢マデ見ル心チスル ト雲夢澤ノ事ヲイヘルニ限ベシ 但同卿韻字百廿八首東韻四字内ニ去年モサゾ只ウタゝ子ノ手枕ニハカナクカヘル春ノ夜ノ夢 ト詠せラル、 仍不審ノ處ニ 文選既遇因兮無レ兆曽ヲ寤寐ニ兮 弗レ―(ユメミ) 又元史ニ芳草引ニ謝―ヲ一 トモアリ 又不下與ニ梨花一同上レ夢ヲ 東坡全書事類等ニアリ 此韻夢ヲユメト用ル事明ナリ

『和語略韻』は『漢和三五韻』の終りに近い箇所の「弗レ―」の部分を承けてゐるだけである。しかるに、「十一韻」↓「十二韻」↓「十五韻」の過程においては、『漢和三五韻』の『小補韻会』の引用の後の「○和訓押韻ニ曰」以下の部分をほぼ踏襲するのである。ここも『和訓押韻』や『漢和三五韻』など「版本」に見られる注記や熟字例はなるべ

く削除し、『和語略韻』独自の熟字例集にしようとする意図が、この「夢」字の場合にも看て取れる。

しかし、『和語略韻』の成立の頃に重要であつた熟字例や注記は、『漢和三五韻』から承けることは決して忘れてはゐないのである。以下二、三の例を挙げてみよう。「支韻」に属する「疑」字は、

【和語略韻】128疑（キ）サタマル ウタカウ　波（ハギ）—萩也 万葉十五　須（スギ）—杉也 同十三　見（ミルラン）—同十五　阿遠也（アヲヤギ）—青柳也 同五

【漢和三五韻】151疑（キ）ウタカフ　波（ハギ）—万十五 萩也　須（スギ）—万十三 杉也　阿遠也（アヲヤギ）—万五 青柳也　—（ラン）トヨム 万十二

【韻字記】230疑（キ）ウタカフ　—（ラン）　—惑

【韻字之書】59疑（キ）ウタガフ ラン　—惑 テニハノラン也

【和訓押韻】『龍門本』53疑（キ）ウタカフ　—惑　『松平本』129疑（ギ）ウタカフ　—惑　『北岡本』52疑ウタガフ

この「疑」字は、「十二韻」は「十一韻」さながらの踏襲であるが、十五韻の『漢和三五韻』は『万葉集』の仮名書「波—　須—　阿遠也—」の三例を加へて、新機軸を打出してゐる。「漢和聯句」が盛行するにつれて、「国花合記集」だけでは「仮名書」の用例が到底間に合はず、それを『漢和三五韻』は「万葉仮名」によつて数多く補充した。さういふ『漢和三五韻』の新局面を『和語略韻』はほぼ全面的に継承することに努めてゐる。委しくは付載資料三、[二] 1に全用例を収録する。

最後に、同じ「三十一韻」に属する韻書の『押韻』（慶長二年〈一五九二〉写本、国立国会図書館蔵）と、『和語略韻』との違ひは何かといふことは、この二書の注文を見れば直ちに明らかとなる。「支韻」の「思」字を例にとつて、その注文を掲げ、二書を対照させる。

【和語略韻】129思（シモノヲモフ／ヲモフ）　姫部（ヲミナヘシ）―万葉八　娘部（同）―同十　波（ハシ）―橋也　浦（ホシ）―星也

【押韻】76思（オモフ）　、旅をしそ思ふ　、物をこそ思へ　おもひと云時は仄也　おもひとつかふへからす

『和語略韻』は「姫部―」「娘部―」の「万葉仮名」の仮名書の例で、これは十五韻の『漢和三五韻』をそのまま承けた熟字例である。その後に『和語略韻』は独自に「国花合記集」から「波―」「浦―」の二例を補充する。「波思」「浦思」はf『増補下学集』・g『国花集』などの近世の「国花合記集」からの抄出である。斯く近世の「国花合記集[注9]」からの引用も怠ることはしてゐないのである。『押韻』に関する解説は後項付、（六―1～六―6）。

五―5　成立年代と選述者　『和語略韻』も『漢和三五韻』と同様に、「序」に成立年が明記されてゐてはつきりしてゐる。既述のやうに、『和語略韻』の「初刊本」は元禄一一年（一六九八）刊で、「再刊本」は正徳三年（一七一三）刊で、「初刊本」の書名『和訓韻略』を、「再刊本」は『和語略韻』と改題してゐる。従つて『和語略韻』は元禄一一年以前に写本の形で成立したものと思はれる。『漢和三五韻』の刊行が貞享三年（一六八六）であるので一三年後であるから、『漢和三五韻』の「版本」も世に現存して見得る環境にあつた頃であつたので、「十一韻」や「十五韻」の『版本』に見る不備・不足を補完すべきことを自覚して、『和語略韻』は編述されたのである。従つて、そのやうなことをなし得る程の学芸上の見識を有つた人物が撰述者（作者）たり得るのである。巻頭の「叙」を記した「松峯散人」が編述者なのであるかも知れないが、「松峯散人」と号する人物が、実在した誰なのかといふことは、目下のところ推測し得てゐない。年代的には『十一韻』（『和訓押韻』の版本）に詳細に書入れをした伊藤仁斎（寛永四年〈一六二

七〉～宝永二年〈一七〇五〉）の古義堂で学問を修めた人物であることも考へられる。仁斎の息東涯も『十一韻』の書入れを同じく詳細に行なつてゐる。東涯の「書入れ」部分には伝具平親王撰『真名伊勢物語』[注10]からの抄出例が七例ほど含まれてゐる。『和語略韻』の熟字例も、「七、虞模韻」の「177無　勝面（マサリカホナシ）真名伊勢」、「八、斉韻」の「12鶏家（クダカケ）—真名伊勢」、「一九、豪韻」の「57袍　六位（ロウサウノウヘノキヌ）—真名伊勢」など『真名伊勢物語』からの引例が見られる。『日本書紀』『万葉集』「国花合記集」等の「仮名書」を悉く受容して成つた岡西惟中の『真字寂莫草』[注11]（元禄二年〈一六八九〉刊）もこの年代に成立してゐる。東涯など古義堂で学問を修めた人物、また実際に「漢和聯句」の連衆としても加はつてゐる岡西惟中の周辺の人物などが考へられるのかも知れない。今後の課題である。

五―6　本韻（韻内字）　『和語略韻』は「十一韻」、「十二韻」、「十五韻」の韻書に存した「入韻字」と「韻外」とが共に置かれてゐない。従つて、『聚分韻略』の「三重韻」からの抄出字群（本韻）のみで成つてゐる。さうして、その韻内字は原則として『三重韻』の韻字数を超えることがないやうにしてゐる。三一韻目のうち、ただ一つ例外なのは、「一七、蕭宵韻」が『三重韻』一二八字であるのに対して『和語略韻』一二九字と一字多くしてゐることだけである。既述の通り、『和語略韻』の「64鵰」は『三重韻』に存せぬが、『和語略韻』の原拠たる『漢和三五韻』の「64鵰」に牽かれて、標出字とその注文を承けたのである。他の三〇韻目は全て「韻内字」となつてゐる。従つて三一韻全体の韻字数も『三重韻』が計三〇六四字であるのを、『和語略韻』は三〇二四字抄出してをり、『三重韻』から抄出されなかつたのは僅か四〇字に過ぎない。また韻字の字順も、ほぼ『三重韻』に平行するが、所々で小異は見られる。例へば、「二一、冬韻」の「生植門」の末尾、『和語略韻』は「41榕」「42籠」の順であるが、『三重韻』は42 41の順となつてゐる。このやうな一字顛倒の例は、同じ「冬韻」の「器財門」の末尾「53壘」「54春」も『三重韻』は54 53の順である。斯様な『和語略韻』の排列の順序の異同の全例は付載資料三、〔一〕1に収めてゐる。

五―7　注文の典拠　「十二韻」の韻書で本格的に採り挙げ、十五韻の『漢和三五韻』でも歌数が幾分減じたものの、相当数見られた証歌が、三十一韻の『和語略韻』で影を隠したことに注目させられる。定家の名が見られるのは、「一一、真諄臻韻」の「虚押門」の「113新　月影(ツキカゲアラタニ)―定家歌」、「一七、蕭宵韻」の「虚押門」の「109消　思(ヲモヒキユル)―定家歌」、「二六、尤侯幽韻」の「時候門」の「18秋　都邊(ミヤコベノアキ)―定家歌」、「生植門」の「107萩　匂秋(ニホフアキハギ)―定家歌」の四例である。「真諄臻韻」の「113新」は『漢和三五韻』の「真諄臻韻」の「114新」に定家の証歌「春風ノ氷ヲハラフ池水ハヤトレル月ノカゲモアラタニ　定家」が掲げられてゐる。残る三例も「蕭宵韻」の「109消」も『漢和三五韻』の「7消」に、「尤侯幽韻」の「18秋」、「107萩」も、『漢和三五韻』の「1秋」、「5萩」に、それぞれ定家の証歌が挙げられてゐる。『和語略韻』は『漢和三五韻』を参照したが、証歌一首全部を掲げることはせずに、該当する韻字の部分のみを熟字例の形で受容したものと思はれる。

次にやはり「十二韻」で多く引用され、「十五韻」ではほぼ全面的に引用された明の方日升の『小補韻会』も、三十一韻の『和語略韻』では、直接に『小補韻会』から引くことはせずに、専ら『漢和三五韻』に依拠してゐるやうに思はれる。例へば、「一、東韻」の「気形門」の「30蚣　蜈(ムカデ)―韻會」は、『漢和三五韻』の「39蚣　韻會ニ蜈蚣也」とあるのに拠つてゐる。また「二、冬韻」の「複用門」の「78喁　噞(クチサシツドフ)―韻會」も『漢和三五韻』の「78喁　又虞韻元俱ノ切　噞(クチサシツトフ)―魚口出入」とある『小補韻会』に基づいたものである。さすれば、『和語略韻』が少なくとも『漢和三五韻』に存する一五韻目については、直接に『小補韻会』を引かずに、『漢和三五韻』に拠つたものと考へられる。その証拠に、例へば「一三、元魂痕韻」の「支體門」の「44暖（メミハル）　韻會不レ入ラ二此ノ韻ニ一　○大ノ目ナリ也」の注記は、『漢和三五韻』の「47暖　大目也　○韻會不レ入ニ此ノ韻ニ一」とあるのを、そのまま承けてゐる。同じ「元魂痕韻」の「複用門」の「106媛（カホヨシ　ミヤヒヤカ　ヒメ）　韻會去声霰韻　○古來ヒメト訓ス也　霰韻ニ美女ナリト註ス　尓雅ニ美女ヲ媛トス」もやはり『漢和三五韻』の「107媛（ミヤビヤカ　ヒメ）　韻會去声霰韻　○又元韻干元ノ切　嬋—ノ貌　一ニ曰牽引ノ貌　○按スルニ—ノ字　古來ヒメト訓ス　霰ノ韻ニ美女也ト註ス　爾雅ニ美女ヲ為レ—トト註スルヲ以テ見レバ　ヒメノ時ハ去聲タルベシ」をさながらに受容してゐることが明瞭である。「一四、寒韻」の「態芸門」の「31鼾（イビキ）　韻會韻瑞等ニ無ニ此字一」も、『漢和三五韻』の「38鼾　聚分韻ニ出トイヘ𪜈韻會韻瑞ニ不レ出　字彙ニ侯幹ノ切　—睢ハ臥息也　ト註スルハ仄也　海蔵略韻平声ニ入テ　酔　鼾睡ノ語ヲ引不レ詳ニセ是否ヲ一」とある中から、『和語略韻』は必要な部分のみを摘出してゐる。斯く『小補韻会』の用例や注記を『漢和三五韻』に依拠して『和語略韻』は摘記するのである。

十五韻の『漢和三五韻』は漢文注・漢字注として『小補韻会』を全面的に引用し、不足する分は明の『五車韻瑞』や『字彙』の記事をもつて補充してゐた。しかるに『和語略韻』は『五車韻瑞』を「韻瑞」として、『漢和三五韻』から孫引きの形で引くが、『字彙』は入れてゐない。例へば冒頭の「乾坤門」の「東韻」の「9穹（ヲホソラ）　蒼（ヲホソラ）—　昊（同）—　層（同）—　清（同）—　以上五車韻瑞」は、『漢和三五韻』の「21穹（キハマル　ヲホソラ　タカシ　ヲホイナリ）　説文ニ窮也　○廣韻ニ高也　○爾雅穹蒼ハ蒼天也　又爾雅大也　○按ニ五車韻瑞ニ　上—　玄—　清—　層—　蒼—　青—等皆指レ天ヲ言フ」から「按ニ」以下の部分を承けたものと見られる。

「国花合記集」[注12]は十一韻の『和訓押韻』の段階から、「十二韻」の『記』『書』、十五韻の『漢和三五韻』に到るまで、主要な典拠として引用されて来た。従つて、この三十一韻の『和語略韻』においてもそれを継承せしめ、かつ近世の「国花合記集」をもつて補充し重視してゐる。以下、用例の存する箇所を韻目毎に概観する。

【一、東韻】「90濃 匂(イヌ)—犬」の一例が見られる。この例は「十二韻」の『書』に「63濃 匂(イヌ)—犬也」と存したものである。聖護院蔵『和訓押韻東冬麻陽』でも「濃(テウ) 匂(イヌ)—犬 国花合記」が見られる。「国花合記集」は中世のa〜eにも、近世のf・gにも存し、遡つて『広本節用集』にも見受けられる。

【二、冬韻】「17容(ヨウ) 洞(ツユ)—露也 國花合記」の一例。これは十五韻の『漢和三五韻』の「22容 洞(ツユ)—露也 国花合記集」を承けたものである。この用例もやはり「国花合記集」の中世a〜eや近世f・gに見られ、古く『広本節用集』にも存するものである。

【四、支韻】「63尼(ヂ) 喝(カニ)—蟹 怛(タニ)—谷」は『漢和三五韻』には見られない例である。これは『和訓押韻』（十一韻）、十二韻の『記』『書』にも存する。中世・近世の「国花合記集」の全てに見られる。「129思(シ) 波(ハシ)—橋也 浦(ホシ)—星也」も『漢和三五韻』に存せぬ例である。ただし、「浦(ホシ)—星也 国花」は『和訓押韻』の『松平本』に存してゐるので、中世からの例である。この二例は近世の「国花合記集」f・gに見られるもので、この『和語略韻』が新たに補入した例である。次の「131期(キ) 土(ツキ)—月 國花」も同様に十五韻の『漢和三五韻』に見られず、近世の「国花合記集」f・gに存するが、中世のa〜eには見られない。ただし『広本節用集』に存してはゐる。なほ、慶長二年（一五九七）写本『押韵』に「土(ツ)期(キ)月也」が存する。「135欺(キ) 土(ツキ)—月也」は十五韻の『漢和三五韻』の「156欺 土(ツキ)—月也 国花合記集」を承けたもので、中世のe『海蔵略韻』に見られる。また陶宗儀の『書史会要』（洪武九年〈一三七六〉刊本）にも見られるものである。「136嬉(キ)

沙（サケ）━酒也　万　花国」の「花国」は一字倒錯。この例も『漢和三五韻』を承けてゐる。因みに「国花合記集」のa～e（中世）、f～h（近世）の全てに見られ、『広本節用集』や羅大経の『鶴林玉露』（淳祐八年〈一二四八〉成立）にも存してゐる。「156司（シ）　伽羅（カラス）━烏也　国花合記」も『漢和三五韻』を承ける。「国花合記集」は中世のa～e、近世のg・hに存する。「161詞（シ）　題（ハス）━蓮也　国花合記」も『漢和三五韻』を承けてゐる。十二韻の『記』260と『書』82は「八題（ハチス）━蓮也」である。「国花合記集」では中世のe『海蔵略韻』附載のものが「題詞」に作る。『漢和三五韻』はこのeに拠り、『和語略韻』はこれを踏襲したものである。「165離（リ）　各（カリ）━雁　嬉（キリ）━桐」も『漢和三五韻』を承ける。中世・近世の「国花合記集」の全てに存してゐる。「198梨（リ）ナシ梨同　火阿（コヲリ）━」も『漢和三五韻』の「6梨　火阿（コヲリ）━」を踏襲する。「国花合記集」は中世a～e、近世f・gに見られ、『広本節用集』にも存する。「271奇（キ）　蓉（ユキ）━雪也（ナリ）　国花合記」も『漢和三五韻』を承ける。「国花合記集」は中世a～e、近世f・gに存し、『広本節用集』にも見られる。「272宜（キ）　土（ツキ）━月也　芳（ハギ）━萩也万葉」も「芳（ハギ）━」は十一韻の『和訓押韻』、十二韻の『記』『書』、『漢和三五韻』（十五韻）に継続して受容されてゐるが、これは「国花合記集」には存しない仮名書である。「土（ツキ）━」の方は、『漢和三五韻』には見られない。近世の「国花合記集」f・gに存するもので、『和語略韻』が独自に新たに補入した例である。「283彌（ミ）　安（アミ）━網也　蘇（スミ）━墨也　国花合記」も『漢和三五韻』を承けてゐる。「国花合記集」は中世・近世に見られる。『和訓押韻』（十一韻）には「竿（カミ）━紙也　安（アミ）━網也」とあり、十二韻の『記』『書』もこれを承けてゐる。「蘇（スミ）━」を入れ、「竿（カミ）━」を除いたのは十五韻の『漢和三五韻』からである。「298其（キ）　合（カキ）━垣也　由（ユキ）━雪也　屠（ツキ）━月也」も『漢和三五韻』を全て踏襲する。「合（カキ）━」「由（ユキ）━」は『和訓押韻』に存し、「十二韻」がこれを承ける。「屠（ツキ）━」は「十二韻」になつて補入されたものである。この「屠其」は中世のe『海蔵略韻』に存し、近世のf・gにも存する。斯く「支韻」には一四例も存し、『和語略韻』では最も多い。

【七、虞模韻】「17都(ト)　末(マツ)ー松也 万葉　万(マツ)ー同上　皤(ハト)ー鳩也 国花合記」は『漢和三五韻』に「29都　万(マツ)ー松也 万　皤(ハト)ー鳩也」となつてゐて、「末(マツ)ー」は存しない。『和訓押韻』は「万(マツ)ー松也」のみで、「十二韻」の段階で『記』481に「万(マツ)ー 末(マツ)ー 並松也 国」と付加される。「国花合記集」は「万都」が中世・近世のa〜e、f〜hの全てに存するが、「末都」は近世のf〜hの三本に見られる。慶長二年（一五九七）写本『押韵』には「万都(マツ) 松の心につかふへし」とある。なほ「末(マツ)ー」「万(マツ)ー」を「万葉」とするのは『漢和三五韻』の誤記を踏襲したもの。「121蘆　凍(ツル)ー鶴也 国花合記」も『漢和三五韻』を承けてゐて、遡つては「十一韻」にも「十二韻」にも見られる用例である。従つて、「国花合記集」の中世a〜e、近世f〜hにも、また『広本節用集』にも存する仮名書である。

【八、齊韻】「8谿(ケイ)　都梵(ツバキ)ー椿也 国花合記」は『和語略韻』が新たに入れた例である。この韻目は「十一韻」〜「十五韻」には存しない。因みに「国花合記集」は中世のe『海蔵略韻』と、これを承けた近世のg・hにある。

【一一、真諄臻韻】「31民(ミン)　蘇(スミ)ー墨也 国花合記」は『漢和三五韻』を承ける。「十一韻」、「十二韻」にも存し、中世・近世の「国花合記集」の全てと『広本節用集』にも存する。「82銀(ギン)　酸(サギ)ー鷺」も『漢和三五韻』を承ける。「十一韻」「十二韻」にも存し、「国花合記集」も中世a〜e、近世f〜hの全部に存する。『広本節用集』にも見られる。「111湮(イン)　捌脱(ハダヘ)ー肌也」も『漢和三五韻』を継承する。これも「十一韻」、「十二韻」に存し、「国花合記集」の中世a〜e、近世f〜gに全て存する。「124峋(シュン)　番(ハシ)ー橋也」も『漢和三五韻』を承ける。これも「十一韻」、「十二韻」にあり、かつ中世・近世の「国花合記集」の全てに見られる。

【一二、文欣韻】「34紋(モン)　巨羅(コロモ)ー国花合記　果濯(コロモ)ー同」、この韻目は「十一韻」「十二韻」「十五韻」に存せぬため、『和語略韻』が入れた用例である。「巨羅紋」は近世のf・g・hの「国花合記集」に見られる。「果羅紋」は中世のe『海蔵略韻』と、近世のf〜hに存する。ここも『和語略韻』は近世の「国花合記集」から引用してゐる。

【一四、寒韻】「3灡(ラン)　厦途(カツラ)ー桂也(ナリ)」は『漢和三五韻』を承ける。『和訓押韻』(『北岡本』『龍門本』)にあり、「十二韻」もこれを承けてゐる。「国花合記集」は中世のa〜eに存せず、近世のf〜hに見られる。『和訓押韻』の最古の伝本『松平本』に存せぬことと、中世のa〜eに存せぬこととは連関する。「87殘(ザン)　㱯(ヒザ)ー膝」も『漢和三五韻』を承ける。『和訓押韻』は『松平本』に「比(ヒザ)ー膝也」、「十二韻」は「㱯(ヒサ)ー膝也」である。「国花合記集」は中世・近世共にある。これは早く『広本節用集』にも存してゐる。

【一六、先仙韻】「1天(テン)　分(フデ)ー筆也」は『漢和三五韻』を承ける。これは「十一韻」、「十二韻」以来継承されてゐる用例である。「国花合記集」も中世a〜e、近世g・hに見られる。「4燕　印(イエ)ー家也　国花合記」も『漢和三五韻』にあり、それを承けてゐる。「十一韻」、「十二韻」からの継承である。「国花合記集」は中世のa〜eには存するが、近世のf・gは「何燕」となつてゐる。「22年　瞑(ミ子)ー嶺也　国花合記」も『漢和三五韻』を承ける。「十一韻」「十二韻」に存し、「国花合記集」も中世a〜e、近世f・gに見え、かつ『広本節用集』に見受けられる。「139延　塗(ツヱ)ー杖也」も『漢和三五韻』を承ける。これも「十一韻」、「十二韻」を継承してゐる。「国花合記集」も中世a〜e、近世f〜hの全てに存し、『広本節用集』に見られる。「142連　安闌(アラレ)ー雹也　国花合記」も『漢和三五韻』を踏襲する。「十一韻」、「十二韻」に見られ、「国花合記集」の中世・近世(f・g)にも存し、『広本節用集』にも見受けられる。以上の五例は、「十二韻」以来の踏襲である。

【二〇、歌韻】この韻は『漢和三五韻』の九例に対し、『和語略韻』は実に一二例も存し、「支韻」の一四例に次いで第二位を占める。「9渦　沾(ウヲ)ー魚也」は『漢和三五韻』を承ける。「十一韻」、「十二韻」には「歌韻」が存しない。因みに「国花合記集」は中世・近世のものに見られ、『広本節用集』にも存する。「45磨　旦（タマ）―玉也」も『漢和三五韻』を承けてゐる。「十一韻」、「十二韻」には「歌韻」がないため存しない。「国花合記集」も中世a～e、近世f～hの全て、『広本節用集』にも存してゐる。「49摩　遠波志（ヲバシマ）―檻也　万葉」も『漢和三五韻』を承ける。これは近世の「国花合記集」f・gに見られる。『和語略韻』は『漢和三五韻』の「万葉」との誤刻をも踏襲する。「61羅　加是（カシラ）―頭　満件（マクラ）―枕」の「満件―」は『漢和三五韻』を承けるが、「加是―」は『和語略韻』が新たに補入する。「国花合記集」に「加是羅」は中世a～e、近世f～hや『広本節用集』に存する。「満件羅」も中世a～e、近世f～hに存す。「加是―」は直前の「殿罷（トノバラ）―」と共に『鶴林玉露』にも存する例である。「75多　賀（コト）―琴」は『漢和三五韻』に存せず、『和語略韻』が新たに補入したものである。「国花合記集」は中世a～e、近世f～hに全て存し、『広本節用集』にも見られる。「77那　卒（ソノ）―園也　国花合記　波（ハナ）―花也　同上」は『漢和三五韻』を承ける。「卒那」は「国花合記集」の中世a～e、近世f・gと『広本節用集』に見られるが、「波那」の方は中世の「国花合記集」には存せず、近世のf～hにのみある。『漢和三五韻』が近世の「国花合記集」から新たに補入し、『和語略韻』がそれを踏襲したものである。「81和　洗（シホ）―塩也　国家合記　志（同）―同上」も『漢和三五韻』を承ける。「国家」は「国花」の誤刻。「洗和」は中世の「国花合記集」のe『海蔵略韻』と近世のf～hにあり、『広本節用集』にもある。「志和」は中世の「国花合記集」に存せず、近世のg・hに存する。従つて「志―」は『漢和三五韻』が新たに補入し、『和語略韻』がこれを踏襲する。「95麼　末（モモ）―桃　質（シモ）―霜」も『漢和三五韻』を承ける。「末―」「質―」共に「国花合記集」の中世・近世のもの、『広本節用集』に全て存する。

【二二、麻韻】『漢和三五韻』の「55麻　姿（シモ）―霜也　按質麼　姿麻（モ）　三様ニ出作ル二質麻一者　恐不可也」の用例は、『和語略韻』には受容されてゐない。十二韻の『記』『書』には存し、『漢和三五韻』はこれを承けてゐる。

【二六、尤侯幽韻】「十一韻」と「十二韻」に存した「猶　末ー（マユ）眉也」と「遊　迂ー（ウヲ）魚也」の二例は、十五韻の『漢和三五韻』の段階で受容してゐない。従つてこの『和語略韻』にも引かれてゐない。

因みに『鶴林玉露』の用例が見られる「支韻」（三例）と「歌韻」（三例）と、『武備志』とに用例が見られる「先仙韻」（一例）について記すこととする。まづ「支韻」の「96皮　寸ー（スミ）墨也　鶴林玉露　加ー（カミ）紙也　同上」の二例は『鶴林玉露』の「古活字本」には見当らない。「加ー」の方は十二韻の『記』に「219皮　加ー（カミ）紙也」と見られる。「支韻」の残る一例は「136嬉　沙ー（サケ）酒也　万　花国」である。「万」とあるが『万葉集』にはない。「国花合記集」（中世・近世）にある外、『鶴林玉露』にも存してゐる。「花国」は一字倒錯。次に「歌韻」の例について、「61羅　殿罷ー（トノバラ）　加是ー（カシラ）頭」の「殿罷ー」は『鶴林玉露』にあるもので、「国花合記集」には存しない。次の「加是ー」は『鶴林玉露』の他に中世・近世の「国花合記集」の全てのテクストに存してゐる。残る一例は、「81和　洗ー（シホ）塩也　国家合記」「国家」は「国花」の誤刻。この例は『鶴林玉露』に存すると同時に、「国花合記集」の中世e、近世f〜hに存し、かつ『広本節用集』にも見受けられる。これらの中、「鶴林玉露」とあるか、出典名無表示のものが『鶴林玉露』の引例である。

また『武備志』からの引例は、「先仙韻」に一例「130前　加ー（カゼ）風也　武備志」がある。この例は十五韻『漢和三五韻』に既に引かれてゐるものを踏襲する。さらに『書史会要』の引用は「支韻」の「135欺　土ー（ツキ）月也」が一例見られる。「十二韻」、「十五韻」に既に存してゐて、これを『和語略韻』が承けてゐる。「国花合記集」では中世のc『海蔵略韻』に見られる例である。『武備志』とあるものは「先仙韻」の一例である。

以上の「国花合記集」引用に関する調査結果を纏めると、次の通りである。

〔一〕用例の大部分は、先行する十五韻の『漢和三五韻』に存するものを踏襲してゐる。原拠となつてゐる『漢和三五韻』自体が、「十一韻」や「十二韻」とは異なり、新たに近世の「国花合記集」より採録してゐるものが多く含まれる。

〔二〕『和語略韻』（三十一韻）の「国花合記集」からの引例は、原拠とする十五韻の『漢和三五韻』よりも増加してゐる。その中には近世の「国花合記集」からの引例が多く、〔一〕の傾向に一致する。さうして、この〔一〕〔二〕の事象は、次の〔三〕に連関する。

〔三〕『和語略韻』引用の「仮名書」は、「国花合記集」のみでは不十分な場合も生じて来て、「国花合記集」の成立上関係の深い『鶴林玉露』や『武備志』からの引用を若干含めてゐる。

更に右の〔三〕に連関するものとして、『万葉集』からの「万葉仮名」による表記の用例が多く追補[注13]されてゐることが挙げられる。これは『和語略韻』の原拠たる十五韻『漢和三五韻』において既になされてゐる事象である。また「国花合記集」の用例が全部名詞であることから、名詞以外の、特に用言の活用語尾や助詞・助動詞の類を漢字表記ものが「和句」の押韻の参考になるからである。このことについては既に足立雅代氏の指摘がある。[注14]そこで、「国花合記集」の不足を補なふべく追補された「万葉仮名」（音訳漢字）による「仮名書」の主要な用例を、以下二、三の韻目について摘出する。（『漢和三五韻』を承けるか否かについても付記する。）

【支韻】「128疑　波（ハギ）—萩也　万葉十五　須（スギ）—杉也　同十三　見（ミルラン）—同十五　阿遠也（アヲヤギ）—青柳也　同五」で、最初の「波—」は『漢和三五韻』が新しく採り入れたものを踏襲する『万葉集』からの引例。「十一韻」〜「十五韻」の「支脂之韻」に「芳宜」が存するのに、何故『漢和三五韻』（十五韻）と『和語略韻』が殊更に「波―」を置くのかといふことが問題である。それの解答はかうである。「萩」は「一座一句物」でないので、「漢和百句」の中で、二度使用する場合があるとして、そのためには、同じ「萩」でも用字が異なつてゐた方がいい。そこで「国花合記集」にない表記の「波疑」を採録したのだと考へる。同字を嫌ふ連歌や聯句において同字の使用を避けるためになされる一種の避板法と把握できるのではなからうか。「須―杉也」は中近世の「国花合記集」に全て用例がなく、十五韻の『漢和三五韻』が始めて『万葉集』から採録したものである。「阿遠也―青柳也」もやはり「国花合記集」に存せず、『漢和三五韻』が使ひ始め、『和語略韻』が踏襲した。同じ「青柳」の「仮名書」がやはり「支韻」に「安乎夜宜」と「万葉仮名」で表記されてゐる。これも同断である。「見―」は「仮名書」の例ではないが、序でに一言する。推量の助動詞「らん」が借字「覧」を宛てることは、韻文・散文両方で一般的である。しかし、その日の「漢和百句」が「支韻」と決められてゐる時に、助動詞「らん」を使用するとせば、「疑」字を宛てねばならない。これも『漢和三五韻』に「見―」とあるのを直接に承けたのであるが、早く十二韻の『記』の「230疑　ウタカフ　―（ラン）　―惑」と「―（ラン）」の補入が見られる。

「162為　佳人部（ヲミナヘシ）―万葉」もやはり『漢和三五韻』が『万葉集』から抄出し、それを『和語略韻』が承けたものである。「ヲミナヘシ」も「国花合記集」には全く見られない。しかるに『漢和三五韻』は「支韻」のみで「娘部思」「姫部思」「乎美奈弊之」の三例が存し、『和語略韻』は「乎美奈弊之」を受容しない代りに、「201芝　女倍（ヲミナヘシ）―万葉」を独自に補入する。『和語略韻』はこの「仮名書」に「万葉」と標示するが、『万葉集』にこの用字は見受けられない。さりとて「国花合記集」には「ヲミナヘシ」その語自体が存しないのである。

「180追　讀都（ヨミツ、）―万葉十七　落多藝（ヲチタキツ）―　同六」とある附属語（助詞・助動詞）、活用語の語尾の用例に『漢和三五韻』で

「万葉仮名」が使用されるやうになつたことは前掲足立氏の論文に委しい記述がある。「国花合記集」は名詞のみの「用語集」であるから、『漢和三五韻』や『和語略韻』は『万葉集』から新たに増補して必要を満したのである。

「272宜　土(ツキ)—月也　芳(ハギ)—萩也　万葉　安平夜(アヲヤギ)—青柳也　万葉十三」は近世の「国花合記集」f・gに存するものを『和語略韻』が採録したものである。これの原拠たる十五韻『漢和三五韻』には掲出されてゐない。『和語略韻』が登載する「月」の「仮名書」は「土期・土期・屠其・土宜」の四通りで、全て「支韻」に存してゐる。因みに「式目」で「月」は「無定数物隔五句」とあるくらゐであるから、斯く四種の表記が掲げられてゐるのであらう。「国花合記集」諸本の中で、最も多いのは近世のf『増補下学集』とg『国花集』であり、共に「都嗜・兎記・土期・屠其・土宜・屠き・つき・津幾」の八通りの「仮名書」を有するが、「都嗜」と「兎記」とは「寘至志韻」(去声)で、「津幾」は「尾韻」(上声)、「屠き」「つき」は平仮名である。最初の「都嗜」「兎記」の二例は中世の「国花合記集」a〜eに存するものを踏襲したもの、「土欺」「屠其」は中世のe『海蔵略韻』を承けた例である。「芳—」は『和語略韻』に「万葉」と標示するが、『万葉集』には見られぬ例で、しかも「国花合記集」にも存せず、先行書の『和訓押韻』(十一韻)、十二韻の『記』『書』、十五韻の『漢和三五韻』などにあるものを『和語略韻』が踏襲したものである。「安平夜—」は『和語略韻』の標示通り『万葉集』に見られる。これは原拠の『漢和三五韻』が『万葉集』から引用したものをさらに『和語略韻』が承けたものであり、「国花合記集」には存しない。前述の「阿遠也疑」の場合と同断である。

【虞模韻】「17都　末(マツ)—松也　万葉　万(マツ)—同上　梅折(ムメヲリツヽ)——万葉」は「末—」も「万—」も『万葉集』には見られない「仮名書」。「末—」は近世の「国花合記集」f〜hに存し、十二韻の『記』『書』に存するが、十五韻の『漢和三五韻』には引用されてゐない例である。「万—」の方は中世の「国花合記集」a〜eと近世のf〜hの全てに存し、かつ『広本節用集』にも存してゐる。例の韻書でも「十一韻」「十二韻」「十五韻」から『和語略韻』へと継承されてゐる。「梅折——」の「——（ツツ）」は、接続助詞「つつ」の「仮名書」の例にて、足立氏の指摘通りに[注15]『漢和三五韻』が、「国花合記集」に存せぬ附属語の類を「万葉仮名」から採録し、『和語略韻』が継承した用語である。助詞の「つつ」は、他に「東韻」の「73筒　紅葉散（モミヂチリツ、）——万葉十」と、前に「支韻」に挙例した「180追　讀都（ヨミツ、）—万葉十七」とが存する。孰れも「国花合記集」に存し得ない附属語を『万葉集』から「万葉仮名」の表記を借用したものである。

「74須　宇具比（ウグヒス）—万葉五　保登々岐（ホトトギス）—万葉十八」の「宇具比—」について、これは名詞であるけれども「国花合記集」（中近世）には存しない。十五韻の『漢和三五韻』が『万葉集』から抄出したものを『和語略韻』が踏襲したものである。「国花合記集」の近世のg・hに「烏壺提」が見られるが「提」字は「支韻」である。韻書は「十一韻」〜「三十一韻」の全てに引用してゐない。次に「保登々岐—」の方は、原拠とする『漢和三五韻』に存し、それを承けてはゐるが、出典名明示の『万葉集』には存せぬ例である。『漢和三五韻』は他に「保登等芸—」「保等登伎—」が共にこの「虞模韻」の「須」字の熟字例として置くが、『和語略韻』はこれを承けてゐない。これらはほぼ似た表記（仮名書）であるので、省略されたのであらうか。

【陽唐韻】「118香　棹四（サヲシカ）—万葉　草乎思（サヲシカ）—」はこの中の二例とも『万葉集』から『漢和三五韻』が採録し、それを『和語略韻』が継承したものである。「国花合記集」a〜hの全てに存せぬ例である。

「173良　宇奈波（ウナバラ）—万葉五　久佐麻久（クサマクラ）—同十八　多麻可豆（タマカヅラ）—同十二」の中の三例も全く同様に、中近世の「国花合記集」a〜hには存せぬものを、『万葉集』から『漢和三五語』が採録し、それを『和語略韻』が踏襲した例である。

【尤侯幽韻】「2流　所知（シラル、）—万葉二　波都波（ハツハル）—万葉二十　雪布（ユキフル）—同上」は、この中の三例共に原拠の『漢和三五韻』（「2流」）

を継承したもので、全ての「国花合記集」に存せず、『万葉集』の「万葉仮名」を使用したものである。「所知―」の助動詞「―（ル）」や、「雪布―」の動詞「布―（フル）」が、「国花合記集」に存せぬことは当然であるが、名詞の「波都波―（ハツハル）」も「国花合記集」に存せぬのである。斯様に「国花合記集」は近世の増補されたテクストでもせいぜい一五〇語程度しか存しないので、『万葉集』の「仮名書」を採り入れたことが判る。

「160由　於毛保―（ヲモホユ）同（万葉）十五　見―（ミユ）同十五　之良都―（シラツユ）同二十」の中の三例も全く同断。「国花合記集」にも、「十一韻」や「十二韻」の韻書にも存せぬ「仮名書」を、十五韻の『漢和三五韻』が『万葉集』から抄出し、『和語略韻』が踏襲した例である。動詞の「於毛保―（ヲモホユ）」も、助動詞の「見―（ミユ）」の「―（ユ）」も、「国花合記集」が名詞のみの用語集であるから、当然であるとしても、「之良都―（シラツユ）」といふ名詞も「国花合記集」には存せぬが、江戸時代初期の「漢和聯句」の「和句」のためには必要となつたものと考へられる。

以上の調査結果を纏めると、次のやうなことが言へるのである。

〔一〕江戸時代初期の「漢和聯句」の盛行と共に「仮名書」の必要が多くなり、「国花合記集」のみでは用例が不足し、その不足分を「万葉仮名」によつて補充してゐる。「国花合記集」の語彙は名詞のみで、語彙数も中世のもので一三〇語程度、近世のものでも一五〇語程度である。従つて不足する名詞をも『万葉集』から引用する。

〔二〕「漢和聯句」の「和句」の句末の語が、名詞ばかりでなく、用言や附属語（助詞・助動詞）も使用するやうになり、それらの「仮名書」を『万葉集』の「万葉仮名」に拠ることとした。

〔三〕右の〔一〕〔二〕の事象は、『和語略韻』の原拠とする十五韻の『漢和三五韻』の段階で行なはれてをり、

『和語略韻』はそれをほぼ踏襲する。場合によつては、『漢和三五韻』に存しない例をも『和語略韻』は「万葉仮名」で記した用例を追補する。

〔四〕『漢和三五韻』や『和語略韻』には「万葉」と出典名標示がなされてゐても、『万葉集』からの引例でないものがまま見られる。この種の事象は辞書の常である。『万葉集』に存せぬ「仮名書」に「万葉」と標示する用例は、「国花合記集」にその用例が存せず、なほかつ『漢和三五韻』や『和語略韻』に先行する十二韻の『記』『書』にその「仮名書」の用例が見られる場合が多い。

「国花合記集」や『万葉集』の「仮名書」の他に、それらを補するものとして伝具平親王撰の『真名伊勢物語』からの「仮名書」の引例が三十一韻の『和語略韻』には、「虞模韻」の「177無　勝面(マサリカホナシ)—真名伊勢」、「齊韻」の「12鶏　家(クダ)—真名伊勢(カケ)」、「豪韻」の「57袍　六位(ロウサウノウヘキヌ)—真名伊勢」、の三例が見られることは、前記の通りである。十一韻の『和訓押韻』や十二韻の『記』には用例が存しないが、十二韻の『書』では、「東韻」の「51通　水(ミツク、ル)—伊真」、「65終夜(ヨフケ)—伊真」、の二例は明らかに後世の書入れであるが、「支脂之韻」の「50窺(ミソナワス/カイマミ/ウカヾフ)　伊真名」の「伊真名」は、本文と同筆に見える。かつ、この例は『十一韻』(『和訓押韻』版本)の『仁斎書入』部分の用例に一致する。『版本』の「仁斎書入」は、その書入れ部分に「サンゴイン」とあるところからして、『漢和三五韻』刊行（貞享三年〈一六八六〉）の直後であらう。十二韻の『書』の書写は眺めると相当新しくも見える。しかし、本文の新古は書写年代とは別である。『書』より広本ではあるが、古い本文形態を有つ『記』には「伊真名」の注記が存せぬところからせば、この『書』の「伊真名」の出典注記は、「仁斎書入」の年代に極めて近い頃のものとも思はれる。厳密な意味での新古は決し難いが、この二書の共通の注記「伊真名」には直接的な関係がありさうである。なほ、『仁斎書入本』に見られる「庚耕清韻」の「136精」には「伊真名」の注記は存しない。

また、やはり天理図書館古義堂文庫蔵『無刊記本』（版本）に見られる東涯（仁斎の息）の「書入本」には「支脂之韻」の「梨　籠（コモレリ）—伊」、「真諄臻韻」の「津　田（タツ）—雀也　真名伊　晩津同」、「塵　玉（ユキ）—伊真」、「麻韻」の「家　山（サト）—伊」、「陽唐韻」の「黄　面（ツラキ）—伊」、「庚耕清韻」の「城　烈城伊」、「晴（クラシツ）　天（アマハレ）—伊」、の計七例を足立雅代氏は指摘されてゐるが、[注16]この七例は十二韻の『書』にも『仁斎書入本』にも、『漢和三五韻』にも、本書『和語略韻』にも存せぬ「仮名書」の用例である。時代が降るほど、『真名伊勢物語』の「仮名書」が多用されてゐる傾向が看て取れてよく判る。

さらに『和語略韻』の注文の典拠の中で、前記の「国花合記集」や『真名伊勢物語』などに準ずるものとして連歌辞書『詞林三知抄』[注17]がある。『詞林三知抄』が韻書に引用した先蹤は、十二韻の『記』に一七例も引かれてゐる。しかし、やはり十二韻の『書』や十五韻の『漢和三五韻』には『詞林三知抄』の引例は全く見られない。『和語略韻』が改めて抄出したものと思はれる。次にその用例を摘出する。

【支韻】「151麾　領巾（ヒレフル）—三智」（鎮麾ィ風中振　ひれふる　袖なとにて招之躰也　つくしにひれふる山あり　口傳　恋41・上11ウ）

【齊韻】「21妻　垂乳（タラチメ）—三智抄」（垂乳女　たらちめ　母の事也　たらちねおと云は　父の事也　只たらちねとは　父母を一にいふ也　雑153・上27オ）

【寒韻】「88難　寝（イ子ガテ）—三智」（寝難　いねかて　ねられぬ事也　いねかての月　と詠り　雑180・上29オ）

【蕭宵韻】「74標　澪（ミヲツクシ）―三智抄」（澪　みを　水尾共書也　雑439・下24オ）
【豪韻】「69高　袖水（ソデヒチテ）―三智抄」（水高　ひつ　つよくぬれたる也　袖ひちてむすひし水　とよめり　雑27・上16オ）
【陽唐韻】「177長　植（ヲフシタツル）―　三智」（殖長　をふし立る　植そたてたる事也　何も同字あり共　よみかへす　三句去へし　春13・上5オ）
【覃韻】「40堪　頻（シキタヘ）―三智抄」（頻堪　しきたへ　いかにもかんにんしたる也　恋12・上9オ）

以上の七例がある。各用例の下位に（　）で、『無刊記本 詞林三知抄』（正保・明暦頃刊）の用例を対照せしめた。先行書『記』に見られる『詞林三知抄』の引例と一致するものは一例もない。『和語略韻』が「十五韻」→「三十一韻」の過程で新しく『詞林三知抄』から採録した引用であると認められる。

注1　『古辞書研究資料叢刊』第5巻（一九九五年11月　大空社刊）に「翻字本文」収録。
注2　『古辞書研究資料叢刊』第24巻（一九九七年9月　大空社刊）に「影印本文」収録。
注3　『古今韻会挙要小補』全5巻（一九九四年2月　近思文庫編刊）の「明刊本」の「影印本文」を使用する。
注4　本書、付載資料三、[二]　1～3参照。
注5　国語国文学学術研究書シリーズ1『押韵』（一九九八年3月　大空社刊）に「影印本文」収録。
注6・7・8　共に注1の書に「翻字本文」を収録。
注9・12　本書、付章・第一節「国花合記集」参照。
注10　『棱伽林学報』第2輯（一九九九年3月刊　臨南寺東洋文化研究所刊）所収、南ちよみ他の「翻字本文」に拠る。
注11　足立雅代氏論文「真名本と和漢聯句―『真字寂寞草』の場合―」（『国語国文』第五八巻第4号　一九八九年4月刊）参照。
注13・14・15・16　足立雅代氏論文「『仮名書』一覧並びに漢字索引稿」（『国語文字史の研究二』一九九四年10月　和泉書院刊）に指摘がある。

注17　『宮内庁書陵部蔵　韻字之書』（「古辞書研究資料集成」1　一九九三年9月　翰林書房刊）の巻末に『詞林三知抄』の「翻字本文」（改編五十音順本文）を附載。

表Ⅰ　『漢和三五韻』の韻字数（注9）《四-2》

韻目	入韻字	本韻（韻内字）	韻外	総字数	聚分韻略
一、東	15	112	72	199	109
二、冬	8	83	70	161	83
三、支脂之	24	343	113	480	336
四、虞模	14	209	101	324	204
五、灰	9	92	51	152	92
六、真諄臻	15	133	65	213	134
七、元魂痕	10	108	49	167	108
八、寒桓	9	113	58	180	107
九、先仙	17	177	49	243	173
一〇、蕭宵	10	134	57	201	128
一一、歌	6	99	34	139	98
一二、麻	7	94	32	133	96
一三、陽唐	21	218	42	281	217
一四、庚	21	163	65	249	161
一五、尤侯幽	10	179	80	269	179
計	196	2257	938	3391	2025

〔備考〕『聚分韻略』については、「十五韻」に相当する分のみ韻字数を示した。

表Ⅱ　「十一韻」「十二韻」「十五韻」入韻字数《四-6》

韻目	十一韻 北国	十一韻 松平	十一韻 龍門	十一韻 版本	十二韻 記	十二韻 書	十二韻 増	十五韻 三五韻
一、東	13	無	16	16	15	15	(3)	15
二、冬	—	—	—	—	—	—	—	8
三、支脂之	19	無	19	19	19	19	19	24
四、虞模	13	無	13	13	13	13	13	14
五、灰	—	—	—	—	—	—	—	9
六、真諄臻	12	無	12	12	12	12	12	15
七、元魂痕	—	—	—	—	10	10	(0)	10
八、寒桓	7	無	7	7	7	7	7	9
九、先仙	14	無	15	15	16	16	16	17
一〇、蕭宵	5	無	5	6	5	5	5	10
一一、歌	—	—	—	—	—	—	—	6
一二、麻	7	無	7	7	7	7	7	7
一三、陽唐	15	無	15	15	15	15	15	21
一四、庚	20	無	20	20	20	20	6	21
一五、尤侯幽	10	無	10	10	10	10	10	10
計	135	無	139	140	149	149	(113)	196

〔備考〕「十二韻」と「十五韻」の書名の略号は次の通り。
記（韻字記）・書（韻字之書）増（増補倭訓押韻）・三五韻（漢和三五韻）

表Ⅲ　「十一韻」「十二韻」「十五韻」「三十一韻」の本韻（韻内）の字数《四-6》

韻目		一、東	二、冬	三、支脂之	四、虞模	五、灰	六、真諄臻	七、元魂痕	八、寒桓	九、先仙	一〇、蕭宵	一一、歌	一二、麻	一三、陽唐	一四、庚	一五、尤侯幽	計
十一韻	北岡	72	—	149	105	—	88	—	58	89	70	—	56	129	90	85	991
	松平	71	—	117	71	—	64	—	54	79	65	—	49	96	80	75	821
	龍門	75	—	148	106	—	89	—	58	88	64	—	58	130	90	(84)	(990)
	版本	113	—	327	206	—	133	—	57	175	125	—	97	219	159	176	1787
十二韻	記	108	—	286	155	—	111	107	106	148	107	—	92	219	148	141	1728
	書	109	—	297	156	—	112	109	107	150	107	—	93	219	152	143	1754
	増	105	—	286	153	—	108	(88)	105	152	106	—	89	216	148	145	1701
	（補）	(16)	—	(3)	(4)	—	(5)	(1)	(5)	(3)	(2)	—	(2)	(1)	(1)	(2)	(55)
十五韻	三五韻	112	83	343	209	92	133	108	113	177	134	99	94	218	163	179	2257
三一韻	和語	107	83	330	203	91	132	107	105	171	129	95	95	215	159	179	2201
聚分韻略		109	83	336	204	92	134	108	107	173	128	98	96	217	161	179	2225

〔備考〕1．『和語略韻』と『聚分韻略』については、十五韻の『漢和三五韻』の韻目数に相当する字数を示した。

2．「十二韻」・「十二韻」・「十五韻」・「三十一韻」の韻書の略号は次の通り。記（韻字記）・書（韻字之書）・増（増補倭訓押韻）・三五韻（漢和三五韻）・和語（和語略韻）

表Ⅳ「十一韻」「十二韻」「十五韻」の韻外字数《四-6》

韻目		一、東	二、冬	三、支脂之	四、虞模	五、灰	六、真諄臻	七、元魂痕	八、寒桓	九、先仙	一〇、蕭宵	一一、歌	一二、麻	一三、陽唐	一四、庚	一五、尤侯幽	計
十一韻	北岡	15	—	0	0	—	0	—	2	0	1	—	0	0	0	0	18
	松平	14	—	0	0	—	1	—	6	0	4	—	10	2	0	0	37
	龍門	19	—	0	0	—	0	—	0	0	0	—	0	0	0	0	19
	版本	16	—	0	0	—	0	—	51	0	0	—	0	0	0	0	67
十二韻	記	33	—	0	27	—	19	24	19	10	24	—	13	3	0	1	149
	書	27	—	0	28	—	19	24	21	10	25	—	13	3	0	1	147
	増	65	—	(3)	17	—	15	3	14	9	7	—	8	10	8	9	(165)
十五韻	三五韻	72	70	113	101	51	65	49	58	49	57	34	32	42	65	80	938

〔備考〕「十二韻」と「十五韻」の書名の略号は次の通り。
記（韻字記）・書（韻字之書）・増（増補倭訓押韻）・三五韻（漢和三五韻）

表Ⅴ「十二韻」「十五韻」の所収歌数《四-7》

韻目		一、東	二、冬	三、支脂之	四、虞模	五、灰	六、真諄臻	七、元魂痕	八、寒桓	九、先仙	一〇、蕭宵	一一、歌	一二、麻	一三、陽唐	一四、庚	一五、尤侯幽	計
十二韻	記	4	—	15	6	—	8	4	6	11	5	—	8	3	0	8	78
	書	4	—	14	6	—	8	5	6	11	5	—	8	3	0	8	78
	増	4	—	15	4	—	6	2	6	7	3	—	6	3	0	8	64
漢和三五韻	a	2	3	0	6	4	6	0	5	4	4	4	7	1	0	6	52
	b	0	1	1	0	0	0	3	0	2	0	4	0	1	0	0	12
	計	2	4	1	6	4	6	3	5	6	4	8	7	2	0	6	64

〔備考〕1.「十二韻」の書名の略号は、記（韻字記）・書（韻字之書）・増（増補倭訓押韻）である
2.『漢和三五韻』所収歌の中、aは定家の証歌・bは定家の証歌以外の和歌

表Ⅵ 「十一韻」「十二韻」「十五韻」「三十一韻」の「国花合記集」の用例数《四-7》

韻目		一、東	二、冬	三、支脂之	四、虞模	五、灰	六、真諄臻	七、元魂痕	八、寒桓	九、先仙	一〇、蕭宵	一一、歌	一二、麻	一三、陽唐	一四、庚	一五、尤侯幽	計
十一韻	北岡	0	—	13	2	—	5	—	2	4	0	—	0	0	0	2	28
	松平	0	—	16	2	—	4	—	3	5	0	—	1	0	0	2	33
	龍門	0	—	14	2	—	5	—	2	4	0	—	0	0	0	2	29
	版本	0	—	13	2	—	5	—	1	5	0	—	0	0	0	2	28
十二韻	記	0	—	23	4	—	5	0	3	5	0	—	1	0	0	2	43
	書	1	—	22	2	—	5	0	3	5	0	—	1	0	0	1	40
十五韻	三五韻	0	1	13	3	0	4	0	2	5	0	9	1	0	0	0	38
三十一韻	和語	1	1	14	4	0	4	0	2	5	0	12	0	0	0	0	43

〔備考〕1．「十五韻」所収の「国花合記集」の用例を中心に、「三十一韻」の韻目から「十五韻」に相当する韻目の用例を示す。
2．「十二韻」「十五韻」「三十一韻」の書名の略号は次の通り。
記（韻字記）・書（韻字之書）・三五韻（漢和三五韻）・和語（和語略韻）

表Ⅰ『漢和三五韻』『和語略韻』『押韻』『略韻』『聚分韻略』韻字数対照表《五－2》

韻目	漢和三五韻	和語略韻	押韻	押韻（ ）	略韻	聚分韻略 原形	聚分韻略 三重韻
一、東	112	107	82	(0)	111	109	109
二、冬	83	83	64	(3)	83	83	83
三、江	—	33	26	(0)	35	33	33
四、支	343	330	208	(21)	375	334	336
五、微	—	49	45	(1)	50	50	50
六、魚	—	77	53	(6)	78	77	78
七、虞模	209	203	134	(14)	204	202	204
八、齊	—	82	32	(0)	82	82	82
九、佳皆	—	46	27	(0)	44	45	46
一〇、灰咍	92	91	45	(3)	92	92	92
一一、真諄臻	133	132	70	(6)	134	133	134
一二、文欣	—	55	30	(1)	54	55	55
一三、元魂痕	108	107	53	(7)	108	107	108
一四、寒	113	105	58	(5)	107	107	107
一五、刪山	—	42	34	(0)	42	42	42
上平（計）	1193	1532	961	(67)	1599	1551	1559
一六、先仙	177	171	90	(2)	171	172	173
一七、蕭宵	134	129	54	(6)	127	128	128
一八、肴	—	46	17	(1)	47	48	48
一九、豪	—	76	36	(0)	75	75	76
二〇、歌	99	95	36	(3)	98	98	98
二一、麻	94	95	40	(5)	95	96	96
二二、陽唐	218	215	110	(9)	215	215	217
二三、庚耕清	163	159	86	(2)	161	160	161
二四、青	—	64	39	(1)	65	65	66
二五、蒸登	—	68	46	(2)	69	69	69
二六、尤侯幽	179	179	82	(4)	178	179	179
二七、侵	—	54	37	(1)	62	62	62
二八、覃談	—	47	21	(0)	48	48	48
二九、塩添	—	55	16	(0)	55	55	55
三〇、咸銜	—	23	10	(0)	23	23	23
三一、厳凡	—	6	3	(0)	7	7	6
下平（計）	1064	1482	723	(36)	1496	1500	1505
合計	2257	3024	1648	(103)	3096	3051	3064

〔備考〕１．『漢和三五韻』については「本韻」の韻字数をのみ掲げた。
２．『押韻』の下段の（　）内の数字は、標出字と同訓の韻字を併記したものの字数である。

表Ⅱ「十二韻」「十五韻」「三十一韻」の「国花合記集」の用例数《五-2》

韻目	十二韻 記	十二韻 書	十五韻 三五韻	三十一韻 和語略韻	
一、東	0	1	0	1	
二、冬	—	—	1	1	
三、江	—	—	—	0	
四、支	23	22	13	14	（3）
五、微	—	—	—	0	
六、魚	—	—	—	0	
七、虞模	4	2	3	4	
八、齊	—	—	—	1	
九、佳皆	—	—	—	0	
一〇、灰咍	—	—	0	0	
一一、真諄臻	5	5	4	4	
一二、文欣	—	—	—	2	
一三、元魂痕	0	0	0	0	
一四、寒	3	3	2	2	
一五、刪山	—	—	—	0	
一六、先仙	5	5	5	5	〈1〉
一七、蕭宵	0	0	0	0	
一八、肴	—	—	—	0	
一九、豪	—	—	—	0	
二〇、歌	—	—	9	12	（3）
二一、麻	1	1	1	0	
二二、陽唐	0	0	0	0	
二三、庚耕清	0	0	0	0	
二四、青	—	—	—	0	
二五、蒸登	—	—	—	0	
二六、尤侯幽	2	1	0	0	
二七、侵	—	—	—	0	
二八、覃談	—	—	—	0	
二九、塩添	—	—	—	0	
三〇、咸銜	—	—	—	0	
三一、厳凡	—	—	—	0	
計	43	40	38	46	〈1〉（6）

〔備考〕1．「十二韻」「十五韻」の書名の略号は次の通り。
記（韻字記）・書（韻字之書）・三五韻（漢和三五韻）
2．（　）内には『鶴林玉露』の用例数、〈　〉内には『武備志』の用例数を示す。

付、慶長二年写本『押韵』

六―1　概要　『和訓押韻』（十一韻）の最古の伝本『松平文庫本』（B系統）の成立は、天文初年頃（一五三〇前後）とされる。それより以後、天正二〇年（一五九二）には『北岡文庫本』（A系統）が書写され、この二系統本の合成本として『龍門文庫本』（C増補系統）も、「版本」（寛永末年〈一六四〇頃〉～正保二年〈一六四五〉）の刊行以前に成つてゐる。この十一韻の『版本』刊行の直後から『漢和三五韻』（一五韻）刊行の貞享三年（一六八六）までの約四〇年間に十二韻の『韻字記』『韻字之書』等が成立する。これらは漢和聯句が漸次盛行するに伴なつて、「十一韻」⇩「十二韻」⇩「十五韻」の過程を経て、テクストが生成され、広本となつて、より多くの韻目と韻字とが必要となり、その要望に迫られて増補せられて来たのである。しかしながら、漢和聯句の実作の立場においては、天正末（一五九〇頃）から文禄頃（一五九五）には既に韻目も韻字も一五韻では不十分であるので、「三十一韻」全てを採用して辞書としての充実を図つたのである。その証左を示すものとして、慶長二年の写本『押韵』[注1]（国立国会図書館蔵）を挙げることができる。その注文の在り様からして、一瞥して漢和聯句の専用の「手引書」であることが判る。以下この『押韵』について順を追つて概説する。

六―2　韻目と構成　本書『押韵』の韻目は次の三一韻である。

［上平］　一、東　二、冬鍾　三、江　四、支脂之　五、微　六、魚　七、虞模　八、斉　九、佳皆　一〇、灰咍　一一、真諄臻　一二、文欣
　一三、元魂痕　一四、寒桓　一五、刪山

［下平］　一、先仙　二、蕭宵　三、肴　四、豪　五、哥戈　六、麻　七、陽唐　八、庚耕清　九、青　一〇、蒸登　一一、尤侯幽　一二、侵
　一三、覃談　一四、塩添　一五、咸銜　一六、嚴凡

この韻目数は『聚分韻略』の「平声」（上平・下平）と同じである。ただし、韻目名に「冬鐘」（上平・第二）とあるのは、『聚分韻略』の「冬鍾」と異なり、三善為康撰述の『童蒙頌韻』（天仁二年〈一一〇九〉）や菅原為長撰述の『文鳳抄』（寛元四年〈一二四六〉以前成立）の「巻十秘抄」の韻目と同じ、古い韻目標示になつてゐる。もつとも『聚分韻略』（三重韻）を原拠として成つた『国会本略韻』[注2]も「冬鐘」となつてゐるので、かういふ類の韻書に影響されたのであらう。しかし「文欣」（上平・第一二）の方は『聚分韻略』の通りになつてゐて、古い韻目標示「文殷」とはなつてゐない。更にまた、本書の奥書中に「用東文字 旨脂 真諄臻 先仙 陽唐 庚耕清 尤侯幽 有執行攴者 普通之儀歟」などと韻目名が見られ、「旨脂」とあるのは不審であるが、『聚分韻略』に『広韻』の「五、支」「六、脂」「七、之」の三韻を合併して「支脂之」とするのを「支脂」と略表記した。本文の韻目標示に「支脂之四（しゝの韻と云ていかいのこゑなと入也）」とあるのに徴すれば、韻目暗誦詞「シシノ韻」（支脂）に影響せられたものであらう。

次に『押韵』の収録韻字数は表Ⅰの通りである。

付表Ⅰ　『押韻』所収韻字数（『聚分韻略』対照表）

〔上平〕

韻目	押韻	聚分韻略
一、東	82	109
二、冬　鐘	64＋3	83
三、江	26	33
四、支脂之	208＋21	336
五、微	45＋1	50
六、魚	53＋6	78
七、虞　模	134＋14	204
八、齊	32	82
九、佳　皆	27	46

〔下平〕

韻目	押韻	聚分韻略
一、先　仙	90＋2	173
二、蕭　宵	54＋6	128
三、肴	17＋1	48
四、豪	36	76
五、哥　戈	36＋3	98
六、麻	40＋5	95
七、陽　唐	110＋9	217
八、庚耕清	86＋2	161
九、青	39＋1	66

一〇、灰　咍	45＋3	92
一一、真諄臻	70＋6	134
一二、文　欣	30＋1	55
一三、元魂痕	53＋7	108
一四、寒　桓	58＋5	107
一五、刪　山	34	42
上平（計）	961＋67	1559

一〇、蒸　登	46＋2	69
一一、尤侯幽	82＋4	179
一二、侵	37＋1	62
一三、覃　談	21	48
一四、塩　添	16	55
一五、咸　銜	10	23
一六、嚴　凡	3	7
下平（計）	723＋36	1506
合計（上平下平）	1648＋103	3065

［注］『聚分韻略』は「三重韻」の韻字数を示す。

この表で、例へば「冬鐘64＋3」とあるのは、「11蛩」の下位に「蛬」字を併記し、「24鐘」の下位に「鏞」字を、「34饔」の下位に「罋」字を併記するがごとく、同じ字訓を有つ韻字を同一標出字の扱ひとし、工夫してゐることを示すものである。これらは『聚分韻略』で「器財門」の「158鐘」と「159鏞」、「気形門」の「122蛩」と「123蛬」などと連続した韻字である。また「食服門」の「153饔」と「器財門」の「156罋」とは比較的近い処に置く韻字である。この韻字の編成法は、他の「十一韻」「十二韻」「十五韻」や『国会本略韻』、『海蔵略韻』には見られぬもので、字訓から韻字を検索するには一歩進んだ構成になつてゐると言へよう。また原拠たる『聚分韻略』の韻字数に比して、標出韻字が相当に減じてゐることにも注目せられるであらう。さすれば、各韻目において如何なる韻字が削除されてゐるのかを吟味することとする。例へば「東韻」では『聚分韻略』の「4潼」「5蝀」「23娍」「24戎」「27馮」「30蚣」「34驝」「37瞳」「39騣」「40嚨」「41聰」「43聾」「47狆」「55葱」「61橦」「63菘」「66罞」「68箜」「69銅」「72釭」「75筒」「96洚」「100濛」「105韸」「106窿」「108鬉」の二六字を『押韻』は除外して韻字として登載せしめてゐない。これら削除された韻字は、漢和聯句において、殆んど使用することがないと思はれるものばかりである。

また「一、東」の「13酆」は『聚分韻略』で「乾坤門」に「16酆邑名」とするのを、『押韻』では、

13酆サト／山里／野の里／あれのこるさと／遠のさと／とひて行里

と、「里」に匹敵する句例が付せられてゐる。「里」は連歌や聯句連歌では必須の基本語彙である。而かるに「里」字は『聚分韻略』を見て明らかなやうに、「他声」(上声・紙旨止韻)所属の韻字である。それを『押韻』は斯く「一、東」に置いて工夫を凝らしてゐることが判る。

さらに「四、支脂之」の「91知」の注文の後に一字下げの見出しとし

不知イサ　世のはてはいさ契りしも　いさ　何もしらぬに落着句也　いさしらすと云時は座哥なれとも　云付なる詞也

「いさ」は歌語・連歌用語としては基本語彙であるので、このやうに「知」の箇所に置くのも、聯句連歌の作句に委しい人物でなければなし得ぬ配慮である。同様に『押韻』の撰述者は、標出字の下に置く語注は大部分がその韻字の字訓を含む句例であるが、漢和聯句の規定に関する注記もまま見られる。「四、支脂之」の、

90吹フク　山風のふく　風躰の句　いつれにもそへて句作るべし　笛をふくの時は仄也

のごとくである。

六―3　伝本の系統　慶長二年（一五九七）書写の『押韻』は明らかに漢和聯句専用の韻書であるが、『和訓押韻』（一一韻）、『韻字記』『韻字之書』（一二韻）、『漢和三五韻』（一五韻）、『和語略韻』（三一韻）などとは、全く別系統の本文である。管見に及ぶ限り、同系統の韻書は見られない。ただし、注文の一部に『和訓押韻』などを承けた部分もある。また異本は見られず、勿論「版本」化もされてゐない。

六―4　本文形態　『押韻』の本文で、標出字は全て『聚分韻略』（三重韻）に基づいてゐることは既に述べた。さうして同じ韻目中に同じ字訓の韻字が複数存する場合には、同一標出字の下位に纏めてゐることも前述の通りである。また『聚分韻略』に置く意義分類の部類名（門）は一切存しない。標出字の字順はほぼ『三重韻』に並行するが、若干の異同はある。標出字には、「61ヒ眉（マユ）＼山まゆ　＼青柳の眉　＼よろこひの眉」（上平「四、支脂之」所属）のやうに、標出字の頭部に字音（漢音）を冠し、字訓は右傍に傍訓の形にして付してゐる。『和訓押韻』（一一韻）『韻字記』『韻字之書』（一二韻）、『漢和三五韻』（一五韻）に存するやうな「入韻字」や「韻外字」は存せず、「本韻」（韻内字）のみである。その標出字に複数の字訓を記す場合には、「99為（ナス）（タスク）也＼田にそほりなす　＼ためとよむは仄　云（イ）為（カン）和には＼いか　おもひとそなる　＼老とこそなれ　にとよむへし」（上平「四、支脂之」所属）のごとく、左右両傍訓として付するのである。

本書の韻書としての特徴は、何と言っても標出韻字の下位の注文中に数多の和語の語例・句例を置くことにある。蓋し本書が漢和聯句のための専用手引書たることを示す所以である。

六―5　成立年代と撰述者　本書『押韻』の奥書には次のごとく記されてゐる。

右一冊予自少年昔雖連漢和之雅筵闇明三惑　挙一因玆希　或人之庭訓　不察詩聯句之字　抄出歌連歌之詞　於及百句者　用東文字　旨脂　真臻　先仙　陽唐　庚耕清　尤侯幽　有執行攴者　普通之儀欤　惟依之字繁多也　于然毎韻書載謂者　頓作之時　五句三句之云捨有之　會席用意也　大概書連之所附与愚息助太夫高清　仍耻外見者也　若尋探韻外之字者　却者之行可有斟酌者也

慶長二年六月中澣以汗為硯水

於草庵東窓下製作之　　　憩齋急閑

この記載によつて、慶長二年（一五九七）六月の成立であることが明白である。また撰述者は「憩齋急閑」と号する人物であり、息男の助太夫高清に付与するために製作したことが判る。この憩齋急閑が少年時代から漢和聯句の雅席に連衆として加はつてゐるといふ処からせば、漢和聯句の作法にも委しく、詩聯の実作にも熟達した人物であつたことは確かである。本書「上平」の「一、東」の「80モウ夢（ユメ）＼夢と云時は仄といへとも つかふへき由　閑齋の説也」として、天正期の歌人・連歌作者である「閑斎」[注3]の名を挙げ、『和訓押韻』の『北岡文庫本』（A系統本、天正二〇年〈一五九二〉幽斎による写本）の作者を幽斎[注4]と和歌・連歌を通じて交際のあつた閑斎に擬してゐる。急閑も幽斎と何らかの文芸的交流があつたとものと思はれる。

六―6　注文の典拠　本書『押韻』の標出字に付せられてゐる注文の典拠は、一々の字訓による語句・句例には明記されてゐないので、判りにくい。まづ先掲の「上平」の「一、東」に、

80モウ夢（ユメ）　＼夢と云時は 仄といへとも　つかふへき由　閑斎の説也　定家卿の哥に　月清みねられぬ夜しももろこしの雲の夢まてみる心ちする　＼雲の夢と　此韻にてはつかふへし　さりなから＼かりふしのゆめ＼手枕の夢なともあるへき欤

とある。この箇所が『和訓押韻』を踏まへてゐることとは間違ひない。A系統の『北岡本』には、

［A］　夢　此字雲―沢ノ外　古来平声ニ用イズ　然而既遇目兮无兆曽寤ニモ兮弗レユメアラト文選　平声ニ用之　又東坡句ニ高情已逐暁晴空不レ与梨花ロ―云々
全書事類等載之　又定家卿月清みねられぬ夜しももろこしの雲のゆめまてみる心ちする　此歌は雲―沢ニ用之　又同卿百廿八首韻歌ニ
一東四韻ノ中ニ　去年もさぞたゞうた、ねの手枕にはかなくかへる春の夜の夢
云々　漢ニ文選東坡句アリ　和ニ定家卿平声ニ用之　然間ユメト訓スル事　勿論也

次にB系統の『松平本』には、次のやうになつてゐる。

［B］夢　常ノ夢ニハ不レ用　但シ定家卿　月清ミ子ラレヌ夜シモ唐ノ雲ノ夢マデ見ルコ、チスル　又同卿韻字百廿八首　東ノ韻四字ノ内ニ去年モサゾ
只ウタ、子ノ手枕ニハカナクカヘル春ノ夜ノ夢　不審ノ処ニ　文選ニ　既遇目兮无兆曽テ寐寤モ弗レ―ミルニ　又史ニ芳草引ニ謝―ヲ
又東坡ニ不下与ニ梨花一同上―如此
韻ニ用　来ル　ユメト用事明カ也

この『北岡本』［A］と『松平本』［B］とを見て、『押韻』が孰れに拠つたと決し難い。しかし定家の証歌「月清み……」を見る限り、『北岡本』と表記「もろこしの」が似てゐる。その上、『北岡本』は、閑斎と連歌上の交流のある幽斎の写本である。恐らくA系統本を参看したのであらう。[注5]

斯く『押韻』の編者急閑は『和訓押韻』を典拠の一つにしてゐる訳であるが、『押韻』には収録する注文中の数多の字訓に合はせた語例・句例が全て『和訓押韻』に拠つたとは考へられない。第一に、『和訓押韻』は一一韻しか有してゐない。『押韻』は三一韻である。私の目下の考へでは、月村斎宗碩（文明六年〈一四七四〉～天文二年〈一五三三〉）撰述の『藻塩草』（全二〇巻）を主要典拠にしてゐるのであらうとする。『八雲御抄』の巻三「枝葉部」や巻四「言語部」ともかなりの一致度は見られるが、『藻塩草』の方がより多く一致する。『藻塩草』が浩瀚本である故に語数が多いといふ理由もあるが、『藻塩草』は『八雲御抄』や『蔵王和歌集』を多く典拠とする上に、『源氏物語』の注釈書『千鳥抄』『和秘抄』『河海抄』等をよく引用する。（慶長二年の『押韻』成立以前の『藻塩草』の写本として天正一一～一二年〈一五八三～一五八四〉書写の『尊経閣文庫蔵本』（九冊）が現存する。慶長二年当時は幾種かの写本が存したであら[注6]

う。）この『押韵』には、際立つて「源氏」と出典明記する例が多いのである。煩を厭はず、以下処出の順に摘記することとする。

[上平]二、冬鐘（11蛩 源氏にはかへの中のきり〳〵すとアリ 40松 源氏に見えたり 42衝 源氏に有）。四、支脂之（24鳰 鴬のなきしと源氏に有 97司 源氏には／かんつかさとよめり 171私／おほやけにたくし源ニ有）。五、微（40傾 源氏に民卩のおもとのことを云り 42肥 源氏ニ軒端の萩を云り 43巍 源氏ニいかめしきさほうしたる所とあり）。七、虞模（4樞／おくれくるゝ戸と源氏にあり 57謨／はかりこたるゝと云詞源氏ニ有 96符 みふたけつられと源氏ニ有 101爐 とうろかけそへと源ニアリ）。一〇、灰咍（25才 さへかしこくてと源ニあり）。一三、元魂痕（22魂 大和魂 源氏ニ有 44番 まてつかひ遠のはゝまつり事 源ニ見えたり）。一四、寒桓（27蔓 うき玉かつら源氏ニ有詞也 38珊 とのゐものゝふくろといふ事源氏に有）。一五、刪山（11鬟、源ニハみつらゆひてと有）。

[下平]一、先仙（21蝙 源ニハあふきの事ニいへり 67延 宣／こしをのへてと源氏ニあり）。七、陽唐（80嚢／とのゐ物のふくろ源ニアリ）。九、青（31青／野のあをむ色さをにと源ニアリ）。一一、尤侯幽（54油 源ニ灯ニ事を云）。一二、侵（9心 うつゝの心源ニアリ）。一三、覃談（18探 手さくりのちいさきほとゝ源ニ見えたり）《「源氏」の出典明記二一六例》

『源氏物語』（二一六例）の他は、『万葉集』と出典明記するものに「一、東」（上平）の「10雺」と「一三、元魂痕」（上平）の「39褌」の二例、『伊勢物語』と明記するものも、「五、歌戈」（下平）の「30蹉跎」と「八、庚耕清」（下平）の「76禎」の二例、がそれぞれ見受けられる。また漢籍・仏典の出典名を記すものが「七、虞模」（上平）の「34觑」に『左伝』、「一四、寒桓」（上平）の「48残」に『山谷』、「一三、覃談」の「13籃」に『普灯』とある。他には和漢の「古句」（下平・八、庚耕清「48瓊」）「古事（故事）」（上平・七、虞模「80株」）などがある。注目されるのは「七、虞模」（上平）の里村紹巴に関する注文である。

82茶　╲このてかしはとは　おほとちの事云と紹巴の説也　源氏講釈の時の事也

紹巴には『連歌至宝抄』[注7]『連歌教訓』『式目秘抄』等の著があるが、その中で『至宝抄』を典拠にしたことも考へられる。紹巴は中院通勝と共に『源氏物語』の注釈書をよく使用したことで知られる。

最後に、『押韻』に「国花合記集」の引用が二例見られることについて触れる。

「上平」に「四、支脂之」の「79期　土期（ツキ）月也」と、「七、虞模」の「7都　万都（マツ）松の心につかふへし」「国花合記集」の例の他に、標出字(韻字)を含む二字の熟字がまま見られることは、前述したが、それらの中で、『平他字類抄』に存するものが若干見られる。例へば「上平」で「一五、刪山」の「31閑　等閑（ナヲサリ）」は『平他字類抄』の「3139等閑（上他）　辞字平」がある。また「下平」では「五、歌戈」の「8他　任他（サモアラハアレ）」は『平他字類抄』に「263任他（サモアラハアレ）遮莫　畳字」、「3919任他（サモアラハアレ）　辞字平」の二例もある。特に「畳字」の用例は『平他字類抄』下巻の典拠たる『文鳳抄』のA系統本『尊経閣本』の「巻十秘抄」の「帖字平他」の部に「1任地　遮莫」にも存するものである。少年時代から漢和聯句の雅会に出座してゐた『押韻』の撰述者懇斎急閑であるから、漢和聯句の実作の立場で、必須とされる二字の熟字を斯く掲載したのであらう。

以上、述べて来たつた処を纏めると、次の一、〜四、のごとくになる。

一、『押韻』の数多の注文中の語例・句例には、出典を明記するものが少ないが、「源氏」とするものが二六例も存してゐて目立つ。これは『河海抄』『仙源抄』や『類字源語抄』[注8]を参照したことも考へられる。

二、注文中に含まれる多くの語例・句例(出典無表示)は『藻塩草』に多くを拠つてゐる。

三、閑斎の説とする処から、『和訓押韻』(一一韻)(のA系統本)を典拠してゐることは明白である。
四、紹巴の説とする処から、『連歌至宝抄』等を典拠としてゐることも確かである。

注1　国立国会図書館蔵『押韵』に触れた論文は、夙く安田章氏論文「韻字の書」(『国語国文』第四七巻第1号　一九七八年〈昭和53〉1月刊)「和漢聯句と韻書」(『論集日本文学・日本語3中世』所収、一九七八年〈昭和53〉6月刊)、「中国資料の背景」(『国語国文』第四九巻第9号　一九八〇年〈昭和55〉9月刊)がある。この三つの論文は安田氏著『中世辞書論考』(一九八三年〈昭和58〉9月　清文堂出版刊)に再録される。さらに、深沢眞二氏論文「『和訓押韻』考」(『国語国文』第六五巻第5号　一九九六年〈平成8〉5月刊)がある。影印本に木村晟・片山晴賢他編『押韵』(「国語国文学術研究書シリーズ」1　一九九八年3月　大空社刊)があり、本稿はこれに拠つて調査した。

注2　国立国会図書館蔵『略韻』は奥村三雄氏著『聚分韻略の研究』(一九七三年〈昭和48〉6月　風間書房刊)に「影印本文」を収録。また木村晟『古辞書研究資料叢刊』第22巻(一九九七年9月　大空社刊)にも「影印本文」収録。この書の内容については本書第二章第三節参照。

注3　天正期の連歌作者である閑斎については「対馬の宗讃州入道閑斎」(土田将雄氏著『細川幽斎の研究』一九七六年〈昭和51〉3月　笠間書院刊)とされる。安田章氏は注1の論文「韻字の書」の中で、『和訓押韻』の「原型に『閑斎』が関わつていたことになるであろう」とされてゐる。

注4　幽斎が書写した『和訓押韻』のA系統本で熊本大学永青文庫蔵の写本一冊、「天正二十年三月　玄旨」の識語がある。夙く一九六二年(昭和37)9月刊「西日本国語国文学会翻刻双書」第一期第4冊下の油印「翻字本文」に石坂正蔵氏の解題を付す。『北岡本』(A系統)、『松平本』(B系統)、『龍門本』(C増補系統)の「三本対照校異」(翻字)を『古辞書研究資料叢刊』第5巻(一九九七年9月　大空社刊)に収録。

注5　『押韵』の撰述者の憩斎急閑が慶長二年六月(書写)までに参看し得た『和訓押韻』はA系統本とB系統本とであり、

C増補系統の『龍門文庫本』や『版本』はまだ成立してゐない。

注6　『和訓押韻』のA・B・C三系統本は、注4の『北岡本』の「翻字本文」、『松平本』の「翻字本文」があるが、『松平本』の「影印本文」は『駒沢大学国語研究資料』第7（一九八四年〈昭和59〉5月　汲古書院刊）がある。

注7　『古辞書研究資料叢刊』第20巻（一九九七年5月　大空社刊）に『故宮博物院蔵本』の「影印本文」「翻字本文」に、「要語索引」を付して収録。

注8　『古辞書研究資料叢刊』第15巻（一九九七年5月　大空社刊）に『内閣文庫蔵本』を「影印本文」収録。

第三章　『平他字類抄』と『聚分韻略』の双方に基づいて成立した韻書

第一節　『新韻集』

一―1　時代背景　室町時代後期、特に応仁の大乱以降の禅林における聯句・聯句連歌の盛況振りには注目すべき特徴がある。その応仁の乱（応仁元年〈一四六七〉～文明九年〈一四七七〉の一〇年間に京都を中心に起こつた内乱）によつて室町幕府は一時的には権威を失墜させた。それに伴なふ京都の荒廃は五山禅僧にも当然のことながら強烈な衝撃を与へた。五山衆の多くは暗澹たる前途に絶望的な気持ちにならざるを得なかつたであらう。この期を代表する聯句文芸の方面の人物として、万里集九（正長元年〈一四二八〉～永正四年〈一五〇七〉）と景徐周麟（永享一二年〈一四四〇〉～永正一五年〈一五一八〉）の名が挙げられるが、万里などはまさしくこの時期に隠遁の道を選び、文明九年（一四七七）頃には美濃の鵜沼に梅花無尽蔵を結庵してゐる。万里の旺盛な聯句の実作、あるいは東坡詩や山谷詩、三体詩などの集中的な講釈などもこの頃になしたものである。

五山の叢林は、応仁の乱の後二、三年を経過して漸く落着きを戻し、乱前に近いほどまでに回復して、やがて禅林聯句は輝かしい興隆期を迎へることとなつた。この文明期以降の禅林文芸界において画期をなす作品と言へば、やはり万里集九の聯句集『梅花無尽蔵』(全八冊)と、景徐周麟と寿春妙永との「湯山聯句」、策彦周良の『城西聯句』『策彦三千句』などであらう。これらの「聯句集」の出現を契期として、これらに付随して「聯句連歌」といふ文芸活動が大きく展開する事実は見逃せない。この頃の禅林の文化活動の委細が亀泉集証の日記『蔭涼軒日録』の随処に記されてゐる。また聯句の式目として、万里の『梅花無尽蔵』中には彼の「聯句説」が見られ、かつ彼自身の六〇〇余篇の聯句も収録されてゐて偉大である。その万里に聯句や聯歌連歌の実作に資するイロハ順排列の韻書『新韻集』が存することも偶然のことではないのである。

聯句文芸は禅林ばかりでなく、宮中においても盛んに行はれてゐる。公家衆の中に五山衆が加はつて、漢詩に熟達した禅僧が漢句を詠ずることにより、公家社会の聯句に新鮮さが添へられることともなつて、新風を吹き込むやうになつた。同時に聯句連歌(和漢聯句・漢和聯句)も宮中や公家社会で、文明期以降には最盛期を迎へ瞠目させられる程である。このやうな公家社会で張行される聯句や聯句連歌の漢句は、連歌の世界に入り込むことにより、連歌と調和して進行することとなつて、漸次和臭を帯びた性格のものとなつて行つた。かういふ時期に『平他字類抄』と『聚分韻略』の、双方に基づいて成立した韻の辞書が誕生するのは必然の成り行であつたであらう。その一つは万里の『新韻集』であり、他の一つは『天正古刊本』に婆羅門僧正との識語のある『伊呂波韻』である。最初に『新韻集』について述べることとする。

一―2　概要

鎌倉時代末期の正安頃(一二九九以降)成立の『平他字類抄』を原拠として編纂された室町時代後期の

韻書群を、私は「色葉字平他」といふ呼称を用ゐて記述して来た。本書『新韻集』は付載資料一、〔一〕の表Iに示すごとく、『平他字類抄』（上中巻）との一致率が僅か三八・六％でしかない。大部分が『聚分韻略』に基づいて増補せられてゐるのである。三八・六％程度の一致率を以つて『新韻集』が『平他字類抄』（上中巻）を基層として成つた「色葉字平他」類の韻書の中に据えることは難しいやうにも見えるが、実際はさにあらずである。まづ韻分類の『聚分韻略』の標出字（韻字）と注文とを主要な編纂材料としながらも、体裁の上で、明らかにイロハ順排列をなし、篇目の各部を平声と他声とに区分してゐる。剰へ、少数ながら『平他字類抄』（上中巻）の字順に一致する箇所が、イロハ各部に確実に認められるのである。この点では、次節に取り扱ふ『伊呂波韻』よりもなほ一層『平他字類抄』に近い形態の韻書となつてゐると言へよう。還俗したとは言へ、美濃の鵜沼に隠棲に近い暮しをしてゐた万里が如何様にして、写本の形でしか伝存してゐない『平他字類抄』を参看し得たか、などといふ基本的な疑問さへ生じもする。また、専ら聯句の製作と指導を営んでゐた万里が、何故「色葉字平他」類の韻書の枠内に入るべき体例の韻の辞書を撰述したか、といふ問題も出てこよう。しかし、事実は事実である。そこで『新韻集』の本文の構成・形態・成立年代・原拠やその他の諸問題について、以下考察を加へ、記述したく思ふ。

一—3　本書の構成

『新韻集』（上下巻）の篇目を示す万葉仮名によるイロハ標目は次の通りである。

〔上巻〕伊　露　波　仁　保　辺　登　知　里　奴〔ル無シ〕遠　和　加　与　太　礼　楚　津　祢　那　羅　牟

宇　為　乃〔オ↓遠〕

〔下巻〕久 夜 摩 計 布 古 江 天 安 左 幾 由 免 美 志〔ヱ→江〕比 毛 世 寸

《平声三九一七字・他声四、三三二字・計八、二四九字》

このイロハ標目の万葉仮名は『平他字類抄』巻中の「辞字部」の「伊・呂・波・仁・保・倍・土…」とは異なつてゐる。これに関する詳細は「色葉字平他」類の韻書の項で既に述べたので、ここでは省略する。また、『新韻集』のイロハ各部の収録字数も、付載資料〔一〕の表Ⅰの通りで、「色葉字平他」類の韻書中で最多(=広本)である。これは「色葉字平他」類の原形(=『平他字類抄』)に『聚分韻略』から韻字と注文を大幅に採り入れてゐる故である。その具体的な形態については、次々項(一-5)の「本文形態」の箇所で詳述する。『平他字類抄』を典拠とする「色葉字平他」類の他の韻書と構成を異にする点は、巻末に「両音字」「半読字」「重点」等を全く有しないことである。

一-4 伝本の系統 『新韻集』を「色葉字平他」類の韻書の一とする私の立場からすれば、本書は、第一類(略本系統本)と第二類(広本系統本)とに分類した場合の、第二類Ⅲに入る。しかし『平他字類抄』『聚分韻略』の双方に基づいて成立した韻書とする別の視点に立てば、万里の自筆本と目される『新韻集』は第三章における第1類となる。

この『新韻集』は転写本を含めても一系統のみである。本書の原本とは『阿波国文庫本』のことである。『阿波国文庫本』[注1]の転写本に東京大学国語研究室蔵の『黒川本』がある。これは黒川春村が天保一五年(一八四四)に書写したもので、一時は佐佐木信綱博士の竹柏園文庫に蔵されてゐた。春村の奥書に「今得一家秘本謄寫不違一畫」と、原本と一画も違はぬやうに謄写したとあるが、実際に対比してみると小さな異同がまま見られる。さらにこの『黒川本』の再転写本が、中京大学図書館現蔵の『岡田真氏旧蔵本』である。この本は『黒川本』を秋葉義之が慶応二年(一八六六)に書写したものである。因みに付記するが、原本たる『阿波国文庫本』(徳島県立光慶図書館蔵)は一九四五年(昭和20)夏の戦災に遭つて焼失したのである。しかし幸ひなことに、本書は「日本古典全集」[注2]の一冊として一九四四年(昭和19)に亀田次郎氏の解題を付して影印刊行せられてゐて、調査をすることが可能なのである。

一-5　本文形態　『新韻集』の本文の体例は次に例示するごとく、標出字(韻字)の右傍に字訓、左傍に字音を付すことを原則としてゐる。また、韻字の下位に漢字注や別訓を施してゐる。

376春(ハル/シユン)―秋　377晴(ハレル/シン)―天　378原(ハラ/ケン)―野(ユルス/モトム)　379林(ハヤシ)―木　380茱(ハシカミ/クミ)―茱　381椒木名　382蕙(ハクサ/イヨウ)秀―盛貝 又　(波部平声)

右の「377晴」の字音「シン」のやうに唐音を付する箇所もまま見受けられる。これは『聚分韻略』の直接的な影響によるものと思はれ、万里の創意によるものとは認め難い。

万里の辞書編纂上の創意工夫は、特に注文の漢字注の示し方に多く看て取れる。例へば「721浪(波仄/平)」(美部・他声)についてみる。標出字「浪」には平仄両用あつて、注文の「波―」は「仄」(他声)の例を、今『聚分韻略』に拠つて標出字「浪」を検するに、去声・漾宕韻の「浪」の注記には「波― 又」と在る。これに対して、下平・陽唐韻の「浪」字の注文は「滄― 又」となつてゐて、『新韻集』にある万里の注記「平・仄」の意味がよく判るのである。『新韻集』にはこの類ひの注記が随所に見られる。また『新韻集』には「平・仄」とは示さずに、『聚分韻略』の「平声」と「平声」、「平声」と「他声」の例、あるいは「他声」と「他声」の例を一箇所に纏めて、韻書利用上の効用を図つたものが多い。以下、『新韻集』の「伊部」～「和部」までに該当する用例を次に一覧にして示す。

『新韻集』	『聚分韻略』
210 憯 痛悽 （伊他）	1440 憯｜悽 （上声・琰忝儼韻二九） 1384 憯 痛也 （上声・感敢韻二八）
259 造 ｜レ幽ニ ｜作 至也 杜ニ （伊他）	950 造｜作 （上声・皓韻一九） 1430 造 至也 （去声・號韻二二）
423 歐 姓也 吐也 又嘔同 （波平）	1169 歐 姓也 （下平・尤侯幽韻一一） 1281 歐 吐也 同 又嘔 （上声・有厚黝韻二六）
689 吐 呑｜ 歐｜ （波他）	406 吐 呑｜ （上声・麌姥韻七） 416 吐 歐也 （去声・遇暮韻七）
744 庭 門｜ 又逕｜ （仁平）	1000 庭 門｜ （下平・青韻九） 1738 庭 逕｜ （去声・徑韻二七）
936 掘 ｜地也 穿也 （保他）	368 掘｜地 也 （入声・勿韻五） 430 掘 穿也 （入声・月没韻七）

〈注〉『新韻集』の次の「937 掘 穿地也」（保他）の「堀」字は『聚分韻略』に存せず。これは「入声」のもの二箇所をまとめてゐる。

1101 撩 取物扶又 （登平）
1103 亨 通也歆也 （登平）
1114 搦 手｜解也 （登平）
1133 處 ｜所居｜ （登他）
1240 閉 閇同塞也 （登他）
1389 趒 雀行又越也 （遠平）
1494 教 効也｜訓又 （遠平）
1522 居 語助也｜処 （遠平）

219 撩 又取物 （下平・蕭宵韻二）
870 撩 又扶也 （上声・篠小韻一七）

975 亨 又通也 （下平・庚耕清韻八）
1084 亨 歆也 （上声・養蕩韻二三）

1208 搦 手｜ （下平・尤侯幽韻一一）
800 搦 解也 （上声・虞模韻七）

333 處 ｜所 （去声・御韻六）
287 處 居｜ （上声・語韻六）

652 閉 閇同 （去声・霽祭韻八）
792 閉 塞也 （入声・屑薛韻一〇）

215 趒 又雀行 （下平・蕭宵韻二）
1316 趒 越也 （去声・嘯笑韻二〇）

321 教 又効也 （下平・肴韻三）
1374 教 又｜訓 （去声・效韻二一）

541 居 語助 （上平・支脂之韻四）
613 居 ｜処 （上平・魚韻六）

1676 恐 疑人 ー懼 （遠他）　　44 恐 疑也 （去声・宋用韻二）
　　　　　　　　　　　　　　34 恐 ー懼 （上声・腫韻二）

〈注〉『新韻集』の注文「疑人」の「人」は、「也」の草体の字形相似による誤写と思はれる。

1742 貰 賒也 貸也 酒ヲー （遠他）　　66 貰 貸也 （去声・霽祭韻八）
　　　　　　　　　　　　　　　　　　1553 貰 賒也 神夜切 （去声・禡韻二四）

1487 忘 不説 又遺ー （和平）　　731 忘 不記 又 （下平・陽唐韻七）
　　　　　　　　　　　　　　　1600 忘 遺ー 又 （去声・漾宕韻二五）

〈注〉『新韻集』の注文「不説」の「説」は、「記」の草体の字形相似による誤写と思はれる。

1877 度 法ー ー量 （和他）　　491 度 法ー 又 （去声・遇暮韻七）
　　　　　　　　　　　　　　796 度 ー量 （入声・薬鐸韻一一）

1894 辨 具也 別也 （和他）　　1170 辨 具也 （去声・諫襉韻一八）
　　　　　　　　　　　　　　783 辨 別也 （上声・銑獮韻一六）

以上に例示した本書「伊部」～「和部」の一九例中で、「1522居」は共に「上平」のものを一箇所に纏め、「210棔」は「上声」のもの二つを一箇所に集めてゐる。「1742貰」は共に「去声」のものを一箇所に纏めてゐる。更に「936掘」は共に「入声」のものを一箇所に集めてゐるし、「1114搊」は「上平」と「下平」とを一箇所に纏めてゐるものである。

さらに『新韻集』の収録語の中で、典拠たる『聚分韻略』から引用する際に、標出字と注記中の同意の漢字とを入れ替へてゐる例がまま見られる。この種の事象は後述の『伊呂波韻』にも相当数見受けられる。そこで『新韻集』の「伊部」〜「和部」における交替の用例を次に(1)〜(5)として掲げる。

(1)

『新韻集』		『聚分韻略』	
43 忙 忙同	(伊平)	698 忙 怖也 忙同	(下平・陽唐韻七)
364 板	(伊他)	748 版 板同	(上声・潜産韻一五)
447 奩 匳同 鏡｜	(波平)	1449 匳 鏡｜ 奩同	(下平・塩添韻一四)
474 啚 圖同	(波平)	786 圖 啚同	(上平・虞横韻七)
548 鍼	(波平)	1359 釬 鍼同 又	(下平・侵韻一二)
1362 崗 ｜｜ 岡同	(遠平)	647 岡 山｜ 崗同	(下平・陽唐韻七)
1427 驕 憍同	(遠平)	224 憍 驕同	(下平・蕭宵韻七)
1564 叟 叜同	(遠他)	1259 叜 叟同	(上声・有厚黝韻二六)
1659 礼 禮同	(遠他)	499 禮 礼同	(上声・薺韻八)

これら九例中、「364板」と「548鍼」とは本書に注文が存せぬが、恐らくこの類に含めてよいものと思はれる。更に次のごとき例もこの中に含められようか。

1624 餽 饋也	(遠他)	156 饋 餽也	(去声・寘至志韻四)

(2) 本書『新韻集』の注文が、『聚分韻略』では別の標出字に付いてゐるものも、やはり「伊部」〜「和部」に二例存するのである。

172 磴小坂 (伊他) 1741 嶝小坂 (去声・證嶝韻二八)
645 暴火裂 (波他) 256 爆火烈 (入声・覚韻三)

これらの例を如何様に解すべきであらうか。前の(1)や次の(3)(4)と連関させて考へれば、やはり『聚分韻略』が典拠となつてゐることを消極的ながら裏付けることになるだらう。

(3)
1614 懼驚― (遠他) 447 懼怖― (去声・遇暮韻七)
766 愕驚― (入声・薬鐸韻一一)

『新韻集』にこの見出し字「懼」は重複して出てゐる。『聚分韻略』の去声・遇暮韻の「447懼」に該当する本書の用例は、既に「1592懼怖―」(遠他)と在つて、この「1614懼」は、『聚分韻略』の入声・薬鐸韻の「766愕」と入れ替はつたことも考へられる。さすれば、

1614 懼驚― 766 愕驚― (入声・薬鐸韻一一)

は(2)の類の中に収められることとなる。

(4)本書の「1529臣」では、字体の相似する二字の標出字を一箇所に集めてしまつてゐる例が見受けられる。

1529 臣大也 君― (遠平) 1152 臣君― (上平・真諄臻韻一一)
339 巨大也 (上声・魚韻六)

因みに本書には別に「1649巨大也」(遠他)も存するのである。この「1529臣」の例は、前掲の一九例に形式上は通ずるものではあるが、内容と言はうか、実質的には異なるものである。孰れにしても、これら(1)~(4)の用例は、本書が『聚

分韻略』を典拠に引例した際に生じた事象と見て差支へない。(5)本書の「遠部」に次のやうな例が見られる。

1604穏｜ㇾ何　（遠他）　690穏安｜　（上声・阮混很韻一三）

と本書の「1604穏」の注文が『聚分韻略』と同じではない上に、「｜ㇾ何」では意味も通じ難い。そこで本書の影印本によつて検するに、「1604穏｜ㇾ何」の右隣の行に「1596趣｜向｜杜ニ」が明確に存在するのである。本書「1604穏」の注文「｜ㇾ何」は「1596趣｜向｜杜ニ」の「｜向」に牽かれて字形相似のために誤写されたものと目される。念のため、「1596趣」の注文は『聚分韻略』と一致する。

1596趣趣｜向｜杜ニ　（遠他）　505趣｜向　（去声・遇暮韻七）

「1596趣」と「1604穏」とは和訓が共に「遠部」に属するため、「1604穏」の注文が『聚分韻略』とは別の典拠に基づいたやうにも見えるが、やはりさうではなく、『聚分韻略』に拠つたものであることが明確に識り得るのである。

ここで『新韻集』の本文形態について、以上の記述を次の一、～四、に纏めることとする。

一、『新韻集』は、『平他字類抄』上中巻の体例を規準として、イロハ順（第一次分類）排列にし、かつ平声・他声（第二次分類）の区分を施し、韻分類の『聚分韻略』の標出字（韻字）と注文とを大幅に補入して、新しい形態の韻の辞書を創り出した。これは中世韻書史上画期的な営為と言へる。

二、『新韻集』は、『聚分韻略』の韻字と注記を機械的に抽出してイロハ順に排したのではなく、同一標出字（韻字）が平声・他声全体の中に二箇所に存する時には、可能な限りそれらの注文を一箇所に纏めようとする編纂意図が随所に見られる。辞書利用の効率を配慮したものとして注目させられる。

三、『新韻集』の韻字の随所に唐音カナを施してゐる。これは『聚分韻略』の影響によるものである。

四、標出字(韻字)の下位の注記中には、『聚分韻略』の注文を引用するにとどまらず、編者の万里が新たに独自に加へた語注が数多く存してゐる。万里の学識の深さの程が窺はれる。

一—6　成立年代と撰述者　『新韻集』の撰述者については江戸時代末期に次の二説が存した。万里の自筆本と目される『阿波国文庫本』の旧所持者[注3]である屋代弘賢は、見返の左方に、

弘賢曰文化元年夏購以納忍庫其謂万里筆者譌矣　印亦贋作明白余熟視之先万里万々平　紙墨字様為四五百年之舊物無疑也　恐平他字類抄之祖乎

と本書を『平他字類抄』の祖であるとし、万里の時代よりも古いものとして、万里の著述説に疑義を提してゐる。弘賢より四〇年後に黒川春村は『新韻集』を書写した際、その「転写本」の奥書に、

此書世称万里居士所撰　今攷其音訓　的在文明年間　且撿其引書　心是浮屠氏之撰　則其言必然

として逆に万里著述肯定説を唱へてゐる。確かに『阿波国文庫本』には万里の蔵書印(萬里黒印陰刻)が存するのみにて、万里が本書を撰述したとの識語は認められない。しかし、『新韻集』の序に、

韻切之書[注4]其類甚夥也(中略)各以二声響品彙一為二枢要一者也　述作訓説難レ譜(シラヘ)焉也　爰借二于色葉七行四十八字之仮一而分二平仄之二門一以為二一篇一各曰二新韻集一不レ分二四声一啻以二平仄之訓解一為二至要一耳也

とある。この記事で判る通り、『新韻集』の編者は、「品彙」に重点を置き、声響の方は、従来の韻書の四声を「平・仄」の二分類にしたとある。これを敷衍して言ひ換へるならば、典拠とする『聚分韻略』の平・上・去・入の四声に

よる韻分類の書を、『平他字類抄』のごとき「平・他」二分類体・イロハ順排列の韻書にして「品彙」に重点を置いた、とすることにならう。これは万里の「聯句説」(『梅花無尽蔵』巻六所収)の後半に、禅林聯句にあるべき式目を纒めた営みそのものと、その裏面に内蔵する意図めいたものに連関する。蓋し、文明期以降の聯句の興隆・普及と、連歌の式目の聯句への影響によつて、聯句にも法式を成文化する必要があると考へた万里は、斯く「聯句説」を纒め上げた。万里がこの聯句の法式を纒めることと、イロハ順排列の韻書『新韻集』を編む営為とは、勝義において共通する編纂意図が看て取れる。

さすれば、『新韻集』は万里集九(正長一年〈一四二八〉~永正四年〈一五〇七〉頃)の生涯のどの時代に著作したものであるのか、次にそのことを考へねばならない。万里が還俗して美濃の鵜沼に寓居したのは、文明七年(一四七五)である。その後、万里は蘇東坡詩の講釈を文明九年(一四七七)に始め、文明一四年(一四八二)に終了してゐる。注5 文明一〇年以降は『三体詩』の講釈も並行して行なつてゐる。万里が相国寺の友社に入り瑞渓周鳳に師事してゐた寛正四年(一四六三)、万里三六歳の頃、五山叢林は『三体詩』を始めとする中国の古典籍の学習と作詩法の修錬とで明け暮れるほど盛んであつた。万里自身も『文選』全巻を謄写したりしてゐる。この一事からしても相当な好学の士であり、作詩に長じた学僧であつたことが判る。注6 文正一年(一四六六)、万里の三九歳の頃には蔵主としての文名も揚がつた程であつた。さやうにして学力を涵養した万里が還俗後も東坡詩・山谷詩・三体詩等の注釈作業に専心するのは自然の理である。『梅花無尽蔵』の記載に基づけば、文明一〇年(一四七八)~文明一四年(一四八二)の間の著作活動が特に顕著である。この期間に万里はこれらの注釈作業と並行して『新韻集』の撰述を行なつたと、私は推測するのである。遅くても文明一七年(一四八五)の東遊の頃までには編纂を了へてゐたと考へる。さすれば、次に万里が編纂の基層に据えた『聚分韻略』は、「原形本」であつたのか、「三重韻」であつたのかが問題となる。

一-7　本書の典拠　まづ『新韻集』が『平他字類抄』上中巻を第一次の典拠としてゐることに問題はない。さらに本書が標出字や増補するのに『聚分韻略』の「原形本」と「三重韻」の熟れに依拠したのかといふことが重要な問題である。結論を先に言ふならば、『新韻集』は『原形本』に拠つたと私は考へる。その証拠は後に示すこととする。最初に一般論的に順を追つて本文を眺めよう。『新韻集』の成立年代が特定されてさへゐれば、それが一つの根拠ともなるのであるが、前項で推測したやうに、文明一〇年~文明一四年と幅があるのである。『聚分韻略』の「原形本」が「三重韻」に改編されたのが、『文明十三年刊本』(薩摩版)の直前である。さすれば、『新韻集』の成立時期と『聚分韻略』の「三重韻」への改編年代がほぼ同時期といふことになる。一般的に単純に考へると『原形本』よりも、平声・上声・去声と三段に構成した『三重韻』の方が、『新韻集』のごとき「平声」「他声」と二分した韻書を編む資としては便利に決つてゐる。しかし、よく考へてみれば、万里ほどの学識をもつ作文の専門家にしてみれば、『原形本』であつても検索するに何の不便もない。前掲の「本文形態」の項で採り挙げた『新韻集』の二箇所の注文を一箇所に纒めて使用の利便性を図つた証左となる引例(210僣~1894辨)を再び眺めてみよう。あの一九例中で、「1522居」は共に「上平」のものを一箇所に纒め、「210僣」は「上声」のもの二つを一箇所に集めてゐる。「1742貰」は共に「去声」のものを一箇所に纒め、さらに「936掘」は共に「入声」のものを一箇所に集める。「1114搊」は「上平」と「下平」とを一箇所に纒めてゐる。少なくともこの五例(210・936・1114・1742)を見る限り、『新韻集』が『原形本』に拠らうと、『三重韻』に拠らうと、『聚分韻略』検索の利便性においては何ら変はる処がないのである。私は、美濃に『三重韻』はまだ届いてをらず、万里が以前から引き馴れてゐた『原形本』に依拠したと考へる。その証左を示すものとして、万里集九の弟子で美濃に住む南豊大機が刊行した『文明十八年刊本』(美濃版・原形一〇行有刊記本)がある。さうして、その中の一冊である『神田喜一郎氏蔵本』注7には全巻に亘って万里の「書入れ」(自筆)がなされてゐる。と言ふことは、この『文明十八年美濃版』刊行に際しては、南豊大機の師である万里は当然種々助言をし指導もしたことが考へられる。万里は文明一七年(一四八五)には太田道灌の招きを受けて東遊してゐる。従つて万里が指導したのは文明一七年までのことであらう。また万里が『聚分韻略』の『原形本』に拠つたとすることを側面から支持する証拠として、名古屋市立蓬左文庫蔵の『聚分韻略』の一つに『原形五行本』といふ小型本が現存する。これには万里の自筆の「聯句説」等が隙間もない程に書入れされてゐる。この「小型本」は『原形本』を携帯に便利なやうに小型化したものであつて、刊行の時期が『三重韻』改編・刊行の直前のものである。この『蓬左文庫本』の書入れも万里の筆である。このことからも、万里が依拠した『聚分韻略』が『原形本』であつたことは確かであると思ふ。しからば南豊大機が何故、『文明十三年刊本』の刊行後に、『文明十八年版原形本』の上梓を企てたかといふ疑問が残る。それはやはり文明一八年(一四八六)には、『文明十三年刊薩陽和泉荘版』が薩摩の地から美濃へはまだ行き届いてゐなかつたであらうことが考へられるのである。

なほ、万里は『新韻集』を編纂するに際して、単に『聚分韻略』の『原形本』の韻字と注文に依拠したにとどまらず、独自に注記を多く補入してゐるのである。その万里の手になる注文の増補は如何なる典拠に基づいたかについて、『黒川本』の書写者黒川春村は次のごとく奥書に記してゐる。

新韻集二巻　寫校已竣　且以赭墨　訂訛謬　此書罕傳　今得一家秘本　謄寫不違一畫　亦余書癖之所所為也　此書世称万里居士所撰　今攷其音訓　的在文明年間　且撿其引書　必是浮屠氏之撰　則其言必然　序称援引　詩韻　廣韵　字統　字林韵集　韵畧　聲譜　今撿其書中　尚有　周易　尚書　毛詩　論語　左傳　爾雅　老荘　淮南子　語文　杜子美　昌黎　東坡　山谷集古文　猛岩（恐碧岩誤）　林間（恐林間録）　程（恐程子全書）　事（恐事文類聚）焉　雖違古訓者多　然的非近書　實可憑據　于附一言　以為家珍

天保十五年歳次甲辰黄鐘上旬

藤原春村

斯く春村は『新韻集』の注文中に明記された出典名を摘出してゐる。春村はこれらの書名中、詩韻・広韻・字統・字林・韻集・韻略、声譜等は、『新韻集』の原拠（主に『聚分韻略』）に既に含まれてゐる中国の典籍であると考へた。従つて、それ以外の「周易」以下の引用書について検したものとみる。私の意見も付加して解釈すると、次の通りとなる。因みに『聚分韻略』の注文中に明記されてゐる書名は、毛詩（詩経）・周易・書経・礼記（曲礼）・爾雅・論語・孟子・老子・荘子・孔子家語・周書・漢書・晋書・史記・呂氏春秋・国語・左伝・山海経・博物志・風俗通・釈典・古史考・監鐵論等であり、『新韻集』の中に見られる引用書名の「詩経」「爾雅」「左伝」「論語」「老子」「荘子」「周易」などは右の『聚分韻略』中に既に書名が見受けられるものである。さすれば、万里が『新韻集』を撰述する際に多用した出典群は「杜子美」「昌黎」「東坡」「山谷」等の中国の詩集と、『碧岩録』『林間録』等の禅籍、『事文類聚』などの「類書」（百科全書）に重点を置くことに気付くのである。この万里の依拠した典籍群の傾向は、全て禅林の作詩の場で第一級資料として利用されてゐる参考文献類である。禁裏においても五山においても杜甫詩・山谷詩・東坡詩と三体詩の講釈はこの時代には極めて盛んに行はれた。またこれらの漢詩は五山の叢林では内典たる仏典・禅籍に次いで重要視されてゐた。そして禅林聯句のために必須の典籍ともなり得た。かつまた、漢詩や聯句の作文の際の聯想のために中国の韻書『韻府群玉』『古今韻会挙要』や類書『太平広記』『太平御覧』『事文類聚』が常用されてゐた。従つて万里も鵜沼で漢詩の講釈に専心し、聯句の指導に尽瘁した訳であるから、新企画の韻書『新韻集』を編むに際しても、これらの参考文献を何らかの形で使用したことが当然考へられる。その結果、黒川春村が奥書にしたためたやうなものになつたのだと思ふ。前記の神田喜一郎氏蔵の『文明十八年刊本』に見る万里直筆の書入れの類ひが、この『新韻集』の注文中に含められてゐるのである。ここで本書の典拠について次の一、〜三に纒める。

一、『新韻集』は『平他字類抄』を第一次の典拠として、そのイロハ順、平・仄別の分類をなすが、大部分の増補語彙は標出字(韻字)、注文共に『聚分韻略』に(第二次の典拠として)基づいてゐる。

二、『新韻集』の依拠した『聚分韻略』は「三重韻」ではなく、「原形版」である。万里が『新韻集』の撰述したのは文明一〇年〜文明一四年の間と目されるが、三重韻の『文明十三年刊薩摩版』がその頃に刊行されてはゐるが、万里の住む美濃鵜沼には届いてゐなかつた故と考へられる。

三、万里は鵜沼で東坡詩・山谷詩・三体詩の講釈に専心してゐる時期に、『新韻集』の編纂を並行して進めてゐる。それ故、『新韻集』の注記中にも『聚分韻略』の注文を抽出した後にこれらの漢詩に基づく語注も付加してゐることが明瞭に見受けられる。

注1・3　万里自筆本の『新韻集』(原本)は屋代弘賢の所有であつたが、後に旧蜂須賀侯爵家の所蔵となつて「阿波国文庫本」となり、後に徳島県立光慶図書館内の阿波国文庫に収蔵されることとなつた。一九四五年〈昭和20〉夏戦災に遭つて焼失した。

注2　この影印本は印刷が極めて不鮮明であるが、『黒川本』と対比することにより解読は困難ではない。『新韻集』は『古辞書研究資料叢刊』第4巻（一九九五年11月　大空社刊）に「翻字本文」と「和訓索引」を収録。

注4　万里の『新韻集』の序は、虎関の『聚分韻略』（「原形本」）の序に倂はせ対応するやうに書かれてゐる。因みに虎関の序の最初の部分は「韵切之書　其作多矣　只以〻聲響〻為〻要　不〻以〻品彙為〻樞（下略）」と在る。

注5　万里はこの蘇東坡詩の講釈を『天下白』との書名で文明一四年(一四八二)に著述を終了してゐる。並行して行なつた『三体詩』の講釈は『暁風集』として一書としてゐる。万里の山谷詩の講釈は東遊後に『帳中香』として纒められた。今日伝存する東福寺蔵『帳中香』は万里の弟子笑雲清三の自筆本である。笑雲の書写は明応八年(一四九九)一月に終了した。

注6　友社とは相国寺の僧団内に結成された文芸活動をなす集団。相当に文名のあがつた僧でなければ加入できないエリート集団であつた。

注7　奥村三雄氏著『聚分韻略の研究』（一九七三年〈昭和48〉6月　風間書房刊）第一部第五章（119頁）参照。

第二節　『伊呂波韻』

二―1　概要　『平他字類抄』を組織上の第一次の典拠としながらも、『聚分韻略』に基づいて大幅に韻字と注文を増補して成つた『新韻集』は文明期半ばに現はれた。以降、『天正十六年本色葉集』の成立に到るまで、類本たる「色葉字平他」類の韻書(色葉集)が全て写本の形で多出した。これらの「色葉字平他」類の韻書は、『新韻集』が八、二四九語であるのを除いて、主要典拠たる『平他字類抄』(四、四五一語)に近い語数のものと、それに一、〇〇〇語程度収録語を増補して編成されたものとである。さすれば、組織の上では、イロハ順の内部を平声・他声に大別する『平他字類抄』を基本としながらも、『聚分韻略』に拠つて大増補した『新韻集』は、ある意味で特殊性を有つが、孤高の存在とはならなかつた。『新韻集』成立より約八〇年後の永禄頃(一五五八〜一五六九)に『伊呂波韻』が写本の[注1]形で現はれる。さうして天正末年には版本化されて、謂はゆる『室町古刊本』(通称)が刊行され、以降江戸時代に入つて大流行した。寛永期後半以後、明治期初めに到るまで極めて多くの版種のテクストが簇出する。室町時代後期の聯句連歌の盛行と俗語辞書の多出とに乗じて誕生した韻の辞書たる『伊呂波韻』は、韻書としての用途と、イロハ順排列の故に一般の国語辞書としての役目をも果たしたのである。この点で本邦韻書史上、大きな意義を有ち、特別の位置を占めるに到る。以下、順を追つて概説する。

二―2　本書の構成　本書『伊呂波韻』の構成を寛永一一年(一六三四)刊の『伊路波雑韻』[注2]に基づいて次の表Ⅰにイ

ロハ順、平他別にその収録韻字数を掲げた。最初に万葉仮名によるイロハ篇目を掲げる。『寛永十一年刊本』に拠れば、次の通りである。

伊　路　波　仁　保　辺　登　知　里　怒　［ル、不存］　於　和　賀　夜　堂　礼　楚　津　祢　那　羅　無　有　為　［入伊］　乃　具　屋　満　気　婦　古　元　伝　阿　散　幾　遊　免　見　死　恵　［入江］　飛　裳　勢　須

表Ⅰ　『伊呂波韻』（寛永11年刊本）所収韻字数

篇目＼平他	平声	他声	計
伊	101	140	241
路	0	0	0
波	104	114	218
仁	27	38	65
保	40	56	96
返	11	13	24
登	70	83	153
知	14	32	46
里	0	0	0
怒	8	22	30
於	112	150	262
和	35	45	80
賀	180	171	351
夜	36	45	81
堂	99	154	253
礼	0	0	0
楚	25	42	67
津	67	137	204
祢	12	19	31
那	56	65	121
羅	2	2	4
無	33	31	64
有	86	108	194
為	⇓伊	⇓伊	⇓伊
乃	32	42	74
具	87	94	181
屋	43	62	105
満	61	85	146
気	20	24	44
婦	49	55	104
古	70	86	156
元	16	18	34
伝	3	7	10
阿	130	175	305
散	63	92	155
幾	42	53	95
遊	21	32	53
免	21	16	37
見	53	61	114
死	76	106	182
恵	⇓江	⇓江	⇓江
飛	86	98	184
裳	50	61	111
勢	12	17	29
須	67	93	160
合計	2120	2746	4866
三重韻	3065	4894	7959

このイロハ標目を、刊本として最も古い『室町古刊本』[注3]（天正末年頃〈一五七三〜〉刊）と比するに、『室町古刊本』はイ・リ・ル・ム・ウ・ヤ・マ・フ・テの万葉仮名が「以・利・流・牟・于・也・末・不・天」と異なつてゐる。これは『室町古刊本』が、江戸時代初期に成立した『寛永十一年刊本』に到つて、大きく増補改編された事情を示唆するものと注目せられる。私は未だこの『室町古刊本』を実際に調査する機が得られないので、詳細に亘る記述は今後の課題とする。

処で、表Iの『寛永十一年刊本』（以下『伊呂波韻』呼称）の韻字数と、「色葉字平他」類の韻字数を比較すると、次の通りである。

第一類　略本系統　A本『天正十六年本』（三、三三九字）・B本『明応十年本』（三、五三〇字）

第二類　広本系統　I　C本『色葉字平它』（四、〇四一字）　II　D本『伊露葩字』（五、〇五四字）、E本『色葉文字』（五、九九五字）、III　F本『新韻集』（八、二四九字）

これら「色葉字平他」類の韻書の字数と、本書『伊呂波韻』の字数（四、八六六字）とを、数値のみ単純に比べると、第二類IIのD本・E本に近似するかに見えるが、実際はさにあらず、なのである。その理由として、「色葉字平他」類の韻書に韻字の重複が頗る多いことが挙げられる。同一の韻字（標出字）に字訓が複数（二、三訓）存する場合に、「色葉字平他」類の韻書は二、三箇所に重複させて置くのである。それに対して、『伊呂波韻』は『聚分韻略』（三重韻）の韻字をそのまま字訓に合はせてイロハ順に分類したもので、殆んど韻字の重複は見られない。具体的には後述の「本文形態」（三-5）に掲げる「対照表」のごとく、異なり字数では『伊呂波韻』の方が多い。『伊呂波韻』は上梓せられた故に多用途に使用され、刊本の版種も多くなつたものと考へられる。

二－3　伝本の系統

『伊呂波韻』の伝本は次のA・B・C・Dの四系統に分類できる。

A系統本　写本　伊路波韻（永禄頃成立）〈篇目「伊路波仁……」〉
B系統本　古刊本　以路波韻（天正末頃刊）〈篇目「以路波仁……」〉
C系統本　伊路波雑韻（寛永一一年刊）〈篇目「伊路波仁……」〉
D系統本　以呂波雑韻（寛文四年刊）〈篇目「以呂波仁……」〉

この中で、『写本』が最も古く、刊本の最古のものは天正末年頃（一五七三～）の『古刊本』（通称『天正古刊本』）である。この『古刊本』は刊行部数が余り多くなかつたと思はれ、現在伝存するものは極めて少ないやうである。C系統の伝本からは重刊・改刻が多くなされ、現存する版本の数も多い。本書が世によく流布した証拠となる。C系統本の初刊は『寛永十一年刊本』で、刊記に

　于時寛永甲戌十一年仲秋／三條町／安本道貞開板

とあるもので、題簽と内題は存せぬものもあるが、「伊路波雑韻」とするものもある。寛永一一年（一六三四）刊を初刊として、『寛永十六年（一六三九）刊本』『寛永十八年（一六四〇）刊本』『寛永二十年（一六四三）刊本』『寛永二十一年（一六四四）刊本』と続刊されてゐる。引き続き刊行された『正保二年（一六四五）刊本』や慶安三年（一六五〇）刊の『新刊伊路波韻』、『慶安四年刊本』『寛文九年（一六六九）刊本』、さらには寛文一二年（一六七二）刊の『袖珍伊路波韻』などもこの系統に属する。D系統本は寛文四年（一六六四）刊の『増補以呂波雑韻』『増補以路波三重韻』などで、『延宝二年（一六七四）刊本』『延宝八年（一六八〇）刊本』、元禄六年（一六九三）刊の『増字以呂波雑韻』、宝永七年（一七一〇）刊の『改正大広益以呂波雑韻』などがある。以降刊行のものは殆んどが「以呂波雑韻」系統のものである。

既述のごとく、『伊呂波韻』の諸本は、C系統本以後のもので題簽を有するものと有しないものなどあり、題簽・内題・柱・尾題等、版種によっていろいろである。蓋し、万葉仮名によるイロハ篇目に基づいて諸本を分類すると前記A～Dの四系統に分けられるのである。B系統とC系統の伝本のイロハ篇目は前項(二-2)に示したので、次にD系統本のものを次に記す。

以　呂波　仁　保　辺　土　知　利　奴　[ル、不存]　遠　和　賀　与　太　礼　曽　津　祢　奈　良　武　宇
為　[入以]　乃　於　[入遠]　久　也　末　計　不　古　江　[入恵]　天　安　左　幾　由　女　美　之　恵　比
毛　世　寸

斯様にして、『伊呂波韻』のテクストは、「以路波韻」⇩「伊路波雑韻」⇩「以呂波雑韻」のごとき生成過程を経て成つたことが判る。版種等の委細な調査は今後の課題である。

二-4　本文形態

『伊呂波韻』の本文形態を版本について冒頭の部分を示すと次のやうである。

伊　平字
〖乾〗　乾(ケン)坤 イヌイ　窩(カワ イワヤ)山 穴
巖(カン イワヲ) イワ　磐(バン イワ) 岩同　巓(テン イタヽキ) 山
泉(セン イツミ)　池(チ) イケ　磯(キ) イソ

伊　仄字
〖乾〗　礎(ソ イシズヱ) 柱石　空(クウ イタツラ) 虚―　窟(クツ イワヤ) 石穴　石(セキ) イシ
屋(ヲク) イヘ 室同　院(イン) イヱ 府同　廈(カ) イヱ 大―宇同　宅(タク) イヱ 火―
野(シヨ イヲリ) 广同 有田中　廩(リン イチグラ)　市 イチ ―鄽

沙(サ)イサゴ 砂同　韓(カン)イセキ 井垣(イゲタ)　矼(コウ)イシバシ 磴也　――　沼(ゼウ)イケ　井(セイ)イ　堰(エン)イゲタ 壅水(イセキ)　舎(シャ)イヱ 屋也

磌(テン)イシズヱ　家(カ)イヱ　房(バウ)イヘ　〔時〕　古(コ)イニシヘ　戌(シュツ)イヌ　亥(カイ)イ

これを一瞥して直ちに感じることは、『聚分韻略』の「三重韻」の本文形態と、『平他字類抄』とを原拠とする文明期半ば頃成立の『新韻集』と、この『伊呂波韻』との二書との本文と連関性のことであらう。『伊呂波韻』が平声・他声を上下二段に積み対照させる点では、『三重韻』の形態を継承してゐるし、イロハ順排列にして各部を平声・他声に分ける方法では、「色葉字平他」類の韻書、特に『新韻集』を直感的に連想させるものである。しかしながら、標出字(韻字)の右傍(字音)・左傍(字訓)や、下位の漢字注や和訓等を熟視すると、『伊呂波韻』の本文は必ずしも『聚分韻略』のみの影響とは言ひ難い。寧ろ室町時代後期に集中して現はれる「色葉字平他」類の韻書との類似性を思はせる面が多い。そこで、『伊呂波韻』の冒頭の「伊部」に関して、『平他字類抄』と『聚分韻略』、それに「色葉字平他」類の『新韻集』『伊露葩字』『色葉字平它』『天正十六年本色葉集』の四書の本文を対照せしめて、表IIとし、次に一覧にして示す。

表II 『伊呂波韻』の「伊平」（乾坤門〜気形門）対照表

	伊呂波韻	平他字類抄	聚分韻略（三重韻）	新韻集	伊露葩字	色葉字平它	天正十六年本
時	1 乾ケン —坤 イヌイ	1717 乾イヌヰ ケン 方角平	2 乾—坤 イヌヰ 先仙韻・下平（乾坤）	875 乾ホスイヌイ —坤 カワク 卦也 保平 / 2127 乾—坤 イヌイ 加平	22 乾ケン イヌイ イ平	31 乾ケン イヌイ 以平	20 乾イヌイ ケン 以平
	2 窩クワ イワヤ 穴山		436 窩クワ 穴アナ居 ヲ 他 歌戈韻・下平（乾坤）	5953 窩アナ クワ 窟 安平			
	3 巖カン イワヲ イワ	131 巖イハヲ 同（イハ） カン 地儀平	1479 巖カン —険 礹同 咸銜韻・下平（気形）	10 巖イワヲ 険 カン ケン 礹同 伊平	9 巖カン イワ イ平	20 巖ガン イハヲ 以平	
	4 磐ガン イワ 岩同	130 磐イワ ハン 地儀平	1418 磐ハン —石 寒桓韻・上平（乾坤）	12 磐イシ ハン —石 伊平	69 磐ハン 石 イワヤ イ平	73 磐 同（イシ） バン 以平	
	5 巓テン イタヽキ 山	238 巓 山ノイタヽキ テン 地儀平	8 巓テン 山 イタヽキ 先仙韻・下平（乾坤）	17 巓イタヽキ テン 山— 伊平	18 巓テン 山 イタヽキ イ平	28 顚テン イタヾキ 以平	12 巓イタキ テン 以平
	6 泉セン イツミ	126 泉イツミ セン 地儀平	16 泉セン —水 イツミ 先仙韻・下平（乾坤）	7 泉—水 ワキイツ 伊平	5 泉セン 冷 イツミ イ平	17 泉セン イヅミ 以平	5 泉イヅミ セン 以平
気	7 池チ イケ	125 池イケ 鳳—沼— 地儀平	240 池チ シ 支脂之韻・上平（乾坤）	5 池 —電 伊平	4 池チ イケ イ平	16 池チ イケ 以平	
	8 磯キ イソ	140 磯イソ キ 地儀平	566 磯キ 石— イソ □ 微韻・上平（乾坤）	16 磯キ 石— イソ 伊平	15 磯キ 石 イシ イ平	25 磯キ イソ 以平	11 磯キ イワ（ソ） 以平
	9 沙サ イサゴ 砂同	127 沙イサコ 晴— サ 地儀平	529 沙サ 砂同 サ イサコ 麻韻・下平（乾坤）	8 沙イサコ シヤ 砂同 伊平	7 沙シン イサコ イ平	18 沙シヤ イサゴ 以平	6 沙イサゴ シヤ 以平
	10 韓カン イセキ 井イゲタ 垣		1421 韓カン アン 姓也 亦國名 亦井垣也 寒桓韻・上平（気形）				
	11 矼コウ 磴也 イシバシ		197 矼カウ 石橋 イシハシ 他 江韻・上平（乾坤）	15 矼コウ 石橋 カウ 伊平	49 矼コウ イシハシ イ平	11 矼エ イシバシ 以平	

部							
時	12 磌(テン) イシズヱ	137 磌 イシスヱ テン 地儀平	1115 磌(シン) 柱石 イシスヱ 真諄臻韻・上平(乾坤) ／ 7 磌(テン) 礎也 イシスヱ チン 先仙韻・下平(乾坤)	13 磌(イシタ、ミ) シン 柱石 イシスヱ ツミイシ 伊平 ／ 3402 磌(ツミイシ) シン 柱石 イシスヘ タ、ミイシ 津平	54 磌(テン) イシスヱ イ平	68 磌 イシズヱ テン 以平	
	13 家(カ) イヱ	132 家 イヘ カ 地儀平	526 家(カ) ―居 麻韻・下平(乾坤)	18 家 ―居 伊平	11 家(ケ) 居 イヱ イ平	21 家 カ イヱ 以平	8 家 イヱ カ 以平
	14 房(パウ) イヘ	151 房 ハウ 地儀平	625 房(ハウ) ―室 陽唐韻・下平(乾坤)		107 房(ハウ) 室 イヱ イ平		155 房 ハウ エイ(イヱ) 波平
	15 甍(マウ) イラカ	138 甍 イラカ ホウ 地儀平	844 甍(マウ) 棟― ヰラカ マン 庚耕清韻・下平(乾坤)	21 甍(イラカ) 棟― 昌ュ マウ 伊平	61 甍(マウ) 棟 イラカ イ平	77 甍 イラカ マウ 以平 ／ 43 薨 イウ イラカ 以平	
	16 菴(アン) 庵同	135 菴 同(イヲリ) アン 草― 地儀平	1376 庵(アン) 草― イヲリ 覃談韻・下平(乾坤)	20 庵 クサヤ 伊平	13 菴 草― イヲリ イ平	23 庵 アン イヲリ 以平	10 庵 イヲリ アン 以平
	17 鄽(テン) イチグラ	136 鄽 地儀平	14 鄽 市― イチクラ テン 先仙韻・下平(乾坤)	157 鄽(イチクラ) 市 伊平	31 鄽(テン) 市 イチクラ イ平	48 鄽 イチグラ テン 以平	27 鄽 イチグラ テン 以平
気	18 今(コン)	4 今(イマ) 天象平	1319 今 古― イマ キン 侵韻・下平(時候)	41 今 古― 伊平	3 今(コン) 古― イマ イ平	15 今(コン) イマ 以平	4 今(コン) イマ 以平
	19 偟(クワウ) イトマ		660 偟(クワウ) ―暇 ヰトマ ワウ 陽唐韻・下平(時候)	71 偟(イトマアキ) ―暇 クワウ 伊平	95 偟(クワウ) 暇 イトマ イ平		
	20 雷(ライ) イカヅチ 靁同	1 雷 イカツチ ライ 天象平	1031 雷(ライ) ―雷 イカツチ 灰咍韻・上平(気形)	4 雷(イカツチ) ―雷 又灰 伊平	1 雷(ライ) 電(デン)― イカツチ イ平	12 雷 ライ イカヅチ 以平	1 雷 イカツチ ライ 以平
	21 霆(テイ) 又同	2 霆 同 ツイ 天象平	1022 霆(テイ) 雷― イカツチ チン 青韻・下平(気形)	3 霆 雷― 又 テイ 伊平	2 霆(テイ) 雷同 又 イ平	67 霆 イカツチ テイ 以平	2 霆 同(イカツチ) テウ 以平
	22 帥(シ) イクサ	(2107 帥 イクサ 辞字他)	(84 帥(スイ) 将― イクサ シ 寘至志韻・去声(気形))	(313 帥(イクサ) 将― ツカサトル スイ ヒキユ 伊他)	(202 帥(スイ) 将 イクサ イ仄)	(90 帥 イクサ スイ 以它)	(14 帥 イクサ シ 以平)

時	23 徒(ト)然 イタヅラ	447 徒(ト) イタツラ 同(トモカラ) 人倫平 ／ 1993 徒 イタツラ 辞字平	740 徒(ト)黨 トモカラ 虞模韻・上平(気形)	36 徒黨 トモカラ タ、ユ 伊平	34 徒(ト)黨 イタツラ イ平	45 徒(ト) イタヅラ 以平	31 徒(ト) イタツラ 以平
	24 軍(ダン) イクサ	441 軍(クン) イクサ 人倫平	1261 軍(キン)－旅 イクサ 文欣韻・上平(気形)	61 軍(イクサ)(キン)－旅 伊平	17 軍(タン)旅 イクサ イ平	27 軍(グン) イクサ 以平	13 軍(グン) イクサ 以平
	25 种(チウ) イトケナシ		35 种(チウ)(シユン) 姓也 イヨヤカ 稚也 イトケナシ 東韻・上平(気形)				
	26 姨(イモフト)	455 姨(イ) ヲハ コシウトメ 人倫平	292 姨(イ)－母 ヲハ シウトメ 支脂之・上平(気形)	5605 姨(コシフト)－母 ヲハ 古平	987 姨(イ)母 ヲハ ヲ平	765 姨(イ) ヲバ 遠平	
	27 妹(マイ) イモウト	(536 妹 イモウト ヲト、 人倫他)	(816 妹(マイ)(ムイ)姉－ イモウト 隊代韻・去声(気形))	(276 妹(イモウト)姉－ 伊他)	(129 妹(マイ)姉－ イモウト イ仄)	(107 妹(イモウト)(マイ) 以它)	(123 妹 イモウト マイ 以他)
	28 僮(トウ) イヤシ	492 僮 ヤツコ トウ 人倫平	20 僮(ツン)－僕 ヤツコ 東韻・上平(気形)	4862 僮－僕 夜平	3159 僮(トウ) ヤツコ ヤ平	2446 僮 ヤツコ トウ 夜平	1947 僮 同(ヤツコ) トウ 夜平
気	29 獢(ケウ)		201 獢(ケウ)猲(イヌ) 犬也 蕭宵韻・下平(気形)		91 獢(ケイ) イヌ イ平		
	30 鼯(ゴ) イタチ	906 鼯 ムサ、ヒ コ 動物平	745 鼯(ゴ)飛－ アマクチ子ツ 虞模韻・上平(気形)	3980 鼯(ムサ、ビ) 飛－ 牟平		2059 鼯 ムサ、ヒ ゴ 牟平	1651 鼯 ムサ、ヒ ゴ 武平
	31 豚(トン)子 イノコ		1335 豚(トン)(イノコ) 豕子豘 豘同 元魂痕韻・上平(気形)	131 豚 豘 豭同 伊平	〈94 豭(カ)(イノコ) 豚(トン) 犯同 イ平〉	76 豚 イノシ、 トン 以平	1801 豚 同(イノシヽ) トン 為平
	32 蝗(クワウ) イナムシ イナゴ	922 蝗 クワウ 動物平	665 蝗(クワウ)(ワウ)－虫 イナコ 陽唐韻・下平(気形)		96 蝗(クワウ)－虫 イナコ イ平		
	33 螽(トウ) 同		22 螽(シユウ)(シユン)－斯 イナコ 蟓同 東韻・上平(気形)	140 螽(イナコ)(シユン)－斯 蝙同 伊平	39 螽(トウ)斯－ イナコ イ平	80 螽 イナコ チウ 以平	
	34 魦(サ) イサヾ		454 魦(シヤ)(ソ) 魚名 歌戈韻・下平(気形)				

確かに『伊呂波韻』の標出字(韻字)は問題なく、『聚分韻略』の「三重韻」に全てが見られ、『三重韻』を原拠にしてゐることは明白である。しかしながら、先述のごとく、注文中の和訓や漢字注は『三重韻』とは相当に違つてゐる。『三重韻』ほどの網羅的な漢字注も『伊呂波韻』には見られず、この点では「色葉字平他」類の中でも、第二類IのC本「色葉字平它」や、第一類のA本『天正十六年本色葉集』に類似した形態を示してゐる。ここに本書『伊呂波韻』の本文の特異性が認められる。この『伊呂波韻』の傍訓や注記の和訓・漢字注の在り様は永禄頃成立の写本『伊呂波韻』に遡つて対比してみれば、その流れが「版本」類にまで及んでゐることを識ることができよう。

蓋し、『伊呂波韻』の本文形態について纏めると、次の一、〜五、のごとくになるのである。

一、『伊呂波韻』が上段に平声を、下段に他声をと、二段に積んで対照せしめたのは、明らかに『聚分韻略』(三重韻)の形態に倣つたものである。

二、ただし、イロハ順に排し、各篇目毎に韻字を平声・他声に区分する点では、『平他字類抄』を原拠とする「色葉字平他」類の韻書の形式を承けたものである。

三、『伊呂波韻』の標出字(韻字)は『聚分韻略』(三重韻)の韻字から採録して編成したものである。

四、ただし、標出字(韻字)に付する字音・字訓は『三重韻』の書入れを多く承けてゐる。ただしその下位の注記中の漢字注は『聚分韻略』(三重韻)のものを多くは承けてゐない。寧ろ「色葉字平他」類の韻書の類本としての性格を顕はしてゐる。この点では『聚分韻略』の漢字注を悉く受容する『新韻集』とも幾分性格を異にするものである。

五、『伊呂波韻』は収録韻字が多く、而かもイロハ順排列を採つてゐる故に、多用途に供するものとなつた。版本化され、重刊・改編・改刊されるに到り、『聚分韻略』(三重韻)と同様に、世に広く普及することとなつた。この点では写本の形でのみ伝存した「色葉字平他」類の韻書とは異なる流布の仕方をした。

二―5　成立年代と撰述者

『伊呂波韻』の成立年代は、既に先覚が詳述[注5]せられてゐるやうに、室町時代後期である。「色葉字平他」類の韻書の類本として、「写本」の形で誕生した『伊呂波韻』は、成立年代の天正末(一五九〇頃)以前といふことになる。さらに『伊呂波韻』を「イロハイン」[注6]として引用する日我撰述の辞書『いろは字』の存在を考慮に入れると、『伊呂波韻』の成立年代は『いろは字』成立以前、つまり永禄頃[注7](一五五八～一五六九)といふことになるのである。畢竟、『伊呂波韻』は写本時代から、「色葉字平他」類の韻書と同様に、聯句や聯句連歌(和漢聯句・漢和聯句)の実作のために供され、しかもイロハ類聚の形式を採つてゐる故に、当座の実用に資する一般の国語辞書としても使用せられたものである。従つて天正期末年には「古刊本」が上梓されるに到つたのである。

撰述者については、特定して固有人名を挙げることはできないが、(1)A系統の『古写本』の注記に『類聚名義抄』引用の形跡が見られること、[注8](2)B系統本の『室町古刊本』の巻首に「以路波韻平他　婆羅門僧正集之」と見受けられること、[注9](3)標出字(韻字)を『聚分韻略』(三重韻)に基づきはするが、注記は『新韻集』を祖とする「色葉字平他」類の韻書に近似する形を採ること、等の諸事象からすれば、相当な学僧によつて撰述されたことは確かである。だからこそ、日我が『いろは字』(永禄二年〈一五五九〉の写本、妙本寺蔵本)を纂輯する際に引用したのである。また『室町古刊本』の巻首に見る識語に「婆羅門僧正」とあることと、『古写本』が『類聚名義抄』を使用して撰述してゐる点とを勘案すると、本書『伊呂波韻』の撰述者は高僧であつたこととなる。この学匠が禅僧であつたとは限らず、天台宗あるいは真言宗の学僧であつた可能性も考へられる。

二－6　本書の典拠

『伊呂波韻』の典拠は、標出字(韻字)と、それに付せられた左右の音訓、さらに下位の注記、といふふうに分けて考へねばならないと思ふ。繰り返し記すが、標出字は間違ひなく『聚分韻略』(三重韻)に拠つてゐる。それは『平他字類抄』やそれを原拠として成つた室町時代後期の「色葉字平他」類の韻書に存せぬ韻字をも『伊呂波韻』が入れてゐることによつて明白である。『伊呂波韻』の韻字の排列は、イロハ順で各篇目を平声・他声に二分する点では、『平他字類抄』やその系統の「色葉字平他」類の韻書の体例と同じであるが、各韻字の字順は、孰れの書とも一致せず、独自に排したものと目される。

次に韻字の右傍に字音(漢音)、左傍に字訓を付することを原則とする『伊呂波韻』の形式は厳密には、『聚分韻略』(三重韻)の中世版の書入れとも、『平他字類抄』や「色葉字平他」類の韻書の孰れとも同じではない。しかし韻字の右傍に字音カナを付するのは、『聚分韻略』(三重韻)の中世版の書入れの多くのテクストや「色葉字平他」類の『伊露葩字』と同様である。また『伊呂波韻』の韻字の左傍の字訓カナも、左傍に置くことは飽くまでも原則であつて、字音カナは韻字の右傍に置くが、字訓カナは必ずしも左傍ばかりではなく、下位の注文の位置に施すものもかなり見られる。斯様にしてやや好意的に眺めるならば、『聚分韻略』(三重韻)の中世版の書入れや、「色葉字平他」類の第二類IIのD本『伊露葩字』と同類と考へてもよいやうに思はれる。さらに、韻字の左右には字音・字訓のカナを付することはしないが、注記は一切存せず、注文の位置に右字音、左字訓とする、やはり第二類ⅠのC本『色葉字平它』とも通じるものと考へられよう。

さすれば、ここで積極的に発言して、一歩を進めるならば、『聚分韻略』(三重韻)に基づいて韻字を採録する際に、その韻字と共に、典拠にした「中世版」の書入れの字音カナ・字訓カナをも同時に採り入れたものと考へられる。複数訓が存する場合に限らず全ての韻字の字訓カナに関しては、『伊呂波韻』の撰述者の見解に基づいて拾捨選択が行はれたのであらう。その施訓の際に『類聚名義抄』も一資料として参看されたものと思はれる。ただし字音カナに関しては、『類聚名義抄』にある呉音や和音(通用音)のカナは採り入れてゐない。また同様に『聚分韻略』(三重韻)の中世版に多く付せられてゐる唐音カナも一切採録してゐない点は明確である。

最後に『伊呂波韻』の注文中に含まれてゐる簡単な漢字注について触れる。『伊呂波韻』は韻字の原拠たる『聚分韻略』(三重韻)の注記に悉く施されてゐる漢字注は、その多くを受け容れることをしてゐない。従つて『伊呂波韻』には漢字注の存せぬものが多いし、漢字注の存するものの中で、その極めて多くの場合が、次に例示するやうな、標出字の言ひ換への類ひのものである。

614 輝 暉同　617 烽 燎同(賀部平声)、948 楯 盾同　949 俵 表同　954 玉 璧同(堂部仄声)

従つて「△同」の形式を採る言ひ換への漢字注は、標出字の意義・用法を補完するものとして、また「辞書」としての価値を高めてゐる。この「△同」型の言ひ換へをも含めた『伊呂波韻』の漢字注は、『聚分韻略』と『類聚名義抄』の標出字並びに漢字注を参照したと思しいが、『大広益会玉篇』等の字書に依拠したことをも否定するものではない。これら『伊呂波韻』の音訓カナと注記に関する詳細な調査は、爾後稿を改めて実施したい。『伊呂ては、その概要を記述するにとどめておく。

波韻』の伝存する版本は大部分が近世刊本であるので、「中世韻書」の調査・考究を主要テーマとする本稿においては、その概要を記述するにとどめておく。

注1・3・4・5・7・8・9　山田忠雄先生論文「伊呂波韻の古写本」（『長沢先生古稀記念図書学論集』所収　一九七三年〈昭和48〉5月　三省堂刊）を参照する。本稿の『写本伊呂波韻』と『室町古刊本』に関する記述は山田先生の論文に基づく。学恩に深謝申しあげる。

注2　『古辞書研究資料叢刊』第23巻（一九九七年9月　大空社刊）に『寛永十一年刊本』の「翻字本文」を収録。表Ⅰ・Ⅱの引用等はこの「翻字本文」に拠った。

注6・7　安田章氏論文「和漢聯句と韻書」（『論集日本文学・日本語3中世』所収、一九七八年〈昭和53〉6月刊。『中世辞書論考』一九八三年〈昭和58〉9月　清文堂出版刊、に再録）参照。日我の辞書『いろは字』は鈴木博氏編『いろは字』（一九七四年〈昭和49〉3月　清文堂出版刊）参照。

付記　注1～9の他に、『伊呂波韻』の諸本については、佐藤茂氏の次の二つの論文を参照した。『伊呂波韻』に関する論文がまだ発表されてゐない時代の、斯学の先駆をなすものとして注目される。「『いろは韻』考序説」（福井大学『国語国文学』第11号　一九六三年〈昭和38〉12月刊）と「『いろは韻』について（承前）」（福井大学『国語国文学』第20号　一九七七年〈昭和52〉10月刊）である。

付　章　韻書と併用された韻事のための辞書

第一節　「国花合記集」

一―1　概要　通常、中世の「国花合紀集抜書」、「国花合記集抜粋」、並びに近世の「国花合記集」の総称として、「国花合記集」の書名が使用されてゐる。しかしながら、「十一韻」の『和訓押韻』の現存する写本三本の中、『松平本』の序には、「又国花合記に見えたる所の韻にかなへる物をおなしくのす」（圏点は筆者）の一行(ひとくだり)があり、『松平本』は「国花合記」として、他の二本、『北岡本』や『龍門本』（『版本』も同系統本）には「国花合記集」とするのと異なつてゐる。私は、この『松平本』に見る「国花合記」が「国花合記集」の略称、あるいは略表記ではないことを特に指摘したい。

京都五山の禅僧、相国寺第九〇世の惟高妙安（文明一二年〈一四八〇〉～永禄一〇年〈一五六七〉）の撰述にかかる古辞書抄物『玉麈抄』（全五五冊）は、中国元代の韻書『韻府群玉』の第一巻の「一東」から第六巻の「七陽」までの韻字について委細に講述したものである。この『玉麈抄』の「麻韻」の「華」字に関して、次のごとく述べ

てゐる。《大空社版 第19巻105頁》

国ノ華モメヅラシイゾ　国華学記ト云アリ　面白コトアリ　日本ノ語ナドシタソ　抜書ヲミタゾ　本ノ本ハミヌゾ（圏点は筆者）

この「国華学記」がまさしく「国花合記」を指すのである。「国華学記」は「国花合記」を「コククワガッキ」と訓んだために生じた用字法である。従つて「学記」は妙安の誤写なのではなく、「合」字の漢音「ガフ」に基づいた「合記」の借字であると考へるべきであらう。

「国花合記」が「国花合記集」の古称であることは、『広本節用集』（『文明本』とも）[注1]の中に見る出典表示に徴しても肯はれることである。『広本節用集』には「国花合紀」とか、「国花」、「国」、「合紀」、「合」、「紀」等の略称などを付した音訳漢字による仮名書の用例が一〇六語ほど存してゐる。『広本節用集』は文明六年（一四七四）から延徳二年（一四九〇）を経て明応三年（一四九四）の間に書き継がれて成つた「古本節用集」の一種である。従つて、遅くとも明応年間（一四九〇年代）には「国花合紀(記)」と称する書が現実に存在したこととなる。さうして『玉塵抄』が講述された永禄六年（一五六三）頃までは、「国花合記」といふ古称が通行してゐたものと考へられるのである。

さすればここで一つの疑義が生じる。それは、中世の辞書や韻書に付載せられてゐる「国花合紀集抜書」、「国花合記集抜萃」の類を眺望すると、それらの中で成立の最も早い『永禄二年本節用集』（印度本）に「国花合紀集抜書」と「集」の付いた書名になつてゐることである。「永禄二年（一五五九）」は『玉塵抄』成立の「永禄六年」より四年も古い。永禄二年に「国花合紀集抜書」と在るのに、永禄六年に古称「国花合記」が通行してゐたとすると齟齬するやうにも思はれる。これに対する私見はかうである。蓋し永禄年間（一五六〇年代前半）のある期間は、古称の「国花合記」と新名の「国花合記集」の双方が併行して行はれてゐたのではないかと考へる。かくて永禄期後半以降は「国花合記集」の書名で伝へられて来たのであらう。

深沢眞二氏[注2]は『和訓押韻』の諸本において、『松平本』が最古の伝本であることと、かつその『松平本』の撰述者を三条西実隆（康正元年〈一四五五〉～天文六年〈一五三七〉）に擬してをられる。さうして『和訓押韻』の序に「予壮年より……年久し」とある記事から推して、実隆晩年の作であらうともせられてゐる。さすればそれは、享禄初年～天文初年（一五三〇年前後）の頃と見做すことにならうか。もしも深沢氏説の通りであるとすれば、『松平本』の編述者が「国花合記」と古称で呼ぶのは至極当然の理となる。私も『松平本』の本文徴証からして、深沢氏説を支持したいと考へるものである。

さてそこで、「国花合記集」の原形本たる「国花合記」とは如何なる形態のテクストであつたであらうか、といふことが問題となる、『玉塵抄』の講述者惟高妙安は「国花合記」（「国華学記」）について、「抜書ヲミタゾ 本ノ本ハミヌゾ」と述べてゐるが、この「抜書」とは『永禄二年本節用集』等に付載されてゐる「国花合紀集抜書」のことを指すのであらう。さうして「本ノ本」とは、その「国花合紀集抜書」の「原典」（原本）を指すことになる。私見によれば、「国花合紀集抜書」の原典たる「国花合記（紀）」と謂ふ書は、『広本節用集』所引のもののごとく一冊の書物の形態のものは存在しなかつた、と考へる。同じやうなことは、如月寿印（生歿年未詳であるが、享禄二・三年〈一五二九～一五三〇〉頃の活動が目立つので、三条西実隆より一〇歳以上年少であつたか）の抄物『中華若木詩抄』についても言へる。『中華若木詩抄』の原典『中華若木詩』といふ漢詩集は存在しない。多くは『錦繍段』や『続錦繍段』、『聯珠詩格』等に入集されてゐる陸游（陸務観）・李白・杜甫・白居易等の漢詩群を『中華若木詩抄』は原典としてゐるのである。また前に挙げた惟高妙安の抄物『玉塵抄』の原典も『玉塵』といふのではなく、中国元代の陰時夫撰する韻書『韻府群玉』である。――斯く考へ来たると、「国花合記（紀）」とか「国花合記集」とか名づけられてゐる原典の実体は、次のごときものではなかつたかと想定し得るのである。

畢竟、もう少し具体的に言ふならば、『鶴林玉露』（一六巻、羅大経の撰述。成立は淳祐八年〈一二四八〉）に収録される音訳漢字による仮名書のごときものを核にして、鎌倉時代中期以降、室町時代中期の明応年間までに補入された『広本節用集』に見る「国花合紀」のやうな一書の形態をなさない一種の「語彙集団」を指し示すのであらうと思はれる。斯く書物の形態はなしてゐないが、『広本節用集』に実在する「国花合紀」といふ非体系の「語彙集団」を、一往の体系の書として纏めたのが、『永禄二年本節用集』所載の「国花合紀集抜書」なのである。

また一方、『海蔵略韻』に付載されてゐる「国花合記集抜萃」は、『鶴林玉露』の他に、『書史会要』（陶宗儀の撰述、洪武九年〈一三七六〉刊）所収の音訳漢字による仮名書の用例も含まれてゐるものである。これら「国花合紀集抜書」と「国花合記集抜萃」の二種が、中世後期から近世初頭にかけて成立、あるいは伝来した辞書・韻書類に付載せられ、「聯句連歌」や「韻字連歌」の実作に供せられて来たのである。

一―2　伝本の系統

中世の「国花合記集」[注4]も近世の「国花合記集」も単独で一書となつてゐるものはない。全て中近世の辞書や韻書に収載あるいは付載せられたものばかりである。また、形式的に纏つた語彙集団とはなつてゐない『広本節用集』収載の「国花合紀」と出典表示のある語彙群については、これを諸本・伝本の一種に算へることには問題もあらうが、『広本節用集』の撰述者が手許に置いて使用した「国花合紀」といふ用語集が実在したと考へて、殊更に伝本の系統の中に加へることとした。諸本の成立の早いものの順に分類すると、次のA～Dの四系統に分たれる。A・B・C系統本が中世の「国花合記集」、D系統本は近世の「国花合記集」である。

A系統本　『広本節用集』所載の「国花合紀」（一〇六語）の「原典」（想定）

B系統本　「永禄二年本」類『節用集』に付載の「国花合紀集抜書」（主に「印度本」系統）

a『永禄二年本節用集』

b『永禄五年本節用集』

c『枳園本節用集』（「印度本」に属するが、本文は伊勢本と印度本の中間的形態を採る）

d『経亮本節用集』

《他に、原本が焼失した『天正二十年本』（「伊勢本」）にも付されてゐたと報告されてゐる》

C系統本　『海蔵略韻』に付載の「国花合記集抜萃」

e『海蔵略韻』（室町時代中期頃成立、江戸時代初期刊の古活字本）

《他に、米沢市立図書館蔵『袖珍』（室町時代写本）や、宮内庁書陵部蔵『韻書草稿』（室町時代写本）にも同系がものが付載されてゐる》

D系統本　近世辞書類に付載の「国花合記集」（C系統本に増訂を加へたもの）

f『増補下学集』（寛文九年〈一六六九〉刊本）

g『国花集』（無刊記本・寛永五年刊本・寛永二一年刊本・慶安四年刊本・寛文一二年刊本）《最古の刊本たる

『無刊記本』は江戸時代初期頃の刊》

h『増補国花集』（寛永九年刊本・元禄五年刊本）

なほ、A系統本の『広本節用集』所載の「国花合紀」（一〇六語）以前の音訳漢字による仮名書の用例を収載する中国南宋時代の『鶴林玉露』や明代の『書史会要』もあるが、特に前者は「国花合記集」の仮名書と一三語も一致するゆゑに[注5]、『鶴林玉露』から「国花合紀」への生成過程も考へられぬことはないが、それを証拠づけることは容易ではない。また、後者の『書史会要』収載の仮名書も「国花合記集抜萃」の中に収録されてゐる事実もあるが、『広本節用集』ではそれを「国花合紀」の類に含めずに、「書史」と注記してゐることもあつたりするので、『鶴林玉露』や『書史会要』を前記分類のA系統本、またはB系統本の中に属せしめることはしなかつた。

さらにA系統本として「国花合紀」を特設した理由にも触れておかねばならない。A系統本に体系として「用語集」の体を成してゐない『広本節用集』所載の「国花合紀」を一種の「語彙群」並みに見做して、一伝本の扱ひをする所以は、次の理由からである。『広本節用集』収載の「国花合紀」と出典注記する語彙が実に一〇六語にも達してをり、収録語数約一三〇語の「国花合紀集抜書」の核になつてゐる。それが、比率にして八〇％強を占めてゐる事実を重視したゆゑである。従つて『広本節用集』を用ゐて、「国花合記」と出典明記する語彙を拋出の順に摘記したとすれば、忽ちにイロハ順（かつ意義分類体）排列の「国花合紀」なる一書が編成し得る情況にあるのである。

一－3「国花合記集」と聯句連歌

室町時代後期の応仁の乱（応仁元年〈一四六七〉～文明九年〈一四七七〉）を

境にした、文明期以降の禅林文芸としては、何と言つても漢聯句が大いに盛行した、まづ万里集九らの『温湯聯句』（延徳三年〈一四九一〉）があり、引き続いて摂津湯山（有馬温泉）で興行された景徐周麟と寿春妙永の有名な『湯山聯句』（明応九年〈一五〇〇〉成立）、策彦周良の編になる『城西聯句』、『策彦三千句』、万里集九の「聯句説」を収める『梅花無尽蔵』（全八巻。第一巻が「聯句説」）等々の名作が簇出ししてゐることは、この頃に禅林聯句が確立し、定着したことを示す証左ともなるであらう。注目すべきことは、この期に「聯句」が禅僧以外の民衆にも次第に広がりをみせたことである。聯句を介して五山衆と公家・武家衆との文化的交流がなされ、そこで連歌と聯句とが融合して、謂はゆる「和漢聯句」が発生し普及することに進展したのである。連歌と聯句とが無理なく結合したことの理由は、漢聯句で重視される「押韻」の規定と、連歌における「式目」の規則性とが、ある意味での規則的類似点に基づいて合体したことに因るのではないかと思はれる。漢聯句の第一句の「第唱句」（「唱句」、「破題句」とも）が、連歌の「発句」に相当し、『応安新式』あるいはそれに後続する『連歌新式』に具現する法式・式目は、聯句の第唱句（五言）の第二字に「仄字」を置くべき「仄起式」が正格であつて、「平字」を置くことは変格であるとする規定に「規則性」といふ類似点が存して、連歌と聯句とが結合し易かつたのである。また聯句において、韻脚に用ゐた字は、原則として再び韻脚に用ゐることは許されず、韻脚以外に用ゐる場合でも十句隔てなければならないとする。このことは連歌の式目の「可隔何句物」、「句数之事」等の制限・制約とも連結することになるであらう。

斯くて、禅林聯句（漢聯句）と連歌との結合は、公家・武家衆が漢聯句に関心をいだくと同時に、逆に五山衆が連歌の世界へ参加する機運が進むこととなり、「和漢聯句会」が盛んに興行されることともなつた。さうして当代の禅僧たちは公家社会での文芸活動にも参加し「禁裏聯句連歌御会」にも参仕するやうになるのが文明期後半から明応期の頃である。この期に例の『広本節用集』は成立してをり、その中に「国花合紀」と注記する語彙が一〇六語にも達し、これらが和漢聯句の実作の参考辞書としての用を果たしてゐるのである。それからさほど年数の経ない天文年間の三条西実隆の晩年の頃に『和訓押韻』（十一韻）の原撰本（『松平本』か、その祖本）が成立したのである。それ以前に使用せられてゐた『聚分韻略』や『広本節用集』は共に浩瀚本で大部過ぎるので、簡便な手引書（参考辞書）が必要となつたのであらう。その『和訓押韻』（『松平本』）の中に「国花合記」の引用は「支脂韻」に一四例、「虞模韻」に二例、「真諄臻韻」に四例、「寒桓韻」に三例、「先仙韻」に四例、「麻韻」に一例、「庚耕清韻」に一例、「尤侯幽韻」に二例がそれぞれ見られ、全て三一例存してゐることになる。この三一例の中の七例を除く二四例に『松平本』は「国花」と出典明記してゐるのである。『松平本』が成つたと考へられる享禄初年～天文初年（一五三〇年前後）頃の聯句連歌の実作のために「国花合記」が重要な役割を果たしてゐたことを物語る所以である。さうして遂ひに永禄二年（一五五九）に到つては『永禄二年本節用集』付載の「国花合紀集抜書」に見るやうな纏つた「用語集」としての「国花合記集」ができたのである。それは主に「印度本」系統の『節用集』類に次々と引き継がれ、さらには、『海蔵略韻』やその改編物にも及んで行つたのである。

一方、漢和聯句のための韻書たる『和訓押韻』も『松平本』のごとき原初の形態のものから、各韻目の最初に「入韻字」を置くやうな整つた形態のものに整備され、『北岡本』（天正二〇年〈一五九二〉写本）が成り、それに『松平本』を合成した形態の増補本『龍門本』が生まれ、やがて正保二年（一六四五）刊の『版本』が刊行されるに到る。この『和訓押韻』の『北岡本』と『龍門本』には、最古の伝本『松平本』には存せぬ「国花合記集」からの引用が二語あつて、計三三例が存してゐる。その理由は遽かには判断し難いが、『北岡本』と『龍門本』の「国花合記集」に拠る引例には一切「国花」といふ出典注記がなされてゐない。原初の本文形態の『松平本』とは、この点において対照的である。『松平本』が成立して七〇年程経過して書写された『北岡本』の頃には、『和訓押韻』の本文としての「国花合記集」の引例は、至極自然のものとして、一々「国花」の出典を明記すべき意識は失はれる程にまでなつてゐたのであらうか。しかしながら、そのやうに考へると、時代が降つて成つた聖護院蔵『和訓押韻東冬麻陽』注6に「63濃　匀—　犬（イヌ）国花合記」（東韻）と在つたり、「十二韻」の『韻字之書』に「14堤　末美（モミチ）—　楓也國花」（支脂之韻）として、「十一韻」より後に成つた「十二韻」や「十五韻」の韻書『漢和三五韻』に「156欺　土（ツ）—（キ）　月也　國花合記集」（支脂之韻）として、出典明記してゐる事実に対して矛盾することとなる。

やがて十一韻の『和訓押韻』に「元魂痕韻」を加へた十二韻の韻書『韻字記』『韻字之書』、やや系統を異にする『増補和訓押韻』、『和訓押韻東冬麻陽』（共に「十二韻」、聖護院蔵）が出現することとなるが、これは中世後期から近世初期、特に寛永頃（一六二〇年代後半から一六三〇年代にかけて）まで漢和聯句が特に盛行するにつれて、それに附髄して漢和聯句の実作のための手引書（韻書）が簇出する結果を示すものである。それらの韻書に悉く「国花合記集」の引例が含まれてゐる。さらに時代が降つて十五韻（「十二韻」に「冬韻」「灰咍韻」「歌韻」の三韻を加へた）の『漢和三五韻』（宇都宮由的撰、貞享三年〈一六八六〉刊や、「平声」（三十一韻）全韻の『和語略韻』（松峯散人撰、元禄一一年〈一六九八〉刊、初刊の書名は『和訓韻略』、別称『和訓三重韻』。正徳三年〈一七一三〉刊より『和語略韻』）が出現する。これらは和漢聯句の他に、引き続いて抬頭した「和漢俳諧」のためにも供されるやうになつた。さうしてこれら「十五韻」「三十一韻」の韻書の注文中にも「国花合記集」の引例は、やはり「十一韻」や「十二韻」の韻書を踏襲してゐる。『漢和三五韻』の「国花合記集」の引例は全て三〇語を確認し得、「十一韻」の三三語、「十二韻」の三五語に比して、やや数が減じはするが、洵によく引用せられてゐる、三十一韻の『和語略韻』に到つては「東韻」に一例、「冬韻」に一例、「支韻」に一九例、「虞模韻」に三例、「齊韻」に一例、「真諄臻韻」に四例、「文欣韻」に二例、「寒韻」に二例、「先仙韻」に五例、「歌韻」に一一例、以上計四九例を算へ得る。「国花合記集」自体も中世のものから近世のものへ移行するに従つて、収録語が増補せられたが、漢和聯句の韻書は三十一韻の『和語略韻』に到つても、「国花合記集」からの引例は衰へを示さないのである。これは前にも記した通り、これら『漢和三五韻』や『和語略韻』が和漢聯句から和漢俳諧に移行しても、以前と同様に重宝せられた所以なのであらうと思ふ。またこの『漢和三五韻』や『和語略韻』においては、「国花合記集」に基づく仮名書は全て名詞である関係上、活用語の仮名書も必要になつて、新たに『万葉集』に典拠を得た万葉仮名に拠る仮名書の用例を補入せられて[注7]、和漢聯句・和漢俳諧に供する仮名書の用例は多彩になつて来てゐるのである。

注1　山田忠雄先生「橋本博士以後の節用集の研究」（『国語学』第5輯　一九五一年〈昭和26〉2月刊）参照。「文明六年」の識語のある『節用集』を山田先生は『広本節用集』と名付けられた。「節用集」そのものが成立して間もない文明六年に成つた浩瀚本たるこの『節用集』は、他の「伊勢本」（略本）に対して斯く命名されたものと思ふ。浩瀚本で多目的に使用せられた『広本節用集』は、文明期に成つた他の『節用集』（伊勢本＝略本）とは自ら区別されなければならぬ。もしも成立・書写の年代が「文明」とあることから『文明本』と名付けるならば、他の文明期成立の古木『節用集』（略本）も全て「文明本」と呼ばねばならず、「広本」と「略本」の弁別がし難くなるであらう。

注2　深沢眞二氏「『和訓押韻』考」（『国語国文』第六五巻第5号　一九九六年5月刊）参照。深沢氏は『和訓押韻』の『松平本』、『北岡本』と『版本』（増補本）の三本の韻字に徴して、①「文明一四年（一四八二）三月二六日成立　漢和百句（支韻）」（国立国会図書館蔵『連歌合集』26集・27集）、②「永正一五年（一五一八）成立　漢和百句（陽韻）」（宮内庁書陵部蔵本）、③「享禄年間（一五二八～一五三二）成立　漢和百句（支韻）」（国立国会図書館蔵『連歌合集』30集）、④「天文一九年（一五五〇）四月二八日成立　漢和百句（支韻）」（国立国会図書館蔵『連歌合集』27集）、⑤「弘治二年（一五五六）成立　大覚寺和漢千句」（国立国会図書館蔵『連歌合集』20集）の十巻の内の三巻（「八月二一日成立　千句第三　漢和百句（陽韻）」、「八月二三日成立　千句第五　漢和百句（支韻）」、「八月二三日成立　千句第九　漢和百句（庚韻）」）、⑥「永禄一二年（一五六九）五月二三日成立　漢和百句（支韻）」（国立国会図書館蔵『連歌合集』11集・19集）、⑦「成立年次未詳　策彦・紹巴両吟　和漢千句第一　漢和百句（支韻）「同千句第三　漢和百句（先韻）」「同千句第五　漢和百句（庚韻）」「同千句第七　漢和百句（尤韻）」「同千句第九　漢和百句（陽韻）」（国立国会図書館蔵『連歌合集』14集・21集）、以上の計一三種の押韻字を具さに検討された。その結果、『松平本』が最もよく適合する旨を報告された。さらに深沢氏は、天理図書館蔵の実隆本『新撰菟玖波集』の字体と『松平文庫蔵　和訓押韻』の字体が酷似することを指摘され、『松平本』の作者を三条西実隆に擬せられた。これは注目すべき好論である。

注3　如月寿印（生歿年未詳）の師である月舟寿桂（寛正元年〈一四六〇〉～天文二年〈一五三三〉）は三条西実隆（康正元年〈一四五五〉～天文六年〈一五三七〉）より五歳年少である。

注4・7　足立雅代氏「『仮名書』一覧並びに漢字索引稿」（『国語文字史研究二』所収、一九九四年10月　和泉書院刊）の「解説」で音訳漢字による「仮名書」資料を次のA～Dのグループに分類されてゐる。A「鶴林玉露」、B中世の辞書・

韻書類に付載されてゐる「国花合紀集抜書」「国花合記集抜萃」、C近世の辞書類に付載されてゐる「国花合記集」、D「仮名書」の収録されてゐる和漢聯句の韻書類、として「仮名書」資料名の子細を挙げられてゐる。さうしてそれらに関して適宜解説が加へられてゐて参考となる。また「仮名書」一覧は、解説中に揚げた1～15の各資料の用例に整理番号（1～307）を付して五十音順に排し、文献1～15および『万葉集』『広本（文明本）節用集』『鶴林玉露』『武備志』『書史会要』等をも対照せしめた一覧表になつてゐる。和漢聯句の音訳漢字、並びに「国花合記集」の用例を検索するに頗る便利かつ有益である。漢字の「音訓引索引」と「部首引索引」まで付せられてゐる。

注5　浜田敦氏「国語を記載せる明代支那文献」（『国語・国文』第十巻第7号　一九四〇年〈昭和15〉7月刊）参照。

注6　中村元氏「聖護院蔵『和訓押韻　東冬麻陽』影印・解説」（『中世文芸論稿』第一一号　一九八八年3月刊）参照。

一―4「国花合記集」の利用　この「国花合記集」が聯句・聯句連歌に実際に使用されるのは、次の一、～三、の場合である。

一、1聯句連歌の特に「漢和聯句」の偶数句の「和句」の句末に置いて押韻を図る。

aそゝきすてたる半天の由其（中院通勝）　b九重にいつふらん初蓉奇（里村玄仲）

c色に絶〳〵なひく村芳宜（飛鳥井雅庸）　d花よりあくる空や引末猶（里村昌琢）

2聯句連歌の「漢和聯句」の「漢句」の句頭または句中に置いて五言句の字数の充足を図る。

e客世柳舒眉（英甫永雄）　f涙垂都嗜鵑（英岳景洪）

二、聯句連歌の「和漢聯句」「漢句」の句頭・句末に置いて五言句の字数の充足や押韻を図る。

g沙嬉盃献酬（有節瑞保）　h袂溥々洞蓉（玄圃霊三）
i同容虫以吟（山科言経）　j也末尽環滁（後水尾天皇）

三、漢聯句の句頭に置いて五言句の字数の充足を図る。

右に例示したa〜iは安田章氏が挙げられた用例中[注1]から借用したものである。a・c・dは慶長九年九月四日、bは元和九年九月一九日、eは文禄二年四月二二日、fは元和八年五月二六日、gは文禄二年四月二一日、hは慶長一三年一〇月二五日、iは天正一〇年八月三〇日、jは慶長一七年八月一四日、の成立のものである。安田章氏の挙げられてゐる用例は天正〜元和頃のものに限られてゐるが、「国花合記集」に基づく仮名書の使用例は江戸時代に入つて、寛永〜元禄期には一層多出することとなる。[注2]『広本節用集』に既に「国花合紀」「合紀」等の出典注記を付して一〇六語も含まれてゐることからすれば、文明六年（一四七四）頃の、謂はば「漢和聯句」の漸く隆盛期を迎へる時期から永禄頃（一五五八〜一五六九）（『永禄五年本節用集』『永禄十一年本節用集』〈付載「国花合紀集抜書」〉成立年）にかけても、中世の「国花合記集」（約一三〇語）に基づく仮名書の用例は相当存したことであらう。しかし音訳漢字による仮名書の例が多出するのは天正期から寛永〜元禄期にかけての「漢和聯句」の最盛期で、更に多くなる。さうして近世の「国花合記集」（約一七〇語）へと展開して行くのである。

ここで中世末期から江戸時代初期にかけての「漢和聯句」について、「国花合記集」に基づく仮名書の用例を国立国会図書館蔵『連歌合集』の中から若干抽出して次に掲げる。

(1)　永禄頃（一五五八〜六九）成立「策彦紹巴両吟千句・第一　漢和百句」ふりさけみれは嶺の白由其　紹巴（『連歌合集』第21集）

(2) 元和九年（一六二三）三月日成立「漢和百句」　色にのこれる陰のしは番䖐（ハシ）　重門（『連歌合集』第19集）

(3) 寛永一三年（一六三六）五月一四日成立「千句・第七　漢和百句」　やとするあるしのすゝめぬる沙嬉　滋野井中納言、見しは跡なきかの岡の由其　阿野前大納言、影ほの見ゆる秋の他摩是毘　園宰相（『連歌合集』第16集）

(4) 寛永一三年（一六三六）六月三日成立「卜幽以雪両吟・漢和百句」　うらゝかなれやをちの山末猶　以雪（『連歌合集』第21集）

(5) 万治三年（一六六〇）一一月一日成立「漢和百句」　うらみはさそる鳴夜の湅芦（ツル）　御製（『連歌合集』第19集）

(6) 寛文一〇年（一六七〇）八月一五日成立「漢和百句」　ほのかに声をきくよはの由其　照高院宮（『連歌合集』第17集）

(7) 寛文一三年（一六七三）三月二六日成立「新院漢和百句」　汀あせたる池に立酸銀（サキ）　法皇御製（『連歌合集』第22集）

(8) 寛文一三年（一六七三）五月三日成立「漢和百句」　袂ニカロシフル花ノ由其　御製（『連歌合集』第16集）

(9) 元禄四年（一六九一）一二月一〇日成立「漢和百句」　いつまで跡をみよしのゝ由其　御製、うらみもいまはよはの　他摩是毗　山本前宰相（『連歌合集』第28集）

(10) 元禄一三年（一七〇〇）九月二六日成立「漢和百句」　とひよらはやなひく酒発単　御製（『連歌合集』第27集）

また、江戸初期には「国花合記集」の他に新しく万葉仮名をもって仮名書を補充するに到ってゐる。少しく用例を挙げる。

(11) 寛永一三年（一六三六）五月一三日成立「千句・第三　漢和百句」　さとりにうとき身こそ丹令（たれ）　阿野前

大納言（『連歌合集』第16集）

⑿ 寛永一三年（一六三六）五月一四日成立「千句・第七 漢和百句」こんといふなる夜半は意追 勧修寺中納言（『連歌合集』第16集）

⒀ 慶安三年（一六五〇）七月一三日成立「漢和百句」賤かしめおく小田の草や食(キ) 昌俊、にほはぬ花はいつら意(ナク)追(サメ) 昌俊（『連歌合集』第19集）

⒁ 万治三年（一六六〇）一一月一日成立「漢和百句」あためきぬるはこゝろ膚(アサシモ) 御製（『連歌合集』第19集）

⒂ 寛文一〇年（一六七〇）八月一五日成立「漢和百句」布留の都や荒まさる疑（らん） 風早三位、よそほしかりし賭弓に而（して） 風早三位（『連歌合集』第17集）

⒃ 寛文一三年（一六七三）四月二七日成立「漢和百句」 シハシ昼子ノ夢ハサメ梟（けり） 実種（『連歌合集』第16集）

⒄ 元禄四年（一六九一）一二月一〇日成立「漢和百句」露も迷ぬさとり成疑（らん） 風早前宰相（『連歌合集』第28集）

この⑾〜⒄の万葉仮名による仮名書は、⑵〜⑽の「国花合記集」に基づく仮名書と併行してなされてゐる事実を示す。畢竟『漢和三五韻』や『和語略韻』に注記されてゐる仮名書例とも合致することを識るのである。和漢聯句や禅聯句の漢句における「国花合記集」による仮名書の例は江戸初期においても、漢和聯句の場合ほど用例は多くは見られない。孰れ稿を改めてそれらの実例を示し、聯句連歌の押韻や表現に関しても記述したく考へてゐる。

処で、「国花合記集」に基づく音訳漢字の仮名書が、聯句→聯句連歌（和漢連歌→漢和聯句）の過程における

「漢和聯句」成立の段階で行はれ始めたことは前述の通りである。蓋し漢和聯句の和句（入韻句を始めとする偶数句）の押韻をも規定に加へて以降のことであり、これが漸次、聯句や和漢聯句の漢句にも及ぶこととなつたのである。さうしてそれは右のａ～ｊの用例の作者に見られるごとくに、禁裏・公家・五山・学問所（博士家など）・連歌師等全ての階層の人々に亘つて使用されてゐる。これらの各社会の融合による文芸交流の実態を物語るものとならう。

注1　安田章氏論文「中国資料の背景」（『国語国文』第四九巻第9号　一九八〇年〈昭和55〉9月刊、『中世辞書論考』一九八三年〈昭和58〉9月　清文堂出版刊、に再録）

注2　国立国会図書館蔵『連歌合集』第1集～30集を見るだけでも、相当な用例を拾へる。後に掲出する用例(1)～(10)は、その中の極一部を示したに外ならない。天正期以降、特に江戸時代に入つてからの寛永期以降のものに多出する。万葉仮名による仮名書例も同断である。

一－5「国花合記集」の用語の所属韻目　中世・近世の「国花合記集」所収語の語末字の所属韻目を『聚分韻略』に拠つて検索し、分類すると次の通りである。

［上平］一、東韻「匀濃」（中世＝広本・a～e、近世＝f～h）、「話夢」（近世＝g・h）〈二例・2字〉

二、冬韻「洞容」（中世＝広本・a～e、近世＝f～g）、「伺容」（近世＝f・g）、「洞蓉」（近世＝g）「凍容」（中世＝広本）〈五例・3字〉

四、支脂之韻「安居」（近世＝f・g）「又知」（中世＝広本・a～e、近世＝f～h）、「又児」（中世＝広本・a～e、近世＝f～h）、「安弥」（中世＝広本・a～e、近世＝f～h）、「烏壺提」（近世＝g・h）、「遠比」（中世＝広本・a～e、近世＝f～h）、「合其」（中世＝広本・a～e、近世＝f・g）、「客之」（中世＝広本・a～d）、「何安之」（中世＝広本・a・b・c）、「喝尼」（中世＝広本・a～e、近世＝f～h）、「革弥」（中世＝a～e、近世＝f～h）、「竿弥」（中世＝広本・a～e）、「伽羅司」（中世＝a～e、近世＝g・h）、「各離」（中世＝広本・a～e、近世＝f～h）、「姞離」（中世＝広本・a～e、近世＝f～h）、「嬉離」（中世＝広本）「窟知」（中世＝広本・a～d、近世＝f～h）「苦箪伺」（近世＝g・h）、「火阿梨」（中世＝広本・a～e、近世＝f・g）、「沙嬉」（中世＝広本・e、近世＝f～h）、「蘇弥」（中世＝広本・a～e、近世＝g・h）、「怛尼」（中世＝a～e、近世＝f・g）、「土欺」（中世＝e）、「土期」（中世＝広本、近世＝f・g）、「屠其」（中世＝広本・e、近世＝f・g）、「土宜」（近世＝f・g）、「他摩是毘」（中世＝a～e、近世＝f～h）、「波思」（近世＝f・g）、「伯尼」（中世＝広本・e）、「八題司」（中世＝広本・a～e、近世＝g・h）、「浦思」（近世＝g・h）、「弭弥」（中世＝広本）、「母児」（中世＝a、近世＝f～h）、「女児」（中世＝広本・b・c）、「模恒伊」（中世＝a～e、近世＝f～h）、「木美堤」（中世＝a～e、近世＝f～h）、「末美堤」（中世＝広本）、「蓉奇」（中世＝広本・a～e、近世＝f・g）、「由其」（中世＝広本、近世＝f・g）、〈三九例・22字〉

六、魚韻　「汚書」（中世＝広本・a～e、近世＝g・h）、「汗書」（近世＝f～g）〈二例・一字〉

七、虞模韻　「叱嘘」（中世＝広本・a～e、近世＝f～h）、「凍芦」（中世＝広本・a～e、近世＝f～h）、「皤都」（中世＝広本・a～e）、「波廬」（近世＝f・g）、「万都」（中世＝広本・a～e、近世＝f～h）、「磨都」（近世＝

f～h）、「末都」（近世＝f～h）、「眉屠」（中世＝広本、近世＝f・g）〈八例・6字〉

八、齊韻　「匈妲低」（近世＝g・h）、「都婆渓」（中世＝a～d）、「都堵渓」（中世＝a～e）、「都梵渓」（中世＝e、近世＝f～h）、「堵梵渓」（近世＝g・h）、「提」（中世＝広本・e、近世＝f～h）、「女質雞」（中世＝a～e、近世＝f～h）、「伯泥」（中世＝広本・a～e、近世＝f～h）〈八例・5字〉

一一、真諄臻韻　「酸銀」（中世＝広本・a～e、近世＝f～h）、「蘇民」（中世＝広本・a～d、近世＝f～h）、「番峋」（中世＝a～e、近世＝f～h）、「美津」（近世＝f・g）〈四例・4字〉

一二、文欣韻　「果羅紋」（中世＝e、近世＝f～h）、「巨羅紋」（近世＝f～h）、「果羅紋」（中世＝e、近世＝f～h）、「果儸紋」（中世＝広本、近世＝g・h）〈四例・1字〉

一三、元魂痕韻　「母蘇尊」（中世＝a～e、近世＝f～h）、「乂温」（近世＝f・g）〈二例・2字〉

一四、寒桓韻　「丫晩遅蔓」（中世＝広本・a～e、近世＝f・g）、「価途灡」（中世＝広本・a～e、近世＝g・h）、「厦途灡」（近世＝f～h）、「発単」（中世＝a～e、近世＝f～h）、「必残」（中世＝広本・a～e、近世＝f～h）、「夜漫」（中世＝広本・a～e、近世＝g・h）、「夜曼」（近世＝g・h）〈七例・6字〉

一五、刪韻　「妙均還」（中世＝広本・a～e、近世＝f・g）〈一例・1字〉

［下平］一、先仙韻　「安瀾連」（中世＝広本・a～e、近世f・g）、「印燕」（中世＝広本・a～e）、「何燕」（近世＝f・g）、「塗延」（中世＝広本・a～e、近世＝f～h）、「捌脱煙」（中世＝a～e、近世＝f～h）、「分天」（中世＝広本・a～e、近世＝g・h）、「不天」（中世＝広本・a～e、近世＝g・h）、「瞑年」（中世＝広本・a～e、近世＝f・g）〈八例・6字〉

五、歌戈韻　「夏和」（中世＝広本・a～e、近世＝g・h）、「沾渦」（中世＝広本・a～e、近世f～h）、「於波志摩」（中世＝広本・a～e）、「迂隧志波」（中世＝広本・a～c・e）、「遠波志摩」（近世＝f・g）、「加是羅」（中世＝広本・a～e、近世＝f～h）、「詰羅」（中世＝広本・a～c・e、近世＝f～h）、「賀多」（中世＝広本・a～e、近世＝f～h）、「加多」（近世＝g・h）、「洗和」（中世＝広本・e、近世＝f～h）、「志和」（近世＝g・h）、「質麼」（中世＝広本・a～e、近世＝f・g）、「姿麼」（中世＝広本、近世＝g）、「姿磨」（近世＝f・g）、「卒那」（中世＝広本・a～e、近世＝f・g）、「沙羅」（中世＝広本・a～e、近世＝f・g）、「旦磨」（中世＝広本・a～e、近世＝f～h）、「法訶」（中世＝a～e、近世＝f～h）、「波那」（近世＝f～h）、「満件羅」（中世＝広本・a～e、近世＝f～h）、「水岸波」（中世＝広本・a～e、近世＝f・g）、「蜜那」（中世＝広本・a～e、近世＝f～h）、「末麼」（中世＝広本・a～e、近世＝f～h）、〈二二例・10字〉

七、陽唐韻　「佐祢加豆良」（中世＝広本）、「津梁」（近世＝f・g）〈二例・2字〉

一一、尤侯幽韻　「迂游」（中世＝広本・a～e、近世＝f～h）、「末猶」（中世＝広本・a～e、近世＝f～h）、「漫猶」（近世＝f～h）、〈三例・2字〉

一二、侵韻　「達琴」（中世＝広本・a～e、近世＝f・g）、「波心」（近世＝f・g）〈二例・2字〉

一三、覃韻　「発南」（中世＝広本・a～e、近世＝f～h）〈一例・1字〉

［上声］一、董韻　「明動」（中世＝広本・a～e、近世＝f・g）〈一例・1字〉

四、紙旨止韻　「鴉紫」（近世＝f～h）、「晏袁以」（中世＝a～e、近世＝f～h）、「晏遠以」（中世＝広本、近世＝g・h）、「意戔机」（中世＝広本・b～e、近世＝f・g）、「客子」（中世＝広本）、「匈妲紙」（中世＝広本・

a～d)、「虎視」(中世＝広本・a～e、近世＝f～h)、「縞子」(中世＝広本・a～e、近世＝f～h)、「旦尓」(中世＝広本・a～e、近世＝f・g)、「弭々」(中世＝広本・a～e、近世＝f～h)〈一〇例・8字〉

五、尾韻　「雨尾」(近世＝f～h)、「津幾」(近世＝f・g)〈二例・2字〉

七、虞姥韻　「呼土」(中世＝広本・a～e、近世＝f～h)、「乃土」(中世＝e)、「耆苦」(中世＝広本・a～e、近世＝f～h)〈三例・2字〉

八、薺韻　「下米」(中世＝広本・a～e、近世＝f・g)、「闍祢」(中世＝a～e、近世＝f～h)、「窟底」(中世＝広本・a～e、近世＝f～h)、「分梯」(近世＝g・h)、「夫梯」(近世＝g・h)〈五例・4字〉

一六、銑獮韻　「脯演」(中世＝広本・a～e、近世＝f～h)、「沙展」(中世＝広本・a～e、近世＝f～h)〈二例・2字〉

一七、篠小韻　「閉藐」(中世＝広本・a～e、近世＝f～h)〈一例・1字〉

二〇、哿果韻　「印埵」(中世＝広本・a～e、近世＝f～h)〈一例・1字〉

二一、馬韻　「胡馬」(中世＝広本・a～e、近世＝f～h)〈一例・1字〉

二六、有厚黝韻　「阿母」(中世＝a～e、近世＝f・g)〈一例・1字〉

二七、寝韻　「陰越淋」(中世＝a～e、近世＝f・g)〈一例・1字〉

[去声] 四、寘至志韻「呼三義」(中世＝広本・a～e、近世＝f～h)、「孤刺」(中世＝広本・a～e、近世＝f・g)、「客利」(近世＝f～h)、「敬地」(中世＝広本・a～e、近世＝f～h)、「訖利」(中世＝広本・a～e、近世＝g)、「記利」(中世＝広本、近世＝f)、「吉利」(中世＝広本・a～e、近世＝f～h)「古利」(近世＝g・h)、「夏利」(近世＝f)、「功志」(近世＝f～h)、「松蘇利」(中世＝広本・a～e)、「蘇々利」(近世＝f～h)、

「寸々利」（近世＝g・h）、「都嗜」（中世＝広本・a～e、近世＝f・g）、「兎記」（中世＝広本・a～e、近世＝f・g）、「托剌」（中世＝広本・a～e、近世＝f～h）、「哆唎」（中世＝広本・a～e、近世＝f～h）、「裸特過近」（近世＝f・g）、「容記」（近世＝f・g）〈一九例・9字〉

五、未韻　「覚未」（近世＝f～h）、「寸未」（近世＝g・h）〈二例・1字〉

七、遇暮韻　「般脾屢」（中世＝広本・a～e、近世＝f～h）〈一例・1字〉

八、霽祭韻　「加世」（近世＝f・g）、「無世」（中世＝a～e、近世＝f～h）、「阿偈」（中世＝広本・a～e、近世＝f～h）、〈三例・2字〉

一三、震稕韻　「一徇」（中世＝広本・a～e、近世＝f・g）〈一例・1字〉

一九、霰線韻　「目面」（中世＝広本・a～e、近世＝f～h）〈一例・1字〉

二六、敬諍勁韻　「交従命」（中世＝広本・a～e、近世＝f・g）〈一例・1字〉

三二、豔㮇釅韻　「補念」（中世＝広本・a～e、近世＝f～h）〈一例・1字〉

三三、陥鑑梵韻　「貪鑑」（中世＝広本・a～e、近世＝f～h）〈一例・1字〉

〔入声〕一、屋韻　「剢木」（中世＝広本・a～e、近世＝f・g）〈一例・1字〉

三、覚韻　「斯学卓」（中世＝広本・a～e、近世＝f～h）〈一例・1字〉

四、質術櫛韻　「下室」（中世＝広本・a～e、近世＝f～h）、「覚密」（中世＝広本・a～e、近世＝f～h）、「耆質」（中世＝広本・a～e、近世＝f・g）、「苦筆」（中世＝a～e）、「加悉」（中世＝広本・a～e、近世＝f～h）、「司詰」（中世＝広本・a～e、近世＝f～h）、「乃出」（近世＝f・g）、「難密」（中世＝広本・a～e、近世＝f・

g）、「汝実」（中世＝広本・a～e、近世＝f・g）、「不律」（中世＝広本・a～e、近世＝f・g）〈一〇例・9字〉

七、月没韻　「家銀突」（中世＝a～e、近世＝f～h）、「伊捺兀」（中世＝a～e、近世＝f～h）、「沙掲」（中世＝広本・a～e、近世＝f～h）、「多掲」（中世＝広本・a～e、近世＝f～h）、「畢竭」（中世＝広本・a～e、近世＝f～h）、「卑掲」（近世＝f～h）〈六例・4字〉

八、曷求韻　「喝薩」（中世＝広本・a～e、近世＝f～h）、「索葛」（近世＝f～h）、「姑薩」（中世＝広本・a～e、近世＝f～h）、「苦箪筈」（中世＝広本）、「妊越」（中世＝a～e、近世＝f～h）、「也末」（中世＝広本）〈六例・5字〉

九、黠轄韻　「室哳」（中世＝広本・a～e、近世＝f～h）、「徒凡刹」（中世＝広本・a～e、近世＝g・h）、「南均察」（中世＝広本・a～e、近世＝g・h）〈三例・3字〉

一〇、屑薛韻　「欽舌」（中世＝広本・a～e、近世＝f・g）、「角鼈」（中世＝広本・a～e、近世＝f・g）、「土撥滅」（中世＝広本・a～e、近世＝f～h）、「蕪涅」（中世＝広本・a～e、近世＝f～h）、「必東滅」（中世＝広本・a～e、近世＝f～h）〈五例・4字〉

一一、薬鐸韻　「撥楽」（中世＝a～e、近世＝f～h）〈一例・1字〉

一二、陌麦昔韻　「割宅」（中世＝広本・a～e、近世＝f～h）、「間脉」（中世＝広本・a～e、近世＝f～h）、「曼亡」（中世＝広本・a～e、近世＝f・g）、「曼宅」（近世＝f・g）〈四例・3字〉

一四、職徳韻　「分直」（（中世＝広本・a～e、近世＝f～h）〈一例・1字〉

一五、緝韻　「客立」（近世＝f・g）、「那奈及」（中世＝広本・a～e、近世＝f～h）〈二例・2字〉

一六、合盍韻　「圭衲」（中世＝広本・a～e、近世＝f～h）〈一例・1字〉

以上を集計すると、「上平」が一一韻、「下平」が六韻で「平声」は全て一六韻となる。「上声」は一一韻、「去声」は九韻、それに「入声」が一二韻で、「国花合記集」は合計四八韻に及ぶ韻字を有してゐることとなる。これらの韻字を集計すると、「平声」は延べ字数一一一字・異なり字数七六字で、「他声」は延べ字数一〇一字・異なり字数七二字となり、「平声」と「他声」の間に韻字数の大差はない。また、各声韻中で、それぞれ最多の韻字を有する韻目は、

上平＝四、支脂之韻　延べ39字・異なり22字　下平＝五、歌戈韻　延べ22字・異なり10字

上声＝四、紙旨止韻　延べ10字・異なり8字　去声＝四、寘至志韻　延べ19字・異なり9字

入声＝四、質術櫛韻　延べ10字・異なり9字

ここで注目させられるのは、上平「四、支脂之韻」、上声「四、紙旨止韻」、去声「四、寘至志韻」の三韻目が共通して各声韻の中で、それぞれ最多の数値を示すことである。この三韻目は、謂はば『聚分韻略』の「三重韻」において、三段（三重）に積み重ねられるものである。また、これらの韻目は『聚分韻略』を一瞥して明らかなやうに、各声韻において最多の字数を占めてゐる。更に、「漢和聯句」のための韻書『和訓押韻』（一一韻）、『韻字記』『韻字之書』（一二韻）、『漢和三五韻』（一五韻）においても「支韻」の所収韻字がそれぞれ最多であることと軌を一にする。さうして現実の「漢和聯句」の作品の中でも「支韻」のものが最も多いこととも連関するであらう。

最後に纏めとして一言する。実際の「漢和聯句」の押韻字は「平声」のものが圧倒的に多く、「他声」のものは極めて少ない。而かるに「国花合記集」の仮名書の用例は、「平声」のものと「他声」のものとの間に韻字数の上で大差がない。これは「国花合記集」の編纂者が「辞書」としての体裁を整へるため、意識的に「他声」の用例をも可能な限り補入して充実させたものと目される。

第二節　『下学集』

二-1概要　通常『倭玉篇』『下学集』『節用集』の三種を、室町時代の三大通俗辞書と称してゐる。この中で、『倭玉篇』は宋の『大広益会玉篇』の標出漢字に字音・字訓を付して漢字辞書としたもの、『節用集』は先行書『色葉字類抄』の系統を承けてイロハ順排列とし、かつ『下学集』の語彙も多く含めて編輯した辞書であることなども、夙に明らかにされてゐる。而かるに『下学集』は意義分類（天地・時節・神祇・人倫・官位・人名・家屋・気形・支体・態芸・絹布・飲食・器財・草木・彩色・数量・言辞・畳字、の一八門に）されてゐて、これの分類が『聚分韻略』の影響によることは夙くから指摘されてゐる。本書の研究も書誌、就中、刊本の版種に関しては詳密になされてゐる。しかしながら、『下学集』の辞書としての実体は何なのか、といふことについては殆んど明確にされてゐない。一般に辞書といふものは「読解と表現」に資すべく編まれるものである。本稿は、『下学集』が一体、どういふ目的のために編輯されたかといふ、根本の問題を解くことから出発しようとするものである。『下学集』については、よく「読むための辞書」と言はれるが、辞書を読むのは手段であつて目的ではない。さすれば、『下学集』編纂の目的は奈辺に存したか。それを解く鍵が「意義分類体」といふ辞書の体例に看て取れるのではないか。意義分類体を採ることは、本文が同類・類義、あるいは同想の語彙群が集合体として形成されてゐることである。この書から類義・同類の語句、また意義上連関する語句を検索することが可能となるのである。また、標出字に対して長めの語注を施すことによつて、この書を引く者の「聯想」に供することとなるであらう。

『下学集』について斯く私が考へるやうになつた契機は次の通りである。「漢和聯句」のための韻書『和訓押韻』（一一韻）、『韻字記』『韻字之書』（一二韻）、『漢和三五韻』（一五韻）、『和語略韻』（三一韻）等の調査を進めるうちに、漢詩や聯句の製作に使用される辞書・韻書の種類や範囲を考へる場合、当然『下学集』が聯句や聯句連歌等の韻事に使用せられた筈だと考へ出した。さうして拙稿「『漢和聯句』の韻書［二］」（『駒澤國文』第37号 二〇〇〇年2月刊）の末尾に次のごとく付記したのである。

五山後期文芸の主要なものは「聯句」と「聯句連歌」（和漢聯句・漢和聯句）とである。「聯句」や聯句連歌の「漢句」の実作に資する韻書として、『聚分韻略』とそれに基づく「略韻」類、また『平他字類抄』の系統の「色葉字平他」の類が存することは屢説するまでもない。私はこれらの他に、文安元年（一四四四）成立の『下学集』を含むべきであると提唱する。『下学集』の撰述者の自序に「東麓破衲」と記すのは、京都五山の南禅寺・東福寺・建仁寺の孰れかに住した禅僧を指してゐる。私は建仁寺・霊洞院の東麓軒の僧であらうと推定する。虎関の『聚分韻略』の意義分類体を『下学集』が採つてゐることも起因するであらう。『下学集』の使用価値が、日常的な用語の外に多くの文章用語も含めてゐる故に、多方面の用途に利用された学習辞書であるとする通説に異論はない。しかし、私はそれ以上に『下学集』の編纂目的が漢詩や聯句の実作のためにあつたことを指摘したい。「作詩」の際の平・仄の別を識るのみであれば、単字の標出字による『三重韻』があれば、十分であらう。けれども「作詩」の聯想のためには、熟字の標出字や典拠資料に基づく注文が存するに如くはない。『韻府群玉』や『礼部略韻』『事文類聚』等を主要典拠として成る『下学集』は、まさしく漢詩・聯句の実作の初心者のための参考辞書なのである。さすればこそ文明初年以降に使用に至便のイロハ引き辞書『節用集』が簇出しても、『下学集』は書写され続け、現存するものだけでも三〇本を超える写本が伝存する。元和三年（一六一七）に「版本」が刊行されて以降も、漢和聯句の特に盛行する寛永以降のものに『寛永十一年刊本』『寛永二十年刊本』『無刊記九行本』『明暦三年刊本』『寛文六年刊本』等が上梓されてゐる。また寛文九年（一六六九）刊の『増補下学集』（山脇道円の撰）に到つては「漢聯句」の実作に必須の「国花合記集」が附載せられてゐる。さらに『下学集』の改編書たる元禄八年（一六九五）初刊の『和漢新撰下学集』の巻三「礼記門」には「父字母字清濁上字平仄下字例」「三重韻クリヤウ平仄可レ知事」。また「詩賦門」の後半に「詩置二平仄之字一事」「七言之律式」「圏点之例」「字之反様」「平起七言八句文格式」「仄起之式」「平起五言律式」「仄起之式」「平起七言絶句格式」「平起五言絶句之格式」「仄起之式」「押韻起承転合可レ知事」「回文錦文詩」「詩大塊之踊字」等、漢詩や漢聯句などの韻事に関する記事が存する。これらの事実は『下学集』やその改編書の類が全て作詩に供されるために書写・続刊せられた証左を示すものであらうと思ふ。『下学集』の直接の典拠等に関する委細は続稿を期するものである。

勿論『下学集』は多くの和漢の典籍、殊に百科全書的な典拠（類書）からも引用してゐるし、注文も必要に応じて長めに引用してゐる。従って百科的語彙も多く含んでゐるので、百科全書としての用途にも供されたとは思ふ。しかし、『下学集』の第一義的な編纂目的が何であつたかを究めることが何よりも重要である。辞書が多用途に使用されることは、辞書一般の常である。『下学集』の編纂の主要な目的が何であつたかを見極めることに主眼を置いて、私は記述を展開して行きたく思ふ。蓋し私は『下学集』の細部の組織を整へたりする基礎的考察を進めつつ、やはり本書が「漢詩や聯句の実作のための辞書である」とする立場から、以下「部類と構成」「伝本の系統」「本文形態」「成立年代と撰述者」「注文の典拠」等に関して詳述することとする。

二―2 部類と構成

『下学集』(上下二巻)の部類名(一八門)と、それぞれの所収標出語(見出し語)数を示すと、次の通りである。(語数は『元和三年版』によつて示す。)

上巻　天地門(212語)時節門(144語)神祇門(35語)人倫門(124語)官位門(97語)人名門(57語)家屋門(154語)気形門(236語)支体門(87語)

下巻　態芸門(585語)絹布門(96語)飲食門(97語)器財門(470語)草木門(224語)彩色門(42語)数量門(95語)言辞門(237語)畳字門(92語)[計二〇八四語]

これは元和三年(一六一七)に刊行された増補系統本の『元和版』の収録語数である。広本系統の『春良本』(慶長一六年〈一六一一〉写)は最多の三六六七語、略本系統の『大谷大学本』は最少の一七一三語となつてゐて諸本一様ではない。山田忠雄先生[注1]が示された諸本の平均水準語数は二七三七語である。後述の「二―3　伝本の系統」の項でそれらの委細に触れるが、古写本『下学集』の所収語は大体この二七三七語程度であつたと考へられる。

さらに各部類毎にその組織の細部を眺めると、次のごとくになつてゐる。上位に示す算用数字は『元和版』のもの、下位の( )内の数値は山田先生が示された「古写本」における平均値を対照せしめたものである。以下、山田先生の御調査に基づいて各部類毎に概略を示す。

一、天地門　天類(昊天　旻天　彼蒼……時雨　露　雯)31語(写本平均21語)、地類(磤馭廬島　秋津島　野馬臺……蝦夷島　沮羅江　坤軸)96語(写本平均83語)、京師九陌名横小路・竪小路　57語(写本平均57語)〈「古写本」類は「洛中横竪小路」となす〉。

二、時節門　四季十二月異名及び年中行事(春　夏　秋……除夜　追儺　百鬼夜行)60語(写本平均46語)、十干・

十二支・十二時異名（甲　乙　丙……日入　黄昏　人定）34語（写本平均34語）、暦日・気象用語等23語（写本平均23語）、『元和版』の末尾に置く［曨　曦　日没……二十四気］22語は「版本」になつてからの増補である。最後の「二十四気」は南北朝期成立の百科全書『拾芥抄』上巻の「廿四気の部第七」をさながらに収録したものである。『拾芥抄』の撰述者洞院公賢が中国の小型百科全書『碎金』注2（撰述者・成立年代共に未詳、明代に流行した書で、四〇項に意義分類）をそのままに置いたもの。この「二十四気」が「立春　雨水　驚蟄……冬至　小寒　大寒」と細目を立てるのも『碎金』を全て踏襲してゐる。

三、神祇門　神名（伊弉諾　伊弉冊尊　貴布祢　宇賀神　社稷　回禄　鎮守）7語（写本平均7語）、祠官名（伯　社務　神主　祢宜　祝子　巫女）6語（写本平均6語）、「古写本」は多く「神楽」の前に「覡」または「巫女」を置く。神楽・奉幣・祭礼等の名（神楽　青弊　白弊……胙　倶生神　鍾馗）22語（写本平均20語）。

四、人倫門　皇室・宮廷関係語（皇　陛下　姑射山……月卿）18語（写本平均17語）、人倫（御曹子　嫡子　嫡女……婿　鰥　孤獨）24語（写本平均28語）〈『元和版』は「古写本」類より四語少ない〉。身分・職業名（儒者　下司　公文……孖　後妻　孌）79語（写本平均56語）、末尾の「馬口勞」以下の二五語は殆んどが『元和版』の増補であるが、「馬口勞」「膂主」「笠張」「紙漉」「婦夫」「姑」「舅」「従父」「娘」「孀」は「古写本」の孰れか一本以上に見受けられ、『元和版』がこれを集成して増補したものである。従つて『元和版』独自の補入は「郷人」「椎」「琝」「迫文」「外」「迫」「姨」「兄妐」「玄孫」「娠」「孖」「後妻」「孌」の一三語となる。

五、官位門付唐名　長官名（摂政　関白　大政大臣……月卿雲客　検非違使　上達部）79語（写本平均79語）、各等官名（史　亮　進……采女正　典侍　始爵）18語（写本平均18語）、禅僧官名（首座　書記　蔵主……直歳　浴主　浄

頭）古写本平均18語にて、『元和三年版』はこの「禅僧官名」を全て削除してゐる。「古写本」類にこれを有することは、本書が禅林で成立し使用されたことの一証左となる。

六、人名門　聖人名・有名人（名）（聖徳太子　鎌足大臣　淡海公……阿弥陀仏　湛慶　鬼神大夫）21語（写本平均19語）、隠逸・画家名（布袋　寒山拾得　猪頭蜆子……舜挙　張即之　趙子昂）27語（写本平均28語）、中国の美女・賢婦名（西施　毛嬙　王昭君　李夫人　楊貴妃　褒姒　娥皇　女英）8語（写本平均4語）、「毛嬙」は孰れの「古写本」類にも見られず、『元和版』独自の増補。他の「褒姒」「娥皇」「女英」の三語は、山田先生に拠れば、『猪熊本』の押紙に書かれてをり、『元和版』はこれを典拠として補入したとされてゐる。

七、家屋門　大内諸殿（紫宸殿　清涼殿　温明殿……清暑堂　真言院　内務坊）17語（写本平均17語）、大内十二門（陽明門　待賢門　郁芳門……安嘉門　偉鑑門　達智門）12語（写本平均12語）、禁裡並びに寺院、一般家屋関係用語（鳳闕　禁掖　北闕……僧房　甍　畿）119語（写本平均87語）、『元和版』の末尾に大幅な増補がなされてゐて、この中「休所」「檜垣」「棟樋」「組押」「蟦」「校板」「膳所」「杙」「櫪」「鰭板」「雑舎」「軒」「檐」「楹」「伽藍」「堂舎」「仏閣」「廻廊」「大門」「楼門」「経蔵」「僧坊」「甍」「畿」の二四語は『元和版』独自の増補と思しきものである。因みに、「大内十二門」と「大内諸殿」は『拾芥抄』の巻中「宮城部第十九」に依拠したことは明白である。

八、気形門　鳥類名（金翅鳥　鳳凰　鸞……囀　山鶏　鸜鵒）60語（写本平均54語）、獣類名（麒麟　豹　虎……鼬　狼　野干）35語（写本平均33語）、魚類名（鯨鯢　鱐　鰐……螺　鮮　海鼠腸）86語（写本平均33語）、『元和版』の末尾の大増補四九語中、二四語は「古写本」類の孰れか一本以上に存し、『元和版』がこれを集成したとされる。

残りの「水母」「蜆」「具」「〓」「鮧」「〓」「鰙」「魷」「鰻鱺」「〓」「〓」「鮽」「鰈」「鮊」「鮞」「鯄」「鰤」「〓」「鮬」「〓」「石花」「〓」「馬蛤」「養魚」「鮱鱗」「〓」「螺」「海鼠腸」の二八語は『元和版』が独自に先行する辞書・往来物に拠つて追補した語彙である。虫類名（鼠　守宮　蠶……蝮　蛇　蚖）51語（写本平均31語）、ここも『元和版』は末尾に二一語を増補してゐる。その中の「蒲盧」「蝤蠐」「蚫」「士魚」「鈴虫」「蜚」「蛾」「紙魚」「螻蛄」「蝪蛀」「〓」「龍子」の一二語が『元和版』独自の増補である。残る九語は「古写本」類の孰れか一本以上に存する。

九、支体門　身体語彙（髻　鬟　髪……疳　痓　吭）87語（写本平均78語）、『元和版』独自の補入は「玉門」「陰茎」「齆鼻」「肉」「疳〓」「吭」の六語である。

一〇、態芸門　前半部（大嘗會　即位　賓祚……不當　狂惑　烏乱）396語（写本平均396語）、後半部（儺　寃　咎……成レ裸　打錚　能競）189語（写本平均176語）、この中、「善悪不知」「八道」「成レ裸」の三語は『元和版』独自の補入である。最末部にこの三語が置かれてゐる。またこの直前の「認」「持弄」「首途」「私言」「唆唆人」の五語と「打錚」「能競」の二語の計七語が、山田先生によれば『猪熊本』の末尾の書入中に見られる由である。従つて「古写本」諸本の収録語は「鵬」以前に置かれた語群である。

一一、絹布門　前半部［禁裡・公家・武家・禅家等衣服関係等］（金襴　金沙　金羅……平江條）42語（写本平均43語）、後半部（直垂　布衣　装束……宿衣　白張　禅）54語（写本平均49語）、末尾八語は山田先生によれば『猪熊本』に拠る『元和版』の増補の由。

一二、飲食門　生薬名（蘇香円　潤躰円　神仏解毒円……仙人丸　五香連翹湯　十全大補湯）14語（写本平均21語）、

『元和版』は五味（乳味・酪味・生蘓味・熟蘓味・醍醐味）と冒頭の「生薬名」群に脱した「屠蘓白散」の計六語を一般食品名「法論味噌」「納豆」「豆腐」の直後に置く。羹・餅・麵・飯類の食品名（鼈羹　鷺腸羹　松露羹……粢　糗糒）17語（写本平均17語）、その他の食品・調味料名（麸　豆菜　醤……笋干　糟粕）17語（写本平均24語）、酒異名（九献　歓伯　青州従事……忘憂物　釣ㇾ詩鈎　掃ㇾ愁帚　浮蟻）14語（写本平均14語）、茶異名（鷹爪　建溪……芳茗）7語（写本平均7語）、の前に『元和版』は「肴」一語を補入する。最後に飯類・料理名を一括して語群（仏餉　増水　饍……豕子　供備菜　茹物）16語（写本平均15語）、を置く。この部類においては、『元和版』の語の排列は「古写本」類と相当に異なつてゐる。収録語数に大差は見られぬ。

一三、器財門　珍宝類名（閻浮檀金　銀　南鐐……白鑞玉　珠）17語と、錢異名（錢　香錢……青蚨）10語、その他、箱・盞・盃類名（神璽　剔金　剔紅……玳瑁）14語の計41語（写本平均40語）、家具・香具・茶具・食器等（彪皮　虎皮　氈……榼　樽　榧）61語（写本平均55語）、瓶・壷・茶器・食器・化粧道具・冠服類名（瓶子　壷　提子……組　薬玉　啄木）87語、楽器・仏具等（琴　焦尾　琵琶……位牌　厨子）25語、雨具・履物・農具・大工用具類等名（幢幡　華鬘　蓋……杖　杌　橛）47語、武具・馬具・舟具類名（逆茂木　兵革　熊手……僧都　引板　飛礫）81語、家具・建具・書画・紙異名・硯異名・筆異名・香異名等名（箔　簾　翠簾……膠　黐　漿粉）82語、の計322語（写本平均329語）、最終部分の仏具・禅家用具類等名（御衣木　獨鈷　三鈷……松煙　玄雲　物相）27語（写本平均19語）。斯く見来たると、『元和版』は各語群の増補語を合はせて、「俎板」「生膾箸」「上帯」「手縄」「几」「表褙」「石卿侯」「鶏舌」「沈水」「縄床」「摺枕」の一一語を独自に増補してゐる。

一四、草木門　花木名（優曇華　牡丹　芍薬……萩　荻　薄）30語（写本平均30語）、五辛類（蓴菜　大蒜　茖葱　薤

葱　蘭葱　輿渠）6語、菓物・草花・野草・薬草・蔬菜類（覆盆子　山茨菰　薯蕷……茎立　薊菜　苣）63語、計69語（写本平均72語）、穀類・蔬菜・海草・菌類・植木・菓物類（喬麦　麦　早稲……胡桃　榛栗　銀杏）70語（写本平均80語）、花木・植樹類（木犀　烏臼樹　白膠木……樺　柿　一夜松）43語（写本平均48語）。

一五、彩色門　色彩語類（緑青　白緑　隠岐緑……朽葉　浅黄　青黄）20語（写本平均21語）、染色・植物・動物の毛皮等色彩（梅花　狂文染　鹿間紺……鈍色　苅安　歯黒）21語（写本平均14語）、この中で『元和版』が独自に増補したのは「斑」「麴塵」「鈍色」「歯黒」の四語である。

一六、数量門　十三仏・二王等仏教語彙等（十三仏　十王　二王……五種不男　五種不女　十大弟子）27語（写本平均26語）、三皇・五帝・十哲等皇帝・聖人・星座・経書・寺名等（三皇　王帝　十哲……一腰　一疋　一両）49語（写本平均33語）、廿・卅・兆等数量・助数詞・単位（廿　卅　冊……洛叉　一倶胝　寸）18語（写本平均15語）。この「数量門」全体で『元和版』が独自に増補したのは、「九流」「四民」「五山」「七大寺」「八大地獄」「八大竜王」「六道」「四笛大寺」「五大寺」「三傑」「七雄」「五畜」「八珍」「寸」の一四語である。

一七、言辞門　前半部（権輿　草創　濫觴……通例　恒例　佳例）82語（写本平均81語）、後半部（群集　集會　満遍……筋斗　宵征　揚）151語（写本平均148語）、『元和版』は末尾に「哨」「伶俜」「取次筋斗」「宵征」「揚」の五語を独自に増補する。

一八、畳字門　前半部（開闢　涯際　連綿……緩怠　屈伏　約諾）40語（写本平均40語）、後半部（料理　混合　混雑……賓主　鄙嗇　佇立）52語（写本平均36語）、末尾に増補した「奸道」「弁天」「祗候」「術計」「猛勢」「奇怪」「曖昧」「肝曲」「蘇生」「領掌」「遁避」「髣髴」「嘔喩」「奔走」「旄倪」「賓主」「鄙嗇」「佇立」の一八語は『元和版』が独自に置いたものである。

以上で『下学集』の部類一八門の細部の組織を『元和版』に基づいて縦覧して来た訳であるが、これらを熟視すればするほど、本書は百科全書の内容を具有してゐることが理会される。しかし、それにも拘はらず、私が本書編纂の目的の第一義的なものに、「漢詩・聯句のため」とするのは、次の理由による。確かに本書に収録されてゐる語彙は百科項目の性格の濃いものが多い。しかし、要所要所には必ず長めの語注が置かれてゐる。これは百科全書的性格をもつと共に、詩文製作の聯想に資することもまた確かである。剰へ長めの注文は、特に漢籍に典拠をもつものは、『韻府群玉』や『礼部略韻』、さらには宋から元にかけて編纂された類書『事文類聚』等を主要出典としてゐる。このことが本書『下学集』の韻事に使用する辞書としての性格を濃厚にしてゐる。これが私の本書を「漢詩・聯句の実作のため」の辞書とする所以である。畢竟、百科全書的性格の強い本書は、韻事の聯想や表現（語句の選択など）に使用されると同時に、百科全書としての用途にも供されたことは、隣邦の『韻府群玉』や『古今韻会挙要』『古今韻会挙要小補』等におけるそれらの利用と同断である。

最後に『下学集』の一八門の部類名に関して一言する。本書の意義分類は夙に『聚分韻略』の影響であることが指摘されてゐる。意義分類体辞書は漢詩・聯句の実作に際して、類句・類語が集合してゐる点でこの上なく利便である。また、『下学集』の意義分類が『聚分韻略』の影響を受けたものとすること自体、その意味においては至当である。さうして、部類名においても、本書『下学集』は、『色葉字類抄』よりも『聚分韻略』のそれにかなり近似する。次に『色葉字類抄』と『聚分韻略』のそれぞれの部類名を列記する。蓋し『下学集』が百科全書的な意義分類法に拠つてゐることが判るのである。

『色葉字類抄』（第一次分類　イロハ順）　天像付歳時　地儀付居処居宅具　植物付植物具　動物付体　人倫付鬼神類　人躰付病瘡類　人事付術芸并二産業　飲食　雑物　光彩付絵丹并染色等　方角　員数　辞字　重点　畳字　諸社　諸寺付霊験処　国郡付名所　官職　姓氏名字

『聚分韻略』（第一次分類　韻目別）　乾坤門　時候門　気形門　支体門　態芸門　生植門　食服門　器財門　光彩門　数量門　虚押門　複用門

『下学集』は『聚分韻略』の「乾坤門」を「天地門」とし、「時候門」を「時節門」とはするが、「気形門」「支体門」「態芸門」「器財門」「数量門」などは『聚分韻略』をさながらに承けてゐる。『聚分韻略』の影響を直接に受けた所以であらう。なほ、『下学集』に、『聚分韻略』に存せぬ「神祇門」「官位門」「人倫門」「人名門」「家屋門」「畳字門」を設けてゐるのは、『下学集』が「百科全書」としての内容を充足せしめるためと考へる。

二―3 伝本の系統　『下学集』の諸本は世に紹介されてゐるだけでも約三〇本存し、未紹介のものも含めると五〇本を降らぬとも言はれてゐる。しかし、この三〇本の伝本を系統別に分類したものとしては、未だ川瀬一馬博士[注3]の分類を見るのみである。『下学集』の系統別分類が如何に難しいものであるかを物語るものであらう。次に川瀬博士の分類を要約して引用し示すこととする。

第一類　原形を多分に存するもの並びに特定の増補はないが、この系統本に増補せられた本⇩文明一七年（一四八五）以前に成立（筑波大学蔵室町中期写本・筑波大学蔵文明十七年本・真如蔵旧蔵室町末期写本・天文十三年本・川瀬博士旧蔵室町中期写二冊本・室町末期写九行青表紙本・黒川家旧蔵本（温故堂本）・東北大学狩野文庫本（天文十年本）・榊原本・三園本（春林本）・京大本・明応八年本・村口本・慶長十六年春良本など）⇩本文の特徴、「五、官位門」の末尾部分の「僧家之官」の箇所が「首座・書記・蔵主・知客・衣鉢侍者・楞厳頭・免僧・衲僧・都聞・都管・都寺・監寺・維那・副寺・典座・直歳・浴主・浄頭」（計18語）となつてゐる。また、「三、神祇門」の最終語が「倶生神」であること。「一六、数量門」に「八宗」「二宗」（並びに長文の注記）が見られぬこと、巻末の「点画少異字」が必ず存すること。

第二類本　原形に特定の増補を加へた本、並びにその系統本⇩文明一一年（一四七九）以前に成立（川瀬博士旧蔵八行大本・前田家本（尊経閣本）・文明十一本（文明永正本）・亮憲本・天文二十三年本・宥善本・丹表紙七行本など）⇩本文の特徴、「一六、数量門」の始めが「四教・王教」の後に「八宗」「二宗」（並びに長文の注記）が存すること、「五、官位門」の僧官の部分に「後堂首座」「西蔵主」「焼香侍者」「書状侍者」「請客侍者」「湯薬侍者」の六語を含めてゐることなど。

第三類本　第二類本とは別に、原形本にある種の改編増補を加へた本、また、その系統本⇩大永二年（一五二二）以前に成立（大永二年本・角坊本・亀田本・川瀬博士旧蔵七行本など）⇩本文の特徴、全体として比較的原形を存し、一部分に著しい改編増補があること、「三、神祇門」の末尾が「急々如律令」で終はつてゐること、「一六、数量門」に「八宗」「二宗」が存せぬことなど。

右の川瀬博士の分類のみを眺めてゐると、極めて明解に見える。しかし、川瀬博士の研究以降に、川瀬博士よりさらに多くの伝本を含めて悉皆調査された山田忠雄先生の「『下学集』解説[注4]」に就くと、各部類（一八門）の随所に疑問が生じてくるのである。例へば「三、神祇門」において、第2語群末の「祝子・神楽・巫女」の語順は『川瀬博士旧蔵二冊本』・『角坊本』・『慶長十六年春良本』と一致する。これは第一類と第三類に亘つてゐる。また「八、気形門」の末尾の補入部分で、「鰍」は『川瀬博士旧蔵二冊本』『丹表紙七行本』『角坊本』などに共通して見え、「鱒」や「駿」は『天文二十三年本』『川瀬博士旧蔵八行大本』『宥善本』『慶長十六年春良本』『三園本』などに共通して見られる。「蛎」は『三園本』『丹表紙七行本』『天文二十三年本』『慶長十六年春良本』に共通して見える。これら一斑を窺つても、第一類・第二類・第三類に股がつてゐる。「一二、飲食門」を見るに、前半部の最終語群（鼈羹・羊羹……粢・糗・糒）の「糒」なども『川瀬博士旧蔵二冊本』『榊原本』『丹表紙七行本』『角坊本』『慶長十六年春良本』に共通して存してゐる。さすれば、これも第一類・二類・三類に亘つてゐる。斯様にして、川瀬博士の分類にて適合する箇所もあれば、さうでない箇所もまま存するのである。また、川瀬博士の、謂はゆる第三類本の特徴を有つ『亀田本』は、少なくとも文明六年成立の『広本節用集』の「下学集」引用部分に『下学集』諸本中、最もよく適合する。この観点からすれば、『亀田本』は『文明十一年本』（文明永正本）より古態を保有してゐるのかも知れない。孰れにしても、川瀬博士の各伝本の本文徴証に基づくといふ三分類には相当な疑問が残り、遽かに肯はれぬ面も多い。今後、現存する全てのテクストの逐条調査に基づく諸本の系統立てが必要となる。まづはそれ以前に「原形本」を想定して、それの基盤となつてゐる典拠を探し求めなくてはならぬであらう。

川瀬博士の『下学集』諸本の分類が行はれて以来、五〇年近くの歳月が経てゐるのに、それ以外の分類・系統立てが行なれてゐないのには、その理由がある。『下学集』のテクストの形成は、今仮りに「古写本」類から『元和版』へと移行する過程において、各部類(門)の末尾に増補して行くのが常である。しかし、途中の語群末、場合によつては語群中に補入することもあつて、その生成過程を把へることが極めて難しい。剰へ、通常のテクスト生成の［略本⇩広本］、あるいは［広本⇩略本］の孰れかの過程を経たと考へることも無理である。先覚[注5]が指摘されるやうに、収録語数最少の略本たる『大谷大学本』は一七一三語である。次が『亮憲本』（天文十年写）の一九八四語で、その次が『丹表紙七行本』の二二八四語である。「古写本」類の平均収録語数は二八〇〇語程度であるので、これらは間違ひなく「略本」である。また、収録語数が最多のテクストは『慶長十六年春良本』で三六六七語、その次が『三園本』で三一一五語である。三〇〇〇語を超える伝本は「広本」である。『慶長十六年春良本』や『三園本』は「広本」にて、而かも書写年代がやや降りはするが、「略本」のテクストが『下学集』の場合、書写年代が最も古いとい ふ訳でもないのである。先覚の示される処では『文明十一年本』（『文明永正本』）が三〇六三語となつてゐるが、二八〇〇語～三〇〇〇語の辺りに、現存本の比較的古い写本が見られる処から、『下学集』は原初の形態において既に「広本」系統本があつたのではないかと思ふ。もつとも『下学集』は文安元年（一四四四）に成立してゐるが、現存の伝本は孰れも文明期以降の書写のものばかりで、成立から二十数年を経て書写された本しか残つてゐない。しかし、『下学集』は成立当初から大体、二六〇〇語～二八〇〇語程度の語彙を保有する辞書であつたと考へて、差支へなささうである。斯くて『下学集』の諸本は、

A系統本（略本系）＝「古写本」類A（収録語数二六〇〇語以内の伝本）

B系統本（「原形本」に近い本）＝「古写本」類B（収録語数二六〇〇語～二八〇〇語程度の伝本）

C系統本（広本系）＝「古写本」類C（収録語数二八〇〇語以上の伝本）

D系統本（広本系）＝『元和三年版』以降の刊本群

といふ風に系統立てすることができる。詳細は続稿を期する。

最後に一言するが、文明期と言へば、文明六年（一四七四）までに『節用集』（イロハ順）の「伊勢本」が成立してゐる。検索するに至便のイロハ引きの『節用集』が世に出、次第に流布しても、『下学集』は独自に多く書写され続け、『元和三年版』（一六一七）が刊行されるに到るのである。畢竟、『節用集』が出来ても、やはり『下学集』はそれ相応の用途があつたのであらう。それは公家衆・武家衆・五山衆が融合して、相互に交流し、そこへ学問所の清原（船橋）・山科家等の人々、さらに専門職の連歌師も参加しての「聯句連歌」が盛んに行なはれたからなのであらう。『下学集』はそのやうに文明期以降の極めて旺盛な聯句や聯句連歌の漢句の実作には必須の参考辞書となつたことが十分考へられる。剰へ『下学集』は「百科全書」としての用途や役割も兼ね備へてゐる。当時の言語生活の中で、『下学集』は、『節用集』以上に詩聯製作に資するために役立つたのであらう。『節用集』の「伊勢本」の略本などに比して、より文雅や学芸的な方面で使用され、その伝統が『広本節用集』（伊勢本）、さらに『下学集』の標出語・注記も大幅に加へて成つた『弘治二年本』以降の浩澣本たる「印度本」に承け継がれ、漢詩や聯句の実作に供され、「百科全書」的にも使用されたのだと思はれる。

二―4本文形態　『下学集』の成立に強い影響を与へた虎関師錬の『聚分韻略』の標出字（韻字）は単字のみであるが、それは韻目を確認するに役立ち、その下位に置かれる漢字注には多くの二字熟字が存してゐる。漢詩や聯句の実作に二字熟字の用例が重要であることが識られる。同様な眼で『下学集』を一瞥して、標出語（見出し語）に単字のものもまま見られるが、二字熟字が極めて多く見られる。これが詩文の製作に供され、また長文の語注を有するものは、「聯想」のためには肝要で一層効用を果したものと目される。剰へ「百科全書」的な用途にも利便を発揮したことは想像に難くない。そこで、聯句や聯句連歌の隆盛を極めた室町時代中期写で古写本『下学集』の平均的収録語数を有すると思はれる『村口本』[注6]と、「広本」として収録語数の最多を誇る『慶長十六年春良本』[注7]との本文に基づき、単字と二字・三字・四字の熟字の語数と、長文の語注が施されてゐる語の数を調べ、『下学集』の本文の具体的な在り様について検討することとする。調査の結果は表Ⅰのごとくである。『村口本』『春良本』共に標出語（見出し語）の多さでは二字熟字、単字、三字熟字、四字熟字、五字熟字、の順となつてゐる。しかし、これは部類（門）によつて、傾向が相当に異なるものがある。例へば、「気形門」や「支体門」では、二字熟字よりも単字の標出語の方が遙かに多くなつてゐる。本文を実際に眺めてみると、「八、気形門」には「動物名」、即ち鳥名・獣名・虫名・魚名が集合する。これらは次に例示するごとく、[鳥名]雞　鴨　皃　鷺　鶴　鷗　鶯　隼　鵈　梟　鵲　鴻　鴈　鶉　鵯　雉　翟　鴿　鳩　[獣名]虎　犀　象　狸　狐　猫　[虫名]蝸　蜂　蛭　螘　蟻　蝦　蟹　蠶　蛙　蚤　虱　螢　蟬　蠅　蚊　[魚名]鰐　鱘　鱸　鰚　鮭　鯛　鯉　鮒　鮫　鰔　鰹　鰌　鮎　鮯　鰯　鱧　鯖　鰑　鯇　鮑……のやうな単字の標出語となるものが極めて多いためである。次の「九、支体門」も同断にて、身体語彙の集中するこの部類には、髻　鬟　髪　鬢　鬚　髯　髭　額　顙　[illegible]　頬　眉　眼　鼻　頤　頷　觜　脣　牙　歯　腮　涎　唾　頸　項　咽　喉　背　脊　肩　胸　臆　肱　肘　臂　腰　膝　股　脛　踵　筋　脉　臗　臀　尻　痔　汗　屎　尿　溲……のごとく、やはり、単字の標出語が多いのである。

また、三字熟字が二字熟字よりも多くなつてゐるのは「五、官位門」の『村口本』である。この部類には、左大

表Ⅰ　『下学集』の「村口本」と「春良本」の標出語数一覧

部類／テクスト	村口本	春良本
天地門　第一	単字30　二字71　三字25　四字14　五字1　≪計141≫ 語注　長文13・20（計23）	単字33　二字50　三字9　四字3　五字1　≪計96≫ 語注　長文13・52（計65）
時節門　第二	単字45　二字48　三字3　四字4　五字0　≪計100≫ 語注　長文7・35（計42）	単字35　二字36　三字2　四字1　五字0　≪計74≫ 語注　長文15・56（計71）
神祇門　第三	単字2　二字20　三字7　四字2　五字1　≪計34≫ 語注　長文3・11（計14）	単字2　二字21　三字8　四字2　五字1　≪計34≫ 語注　長文3・19（計22）
人倫門　第四	単字8　二字77　三字12　四字1　五字0　≪計98≫ 語注　長文3・29（計32）	単字20　二字107　三字21　四字0　五字0　≪計148≫ 語注　長文5・52（計57）
官位門　第五	単字16　二字32　三字51　四字17　五字1　≪計117≫ 語注　長文3・70（計73）	単字15　二字54　三字35　四字22　五字2　≪計128≫ 語注　長文4・72（計76）
人名門（聖仁名門）　第六	単字0　二字26　三字16　四字9　五字1　六字1 ≪計53≫　語注　長文21・31（計52）	単字0　二字20　三字15　四字12　五字2　≪計49≫ 語注　長文25・23（計48）
家屋門　第七	単字27　二字52　三字35　四字2　五字0　≪計116≫ 語注　長文4・44（計48）	単字31　二字78　三字42　四字1　五字0　≪計152≫ 語注　長文3・46（計49）
気形門　第八	単字86　二字59　三字6　四字0　五字1　≪計152≫ 語注　長文34・87（計121）	単字87　二字17　三字3　四字0　五字1　≪計107≫ 語注　長文16・41（計57）
支体門　第九	単字67　二字12　三字0　四字0　五字0　≪計79≫ 語注　長文1・28（計29）	単字112　二字27　三字0　四字0　五字0　≪計139≫ 語注　長文1・27（計28）

態芸門　第十	単字51　二字475　三字30　四字11　五字2　《計569》 語注　長文33・189（計222）	単字88　二字515　三字30　四字6　五字1　《計640》 語注　長文30・237（計267）
絹布門　第十一	単字25　二字58　三字4　四字3　五字0　《計90》 語注　長文3・19（計22）	単字44　二字78　三字3　四字1　五字0　《計170》 語注　長文4・25（計29）
飲食門　第十二	単字21　二字44　三字27　四字3　五字2　《計97》 語注　長文4・19（計23）	単字22　二字71　三字42　四字6　五字3　《計144》 語注　長文8・38（計46）
器財門　第十三	単字150　二字266　三字36　四字9　五字1　《計462》 語注　長文28・147（計175）	単字249　二字358　三字51　四字6　五字0　《計664》 語注　長文35・166（計201）
草木門　第十四	単字77　二字109　三字33　四字2　五字2　《計223》 語注　長文33・83（計116）	単字127　二字134　三字36　四字2　五字1　《計300》 語注　長文46・93（計139）
彩色門（光彩門）　第十五	単字5　二字26　三字9　四字1　五字0　《計41》 語注　長文0・10（計10）	単字10　二字53　三字9　四字1　五字0　《計73》 語注　長文0・12（計12）
数量門　第十六	単字14　二字48　三字11　四字6　五字2　《計81》 語注　長文33・41（計74）	単字11　二字140　三字9　四字10　五字0　六字1 七字1　《計172》　語注　長文56・106（計162）
言辞門　第十七	単字25　二字185　三字7　四字13　五字0　六字0 七字1　《計224》　語注　長文12・68（計80）	単字65　二字437　三字12　四字7　五字0　六字0 七字1　《計522》　語注　長文14・121（計135）
畳字門　第十八	存セズ（欠落）	二字107　《計107》 語注　長文0・35（計35）
付、点画少異字	存セズ（欠落）	74項（点画少異字類）

合計	単字649　二字1608　三字318　四字97　五字14　六字1　七字1　《計2688》　語注　長文345・931（計1276）	単字951　二字2303　三字327　四字80　五字12　六字1　七字1　《計3675》　語注　長文278・1221（計1499）

［備考］『村口本』は巻末の「畳字門第十八」と「点画少異字」が欠落してゐる。古写本の中には、『黒川本』や『川瀬博士旧蔵八行大本』（天理図書館蔵）、『前田家本』（尊経閣文庫蔵）のごとく「点画少異字」を有せぬものもあるが、識語が存し、その中でも書写年代の古い『文明十一本』や『文明十七本』には、これが存するので、『村口本』の欠落とする。「畳字門」の古写本平均語数は76語であるので、『村口本』の二字熟字は一六〇八語（＋76）で、一六八四語程度であつた可能性が高い。

臣　右大臣　内大臣　大納言　中納言　少納言　大外記　中務卿　大少輔　図書頭　内蔵頭　縫殿頭　陰陽頭　内匠頭　式部卿　暦博士　大学頭　音博士　治部卿　雅楽頭　玄番頭　諸陵頭　民部卿　主計頭　主税頭　兵部卿　隼人頭……のごとき三字の官位・官職名が集中してゐるのである。

斯く見来たると、『下学集』は意義分類によつて、それぞれの部類毎に同義・同類の語（句）や同想の語（句）が集成されてをり、これらは詩文の実作に資すると共に、百科項目が充実してゐる点からも、本書が「百科全書」としても役立つやうに、撰述者が意識して編纂したことが如実に看て取れるのである。従来の『下学集』研究者の、本書を「読む辞書」あるいは「百科辞書的な書」と解説して来たことに異論はないが、それのみでは、説明が不十分である。『下学集』の語注に長文のものが『村口本』で345項目、『春良本』で278項目、中位の長さの語注をも加へると、両本共に五〇〇項目を超える標出語に委細な注文が施されてゐる。蓋しこれは『下学集』が漢詩や聯句の、特に聯句連歌の製作のために編纂されたことを雄弁に物語るのではなからうか。

二―5 成立年代と撰述者

『下学集』の成立年代と撰述者については、その自序の末尾の識語に、

旹文安元稔閼逢困敦閏朱明林鐘下澣　東麓破衲序　[注、「閼逢」は「甲」、「困敦」は「子」、「朱明」は「夏」、「林鐘」は「六月」の意、つまり「文安元年甲子夏六月」となる。]

とあることにより、明白である。文安元年（一四四四）六月に撰述者「東麓破衲」が本書の編纂を完成させたことになる。撰述者の「東麓破衲」は、「東麓」が京都の東山地区に存する五山、「破衲」は自らを「破戒僧」とする謙称である。従つて本書の編者は建仁寺・東福寺・南禅寺の孰れかに住した五山僧である。橋本進吉博士[注8]は建仁寺の僧であらうと説かれるし、川瀬一馬博士も東福・建仁両寺の住僧であらうとせられる。一般に「東麓」（東山）といふことになれば南禅寺も含められる。本書の場合は建仁寺・霊洞院の東麓軒（寛正三年〈一四六二〉頃廢庵）の僧と考へるのがよい。

また本書が成立した「文安元年」といふ年代も、川瀬博士[注9]が言はれるやうに、本書「一四、草木門」の

秬　本朝崇徳ノ院御宇　保延三年天雨(フラスキビヲ)レ―　其色黒也　方(マサニイマ)今文安元年三月二日　天雨(フラス)二豆(メ)小豆(アツキ)一植(レハ)之出生(ス)

とある記事に拠つても、文安元年三月二日は編纂の最中で、その年の六月に完成したことは間違ひない。文安元年といふのは、第八代将軍義成（義政）の統治下にあつた後花園天皇の時代である。五山僧で言へば、横川景三（永享元年〈一四二九〉～明応二年〈一四九三〉）、希世霊彦（応永一〇年〈一四〇三〉～長享二年〈一四八八〉）、瑞溪周鳳（明徳二年〈一三九一〉～文明五年〈一四七三〉）、天隠竜沢（応永二九年〈一四二二〉～明応九年〈一五〇〇〉）等を始めとする数多の学匠が文筆活動、特に詩文製作に尽瘁した時代である。孰れも五山文芸界を代表する禅僧であり、南北朝時代から室町時代前期における禅林文芸の双璧とされる義堂周信（正中二年〈一三二五〉～嘉慶二年

〈一三八八〉や絶海中津（光明元年〈一三三六〉～応永一二年〈一四〇五〉）の後を継承する文筆僧である。この文安元年頃は足利将軍庇護の下に禅林の詩聯が旺盛を極めた時代であり、かつ禁裏や公家社会でも「和漢聯句」が禅林との交流において、かなり盛行した時代でもある。勿論、五山僧にとつては「詩即禅」であるから、相当に高度な漢詩・聯句を作り、それらの営みには、禅林の典籍を始め、中国の東坡詩・山谷詩・杜子美詩等、禅籍に準ずる扱ひを受けた漢詩類を参看した。さうして韻書としては元の陰時夫撰の『韻府群玉』を多用し、『韻鏡』『広韻』『増韻』『集韻』、さらに虎関の『聚分韻略』、類書としては中国の『事文類聚』『太平御覧』『太平広記』『事林広記』が多用された。従つて、禅匠の立場からすれば、『下学集』のごとき、安直な参考辞書は必要なかつたかも知れぬ。しかし、禅林における詩聯製作の初心者とか、公家衆、学問所や博士家等の人たち、あるいは連歌師にとつては、漢詩や聯句の実作のために、本書のやうな作詩のための参考書が是非とも必要であつたに違ひない。さすればこそ、文明六年（一四七四）頃にイロハ順排列の至便な『節用集』が成立し、それ以降に『節用集』が簇出しても、『下学集』は文明期以降も盛んに書写され続け、元和三年（一六一七）には謂はゆる『元和版本』が刊行されるに到るのである。今までに屢説したごとく、文明初年の応仁の乱後は、蓋し室町時代後期における禅林・公家・武家三社会の融合に伴ない、聯句連歌が興隆を極め、それに付髄して参考辞書としての『聚分韻略』が新たに「三重韻」の形態を採つて刊行され続け、『下学集』も書写され続けて多出するのである。斯様な時代的風潮を考へる時、『下学集』は、禅林の初心者、公家、学問所、連歌師等の詩聯作成といふ韻事のために必須の書となつたことが十分考へられるであらう。私が本書に関して、韻事を第一義的に考慮して編纂された辞書であるとする所以である。

二—6本文の典拠

『下学集』の本文が依拠した典籍を考へる際、やはり標出語（見出し語）と注文とに分けて考へるのが順当であらう。先づ標出語について記す。『下学集』の「序」に、次のごとく見える。

彼之実語童子之為レ教　琵琶之為レ引　長恨之為レ歌　庭訓雑筆之為二往来一也　至レ若下絲竹曰二楽府一　詩歌二曰中朗詠上者　巻夥而文繁

この記事中に「実語教」「童子教」、「琵琶行」「長恨歌」、「庭訓往来」「雑筆往来」等の書名が存してゐる。これらは全て童蒙の学ぶべき教科用の書であり、広義の往来物的性格を有する文献である。この中で『庭訓往来』は室町時代極初期の成立で、室町時代から江戸時代末期まで「往来物」の代表とされるほど多用された。この書は南北朝時代から室町初期にかけて盛行した「十二月往来型」の書簡文体を採り、消息文作成の基礎知識や年中行事、社会全般の知識を習得するための単語・語句を集成したものである。従つて同類・類義の語（句）が集成されてゐて、『下学集』のごとき意義分類体の辞書の語彙収録には極めて便利である。この『庭訓往来』が『下学集』の標出語の典拠[注10]となつてゐる二、三の例を挙げてみる。『下学集』の対応する用例は『文明十一年本』『村口本』『春良本』の三本を使用する。

『庭訓往来』三月進状　「作叓者　桁　梁　長押　棟木　板敷（中略）門冠木　扉　装束　唐居敷板　鼠走　方立　雲肱木　懸魚　蟇俣木　鴨居　鴫居　垂木　梠　破風　関板　飛縁　角木　縁　短柱　簀子　唐垣　透墻　柴垣　築垣　檜垣　椙障子　厨子　連子　蔀　隔子　遣戸　妻戸　織戸　決入　高欄　宇立　杈首　足堅　天井縁」

『文明十一年本』家屋門「天井　鴨居　敷居　長押　梁　宇立　飛檐　椽　梠　隔子　連子　狭間　桁　蔀　遣戸　樞　束柱　礎　磉　欄干　高欄　棟冠木　襲竹　破風　足代　檜皮葺　関板　榑　宩」

『村口本』家屋門「天井 鴨居 長押 梁 宇立 飛縁 椽 梠 隔子 連子 狭間 桁 蔀 遣戸 樞 束柱 礎 磉 欄干 高欄 棟 冠木 襲木 破風 足代 檜皮葺 関板 榑 縁」

『春良本』家屋門「天井 梁 鴨居 敷居 長押 宇立 飛檐 椽 梠 遣戸 棟 隔子 連子 狭間 桁 蔀 樞 足堅 欄干 天井縁 束柱 礎 磉 高欄 冠木 門扉 唐居敷 鼠走 方立 雲肱木 懸魚 蟇俣（中略）襲竹 破風 関板 皮檜葺 瓦葺 角木 足代 縁 榑」

右の「家屋門」で対比せしめた『村口本』は収録語数約二七六四語で、「古写本」中の平均的な伝本、『文明十一年本』（三〇六三語）と『春良本』（三六七五）とは広本系に属する。右の三本では収録語数最多の『春良本』が最もよく一致し、『文明十一年本』や『村口本』に存せぬ「足堅 天井縁」や「鼠走 方立 雲肱木 懸魚 蟇俣」などが『春良本』には存してをり、『元和版』も同様である。

『庭訓往来』五月進状「并初献料 海月 熨斗鮑 梅干 削物者 干鰹 圓鮑干 蛸魚 躬煎 海鼠 生物者 鯛 鱸 鯉 鮒 鰡 王餘魚 雉 兎 雁 鴨 鴾鵠 鶉 雲雀 水鳥 山鳥一番 塩肴者 鮪黒作 鮎白 干鱒 楚割 鮭塩引 鯵 鮨 鯖塩漬 干鳥 干兎 干鹿 干江豚 猪焼皮 熊掌 狸澤渡 猿木取 鳥醤 蟹味噌 海鼠腸 鯀鱗 烏賊 辛螺 蛤 蜷 交雑魚 氷魚等」

『文明十一年本』気形門「鴨 凫（中略）鶉（中略）鵠 鴻 鴈（中略）雉 翬（中略）雲雀」「江豚 鯙 鮄 鯆 鱓 鱸 鰚 鮭 干鮭 鯛 鯉 鮒 鰹 鮫 鰔 鱒 鱣 鱧 鲃 鮎 鯰 鯖 鱝 烏賊 鰑 雑喉 鯇（中略）鮑 海月 鰐 辛螺 榮螺 蛸 蜷 鰕 螃 蠏 海鼠 蚌 蛤」

『村口本』気形門「鴨凫（中略）鵠 鴻 鴈 菱食 鶉 鶺 雉 翬 山梁 鴿 鳩 雲雀」「鮭 干鮭 鯛 鯉 鮒 鮫 鰔 鰹 鱠 鮎 鮐 鰯 鱧 鯖 鰑 雑喉 鯇 鮑 辛螺 蛸 海月 烏賊 海鼠 蚌 蛤」

『春良本』気形門「鴨鳧（中略）鵠鴻鴈菱食鶉鶫雉翟（中略）鴾鴿鳩雲雀」獣類門「蚌蛤辛螺榮螺海月烏賊海鼠雑喉海梅鯛鯉鰐鰔鮊鯣鰯鱧鯖鯇鮑鱠鮎鯰（中略）鮎鰻鮭鱒鰺鮒鮫鱸鯳鰹鰡（中略）鱗鰭鮪」

となつてゐて『庭訓往来』に拠つたことは明白である。

『庭訓往来』九月返状「禅家者 堂頭和尚 東堂 西堂 并知吏方者 都寺 監寺 副寺 維那 典座 直歳 都官 都聞 修造主 堂主 庫主 浄頭 頭首方 前堂 後堂両首座 書記 蔵主 知客 浴主 焼香 書状 請客 湯薬 衣鉢侍者等（中略）旦過之僧 山主 庵主 沙弥 喝食」は、『下学集』の「五、官位門」の末尾の「僧官位」の部分に引用されてゐる。

『文明十一年本』官位門「前堂首座 後堂首座 書記 東蔵主 西蔵主 知客 焼香 書状 請客 湯薬 衣鉢侍者 楞厳頭 免僧 納所 都聞 都管 都寺 監寺 維那 副寺 典座 直歳 浴主 浄頭」

『村口本』官位門「首座 書記 蔵主 知客 衣鉢侍者 楞厳頭 免僧 納所 都聞 都官 都寺 監寺 維那 副寺 典座 直歳 浴主 浄頭」

『春良本』官位門「禅僧官位 東堂 西堂 前堂 首座 後堂 書記 蔵主 侍者 楞厳頭 知客 免僧 焼香侍者 書状侍者 請暇 湯薬 衣鉢侍者 沙弥 喝食 東班 都聞 都官 都寺 維那 堂司 納所 監寺 副寺 山主 菴主 浴主 浄頭 典座 直歳 山頭 供頭 門守 庫司 炭頭」

とある。『下学集』増補系の『元和版』にこの「僧官位」を欠如するが、「古写本」類には全て存するので、『下学集』が成立するに際して『庭訓往来』に依拠したことは確かである。しかしながら、右の三つの例を見て判るやうに、同じ部類（門）の同じ語群の中でも、『下学集』の語彙が『庭訓往来』の本文に全て一致する訳ではない。『下学集』

の編者が同じ語群の中でも複数の典拠に基づいてゐることは明かである。さうして、『庭訓往来』に存する語が他の「往来」にも見られるものが多々存してゐる。私は『下学集』の編者が見得る他の「往来物」（古往来）を委細に調査せねばならぬと心得てゐる。『下学集』のごとき意義分類体の辞書を編纂するに便利な「古往来」として、南北朝時代成立の『異制庭訓往来』（『新撰消息』とも）、『新撰遊覚往来』などは相応の語彙集団を有してゐるので典拠となつた可能性が強い。また書簡語彙の集成された鎌倉中期成立の菅原為長撰の『消息詞』『書状文字抄』を始めとする「雑筆往来型」の古往来も看過し得ないものである。

さらにこれら「古往来」と同じやうに多用された、洞院公賢（正応四年〈一二九一〉～延文五年〈一三六〇〉）の撰とされる『拾芥抄』（三巻）も使用されてゐる。この書は一種の有職故実事彙であり、かつ百科全書としての性格を有つ。次に顕著な例を挙げる。『下学集』の「五、官位門付唐名」などは、『拾芥抄』中巻の「官位唐名部第三」に基づいてゐることは一瞥して判断し得る。記述の都合上、『下学集』を前に挙げる。

『文明十一年本』官位門「摂政　関白　大政大臣　左大臣　右大臣　儀同　三司　大納言　中納言　参議　即宰相　少納言　大外記　辨　中務卿　大少輔　侍従　内記　監物　中宮　大舎人頭　圖書頭　内蔵頭　縫殿頭　陰陽頭　陰陽博士　暦博士　天文博士　漏刻博士　内匠頭　式部卿　大学頭　文章博士　明経博士　明法博士　音博士……上達部」

これらの挙例で『下学集』の語注は全て省略したが、語注も『拾芥抄』に拠つてゐることは後述する。

『拾芥抄』（中巻）官位唐名部第三「太政大臣　左大臣　右大臣　内大臣　大納言　中納言　参議　少納言　大外記　史生　大辨　中弁　少弁　大史　史生　官掌　中務卿　大少輔　丞　録　侍従　内舎人　内記　監物　主鈴　典鎰　中宮大夫　大少進　属　大舎人頭　助　允　属　圖書頭　助　属　内蔵頭　助　允　属　縫殿頭　助　允　属　陰陽頭　助　允　属　陰陽師　陰陽博士　暦博

士 天文博士 漏尅博士 内匠頭 助 允 属 式部卿 輔 丞 録 大学頭 助 允 属 文章博士 文章得業生 明経博士 助教 直講 算博士 明法博士 音博士（中略）摂政 関白……上達部 殿上人」

と在つて、『下学集』は『拾芥抄』に全面的に標出語も注記も悉く依拠してゐることが判る。さうして『下学集』は「上達部」の直後に「史 亮 進 助 允 丞 輔 佐 介 目 志 大令史 祐 弼 忠」の一五項の次官名を置くが、これは『拾芥抄』の各官職の長官名の下位に配されるものを纒めてゐるのである。斯様に『下学集』は『拾芥抄』を随所に引用し、標出語としても注文としても利用する。因みに後に山脇道円が大増補した『増補下学集』（寛文九年〈一六六九〉刊）においても、その増補部分にやはり『拾芥抄』は多用されてゐる。他に『下学集』の標出語（見出し語）としては、『下学集』の注文中に明記されてゐる次掲の和漢の典籍からも採録したことが考へられる。

次に『下学集』の標出語の下位に小字で配されてゐる注文の典拠について記す。和書(国書)・漢籍・仏書の順に示す。

［和書］万葉集 三河風土記 文徳実録 連要抄 山門日記 和漢朗詠集 古今和歌集(序)

［漢籍］論語 孟子 礼記 尚書 荘子 孔子家語 漢書(天文志) 後漢書 左伝 晏子春秋 神仙伝 神異経 老子経 朝野僉載 風俗通 国語 准南子 史記 李義雑纂 雑五行 韓詩外伝 蒙求 毛詩(詩経) 易(経) 爾雅 本草 玉篇 事文類聚 事林広記 荆楚歳時記 鶴林玉露 韻府群玉 杜甫詩 山谷詩 東坡詩 三体詩 韓退之詩 林和靖詩 坡仙詩 古詩 元次山詩 宋思断江詩 宋人之句 晋霊運句 柳子原句 南宋范曄詩

［仏典］十王経 仁王経 梵網経 四十二章経

これらの中で和書の「連要抄」は不詳である。この書は、『拾芥抄』の別称が『略要抄』であるし、また、『拾芥抄』と同じ南北朝期成立の「雑筆往来型」に属する『拾要抄』（意義分類体・一九門）も存するので、これらと何か関連する文献を指すのであらうか。さらに漢籍の中でも採録した文献の引例中に入つてゐる出典名がそのまま現はれる、謂はゆる孫引きも存する。さうして採録してはゐるが、典拠名を記さぬ『庭訓往来』や『拾芥抄』のごとき主要典拠も存する。私の目下の調査では、和書では『庭訓往来』『拾芥抄』のほか『和漢朗詠集』、漢籍では最も多用されてゐるのが、『韻府群玉』と『事文類聚』であると考へる。『増韻』や『太平広記』『事林広記』も実際に引用されたやうに思はれるが、『韻府群玉』や『事文類聚』の引例と重複したりするので、現在の処、断言することは避けて、『下学集』の出典についての逐条調査を了へて後、続稿に記述することとしたい。現在、漢籍に関して全例調査を進めてをり、『下学集』（収録語数約二八〇〇語）の中、一〇〇〇語に近い語彙が、漢籍の韻書または類書の中に見出し得る。しかし、それらの中には、和書の『庭訓往来』等の往来物や『拾芥抄』のごとき百科全書等に見られるものも相当含まれてゐて、第一義的な典拠が孰れの書であるかを判別する必要がある。

二―7　纏め　ここで繰り返し強調するが、『下学集』にこれ程多くの語注が存し、しかも長文の注文も三〇〇項目に亘つてゐる事実は、本書が室町時代の漢詩や聯句の実作に供する目的をもつて編纂せられた証左となるものであらう。特に文明期半ば以降は和漢聯句の漢句の「聯想」のために本書は大いに役立ち『元和版』が刊行されるまで、多種の「古写本」が簇出したのであると思ふ。禅僧も初心者などは『下学集』を利用したが、何と言つても公家衆や学問所の人々、さらに連歌師も好んで使用したことと目される。その証拠に公家や山科家の日記に『下学集』の書名が散見するのである。三条西実隆の『実隆公記』では、

文明一一年（一四七九）九月二七日条　今日旧院御忌之間参安禅寺殿（中略）、帰路参伏見殿、下学抄、神楽催馬

楽秘説、聚分韻等銘可書進之由、李部王仰之間、当座染筆。

享禄二年（一五二九）二月九日条　阿川真物手本二書之、同詩哥二書之遣了、貞永式目・下学抄等銘所望、同書遣了。

次に実隆と同じく連歌・聯句をよくなし、『万葉集』の語句を意義分類体にした聯句連歌等のための辞書『万葉類葉抄』を編纂した中御門中納言宣胤の『宣胤卿記』にも次のごとき記事が見られる。

永正一四年（一五一七）二月二一日条　秀房朝臣三節会日記令一見、相違所々加筆、今日返遣之、下学集同返遣之、御[注11]書恐悦存候、先々此一帖被加御筆候、一段祝着候（中略）、次下学集、是又被加御筆候条祝着、秘蔵此事候。

さすれば、同じ『宣胤卿記』の次の記事中にある「世俗書」も『下学集』を指すことも考へられる。

文明一二年（一四八〇）四月二三日条　此拾字事、自然世俗書之歟、公儀不可然、其上無十之心歟、緝韻字也、入態芸門、不入数量門、被書改者可然之由、退出之次、令入魂之間、則書改了。

また、『山科家礼記』にも、

文明三年（一四七一）一二月一〇日条　町殿、柳原殿御出、下学抄御借候也。

『下学集』を記録類に『下学抄』と記すのは珍しいことでなく、『字鏡集』を『字鏡抄（鈔）』（またその逆も）としたり、『河海抄』を『河海集』（『宣胤卿記』文明一二年一一月一一日条）とするのと同断である。明の鄭舜功の『日本一鑑』の「名彙」にも『和名抄』を『和名集』と作る例もある。

孰れにしても以上は聯句や連歌の座に常に参加してゐる人たちの記録である。蓋し公家社会、学問所に属する人々が、一方では『下学集』を他方では『聚分韻略』や『韻鏡』を常用してゐたことも頷けるといふものである。勿論、

『下学集』が百科全書としても、あるいは初学の入門書としても使用したであらうことを否定するものではない。ただ、漢詩や聯句の実作のためといふ重要な役割を『下学集』が担つてゐたことを私は強調したいのである。

二―8　本書研究上の問題点

斯かる立場から、私は最後にもう一度原点に戻つて、『下学集』に関して、先覚の御論[注12]を吟味してみる。『下学集』の辞書としての性格を考へることを喚起させられるのである。

庭訓往来注と 壒嚢鈔とを 主材料として 成立した 関係上、元来 よみものとしての 性質を もってゐる 下学集は、名彙としては あまりにも 簡単に すぎ、言語辞書と いふには 名彙に かたむきすぎる 点、おびに みじかく、たすきに ながしの 感を 禁じえない。しかしながら、それは 使用者に とっては 矛盾では なくして、むしろ 便利なものとして 歓迎されたに ちがひない（それは 当今 流行の 一、二の 中がた辞書にも 比せられる）。辞書における 矛盾の内包は、使用者に とっては 欠陥とは あまり うつらぬ ものらしい。（山田忠雄先生『本邦辞書史論叢』の「序」）

この中で、第一に問題となるのは、『下学集』が『庭訓往来注』と『壒嚢鈔』を主材料として成つたとされるが、それは逆ではないだらうか。『庭訓往来』の本文に『下学集』が依拠してゐることは事実であるが、その注釈たる『庭訓往来注』の方は逆に『下学集』を引用してゐるのである。「下学」「下学集」といふ書名まで入れてゐる箇所もある。例へば『庭訓往来注』の十月進状に次のごとくある。

旦過之僧（平等ハ供養之地名旦過 下学往来僧一宿也）［『下学集』（文明十一年本）態芸門「旦過（往来僧一宿ル処）」］

先達（下覚引ニ導人一也）（「下覚」は「下学」の借字）［『下学集』（文明十一年本）態芸門「先達（導人）」、（春良本）「先達（曰ニ引導之人一也）」］

さらに十二月返状の末尾の近くには、次の通りになつてゐる。

萬叓任ニ雅意一下学集我意ノ義正キ義也世俗取ニ狼籍一誤也〔『下学集』（文明十一年本）「雅意我意任也」、（春良本）「雅意我意義也」『村口本』も同じ。〕

『庭訓往来注』の注記には「下学集」といふ典拠を明記せぬ例が殆どであるが、『下学集』の語注を引用してゐることは事実である。『庭訓往来注』の成立は現存本に拠る限り大永五年（一五二五）を遡ることはできない。[注13] 従つて『下学集』の注文が『庭訓往来注』を承けることは考へられないのである。

第二の問題は、『壒嚢鈔』の注文を『下学集』の注記が引用することが可能かどうかといふことである。『壒嚢鈔』の成立は文安二年（一四四五）である。従つて『壒嚢鈔』の注文と『下学集』の注文とが多く一致するのは、『壒嚢鈔』が『下学集』を承けてゐるためである。

第三の問題は『下学集』の本質に関はる重要な事項である。『下学集』が「名彙としては あまりにも 簡単に すぎ、言語辞書と いふには 名彙に かたむきすぎる 点、おびに みじかく、たすきに ながし」と評されてゐることである。これは先覚が『下学集』に、「言語辞書」あるいは「名彙」（百科全書）の孰れかに徹すべきであるとの辞書編纂上の理想を求められてゐる故の、『下学集』に対する価値判断である。しかし、辞書の形態には種々のものが見られ、例へば現在通行する『広辞苑』を考へてみるとよい。『広辞苑』はまさしく「言語辞書」と「百科全書」と双方の性格を具有してゐる。さうして私たちは、日常生活において極めて重宝してゐる。だからこそ『広辞苑』が五版までも版も重ねてゐるのである。『下学集』を『広辞苑』と全く同じ観点から考へてはどうだらうか。公家社会や学問所、あるいは連歌師などの知識層の人々にとつて、『下学集』は恰好の実用辞書として受け容れられたのである。それ故に、「それは 使用者に とっては 矛盾では なくして、むしろ 便利な ものとして 歓迎された」のである。『下学集』に多数の熟字や必要に応じての長文の注記を保有することは、漢詩や聯句の実作のためには至便のものであつた。だからこそ応仁の乱後の文明期半ば以降において、『下学集』は聯句連歌の盛行に比例して写本が簇出し、元和三年（一六一七）に到つて『元和版』が刊行されたのである。従つて、『下学集』の体例を先覚は「辞書における 矛盾の 内包」とされるが、「矛盾」ではなく寧ろ「合理」であるとすべきであらう。

さらに文安元年（一四四四）に成立した『下学集』の詩聯の製作や百科全書として使用するために資するといふ利便性は、早くも文明六年頃には「節用集」の編纂にも継承され『広本節用集』が誕生したのだと思ふ。「節用集」は伊勢本から印度本へと展開する過程においても、『下学集』の利便性は継承され続けて、『弘治二年本』が成立したのだと考へる。聯句連歌の室町後期の興隆は、そのまま辞書編纂の世界でも『下学集』⇩『広本節用集』[注14]⇩『弘治二年本節用集』⇩『永禄十一年本節用集』へと進展したのである。印度本「節用集」の『永禄二年本』以降の伝本の殆んどの巻末に、韻事に資する「国花合紀集抜書」が付載[注15]されてゐるのは、そのことを示す証左と思慮してよいやうに思はれるのである。

注1・4・5　山田忠雄先生『元和三年板　下学集』（『古辞書叢刊　第二』一九六七年〈昭和43〉3月　新生社刊）の「解説」に詳密な記述がなされてゐる。本稿は先生の御論の中の、特に「七　元和版下学集の 語彙」（163頁以降）に負ふ処大である。先生の学恩に深謝申しあげる。この中に取り扱はれてゐる諸本のうち、私が実見し得たテクストは次のものである。『文明十一年本（文明永正本）』（静嘉堂文庫蔵）、『文明十七年本』（筑波大学蔵）、『天文十年写　亮憲本』（慶応大学蔵）、『丹表紙七行本』（天理図書館蔵）、『川瀬博士旧蔵八行大本』（天理図書館蔵）、『川瀬博士旧蔵二冊本』（天理図書館蔵）、『天文十三年本』（天理図書館蔵）、『毛呂氏旧蔵本』（天理図書館蔵）、『慶長十六年春良本』（宮内庁書陵部蔵）。他に「影印本」にて『春林本』（国立国会図書館蔵）、『亀田本』（国立国会図書館蔵）、『前田家本』（尊経閣文庫蔵）、榊原本（国立国会図書館蔵）

等を中田祝夫氏編『古本下学集七種研究並びに総合索引』（一九七一年〈昭和46〉風間書房刊）により、『陽明文庫本』を『中世国語資料』（「陽明叢書」14　一九七六年〈昭和56〉思文閣出版刊）により、『天文二十三年本』『永禄二年本』『黒川本』の三本を『東京大学国語研究室資料叢書』14（一九八八年〈昭和63〉3月　汲古書院刊）により調査。

注2　『元和版』が直接中国の『碎金』を引用したとも考へられなくないが、『元和版』の「二十四気」は『拾芥抄』のものと全同であるので、斯く処置した。『下学集』の他の部類において『碎金』が使用せられることはまま見受けられる。といふのも隣邦において『碎金』は、『下学集』のごとき通俗辞書として使用されたからである。

注3・9　川瀬一馬博士著『古辞書の研究』（一九五五年〈昭和30〉10月　講談社刊）第三篇　室町時代に於ける辞書、第二章　室町時代に於ける辞書各説、の「第四節　下学集」（587頁〜653頁）に詳説されてゐる。

注6　川瀬一馬博士編『原装影印版古辞書叢刊』4（一九七四年〈昭和49〉9月　雄松堂刊）に村口四郎氏蔵の室町時代中期写本が収録されてゐる。この本は巻末の「畳字門第十八」と「点画少異字」を欠落するが、欠落する「畳字門」を「古写本」平均語数76字として、現存する部分の収録語数に加へると、全て約二七六四語となり、『下学集』古写本間における平均水準的な伝本であることが判る。川瀬博士による分類の第一類に属する伝本である。

注7　禅深春良加注本たる宮内庁書陵部蔵の『慶長十六年春良本』には、「和学講談所」「温故堂文庫」の朱印があり、二冊本（美濃小形本）で、上下各冊末に次の識語が見られる。

［上冊末］一切有為法　如夢幻沔影　如露亦如電　応作如是観　願以此功徳（以上墨書）水純漚不遠墨則煙近猶省吾身此　于時慶長十六年辛亥十一月日苾蒭禅深注之（以上朱書）　春良（墨書）

［下冊末］快範　下松院内（以上墨書）　露悪筆雪志庶後五輪之可招笑　于時慶長十五年庚亥十二月日禅深春良注之（以上朱書）　春良（墨書）

この『春良本』は収録語数三六七五語と『下学集』古写本中で最多を誇るが、『下学集』の「原形本」自体が二八〇〇語程度の「広本」であつたことを想定する立場では、この本独自の増補が存することを除けば、強ち成立の後出性をのみ示すものでないやうに思はれる。今後の本格的な『下学集』諸本の本文調査（典拠の精査をも含めた）を俟たねばならぬ所以である。

注8　橋本進吉博士著『古本節用集の研究』（一九一六年〈大正5〉刊『東京帝国大学文科大学紀要』第2）

注10　『下学集』の標出語や注文の、和書の主要な典拠の文献と考へられる『庭訓往来』と『拾芥抄』については、川瀬博士が既に注3の『古辞書の研究』（581頁）に指摘せられてゐる処である。私は「官位門」と「家屋門」、「気形門」の一部について試み、本稿に掲げたが、『下学集』全体についての逐条調査の結果は続稿を用意する。なほ『下学集』が依拠する『拾芥抄』は「古写本」であるが、山脇道円の『増補下学集』の増補部分における『拾芥抄』は「古写本」ではなく、『慶長古活字版』に拠つてゐる。私が本稿で使用した『拾芥抄』の本文は川瀬博士編『原装影印本古辞書叢刊』所収の尊経閣文庫蔵『天正十七年本』（上中下三巻）である。

注11　「御書」以下は「万里小路秀房書状」の部分である。公家や山科家の日録の類には『下学集』と共に多用された『聚分韻略』『韻鏡』の書名もよく現はれる。さらに『拾芥抄』に関する記事も多い。

注12　山田忠雄先生編『本邦辞書史論叢』（一九六七年〈昭和42〉2月　三省堂刊）は戦後の古辞書研究の最高水準を示す論文集である。この山田先生の「序」は「古辞書研究」の在り方、方法を示すものであり、示唆する処大である。ただし『下学集』に関するこの記事を私が熟視した処、聊か不審を感ずる箇所が存したので、問題提起のため摘記させていただいた。

注13　中田千代子氏論文「庭訓往来真名抄の成長について」（『實踐国文学』第29号　一九八六〈昭和61年〉3月刊）参照。

注14　『広本節用集』の本文中に「国花合紀」「国花」「合紀」「合」「紀」と出典明記した音訳漢字による仮名書の例は一〇六箇所に及び、後出の「印度本」との連関性が示されてゐる。『広本』も「印度本」も詩聯等の韻事に使用されたことを物語るものである。『広本』と『下学集』との関連についても注7同様に今後精査する。

注15　印度本『節用集』の『弘治二年本』には「国花合紀集抜書」がまだ付せられてゐないが、『永禄二年本』（一五一九九）以降の伝本には殆んどに付載されてゐる。さうしてそれは、「広本」系統の印度本に限らず、『永禄五年本』『枳園本』『経

亮本』のごとき伝本にも付せられてゐる。文明期後半以降、聯句や聯句連歌の盛行と共に、これらの『節用集』も韻事のために多用された証左を示すものである。「国花合記集」の仮名書に関しては、足立雅代氏の次の労作がある。「『仮名書』一覧並びに漢字索引稿」（『国語文字史の研究 二』（一九九四年10月 和泉書院刊）所収。検索に至便で有難い。ただし古澗慈稽の『古澗略韻』（三一韻）所載の用例等はまだ含まれてゐない。「決定稿」の際に補はれるのであらう。

［付記］『下学集』の本文が後出書に受容されたのは『庭訓往来注』のみでなく、『節用集』（伊勢本・印度本）にも採録されてゐることは周知の事実である。他に『温故知新書』『塵芥』『運歩色葉集』『藻塩草』『北野天満宮佚名古辞書』等々に享受されてゐる。特に清原宣賢の『塵芥』（イロハ順排列）の各篇目の本文の冒頭には『平他字類抄』上中巻の「平声」「他声」の収録語に、声点を付して平仄の弁別を施して置くのが特徴的である。これは詩聯や聯句連歌の実作に供する『平他字類抄』を最重要視した結果である。また月村斎宗碩の撰述する『藻塩草』（永正一〇年〈一五一三〉頃成立か）にも『下学集』は主要典拠としてではないが、『拾芥抄』と共に語注の中に受け容れられてゐる。『下学集』は意義分類体の形態を採つてゐるため、類義・同類の語（句）や同想の語（句）が集成せられてゐる。それ故に季語を入れ、式目を遵守する連歌の製作にも有用であつたのであらう。斯くのごとく、『下学集』は詩聯や聯句連歌のために必需の辞書であつたことを私は屢説し、強調した所以である。

終章　中世韻書の系列と特色

第一節　中世韻書の二系列

一、『平他字類抄』とそれに基づく「色葉字平他」類の韻書

一－1　『平他字類抄』の位置付け　従来の本邦辞書史上における『平他字類抄』の占める評価は余りにも低過ぎたやうに思はれる。その最も大きな理由は、本書が「『色葉字類抄』を抄出した簡便な辞書である」と定義付けることで、全てを片付けてしまつてゐることにある。確かに『平他字類抄』は『色葉字類抄』に基づいて抄出したことに違ひはない、しかしそれ以上に重要なことは、何故『平他字類抄』が編纂されたかといふ事由を考へることであらう。蓋し、言語生活上の如何なる欲求に基づいて本書が成立したか、といふ問ひがなされて来なかつたことに由来する。また、本書のイロハ各篇目が「平声」と「他声」とに区分されてゐる事実についても、その編纂意図と連関させて考へることを蔑ろにして来たことは否めないであらう。「辞書」の定義付けとか、その価値や性格を論ずるためには、

その辞書が如何なる目的のために編纂されたかといふことを最初に考へなくてはならない。

古辞書研究の第一人者である川瀬一馬博士においてさへ「聚分韻略が世に弘まつた後ならば、本書（平他字類抄）の如き編纂は企てられなかつたであらうと思はれる」（『古辞書の研究』447頁）とされてゐる。博士は当然、本書が漢字の平仄を知るための韻の辞書であることを認められてゐるのであるが、『平他字類抄』の出現の必然性を説かれてゐない。山田忠雄先生は、古写本『伊呂波韻』について詳述されるに際し、平仄別の「色葉集」類（本稿でいふ「色葉字平他」類）の韻書群の先蹤としての『平他字類抄』に触れてはをられるが、『平他字類抄』編纂の理由や意図についてては述べられてゐない。また室町時代後半期に簇出した「色葉字平他」類の韻書群の『平他字類抄』を典拠として成つた必然性が、聯句連歌等の韻事の立場からする欲求に基づくものであることも説かれてゐない。大友信一氏は川瀬博士や山田先生より一歩を進めて、『平他字類抄』の成立年代を、巻下の主要典拠たる『文鳳抄』のA系統本『尊経閣本』（巻十「秘抄」）との関連において、鎌倉時代末期の正安頃（一二九九以降）であらうと推定された。しかしながら、『平他字類抄』がどういふ社会の文芸上の欲求に基づいて成つたかについてはやはり言及されてはゐないのである。

私は、大友氏の推定された成立年代を確認するために、大友氏と同じ手続きを経た結果、大友氏説を支持することとした。さうして、『平他字類抄』の成立年代を精確に考察した上で、その辞書史上に占める座標を明確にしなければならないと考へる。畢竟、『平他字類抄』が成立した時代背景を探り、鎌倉時代末期の如何なる階層の人々の文芸活動の必要を満たすために編まれたかといふことを明確にしなければ、本書の本邦辞書史上の位置付けを正しく行なつたことにはならぬのである。また更に、本書が後出の辞書類の成立に如何なる影響を与へたかといふことについても述べなくてはならない。これらの問題に対する私の見解については次項（一―2）で記す。

一―2 『平他字類抄』の編纂目的 全ての辞書は「表現と読解」のために何らかの必要があつて編纂されるものである。『平他字類抄』がイロハ順排列になつてゐる故に、勿論簡便な国語辞書としての役割も果したことは言ふまでもない。しかしながら、イロハ各篇目が「平声」「他声」に弁別されてゐることに、もつと重要な意味が含まれてゐることを識らなければならない。鎌倉時代末期の正安頃は、禁裏や公家社会においては和漢聯句等の聯句文芸が、社交の具として流行したことは、公家や学問所等に属する人々の日録類の記事によつても明らかである。特に和漢聯句の「漢句」の製作に資する公家衆のための韻の辞書が何としても必要であつた。ただ、イロハ順排列にさへなつてゐればよいといふのであれば、既に『色葉字類抄』が存するので本書の必要はなからう。意義分類体で、イロハ順の「辞書」と「略韻」との二つの組織を併はせ有つ、韻の辞書『平他字類抄』が至便の書として欲求されたのである。本書はこの和漢聯句の実作に資することを主要な目的として編纂された、とするのが、私の本稿における新しい提案である。

一―3 中世二大韻書の一としての『平他字類抄』 私は本稿で、『平他字類抄』が和漢聯句の製作に資することを主要目的として編纂された韻の辞書である、と定義付けた。その理由の一つに、本書が意義分類体でイロハ順排列の平他別になつてゐることが挙げられる。和漢聯句は一座の「執筆」によつて記録される。「漢句」を記録し得るのには、その漢句が「訓読」される方が都合がよい。音読すれば同音語が多くて記録が困難である。一句五言で簡単な構文の漢句を、訓読で棒読みにしてゐれば、「執筆」は一座の連衆の中でも、かなり熟達した人物が当るので、さして記録することも困難ではない。更にまた和漢聯句の漢句が訓読されたことを示す証左も残つてゐる。それは、漢句に返り点や送り仮名を施した和漢聯句が数はさほど多いとは言へないが、現実に存してゐる。和漢聯句（百句）成立の際に、執筆が返り点・送り仮名まで記録することは、一座中には時間的に無理である。それは原本が転写される際に、訓読しようとする意識から、返り点・送り仮名を付せられた、その学習の形跡であると、私は解釈する。斯様にして訓読されてゐた漢句の実作のために『平他字類抄』は実に至便な参考辞書となり得るであらう。私が本書の編纂目的を聯句連歌のためとする所以である。

室町時代後期の文明期後半以降、『平他字類抄』に基づいて成立した「色葉字平他」類の韻書群が簇出したのも、やはり公家衆と武家衆、それに五山衆の三社会が融合して、この時期に最盛期を迎へた聯句連歌の興隆に伴なつて生じた事象である。これは『平他字類抄』の韻の辞書としての有用性が継承されたものであると解せられる。そこで私は、『平他字類抄』を『聚分韻略』と対等に評価して、中世における二大韻書の一として把へようと考へるのである。

一－4　「色葉字平他」類の韻書の成立　室町時代後期の文明後半頃の聯句連歌の興隆に伴なつて『平他字類抄』に基づいて成立した「色葉字平他」類の韻書が多出した。この韻書群の簇出する背景が、公家衆・博士家等の学問所に関はる人々や五山衆の日録類の聯句連歌に関する記事によつて裏付けられる。私は『実隆公記』『十輪内府記』『宣胤卿記』『言継卿記』、『蔭凉軒日録』『鹿苑日録』等を調査し、さらに近時公刊された『連歌総目録』に拠る聯句連歌の年代別分布情況（付載資料、三の［三］）をも調査して、「色葉字平他」類の韻書の成立の事情を証拠付けた。この韻書群が成立当初から一貫して、禁裏、公家衆、学問所等に関はる学儒の世界で秘蔵しつつ愛用されてゐたことが判つた。従つて印刷といふメデイアに乗せられることなく、全て写本の形で伝承されたのである。

一―5 「色葉字平他」類の韻書の伝本系統

『平他字類抄』を基幹として成立した「色葉字平他」類の韻書は、『平他字類抄』上中巻を改編したやうな体例の「略本」系統本と、それに『聚分韻略』の標出字並びに注文（特に漢字注）を補入した「広本」系統本との二系統に分たれる。本稿で取り扱つた四本（A天正十六年本・C色葉字平它・D伊露葩字・F新韻集）と、従来紹介せられてゐる二本（B明応十年本・E色葉文字）の計六本について纏めると、次の通りとなる。

［一］広本系統（第一次の典拠『平他字類抄』、第二次の典拠に『聚分韻略』を使用）

F本＝『新韻集』（文明一〇年〜一五年頃の写本、『聚分韻略』による増補が最多）《八二四九字》

E本＝『色葉文字』（C本に近い）《五九九九字》

D本＝『伊露葩字』（漢字注の多くが『聚分韻略』に一致《五二七二字》

C本＝『色葉字平它』（漢字注存せず。標出字は多く『聚分韻略』による増補）《四〇二〇字》

［二］略本系統

B本＝『明応十年本』（C本の抄出本か）《三五三〇字》

A本＝『天正十六年本』（書写年代が最も新しい）《三三三九字》

右に示した通り、広本系統の『新韻集』の成立が最も古く、文明一〇年〜一五年頃の書写、而かも収録字数が最多である。撰述者万里集九によつて、『平他字類抄』（上中巻）を第一次の典拠として、『聚分韻略』の標出字と語注を大幅に増補して、韻の辞書としての充実を図つたものであり、特記すべき営為である。「色葉字平他」類の韻書群中、書写年代が新しくなる程、増補語数が少なく、従つて収録語数も少なくなつてゐる。これはある意味で『平他字類抄』の復権と言へなくもない。さらに江戸時代に入ると、『平他字類抄』そのものの写本が多出する。現存『平他字類抄』の写本二〇種は全て江戸時代中期以降書写のものである。これは「色葉字平他」類の韻書群の利用が誘導的役割を果たしたものであるのか。孰れにしても、『平他字類抄』成立以来、聯句連歌等の実作に供してきた韻書としての伝統は、そのまま、室町時代後期の特に文明期以降の聯句連歌の最盛期を迎へるに到つて、「色葉字平他」類の韻書群に対して須く継承されたのであつた。これらの事実を本稿の考察の過程で明らかにすることができたのは意義深い。

一―6　纏め

本稿で、従来、特に低く評価されてゐた『平他字類抄』を、この韻書の特に言語生活史上の使用・用途に重点を置いて考察してきた結果、次のやうなことが明確になつた。

一、『平他字類抄』を中世二大韻書の一つとして、『聚分韻略』と対等に扱ふべきこと。

二、室町時代後期の特に文明期以降に簇出した「色葉字平他」類の韻書は、全て『平他字類抄』上中巻を編纂の第一次の典拠にしてゐる。斯くて中世韻書の二系列の一たる「『平他字類抄』とそれに基づいて成立した「色葉字平他」類の韻書」として特設し得ること。

三、『平他字類抄』もその系列に属する「色葉字平他」類の韻書群も、全てイロハ順排列になつてゐる故に、聯句連歌（の特に「漢句」）の製作に資するものであつたこと。聯句連歌の漢句が「訓読」されたことが、イロハ順排列の意義付けを一層明確にし得るものであること。

四、『平他字頼抄』も「色葉字平他」類の韻書群も、聯句連歌の韻書として使用されると同時に、当然一般の国語辞書としての役割も果たしたこと。

五、『平他字類抄』も「色葉字平他」類の韻書も共に写本の形でのみ伝承された理由として、これらの書が公家社会や学問所等の学儒の間で秘蔵されつつ愛用され続けたこと。

なほ、付載資料一、の［一］～［四］に「色葉字平他」類の韻書四種の『平他字類抄』に依拠する情況の委細を示した。

二、『聚分韻略』とそれに基づく「略韻」類の韻書

二―1　中世二大韻書の一としての『聚分韻略』

『聚分韻略』が中世韻書の代表的な存在たることを事新しく贅言する必要はなからう。しかしながら、本稿で特に『平他字類抄』と並列にして記述したことには、それなりの意義が認められるのではないかと思ふ。蓋し、詩聯に関はる韻事において、『聚分韻略』と『平他字類抄』とは、その用途に如何なる差異があつたかを明確にすることが極めて肝要である。『平他字類抄』が専ら禁裏や公家社会、あるいは学儒の間で愛用されたのに対して、『聚分韻略』はやはり刊行当初には五山僧が詩聯のために使用したものと考へられる。それが徐々に公家社会や学問所等の人々、さらには連歌師等にも使用の範囲が拡大して行き、文明十三年頃に「原形本」が「三重韻」に改編されて以降は、急速に一般の世界にも流布・普及したのである。これは一つに『聚分

韻略』が成立の直後から刊行され続けたといふメディアの影響もあるであらう。遂ひに単なる「韻書」としてのみでなく、「字書」（漢字字典）としての用途にも供せられた。江戸時代末期に到るまで増刊・続刊し続けられたことは特記すべきことである。さうして、室町時代後期の文明期以降、江戸時代初期にかけて、『聚分韻略』に基づいた「略韻」類の韻書が簇出することも、本邦辞書史上特に注目すべき事象であると思はれる。畢竟、室町時代後期以降の聯句連歌といふ文芸活動が旺盛になつたことに関連するものである。

更に「韻書」の第二次分類に「乾坤」「時候」「気形」…「虚押」「複用」の意義分類（一二門）を採つた『聚分韻略』が、以降成立の辞書・韻書群に及ぼした影響は大きく、無視し得ないのである。

二－2　『聚分韻略』の漢字注

『聚分韻略』が虎関師錬によつて撰述された当初の「原形本」の形態は標出字の下位に漢字注を配した体例のものであつた。字音・字訓は専ら使用者の側で施されたものである。従つて『聚分韻略』の形態を明らかにすることは、その標出字（韻字）と漢字注の出自を明確にすることから始めねばならぬと思ふ。本稿では先づこの作業から開始した。標出字の出処を究めることは難事に属する。何故ならば、同じ韻字が『広韻』にも『集韻』にも『増韻』にも、あるいはそれ以外の韻書にも共通して見られるものが殆んどで、その孰れに拠つたかは決し難い。従つて現実に『聚分韻略』の典拠を究めることは、所詮その漢字注の原拠を追究することに外ならない。本稿における悉皆調査によつて、付載資料二、表Ⅰ～Ⅴの分布表並びに表Ⅵのグラフに示したやうに、『聚分韻略』の漢字注は平声・上声・去声・入声を通じて、『広韻』が第一位、『増韻』が第二位、『集韻』が第三位であることが判明した。この漢字注の究明は『聚分韻略』の韻書としての性格を見極めるのに役立つものである。

二―3　「略韻」類の韻書［一］

『聚分韻略』を原拠として成つた韻書に「略韻」の類がある。全て平声三一韻のものである。それには二種あり、［一］は漢詩や聯句・和漢聯句等のための「略韻」類である。［二］は漢和聯句のための韻書類である。［一］の中の『国会本略韻』は、『聚分韻略』の平声（上平・下平）三一韻を特立させた形態の書であるが、漢字注の増補を行なひ、二字熟字・三字熟字等の標出語を各韻目末尾に付してゐる。また字音カナに中世唐音がほぼ網羅的に施されてゐる点で字音研究に資する面も多い。「略韻」（三一韻）は「平声」のみの韻書であるが、詩聯の実作に際しては、平声さへ判れば、これに属せぬものは他（仄）声であることになるので、携帯にもハンディで便利である。この書の成立・書写年代が従来問題視されて来たが、本稿では本文徴証に基づいて文明末年～長享初年頃とした。『三重韻』が成立して間もない頃のものと推定する。

次に『海蔵略韻』は成立年代と撰述者が問題となる。橋本進吉博士や山田忠雄先生は、本書の、撰述者は『聚分韻略』と同じ虎関師錬であるが、『聚分韻略』とは別書であるとされる。川瀬一馬博士は、本書の撰述者を虎関師錬であるとし、而かも『海蔵略韻』は『聚分韻略』の別称であるとされた。この両説に対して、大友信一氏は、『海蔵略韻』に古い写本・刊本が伝存せぬことと、語注の中に『聚分韻略』が引用せられてゐることに着目され、「せいぜい『温故知新書』の序文の時期、文明十六年頃までしかさかのぼれない」とされてゐる。私は本稿における調査に基づき、本書の注記が漢籍・禅籍等の引用に基づいて厖大な増補本となつてゐる処から、『海蔵略韻』は禅林聯句の作詩のために、大幅に注文の補入をすることによつて「類書」（百科全書）的な書たらしめてゐる。本書はやはり文明期後半以降の聯句連歌の最盛期頃に成立したと考へて、結果的には大友氏説を支持することとした。前記『国会本略韻』

とほぼ同時期か、若しくはその直後くらゐの成立であらうと推定する。『国会本略韻』と異なり、『海蔵略韻』は版本として刊行されてゐる処から、禅林を中心にかなり普及したものと目せられる。

最後に古澗慈稽の『古澗略韻』について記す。この書を正式に紹介するのは本稿が最初である。撰述者の古澗は確実に『海蔵略韻』を意識して、それを一層充実せしめるために、更に大幅に増補したのである。これの増補には『海蔵略韻』の注文中に見られる漢籍・禅籍は勿論、一層多くの典籍に依拠してゐることを確認し得た。本書の成立年代に関しては、禅林の記録『鹿苑日録』の記事に見られる古澗慈稽の事績から推定して、慶長十年（一六〇五）頃と見做すこととした。『海蔵略韻』の場合と同様、禅林の詩聯の製作に資することを図つて撰述されたものである。さうして、やはり『海蔵略韻』と同じく、あるいはそれ以上に韻の辞書としての内容充実を図つたことは『古澗略韻』の本文を一瞥して判然とする。本書の付載物中に策彦・江心等の禅聯句が纏めて掲げられてゐる処からも、『古澗略韻』は『海蔵略韻』と同様に禅林における詩聯の実作のために供されたものである。本書は『海蔵略韻』のやうに刊行されることはなかつたが、本書のごとき形態の書が整備されて、江戸時代初期の万治二年（一六五九）には『広益略韻』（三二韻）として上梓されるに到る。本書は『広益略韻』の成立の基となつたことも考へられる。

二―4　「略韻」類の韻書〔二〕

聯句連歌の中の「漢和聯句」に関する記録は、義堂周信の『空華日用工夫略集』の康暦二年（一三八〇）以降の記事に見られ、この頃には実際に漢和聯句が行はれたことが識られる。しかし、これのための専用の韻書は、やはり聯句連歌の隆盛期たる文明期以降を俟たねばならない。最初は「支韻」「陽韻」等、幾つかの韻目毎の冊子が存し、それが明応末～永正・天文初頃（一四九二～一五三二）には「十一韻」の韻書の形態に纏められた。即ちそれが『和訓押韻』である。

『和訓押韻』（十一韻）で問題となるのは、その成立年代、撰述者、それに伝本の系統等である。現存写本『松平文庫本』『北岡文庫本』『龍門文庫本』の三本の中、書写年代と書写者の識語が見られるのは、『北岡本』のみである。『北岡本』には「天正二十壬辰歳春上澣蓍穐五十九　幽斎玄旨」とあつて、天正二〇年に細川幽斎が書写したことが明らかである。しかし『松平本』や『龍門本』には識語が存せず、全てこれらの本文徴証に基づいて推定せねばならぬ。深沢眞二氏は、文明一四年（一四八二）から享禄年間（一五二八～一五三一）にかけて成立した漢和聯句の押韻の実際に徴して、『松平本』が最古の写本であることと、『和訓押韻』の撰述者として三条西実隆に擬すべき試案を提示された。私は本稿における写本三本を逐条調査することにより、『松平本』が最も古態の本文を有してゐることを証し、かつ『龍門本』は、『松平本』と『北岡本』の合成本たることを実証した。さうして『和訓押韻』の成立年代に関しては深沢氏説を支持する立場をとつた。撰述者に関して、私は『実隆公記』の関連記事に基づいて、実隆の事績から三条西実隆を擬する深沢氏説を一往支持するが、今後更なる実証の手続を経なければならぬと考へる。

なほ『和訓押韻』の本文構成で『松平本』のみ「入韻字」の項目を特設せぬが、『北岡本』と『龍門本』とには各韻目の冒頭部に「入韻字」が置かれてゐる。文明～永正頃の比較的早い時期に成立した漢和聯句の入韻句（第二句め）は、必ずしも入韻字を当てることが確定してゐない。従つて三本中成立の最も早い『松平本』に「入韻字」欄が設けられてゐないのは、この伝本の古態性を示すもので、『松平本』の本文の不備たることを物語るものではない。また、『和訓押韻』の標出字（韻字）は『聚分韻略』の平声（上平・下平）から採り、これを本韻（韻内）と呼称し、不足する韻字を「韻外」として、元の熊忠の『古今韻会挙要』より補充してゐる。

十一韻の『和訓押韻』に「元魂痕韻」を加へて「十二韻」の韻書が成立したのは、『和訓押韻』（十一韻）の『版本』が刊行された正保二年（一六四五）前後の頃である。現存する「十二韻」の韻書は全て写本で伝はつてゐるが、本稿では『韻字記』と『韻字之書』の二本を扱つた。この二本の本文は標出字に大差はなく、注文に広略の差が認められる。『韻字記』の注記は『韻字之書』よりも委しくなつてゐて、やや抄物風になつてゐる箇所が多い。「十二韻」の韻書の本文は、先行する『和訓押韻』（十一韻）の増補系統の『龍門本』に依拠してゐることが本稿の調査によつて明らかになつた。また「十一韻」から「十二韻」への段階になつて、新たに大幅に補入した典拠に藤原定家の証歌がある。具体的には『拾遺愚草』より六九首を引用してゐる。和語を漢字で表記する場合に、その漢字が押韻すべき韻歌・韻字歌の例は、夙に建久七年（一一九六）の定家の「韻歌百廿八首」に先蹤を索めることができる故である。斯く「十二韻」の韻書は、「十一韻」の韻書を基幹とはするが、韻の辞書としての充実を図つてゐることが識られる。さらに『和訓押韻』で典拠にしてゐた『古今韻会挙要』は、「十二韻」編輯の段階で、明の方日升の『古今韻会挙要小補』を新たに使用されたことが、本稿の調査で明らかになつた。ただし『和訓押韻』の引例をさながらに踏襲した箇所は、結果的には『古今韻会挙要』のままで残存することは言ふまでもない。「十二韻」編纂に際して『小補韻会』が注文にも「韻外字」にも使用せられてゐるといふ事実は、「十二韻」の韻書の成立年代を示唆するものである。蓋し、本稿において、「十二韻」の韻書の成立時期を近世初頭の寛永末年〜正保初頃（一六四〇〜一六四五）と推定する所以である。

宇都宮由的の撰述にかかる『漢和三五韻』は貞享三年（一六八六）の刊行である。この書は、和漢の学に勝れた業績を残し、かつ漢和聯句の実作にも指導者的立場で参加してゐる由的の纂輯であることに注目させられる。里村昌純の序によれば、「十二韻」に「冬韻」「灰韻」「歌韻」の三韻目を加へて、漢和聯句の韻書として一層役立つものとした旨がしたためられてゐる。この『漢和三五韻』の編纂において、由的は彼の見識に基づいて「辞書」としての内容の充実に格別の意を注いでゐるのである。その顕著なる特色は、本書全体にほぼ網羅的に明の『古今韻会挙要小補』を引用してゐることである。『小補韻会』は聯句や聯句連歌の製作の際の「聯想」に資する類書的な韻書である。『漢和三五韻』はこれを多く引用することによつて、単に韻書としてのみならず、「辞書」としての内容を深め、価値を高めてゐる。また『漢和三五韻』は「韻外字」として『小補韻会』だけでなく、明の『五車韻瑞』や『字彙』からも標出字を抽出して補完してゐることが判る。従つて本書全体としても、「辞書」の理想像を目指して編纂されたことが考へられ、殊に注目させられるのである。

元禄一一年（一六九八）には松峯散人撰述の『和語略韻』（三一韻）が成立してゐる。従来紹介されて来た『和語略韻』は正徳三年（一七一三）刊の再刊本であるが、私は初刊本の『和訓韻略』（標題「和訓三重韻」）の影印刊行を『古辞書研究資料叢刊』第24巻（一九九七年9月　大空社刊）として果たした。本稿はそれに基づいて調査した。同じ漢和聯句のための韻書とは言へ、『漢和三五韻』（十五韻）から一挙に「三十一韻」に増改したことに注目させられる。松峯散人の序には、『漢和三五韻』で不足する韻字や注記を十分なものにした旨が記されてゐる。辞書・韻書の「序」といふものは、一般的に、その辞書・韻書を編纂するに当つての理想を述べるのが常である。従つて、『漢和三五韻』の場合もさうであつたやうに、『和語略韻』はある意味でそれ以上に、「辞書」の内容を深め、その価値を高め、充実させるために、殊に尽力した意図が看て取れる。具体的には、各韻字の注文において、「十一韻」→「十二韻」→「十五韻」の過程で踏襲されてきた引例・語注は、極力それを削除してゐる。さうして「十一韻」「十二韻」には存せず、「十五韻」の段階で補入した語注は可能な限り踏襲しようとする意識が明確に把へられる。その委細は付載資料三、の［二］に記した通りである。

漢和聯句のための韻書「十一韻」「十二韻」「十五韻」「三十一韻」の韻書の後に付説する慶長二年写本『押韻』も同じく「三十一韻」の韻書であるが、『和語略韻』とは本文の趣を全く異にするものである。『和語略韻』の語注には簡潔な注文の他、国書・漢籍・仏典（禅籍を含む）等から引用する熟字例が極めて多く施されてゐる。これに対して『押韻』は標出字（韻字）の下位の注文には和語・和句の引例が豊富に施されてゐる。この『押韻』の和語・和句の用例は、多く月村斎宗碩の『藻塩草』に依拠したものと私は考へてゐる。「十一韻」「十二韻」「十五韻」の韻書が漢和聯句のためこ編輯されたとはいふものの、これらの書は和漢聯句のためにも、また一般の辞書としても使用されたことが十分考へられる。而かるに本書『押韻』は、どの角度から眺めても「漢和聯句」専用の辞書としか考へられない体例のものである。本書が漢和聯句の製作に際して、どの程度に実用性を発揮したものであるかについては、今後の調査に待つこととする。

二－5　纏め　『聚分韻略』と『平他字類抄』とを中世二大韻書として並立させることにより、『聚分韻略』の特徴を一層的確に把握することが可能となる。以下、項目毎に要点を纏める。

一、1、『聚分韻略』については、従来比較的等閑視されてゐた「漢字注」の悉皆調査を実施することによつて、『広韻』が第一の典拠、『増韻』が第二の典拠、『集韻』が第三の典拠であることを明らかにし得た。これによつて『聚分韻略』原初の形態を明確にすることができた。

2、『聚分韻略』が成立の直後に刊行されたことにより、当初の禅林から公家・学問所等の社会にも普及し利用された。特に文明一三年の『三重韻』に改編・刊行されて以降は、漢詩・聯句や聯句連歌などの韻事のためだけでなく、一般の漢字辞書としての用途にも供された。その故に本書は江戸時代末期に到るまで夥しい数の刊本が増刊・重刊され続けた。

二、『聚分韻略』に基づいて成立した「略韻」類の韻書としては、『三重韻』刊行直後の文明末年には早くも平声のみの『国会本略韻』（三一韻）が出現する。応仁の乱後の文明期後半以降に禅林の詩聯や聯句連歌の興隆したことに附随して、「略韻」類の韻書が簡便な手引書として使用されたものと思はれる。

三、1、『海蔵略韻』の撰述者と成立年代が問題となるが、現存の伝本に文明末年以前に書写あるいは刊行されたものが見られないこと。更に『海蔵略韻』の注記中に『聚分韻略』の引用が見られる処から、本書の成立は『聚分韻略』より後であることを確認し得た。このことからも『海蔵略韻』と『聚分韻略』とは別書であり、かつ『海蔵略韻』の撰述者も虎関師錬ではあり得ないこと。

2、『海蔵略韻』の特に注文が増大したことから、本書は文明期後半以降の禅林における詩聯活動の興隆の機運の中で成立し、剰へ上梓もされて普及し利用されたこと。従つてこのことからも『海蔵略韻』が文明末年以降の成立であることは明白である。

四、1、『古澗略韻』は従来の研究で書名のみは記されてゐたが、この書の全貌を報告したものは無かつた。「影印本文」の提供に私自身も関はり、本書の内容を委細に紹介したのも本稿が最初である。

2、本書の編纂意図が『海蔵略韻』を継承し、それを超えるために厖大な分量の引例・注記を収めて、類書の性格も有たしめて、韻書の充実を目指したものであることを明確にし得た。典拠には夥しい数の漢籍・禅籍・聯句集が収録されてゐるが、特に『韻府群玉』『古今韻会挙要小補』等の韻書や『事文類聚』『事林広記』『初学記』等の類書の引用が目立つ。禅林の詩聯活動に資すると共に類書（百科全書）としての内容の充実にも意を注いだことが看て取れる。

3、本書の撰述者が古澗慈稽であることも確認できた。また古澗の事績を『鹿苑日録』の記事に見出して、『古澗略韻』の成立を慶長一〇年（一六〇五）頃と推定した。慶長期の古澗の詩聯や聯句連歌等の実作の活動振りからも、この成立年代は裏付けられる。

五、漢和聯句のための韻書「十一韻」「十二韻」「十五韻」「三十一韻」のものが、全て『聚分韻略』を基幹とした平声のみの「略韻」であることは既に言はれてゐることである。本稿では更に次の各項の内容を明確にし得た。

1、『和訓押韻』（十一韻）の伝本には、『松平本』『北岡本』『龍門本』の写本三本と『版本』とが伝存する。安田章氏は、『松平本』と『北岡本』、それに『龍門本』『版本』の三類別にし得るとされた。私はこれを承けて、『松平本』と『北岡本』との合成本が『龍門本』（増補系）であること、また『龍門本』を版本化したのが『無刊記本』『正保二年本』等の刊本であることを、四本の本文を対校し悉皆調査することによつて明らかにした。

2、伝本（写本）三本間における新古の問題は、深沢眞二氏によつて漢和聯句の実作の立場から『松平本』が最も古く、明応頃の成立であらうと推定された。私は本書の伝本系統を明確にし、その本文形態を調査することにより深沢氏説を確認し支持することとした。また五山衆や公家衆の日録類の関連記事の内容に基づいても、そのことが裏付けられることを確かめた。

3、『韻字記』『韻字之書』（十二韻）では、広本の『韻字記』も略本の『韻字之書』も、本来同一系統の伝本であり、『韻字記』の方が注記が委しくなつてゐる。『韻字記』の語注には「私云」「可用」等の形で編纂者の意見を提示し、抄物的な性格を帯びた箇所が見られる。また、「十二韻」の韻書は刊行されることなく、写本でのみ伝存する。

4、『韻字記』も『韻字之書』も共に『和訓押韻』（十一韻）の増補系『龍門本』等を主要典拠とし、「十二韻」の韻書の段階で定家の証歌を多く補入する外、『万葉集』『新古今集』『壬二集』『拾玉集』『六百番歌合』等を引いてゐる。他は『和訓押韻』（十一韻）の語注をほぼ踏襲する。それらの中で「国花合記集」の仮名書の例は「十一韻」よりも若干増加せしめてゐる。『詞林三知抄』の引例は『韻字記』にのみ見えて、『韻字之書』には存しない。『古今韻会挙要』は明代の『小補韻会』に依拠してゐる。これは、「十一韻」の場合と異なる。

5、『漢和三五韻』（十五韻）も「十一韻」「十二韻」以来の語注の多くを踏襲するが、新たに『古今韻会挙要小補』を全巻に亘つてほぼ網羅的に引用して、編輯の新機軸を打ち出してゐる。「国花合記集」の引用は近世のものに拠つてゐるが、これは名詞形のものばかりであるので、それ以外の品詞は助詞・助動詞に到るまで『万葉集』の仮名書で補充してゐる。「十一韻」や「十二韻」の韻書に比して、本書は「辞書」としての内容・体裁が整備されてゐて、撰述者宇都宮由的の見識の程が窺へる。

6、『和語略韻』（三一韻）は「十一韻」や「十二韻」の注記はさほど多くは踏襲せず、新たな典拠から極めて多く熟字例を入れて、作詩用参考書としての内容を充実させてゐる。ただし、『漢和三五韻』が、「十一韻」や「十二韻」に存せぬ『万葉集』から新たに採録した活用語や助詞・助動詞等の仮名書の用例は、その殆んどを継承してゐる。撰述者の松峯散人が『漢和三五韻』を範としつつ編纂したことは明らかである。また『和語略韻』が「十一韻」や「十二韻」の注文の多くを踏襲せざる理由は、この書が撰述された元禄十一年頃には『和訓押韻』の版本が普及してゐたために、それを見れば事足りるので無駄を省いたものと目される。

7、漢和聯句のための韻書の後に付した慶長二年写本『押韵』（三一韻）は、奥書によると「憩斎急閑」と号する人によつて撰述された韻書である。この書は一見「十一韻」「十二韻」「十五韻」等の韻書に直接的には関連ないやうに思はれるが、「80夢」の注文等は『和訓押韻』を踏まへてゐることが確定的である。

8、また、この「夢」の語注の中に出る人名「閑斎」は、『和訓押韻』の『北岡本』の書写者細川幽斎と文雅の交流のあつた人物である。斯くて本書も漢和聯句専用の韻の辞書として編まれたものであることを識る。

三、『平他字類抄』と『聚分韻略』の双方に基づく韻書

三－1　『新韻集』成立の意義　付載資料一、［一］の「『新韻集』中に典拠として占める『平他字類抄』の比率」によつて示す通り、『新韻集』と『平他字類抄』との共通語の比率は平声三八・六％、他声三八・六％、平均三八・六％でしかない。この数値を見て『平他字類抄』が、『新韻集』の第一次の典拠であるとは到底考へられないであら

う。逆に第二次の典拠『聚分韻略』と『新韻集』との共通語の比率は、平声で八五・九％、他声は九四・〇％、平均にしても九〇・一％の高率を占めてゐる。撰述者の万里集九は還俗はしてゐても聯句に格別に長じた禅林出身の文筆活動家である。この書が禅聯句製作のみの為のものであるなら、イロハ順に排列する必要はない。やはり文明期後半に興隆を極めた「聯句連歌」の実作に供するための営みであるに違ひない。そこで本稿で悉皆調査を試みた処、部分的に『新韻集』の語順と『平他字類抄』の語順と一致する箇所が随所に確実に見出し得るのである。委しくは付載資料一、［二］に記した通りである。この事実の発見によつて、韻書『新韻集』の意義付けと、それに基づく記述をなすことが、本邦韻書史に対して発言力を増すこととなつたのである。また、『平他字類抄』と『聚分韻略』といふ別系統の両韻書が、本書『新韻集』において合流したのである。畢竟、イロハ順排列の『平他字類抄』と「略韻」との合一を図ることを成し遂げたこととなる。実に画期的な韻書編纂の営為であり、本邦辞書史上まさしく注視すべき事実であると思ふ。そこで、『新韻集』について、次に要点を纏める。

一、『新韻集』は「色葉字平他」類の韻書群の中で最初に成立した本で、『新韻集』は「色葉字平他」類の韻書の先駆をなすものである。而かも八二四九字といふ最多の収録語数を誇る韻の辞書である。

二、『新韻集』がイロハ順排列になつてゐることは、文明期後半の聯句連歌の隆盛に伴なつて編纂されたといふ時代背景によつても裏付けられる。

三、本書全体の七〇％近くの語を『聚分韻略』から採録してはゐるが、第一次の典拠としての『平他字類抄』のイロハ順の体例を継承する。これは確実に『平他字類抄』の聯句連歌の漢句のための韻書としての利用価値の復権を図つたものである。

四、『新韻集』は『聚分韻略』からの標出語と注記を大幅に補入することにより、「色葉字平他」類の韻書の使用価値を増すのみならず、勝義においては『聚分韻略』をイロハ順化することによつて、聯句連歌の実作のためのみならず、一般の国語辞書・漢字辞書としての役割をも果たしてゐる。

五、右の一、～四、特に四、の意義付けから、『新韻集』の書名からも、編者万里の新しい辞書編纂上の理念が看て取れる。蓋し『新韻集』は文明期後半の文芸活動の面からの欲求に応へるために、新しくイロハ順排列の『聚分韻略』の改編をねらつた意図が理解できる。

三－2　『伊呂波韻』成立の意義

『平他字類抄』と『聚分韻略』の双方に基盤を置く韻の辞書として『新韻集』があり、それに続くものとして『伊呂波韻』がある。今日普通に見得る『伊呂波韻』の伝本は寛永一一年（一六三四）刊の『伊呂波雑韻』（C系統本）や更に後の寛文四年（一六六四）刊の『以呂波雑韻』（D系統本）の刊本群である。室町時代後期から江戸時代前期の詩聯、あるいは聯句連歌の実作に供するために編纂された『伊呂波韻』が次々と刊行され重刊・増刊せられた所以である。これら江戸時代の刊本群は詩聯の製作に際して使用された他に、通常の「漢語辞書」としても多用された為に、江戸中期以降にも刊本が簇出したのであらう。『聚分韻略』が韻書としての用途の外に、「漢語辞書」としても使用されつつ流布・普及したやうに、『伊呂波韻』の江戸時代前期刊のC系統本・D系統本も、『聚分韻略』と同じやうな事情で普及して行つたものである。さすれば、先行する『新韻集』と、この『伊呂波韻』とは如何なる点において相異するのか。このことについて触れて置かねばなるまい。一方の『新韻集』は、あれ程多くの『聚分韻略』からの増補語彙を有しながらも、それの使用層が『平他字類抄』と同様に公家衆や学問所等の人々の間で秘蔵されつつ愛用され続けたが、「版本」として刊行されることはなかつた。これに対して『伊呂波韻』は古写本（室町時代成立のA系統本）として使用されてゐる間は、『新韻集』と類似した方法で利用されたであらうが、天正末年頃に『古刊本』（B系統本）が成立するに到つてからは、印刷といふメデイアに乗せられたが故に、『聚分韻略』の「三重韻」に似た性格を有するやうになつて普及し、遂にC系統本・D系統本が多数刊行されたのだと考へられる。特に『伊呂波韻』はC系統本（寛永十一年刊本）として編纂される際に、大幅に『三重韻』の体例に似せたことを指摘し得る。この『寛永十一年本』刊行後に本書は広く世に流布したのである。

本稿は中世の韻書研究を目指したものであり、『伊呂波韻』のC系統本やD系統本は江戸時代前期・中期に多出したものであるので、詳述することを避けた。中世韻書としては『伊呂波韻』のA系統本（古写本）とB系統本（『室町時代古刊本』）とが存するが、私はまだこれらの韻書を実見する機会が得られない。今後、「古写本」や『室町古刊本』を調査する機会が得られた際、改めて調査して記述することを期したく思ふ。

なほ、『伊呂波韻』の「古写本」もやはり聯句連歌等の韻事のために編纂され、「色葉字平他」類の韻書群と同じやうな方法で使用された。安田章氏も指摘されるやうに、日我の撰述にかかる『いろは字』に「イロハイン」との名が見える処からも、『伊呂波韻』の「古写本」は永禄期（一五五八年～）以前に成立してゐたこととなる。従つて聯句連歌の隆盛期に編纂されたこととなり、「色葉字平他」類の韻書群と同じ事情の中で誕生したことが判る。「色葉字平他」類の韻書と軌を異にするのは、本書が天正期に『室町古刊本』、更に『寛永十一年本』（C系統本）へと改編せられて以降のことである。屢説するごとく『伊呂波韻』の刊本が『三重韻』に基づいて改編が加へられた所以である。

第二節　韻書と併用された中世辞書

一、「国花合記集」の特色と実用性

一―1　「国花合記集」の成立と利用　「国花合記集」の書名が最初に文献上で見られるのは、『広本節用集』（文明六年以降成立）中に見られる「国花合紀」「合紀」などと明記したものである。ただし『広本節用集』には「国花合記」が一群の語彙集団として纏められてゐる訳ではなく、語注の随所に計一〇六語の音訳漢字による仮名書が収められてゐる。一括した語彙集団としての形態は成してゐないが、『広本節用集』を利用する人にとつて、この「仮名書」が重要なものであつたことは、全て一〇六語もの用例が収録されてゐること自体、その証拠となり得るであらう。これは聯句や聯句連歌の実作に資するものであつたことに間違ひはない。「国花合記集」が一つの纏つた『語彙集団』（辞書の体例）の形態を採るに到つたのは、「永禄二年（一五五九）本」類の『節用集』以降の、主として「印度本」においてである。『永禄二年本』や『永禄五年本』に付載せられる「国花合紀集抜書」がそれである。文明末年から永正頃にかけて成立した聯句のための韻書『海蔵略韻』には「国花合記集抜萃」が付載されてゐる。この二種の中世韻書類に付載される「国花合紀集抜書」も「国花合記集抜萃」も、共に一三〇語～一五〇語程度の収録語数の仮名書「語彙集」である。処が江戸時代初期に入つて聯句連歌が公家・禅僧・連歌師の他に、儒学者・漢学者を始めとして広く文雅に関はる人々の間にも普及すると、聯句連歌の成立件数も増大する。必然的に「国花合記集」の語彙数も増えて、近世のものでは一七〇語以上も保有するものとなる。かくて、「国花合記集」の仮名書は、

一、漢和聯句の場合は次の1・2の二通りに用ゐられる。
1、入韻句を始めとする偶数句の「和句」の句末に置いて押韻を図るため
2、「漢句」の句頭または句中に置いて五言句の字数の充足を図るため
二、和漢聯句の場合は、「漢句」の句頭または句中において五言句の字数の充足を図るため
三、漢聯句（禅聯句）の句頭・句中に置いて五言句の字数の充足を図るため
の三つの場合に使用して、聯句や聯句連歌の規定を一層厳しくした言語遊戯のために役立つたのである。

一－2 「国花合記集」収録語の所属韻目　「国花合記集」は聯句や聯句連歌の押韻のために音訳漢字による「仮名書」の形で使用された。中世の「国花合記集」は『広本節用集』所載の「国花合紀」の仮名書一〇六語を軸として、永禄二年本類『節用集』等、主に「印度本」付載の「国花合紀集抜書」や、『海蔵略韻』付載の「国花合記集抜萃」などには約一三〇語の仮名書（主に名詞）を収録する。また、中世の「国花合記集」を増補した近世の「国花合記集」は一五〇語〜一七〇語程度にまで用語が増大してゐる。これらの実用性は、中世・近世の「国花合記集」の収録語の末尾字の所属韻目を検索することにより、その一斑が窺はれるので、本稿では総括して一覧にして掲げた。その結果は概ね次の通りである。

[上平]　一、東韻　二語（韻字2字）　二、冬鐘韻　五語（韻字3）　四、支脂之韻　三九語（韻字22字）　六、魚韻　二語（韻字1字）　七、虞模韻　八語（韻字6字）　八、齊韻　八語（5字）　一一、真諄臻韻　四語（韻字4字）　一二、文欣韻　四語（韻字1字）　一三、元魂痕韻　二語（韻字2字）　一四、寒桓韻　七語（韻字6字）　一五、刪韻　一語（韻字1字）　上平計　延べ72字・異なり53字

[下平]　一、先仙韻　八語（韻字6字）　五、歌戈韻　二二語（韻字10字）　七、陽唐韻　三語（韻字2字）　一一、尤侯幽韻　三語（韻字2字）　一二、侵韻　二語（韻字2字）　一三、覃韻　一語（韻字1字）　下平計　延べ39字・異なり23字

[上声]　一、董韻　一語（韻字1字）　四、紙旨止韻　一〇語（韻字8字）　五、尾韻　二語（韻字2字）　七、虞姥韻　三語（韻字2字）　八、薺韻　五語（韻字4字）　一六、銑獮韻　二語（韻字2字）　一七、篠小韻　一語（韻字1字）　二〇、哿果韻　一語（韻字1字）　二一、馬韻　一語（韻字1字）　二六、有厚黝韻　一語（韻字1字）　二七、寝韻　一語（韻字1字）　上声計　延べ28字・異なり24字

[去声]　四、寘至志韻　一九語（韻字9字）　五、未韻　二語（韻字1字）　七、遇暮韻　一語（韻字1字）　八、霽祭韻　三語（韻字2字）　一三、震稕韻　一語（韻字1字）　一九、霰線韻　一語（韻字1字）　二六、敬諍勁韻　一語（韻字1字）　三二、豔㮇釅韻　一語（韻字1字）　三三、陥鑑梵韻　一語（韻字1字）　去声計　延べ30字・異なり18字

[入声]　一、屋韻　一語（韻字1字）　三、覚韻　一語（韻字1字）　四、質術櫛韻　一〇語（韻字9字）　七、月没韻　六語（韻字4字）　八、曷末韻　六語（韻字5字）　九、黠轄韻　三語（韻字3字）　一〇、屑薛韻　五語（韻字4字）　一一、薬鐸韻　一語（韻字1字）　一二、陌麦昔韻　四語（韻字3字）　一四、職徳韻　一語（韻字1字）　一五、緝韻　二語（韻字2字）　一六、合盍韻　一語（韻字1字）　入声計　延べ43字・異なり35字

「平声」の韻字合計　延べ一一一字・異なり七六字

「他声」の韻字合計　延べ一〇一字・異なり七二字

右の一覧で韻字の多さで目立つのは、上平の「四、支脂之韻」(三九語・韻字22字)である。「支脂之韻」は『聚分韻略』を見ても判るやうに、本来所属韻字数が特に多い韻目である。「国花合記集」にも「支脂之韻」の韻字が多いのは自然の姿であらう。さうして、漢和聯句の作品群において「支韻」の件数の多いこととも連関するものであることを、私は指摘して置きたく思ふ。さらに『和訓押韻』成立前に「支韻」のみの冊子が存したであらうことも考へられる。このこととの関連は念頭に置かねばならないであらう。

ここで「国花合記集」の用語の最末尾字に「他声」(上声・去声・入声)の韻目所属字が延べ一〇一字・異なり七七字存することについても触れておかねばならない。これは「国花合記集」所収韻字数の約半分を占めてゐる。実際の「漢和聯句」の押韻字は「平声」が圧倒的に多く、「他声」は極めて少数なのである。而かるに「国花合記集」の所収韻字は「平声」と「他声」とに大差がない。これは「国花合記集」の編纂者が「辞書」としての形態に平衡を保ちつつ充実を図つたものと考へられる。「平声」は延べ一一一字・異なり七六字、それが「漢和聯句」の「和句」の押韻を図る必要から「国花合記集」の仮名書が使用せられ、それが「漢句」にも及び、更に「聯句」や「和漢聯句」の「漢句」へと使用範囲が拡大して行つたのである。と同時に「漢和聯句」の入韻句を始めとする偶数句の「和句」は、「平声」のものから「他声」のものにも徐々に範囲が拡大して行つた。例へば国立国会図書館蔵『連歌合集』第8集所収の「天文二四年三月二五日成立『千句』第三漢和百句」を見ると、これの入韻句及び偶数句の「和句」は全て入声「屋韻」となつてゐる。同様に「天文二四年三月二七日成立『千句』第七漢和百句」では偶数句の「和句」が去声「寘至志韻」となつてゐて、これもやはり「他声」の例である。斯様に早くも天文期以前から漢和聯句の偶数句の「和句」が他声の韻字も使用するに至つてゐるのである。まして「平声」を主体とするとは限らない和漢聯句の

「漢句」や、「漢聯句」においては平声・他声の双方が使用されるのであるから、それらのために供された「国花合記集」の収録語の韻目が、平他両声に及ぶのは自然の姿であらうし、編者は「国花合記集」の辞書として体裁を整へるためにも、平他両声に所属する用字を略同数掲出したものと考へられる。

二、『下学集』の辞書としての特色と実用性

二－1　『下学集』成立の意義　『下学集』はその序の記事から文安元年（一四四四）の成立であることが明らかである。撰述者は自らを「東麓破衲」と謙称する五山僧で、具体的には建仁寺・霊洞院の東麓軒に住した人である。五山僧は漢詩や聯句の製作に際して中国の韻書『広韻』『韻鏡』『増韻』『韻府群玉』等を用ゐ、また『太平広記』『太平御覧』『事林広記』『事文類聚』等の類書をも詩聯実作の聯想のために使用した。さらに、禅の境地の詩的表現のために、「東坡詩」「山谷詩」「杜甫詩」「三体詩」等を参看したことが禅林の日録類によつて判る。本邦の参考書としては身近かな『聚分韻略』を使用したことは言ふまでもない。而かるに『下学集』の撰述者は、禅僧のためよりは寧ろ公家衆・武家衆・学問所等の広く文雅の業に関はる人々のために、辞書と類書の双方の形態を一書に纏めた簡便な参考辞書を編纂しようと考へた。その具体的なプロジエクトとして成つたのが本書『下学集』である。従つて本書は、その第一義的な編纂目的が、「詩聯実作のため」であることは明確である。このことを裏付けるかのごとく、『文明十一年本』以下『慶長十六年本春良本』に到るまでの、室町後期成立の『下学集』の多数の写本群が簇出するが、これは聯句・聯句連歌の隆盛期と時期を同じうするのである。さうして殆んどの『下学集』の写本には長文の語注を約三〇〇語に施してゐる。これもやはり詩聯製作の際の「聯想」に資するものである。

一方、『下学集』は『庭訓往来』を始めとする古往来に依拠する面も多い。従つて、日用の消息文のためといふ実用的な目的をも兼ねて編纂されたことは事実である。同時に『拾芥抄』のごとき百科全書的な典拠にも基づいてゐるので、当然簡便な百科全書としての性質も具有してゐる。これが『下学集』の「名彙」と「言語辞書」の両面の性格が併有せられてゐる所以である。この書は使用者の側で、多用途に利用し得る至便の辞書として歓迎された。これも自然の成り行きである。

さらに、この「字書」と「辞書」、「名彙」と「言語辞書」、「単字」と「熟字」等々の多様性を有つた『下学集』は、聯句連歌の興隆期たる文明期以降、広・略二系統の辞書に受容せられて行くことも辞書史上の意義が深い。このことは特記すべき事項であると思ふ。蓋し、

「下学集」
- 「節用集」（広本）→『広本節用集』→『印度本節用集』類（『永禄十一年本』等）
- 「節用集」（略本）→『温故知新書』『塵芥』『運歩色葉集』『易林本節集』等

といふ中世辞書史の流れを如実に鳥瞰し得るのである。

二―2　『下学集』の伝本系統の問題　凡そ各時代の代表的な古辞書で「諸本の分類」が明確でないものは殆んどなく、『下学集』はその意味において例外的であり特異でもある。もつとも夙くに川瀬一馬博士によつて第一類・第二類・第三類の三分類がなされてはゐる。しかし、これは一つの試論として、諸本調査の際に役立つことは確かである

が、十分なものではない。『下学集』の生成過程を的確に把へた「伝本の系統」の確立は、今後に残された研究課題である。

『下学集』の本文は、例へば「八、気形門」で示すならば、最初に「鳥類名」を置き、次に「獣類名」を続ける。更にそれに続けて「魚類名」、その後に「虫類名」を置く、といふふうである。さうして諸本の生成は、その転写の際に、それぞれのグループ（語彙集団）毎に加除が行はれる。このうち「増補」は各語彙グループの末尾に付加するのが原則となつてゐる。この語彙グループの「加除」といふ事象にスポットをあてて、伝本の生成過程を考察せられねばならない。その点で川瀬博士の分類は一つの目安とはなり得るが、細部においては伝本間の弁別が必ずしも明確ではない。さらに『下学集』の本文の形成過程は、従来の二つの過程、つまり［略本→広本］あるいは［広本→略本］といふ方向からは把握できないものとなつてゐる。そこで私の提案するテクストの生成過程として、『下学集』はその成立当初から大体二六〇〇語～二八〇〇語程度の語彙を保有する辞書であつたと想定して、次のごとくに考へる。

即ち古写本は、

A系統本（略本系）収録語数二六〇〇語以内の伝本

B系統本（「原形本」に近い本）収録語数二六〇〇語～二八〇〇語程度の伝本

C系統本（広本系）収録語数三〇〇〇語以上の伝本

と大別し得る。これらA・B・C各系統の諸本は、さらにそれぞれの本文徴証に基づいて、A－a・A－b・・・C－b・C－c等々と細分化した系統図が作成し得よう。さうして『元和三年版』は、前のA～C系統本に加へて、

D系統本（広本系）＝B系統本・C系統本を集成した『元和三年版』、およびそれ以降の刊本群

として把握し得る。この『下学集』の伝本系統の委細に亘る考察は、更なる調査を経た上での今後の課題である。

付　中世韻書の系譜と各韻書の成立（推定）年代

本書の序章で掲げた中世韻書の系統図に、各時代の成立年代を付記する。成立年の明確でないものには、本稿の考察に基づいて推定した年代を記すこととする。その後に「国花合記集」と『下学集』をも付する。

㈠　中世韻書の二大系列と成立年代

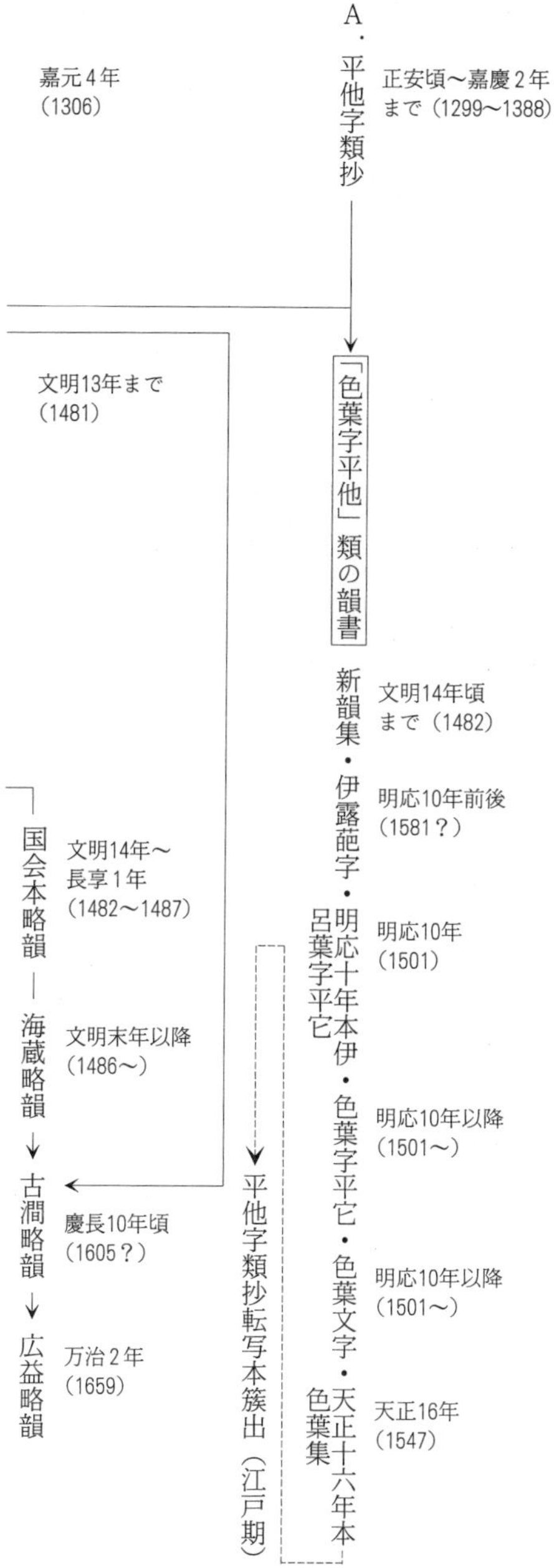

付　中世韻書の系譜と各韻書の成立（推定）年代

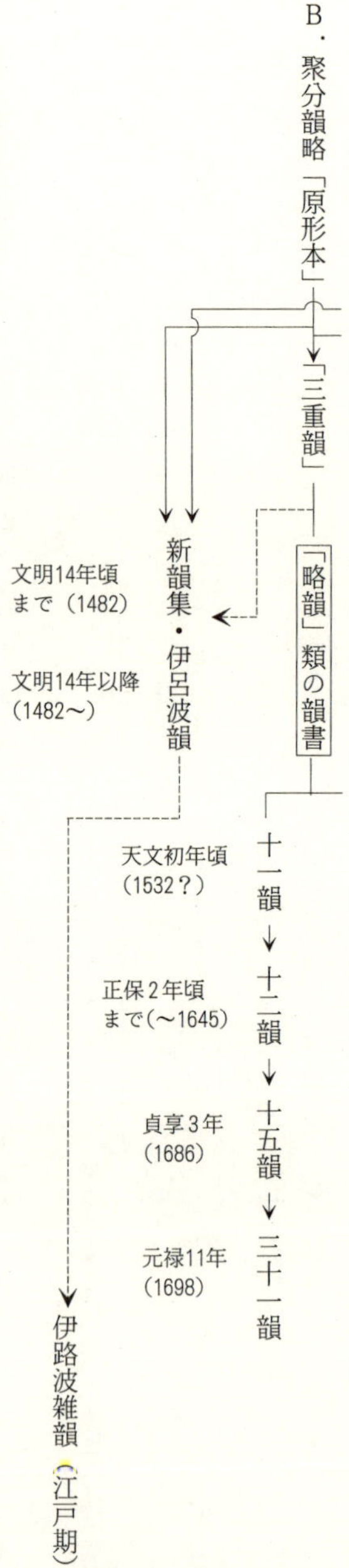

㈡　国花合記集

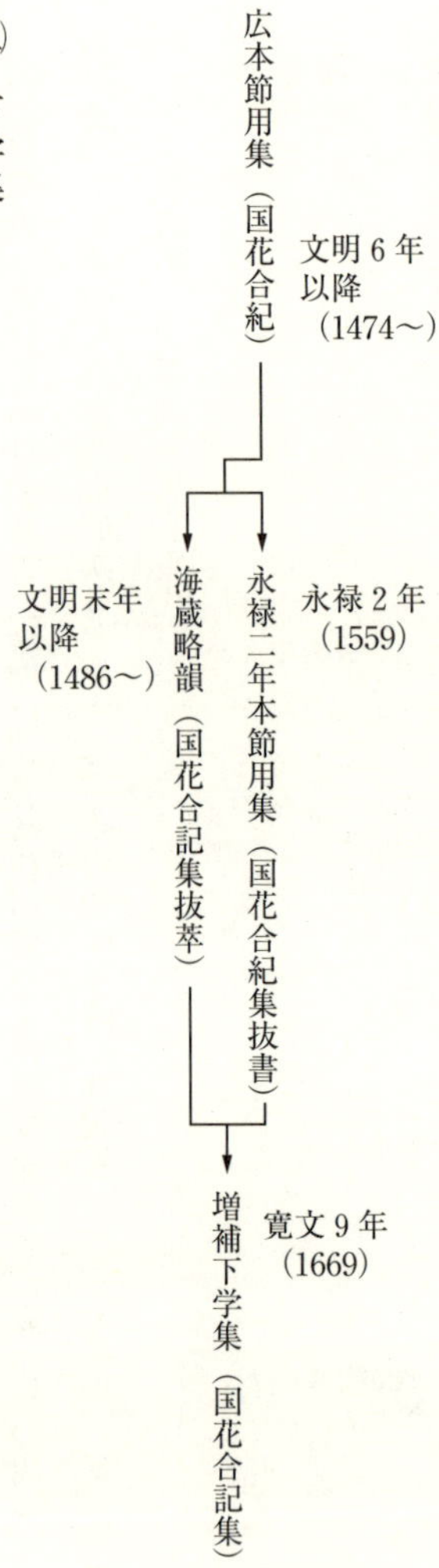

㈢　下学集

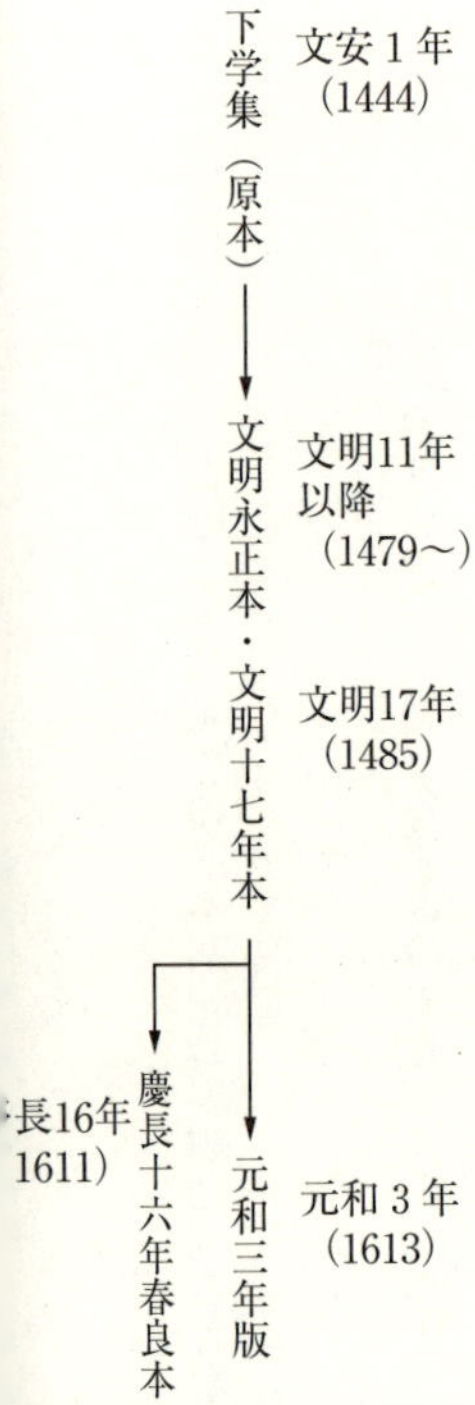

（注）『下学集』の広本・略本の二系統の分類は図化せず。

付載資料

表Ⅴ　『新韻集』の典拠になつてゐる『平他字類抄』の語数とその比率

声別／イロハ順	平声			他声		
	総語数	共通語数	比率(%)	総語数	共通語数	比率(%)
伊	159	61(2)	38.3	205	90(2)	36.0
露	7	4	57.1	4	1	25.0
波	175	74(1)	42.3	190	83	43.7
仁	45	24(1)	53.5	51	13	25.5
保	76	29(1)	38.1	72	32	44.4
辺	8	6	75.0	13	4	30.7
登	120	40	33.3	141	63(1)	45.6
知	26	10	38.5	32	17	53.1
里	2	0	0	0	0	0
奴	12	5	41.6	23	12	52.1
遠	184	72	39.1	267	103	38.2
和	57	20	35.1	66	22	33.3
加	332	139(1)	41.9	348	127(3)	36.4
与	62	26	41.9	66	33	52.3
太	207	79(1)	38.1	238	97	40.7
礼	0	0	0	0	0	0
楚	45	21	46.6	67	26	38.9
津	136	47	34.5	224	98(3)	43.7
祢	27	(5)	(18.5)	23	(3)	(13.0)
那	123	53	43.9	110	50(1)	45.5
羅	2	1	50.0	1	1	100.0
牟	74	29	37.8	75	25	33.3
宇	186	60(1)	32.2	159	60	37.7
為	1	0	0	3	0	0
乃	46	28	60.8	64	25	39.0
久	152	51(3)	33.5	139	49	35.2
夜	100	26	26.0	87	42(4)	47.1
摩	100	48(1)	48.0	121	48	39.6
計	25	9	36.0	29	7	24.1
布	93	31	33.3	102	31(1)	30.4
古	114	62(1)	54,4	115	36	31,3
江	32	15	46,9	23	11	47,8
天	4	1	25,0	11	5	45,4
安	275	104(1)	37,8	307	103	33,2
左	164	47	28,7	182	58(1)	31,8
幾	64	38(1)	59,4	86	29	33,7
由	43	17(1)	39,5	53	20(2)	37,7
免	42	13	30,9	29	16	55,2
美	124	43	34,6	97	38	39,2
之	134	52(2)	38,8	135	57(1)	42,2
比	152	48	31,6	192	47(1)	24,5
毛	83	28	33,7	78	34	43,6
世	20	10	50,0	27	10(1)	37,0
寸	84	36(1)	42,8	126	49(2)	38,8
計	3917	1512	38,6	4332	1675	38,6
総語数　8,249			共通語数　3187			38.6%

三 表II 『伊露葩字』中に典拠として『平他字類抄』の占める比率

イロハ順	収録語数	A	B	A＋B	A＋Bの比率	イロハ順	収録語数	A	B	A＋B	A＋Bの比率
イ平	112	27	25	52	46.4	イ仄	188	62	20	82	43.6
ハ平	105	51	11	62	59.0	ハ仄	136	54	16	70	51.5
ニ平	34	8	6	14	41.2	ニ仄	31	11	0	11	35.5
ホ平	45	18	5	23	51.1	ホ仄	56	18	7	25	44.6
ヘ平	6	1	1	2	33.3	ヘ仄	12	4	1	5	41.7
ト平	71	29	5	34	47.9	ト仄	83	38	20	58	69.9
チ平	19	7	2	9	47.4	チ仄	18	12	1	13	72.2
ヌ平	7	3	1	4	57.1	ヌ仄	16	8	2	10	62.5
ヲ平	90	40	15	55	61.1	ヲ仄	134	70	26	96	71.6
ワ平	37	15	3	18	48.6	ワ仄	41	14	3	17	41.5
カ平	175	68	32	100	57.1	カ仄	140	60	12	72	51.4
ヨ平	57	21	10	31	54.4	ヨ仄	49	26	4	30	61.2
タ平	116	47	14	61	52.6	タ仄	188	41	28	69	36.7
ソ平	26	11	2	13	50.0	ソ仄	57	17	7	24	42.1
ツ平	140	32	9	41	29.3	ツ仄	186	59	19	78	41.9
子平	12	(3)	(0)	(3)	(25.0)	子仄	19	(0)	(1)	(1)	(0.53)
ナ平	63	37	4	41	65.1	ナ仄	88	36	8	44	50.0
ム平	38	20	2	22	57.9	ム仄	49	17	5	22	44.9
ウ平	102	31	11	42	41.1	ウ仄	136	34	17	51	37.5
ノ平	41	22	3	25	60.9	ノ仄	55	21	4	25	45.5
ク平	92	19	17	36	39.1	ク仄	110	28	13	41	37.3
ヤ平	49	17	10	27	55.1	ヤ仄	75	25	13	38	50.7
マ平	59	30	6	36	61.0	マ仄	84	34	15	49	58.3
ケ平	19	7	0	7	36.8	ケ仄	18	6	0	6	33.3
フ平	54	18	4	22	40.7	フ仄	51	19	8	27	52.9
コ平	74	44	6	50	67.6	コ仄	84	25	7	32	38.1
エ平	11	8	2	10	90.9	エ仄	20	7	3	10	50.0
テ平	2	0	0	0	0	テ仄	7	5	0	5	71.4
ア平	131	57	20	77	58.8	ア仄	134	55	18	73	54.5
サ平	73	27	10	37	50.7	サ仄	94	41	5	46	48.9
キ平	46	20	4	24	52.2	キ仄	56	19	7	26	46.4
ユ平	28	11	3	14	50.0	ユ仄	28	11	2	13	46.4
メ平	19	9	1	10	52.6	メ仄	15	6	3	9	60.0
ミ平	60	25	9	34	56.7	ミ仄	47	21	8	29	61.7
シ平	63	24	14	38	60.3	シ仄	80	34	7	41	51.3
ヒ平	71	33	11	44	61.9	ヒ仄	91	28	16	44	48.4
モ平	33	12	6	18	54.5	モ仄	34	18	8	26	76.5
セ平	16	8	1	9	56.3	セ仄	18	8	3	11	61.1
ス平	66	21	12	33	50.0	ス仄	99	30	20	50	50.5
計(平)	2262	881	297	1178	52.1	計(仄)	2827	1022	357	1379	48.8

総平均 $\frac{2457}{5089} = 48.3$(%)

三 表III　『色葉字平它』中に典拠として『平他字類抄』の占める比率

イロハ順	収録語数	M	N	M＋N	M＋Nの比率	イロハ順	収録語数	M	N	M＋N	M＋Nの比率
以平	80	53	11	64	80.0	以他	97	82	6	88	90.7
露平	4	2	0	2	50.0	露他	7	5	1	6	85.7
波平	86	70	3	73	84.9	波他	94	79	4	83	88.2
仁平	36	18	0	18	50.0	仁他	23	13	0	13	56.5
保平	45	26	3	29	64.4	保他	41	28	5	33	80.5
辺平	10	7	0	7	70.0	辺他	9	6	1	7	77.7
登平	61	42	5	47	77.0	登他	81	65	5	70	86.4
知平	18	9	0	9	50.0	知他	24	16	3	19	79.1
里平	10	4	(0)	(4)	(40.0)	里他	3	2	(1)	(3)	(100.0)
奴平	7	4	1	5	71.4	奴他	18	12	2	14	72.2
留平	4	(0)	(0)	(0)	(0)	留他	(0)	(0)	(0)	(0)	(0)
遠平	88	68	0	68	77.2	遠他	112	88	5	93	83.0
和平	29	20	0	20	68.9	和他	29	21	0	21	72.4
賀平	159	117	4	121	76.1	賀他	146	120	4	124	84.9
与平	43	33	1	34	79.0	与他	38	30	1	31	79.2
太平	107	79	6	85	79.4	太他	131	86	8	94	70.9
素平	25	18	2	20	80.0	素他	36	28	1	29	80.5
津平	115	44	10	54	46.9	津他	121	94	3	97	80.1
祢平	13	(4)	(1)	(5)	(38.4)	祢他	13	(1)	(1)	(2)	(15.4)
那平	69	47	4	51	73.9	那他	64	45	6	51	79.7
良平	6	3	0	3	50.0	良他	4	2	0	2	50.0
牟平	37	26	6	32	83.8	牟他	31	22	5	27	87.1
宇平	70	39	5	44	62.8	宇他	53	46	0	46	86.8
為平	4	2	1	3	75.0	為他	5	3	0	3	60.0
能平	39	29	3	32	80.1	能他	28	24	1	25	89.3
久平	56	42	0	42	75.0	久他	54	42	2	44	81.5
夜平	35	24	0	24	68.6	夜他	44	36	1	37	84.1
麻平	55	41	2	43	78.2	麻他	72	51	5	56	77.7
計平	13	10	2	12	92.3	計他	14	6	3	9	64.3
布平	38	27	5	32	84.2	布他	37	29	3	32	86.5
古平	71	57	5	62	87.3	古他	50	35	8	43	86.0
江平	12	11	0	11	91.7	江他	13	11	1	12	92.3
天平	5	4	1	5	100	天他	10	7	2	9	90.0
安平	117	84	10	94	80.3	安他	110	89	6	95	86.4
左平	61	41	6	47	77.0	左他	61	51	4	55	90.2
幾平	36	28	4	32	88.9	幾他	38	26	4	30	78.9
由平	21	17	1	18	85.7	由他	23	18	2	20	86.9
女平	15	11	2	13	86.7	女他	14	12	2	14	100
美平	35	34	1	35	100	美他	29	24	1	25	86.2
之平	52	38	4	42	80.8	之他	59	47	7	54	91.5
比平	47	41	1	42	89.4	比他	63	48	7	55	87.3
毛平	38	23	2	25	65.8	毛他	29	22	3	25	86.2
世平	16	9	1	10	62.5	世他	12	10	0	10	83.3
寸平	53	37	7	44	83.0	寸他	69	53	7	60	86.9
計(平)	1939	1343	121	1464	75.5	小計(他)	2012	1529	139	1668	82.9

総語数	M共通語数	Mの比率(%)	M＋N	M＋Nの比率（%）
	2872	72,7	3132	79,3

四 表Ⅰ 『天正十六年本色葉集』の典拠になつてゐる『平他字類抄』の語数とその比率

イロハ順＼声別	平声 語数	(G) 共通語数	(%) Gの比率	G＋H	G＋Hの比率(%)	他声 語数	(G) 共通語数	(%) Gの比率	G＋H	G＋Hの比率(%)
以	49	32	65.3	39	79.5	85	75	88.2	82	96.4
呂	3	2	66.6	2	66.6	3	2	66.6	3	100
波	76	60	78.9	65	85.4	82	71	86.5	74	90.2
仁	24	12	50.0	14	58.3	14	10	71.4	10	71.4
保	50	25	50.0	30	60.0	34	25	73.5	28	82.3
辺	7	5	71.4	5	71.4	10	6	60.0	7	70.0
登	47	34	72.3	37	78.7	69	56	81.2	62	89.8
知	13	9	69.2	11	84.6	18	17	94.4	17	94.4
奴	8	6	75.0	6	75.0	15	11	73.3	12	80.0
遠	59	46	77.9	48	81.3	93	82	88.1	86	92.4
和	22	18	81.8	20	90.9	28	18	64.3	19	67.1
加	135	102	75.5	115	85.1	124	106	85.5	109	87.1
与	31	22	70.9	25	80.7	35	32	91.4	33	94.3
大	73	58	79.4	64	87.6	84	65	80.2	68	83.9
所	20	17	85.0	18	90.0	26	22	84.6	23	88.4
津	55	35	63.6	37	67.3	104	89	85.2	92	88.0
祢	12	(3)	(25.0)	(3)	(25.0)	14	(1)	(7.1)	(2)	(14.3)
奈	58	46	79.3	48	82.9	59	46	77.9	51	86.6
武	32	24	75.0	27	84.4	24	19	79.1	22	91.7
宇	55	41	74.5	44	80.0	49	42	85.7	44	89.8
為	3	2	66.6	3	100	4	2	50.0	2	50.0

能	29	26	89.6	28	96.5	26	25	96.1	25	100
久	37	24	64.9	26	70.3	44	38	86.4	39	88.6
夜	26	22	84.6	22	84.6	42	34	80.9	35	82.9
摩	44	38	86.4	39	88.6	57	42	73.7	44	77.2
計	11	9	81.9	11	100	12	7	58.3	7	58.3
布	29	22	75.8	24	82.7	29	27	93.4	29	100
古	54	45	83.3	46	85.4	46	34	73.9	39	84.9
江	10	10	100	10	100	12	10	83.3	10	83.3
天	3	2	66.6	3	100	5	5	100	5	100
安	92	72	78.2	77	83.7	85	75	88.2	80	94.1
左	47	32	68.4	38	80.8	51	44	86.2	46	90.2
幾	36	26	72.2	31	86.1	33	24	72.7	26	78.8
由	19	14	73.7	15	78.9	24	15	62.5	16	66.6
女	13	10	75.2	10	75.2	12	10	83.3	11	96.1
美	38	32	84.2	35	94.7	27	20	74.0	21	77.7
之	49	38	79.6	41	83.7	60	44	73.3	51	85.0
比	59	42	71.2	45	76.2	47	35	76.6	37	78.7
毛	30	20	66.6	24	80.0	38	28	73.9	31	81.6
世	14	9	64.3	10	71.5	12	10	83.3	11	91.7
寸	35	26	74.3	30	85.7	54	42	77.7	45	83.3
計	1507	1138	75.5	1226	81.4	1690	1366	80.8	1454	86.0

総語数	3197	G共通語数 2505	Gの比率(%) 78.4	G＋H 2681	G＋Hの比率(%) 84.1

表I　聚分韻略と広韻・集韻・増韻・広益玉篇との比較一覧〔漢字注の一致度〕＝上平

韻目次	総字数	広韻		集韻				増韻				広益玉篇				備考	
		字数	%比率	集・広	集韻	計	%比率	増・広	増韻	計	%比率	玉篇	%比率	玉集	玉増	異広韻	(内)同集増玉
東　一	109	68	62.4	34	6	40	36.7	35	8	43	39.5	5	0.4	1	1	41	(19)
冬鍾　二	83	59	71.1	25	4	29	34.9	34	4	38	45.8	2	0.2	0	1	24	(10)
江　三	33	24	72.7	9	1	10	30.3	10	2	12	36.4	0	0	0	0	9	(3)
支脂之　四	334	257	77.0	108	12	120	35.9	127	12	139	41.6	9	0.2	2	4	77	(33)
微　五	50	34	68.0	13	2	15	30.0	17	4	21	42.0	1	0.2	0	0	16	(7)
魚　六	77	56	72.7	25	1	26	33.8	35	7	42	75.0	1	0.1	0	1	21	(9)
虞模　七	202	140	69.3	57	5	62	30.7	65	9	74	36.6	9	0.4	2	5	62	(23)
齊　八	82	53	64.6	19	0	19	23.2	21	5	26	31.7	3	0.3	0	1	29	(8)
佳皆　九	45	32	71.1	10	0	10	22.2	15	1	16	50.0	0	0	0	0	13	(1)
灰咍　十	92	57	62.0	18	3	21	22.9	24	3	27	47.4	0	0	0	0	35	(6)
真諄臻　十一	133	79	59.4	22	7	29	21.8	39	8	47	59.5	9	0.6	4	3	54	(23)
文欣　十二	55	29	52.7	13	5	18	32.7	13	3	16	29.1	2	0.3	1	1	26	(10)
元魂痕　十三	107	53	53.3	22	7	29	27.1	30	7	37	34.6	6	0.5	1	2	50	(20)
寒桓　十四	107	69	64.5	30	4	34	31.8	30	8	38	35.5	7	0.6	1	4	38	(19)
刪山　十五	42	27	64.3	14	0	14	33.3	14	1	15	35.7	0	0	0	0	15	(1)
計	1551	1046	67.4	419	57	476	30.7	509	82	591	33.1	53	0.3	12	23	510	(182)

表II　聚分韻略と広韻・集韻・増韻・広益玉篇との比較一覧〔漢字注の一致度〕＝下平

韻目次	総字数	広韻		集韻				増韻				広益玉篇				備考	
		字数	%比率	集・広	集韻	計	%比率	増・広	増韻	計	%比率	玉篇	%比率	玉集	玉増	異広韻	(内)同集増玉
先仙　一	171	105	61.4	36	7	43	25.1	51	7	58	33.9	5	0.3	2	1	66	(19)
蕭宵　二	128	84	65.6	31	2	33	25.8	42	4	46	35.9	4	0.3	0	2	44	(10)
肴　三	48	29	60.4	7	1	8	17.4	8	3	11	22.9	2	0.4	0	1	19	(6)
豪　四	75	47	62.7	15	4	19	25.3	19	3	22	29.3	3	0.4	1	1	28	(10)
歌戈　五	98	58	59.2	21	3	24	24.5	24	5	29	29.6	2	0.2	0	1	40	(10)
麻　六	96	73	76.0	31	2	33	34.4	41	3	44	45.8	3	0.3	1	1	23	(8)
陽唐　七	215	144	67.0	59	5	64	29.7	66	13	79	36.7	2	0.1	0	0	71	(20)
庚耕清　八	160	98	61.3	37	4	41	25.6	36	9	45	28.1	3	0.2	0	0	62	(16)
青　九	65	41	63.1	8	3	11	16.9	14	4	18	27.7	2	0.3	0	1	24	(9)
蒸登　十	69	46	66.7	16	3	19	27.5	21	2	23	33.3	4	0.5	2	1	23	(9)
尤侯幽　十一	180	120	66.7	50	7	57	31.7	54	5	59	32.8	3	0.1	1	0	60	(15)
侵　十二	62	37	59.7	14	3	17	27.4	11	3	14	22.6	3	0.4	0	0	25	(9)
覃談　十三	48	28	58.3	5	1	6	12.5	14	4	18	37.5	4	0.8	1	1	20	(9)
塩添　十四	55	29	52.7	9	6	15	27.3	13	5	18	32.7	3	0.5	1	1	26	(14)
咸銜　十五	23	16	69.6	7	1	8	34.8	5	2	7	30.4	0	0	0	0	7	(3)
厳凡　十六	7	5	71.4	1	0	1	14.3	2	1	3	42.9	0	0	0	0	2	(1)
計	1500	960	64.0	347	52	399	26.6	421	76	497	33.1	43	0.3	9	11	540	(168)

《注》この統計（表I II III）作成に際しては、私の調査を更に確実・客観的ならしむるために、駒沢大学文学部研究員、丁鋒氏に検算・確認して頂いた。丁氏は中国管理科学院国際経済文化研究所研究員（言語学専攻）で、平成3年度後期から一箇年、私の研究室に研究員として在籍し研究に従事した。

表III　聚分韻略と広韻・集韻・増韻・広益玉篇との比較一覧〔漢字注の一致度〕＝上声

韻目次	総字数	広韻		集韻				増韻				広益玉篇				備考	
		字数	%比率	集・広	集韻	計	%比率	増・広	増韻	計	%比率	玉篇	%比率	玉集	玉増	異広韻	(内)同集増玉
董　一	17	15	88.2	8	1	9	53.0	11	0	11	64.7	0	0	0	0	2	(1)
腫　二	34	24	70.6	9	3	12	35.3	9	1	10	29.4	0	0	0	0	10	(4)
講　三	5	4	80.0	0	0	0	0	1	0	1	20.0	0	0	0	0	1	(0)
紙旨止　四	201	108	53.7	55	10	65	32.3	47	7	54	26.8	6	0.3	2	2	93	(23)
尾　五	25	16	64.0	3	2	5	20.0	4	1	5	20.0	2	0.8	1	1	9	(5)
語　六	66	39	59.1	18	2	20	30.3	22	2	24	36.3	4	0.6	0	0	27	(8)
麌姥　七	127	86	67.7	25	1	26	20.5	39	5	44	34.6	2	0.1	0	0	41	(8)
薺　八	33	20	60.6	5	1	6	18.2	9	3	12	36.3	0	0	0	0	13	(4)
蟹駭　九	17	9	52.9	5	1	6	35.3	5	2	7	41.1	1	0.6	0	1	8	(4)
賄海　十	52	39	75.7	17	2	19	36.5	16	2	18	34.6	2	0.3	2	2	13	(6)
軫準　十一	48	30	62.5	7	3	10	20.8	19	3	22	45.8	3	0.6	2	1	18	(9)
吻隠　十二	20	14	70.0	7	1	8	40.0	9	0	9	45.0	0	0	0	0	6	(1)
阮混很　十三	51	37	72.5	13	3	16	31.4	17	3	20	39.2	1	0.2	1	1	14	(9)
旱緩　十四	38	28	79.2	10	0	10	26.3	13	0	13	34.2	0	0	0	0	10	(0)
潸産　十五	20	15	75.0	8	1	9	45.0	9	2	11	55.0	0	0	0	0	5	(3)
銑獮　十六	97	72	74.2	28	1	29	29.9	39	3	42	43.3	2	0.2	0	0	25	(6)
篠小　十七	51	38	74.5	15	0	15	29.4	22	0	22	43.1	2	0.4	0	0	13	(2)
巧　十八	17	11	64.7	5	0	5	29.4	7	0	7	41.1	0	0	0	0	6	(0)
皓　十九	54	44	81.5	12	1	13	24.1	22	1	23	42.6	1	0.2	0	0	10	(3)
哿果　二十	43	33	76.7	11	2	13	30.2	17	1	18	41.8	1	0.2	1	1	10	(4)
馬　二十一	36	27	75.0	4	2	6	16.7	10	1	11	30.5	1	0.3	1	0	9	(4)
養蕩　二十二	81	62	76.5	30	0	30	37.0	38	1	39	48.1	1	0.1	0	0	19	(2)
梗耿　二十三	67	57	85.1	15	3	18	26.9	19	1	20	29.8	2	0.3	1	0	10	(6)
迥　二十四	32	27	84.4	15	2	17	53.1	11	1	12	37.5	0	0	0	0	5	(3)
拯等　二十五	4	4	100.0	1	0	1	25.0	4	0	4	100.0	0	0	0	0	0	(0)
有厚黝　二十六	105	77	73.3	17	0	17	16.2	30	1	31	29.5	2	0.2	0	0	28	(3)
寝　二十七	31	23	74.2	8	1	9	29.0	9	0	9	29.0	1	0.3	0	0	8	(1)
感敢　二十八	39	31	79.5	10	0	10	25.6	15	2	17	43.6	0	0	0	0	8	(2)
琰忝儼　二十九	52	42	80.8	14	1	15	28.9	13	3	16	30.7	1	0.2	0	1	10	(5)
豏檻范　三十	17	14	82.4	6	0	6	35.3	7	0	7	41.1	0	0	0	0	3	(0)
計	1,480	1,047	70.7	381	44	425	28.7	493	46	539	36.4	35	0.2	11	10	434	(126)

〔漢文注の一致度〕＝去声

増韻				広益玉篇				備考	
増・広	増韻	計	比率％	玉篇	比率％	玉・集	玉・増	異広韻	(内)同集増玉
13	3	16	43.2	1	0.27	0	1	10	(5)
6	1	7	24.0	2	0.80	1	0	5	(3)
3	0	3	37.5	0	0	0	0	0	(0)
73	4	77	34.0	4	0.18	1	2	45	(12)
13	3	16	41.0	3	0.76	0	1	16	(8)
19	1	20	45.5	1	0.22	0	1	5	(2)
51	1	52	37.4	2	0.14	0	0	24	(3)
64	6	70	42.4	0	0	0	0	24	(8)
15	2	17	34.0	1	0.20	0	1	9	(6)
27	1	28	40.0	0	0	0	0	9	(2)
32	5	37	42.5	0	0	0	0	10	(9)
5	0	5	41.7	0	0	0	0	2	(0)
22	1	23	29.9	0	0	0	0	15	(4)
10	0	10	43.5	0	0	0	0	3	(1)
1	1	2	40.0	1	2.00	0	1	2	(2)
15	2	17	38.7	1	0.23	0	0	7	(2)
22	2	24	24.0	0	0	0	0	29	(4)
10	1	11	32.4	1	0.29	0	0	2	(2)
40	5	45	40.2	1	0.08	1	0	17	(9)
24	2	26	40.6	2	0.31	0	1	5	(6)
9	1	10	27.7	1	0.27	1	0	6	(4)
19	3	22	44.0	2	0.40	1	0	7	(7)
18	0	18	39.1	1	0.21	0	0	7	(2)
23	2	25	37.8	2	0.30	0	1	10	(6)
42	2	44	42.7	2	0.19	2	0	10	(7)
15	2	17	30.9	2	0.36	0	2	7	(4)
9	2	11	47.8	0	0	0	0	3	(2)
15	0	15	50.0	1	0.33	1	0	2	(3)
49	3	52	44.5	1	0.06	0	0	30	(9)
8	2	10	41.7	0	0	0	0	3	(3)
6	0	6	23.0	0	0	0	0	6	(0)
21	1	22	55.0	0	0	0	0	6	(5)
4	0	4	30.7	0	0	0	0	5	(1)
681	59	740	36.7	32	0.16	8	11	341	(141)

表Ⅳ　聚分韻略と広韻・集韻・増韻・広益玉篇との比較一覧

韻目次	総字数	広韻		集韻			
		字数	比率%	集·広	集韻	計	比率%
送第一	37	27	73.0	12	1	13	35.1
宋用第二	25	20	80.0	8	0	8	32.0
絳第三	8	8	100	3	0	3	37.5
寘至志第四	221	176	79.6	63	4	67	30.3
未第五	39	23	59.0	9	2	11	28.2
御第六	44	39	88.7	16	0	16	36.4
遇暮第七	139	115	82.7	36	0	36	25.9
霽祭第八	165	141	85.5	41	2	43	26.1
泰第九	50	41	82.0	11	3	14	28.0
卦怪夬第十	70	61	71.4	18	1	19	27.1
隊代第十一	87	77	88.5	29	4	33	37.9
廢第十二	12	10	83.3	2	0	2	16.7
震稕第十三	77	62	80.5	14	3	17	22.1
問第十四	23	20	87.0	11	0	11	47.8
焮第十五	5	3	60.0	1	0	1	20.0
願慁恨第十六	44	37	84.1	19	0	19	43.2
翰換第十七	100	71	71.0	17	1	18	18.0
諫襇第十八	34	32	94.1	11	1	12	35.3
霰線第十九	112	95	84.8	35	3	38	33.9
嘯笑第二十	64	59	92.2	17	2	19	29.7
效第二十一	36	30	83.3	5	2	7	19.4
號第二十二	50	43	86.0	12	2	14	28.0
箇第二十三	46	39	84.8	14	1	15	32.6
禡第二十四	66	56	84.8	9	2	11	16.7
漾宕第二十五	103	93	90.3	23	3	26	25.2
映諍勁第二十六	55	48	87.3	10	0	10	20.8
徑第二十七	23	20	69.6	6	0	6	26.1
證嶝第二十八	30	28	93.3	6	2	8	26.7
宥候幼第二十九	147	117	79.6	38	5	43	29.3
沁第三十	24	21	87.5	8	1	9	37.5
勘闞第三十一	26	20	76.9	6	0	6	23.1
豔㮇釅第三十二	40	34	85.0	16	4	20	50.0
陷鑑梵第三十三	13	8	61.5	1	1	2	15.4
合計	2015	1674	83.1	590	51	641	31.9

表V　聚分韻略と広韻・集韻・増韻・広益玉篇との比較一覧〔漢字注の一致度〕＝入声

韻目次	総字数	広韻		集韻				増韻				広益玉篇				備考	
		字数	比率%	集・広	集韻	計	比率%	増・広	増韻	計	比率%	玉篇	比率%	玉・集	玉・増	異広韻	(内)同集増玉
屋第一	139	119	85.6	51	3	54	38.8	62	2	64	46.0	2	0.14	0	0	20	(7)
沃濁第二	66	51	77.3	14	3	17	25.8	24	1	25	38.0	1	0.15	0	1	25	(5)
覚第三	64	50	78.1	16	1	17	26.6	29	0	29	45.0	1	0.15	0	0	14	(2)
質櫛術第四	90	60	66.7	17	4	21	23.3	26	10	36	40.0	3	0.33	1	1	30	(17)
勿第五	23	19	82.6	6	1	7	30.4	9	2	11	48.0	0	0	0	0	4	(3)
迄第六	6	6	100	3	0	3	50.0	4	0	4	66.7	0	0	0	0	0	(0)
日没第七	85	63	73.3	21	2	23	27.1	31	4	35	41.2	1	0.11	0	1	22	(7)
曷末第八	76	70	92.1	19	3	22	28.7	30	1	31	40.8	0	0	0	0	6	(4)
黠轄第九	38	31	79.3	12	1	13	34.2	12	3	15	39.5	1	0.26	1	1	7	(5)
屑薛第十	141	124	87.3	48	2	50	35.5	57	2	59	41.8	0	0	0	0	17	(4)
薬鐸第十一	140	111	79.3	42	3	45	32.1	45	3	48	34.3	2	0.14	1	1	29	(8)
陌麦昔第十二	160	141	88.1	53	2	55	34.4	62	5	67	41.9	4	0.25	1	1	19	(11)
錫第十三	73	64	87.7	23	1	24	32.9	27	2	29	39.7	0	0	0	0	9	(16)
職徳第十四	99	86	86.9	27	0	27	27.3	45	3	48	48.5	2	0.20	0	0	13	(5)
緝第十五	50	40	80.0	14	2	16	32.0	16	3	19	38.0	2	0.5	1	1	10	(7)
合盍第十六	38	32	84.2	13	1	14	36.8	14	2	16	42.1	1	0.26	1	1	6	(4)
葉帖第十七	59	51	86.4	14	0	14	23.7	30	0	30	50.8	0	0	0	0	8	(0)
洽狎第十八	34	30	88.2	13	2	15	44.1	11	2	13	38.2	2	0.58	2	2	4	(6)
業乏第十九	18	17	94.4	9	0	9	50.0	8	0	8	44.4	0	0	0	0	1	(0)
合計	1399	1163	83.1	415	31	446	31.9	513	45	558	39.9	22	0.15	8	10	236	(98)

表VI　『聚分韻略』の中に占める各韻書（典拠）の比率

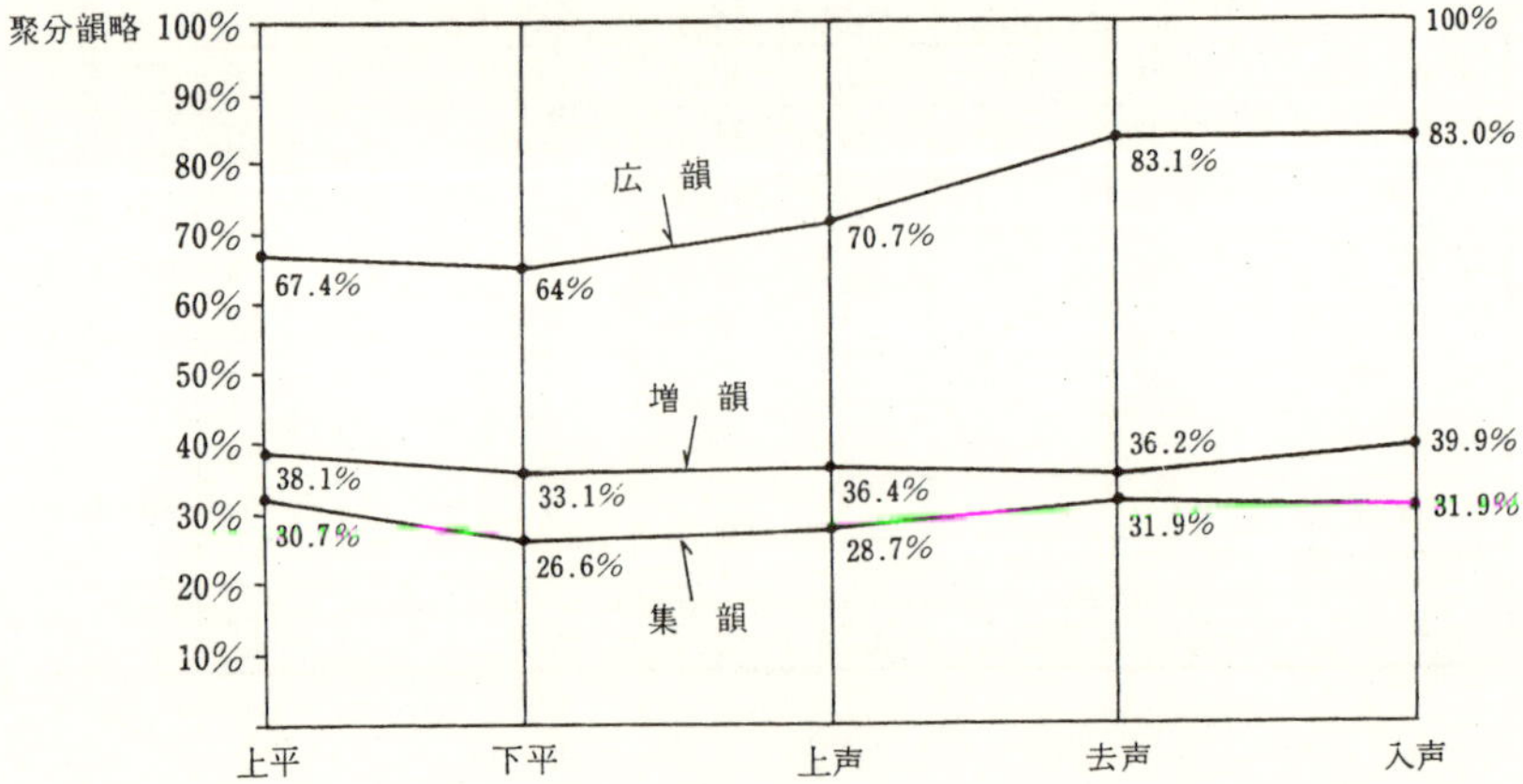

〔一〕『和語略韻』の主要典拠について

1、『和語略韻』の韻字とその排列

本書『和語略韻』（元禄一一年刊本は『和訓韻略』）は「和訓韻略叙」に「嚮有十一韻・三五韻而行于世矣蓋學者之一助也然韻末廣字不多而疎庸之士或患不足矣故増益之引證漢字本朝之書傍加私語乃録和名和訓韻略（以下略）」と記して、先行書たる『十一韻』（『和訓押韻』）や『漢和三五韻』では不足する韻字を大幅に増補して「三十一韻」とした旨が述べられてゐる。さすれば本書『和語略韻』は具体的に孰れの典拠に基づいて韻字（標出字）を増補したものであるのか。吾人の調査では、悉く『聚分韻略』それも『三重韻』（『文明一三年刊本』以降のもの）に依拠してゐることが判明した。以下、その具体的情況を細述する。

〔上平〕（一五韻）

〔東韻　一〕　ここでは『聚分韻略』（以下略称『聚』）の1東〜109蘢 の一〇九字中、『和語略韻』（以下略称『和』）は一〇七字の韻字（標出字）を掲出してゐる。さうして「十一韻」や「十二韻」、「十五韻」のごとくに『古今韻会挙要』から『聚』に存せぬ韻字を末尾に「韻外字」として立項することは、本書『和語略韻』には〔上平〕〔下平〕を通して行はれてゐないことが特徴的である。各韻目毎に「乾」「時」「気」「支」「生」「食」「器」「光」「数」「虚」「複」と上欄外に見出しを冠してゐるのは、『聚』の意義分類の部類名「乾坤門」「時候門」「気形門」「支體門」「態芸門」「生植門」「食服門」「器財門」「光彩門」「数量門」「虚押門」「複用門」の上の一字を示してゐる。まづ「乾坤門」の標出字（韻字）は 1東から17霿 に至るまで『和』は『聚』に全同である。その中で、

『聚』の漢字注を引用してゐるのは、「2虹蝀也」「4潼關」「12雺天氣下地不應曰雺」の三例である。「時候門」は『聚』『和』共に「18曨」の一字であるが、『和』は18の上欄外に見出し「時」を脱してゐる。次の「気候門」は19童から36衆 までで、この中『聚』の漢字注を承けてゐるのは、「25雄雌ー」「29工百ー」「30蚣蝶ー」の三例であるが、通常『和』が『聚』の漢字注を引くのは、標出字の直下の和訓注の中、または和訓注の直ぐ下に小字でなされる。而かるに、25 29 30の三例は、大字の熟字例の中にあるので、厳密な意味では、『聚』の漢字注の直接の引用とは考へ難いものである。このやうな性格の漢字を本稿では〈αの例〉と称して処理することとする。「支體門」の37瞳から40嚨 も『聚』と全同である。「態芸門」は41聰から54攏 にて『聚』と一致する。「生植門」の55桐~63蓊 では、『和』は56の直後に『聚』の「57叢」を掲げてゐない。従つて『和』は『聚』よりも登載語（標出字）が一字少ない。また、この部類で、『聚』の漢字注を承けてゐるのは、「60橦 木名花可為布」の一例が見られる。「器財門」は、64篷~73筒 までで、『聚』に一致する。また、『聚』の漢字注を引くのは「73筒竹ー」である。熟字例の第一番めに位置するが、大字であるのでαの例とする。「光彩門」は74烘 の二字で『聚』に同じ、「虚押門」は76怱~94洚 にて『聚』と一致する。『聚』の漢字注を承けるのは、「84融和ー」の一例がαの例として見受けられる。「複用門」は95侗~107蘢 であつて、これも『聚』に一致する。『聚』の漢字注を直接に引用するのは、「95侗倥大也」（小字）と、αの例は「99朧朦ー」「100瓏玲ー」「107蘢蒙ー」の三例である。結局この［東韻］においては、『和』は『聚』の韻字「57叢」一字を脱するのみである。

［冬韻 二］『和』の1峯~83鼕 の八三字は、やはり『聚』の「冬鐘第二」の八三字をそのまま掲出したものであるが、排列の順序に二箇所小異がある。「乾坤門」の1峯~6雝 は『聚』に一致し、『聚』の漢字注を引くのは「6雝群ー」のみである。「時候門」は7冬 一字のみ。「気形門」は8農~16宗 で『聚』に一致する。ただし『和』は「8農」の上欄に「気」の見出しを脱せり。『聚』の漢字注を承けてゐるのは、「8農田ー」「9儂我也」の二例で8はαの例である。「支體門」は17容~20雝 の四字で『聚』と全同。「態芸門」も21疼~35悰 にて『聚』に同じ。『和』は「21疼」の上欄に「態」の見出しを脱す。『聚』の漢字注を承けてゐるのは

「34摐打也」(小字)の一例。「生植門」は36松〜42籠までだが、『和』は41 42の二字を『聚』42 41のごとく一字顛倒する。『聚』の漢字注を引くのは、「37蓉芙ー」と「40葑釆ー(トル アヲナラ) 詩經」の二例 40は『聚』の漢字注「菜名 詩曰采ー采 菲又」に拠つてゐる。37はαの例。「食服門」は43醲 44饔 の二字。『和』は43の上欄の見出し「食」を脱す。「器財門」は45鋒〜54舂、ここは末尾53 54が、『聚』に54 53の順となつてゐるので一字倒錯。「光彩門」も55烽〜57釭 の三字にて『聚』に一致。ここも『和』は「55烽」の上欄の見出し「光」を脱せり。「虚押門」は58衝〜71丰 にて、『聚』の漢字注に該当するのは、「71丰 詩經註面(ニ)貌豊満也(ナリ)」で、『聚』の漢字注は「豊満也」の部分のみ。これはαの例とすべきか。最後の「複用門」は72茸〜83鼟 にて『聚』と一致するが、『和』の「79雍」には標出字の傍訓(右字音)も、標出字の直下の訓注も熟字例も全く在しない。因みに『聚』の標出字と漢字注は「79噰鳥声 嗈同」と在り。また『聚』の漢字注を承けてゐるのは、「78喁喩ー 韻會」と「83鼟鼓聲」の二例で、78はαの例とすべきものである。

[江韻 三] ここは1江〜33漎 と収録字数が三三字しか在しない。「乾坤門」は1江〜5矼 で、『聚』の漢字注と同じであるのは「1江ー海」の一例のみ。これはαの例である。「気形門」は6龐〜8逢 の三字。『聚』の漢字注を引用してゐるのは「8逢姓也」の一例。「態芸門」は9噇〜20控 にて『聚』と全同。標出字の字体で「16矙」に作るのは「矙」の誤刻。また『聚』の漢字注と一致する例はないが、『聚』の「ー脹」とあるのを「17降脹ー」にしたものもαの例に含めてよからう。「生植門」は21椿 の一字。「食服門」も22腔 の一字のみ。「器財門」は23杠〜25幢 の三字にて、これも『聚』に全同。「光彩門」は26釭 の一字。「数量門」も27雙 の一字。「虚押門」は28厖 29洚 の二字。「複用門」は30跭〜33漎 にて『聚』と一致。『聚』の漢字注を承けてゐるのは「33漎水聲」のみである。

[支韻 四] この部は1氏〜330騤 の三三〇字にて、『聚』の「支脂之第四」の三三四字中より摘出してゐる。以下、部類毎に概観する。まづ「乾坤門」は1氏〜42淇 の四二字である。これは『聚』よりも一字少ない。5と6との間に、『聚』は「6隋國名」が

在り、『和』はこれを脱してゐる。また『和』の16 17は、『聚』では17 16の順となつてゐて一字顚倒する箇所である。『聚』の漢字注を承けてゐるのは、「1氏月氏國」「17峡嵎ー」「23滩水名」「25湄水ー」「31栭栥ー上柱也」「34淄水名」「37嶷九ー山」「39嵫崦ー」「42淇水名」と在り、この中25はαの例である。「時候門」は43朞～46曦の四字にて『聚』と一致。『聚』の漢字注を承けるのは「43朞周年也」の一例。「気形門」は47姫～94遷であるが、この処は72と73の間に『聚』は「74螭似龍」「75獼ー猴」の二字を置く。『和』はこの二字を脱する。また61 62 63は『聚』によれば62 63 61の順にする。『和』は斯く倒錯せり。この部類の末尾の93 94も『聚』では94 93の順となつてゐて一字顚倒の箇所である。『聚』の漢字注を承けてゐるのは、「49麒ー麟」「55鵰鶚ー」「87嬋ー祖」「88彫獣名」などであり、この中の49 55はαの例である。「支體門」は95肢～112顋にて韻字数は『聚』に同じ。排列順は100 101が『聚』では101 100の順となつてゐて一字顚倒。『聚』の漢字注は「95肢躰」の一例のみ。「態芸門」は113睢～191玼であるが、『聚』と順を異にする箇所がある。120 121が『聚』では121 120の順にて、『和』は一字顚倒。125 126が『聚』では126 125の順となつてゐる。やはり『和』の一字顚倒。134 135も『聚』は135 134の順。169 170も『聚』は170 169の順、とそれぞれ一字顚倒の例が見受けられる。『聚』の漢字注を承けてゐるのは、「117儀威ー」「139耔耘ー」の二例で、いづれもαの例である。「生植門」は192梔～210椔にて『聚』に一致する。『聚』の漢字注を引用するのは、「198棃梨同」「203萁豆ー」「205蘼蘠ー又」「207椅ー桐」「209茈凫ー」「210椔本立死也」の六例が見られ、この中203 209の例はαである。「食服門」では、211醿～223齎が『聚』と一致する。さうして『聚』の漢字注を承けてゐるものとして、「221緦ー麻」の一例が拾へる。「器財門」は224巵～256瓻にて『聚』に一致するが、排列順に小異が見られる。244 245が『聚』では245 244の順となつてゐて『和』は一字顚倒。標出字（韻字）の字体で『和』の「248碁」を『聚』は「252棊碁棋同」と作る。『聚』の漢字注を引用するのは「228匙ヒ也」「229籬笊ー」「251琵ー琶」「252磁ー石」「253箄取魚竹ー器」「255瑠琉ー」の六例見られ、その中の229 255の二例はαの例である。「光彩門」は257緇の一字しか存せぬが、『聚』には261緇262犂の二字存する。『和』は『聚』の「262犂」を脱せることを「数量門」摘出の際に気付き、「数量門」の末尾に「262犂」として付加する。次に「数量門」は258麄～262犂であるが、前記の通り、262は『聚』の「光彩門」262である。処で『聚』の『原形本』は「263麄」と「264蓰」の二字しか存せぬが、『三重韻』は「麄」と「蓰」の間に「錙」

が存してゐる。この事実からして、『和』は『聚』の『三重韻』に依拠して成つたことが判明する。「虚押門」は263移~311居 にて、282 283が『聚』は283 282の順となり、『和』は一字顛倒する。また、284と286との間が『聚』は284・衰・286・285の順になつてゐる。『和』は斯く『聚』の「287衰」を一字脱し、かつ排列順も倒錯してゐるのである。291 292 293は『聚』の順によれば292 293 291と『和』が倒錯してゐる。『聚』の漢字注を『和』が承けてゐるのは、「263移遷ー」のαの一例のみ。最後の「複用門」は312孜~330駃 にて『聚』と略同であるが、韻字(標出字)の排列は313~317の箇所が、『聚』では314 315 316 317 313の順となつてゐて、『和』は312の次に、後に来るべき313を続けてしまつて大きな倒錯をなさしめてゐる。さらに318の次の319も321の後に来るべきものを前にもつて来て、やはり倒錯せしめてゐる。この箇所は『聚』に基づけば320 321 319の順である。「322巇」を置くが、『和』はこれを脱してゐる。326 327 328の部分が『聚』では327 326 328となつてゐて、『和』の326と327が倒錯してゐることが判る。『聚』の漢字注を承けてゐるのは、「314髶髼ー」「315洏漣ー」「317蕤蕨ー」「318呢忸ー」「320咿唔ー」「324池遂ー」「327蛇蜲ー」「328觜ー角」の八例であるが、最後の328以外は全てαの例ばかりである。

〔微韻 五〕この韻には1闈~49非 の四九字が存する。『聚』の「微第五」は五〇字を有してゐて、『和』は「乾坤門」の6と5の間に『聚』の「6蕲縣名」を脱してゐる。この最初の「乾坤門」は1闈~6磯 にて『和』の5 6を『聚』に徴すれば6 5と一字顛倒する上に、前記のごとく「蕲」を脱してゐる。「気形門」は7豨~11蟣 にて『聚』と一致する。次の「支體門」は12腓 の一字のみで『聚』も同じ。「態芸門」は13肥~24欷 にて『聚』と略同であるが、排列順に小異が認められる。最初の13 14が『聚』では14 13の順になつてゐて一字顛倒。「生植門」は25薇 の一字で『聚』に同じ。「食服門」も26衣 の一字のみ。「器財門」は27璣~33韋 にて『聚』に一致する。「光彩門」も34輝 35緋 の二字にて『聚』に同じ。『聚』の漢字注を引用するのは「34輝暉同」の一例。「虚押門」は36微~44違 にて『聚』と同じであるが一箇所排列が異なつてをり、43 44が『聚』では44 43の順になつてをり、『和』は一字顛倒してゐる。最後の「複用門」45頎~49非 は『聚』に一致する。ただし『和』は「45頎」の上欄の見出し「複」を脱してゐるのである。

【魚韻 六】ここは1墟～77洳 の七七字にて『聚』の「魚第六」に同じである。最初の「乾坤門」は1墟～13滁 となつてゐて『聚』に一致する。ただし、『聚』の『原形本』には『和』の「9潤」は存せず、『三重韻』には存する。この箇所も『和』が『三重韻』に依拠した証左となる。『聚』の漢字注を承けるのは「4虚大ー」の一例、ただし『聚』の漢字注は「太ー」。この一例はαの例として扱ふ。「気形門」は14魚～25蛆 で韻字は『聚』と同じであるが、排列が17 18 19 20 21の部分で『聚』は19 20 18 21の順となつてゐて、『和』が倒錯してゐる。「支體門」は26疽 27臚 の二字で『聚』に一致。「態芸門」も28漁～39攄 にて『聚』に同じ。「生植門」も40櫚～44樗 と『聚』に一致する。「食服門」も45裾～47菹 の三字で『聚』と同じ。「器財門」は48車～56篨、ここは『聚』と異同がある。53と54の間に『聚』は「53璩玉也」が存する。『和』はこれを脱せり。「虚押門」も57如～70儲 にて韻字は『聚』と一致するが、排列が一部異なる。66～69の箇所が『聚』では68 67 69 66の順となつてゐて、『和』は「66除」と「68徐」とを入れ替へてゐる。これは字形相似による倒錯か。『聚』の漢字注を承けてゐるのは「62歟語末」の一例のみ。最後の「複用門」は71茹～77洳 にて『聚』に一致する。『聚』の漢字注を承けてゐるのは、「72苴苞ー」「74躇躊ー」「77洳沮ー」の三例がαの例として認められる。

【虞模韻 七】ここは1堣～203僂 の二〇三字が存してゐる。『聚』の「虞模第七」の二〇二字に相当する箇所である。異同の委細を以下に記す。「乾坤門」は1堣～22桴 までである。『聚』は「22桴」の次に「23鹽」がある。『和』はこれを脱する。『聚』の漢字注を承けてゐるのは「5郛國ノ名」「14呉ー越」「15鋘山ノ名」「19婁山頂」「20浯水ノ名」の五例。「時候門」は23晡 24臾 の二字にて『聚』に同じ。『聚』の漢字注に一致するのは「24臾須ー」で、これはαの例である。「気形門」は25鳧～59余、『聚』と韻字は同じであるが、排列順に異同がある。43～46の部分が『聚』では46 43 44 45となつて、『和』は「43胡」の直前にあるべき「46嫫」を「45孤」の後に付してゐることが判る。『聚』の漢字注を引用してゐるのは、「36貙貙同」「38趺青ー」「41夫丈ー」「48蛄螻ー」の四例で、その中の38 41 48はαの例である。次の「支體門」は60顱～67瘻 であるが、「60顱」の上欄に見出し「支」を脱する。ここは標出字に

『聚』と異同がある。『原形本』には「64膜」と「65騙」の二字が存せず。而かるに、『三重韻』にはこの二字が存する。『和』が『三重韻』に拠つてゐる証拠である。ただし、韻字の排列順は『三重韻』とも小異が見られる。『和』の62 63が『三重韻』では63 62の順となつてゐて『和』は一字顛倒してゐることになる。『聚』の漢字注を承けてゐるのは「60顱頭ー」のαの一例が見られる。「態芸門」では68愚〜118剞 にて韻字は『聚』に一致するが、排列に異同がある。92〜95の部分が『聚』では93 92 95 94の順となつてゐる。また107〜112の箇所が『聚』では110 112 111 107 108 109の順となつてゐて、『和』がかなり倒錯してゐる。『聚』の漢字注と同じであるのは、「105盱睢ー」の一例で、αの例である。「生植門」は119稌〜133蔓 にて『聚』と一致する。「食服門」は『聚』と韻字は同じくするが、排列に異同が認められる。143 144 145の箇所が『聚』では、145 143 144の順となつてゐて、『和』の145は143の前にあるべきなのである。ここも倒錯した例である。『聚』と漢字注が同じであるのは「139酥酪ー」の一例で、これはαの例である。「器財門」も146瑜〜174租 にて『聚』と韻字は一致するが、排列に小異が見られる。153 154の部分が『聚』では154 153と一字倒錯してゐる。『聚』の漢字注を承けるのは「152艫舟ノ後」「154爐火ー」「155弧弓也」「163鏤屬ー」「165絇不屨ー」の五例で、この中154 163 165の三例はαの例である。「光彩門」は175朱 の一字で『聚』も同じ。「数量門」もやはり176銖 の一字で『聚』と同じである。「虚押門」では177無〜203慺 にて『聚』に一致する。『聚』の漢字注を引用するのは「177無有ー」「蕪荒ー」「202齬齟ー」の三例で全てαの例である。斯様な韻字の有無、排列の異同などは、『三重韻』の「改編物」に拠るゆゑであるのか。

【齊韻 八】ここは1隄〜82匜 の八二字で、『聚』の「齊第八」と同じ字数である。「乾坤門」は1隄〜10畦 にて『聚』に同じ。『聚』の漢字注を引くのは「7泥土ー」のα一例のみ。「時候門」は11霎 の一字のみで『聚』に同じ。『和』は「11霎」の上欄の見出し「時」を脱する。「気形門」は12鶏〜28氐 にて『聚』に一致する。ただし『和』の「12鶏」の字体が『聚』では「12雞」となつてゐる。『聚』の漢字注を承けてゐるのは「13嵆性也」と「24鯢鯨ー」とで、24はαの例である。「支體門」は29齯〜32臍 の四字で『聚』に同じ。『聚』の漢字注を「29齯老人齒落又生」の一例のみ承けてゐる。「態芸門」は33悽〜50刲 で『聚』に一致する。『聚』

の漢字注を承けてゐるのは「38嘶馬ー」「42擠拝ー」の二例在るが、二例共にαの例である。「生植門」も51萋~55齏の五字が『聚』と同じである。『聚』の漢字注を引用してゐるのは「54稊楊之秀也」の一例である。「食服門」も56醯57綈の二字で『聚』に一致する。「器財門」は58瓈~68篦であるが、『聚』と小異が見られる。616263の箇所で『聚』は636261の順に排してをり、『和』が倒錯してゐることになる。また、「66鎞」は『聚』に「磇」とある。「光彩門」は69黧70緹の二字で『聚』に同じ。「虚押門」も71凄~82廲と在って『聚』に同じ。

[佳皆韻　九]　この韻には1街~46喈の四六字しか存しない。『聚』の「佳皆第九」に該当するが、『原形本』と『三重韻』に本文の異同がある。「乾坤門」は1街~7淮の七字で『聚』に一致する。漢字注は、「1街道ー」「7淮水名」の二例が『聚』を承けてゐるが、1はαの例である。「時候門」は8霾の一例のみで『聚』と同じ。「気形門」は9媧~15儕にて『和』は「9媧」の上欄の見出し「気」を脱す。また、「11蛙」は『聚』の『原形本』には存せず、『三重韻』にのみ見られ、『和』が『三重韻』に依拠して成つた証左となる。「支體門」は16喎17骸の二字で『聚』に同じ。「態芸門」も18哇~29埋にて『聚』に一致する。「生植門」も30櫰~34楷の五字で『聚』と同じ。「器財門」35鞵~38釵の四字も『聚』に同じ。「虚押門」は39佳~44㧉、この六字も『聚』に一致する。最後の「複用門」も45膗46喈の二字で『聚』に一致する。この韻も概して『聚』と略同であり、かつ『三重韻』に基づいてゐることが判つた。

[灰咍韻　一〇]　この韻は1隈~91偲の九一字が存する。『聚』は「灰咍第十」で九二字存する。両書を対照した結果の委細は次の通りである。「乾坤門」は1隈~8煤の八字であるが、『聚』と排列順に異同がある。『和』の「8煤」は『聚』によれば「3堆」と「5埃」の間に「4煤」が入ってゐる。『和』はこれを「3堆」の次から脱して「6垓」の後に付加したものと目される。『聚』の漢字注を引くものは「4埃塵ー」「5臺高ー」の二例で、共にαの例である。「気形門」は9魁~19鮐の一〇字である。而かるに

『聚』の『原形本』『三重韻』共に「12媒－街」が存してゐて一字となつてゐる。「支體門」は20胚～25腮、『聚』も韻字は同じであるが、排列が26 25と一字顚倒する。「態芸門」は26哀～47悝 で韻字は一致するが、排列に異同がある。39 40 41の箇所が『聚』では41 39 40の順となつてゐる。『聚分韻略』の漢文注に基づくのは、「32來去－」「36詼調也」の二例で、32はαの例である。「生植門」は48苔～56萑 の九字で『聚』も全同であるが、字体が「萑」である。また「98苔」の上欄の見出し「生」を『和』は脱してゐる。「食服門」は57餡～59醅 の三字で、『聚』も同じ三字であるが、順序が57 59 58と一字顚倒してゐる。「器財門」は60壘～68罍 にて『聚』と同じであるが、排列が『聚』は66 65となつてゐて、『和』が一字顚倒してゐることとなる。『聚』の漢字注が引用されてゐるのは、「64瑰玫－」「65瓃玉器」の二例である。「光彩門」は69灾 70煨 の二字で『聚』に同じ。「数量門」も『和』『聚』とも「71姟」一字である。「虚押門」は72恢～84隤 の一三字あり、『聚』も全同である。「複用門」は85莓～91偲 の七字にて『聚』に同じ。『聚』の漢字注を承けてゐるのは、「87䯣骫－」「89鬼隹－」「90皚皚々」の三例である。90は『聚』の91の注文「－－白也」とあるもので、87 89と共にαの例に含めることとする。

【眞諄臻韻 一一】 この韻は1畛～132詵 の一三二字が存する。これに相当する『聚』の「眞諄臻第十一」は一三三字である。その委細を以下に記す。まづ「乾坤門」は1畛～19郇 の一九字にて『聚』に一致する。『聚』の漢字注を承けてゐるのは、「9秦州ノ名」「11岷山ノ名」「12閩－越」「19郇地ノ名」の四例である。「時候門」は20辰～26申 の七字にて『聚』と全同である。次の「気形門」は27鶉～44螓 と在り、『聚』は「32譽」が『和』の31の次に存して一字多い。『和』が一字脱してゐることになる。排列順も32 33 34 35の部分が『聚』では35 32 33 34の順となつてゐる。『聚』の漢字注は「29麕相馬人」「38臣君－」「41荀姓也」の三例見られるが、38はαの例である。「支體門」は45身～47鱗 の三字で『聚』と全同である。「態芸門」は48馴～70臻 にて韻字は『聚』と同じであるが、排列は55 56の箇所が『聚』では55 54の順に一字顚倒してゐる。『聚』の漢字注は「61姻婚－」「63瘴寒病也」の二例が引用されてゐるが、61はαの例である。「生植門」も71薪～77檳 の七字が全て『聚』と一致する。『聚』の漢字注を承けるのは「77檳－榔」

の一例のみである。「食服門」は78紳〜80巾 の三字で『聚』も同じであるが、排列が80 79の順になつてゐて、『和』が一字顛倒してゐる。「器財門」は81緡〜91紉 の一一字で、『聚』の「82珉」を脱してゐる外、排列に小異が見られる。すなはち86 87が『聚』では87 86の順となつてゐて、『和』は一字顛倒してゐる。『聚』の漢字注を引くのは「81緡錢ー」「89綸絲ー」の二例で、いづれもαの例である。また「81緡」の上欄の見出し「器」を脱せり。「光彩門」は92燐 93璘 の二字で『聚』に一致する。「数量門」も94鈞の一字のみで『聚』に同じ。『聚』の漢字注も「94鈞三十斤」とさながらに承けてゐる。「虚押門」は95均〜119洵 の二五字にて、『聚』と同じであるが、排列に違ひが見られる。104〜108の箇所で『聚』は105 107 108 104 106の順となつてゐる。また115 116が『聚』では116 115の順になつてゐて、ここではこの二箇所の倒錯が見られる。『聚』の漢字注は「112陲通作埵」が『聚』では「113陲埵同」とあるので、αの例に含め得る。最後の「複用門」は120轔〜132詵 の一三字で『聚』に一致する。『聚』の漢字注の引用は「124岣嶙ー」のαの例が一例のみである。

〔文欣韻　一二〕 この韻は1闐〜55炘 の五五字で、『聚』と同じである。まづ「乾坤門」は1闐〜8氛 が『聚』に一致する。「時候門」も9曛 10昕 の二字で『聚』に同じ。「気形門」も11蚊〜16麇 の六字が『聚』に全同。「支體門」も17筋〜19皸 の三字が『聚』に一致する。「態芸門」は20文〜26云 の七字で『聚』と同じであるが、「20文」の上欄の見出し「態」を脱してゐる。「生植門」は27枌〜31芸 の五字で『聚』と同じではあるが、排列が『聚』は29 28の順となつてゐるので、『和』は一字顛倒してゐる。「食服門」も32饋〜34紋 の三字で『聚』と同じであるが、排列が『聚』は34 33となつてゐて、『和』が一字顛倒してゐる。「器財門」は34幘の一字で『聚』と一致する。「光彩門」も36熏〜38纁 の三字で『聚』に同じ。「数量門」も39員 40斤 の二字で『聚』に一致。『聚』の漢字注を引くのは「40斤十六兩」の一例である。「虚押門」は41分〜48蕡 の八字で『聚』に一致する。また『聚』の漢字注を承けてゐるのは、「48蕡草木多實皃」の一例。「複用門」は49紜〜55炘 の七字で『聚』と一致。『聚』の漢字注を引くのは「53勳殷ー」「55炘光盛皃」の二例、53はαの例である。

〔元魂痕韻　一三〕 この韻は1原～104湲 の一〇七字にて『聚』と同じ字数である。「乾坤門」は1原～14墦 の一四字にて『聚』に一致する。『聚』の漢字注は「2源水－」「11坤乾－」に引かれてゐるが、いづれもαの例である。「時候門」は15昏～18暾 の四字で、『聚』は『原形本』に「17温」が存しない。しかし『三重韻』には存してゐる。この箇所においても、『和』が『聚』の『三重韻』に依拠してゐる証左を示してゐる。『聚』の漢字注を引くのは「15昏黄－」の一例で、これはαの例。次に「気形門」は19嫄～36鶤 の一八字であるが、『聚』は一九字存してゐる。『和』の25寃 26怨 の間に『聚』は「25鵷」がある。『和』はこれを脱してゐる。『聚』の漢字注を承けてゐるのは「27昆弟－」の一例にてαの例。「支體門」は37痕～44暖 の八語で『聚』と一致する。『聚』の漢字注を承けるのは「44暖大目也」の一例。「態芸門」は45援～64芚 の二〇字で『聚』と同じ韻字数である。ただし排列に小異がある。『和』の59 60が『聚』では60 59の順に、また62～64で『聚』は63 64 62の順となつてゐて『和』が倒錯してゐる。『聚』の漢字注は「64芚愚－」の一例がαの例として見られる。「生植門」は65根～71蒖 の七字で『聚』と同じ。『聚』の漢字注は「69礬山－花」「71蒖青－」の二例が承けてゐる。「食服門」は72鞬～75飧 の四字にて『聚』と全同。「器財門」は76盆～89帑 の一四字でこの部類でも『聚』と一致してゐる。「光彩門」も90煇～92燉 の三字が『聚』と同じである。「数量門」も「93番」の一字で『聚』に同じ。「虚押門」は94元～105沄 までの一二字となつてゐるが、『聚』は末尾の二字、「104蜿」「105沄」を次の「複用門」に属せしめる。従つて最後の「複用門」も『和』は106媛 107湲 の二字であるが『聚』は四字である。漢字注は「105沄沄々」がαの例。

〔寒韻　一四〕 この韻は『聚』の「寒桓第十四」に相当する箇所で、『和』の1灘～105漫 の一〇五字が存する。『聚』の『原形本』は一〇七字である。その委細を以下に記す。最初の「乾坤門」は1灘～9鄲 の九字で『聚』に一致する。「時候門」も「10寒」の一字で『聚』と同じ。漢字注は「10寒暑－」がαの例。「気形門」は11韓～22鰻 の一二字で韻字数は『聚』と同じであるが、排列が15蚖～22鰻 の箇所で違つてゐる。『聚』の『原形本』は16 17 18 19 20 21 22 15の順となつてゐて、『和』が「気形門」の末尾にあるべき「15蚖」を14の次に置いてゐるのであるが、実は『和』が『三重韻』を踏襲してゐるのであつて、『聚』の『三重韻』では

『和』と排列も一致してゐる。ここも『和』が『三重韻』に依拠した証拠となる箇所である。「支體門」は23肝～26翰の四字で『聚』に同じ。「態芸門」も27謾～47摶にて『聚』と一致する。「生植門」は48檀～55蔓の八字で『聚』と韻字は同じであるが、『聚』は55 54の順となつてゐて一字顛倒してゐる。「食服門」は56饅～61欄の六字で『聚』と全同。「器財門」は62箪～75珊にて『聚』と一致する。『聚』の漢字注の引用は「63鞍韉ー」「65鏝泥ー」「66棺棺槨也」「63鑾鈴也」「71綄船上候風羽楚謂之五兩」の五例で、63と65がαの例。「光彩門」は「76丹」の一字、『聚』も同じ。『和』は「76丹」の上欄の見出し「光」を脱せり。「数量門」で『和』は脱してゐるが『聚』には「77般」の一字が存する。「虚押門」は77寛～95曼の一九字にて『聚』に同じ。『聚』の漢字注を引くのは「95曼蕭ー」のαの一例のみ。『和』は「77寛」の上欄の見出し「虚」を欠いてゐる。最後の「複用門」も96蹣～105漫の一〇字で『聚』の『三重韻』と略一致するが、『原形本』とは異同が見られる。『和』の96～105までは『三重韻』の通りの排列になつてゐる。『三重韻』は最末尾に「戔」字があるが、『和』はこれを欠く。『原形本』の順に『和』を排すると、101 102 103 98 99 100となり、而かも「104嘽」の直前に「105戔」（原形本）がある。この箇所も、『和』が『三重韻』に拠つた証拠となる。なほ「96蹣」の上欄の見出し「複」も脱してゐる。

［刪山韻　一五］ この韻は1關～42潺の四二字にて『聚』と韻字数は同じであるが、排列に小異がある。「乾坤門」は1關～5間の五字であるが、『聚』は2と3の間に「3閑」があつて六字である。「時候門」は『和』『聚』共に存せず。「気形門」は6鴈～11鸛の六字で『聚』も同じく六字。『聚』の漢字注を引くのは「6鷴白ー」「11鸛比翼鳥也」の二例で、6はαの例。また「6鷴」の上欄の見出し「気」を脱してゐる。「支體門」は12鬟13顔の二字で『聚』と同じ。「態芸門」は14訕～26還の一三字で韻字数は『聚』と同じであるが、排列が『聚』は26 25の順となつてゐる。また「14訕」の上欄の見出し「態」を欠く。「生植門」は27菅28蕳の二字で『聚』に一致。『聚』の漢字注は「17彎弓ー」のみ一例αの例がある。「器財門」も29環～31鬘の三字で『聚』に同じ。「光彩門」は『和』は32斑33殷34殷と三字存するが、33 34と同字を重複させてゐる。この点『聚』は33斑34殷の二字で重複が

ない。『聚』の漢字注は「33殷赤黒色 烏閑切 左傳」の一例が見られる。「数量門」は35鍰 の一字で『聚』も同じ。漢文注は「35鍰六兩日―」と承けてゐる。「虚押門」は36擐～39潺 の四字で『聚』と同じであるが、「39潺」を『聚』は「39孱」に作る。「複用門」も40媥～42湲 の三字で『聚』に同じ。『聚』の漢字注を承けてゐるのは「42湲水流皃」の一例である。

以上で〔上平〕一五韻目を概観して来たが、『和』は『聚』の『三重韻』に基づいて編纂せられてゐることが、韻字の異同、排列の順等で明確になつた。また『和』が『聚』の漢字注をまま承けてゐる事実も明らかになつた。

下平（一六韻）

〔先仙韻 一〕 この韻は『聚』の〔下平〕の「先仙第一」に相当する箇所で、『和』は1天～171湲 の一七一字を有してゐるが、『聚』には一七二字が見られ、若干の異同がある。以下その委細を記す。まづ「乾坤門」は1天～21汧 の二一字で『聚』と韻字数は一致するが排列に小異がある。『和』の18 19が『聚』では19 18となつてゐて、一字顛倒してゐる。『聚』の漢字注は「4燕國名」が一例引かれてゐる。「時候門」は22年 23躔 の二字で『聚』に一致。「気形門」は24仙～40單 の一七字あり、『聚』に同じ。『聚』の漢字注を引くのは「24仙神―」「27鵑杜―」「35籛彭姓」の三例が見られ、24 27はαの例。「支體門」は41顫～47肩 の七字にて『聚』に同じである。「態芸門」も48賢～88揎 にて『聚』と一致する。『和』の57～88では、漢字注は73 82の二例のみで他にはない。而かも73 82の注文は『聚』からのものではない。「生植門」も89棉～93荃 の五字で『聚』と全同。「食服門」94饘～96綿 の三字も『聚』に同じ。「器財門」の97般～121甎 の二五字は『聚』の二六字より「102蠙」を脱して一字少なくなつてゐる。『和』の101と102の間に『聚』は「102蠙」がある。漢字注は、「102韉鞍―」「104弦絃同」「107韆鞦―」の三例見られ、102 107がαの例。「光彩門」は122煙～126縣 の五字で『聚』に一致する。「数量門」も127千 128員 の二字で『聚』に同じ。漢字注は「127千百―」がαの例として見られる。「虚押門」は129先～160朘 にて韻字数は『聚』と同じであるが、排列に小異がある。『和』の143と144の間に『聚』は「145偏」が存せり。また『和』の152 153が『聚』では153 152の順となつてゐて、『和』が一字顚倒してゐる。漢字注は「129先後ー」の一例がαの例である。「複用門」は161躚～171湲の一〇例在り、『聚』と同じである。ただし排列で『聚』は『和』の165 166の部分が166 165の順となつてゐて一字顚倒。『聚』の漢字注は「161躚蹁ー」「169娟嬋ー」「171湲潺ー」の三例見られ、全てαの例である。

〔蕭宵韻　二〕この韻は1橑～129儦の一二九字が存する。『聚』の方は一二八字で若干の異同が見受けられる。委しくは次に記す通りである。「乾坤門」は1橑～9譙の九字で『聚』に同じ。『聚』の漢字注が引かれてゐるのは「1橑椽也」「7僥國名」の二例である。「時候門」は10宵～13祅の四字で、これも『聚』に一致。漢字注は「11朝早ー」とαの例が一例。「気形門」は14鴞～32蛸の一九字で『聚』の二〇字より「19蟯」がなくて一字少ない。『和』の18と19の間に『聚』は「19蟯」を置く。またこの箇所が『聚』の『原形本』では、21〔蟯〕19 18 20の順となつてゐるが、『三重韻』では18〔蟯〕19 20 21の順となつてゐて、やはりここでも『和』は『三重韻』に依拠してゐることを確認し得るのである。この部類の最後の部分は31 32が『聚』では32 31の順になつてゐて『和』は一字顚倒してゐる。『聚』の漢字注は「18鵁鶄ー」とαの例が一例存する。「支體門」は23髫～36膋の四字で『聚』に同じ。「態芸門」は37祧～71咷にて三五字。『聚』は二字少なくて三三字である。『和』の54 55 56の箇所が『聚』では55 56 54の順となつてゐて『和』が倒錯してゐる。また「62琱」と「65嬌」との間に、『和』には「63驕」「64雕」の二字が存するが、『聚』には存せず。ただし『聚』は「51憍驕周」と漢字注があるし、『和』の「64雕」も注文に「キザム エル ナド丶訓スルハ彫ノ字ヘ通タル時ノ訓ナリ」と在る処から『広韻』に「彫刻 亦作雕」(『集韻』は「通作雕琱」)などと在るのに基づき、『和』は63 64の標出字を特出せるか。「生植門」は72苗～83蕉の一二字で『聚』に同じ。ただし『聚』は83 82の順にて『和』は一字顚倒。漢字注は「75蕘蒭ー」とαの例が一例見受けられる。「食服門」は「84綃」の一字のみ。『聚』も同じ。「器財門」は85瑶～98鋚の一四字で『聚』も一四字。排列順が『和』の97 98が『聚』では98 97の順となつてゐる。『聚』の漢字注を引用するのは「86橇禹所乗轎」の一例。「光彩門」は99燎～102燒の四字で『聚』に同じ。「虚押門」は105澆～119么の一七字で韻字数は『聚』に同じ。排列は『聚』の『原形本』が105 103 104

107 106の順になつてゐるが、『三重韻』は103 104 105 107 106となつてゐて、107 106の部分のみの違ひになつてゐる。この箇所に拠つても『和』が『聚』の『三重韻』を基幹として編輯してゐることが判る。『聚』の漢字注を引くのは「108寥寂－」「118漂浮－」の二例で共にαの例である。「複用門」は120迢～129僬 の一〇字にて『聚』と同じ。ただし『聚』は末尾128 129が129 128の順となつてゐて、『和』が一字顛倒してゐることになる。

[肴韻 三] この韻は1崤～46嘐 の四六字であるが、『聚』は四八字存する。委細は次の通り。「乾坤門」は1崤～7鄗 の七字にて『聚』も七字ではあるが、排列が『聚』は4 3の順になつてゐて、『和』が一字顛倒してゐる。「時候門」は『和』『聚』共に存せず。「気形門」は8鵃～13鮫 の六字。『聚』も六字であるが、12 10 13 11の順にて『和』が倒錯してゐる。漢字注は「12捎蒲－馬也」がαの例。「支體門」は「14胞」の一字のみ。『聚』も同じ。「態芸門」は15哮～28呶 の一四字であるが、『聚』には一六字が存してゐる。『和』は24と25との間に『聚』の「25掊」「26跑」の二字を脱せり。「生植門」は29梢～32茭 の四字で『聚』と韻字数は同じであるが、排列が『聚』は32 31の順となつてゐて、『和』が一字顛倒する。「食服門」は「33肴」の一字のみで『聚』も同じ。「器財門」は34罦～40弰 の七字にて『聚』に一致。「数量門」も「41爻」の一字のみで『聚』に同じ。「虚押門」は42交 43殽 の二字で『聚』に一致する。最後の「複用門」も44虓～46嘐 の三字が『聚』と韻字も排列順も一致してゐる。

[豪韻 四] この韻は1崤～76嗷 の七六字で、『聚』の七五字より一字多い。以下その委細を示す。「乾坤門」は1崤～6濠 の六字であるが、『聚』の『原形本』に「6濠」が存せず。『三重韻』に「6濠」は存するが、排列順が5 4となつてゐて、『和』が一字顛倒してゐる。ここでも『和』の韻字数は『聚』の『原形本』でなく、『三重韻』に拠つたことが判る。漢字注は「6濠水名」と『聚』を承けてゐる。「時候門」は共に存せず。「気形門」は7猱～17螬 の一一字で、韻字数は『聚』と同じ。ただし排列が『聚』は11 10の順となつてゐて、『和』が一字顛倒。「支體門」は18膏～22鼇 の五字、『聚』も同じ五字である。「態芸門」は23漕～49綯 の二

七字で、『聚』と同じ韻字数。排列が『聚』は27 26の順となつてゐて『和』は一字顛倒。また『和』の36 37の部分も『聚』は37 36の順として、『和』は一字顛倒してゐる。「生植門」は50蒿〜53芼 の四字にて、『聚』に同じ。漢字注は「51萄蒲−」とαの一例がある。「食服門」は54饈〜57袍 の四字で『聚』と同じ。「器財門」は58艚〜68靴 の一一字にて『聚』と韻字数は同じであるが、排列に小異がある。『聚』は63 62 65 66 64の順になつてゐて『和』が倒錯してゐる。また『和』が「64艘」とするのに対して『聚』は「65艘艘同」となつてゐる。漢字注は「59槽馬−」と「65槹桔−」の二例がαの例である。「虚押門」は69高〜73滔 の五例で『聚』に同じ。「複用門」も74切〜76嗷 の三字で『聚』と一致する。漢字注は「75嘈喧−」の一例がαの六例である。

〔**歌韻　五**〕この韻は1池〜95歴 の九五字にて『聚』の九八字より三字少ない。各部類の詳細は次の通りである。「乾坤門」は1池〜11窩 の一一字で『聚』に一致。「時候門」は共に存せず。「気形門」は12哥〜30鮀 の一九字にて『聚』と同じ。『聚』の漢字注を引用するのは、「17蛾飛−」「18他自−」の二例がαの例。「態芸門」は31歌〜51紽 の二一字にて『聚』に同じ。「生植門」は52茄〜58柯 の七字で、これも『聚』に同じである。漢字注は「56蘿女−」がαの例。「食服門」は59饠〜63鹺 の五字、これも『聚』に一致する。「器財門」は64珂〜72艖 の九字にて、『聚』の一〇字より一字少ない。「68緺」に続けて『和』の70 68 69の順となつて、倒錯してゐる。「光彩門」は「73皤」一字にて『聚』と同じ。「73皤」の上欄の見出し「光」を脱せり。「数量門」も「74科」の一字で『聚』に同じ。やはり「74科」の上欄の見出し「数」を脱せり。「虚押門」は75多〜84邁 の一〇字にて『聚』の一一字より「84脞」を脱してゐて、一字少ない。『和』の82と83の間に『聚』は「84脞」が存する。この部類も「75多」の上欄の見出し「虚」を脱してゐる。最後の「複用門」は85娑〜95歴 の一一字にて『聚』の一二字より一字少ない。『聚』の「95娶」を脱してゐる。また、排列の順も『聚』は94 93 95の順となつてゐて、「94髿」と「93番」との間に「娶」が存するのである。斯く『和』は倒錯せり。『聚』の漢字注を引くのは「85娑婆−」「86挲摩−」「87陀陂−」「88沱滂−」「89跎蹉−」「94髿鬖−」のαの六例。

〔麻韻 六〕 この韻は1畬～96耶の九六字にて『聚』の「麻第六」と同じである。委しくは次に記す通りである。「乾坤門」は1畬～13笆の一三字で『聚』に同じ。「時候門」は「14緞」の一字にて、これも『聚』に同じ。『和』は「14緞」の上欄の見出し「時」を脱してゐる。「気形門」は15蛙～31爺の一七字であるが、『聚』は『和』の16と17の間に「20媧」が存して一八字である。『和』は「15蛙」の上欄に見出し「気」を脱してゐる。「22蛇」を『聚』は「23虵蛇同」に作る。『和』の29 30を『聚』は30 29の順にしてゐる。漢字注は「15蛙青－」「24蟆蛾－」「28鯊小魚」を引き、これは15 24はαの例。「支體門」は32胯～36髽の五字にて『聚』に同じ。「態芸門」は37哇～53塗の一七字にて、ここも『聚』に同じである。漢字注は「38爬掻也」の一例が『聚』を承けてゐる。「生植門」は54麻～69茶の一六字にて『聚』と同じ。『聚』の漢字注を引用するのは「56華花同」「64杷枇－」の二例で、64はαの例。『和』は「54麻」の上欄の見出し「生」を脱する。「食服門」は70裟 71紗の二字にて『聚』に一致。漢字注は「70裟袈－」が『聚』を承けてゐる。「器財門」も72鎁～81靫の一〇字で『聚』と一致する。漢字注は「76笳胡－」が一例αの例である。「光彩門」は共に存せず。「数量門」は「82秅」の一字にて『聚』と同じ。漢字注は「82秅禾四百秉 直加切」が『聚』をさながらに承く。「虚押門」は83些～92汙の一〇字で『聚』と一致する。最後の「複用門」で吧～96耶の四字は『聚』が三字にて一字少ない。それは『聚』が「96耶」を立項せず、『和』に「95耶邪同」とあり、「83邪」があるにも拘らず重複させてゐるためである。

〔陽唐韻 七〕 この韻は1暘～215倀の二一五字である。『聚』は二一六字で、『聚』が一字多い。委細は次の通りである。「乾坤門」は1暘～36颺の三六字で『聚』と同じ。排列は28 29の箇所で『聚』は29 28の順となつてゐて『和』が一字顚倒。『聚』の漢字注を引くのは「18莊田－」「30滿天－」の二例でαの例。「時候門」は37望～42凉の六字で『聚』と同じ。漢字注は「38牀敦－ 牟」「39陽陰－」の二例がαの例。「37望」の上欄の見出し「時」を脱してゐる。「気形門」は43猜～70蛲の二八字にて『聚』と韻字数は同じであるが小異がある。『聚』の『三重韻』には『和』の「56媢」が存せぬが、『三重韻』には在つて、『和』が『三重韻』に依拠してゐることが判る。また61と62の間に『聚』は「61姜姓也」が、『原形本』にも『三重韻』にも存してゐる。『和』は「姜」を脱してゐる。漢字注は「49狼豺ー」「50蜋蟷ー」「55鶡鶡ー」の三例で、49 50がαの例である。「支體門」は71腸〜77吭の七字にて『聚』と同じ。「71腸」の上欄の見出し「支」を『和』は脱せり。「態芸門」は78恾〜115詳の三八字であるが、『聚』は三九字で小異がある。まづ83〜85の箇所が『聚』では85 83 84の順となつてをり、88〜97も『聚』の『原形本』では90 91 92 93 95 96 97 88 89 94［98僵］の順となつてゐる。而かるに『三重韻』ではこの箇所が88 89 90 91 92 93 94［98僵］95 96 97と『和』に略一致する。つまり『三重韻』の「98僵」を一字『和』が脱してゐるに過ぎない。『原形本』では大幅に錯乱することとなり、ここでも『和』が『三重韻』に拠つた事実を示してゐる。漢字注は「100章文ー」「102翔翺ー」の二例がαの例。他に字体で「93褻」を『聚』は「91裝」に作る。「生植門」の116楊〜136筤は二一字で『聚』に同じ。『聚』の漢字注は「122蒋菰ー」「126榔梹ー」を引いてゐて、122はαの例である。「食服門」は137湯〜143襠の七字にて『聚』に同じ。漢字注は「139糖飴ー」が一例αの例。『和』は「137湯」の上欄の見出し「食」を脱す。「器財門」も144觴〜166牀の二三字にて『聚』に同じ。「144觴」の上欄の見出し「器」を脱してゐる。「光彩門」は167黄〜170緗の四字存してをり、『聚』と一致する。漢字注は「167黄青ー」のαが一例。「167黄」の上欄の見出し「光」を脱せり。「虚押門」は171楊〜198颺の二八字で韻字数は『聚』と同じであるが、排列は192 193の部分が『聚』では193 192となつてゐて、『和』は一字顛倒してゐる。漢字注は「181常尋ー」「186芳芬ー」とαの例が二例。最後の「複用門」も199茫〜215倀の一七字で『聚』の韻字数と一致する。ただし排列は204 205 206の部分が『聚』では206 205 204の順となつてゐて『和』は倒錯。漢字注は「202徨彷ー」「204鏘鏗ー」「211硠雷ー」「213猖披ー」とαの例が四例存してゐる。

［庚耕清韻　八］　この韻は1阬〜158澎の一五八字で『聚』の一六〇字より二字少ない。以下その委細を記す。「乾坤門」は1阬〜16楹の一六字で『聚』の一七字より一字少ない。『聚』16の後の最末尾に「17桁」が存してゐる。『和』の「4甍」は譌字にて『聚』は正字「甍」に作る。漢字注は「15紘八ー」が一例αの例である。「時候門」は17正〜20晴の四字で『聚』に一致する。ここは『聚』の『三重韻』が19 18の順となつてゐる。而かるに『原形本』は『和』の通りである。漢字注は「20晴天ー」が一例αの例。

「気形門」は21鵃〜37䴖 の一七字で『聚』の一八字より「31鯨」がなくて一字少ない。『聚』は「29甥」の次に「31鯨」を置き、『和』はこれを脱す。また3435の部分も『聚』では3534の順となつてゐて、『和』が一字顛倒してゐる。漢字注は「21鵃鵤ー」「26卿公ー」「29甥外ー」「32鸎鵡ー」「33嬴姓也」の五例で、212629がαの例。「支體門」は38頸〜43盲 の六字にて『聚』に同じ。『和』は「42晴」と誤刻するが『聚』は「44睛」と正しくなつてゐる。「態芸門」は44𧪜〜81撐 の三八字で『聚』に同じ。『和』は「81撐」に作るが『聚』は「83撐」に作る。漢字注の引用は「44𧪜樂ノ名」「77裎裸ー」の二例で、77はαの例。「生植門」も82栟〜93菁 の一二字で『聚』に同じ。『聚』の漢字注の引用は「82栟ー櫚」「88蘅杜ー」「93菁蕪ー」の三例で8893はαの例。「食服門」も94羹〜98䱶 の五字で『聚』に一致。「器財門」は99瓔〜116璜 の一八字にて『聚』に同じ。漢字注の引用は「114檠」のαの一例。「光彩門」も117赬〜120晶 の四字で『聚』に同じ。「虚押門」は121賡〜143訇 の二三字を入れてゐる。『聚』は最後の141琤〜143訇 の三字を次の「複用門」に属せしめてゐる。漢字注は「141琤玉ノ声」が『聚』を承けてゐる。ただし『聚』は「141琤」が「複用門」冒頭の標出字になつてゐる。従つて『聚』の部類の区分に準拠せば「虚押門」は121〜140の二〇字となる。「複用門」は『和』は「144鉤」の上欄に見出し「複」を冠するが、『聚』に従へば、141琤〜158澎 の一八字となり『聚』と一致する。『聚』の漢字注を承けてゐるのは、前掲の141の他に、「147鏗金石声」「154硜小護ノ貝」「157錚金声」「158澎水声」の四例がある。「158澎」の『聚』の注文は「水皃」。

【青韻 九】 この韻は1涇〜64駉 の六四字が存する。『聚』の「青第九」には六五字を有してゐる。以下明細を記す。最初の「乾坤門」は1涇〜13坰 の一三字にて『聚』に同じ。「時候門」も14丁〜16暝 の三字で『聚』に一致する。「気形門」は17蜓〜24霆 の八字であるが、『聚』は『和』の19と20の間に「20伶」が存して九字である。『和』が一字脱したこととなる。漢字注は「24霆雷ー」とαの一例が見受けられる。「支體門」を『和』は25翎 26瓶の二字とするが、『聚』は27形 28聹 までを含めて四字とする。これは『聚』に基づいて修正すべき箇所である。漢字注は「26瓶面色」の一例が『聚』を承けてゐる。「態芸門」は『和』が「27形」以降とするが、『聚』に基づき29刑〜37剣 の九字と算へる。次に「生植門」は38蓂〜41筳 の四字で『聚』に同じ。『聚』からの引用の漢字注は「40苓茯ｰ」の一例のみ。「食服門」も42經 43醽 の二字で『聚』に一致する。「器財門」は44硎～51屏 の八字で『聚』の九字より「53釘」の一字がなく、『和』の脱と考へられる。『聚』の漢字注は「48鉶祭器」の一例。「光彩門」は52青 53熒 の二字で『聚』に同じ。「数量門」は共に存せず。「虚押門」は54停～58冥 の五字で『聚』と一致する。最後の「複用門」は59嚀～64駉 の六字で『聚』の『三重韻』に一致。『原形本』は「63惺」が存せず。『和』は『三重韻』に拠る。漢字注は「59嚀叮ｰ」「60玲瓏ｰ」のαの二例。

【蒸登韻 一〇】この韻は1陵～68兢 の六八字で『聚』より一字少ない。各部類の委細は以下の通り。「乾坤門」は1陵～8凌 の八字にて『聚』と韻字数は同じであるが排列に小異が認められる。『聚』は1 8 2 3 4 5 6 7の順となつてゐて、『和』が1と2の間にある『聚』の「2淩」を脱し、「7橧」の後に8として付加せしものと解せられる。『聚』の漢字注を承けるのは「5縢國名」「6澠水名」の二例。「時候門」は共に存せず。「気形門」は9朋～15蠅 の七字で『聚』に同じ。漢字注は「10鵬大ｰ」の一例のみ。「支體門」は16膺 17肱 の二字で『聚』に同じ。「態芸門」は18能～37譍 の二〇字で『聚』の二一字より一字少ない。『聚』は30と31の間に「31懲」が存するが、『和』はこれを脱してゐる。「生植門」は38菱 40藤 の二字で『聚』に一致する。「食服門」も40綾～42稜 の三字で『聚』に同じ。「器財門」は43繩～48罾 の六字にて『聚』と一致する。「光彩門」は49燈 50蒸 の二字で『聚』に同じ。「数量門」も51層 52升 の二字で『聚』に同じ。「虚押門」は53燈～64恒 の一二字にて『聚』に一致する。「複用門」も65鼟～68兢 の四字で『聚』と同じである。『聚』の漢字注を承けてゐるのは「65鼟鼓聲」の一例。

【尤侯幽韻 一一】この韻は1郵～179啁 の一七九字が存する。『聚』も同じく一七九字であるが、両書間に小異がある。以下、部類毎の明細を記す。最初の「乾坤門」は1郵～17龜 の一七字にて、『聚』も同じく一七字であるが、『和』は「3洲」と「4洲」が重複してゐるので、実質的には『和』は一六字であり、『聚』よりも一字少ないこととなる。また2と3との間に『聚』は「3湫」

が入つてゐる。つまり『和』は「3湫」を脱して「洲」を重複せしめた結果となつてゐる。『聚』の漢字注を引用するのは「2流水ー」「11漚浮ー」「14涪水名」「17鼀國名」の四例で、2 11はαの例である。「時候門」は18秋 19調 の二字で『聚』に同じ。漢字注を引くのは「19調見詩經」の一例。「気形門」も20麀～50螻 の三一字で『聚』と一致する。『聚』の漢字注を引くのは「33蛑蚍ー」「35侯公ー」「41蝣蜉ー」「48鰌泥ー」の四例あり、全てαの例である。「支體門」は51疣～60頄 の一〇字にて『聚』に同じ。漢字注を引くのは「57髏ー髑」「60頄千ー」の二例で、57はαの例。『和』は「51疣」の上欄の見出し「支」を脱せり。「態芸門」も61歈～104留 の四四字にて『聚』と同じである。「生植門」も105榴～110甤 の六字で『聚』も六字。漢字注を引くのは「108蕕薫ー」の一例。「食服門」は111糇～114紬 の四字で『聚』に一致。「器財門」も115璆～143油 の二九字存し、『聚』と同じである。『聚』の漢字注を引くのは、「116鍮似金」「129篌箜ー」「140鏐紫磨金」の三例にて129はαの例である。「光彩門」は「144髹赤多果少之色」の一例で、『聚』と同じ。漢字注も同じこの一例のみ。「数量門」も「145籌」の一例のみで『聚』と同じ。「虚押門」は146句～164攸 の一九字で『聚』と一致する。「複用門」も165惣～179啁 の一五字にて『聚』も同じである。また『聚』の漢字注を引用してゐるのは、「168猶夷ー」「175蟉龍皃」「176瀏水清」「177慺ーー」「178颼ーー」の五例で、168はαの例である。

〔侵韻　一二〕 この韻は1潯～54侵 の五四字が存する。ここは『聚』の六二字とは末尾の部分が相当に異なつてゐる。『和』は「虚押門」に53 54の二字しか存せぬが、『聚』には六字も存する。さらに『和』の「複用門」は皆無であるが、『聚』は四字が存してゐる。各部類毎の委細は次のごとし。「乾坤門」は1潯～7涔 の七字で『聚』に全同なり。漢字注は「7涔蹄ー」が一例αの例。「時候門」も8今～11祲 の四字にて『聚』に同じ。『聚』の漢字注を承けるのは「11祲日傍氣」の一例。「気形門」も「12禽」「13參」の二字で『聚』に同じ。「支體門」も「14音」「15心」の二字で『聚』と一致。「態芸門」は16尋～32痳 の一七字でやはり『聚』に同じ。「生植門」も33檎～38芩 の六字にて『聚』に同じ。漢字注は「35蓡人ー」の一例が引かれてゐる。「食服門」も39衾～41襟 の三字で『聚』と同じ。「器財門」も42琳～50椹 の九字で『聚』に一致する。「光彩門」も「51黔」「52焬」の二字で『聚』と全同である。「虚押門」の「53淫」は『聚』の57、「54侵」は『聚』の58に一致するが、『聚』の53淋～56深 の四字が『和』に存せず。「複用門」の『聚』の59浸～62駸 の四字も『和』に一切存せず。

[覃談韻 一三] この韻は1潭～47淡 の四七字にて『聚』の四八字より一字少ない。『和』の「虚押門」に『聚』の「41戡」が欠けてゐる。各部類の委細は次の通りである。「乾坤門」は1潭～5龕 の五字で『聚』に同じ。「時候門」は共に存せず。「気形門」は6曇～12蚶 の七字で『聚』に同じ。「支體門」は「13痰胸上水病」の一字で『聚』と一致。漢字注もこの一例である。「態芸門」は14参～27暗 の一四字にて『聚』に同じ。次に「生植門」は28柑～30柟 の三字で『聚』と同じ。「食服門」も「31泔」の一字で『聚』に同じ。「器財門」は32鐔～37簪 の六字で『聚』に一致。「数量門」は「38三」の一字のみ。『聚』も同じ。「虚押門」は39甘～44酣 の六字であるが、『聚』は七字。40と41の間に「41戡」が入つてゐる。「複用門」は45毵～47淡 の三字で『聚』も同じである。『聚』の漢字注を引用するのは、「95毵長毛」の一例である。

[塩添韻 一四] この韻は1閻～55舑 の五五字在り、『聚』と同じである。「乾坤門」は1閻～3櫩 の三字で『聚』と同じ。漢字注は「1閻閭ー」の一例がαの例である。「時候門」は共に存せず。「気形門」は4鮎～7鶼 の四字で『聚』と一致。漢字注は「7鶼ーー」の一例。「支體門」も「8髯」の一字にて『聚』と同じ。「態芸門」も9廉～17譫 の九字にて『聚』と一致。「生植門」は18蒹～21蘞の四字で『聚』に同じ。「食服門」は22鹽～25襜 の四字で『聚』と一致。「器財門」も26鎌～35槧 の一〇字にて『聚』と同じ。漢字注は「28匳鏡ー」「29帘酒ー」の二例がαの例として見られる。「光彩門」で『和』は「36黔」の一字とするが、『聚』は36黔 37炎 の二字とする。『和』と『聚』は本文は一致するのであるが、『和』が次の部類名「虚」を「37炎」の上欄に置くので、齟齬が生じた。『和』の見出し「虚」は「38銛」の上欄に来るべきものである。従つて『和』の「虚押門」は「37炎」の上欄に「虚」の見出しが冠せられてゐるが、「38銛」の上に来るものべきにて、「虚押門」を38銛～53阽 とすると一六字となり、『聚』と一

致する。最後の「複用門」は「54冉毛ー」「55𦧶長舌」の二字で『聚』に一致し、かつ『聚』の漢字注もこの二例は共に承けてゐる。

〔咸銜韻　一五〕「下平」の最後のこの韻は1函〜23𪙊の二三字で『聚』と韻字数は一致するが、韻字の排列に小異が見られる。以下、その委細を記す。「乾坤門」は1函〜4嵌の四字で『聚』と全同である。「時候門」「気形門」「支體門」の三門は両書共に存せず。「態芸門」は5緘〜12芟の八字であるが、『聚』は9〜12の箇所が12 9 10 11の順となつてゐて、『和』は8の次の12を脱して11の後に付加したことが判る。「生植門」は「13杉」の一字で『聚』に同じ。「食服門」も「14衫」の一字で、やはり『聚』に同じ。「器財門」も「15鏨」の一字にて『聚』に一致。「光彩門」も「16點」の一字で『聚』と同じ。「虚押門」は17咸〜20鑱の四字にて『聚』と同じ。最後の「複用門」も21諵〜23𪙊の三字であり、『聚』に一致する。この「咸銜韻」に『聚』の漢字注の引用は存しない。

以上、各韻目毎に逐条的に本書『和語略韻』(三一韻)の標出字(韻字)と、その排列について調査を実施した結果、本書の標出字は『聚分韻略』の『三重韻』に全面的に依拠してゐることが明らかになつた。

2、『多識篇』からの引用

羅山林道春（天正一一年〈一五八三〉〜明暦三年〈一六五七〉）の撰述にかかる『多識篇』は、『本草綱目』の漢語に和語を対照せしめた一種の「対訳辞書」である。近世初期成立の数多の辞書類が『多識篇』の影響を受けてゐる事実は、それらの辞書類に「多識」と明記して引用してゐることによつて明白である。本書『和語略韻』にも『多識篇』に依拠した本文が数多く見受けられる。林羅山が『本草綱目』を基幹として『多識篇』を編述したのは慶長一七年（一六一二）であるが、その後も羅山は改訂増補を加へてをり、それを整理したものが、寛永七年（一六三〇）刊の『古活字版』である。さらに翌寛永八年（一六三一）には早くも、その『整版』が刊行されてゐる。今、本稿で『和語略韻』所引の『多識篇』（本文）のテクストの系統を探るために、慶長一七年写『草稿本』（月瀬文庫、中田祝夫氏蔵）《以下『写本』と略称》と、寛永七年刊『古活字本』（大東急記念文庫蔵）《以下『古活字本』と呼称》、寛永八年刊『整版』（月瀬文庫蔵）《以下『整版』と呼称》、それに刊年不明の『改正増補多識篇』《以下『増補本』と略称》の三種(注)を検索しつつ、逐一的に摘記したく思ふ。やはり『和語略韻』の韻目毎に追ふこととする。

まづ「上平」では、〔東韻　一〕「乾坤門」の「8宮　水府龍—(ワダツミノミツ)　多識」は『写本』になく、『古活字本』『整版』『増補本』が共に『和語略韻』（以下略称『和』）に同じである。「気形門」の「36衆　貫—(ヤマワラビ)　本艸」などは『多識篇』の『写本』『古活字本』『整版』『増補本』にも「貫衆」と在り一致はするが、『和』の本文の末尾に「本艸」と出典明記し、『多識篇』以外の「本草書」（主に『証類本草』など）に拠るものと見做し、『多識篇』の用例からは除外することとしたい。〔支韻　四〕「気形門」の「62鵿　紙—(イカノボリ)　多識」は本草関係の語ではないので「多識」は誤記であらう。『多識篇』の三本には勿論存せず。「生植門」の「203萁　紫—(ハナワラビ)　多識」は『写本』に無く、『古活字本』『整版』と『増補本』に「紫萁」と認められる。「食服門」の「215粢　粉—(ムシモチ)　多識」は『古活字本』に無く、『写本』には存せぬが『古活字本』『増補本』にのみ「餻　牟志毛知(ムシモチ)」が存し、その下に「異名　粢(シ)」とある。因みに『写本』には存せぬが『古活字本』『整版』と『増補本』には「餻　毛知伊比(モチイヒ)」が見られる。〔真諄臻韻　一一〕「生植門」の「75蕁　石—(ワカメ)　多識」は『多識篇』の『写本』に存せず、『古活字』『整版』『増補本』に「石蕁　今按　米(スルニメ)」と在り、これに『和語略韻』が「ワカメ」の傍訓を施したものと考へられる。因みに『写本』には「海帯(ワカメ)」が存るが「石蕁」は存せず。〔寒韻　一四〕「生植門」の「49竿　抄—(ムギカケサホ)　多識」は『写本』に無く、『古活字本』『整版』『増補本』に「抄竿　牟岐乃加計左保(ムキノカケサホ)」と在り。「器財門」の「62簟　種—(モミタ子カコ)　多識」も『写本』に存せず、やはり『古活字本』『整版』『増補本』に共通して見受けられる。『多識篇』の本文は「種簟　毛美多祢加古(モミタ子カコ)」と在り。『和』の直ぐ下の「粗—(アジロ)　同」は『多識篇』に認められず、さらにその下の「攅穂—(イ子カケムシロ)　同上」は『多識篇』の『古活字本』『整版』『増補本』の三本共に見られ、「攅稻簟　伊祢宇知牟志呂(イ子ウチムシロ)」となつてゐて『和』の「イ子カケムシロ」とは少し和訓に違ひがある。また「光彩門」の

「丹山─」など『和』に出典注記がなく、『多識篇』の『古活字本』『整版』『増補本』などに「山丹 今按 比米由利」と見受けられるが、『和名抄』や他の本草関係書にも見られるので、ここで出典の明記せられてゐないものは後にまとめて記述することとする。以上が「上平」の出典を明示した例である。他に典拠を明記せぬ例も存するであらう。

次に「下平」についての調査結果を示す。〔先仙韻 一〕例へば「気形門」の「27鵑 杜─」など『多識篇』の『写本』『古活字本』『整版』『増補本』に共通して認められるが、この用字「杜鵑」は『万葉集』『和名抄』以下多くの典拠に同じ用字例が見られるゆゑ、『多識篇』とは特定し難い。斯様な例は摘出せぬことを原則とする。「虚押門」の「158便 方─」では、「方便」の右訓が「タバカル ツキ〳〵シ ソランズ」、左訓は「テタテ ヤスラフ アヤツル」では、本文に「出日本紀 万葉 和名 多識等」と記されてゐるが、『多識篇』には「方便」に上記の右訓・左訓（計六訓）のいづれかを施した例は見られない。〔蕭宵韻 二〕の「生植門」の「椒蜀─ 多識」は『多識篇』の『古活字本』『整版』『増補本』に「蜀椒 那留波志加美 今俗云阿左久羅左牟世宇」と在り、『多識篇』の「ナンハンクルミ」はやや不審だが「ナルハシカミ」に関連あるか。因みに『多識篇』の「田利勒 今按 南蠻久留美 異名 三果」がある。〔豪韻 四〕の「生植門」に「52桃 獼猴─多識」は『多識篇』の『写本』『古活字本』『整版』『増補本』の全部に見られ、『増補本』によつて本文を示すと「獼猴挑 志羅久美 一云古久波」と在る。『和』は「52桃 胡─」が「獼猴─」の直前に存し『多識篇』の『写本』『古活字本』『整版』『増補本』の四本全てに見られるが、これには出典が明示せられてゐないので、算へぬこととする。「52桃 櫻─」は『写本』に無く、『古活字本』『整版』『増補本』に存するが、出典不明記で同断。他の本草書にも存するものであらう。〔歌韻 五〕「器財門」の「66枷 連─ 多識」は『多識篇』の『写本』に存せず、『古活字本』『整版』『増補本』共に「連枷 毛美加知」とある。〔麻韻 六〕では、やはり「生植門」の「56華」の本文の末尾に近い箇所に「山丹─ 夜合─ 錦帯─共本艸 和名 多識等」と出典注記するが、実際に『多識篇』に見られるのは「山丹華」のみである。それも「山丹 今按 比米由利」と在り、「山丹華」の用字にはなつてゐないのである。〔陽唐韻 七〕「光彩門」の「167黄 豆─ 多識」は『多識篇』では『写本』に無く、『古活字本』『整版』『増補本』に「豆黄 今按 末米乃古宇志」（『古活字本』『整版』は「末米之古宇之」）

と在る。「コウシ」の開合に疑義が残るが、先覚の御説（『天理図書館善本叢書』の「月報14」所収の「古辞書の訓」）に従ひ、「カウジ」を採る。『和』は正用例となる。〔尤侯幽韻　一二〕「支體門」の「58頭　幞―(カウフリ)　多識」も『多識篇』の『写本』に存せず、『古活字本』『整版』『増補本』に「幞頭　加宇不利(カウフリ)」と認められる。〔覃韻　一三〕の「態芸門」の「24檐　樬―(ヤマアフコ)　多識」は『多識篇』の「器物類」に『写本』『古活字本』『整版』『増補本』の四本共に「樬檐尖(ソウセンセン)」が見受けられる。『和』のこの例は、これに該当するのであらう。〔塩添韻　一四〕「態芸門」の「9廉　飛―(シヲテ・カゼノカミ)　多識」も『多識篇』の『写本』『古活字本』『整版』『増補本』の四本全てに存する。『増補本』の本文は「飛廉　曽曽岐(ソソキ)　又称志於天(スシヲテト)」と在る。最後に〔咸銜韻　一五〕「食服門」の「14衫　孝子―(ブクエ)　多識」は『多識篇』の『写本』になく、『古活字本』は「〔孝〕志衫　今按　俗云布久恵」と「孝」を脱し空格にする。『整版』は「孝志衫　今案俗云布久恵」とし、『増補本』は「孝子衫　今按(スルニ)　俗云不久恵(ニブクエト)」と在る。『和』は『古活字本』か『整版』に拠ったものと目される。

3、「国花合記集」からの引用

「国花合記集」は詩作のための熟字、平仄、故事、作例等を類聚する広義の「辞書」の一種であり、編者は「貞元進士花艶谷」と在るが伝未詳である。これの音訳漢字が中世以降、和漢聯句や漢和聯句の実作ために使用せられたことは『海蔵略韻』や「永禄二年本」類の『節用集』などに附載せられてゐることによつてもよく判る。漢和聯句のための韻書『和訓押韻』の序に「又国花合記集に見えたる所の韻にかなへる物をもおなしくのす」（『松平本』は「国花合記」）と在ることによつても、『和訓押韻』（十一韻）の編纂の際に典拠の一つとして使用されてゐることが判る。またこの『和訓押韻』（十一韻）を基幹として成つた「十二韻」の韻書（『韻字記』『韻字之書』）や『漢和三五韻』（十五韻）も当然の理として「国花合紀集」に依拠する態度を継承してゐるのである。処で本書『和語略韻』（三十一韻）においては、どの程度に、またどのやうな在り様で引用せられてゐるのかを以下詳述することとする。中世辞書（『節用集』や『海蔵略韻』）に附載されてゐる「国花合紀集抜書」「国花合記集抜萃」を〔A〕、近世辞書（『増補下学集』『国花集』『増補国花集』）に附載せられてゐる「国花合記集」を〔B〕、「漢和聯句」のための韻書（先行書たる『和訓押韻』『韻字記』『韻字之書』『漢和三五韻』）所載のものを〔C〕と表示して、その委細を記す。

まづ「上平」では、〔東韻 二〕「90濃 匂一 犬」『和訓押韻』（北岡64・松平57・龍門60・天理仁78）に存せず。『聖護院本』には「63濃 匂一 犬 国花合記」と在り。「十二韻」は『韻字記』に無く、『韻字之書』には「63濃 匂一 犬也」と在り。中世の〔A〕「国花合記集」（抜書・抜萃）では『永禄二年本節用集』（a）、『永禄五年本節用集』（b）、『枳園本節用集』（c）、『経亮本節用集』（d）、『海蔵略韻』（e）の全てに見られる。さらに近世の〔B〕「国花合記集」では、『増補下学集』（f）、『国花集』（g）、『増補国花集』（h）、の三本全部に存する。以上の結果を見ると、『和』90の例は〔C〕「十一韻」の『和訓押韻』に存せず、「十二韻」の『韻字之書』と『聖護院本』に存する。『聖護院本』は『和訓押韻東冬麻陽』と題簽はなつてゐるが、内容が「十二韻」に属せしめられるものである。また「十五韻」の『漢和三五韻』にも存せず。『節用集』では、前に掲げた「印度本」類の他に、〔A〕より成立の早い『広本』(文明本)に見られる。

〔冬韻 二〕は「17容 洞一 露也 国花合記」は『和訓押韻』（十一韻）の三本に無く、「十二韻」の二本にも見られぬが、「十五韻」の『漢和三五韻』には存する。中世の「国花合記集」ではa・b・c・d・eに存し、近世の「国花合記集」でもf・gに見られるがhには存せず。因みに『広本節用集』に存することa〜eに同じ。なほgの『国花集』には音訳漢字が「洞容」の他に「侗容」「洞蓉」「洞溶」と三通りの用字法が見られる。「侗容」はf『増補下学集』にも在り。〔江韻 三〕には用例存せず。

〔支韻 四〕「63尼 喝一 蟹 怛一 谷」は『和訓押韻』（北岡33・松平114・龍門35・天理仁239）の『北岡本』『龍門本』『天理板本』は「喝一 蟹也」のみであるが、『松平本』のみ「喝一 蟹也 怛一 谷也 国花」と二語連続してゐて『和』と同じである。『天理板本』の「仁斎書き入れ」部分に「怛一 谷也」（朱筆）が見られる。「十二韻」も『韻字記』211『韻字之書』40に「喝一 蟹也 怛一 谷也」と在る。『漢和三五韻』（十五韻）には存せず。中世の「国花合記集」にはa・b・c・d・eに「喝尼」が在り、近世の「国花合記集」のf・g・hにも同様に在り。因みに『広本節用集』にも見られる。もう一つの「怛尼」も中世の「国花合記集」のa・b・

c・d・eに揃って見られ、近世の「国花合記集」のf・gには存するがh『増補国花集』には見られない。「96皮 寸― 墨也 鶴林玉露 加― 紙也 同上」は『和』の本文中に典拠が明記されてゐるが、『鶴林玉露』（羅大経の撰述・一六巻本、成立は淳祐八年〈一二四八〉）のこの例は『漢和三五韻』の「120皮」には存しない。『鶴林玉露』に関しては別稿で触れる予定がある。「128疑 波― 萩也 万葉十五 須― 杉也 同十三 阿遠也― 青柳也 同五」この連続した三例は『漢和三五韻』（151疑）と『和』にしか現はれぬ音訳漢字による『万葉集』の例であり、無論「十一韻」「十二韻」の韻書には存せず、「国花合記集」からの引例ではない。次の「129思 波― 橋也 浦― 星也」では、「波― 橋也」は『和訓押韻』（四本）に存せず、「十二韻」の韻書にも存しない。『漢和三五韻』にも見られるが、近世の「国花合記集」のfgの二書に存し、hには存しない。これは中世の「国花合記集」に存せぬ用例であるから近世の「国花合記集」に依拠したことが明白である。一方「浦― 星也」の方は、『和訓押韻』（十一韻）の『松平本』、「十二韻」の『韻字之書』に存しはするが『漢和三五韻』（十五韻）には存しない。中世の「国花合記集」のa・b・c・d・eには存せぬが、室町期写本『袖珍』（米沢市立図書館蔵）や、やはり室町期写本の『韻書（草稿）』（宮内庁書陵部蔵）には存する。近世の「国花合記集」のf・gに存し、hには存せぬ点、前の「波― 橋也」とは少し性格を異にする。「131期 土― 月 國花」は『和訓押韻』（十一韻）は「屠其」のみで、「土期」は「十二韻」の韻書にも『漢和三五韻』（十五韻）にも存しない。「十二韻」や「十五韻」の韻書には「土欺」、「屠其」は存するが、「土期」は存せず。中世の「国花合記集」は「都嗜・兎記・土欺・屠其」などで「土期」は見られぬ。「土期」が存するのは近世の「国花合記集」のf・gであるが、h（『増補国花集』）には存せず。結局「土期」は近世の「国花合記集」に拠るものであるが、因みに中世の『広本節用集』（文明本）には存するのである。「135欺 土― 月也」は前記「131期 土―」に関連するが、これは『和訓押韻』（十一韻）にはまだ見られず、「十二韻」の韻書以降（『漢和三五韻』）に現はれる。逆に「国花合記集」では近世のfghに見えず、e『海蔵略韻』（中世）のみに見受けられる。因みにこの例は『書史会要』（陶宗儀撰、洪武九年〈一三七六〉刊）に見られるのである。次に「136嬉 沙― 酒也 万 花國」の「花國」は「國花」の一字顛倒であらう。これは『和訓押韻』（十一韻）、「十二韻」の韻書、『漢和三五韻』（十五韻）に存する例であるが、なぜか中世の「国花合記集」

のa・b・c・dに存せず、e『海蔵略韻』や『袖珍』『韻書（草稿）』に見られるものである。勿論近世の「国花合記集」f・g・hの三書に見え、『広本節用集』や『鶴林玉露』にも見受けられる用例である。『広本節用集』は『鶴林玉露』を受容したものか。また中世の「国花合記集」も直接あるいは間接に『鶴林玉露』を享受したものと目せられる。斯く「沙嬉」が中世の音訳漢字による仮名書資料に散見するとは言へ、近世の「国花合記集」に揃つて見られる点からして、『和語略韻』が近世の［B］「国花合記集」に依拠してゐるとしても、何ら矛盾はないであらう。「158司　伽囉ー　烏也　國花合記」は『和訓押韻』（十一韻）、「十一韻」の韻書、『漢和三五韻』（十五韻）の全てに存し、中世の「国花合記集」a・b・c・d・eに存し、近世の「国花合記集」ではf『増補下学集』に存せぬが、g・hには存する例である。『和訓押韻』以来の踏襲した例である。「161詞　題ー　蓮也　國花合記」は『和訓押韻』（二本）「十二韻」の韻書（二本）は共に「八題ー　蓮也」とある。而かるに『漢和三五韻』に到つて「183詞　題ー　蓮也　国花合記」となつてゐて、『和』はこれを踏襲する。中世の「国花合記集」の中、a・b・c・dは「八題詞」であるが、e『海蔵略韻』は「蓮　題詞」となつてをり、『漢語三五韻』や本書『和語略韻』はこれを承けたものと思はれる。「165離　各ー　雁　姞ー　桐」は『和訓押韻』の四本全てに存し、特に『松平本』は「国花」と出典名明記。「十二韻」の韻書（二本）にも存し、『漢和三五韻』も「187離　姞ー　桐也　各ー　鴈也」と『和』と順序は逆であるが同様に見受けられる。中世の「国花合記集」のa〜eの諸本と、近世の「国花合記集」f・g・hの全部に見られ、かつ『広本節用集』（文明本）にも認められる用例である。なほ「姞離」の方も「各離」の場合と全く同断であるが、若干の異同を示すならば「十二韻」の韻書二本の表記が「嬉離」とする点にある。因みに『広本節用集』は「姞離」「嬉離」の両用を掲げてゐる。「180追　讀都ー、万葉十七　落多藝ー　同六」は『和』に出典表示がある通り、『万葉集』からの引例であり、「国花合記集」からの引用ではないのであるが、音訳漢字による仮名書であり、かつ十五韻の『漢和三五韻』にも見られる例であるので、参考に挙げた。これも『和語略韻』が『漢和三五韻』の「202追　都ー、万十七　落多藝ー　万六」を承けた例と見られる。「落多藝ー」の方も「讀都ー」と全く同断である。「198梨　梨同　火阿ー」は『和訓押韻』（十一韻）、「十二韻」の韻書（二本）、『漢和三五韻』（十五韻）の全てに存し、かつ中世の「国花合記集」a〜eに存する。近世の「国花合記集」はf・gに存するが、h『増補国花集』には見られない。「火阿ー」の直ぐ下に「異ー(ケリ)　万葉六」が続くのも『漢和三五韻』を承けたものであることが判る。また「201芝　女倍ー(ヲミナヘシ)　万葉」は同じく音訳漢字による仮名書ではあるが、『漢和三五韻』を承けてはゐない。『万葉集』の「をみなへし」として、『漢和三五韻』に存して『和』が踏襲する例は「129思　娘部ー」「129思　姫部思」「162為　佳人部ー」の三例である。次に「271奇　蓉ー(ユキ)　雪也　国花合記」は『和訓押韻』、「十二韻」の韻書、『漢和三五韻』に存し、かつ中世の「国花合記集」a～eの全てと、近世の「国花合記集」のf・gの二本に見られるが、hには存せず。因みに『広本節用集』（文明本）には見受けられる。「272宜　土ー(ツキ)　月也　芳ー(ハギ)　萩也　万葉　安平夜ー(アヲヤギ)　青柳也　万葉十三」では、「土宜」は『和訓押韻』（十一韻）、「十二韻」、『漢和三五韻』に見られず、而かも中世の「国花合記集」にも存せず、専ら近世の「国花合記集」f・gに見られるのみである。この「土宜」の例からしても本書が独自に「国花合記集」を引く場合はf『増補下学集』、g『国花集』の孰れかであることが判る。中世の「国花合記集」では「都嗜」「兎記」「土欺」「屠其」などが使用されてゐる。「芳宜」は『和訓押韻』（十一韻）、「十二韻」の韻書、『漢和三五韻』のものを踏襲した仮名書の例にて、中世あるいは近世の「国花合記集」に基づく用例ではない。「安平夜宜」も本来『万葉集』の仮名書の例であって、『和』が『漢和三五韻』を承けてはゐるが、『和訓押韻』（十一韻）や「十二韻」には存せず、而かも中世・近世の「国花合記集」にも存せず。次の「283彌　安ー(アミ)　蘇ー(スミ)　墨也　國花合記」は『和訓押韻』（四本）は「弥　竿(カ)ー(ミ)　紙也　安ー(アミ)　網也」にて、「十二韻」の韻書（二本）も「十一韻」を踏襲する。而かるに『漢和三五韻』は「297彌　安ー(アミ)　網也　蘇ー(スミ)　墨也」として現はれる。本書『和語略韻』は『漢和三五韻』を承けてゐることが明確である。因みに中世の「安弥」は「国花合記集」はa～eの全てに存し、近世の「国花合記集」f・g・hにも揃って見受けられ、かつ『広本節用集』（文明本）に認められるのである。「蘇弥」の方は『和訓押韻』に「蘇民」と在るが「蘇弥」は無く、「十二韻」も同様である。『漢和三五韻』には「蘇弥」「蘇民」が両用されてゐて本書は『漢和三五韻』を承けてゐることが顕著である。中世の「国花合記集」ではa・b・c・eに見られ、d『経亮本節用集』には存せず。近世の「国花合記集」ではf『増補下学集』には見えないが、g・hには存してゐる。斯く見来たると、本書『和語略韻』は近世の［B］「国花合記集」ではg『国花集』に依拠した可能性が極めて高い。因みに「蘇弥」は『鶴林玉露』と、それを引用した『広本節用集』にも引例が確認し得る。「298其 合ー（カキ） 垣也 由ー（ユキ） 雪也 屠ー（ツキ） 月也」で、最初の「合其」は『和訓押韻』(十一韻)、「十二韻」の韻書、『漢和三五韻』に揃って見られ、中世の「国花合記集」のa～e、近世の「国花合記集」のf・gに全て見られる。『広本節用集』にも引例が在る。「由其」も『和訓押韻』、「十二韻」の韻書、『漢和三五韻』に全て見られる。ただ中世の「国花合記集」a・b・c・d・eは「蓉奇」であり、『袖珍』と『韻書（草稿）』に見られるに過ぎず、近世の「国花合記集」たるf・gには存するのである。また『広本節用集』に引用があるが、やはり本書は『漢和三五韻』を承け、かつ近世のg『国花集』に依拠した事が考へられる。「屠其」は『和訓押韻』(十一韻)、「十二韻」の韻書、『漢和三五韻』(十五韻）を承けてゐる。中世の「国花合記集」にはe『海蔵略韻』の用例が存するのみ。近世の「国花合記集」はf・gの二書に引例が存する。また『広本節用集』（文明本）の仮名書きも確認し得る。斯く見来たると、「十一韻」、「十二韻」、「十五韻」の全てを踏襲する例と、「十五韻」を新たに承けた例とが存することに気付く。

〔微韻 五〕と〔魚韻 六〕とは『漢和三五韻』に存せぬゆゑ、本書『和』にも「国花合記集」からの引用が無い。

〔虞模韻 七〕「17都 末ー（マツ） 松也 万葉 万ー（マツ） 同上 皤ー（ハト） 鳩也 國花合記」は「末都」は『和訓押韻』に無く、全て「万都」である。「十二韻」の『韻字記』に「万ー（マツ） 末ー（マツ） 松也 國」と在るが『韻字之書』は「万都」のみ。『漢和三五韻』は「29都 万ー（マツ） 松也 皤ー（ハト） 鳩也」で「末都」は存せず。中世の「国花合記集」ではa～eに存せず、『袖珍』（室町期写本）にのみ見えるが、近世の「国花合記集」のf・g・hに全て見られる。次の「万都」は『和訓押韻』(十一韻)、「十二韻」の韻書（二本）、『漢和三五韻』（十五韻）などに踏襲してをり、かつ中世の「国花合記集」a～e、近世の「国花合記集」f・g・hにも全て存する。また『広本節用集』にも所在が確認し得る。「皤都」は『和訓押韻』(十一韻)には存するが「十二韻」には見られず、『漢和三五韻』に「29都 万ー（マツ）松也 万皤ー（ハト） 鳩也」となつてゐる処からして、本書『和』はこれを承けたものと目される。また中世の「国花合記集」のa～eに揃ってみられるが、近世の「国花合記集」には所在が認められない。因みに『広本節用集』（文明本）にも見受けられる。「74須 宇具比（ウグヒ）ー（ス） 万葉 保登々岐（ホトヽギス）ー 万葉十八」は『万葉集』の例にて、『和訓押韻』（十一韻）や「十二韻」の韻書に用例はないが、『漢和三五韻』

には「84須 宇具比（ウグヒス）— 万五 保登登岐（ホトヽギス）— 保登等蔭（ホトヽギス）— 万十八」と在つて、本書『和』はこれを承けたもの思はれる。「121盧 凍（ツル）— 鶴也 國花合記」は『和訓押韻』（十一韻）、「十二韻」の韻書、『漢和三五韻』（十五韻）の全てに存し、中世の「国花合記集」a〜e、近世の「国花合記集」f・g・hの全部に見られる。かつ『広本節用集』にも確認し得る用例である。

［齊韻 八］は『和訓押韻』、「十二韻」の韻書、『漢和三五韻』などには存せぬゆゑ「国花合記集」の引例は存せず。本書『和語略韻』の「8谿 都梵（ツバキ）— 椿也 國花合記」は中世の「国花合記集」a・b・c・dに「都婆谿」、a・b・c・eに「都堵谿」の用字で、『和』と同じ用字の「都梵谿」はe『海蔵略韻』と近世のf・g・hに存する。結局「都梵谿」はe『海蔵略韻』か、近世の「国花合記集」f・g・hの孰れかが引用されたことになる。

［佳皆韻 九］［灰咍韻 一〇］に用例存せず。［真諄臻韻 一一］「31民 蘇（スミ）— 墨也 國花合記」は『和訓押韻』（十一韻）、「十二韻」の韻書、『漢和三五韻』（十五韻）に全て存する。中世の「国花合記集」a・b・c・dにあり、e『海蔵略韻』には存せず。近世の「国花合記集」f・g・hに揃つて見られる。また『広本節用集』（文明本）に既に見られる中世以来の用例である。因みに近世の「国花合記集」には「寸味」がg・hの二本に在り、また『漢和三五韻』には「疏眉」「疏弥」「朔弥」などの用字のものも見受けられる。本書『和』には「寸皮」が別に存してゐる。「82銀 酸（サギ）— 鷺」は『和訓押韻』（十一韻）、「十二韻」の韻書、『漢和三五韻』に存し、中世の「国花合記集」a〜eにも揃つて見受けられる。また近世の「国花合記集」f・g・hに全て在り、かつ『広本節用集』にも見られる中世以来の用例である。次に「111湮 捌脱（ハダヘ）— 肌也」もやはり『和訓押韻』、「十二韻」の韻書、『漢和三五韻』（十五韻）に見え、かつ中世の「国花合記集」a〜eに全て見られる。近世の「国花合記集」のf・g・hにも存する。次に「124峋 番（ハシ）— 橋也」も『和訓押韻』、「十二韻」の韻書、『漢和三五韻』に全て存し、中世の「国花合記集」a〜eと、近世の「国花合記集」f・g・hにも見受けられる。

［文欣韻 一二］「34紋 巨羅（コロモ）— 國花合記 果灑（コロモ）— 同」の二つの用字は『和訓押韻』、「十二韻」の韻書、『漢和三五韻』に存せず。中世の「国花合記集」e『海蔵略韻』と、近世の「国花合記集」f・g・hに見られる。「果㦬紋」といふ用字では『広本節用集』に見

受けられる。

［元魂痕韻　一三］には用例存せず。『漢和三五韻』にも用例が存せざる関係か。

［寒韻　一四］「3 瀾　厦途(カツラ)ー　桂也」は『和訓押韻』は『北岡本』2と『龍門本』2とに存し、「十二韻」の韻書と『漢和三五韻』にも認められる。而かるに中世の「国花合記集」a～eには全く存せず、近世の「国花合記集」f・g・hに到って見られるやうになる。因みに中世「国花合記集」は「價途瀾」の用字が見られ、『広本節用集』も同じである。「87 殘　毖(ヒザ)ー　膝」は『和訓押韻』の最古写本『松平本』のみに在り、「十二韻」の韻書と『漢和三五韻』とがこれを承ける。中世の［A］「国花合記集」はa～eに全てなし、近世の［B］「国花合記集」f・g・hにも存してゐる。因みにこの用例も既に『広本節用集』に見受けられるのである。

［刪山韻　一五］には用例が存せず。

次に「下平」に入る。［先仙韻　一］「1 天　分(ブデ)ー　筆也」は［C］『和訓押韻』（十一韻）、「十二韻」の韻書、『漢和三五韻』（十五韻）に見られる。中世の［A］「国花合記集」もa～eの全てと近世の［B］「国花合記集」のgとhに見られ、f『増補下学集』にのみ存せず。『広本節用集』に既に記載が認められる。なほ中世の「国花合記集」a～e並びに近世の「国花合記集」g・hには「不天」の用字も見られ、これも『広本節用集』に見受けられる。「4 燕　印(イエ)ー　家也　國花合記」は『和訓押韻』（十一韻）、「十二韻」の韻書、『漢和三五韻』（十五韻）の全部に存し、かつ中世の「国花合記集」a～e全てと、『広本節用集』に見られる。この用字は近世の「国花合記集」には見受けられない。近世の「国花合記集」はf・gの二書は「何燕」の用字での記載が見られる。「22 年　瞑(ミ子)ー　嶺也　國花合記」も『和訓押韻』（十一韻）、「十二韻」の韻書、『漢和三五韻』に存し、中世の「国花合記集」a～e、近世の「国花合記集」g・hにも存し、かつ『広本節用集』（文明本）にも見受けられる用例である。「130 前　加(カゼ)ー　風也　武備志」は「十一韻」、「十二韻」の韻書に存せず、中世・近世の「国花合記集」にも存せぬ用字である。『漢和三五韻』に「12 前　加(カゼ)ー　武備志」と在るので、本書『和』は『漢和三五韻』を踏襲した事実が判る。従ってこの用字例は「国花合記集」には拠ってゐない。因みに「国花合記集」の「風」の用字はa・b・cに「客之」「何安之」「欤舌」がある。「客之」「欤舌」はdにも存する。近世のf・gには「客立」「加世」

「欤舌」が見受けられる。『広本節用集』には用字の種類が多く「客之」「何安之」「客子」「欤舌」の四種が見られる。「139延　塗(ツヱ)—　杖也」は『和訓押韻』(十一韻)、「十二韻」の韻書、『漢和三五韻』に見られ、中世の「国花合記集」のa～e、近世の「国花合記集」f・g・hの全てに見られ、かつ『広本節用集』にも存してゐる。「142連　安蘭(アラレ)—　雪也　國花合記」も『和訓押韻』(十一韻)、「十二韻」の韻書、『漢和三五韻』に全て存し、中世の「国花合記集」もa～eの全部、近世の「国花合記集」ではf・gに存し、h『増補国花集』にのみ見られない。また『広本節用集』(文明本)にも既に存してゐる。

〔蕭宵韻　二〕〔肴韻　三〕〔豪韻　四〕に存せず。

〔歌韻　五〕「9渦　沾(ウヲ)—　魚也」は『和訓押韻』、「十二韻」の韻書に存せぬが、『漢和三五韻』の「9渦　沾(ウヲ)—　魚也」と在り、本書『和』はこれをさながらに承く。中世・近世の「国花合記集」a～e、f・g・hの全てに存し、『広本節用集』にも見られる。因みに『和訓押韻』(十一韻)と「十二韻」の韻書の用字は「迂游」(尤侯幽韻)である。「45磨　旦(タマ)—　玉也」は『和訓押韻』(十一韻)と「十二韻」の韻書には存せぬが、『漢和三五韻』に引かれ、本書はこれを踏襲してゐる。中世の「国花合記集」ではa～eの全て、近世の「国花合記集」もf・g・hの全部に存してゐる。かつ『広本節用集』(文明本)にも認められる用例である。「49摩　遠波志(ヲバシマ)—　檻也　万葉」は『和訓押韻』、「十二韻」の韻書に存せず、『漢和三五韻』(十五韻)に存してゐる。本書『和』はこれを承く。中世の「国花合記集」a～eに無く、〔B〕f・g(近世)にある用字法である。「61羅　殿罷(トノバラ)—　加是(カシラ)—　頭　武(ホロ)—　満件(マクラ)—　枕」において、最初の「殿罷—」は『和訓押韻』、「十二韻」の韻書、『漢和三五韻』に存せず、中世・近世の「国花合記集」にも無い用字であるが、『鶴林玉露』に「殿羅能」の形で見える。次の「加是—」は『和訓押韻』、「十二韻」の韻書、『漢和三五韻』に存せぬが、中世・近世の「国花合記集」a～e、f・g・hの全てに見られ、かつ『広本節用集』にも認められる。「武—」は本書のみ。「満件—」は『和訓押韻』、「十二韻」には存せず。『漢和三五韻』(十五韻)には見られ、本書『和』はこれを踏襲する。中世・近世の「国花合記集」はa～eとf・g・hの全部に見受けられる。「75多　賀(コト)—　琴」は『和訓押韻』、「十二韻」の韻書に存せず、『漢和三五韻』(十五韻)にも無い。而かるに中世・近世の「国花合記集」では〔A〕a～eと〔B〕f～hの全てに見られ、かつ『広本節用集』（文明本）にも存してゐる。「77那　卒（ソノ）ー　園也　國花合記　波（ハナ）ー　花也　同上」は『和訓押韻』、「十二韻」に無く、『漢和三五韻』に「46那　率（ソノ）ー　園也　波（ハナ）ー　花也　國花合記」と在つて、本書『和語略韻』はこれを承けてゐる。「卒ー」は中世・近世の「国花合記集」のa〜eとf・gに存し、h『増補国花集』には存せず。『広本節用集』には存せり。「波ー」は中世の「国花合記集」a〜eの全てに存せず。近世に到つてf・g・hには全て見られる。中世の「国花合記集」a〜eは「発南」（覃談韻）の用字で見え、近世のf・g・hにも継承されてゐる。因みに『和訓押韻』（十一韻）は『松平本』にのみ「発挐」（麻韻）の用字で見受けられる。「81和　洗ー　塩也　國家合記　志ー（同）　同上」と「国花合記」の「花」を「家」に誤刻する。この二つの用字は『和訓押韻』、「十二韻」に存せず、『漢和三五韻』（十五韻）に「55和　洗（シホ）ー　塩也　志（シホ）ー　同　共國花合記」と在るのを本書『和』が承けてゐる。「国花合記集」で「洗ー」はe『海蔵略韻』（中世）、f・g・h（近世）に見られ、『広本節用集』にも存してゐる。而かるに「志ー」は中世の「国花合記集」a〜eの全てに存せず、近世のf・gにのみ存してゐる。『広本節用集』にも無く、本書は『漢和三五韻』を継承したものと目される。「95麼　末（モヽ）ー　桃　質（シモ）ー　霜」は『和訓押韻』には二つとも無く、「十二韻」の韻書で「質ー」のみ在り、「末ー」は無い。『漢和三五韻』に到つて「50麼　末（モヽ）ー　桃也　質（シモ）ー　霜也」と在つて、本書『和』はこれを承く。「末ー」「質ー」共に中世［A］「国花合記集」a〜eに存し、近世の［B］「国花合記集」では、「末ー」はf・g・hの全てに、「質ー」はf・gに存し、h『増補国花集』には存せず。『広本節用集』（文明本）は二用字法共に存する。

［麻韻　六］『漢和三五韻』の「55麻　姿（シモ）ー　霜也　按質麼　姿麻　三様出（ニ）作（ル）質麻者　恐不可也」が見られるが、本書『和』の「54麻」にはこれを継承せず。［歌韻］に「50麼　質ー」にあるによりて略せるか。

［陽唐韻　七］「118香　棹四（サヲシカ）　ー　万葉　草平思（サヲシカ）ー」は、この二用字例共に『和訓押韻』、「十二韻」の韻書に存せず。『漢和三五韻』に「14香　棹四（サホシカ）　ー　万　草平思（サヲシカ）ー　万」と在るのを、本書『和語略韻』がさながらに踏襲したものである。中世・近世の「国花合記集」に全て存せぬゆゑ、この音訳漢字による仮名書は「国花合記集」に拠つたものでなく、『万葉集』に基づいた例であることを識る。「173良　宇奈波（ウナバラ）ー　万葉五　久佐麻久（クサマクラ）ー　同十八　多麻可豆（タマカツラ）ー　同十三」も、同様に『和訓押韻』や「十二韻」の韻書に無く、『漢和三五

韻』に「179良 宇奈波(ウナバラ)ー 万五 久佐麻久(クサマクラ)ー 万十八 多麻可豆(タマカツラ)ー 万十三 佐祢加豆(サネカヅラ)ー」と在るのを承けたものである。この中「佐祢加豆ー」は本書『和』に引用されてゐないが、これも『万葉集』に依拠してゐる。中世［A］近世［B］の「国花合記集」には存せず。

結局この［陽唐韻］には「国花合記集」からの引用は見られぬこととなる。

［庚耕清韻 八］［青韻 九］［蒸登韻 一〇］用例存せず。［尤侯幽韻 一一］「2流 所知(シラル)ー 万葉二 波都波(ハツハル)ー 万葉二十 雪布(ユキフル)ー 同上」は『和訓押韻』（十一韻）、「十二韻」の韻書に用例無く、『漢和三五韻』に「2流 所知(シラル)ー 万二 波都波(ハツハル)ー 万二十 雪布(フル)ー 万二十」と在り、本書はこれを踏襲してゐる。中世・近世の「国花合記集」には存せず、『万葉集』に拠つた音訳漢字の仮名書である。同様に「160由 於毛保(ヲモホユ)ー 同十五 見(ミユ)ー 同十五 之良都(シラツユ)ー 同二十」も「十一韻」、「十二韻」の韻書に無く、［C］の『漢和三五韻』（十五韻）の「160由 於毛保(オモホユ)ー 万十五 見(ミユ)ー 万十五 之良都(シラツユ)ー 万二十」をさながらに承けたものにて、「国花合記集」からの引用ではない。

［侵韻 一二］［覃談韻 一三］［塩添韻 一四］［咸銜韻 一五］［厳凡韻 一六］に用例存せず。

以上で本書『和語略韻』の注文中に存する「国花合記集」からの引用について逐条調査を終了したが、『和語略韻』は［C］の『漢和三五韻』を悉く踏襲してゐることがほぼ確実となつた次第である。ただ前記の一覧を委細に眺めると、『和語略韻』は先行する『漢和三五韻』には存せぬ韻目、例へば［上平］の［齊韻 八］［文欣韻 一二］の二項において、独自に「国花合記集」からの引用を行つてゐる。これは中世の［A］「国花合記集」に拠らず、近世の［B］「国花合記集」に基づいてゐることを識り得た。けだし本書『和語略韻』の「国花合記集」の引用は［C］『漢和三五韻』（十五韻）の引例を継承しつつ、新たに近世の［B］「国花合記集」に依拠して補なつたことを確実に識り得たのである。

注　この三種の本文は中田祝夫氏編『多識篇（三種）研究並びに総合索引』（一九七六年〈昭和51〉勉誠社刊）を使用した。

[二]『和語略韻』における『漢和三五韻』の受容について

一、はじめに

『和語略韻』（三十一韻）の初刊本[注1]（元禄一一年〈一六九八〉）の書名は、「和訓韻略」にて、別名「和訓三重韻」とも称した。このことからも本書の原拠が『聚分韻略』の『三重韻』たることは推察し得るが、今般実際に逐条調査[注2]をして、その事が事実であることを確認し得た。本稿はその情況の委細を報告することを直接の目的とする。処で本書『和語略韻』が漢和聯句のための韻書「十一韻」→「十二韻」→「十五韻」の系譜の上に立つて成つたものであるか否かといふことが、次に重要な問題となる。聯句連歌史上、漢和聯句が特に隆盛になるのは、慶長初年（一六〇〇年頃）から元禄初年（一六九〇年代）にて、この期間に『和訓押韻』（十一韻）の『無刊記本』や『正保二年版本』が板行されてゐるし、さらに貞享三年（一六八六）には『漢和三五韻』（十五韻）も上梓されてゐる。「平声」全韻（三十一韻）の『聚分韻略』（三重韻）が簇出する時期であるにも拘はらず、なほかつ三十一韻の『和語略韻』が現に刊行されたことは、和漢の典籍に基づく極めて多くの熟字例を保有することが、漢和聯句の実作のために実用性を高めたのであらう。また一方、「三十一韻」といふ平声全韻を有するために、本書が漢和聯句のみならず、広く和漢聯句や聯句一般の手引書としても使用せられたことも当然考へられる。『和語略韻』はかうした多目的の使用にも耐へ得る韻書として、先行する「十一韻」〜「十五韻」の韻書とは編纂の規準や方針を一新して敢行されたことが、本書の本文の随所に看て取れるのである。[注3]

多少具体的に記述するならば、まづ第一に、「十一韻」の韻書以降、十五韻の『漢和三五韻』に至るまで継承された「入韻字」「本韻」（韻内字）「韻外字」といふ三部立ての組織が、『和語略韻』では「本韻字」のみとなつてゐる。漢和聯句の実作に資する「入韻字」や「韻外字」が不必要となる筈はない。それらは既刊の『和訓押韻』や『漢和三五韻』の版本で間に合はせることが可能である。それよりも重要なことは、数多の熟字例を大幅に増補することである。従つて本書は「十一韻」「十二韻」「十五韻」の韻書に存せぬ新たな熟字例を豊富に補入すべき方針に基づき、それに努めたことが明らかである。その結果、「十一韻」〜「十五韻」の韻書に存する用例を機械的に踏襲することをできるだけ避けようとしてゐる。しかしながら、十五韻の『漢和三五韻』の熟字例の中で、当代の漢和聯句の盛行する実情の上で、必須のものと思はれる用例については、これを極力保存すべく努めることを忘れてはゐない。ここに本書『和語略韻』が、先行書『漢和三五韻』を如何様に享受してゐるかを検討すべき必要性が認められよう。

本稿では、以下『和語略韻』の中に、『漢和三五韻』の記事がどのやうな方法で採り入れられてゐるかを逐一的に調査し、その具体的情況を記述することとした。また、後半には近時公刊された『連歌総目録』（一九九七年4月　明治書院刊）に基づいて、本邦に現在伝存する連歌・聯句資料の分布状況、並びに「漢和聯句」関係記事の一覧を掲げた。『連歌総目録』に登載せられてゐる連歌や聯句連歌の数は、実際に存在したものの十分の一以下に相当するとも考へられるが、連歌・和漢聯句・漢和聯句等の分布の比率そのものは変はらないものと思はれる。世に伝存する連歌や聯句の実数が全く把握し得なかつたのに比べて、この『総目録』が編纂委員の方々の尽力によつて公刊されたことは、実に大いなる福音である。この『総目録』より賜はつた学恩に対して心より感謝申しあげる。

注1　『古辞書研究資料叢刊』第24巻（一九九七年9月 大空社刊）に「影印本文」収録。
注2　付載資料三、［二］「『和語略韻』の主要典拠について」参照。
注3　本書、第二章・第四節四、～五、参照。

二、『和語略韻』の典拠―『漢和三五韻』について

謂はゆる「漢和聯句」のための韻書として十一韻の『和訓押韻』が成立し、次にそれを基幹として十二韻の『韻字記』『韻字之書』が編まれ、やはり「十一韻」（『和訓押韻』）を基に十五韻の『漢和三五韻』ができたのであるが、さらにそれよりも広本（三十一韻）となつた本書『和語略韻』は一体「十一韻」の韻書を基幹としてゐるのか、それとも「十二韻」あるいは「十五韻」の韻書を基に増補改編したものであるのかといふことについて調査を進めたい。『和語略韻』（元禄一一年刊）の序「和訓韻略叙」に「嚮（サキ）ニ有リ二十一韻・三五韻一而行ハル二于世一ニ」と冒頭に述べてゐる処からせば、「十一韻」か「十五韻」かの孰れであることが察せられる。而かも〔略本⇒広本〕といふテクストの成長過程からせば、十五韻の『漢和三五韻』であることが推定される。しかしながら、本書の本文形態を逐条的に調査せねば明確な結論は得られないであらう。以下、本書の韻目毎の逐一的な対比を試みる。まづ「上平」では、

【東韻 一】「8宮（ワタツミノミヤ）―― 同（日本記） 神（カンミヤ）― 同 伊勢也」は『和訓押韻』（北岡6・松平5・龍門6）、「十二韻」（記21・書9）、『漢和三五韻』3もほぼ同様で、孰れに拠つたか断じがたい。「10風 冬（アラシ）― 順（カセノマニ〳〵）―（ヲイテ） 日本記 迅（ハヤチ）― 同上 東（同）― 下（ヲロシ）― 南（カケツ）― 北（カヘイツ）― 斧（ヲノ、ヲト）― 荘子 東南（アイノカセ）― 万葉 谷（アイノカゼ）― 詩経 飛鳥（アスカカゼ）― 万葉一 暴（ノワキノカゼ）― 和名」は『和訓押韻』（北岡9・松平9・龍門8）を

承けた『漢和三五韻』に「10風　斧《ヲト》ノ—本出荘子　飛鳥《アスカカセ》—万一　谷—　南《ミナミ》—　北—　東《コチ》—　順《カセノマニ〳〵》—　日本紀　迅《ハヤテ》—同上　東南《アヒノカセ》—万　暴風ハヤチノワキノカセ　両訓見和名　下《ヲロシ》—　冬《アラシ》—」と在るが、『和訓押韻』（十一韻）や「十二韻」の韻書に見られる注文「瀛《ヲキノツカゼ》—同」が『漢和三五韻』に存せず、本書『和語略韻』には見られる例もある。従つて『和語略韻』が『漢和三五韻』にのみ拠つてゐるのでないことも注意すべきことである。「19童　宛《ヤドリキ／ツタ》—詩経　丫《アゲマキ》—　海《ワダツミ》—日本紀」は『漢和三五韻』の「30童　宛《ツタ》—草ノ時　宛童《ヤドリキ》木ノ名ノ時　海童《ワタツミ》　丫《アケマキ》—」を参看したものと見做せる。『和訓押韻』（北岡14・松平12・龍門13）には「宛—」が存せず。ただし「十二韻」は『漢和三五韻』と同じであるが、「宛—」に「ヤドリキ」の字訓（傍訓）が存しない。

「21蟲　華《キヽス》—本艸　夏《ナツノムシ》—荘子」は『和訓押韻』（北岡16・松平17・龍門15）にも「十二韻」（記33・書17）にも「華—」が無い。而かるに『漢和三五韻』には「11蟲　夏—　華虫　雉子《キヾス》　キジ」とあるので、これが本書『和語略韻』に享受されたのであらう。「25雄　益《マスラヲ》—日本記　雌《カチマチ／メトリヲトリ》—」は『和訓押韻』（北岡18・松平16・龍門17）にも「十二韻」（記31・書15）に「益—」は存して『漢和三五韻』の「35雄　益良《マスラ》—」と大差無きやうに見えるが、『和語略韻』に見られる「雌—」は『和訓押韻』の『松平本』『龍門本』と「十二韻」にも存し、かつ『聚分韻略』にも存してゐる。この点からせば『漢和三五韻』との関連が一番低いこととなる。次に「28公　雷《ナルカミ／イカツチ》—和名　郭《ホトヽギス》—　老《ヲキナ／キミ》　日本紀　黄《ウクヒス》—事物異名　所思《ヲモホユルキミ》—万葉六　不悪《ニクカラヌキミ》—同上」は『和訓押韻』（北岡20・松平13・龍門19）や「十二韻」（記38・書22）に存するが、これらには「黄—」「所思—」「不悪—」などが無い。而かるに『漢和三五韻』は「7公　雷《イカツチ》—和名　老《ヲキナ》—日本紀　ヤムトキナシニ所思《オモホユルキミ》—万六　不悪《ニクカラヌキミ》—万十　郭《ホトヽキス》—　黄《ウクヒス》—東坡詩見二事物異名一」と在つて本書『和』に最も近い。本書が『漢和三五韻』を承けた例である。

「29工　百《モヽノツカサ》—　雨《タツ》—　龍也　小説」で『和訓押韻』（北岡21・松平15・龍門20）の『松平本』と『龍門本』に「百—」があり、「十二韻」（記36・書20）にも「百—」がある。而かるに『漢和三五韻』は「38工　雨《タツ》—　龍也　出二小説一」と「百—」は無く、「雨—」が存する。この例からせば『漢和三五韻』の外に本書は「十一韻」か「十二韻」の韻書を参照したことになる。「33翁 賣炭― 碧繼― 鷺也 青田― 信天― 潜確類書」は『漢和三五韻』の「41翁 碧継翁 信天― 賣炭― 青田― 鶴也」の漢字注を全て承けてゐることが判る。『和訓押韻』（北岡25・松平14・龍門24）には『松平本』と『龍門本』に纔かに「老―」が見られるのみ。「十二韻」（記42・書25）の『韻字記』は『和訓押韻』と全同にて、『韻字之書』は「碧継― 白鷺」と見られ、やや近いが、本書『和語略韻』は『漢和三五韻』を承けてゐることが、ここでは顕著である。「56楓 丹― 蔦―」は『和訓押韻』（北岡39・松平33・龍門36）には「若― 蔦―」と在り、「十二韻」（記53・書39）も略同。『漢和三五韻』は「9楓 若― 丹― 蔦―」と「十一韻」「十二韻」を承けつつも「丹―」を加へてゐる。本書『和』はこの「丹―」を含めて『漢和三五韻』を継承してゐるが、「若―」は引用せず。「57葱 水― 鹿― 花木考」は『和訓押韻』（十一韻）に標出字存せず、「十二韻」（記108・書86）にも「水―」は存するが、「鹿―」は見受けられず。而かるに『漢和三五韻』は「64葱 水― 鹿― 萱也 花木考」と在つて『和語略韻』がこれを承けてゐることは事実である。「59蓬 心― 荘子」は『和訓押韻』（北岡41・松平35・龍門38）で「心―」は存せず、「十二韻」（記56・書40）には『記』に「心― 荘子ニ在 キタナシ 心キタナシト云時ハカリ用ユ」（『書』もほぼ同注）と在る。『漢和三五韻』は「66蓬 心― ○荘子有ニ―ノ之心一」となつてゐる。本書『和』はこの場合、「十二韻」と「十五韻」との孰れに拠つたかは決し難い。ただし十五韻の『漢和三五韻』に依拠したとしても矛盾するものではない。「66籠 花― 煙― 万葉一」は『和訓押韻』（北岡45・松平37・龍門41）の三本に「花―」が存し、『龍門本』は「花―」の上に「火―」が在る。「十二韻」（記57・書43）も『龍門本』と同じく「火― 花―」が見られる。十五韻の『漢和三五韻』は「73籠 煙― 万一」のみであるので、この場合は本書『和語略韻』が「十二韻」と「十五韻」の双方を引用したか、「十一韻」の『龍門本』と「十五韻」を見たかの孰れかであらう。「72弓 賭―」は『和訓押韻』（北岡49・松平41・龍門45）三本の中、『松平本』と『北岡本』には「賭― 春也」が存する。「十二韻」（記61・書48）も「十一韻」を承け、『漢和三五韻』

も「8弓 賭―」と、やはり同じである。「73筒 竹― 紅葉散― 万葉十」は『和訓押韻』（北岡50・松平42・龍門46）の『松平本』と『龍門本』に「竹―」があり、「十二韻」（記ナシ・書46）も『書』に「竹―」のみ在り。『漢和三五韻』は「81筒 モミヂチリ― 万十」にて、本書『和語略韻』は「十一韻」または「十二韻」と、「十五韻」の双方を参看したことになる。「74紅 映山― 東坡」は『和訓押韻』（北岡51・松平43・龍門47）に「映山―」の注は存せず、「十二韻」（記62・書47）も同じ。『漢和三五韻』のみ「5紅 映山―」の熟字例が存し、本書『和』はこれを承けてゐる。「77通 不― 万葉三 將― 同三 鞍白― 暮也 同七」も『和訓押韻』（北岡54・松平47・龍門50）に同じ熟字例無く、「十二韻」（記65・書51）も同様であるが、『書』の書き入れに「不―万」と在る。而かるに十五韻の『漢和三五韻』には「84通 不―コトナク 万二 將―同三 不― 同七 此日鞍白― 同七」と在つて、本書『和語略韻』がこれを踏襲したことは明白である。「78蒙 雲莫― 万葉七 霞― 同七 簑笠不― 同二十 呼子鳥香― 同二十」は『和訓押韻』（北岡55・松平49・龍門51）で例へば『松平本』は「雲莫―万 衣―笠 簑同 タナビク万 雲霞ニ用之」と在り、他の二本もほぼ同注である。「88中 俗中」は『和訓押韻』（北岡63・松平56・龍門60）に「俗―万」と在り、「十二韻」（記75・書61）も同じで、『漢和三五韻』の「88中 俗―」に受け継がれてゐるのである。

『冬韻 二』「17容 洞―露也 國花合記」は「十一韻」と「十二韻」の韻書に「冬韻が」存せぬゆゑ、十五韻の『漢和三五韻』に「22容 洞―露也 國花合記集」と在るのみである。本書『和語略韻』はこれを承けしもの。「18胸 開レ― 文選」は『漢和三五韻』（十五韻）の「23胸 文選左思賦 開レ―」を承く。「36松 海― 源氏 馬鬣― 墓上ノ松也」と在る箇所を『漢和三五韻』は「3松 海― 源氏 ウナヒ― 墓上松也 海― 万六」としてゐる。熟字例で本書は『漢和三五韻』を参照してゐることが判る。「37蓉 芙― 花―」を『漢和三五韻』は「41蓉 芙― 花―」とする。本書はこれを全面的に継承する。因みに「芙―」は『聚分韻略』(三重韻）以来伝承する熟字例でもある。「49鐘 晩(同)― 黄(テウシノカヽリ)― 金(スヽムシ)― 本艸」は『漢和三五韻』に「8鐘 晩(イリアヒ)― 金(スヽムシ)― 虫名也 黄― 十一月」と在るのを承けたものと思はれる。「58衝 額(ヌカツク)― 万葉四 杖(ツヱツク)― 同十三 氣(イキツキ)― 同十三 爪(ツマツク)― 万葉四」も『漢和三五韻』の「61衝 額(ヌカツク)― 万四 杖― 同十三 爪(ツマツク)― 同四 氣(イキツキ)― ―ワタリ吾戀(ワカコフル) 万十三」に基づくものと思はれる。「65重 九(コヽノヱ)― 幾(イクヱ)―」は『漢和三五韻』の「7重 幾(イクヱ)― 九― 晩(イサアヒ)― 金(スヽムシ)― 虫名也 黄― 十一月」を承ける。「66従 任(サモアラバアレ)― 涕無(ナミタナシ)レ―(ソヘモノ) 檀弓 御世(ミヨニ)― 万葉十 衣上(コロモノウヘニ)― 同十」も『漢和三五韻』の「67従 任(サモアラハアレ)― 涕無レ―(ソヘモノ) 檀弓 ヒジリノ御世(ミ)ニ― 同十 衣ノ上ニ 同十」を承けてゐる。「67縫 笠(カサヌフ)― 万葉十二 白(シラヌヒ)― 同」は『漢和三五韻』の「68縫 笠ニ―(ヌフ) 万十二 白(ヌヒ)―ノツクシノ綿ハ 万三」をそのまま継承したものである。「70穠 彼(カノサカンナル)― 詩経」も『漢和三五韻』の「70穠 詩ニ何彼ノ―(サカンナル)矣」を承けたもの。ただし『和語略韻』の「69穠」には熟字例が存せず、「70穠」の注文として置かれてゐる。「71丰 子之(ナンヂガヲモフクラナル)― 詩経註ニ面貌豊満ナリ也」は『漢和三五韻』の「71丰 詩ニ子カ之―(タル)(オモフクラナル) 兮 註ニ面貌豊満」を承けたものである。「72茸 尨(ミタル)― 唐詩 菌(タケ)― 和名」も『漢和三五韻』の「72茸 尨―ハ乱貌 唐詩ニ草― 花― 和名 菌(タ)茸(ケ) 多介(タケ) クサビラノヿナリ」に拠つたと思はれる。「78喁 喩(クチサシツドフ)― 韻會」は『漢和三五韻』は「78喁 喩(クチサシツトウ)― 魚口出入」と在るのに連関する。ただし「喩―」は既に『聚分韻略』に既に存する熟字例でもある。

【江韻 三】「江韻」は『漢和三五韻』に存せず。

【支韻 四】「23濰 水名」は『和訓押韻』(十一韻)や「十二韻」の韻書に標出字存せず、『漢和三五韻』は「46濰 水ノ名」と在り、『和語略韻』はこれを承けてゐる。ただし、この注文「水名」は既に本書の典拠たる『聚分韻略』に存するものである。「34淄 水名」も『和訓押韻』(十一韻)や「十二韻」の韻書には存せず、十五韻の『漢和三五韻』に「57

淄 水ノ名」と在る。この注文も既に『聚分韻略』に存するものである。「37嶷 九―山」もまた「十一韻」と「十二韻」の韻書に無く、十五韻の『漢和三五韻』にのみ存してゐるが、これも『聚分韻略』の漢字注に存するものである。「42淇 水ノ名」も『和訓押韻』（十一韻）や「十二韻」の韻書には無く、『漢和三五韻』に始めて「65淇 水ノ名」として出てくる。ただし、これも既に『聚分韻略』の漢字注に存してゐるものである。「44時 暫― 昔― 往― 日本紀 旭― 万葉 何― 同七 花有― 同」は『和訓押韻』（北岡17・松平101・龍門17）の三本に「花有― 万」、「旭― 万」があり、『北岡本』『龍門本』に「何― 万」、「往―」がある。「十二韻」の韻書（記194・書22）は「往― 日本 何― 万 花ノ有― 万 旭― 同」などが見られ、十五韻の『漢和三五韻』に到っては「1時 往― 日本紀 昔― 暫― 旭― 万 何― 万七 花有― 万」とその殆んどが本書『和語略韻』に見られる。本書が『漢和三五韻』を継承してゐる事例である。「49麒 ―麟」は『和訓押韻』（北岡21・松平105・龍門21）の『松平本』にのみ注文「騏驎」が存する。標出字が「麒」でなく「騏」と作る。「十二韻」の韻書（記197・書26）も標出字「騏」にて「麟」は存せず。而かるに『漢和三五韻』は「70麒 ―麟」、「71騏 ―驥」と双方共に存し、本書『和』と同じである。ただし漢字注「―麟」は既に『聚分韻略』に見られるものである。「56貍 家子― 本艸」は『和訓押韻』に標出字存せず、「十二韻」（記339・書171）は熟字例見られず。『漢和三五韻』には「76貍 家子―」が存する。本書はこれに基づいてゐる。「62鵋 怪― 尓雅 梟― 角― 説文」は『和訓押韻』に標出字存せず、「十二韻」（記341・書174）に標出字は見られるが、一致する熟字例はない。『漢和三五韻』は「81鵋 一名ハ角鵋 怪鵋フクロフ 梟鵋同」が本書『和語略韻』の基になつてゐるものと見做し得る。「63尼 喝― 蟹 怛― 谷 摩― 珠也」は『和訓押韻』（北岡33・松平114・龍門35）の『松平本』に「喝― 蟹也 怛― 谷也 国花」と「国花合記集」からの引例が二語ある。『北岡本』と『龍門本』は「喝― 蟹也」のみである。「十二韻」（記211・書40）も『和訓押韻』の『松平本』と同じである。『漢和三五韻』は「82尼 摩― 珠也」で、「国花合記集」からの引用はないが、「摩―」が本書『和語略韻』に引かれてゐる。ここは『和訓押韻』の『松平本』あるいは「十二韻」の韻書の孰れかと、『漢和三五韻』の熟字例とが混合してゐる箇処である。「67貔 説文ニ豹ノ属」は『和訓押韻』（十一韻）に存せず、「十二韻」（記344・書177）には「豹也」と在る。『漢和三五韻』は「87貔 説文ニ豹ノ属」と在つて、『和語略韻』はこれを承けたものである。「68師 京(ミヤコ)— 万葉 獵(カリフト)— 万葉 各寺(ヲノカジ、)— 万葉」は『和訓押韻』（北岡35・松平113・龍門30）に「京(ミヤコ)—万 獵(カリヒト)—」が三本共に見られ、「十二韻」の韻書（記207・書35）も同じである。さらに十五韻の『漢和三五韻』も「89師 京(ミヤコ)— 万 獵(カリヒト)— 万 各寺(ヲノカジ、)— 万十二」とこれまた同じ熟字例が存してゐる。ただしかし『和語略韻』にある「各寺(ヲノカジ、)—万葉」は『漢和三五韻』にしか存せず、やはり本書は『漢和三五韻』に拠つたことが判る。「75兒 山(ヤマガツ)— 万葉 天(アマ)— 万葉 嬰(ミドリコ)— 和名 偸(ヌスヒト)— 同上 市郭(イチヒト)— 和名 吾妹(ワギモコ)— 万葉」は『和訓押韻』（北岡36・松平104・龍門36）の『北岡本』と『龍門本』に「山(ヤマカツ)— 天(アマカツ)— 吾妹(ワギモコ)— 万」がある。『松平本』にはこの中の「天—」がない。「十二韻」の韻書（記212・書41）も『龍門本』を踏襲する。『漢和三五韻』に到つて「100兒 山(ヤマカツ)— 万 天(アマ)— 吾妹(ワギモコ)— 万 嬰(ミドリコ)— 和名 市郭(イチヒト)— 和名 偸(ヌスヒト)— 和名」の全熟字例が本書『和』に引用されるやうになる。ここも『和語略韻』が『漢和三五韻』を承けてゐることを示す具体例である。「78孋 戀(コヒツマ)— 万葉十一」は「十一韻」と「十二韻」の韻書に標出字存せず、十五韻の『漢和三五韻』に「102孋 戀(コヒツマ)— 万十一」とあるのを本書『和』が承けたことが判る。「93蚩 蚩々(ヲロカナリ) 詩経」も「十一韻」「十二韻」に見られず、十五韻『漢和三五韻』には「118蚩 詩ニ氓ノ之—— ト(ヲロカナル)」と在るのが、『和語略韻』の注文に連関する。「95肢 —躰」は『和訓押韻』には存せず、「十二韻」（記355・書189）に標出字はあれど、熟字例は「四—」にて、『和語略韻』の「—躰」は『聚分韻略』に一致するが、十五韻の『漢和三五韻』の「119肢 —體」を承けたのであらう。「96皮 立(タツナミ)— 皮字 波ノ分字也 故ニ訓レス波ト」と在る箇所について、『和訓押韻』（北岡42・松平122・龍門43）に標出字在れども注文中に「水—」は存せず。「十二韻」（記219・書48）も同じ。而かるに十五韻の『漢和三五韻』には「120皮 水—ハ波ノ字ノ分字ナリ ナミト訓スベシ」と見られ、本書『和』がこれを承けたことが判る。「117儀 光—万葉八 容同—同上」は『和訓押韻』(北岡47・松平126・龍門47)、「十二韻」の韻書(記223・書52)、双方にも見られ、十五韻の『漢和三五韻』にも「140儀 光— 万八 容—」と踏襲されてゐる。「128疑 波— 萩也 万葉十五 須— 杉也 同十三 見— 同十五 阿遠也— 青柳也 同五」は『和訓押韻』(北岡52・松平129・龍門53)に標出字は存すれど、注文一致せず、「十二韻」(記230・書59)も同じ。『漢和三五韻』に到つて、「151疑 波— 万十五 萩也 須— 万十三 杉也 阿遠也— 万五 青柳也 —トヨム 万十二」と在り、これが本書『和語略韻』に継承されたことが判る。次に「129思 姫部— 万葉八 同娘部— 同十 波—橋也 浦—星也」は『和訓押韻』(北岡53・松平130・龍門54)三本の中『松平本』にのみ「浦— 星也 国花」と「国花合記集」よりの引用が見られる。「十二韻」(記229・書58)も『韻字之書』に「浦— 星也」とやはり「国花合記集」からの引例が存する。而かるに『漢和三五韻』には「152思 娘部— 万八 姫部— 万十」と『万葉集』からの引例のみで、「国花合記集」からの引用が見られない。本書『和』はこの『漢和三五韻』と「十一韻」の『松平本』、あるいは十二韻の『韻字之書』系統のテクストを参照したことが考へられる。因みに本書『和』の「国花合記集」からの熟字例「波— 橋也」は、中世の「国花合記集」には存せず、近世の『増補下学集』、「国花集」所載の「国花合記集」に存してゐて、『和語略韻』はこれらを参看したものと目せられる。「132詩 唐—」は『和訓押韻』(北岡56・松平132・龍門57)に熟字例存せず、「十二韻」(記234・書63)には二本共「唐—」は存する。『漢和三五韻』は入韻字に存してをり「22詩 唐—」と在る。「135欺 土— 月也」は『和訓押韻』(北岡57・松平133・龍門58)に「土—」は無く、「十二韻」(記235・書64)の『韻字記』に「土— 月也」、『韻字之書』に「都— 月也 土— 月也」と「国花合記集」からの引用が見られる。『漢和三五韻』には「135欺 土— 月也 國花合記集」と在る。「136嬉 沙— 酒也 万 花國」は『和訓押韻』(北岡58・松平134・龍門59)の三本に「沙— 酒也 国花」(「国花」と明記するのは『松平本』のみ)、「十二韻」(記236・書65)にも「沙—」は見られる。『漢和三五韻』は「158嬉 沙— 酒也」と「国花合記集」の引例が継承されてゐる。なほ『和語略韻』の「花國」は「国花」とあるべき処を一字倒錯した書名になつてゐる。「138癡　白─(シレモノ)　愚─(ヲロカ)」は『和訓押韻』(北岡59・松平135・龍門60)三本の中『北岡本』のみ「愚─」の熟字例を有する。「十二韻」(記237・書66)は共に「愚─　白─」と二つの熟字例が見られ、本書『和』に近い。而かるに十五韻の『漢和三五韻』は「160癡　愚─」であり、「白─」は存せず。「139耔　耘─(クサギル)」は『和訓押韻』に標出字存せず、「十二韻」(記375・書209)に標出字は存すれど、熟字例は見られず。『漢和三五韻』にのみ「161耔　耘─」がある。ただしこの「耘─」は『聚分韻略』の漢字注に既に見られるものである。「148知　不─(イザヤ)　人不所─(ヒトニシラルナ)　万葉七」は『和訓押韻』(北岡65・松平141・龍門66)の三本に「叉─(アシ)足也　國花」(「國花」と明示するのは『松平本』のみ)と「国花合記集」の用例在り。「十二韻」(記243・書72)も同じ。而かるに『漢和三五韻』は「4知　不─(イサ)　人不所─(ヒトニシラルナ)　万七」と在り、「国花合記集」からの引例は存せず。本書『和』は『漢和三五韻』を承け、かつ独自の増補「善悪─(アヤメモシラズ)」、「發─(ハツシリ)　世話」を補入してゐる。「157頤　支─(ツラツエ)　白氏文集」は『和訓押韻』(北岡72・松平147・龍門73)の三本にも存し、「十二韻」(記257・書79)にも同様に存してゐる。『漢和三五韻』もそれを継承して「179頤　支─(ツラツエ)　白氏文集」と見られ、「十一韻」、「十二韻」と同じである。「158司　伽囉─(カラス)烏也　國花合記」は『和訓押韻』(北岡74・松平146・龍門ナシ)の二本に存する。「十二韻」(記258・書80)にも「国花合記集」からの引用が見られ、かつ『漢和三五韻』もこれを踏襲するが、「180司　伽囉─(カラス)」とのみあり、「烏也　国花合記集」の注記が省かれてゐる。「160辭　横─(ヨコゴト)　万葉九」は『和訓押韻』(北岡77・松平150・龍門76)に熟字例「横─」は存せず、「十二韻」(記259・書81)も同じである。『漢和三五韻』には「182辭　垣ホナス人ノ横─(ヨコゴト)　万九」が在るので、本書『和』はこれに基づいたものである。「161詞　題─(ハス)　蓮也　國花合記」は『和訓押韻』の『北岡本』にのみ「78詞　八題─(ハチス)　蓮也」と在り、「十二韻」(記260・書82)もこれを踏襲する。『漢和三五韻』は「183詞　題─(ハス)　蓮也　國花合記」と本書『和』と同じ表記になつてゐる。『漢和三五韻』の音訳漢字「題─」は近世の「国花合記集」のg『国花集』に一致する。本書は『漢和三五韻』を承けたのであらう。「162爲　以─(ヲモヘラク)

無— 所— 佳人部— 万葉 將— 同上」も『和訓押韻』（北岡79・松平151・龍門77）に「無—」「以—」は存するが、「佳人部—」「將—」の熟字例存せず、「十二韻」（記262・書84）も「以— 無— 所—」が存して「佳人部—」「將—」が見られず。逆に『漢和三五韻』は「183詞 將— 万七 佳人部— 万一」が存して「以— 無— 所—」が見受けられない。本書『和語略韻』は「十一韻」の『板本』あるいは「十二韻」の韻書と、『漢和三五韻』と双方を参照したことになる。「164炊 音奈都— 万葉八」は『和訓押韻』（北岡76・松平ナシ・龍門78）に「音奈都—」は存せず、「十二韻」（記261・書83）も同じ。『漢和三五韻』に「186炊 音奈都—万八」が存し、本書『和』はこれを承けたもの。「165離 離々 支—荘子 各—雁 姞—桐 流 —文選 夜— 將—万葉 目不—同上 朝不—同上 衣手—同上 將 —本艸」は『和訓押韻』（北岡81・松平153・龍門79）て例へば『龍門本』に「—別 各—雁也 姞—桐也 流— 目不—万 朝不—万 衣手 — 支—」と在り、「—別」以外は本書『和語略韻』に見受けられるのである。「十二韻」（記265・書85）も、例へば『韻字記』に「—別 各—雁也 嬉—桐也 目不—万 朝不—万 衣手— 流— 支— 夜—三 —々三」と大体は「十一韻」と同じであるが、『韻字記』に「三」と出典明記する『詞林三知抄』の用例が同じ十二韻の『韻字之書』には存せず。十五韻の『漢和三五韻』は「187離 別— 姞—桐也 各—雁也 將—万四 目不—万 朝不—万 衣手 — 支—」と在つて、本書『和語略韻』は十二韻の『韻字記』のごとき書と、この『漢和三五韻』の双方を参照してゐることが判る。「176之 流 — 詩経 清潔—万葉 吾來—万葉」は『和訓押韻』（北岡84・松平156・龍門84）の『北岡本』と『龍門本』に「流 —日本 客安—風也」と在り、『松平本』に「流—」は無いが「客安—風也 國花ニ」と「国花合記集」の用例は存する。「十二韻」（記267・書89）も「十一韻」の『北岡本』『龍門本』と同じである。『漢和三五韻』は「198之 見ニゾ吾來—万 清潔—万一 乎美奈弊—万十七 目都良—万十八」と在つて、『和語略韻』がこれを承けてゐることは判るが、後半の二例「乎美奈弊—」、「目都良—」は引用されてゐない。「180追 讀都—万葉十七 落多藝—同六」は『和訓押韻』（北岡86・松平158・龍門86）に「讀都—」「落多藝—」は存せず、「十二韻」（記269・書91）も同様である。而かるに十五韻の『漢和三五韻』には「202追 都—万十七 ヨミ— 落多藝—万六」と見られる。本書『和語略韻』はこれを承けたもの。「189規 子—」は『和訓押韻』（北岡89・松平152・龍門88）の『松平本』と『龍門本』に「子—」は存し、「十二韻」（記271・書93）も同じである。『漢和三五韻』は「211規 子—ハ見雉字註」と在る。「198黎 蒺— 冷雲—万葉十一 火阿— 異—万葉六」は『和訓押韻』（北岡94・松平161・龍門93）の三本に「火阿—」が在る。『松平本』は「火阿—氷也 国花」と出典明記する。「十二韻」（記276・書98）は「火阿—」の外に、『韻字記』には「朔々—硯也」がある。この「朔々—」の音訳漢字による表記は「国花合記集」のものではなく、『書史会要』に拠つたものである。十五韻の『漢和三五韻』は「6梨 火阿— 異—万六 冷雲—万十一」と在り、また「220蔾 蒺—」と在つて、本書『和』はこれを統合して承けてゐる。「200葵 水—」は『和訓押韻』（北岡95・松平162・龍門94）に「水—」は無く、「十二韻」（記278・書100）に見られない。『漢和三五韻』に「16葵 水—蓴也」が在る。『和語略韻』はこの熟字例を引く外、一四例の熟字を増補してゐる。「201芝 水—」は『和訓押韻』（北岡97・松平163・龍門95）に「水—」は無く、「十二韻」（記279・書101）に存せず、『漢和三五韻』のみ「7芝 水—蓮花也 本草」と在る。本書はこれを承けてゐる。ただし『漢和三五韻』には「十一韻」、「十二韻」以来継承してゐる熟字例「道—」が存するが、『和語略韻』にこれがなく、新たな四個の熟字例を追補してゐる。「203其 豆—」は『和訓押韻』に標出字存せず。「十二韻」（記277・書99）に標出字は存すれど、「豆—」は無し。『漢和三五韻』は「224其 豆—」が存し、本書はこれを承ける。ただし、この「豆—」は『聚分韻略』の漢字注にも既に存するものである。「205蘼 薔—」は「十一韻」に標出字存せず、「十二韻」（記406・書240）に「薔—」は無く、『漢和三五韻』に到つて「226蘼 一名牆—」と在る。漢字注として小字「薔—」とするのは『聚分韻略』である。「210楷 死—」は「十一韻」に標出字見られず、「十二韻」（記410・書244）は共に注文「枯木也」である。『漢和三五韻』は「230楷 爾雅木立死—」となつてゐる。「220絲 靈—日本紀 綵同—」は『和訓押韻』（北岡

100・松平165・龍門99）は『龍門本』に「霊(クスタマ)—　綵(同)—源抄」が存し、「十二韻」（記283・書105）もこれを承けてゐる。さうして『漢和三五韻』も同様に「8綵　靈(クスタマ)—　綵(同)—源抄」として継承する。因みに出典名「源抄」とするものは、『類字源語抄』よりも『河海抄』の注に一致する場合が多い。「229籬　瑞(ミツガキ)(ヒモロギ)—日本紀　神(ヒモロギ)—同」は『和訓押韻』（北岡103・松平167・龍門102）の三本に「神—」「瑞—」は存するが、特に『龍門本』には「笊—」も見られる。「十二韻」（記245・書110）も「神—」「瑞—」の外に「柴—」「竹—」などが在る。十五韻の『漢和三五韻』は「17籬　瑞(ミツガキ)—　神(ヒモロギ)—」の熟字二例である。なほ「笊—」は既に『聚分韻略』に存する注である。「240旗　垣津(カキツバタ)—万葉」は『和訓押韻』（北岡105・松平169・龍門106）の注文に「垣津—」が存せず、「十二韻」（記248・書113）にも漢字注無し。『漢和三五韻』には「260旗　垣津(カキツハタ)—」と在り、これを本書『和』が承けたもの。「252磁　—石」は「十一韻」「十二韻」に標出字存せず。『漢和三五韻』は「272磁　—石」となつてゐる。ただし『聚分韻略』の漢字注に既に「—石」と在る。「263移　月(ツキ)—(ウツル)—左傳」で『和訓押韻』（北岡113・松平172・龍門113）は『松平本』に「月—」が在る。「十二韻」（記291・書121）に熟字例「月—」は存せず。『漢和三五韻』も「月ノウツル」の注が見られるのは「十一韻」や「十二韻」と同じであるが、「月—」は見られない。「269随　君(キミカマニ〳〵)—　万葉七　風(カゼ)ノ(マニ〳〵)—　同八」は『和訓押韻』（北岡118・松平176・龍門117）に「君—」「風—」は無く、「十二韻」（記296・書125）も同じ。『漢和三五韻』では「286随　君(カマニ〳〵)—　万七　風ノ(マニ〳〵)—　万八」と在つて、まさしくこれを本書『和』が承けてゐるのである。「271奇　蓉(ユキ)—雪也(ナリ)　國花合記」は『和訓押韻』（北岡119・松平179・龍門119）の三本に「蓉(ユキ)—雪也」と「国花合記集」の用例が存してゐる。「十二韻」（記297・書127）も同じ。『漢和三五韻』も「23奇　蓉(ユキ)—雪也　國花合記」として、これらを継承する。『和語略韻』はこれを踏襲したものである。「272宜　芳(ハギ)—萩也　万葉　安平夜(アヲヤギ)—青柳也　万葉十三」は『和訓押韻』（北岡120・松平180・龍門120）に「芳(ハギ)—萩也　万」と在り、「十二韻」（記299・書129）も同様である。『漢和三五韻』は「24宜　芳(ハギ)—萩也　万　安平夜(アヲヤギ)—青柳也　万十三」と在り、本書『和』はこれを承けてゐる。「274漓　澆(ソヽク)—」は『和訓押韻』（北岡121・

松平ナシ・龍門121）に「澆―」は存せず、「十二韻」（記300・書130）も同じである。『漢和三五韻』は「289漓 又澆―」と『韻会』『韻瑞』の引用の後に付してゐる。本書『和』はこれを承けたもの。「280差 參（カタ、カイ）―詩経」は『和訓押韻』（北岡125・松平183・龍門125）に熟字例存せず、「十二韻」（記303・書133）の『韻字記』には「參―」が見られる。『漢和三五韻』は「295差 又參―不齊也」と在る。「283彌 安（アミ）― 蘸（スミ）―墨也 國花合記」は『和訓押韻』（北岡127・松平186・龍門127）の三本に「竿（カミ）―紙也 安（アミ）―網也」と「国花合記集」からの引例があるが「蘸―」は無い。「十二韻」（記305・書135）は「竿―紙也 安―網也」があるが、『韻字記』には「朔（スミ）―墨也 疏（スミ）― トモ書」が付加せられてゐる。「朔―」「疏―」は中近世の「国花合記集」に用例は見られず。『漢和三五韻』は『韻会』からの引用の後に「297彌 安（アミ）―網也 蘇（スミ）―墨也」と「国花合記集」の例が存してをり、本書はこれに拠つたか。もしも「十一韻」に依拠してゐたとせば、「竿―」も入つてゐたと思はれる。「298其 合（カキ）―垣也 由（ユキ）―雪也 屠（ツキ）―月也 凄（スサマシ）―詩経」は『和訓押韻』（北岡140・松平195・龍門141）の三本に「合―」が見られ、「由―」も『松平本』『龍門本』に存してゐる。「十二韻」（記317・書147）の『韻字記』には「合―」「由―」の外に「遊―雪也 屠（ツキ）―月也」が存し、『韻字之書』にも「屠（ツキ）―月也」は見受けられる。『漢和三五韻』は「311其 凄（スサマシ）其詩 屠（ツキ）―月也 合（カキ）―垣也 由（ユキ）―雪也」と在つて、本書『和語略韻』に最も近い。「299而 念（ヲモヒテ）―万葉」は『和訓押韻』（北岡141・松平196・龍門142）に「念―」は存せず、「十二韻」（記318・書148）も同様である。十五韻の『漢和三五韻』には「312而 語助 念（オモヒテ）―万」と在り、『和語略韻』はこれを承けたもの。「314髵 髬（タチカミアラシ）― 文選 西京賦」は『和訓押韻』三本に標出字存せず。「十二韻」（記451・書286）に標出字は存するが、熟字「髬―」は無し。而かるに十五韻の『漢和三五韻』には「325髵 西京ノ賦ニ猛毅（タケク）ト髬髵（タテカミアラシ）ト」と見られ、この記事が『和語略韻』に反映したものと目される。「髬―」の注文自体は既に『聚分韻略』に見られるものである。「315洏 漣（ナミダナカル、）―」も『和訓押韻』の標出字存せず、「十二韻」（記ナシ・書286）の『韻字之書』は「漣（ナミダ）―」が在る。『漢和三五韻』には「326洏 集韻 漣洏ハ涕流ノ皃」との注文になつてゐる。因みに「漣―」は既に『聚分韻略』に存する熟字例でもある。「316偲 看筒—(ミツヽシノバン)　万葉七」は『和訓押韻』に無く、「十二韻」（記ナシ・書170）の『韻字之書』に漢字注存せず。『漢和三五韻』には「327偲 看(ミ)ツヽ—(シノバン)　万七」が存するので、本書はこれを承けたもの。「317蕤 葳—(ハナフサ)」は『和訓押韻』に標出字存せず、「十二韻」（記452・書288）に標出字は在れども、漢字注は存せず。『漢和三五韻』には「328蕤 葳—」が存し、『和語略韻』がこれを承けてゐる。ただし、この熟字例は『聚分韻略』に既に存してゐる。「318呢 恧(カホ)—(アカム)」は『和訓押韻』に標出字存せず、「十二韻」（記453 454・書289 290）は『韻字記』に「453怩ハツル　454呢ナク ニ用 燕ノナク」となつてゐる。『韻字之書』も同じ。『漢和三五韻』は「329怩 恧—　330呢 —喃」となつてゐる。これらに拠つても判る通り、本書『和語略韻』の標出字「呢」は「怩」の誤刻であることを識る。熟字例は『漢和三五韻』を承けてゐる。「320咿 唔—(モノヨムコヱ)」は『和訓押韻』に標出字無く、「十二韻」（記455・書291）に「唔—」は存せり。『漢和三五韻』は『韻会』を引用して「韻會ニ喔咿ハ強笑ノ貌」と在る処からせば、「唔—」は既に『聚分韻略』にも見られる漢字注であるので、本書『和語略韻』は『聚分韻略』に拠つたか、それとも「十二韻」の韻書に拠つたかである。「324池 逶—(タヲヤカ)」は『和訓押韻』に標出字が存しない。また「十二韻」（記459・書295）には「逶—(メクル)」の注がある。『漢和三五韻』には「337池 逶池」とある。既に『聚分韻略』に存する熟字例でもある。「327蛇 蜲—(ヲモムロ)」は『和訓押韻』（北岡149・松平ナシ・龍門33）に「逶—(モコヨフ)日本」と在り、やはり「十二韻」（記209・書38）にも「逶—(モコヨフ)日本」と在り、『漢和三五韻』には「339蛇 蜲—(ヲモムロ)」となつてゐる。ここも『聚分韻略』に既に「蜲—」と在る箇所である。

【虞模韻 七】「5郛 國ノ名」は『和訓押韻』に標出字が無く、「十二韻」にも標出字存せず。『漢和三五韻』には「19郛 國名」と在り、本書に一致する。ただし既に『聚分韻略』にもこの漢字注は見られるものである。「15鋘 山ノ名」も「十一韻」、「十二韻」に存せず、十五韻の『漢和三五韻』には「27鋘 又虞韻ニ鋘— 山名」と在り。「山名」は『聚分韻略』

に既に見られる。「17都 末（マツ）— 松也 万葉 万（マツ）—同上 皤（ハト）—鳩也 國花合記 梅折（ムメヲヲリツ、）——万葉」は『和訓押韻』（北岡7・松平210・龍門20）は「国花合記集」の例「万（マツ）—松也」が一致する程度で、同じ「国花合記集」の例「皤—鳩也」は存せず。「十二韻」（記481・書7）の『韻字記』に「万（マツ）— 末（マツ）—並杢也 國」と在り「末—」が存するが、『韻字之書』に「末—」は無く、「十一韻」と同じである。十五韻『漢和三五韻』は「29都 万（マツ）—松也 万 皤（ハト）—鳩也 梅ヲヲリ（ツ、）——万五」となつてゐて、これらの中では『和語略韻』は『漢和三五韻』に最も近い。「20浯 水ノ名」は『和訓押韻』に標出字無く、「十二韻」にも同じく存しない。『漢和三五韻』には「30浯 水ノ名」と在つてこれを承けたのか、それとも既に『聚分韻略』に在るのを引用したかの孰れかである。「24臾 須（タマシバシ）—万葉六」は『和訓押韻』（北岡10・松平213・龍門23）に「須（シバラク）—万」と在り、「十二韻」（記482・書8）も同じである。十五韻の『漢和三五韻』にも「37臾 須（タマシバシ）—万六」とある。これらの中で『漢和三五韻』のみ和訓が「タマシバシ」であり、出典明示も「万六」と巻数まで『和語略韻』と一致するので、『和語略韻』は『漢和三五韻』に基づいてゐることが判る。「41夫 大（マウチキミ・マスラヲ）— 万葉 丈（ヲトコ）— 海（アマ）—万葉 鰥（ヤモフ）—同 愛（ウツクシ）—万葉 老（ヲキナ）—万葉」は『和訓押韻』（北岡20・松平216・龍門31）に「丈（マスラヲ）—万 愛（ウツクシツマ）—万 老（ヲキナ）—万 海（アマ）—万」が見られる。ただし「老—」は『龍門本』のみ。「十二韻」（記496・書22）十一韻の『龍門本』とも同じである。十五韻の『漢和三五韻』は「53夫 大（マスラヲ）—万二 愛（ウツクシ）—万 老（ヲキナ）—万 海（アマ）—万 鰥—和名 ヤモヲ」と在り、「十一韻」「十二韻」が「丈—」であるのに対して、『漢和三五韻』は「大—」であること、さらに「十一韻」「十二韻」に見られぬ「鰥—」が存することからして、本書『和』が『漢和三五韻』を承けてゐることが判る。「43胡 虚（ワラフ）—笑」は『和訓押韻』（北岡19・松平ナシ・龍門33）に「虚—」の熟字例は存せぬが、『龍門本』に「—虜」が存する。「十二韻」（記490・書16）も「十一韻」の『龍門本』に同じであるが、『韻字之書』の注文に「虜— ト書テワラフト訓ス 會ニ」と明の『小補韻会』を引いてゐる。『漢和三五韻』は「55胡 韻會 又壽也 又遠也 又虜（ワラフ）— 笑貌」と『古今韻会挙要』（小補）を引用してをり、これを本書『和語略韻』が承けたか。「44狐 隻（ヨタカ・フクロフ）— 陸佃 訓（フクロフ）—山谷」

は『和訓押韻』に標出字存せず、「十二韻」（記492・書17）には「訓（フクロフ）—ハ鵂鶹也」と在る。『漢和三五韻』は「56狐 訓—ハ鵂鶹フクロフ也 唐五行志 鵂鶹 一名ハ訓— 陸佃曰怪鴟（フクロフ） 一名ニ隻—ニ」と在つて、まさしく本書『和語略韻』がこれを承けてゐることが判る。「47姑 鼠（フカミクサ）— 牡丹也 本艸」は『和訓押韻』に標出字見られず、「十二韻」（記498・書24）の漢字注は「舅—」にて『和語略韻』と一致せず。而かるに『漢和三五韻』は「58姑 鼠（フカミグサ）— 牡丹也 本草」と在つて『和語略韻』とまさしく一致する。「48蛄 蟪（ヒクラシ）—」は『和訓押韻』に標出字存せず、「十二韻」（記587・書113）の『韻字記』には「蟪— 蟬属 尒蜓蚞螇蝷即蝭蟧也 一名蟪— 自関而東 或謂蝭蟧 或謂蜓蚞皆蟬別名 玉篇曰蝭蟧也 楚辞曰蟪—鳴兮啾々是也 孔子曰違山十里蟪—之声猶在耳」のごとき長い漢文注を有し、『爾雅』や『大広益会玉篇』『楚辞』等を引用して珍しく長文の説明が加へられてゐる。而かるに同じ十二韻の『韻字之書』には一切の漢字注が存せず、和訓「ケラ」が見られるのみである。問題の『漢和三五韻』では「59蛄 蟪（ヒクラシ）—寒蟬也」と在る。因みに「蟪—」は既に『聚分韻略』にも漢字注として見られるものである。「51奴 木（タチバナ）—呉志 風（カセヘク）可レ吹（フクナリ）成（ヌ）—万葉六 御（ミヤツコ）—」は『和訓押韻』（北岡24・松平ナシ・龍門38）に『北岡本』と『龍門本』に「御（ミヤツコ）—」が見られる。「十二韻」（記500・書26）も『龍門本』に同じである。『漢和三五韻』は「62奴 御（ミヤツコ）— 時ツ風フクベク成（ナリ）（ヌ）—万六 木（タチバナ）—橘也 呉志」と在つて、本書『和』がこれを承けたことが判る。「54吾 橐（ヤマブキ）—山吹花也 本艸」は『和訓押韻』（北岡25・松平ナシ・龍門39）に「橐—」は無く、「十二韻」（記501・書27）も同様である。而かるに『漢和三五韻』には「65吾 爾雅釋草顆涷ノ註ニ欵冬也 疏案ニ本草欵冬 一名橐（ヤマブキ）—」と在り、本書『和語略韻』がこれに基づいてゐることとなる。「56盧 蒲（アナバチ）— 都（ケラツヽキ）—和名」は『和訓押韻』に標出字無く、「十二韻」（記508・書ナシ）も同じ。『漢和三五韻』に到つて始めて「67盧 都（テラツヽキ）— 蒲— 細腰蜂也」と在つて、『和語略韻』がこれを承けたことが考へられる。「57烏 水（ウ）—万葉 征（タカ）—月令」は『和訓押韻』（北岡29・松平221・龍門41）の『北岡本』と『龍門』に「水（ウ）—鵜也 万」と見られるが「征—」は無い。「十二韻」（記505・書31）も同じである。「十二韻」の二書に「八（ヤ）

咫(タ)― 人ノ名 神武天皇ノ時ノ人也」とは見られるが、『和語略韻』の「陽(ヤタカラス)― 日也」の熟字例は存せず。結局「征―」が見受けられるのは『漢和三五韻』にて「3烏 水(ウ)―鵜也 万 征(タカ)―礼記月令」と在るのである。本書『和』はこれに基づいてゐる。「60顱 當(ヲモツラ)―和名」は『和訓押韻』に標出字見られず、「十二韻」（記589・書115）に「當(タウロ)―ハヲモツラト訓ス 馬ノヲモツラ也」と見られる。『漢和三五韻』は「70顱 當(ヲモツラ)― 和名 カシラノカハラ」と在り。出典名「和名」まで記載する『漢和三五韻』が『和語略韻』に引用された可能性が高い。「63膚 地(ハヽキヾ)― 青(コケ)―苔也 事物異名」は『和訓押韻』（北岡30・松平ナシ・龍門46）に「地―」「青―」の熟字例存せず、「十二韻」（記507・書33）も同じ。『漢和三五韻』は「72膚 地(ハヽキヾ)―落帚草也 青(コケ)―苔也 事物異名」と『和語略韻』にさながら一致する注文になつてゐる。「66鬚 虎(ヤマブキ)―本艸」であるが、『和訓押韻』に標出字存せず、「十二韻」（記591・書117）に熟字例存せず。『漢和三五韻』には「76鬚 本艸欵冬ハ 一名虎(ヤマブキ)―」と在つて本書『和語略韻』の典拠となつてゐる。「74須 斯(シバラク)―禮樂記 宇具比(ウグヒス)―万葉五 保登々岐(ホトトキス)―万葉十八」は『和訓押韻』（北岡39・松平ナシ・龍門53）に熟字例存せず、「十二韻」（記515・書40）に「斯―」は在るが、他の『万葉集』からの二つの引例は無い。『漢和三五韻』には「84須 斯(シハラク)―禮楽記 宇具比(ウグヒス)―万五 保登登岐(ホトトキス)― 保登等藝(ホトトキス)― 保等登伎(ホトヽキス)―万十八」などとなつてゐて、『和語略韻』がこれらから引用したことが判る。「130蘇 水(カラエ リウクウクサ)― 本艸」は『和訓押韻』に標出字無く、「十二韻」（記604・書130）に「水―」存せず。『漢和三五韻』は「132蘇 水(ウキクサ)―萍也 出二本草一」と在るのに『和語略韻』は基づいてゐる。「121蘆 凍(ツル)―鶴也 國花合記」は『和訓押韻』（北岡69・松平254・龍門82）に「凍(ツル)―鶴也 国花」（北岡本・龍門本は「国花」の出典表示せず）と在り。「十二韻」（記543・書69）も「十一韻」に同じ。『漢和三五韻』はやはり「5蘆 凍(ツル)―鶴也」である。「124蒲 樗(カリウチ)―和名」は『和訓押韻』（北岡71・松平253・龍門84）に「樗―」は存せず。「十二韻」（記544・書70）にも『韻字記』など特に長文の漢字注が存するが、「樗―」は見られず。『漢和三五韻』に「6蒲 樗―和名 カリウチ」が見られ、本書『和語略韻』に一致する。「133蔓 商(カラヨモギ)―」は『和訓押韻』に標出字存せず、「十二韻」も同じく標出字無し。

『漢和三五韻』では「144蔓 一名ハ商―」と在り、本書『和』はこれを承けたものか。「137醐 醍―」は『和訓押韻』に標出字存せず、「十二韻」にも標出字存しない。『漢和三五韻』には「148醐 醍―」が見られる。本書『和』はこれを承けたもの。「138糊 粘―艸」も『和訓押韻』に標出字存せず、「十二韻」も同じ。『漢和三五韻』には「149糊 説文ニ黏也或ハ作レ粘ニ 今作レ―ニ 又糢―漫ノ皃」と在つて、これが本書『和語略韻』の直接の典拠となつたかは疑はしい。「148珠 火―塔 和名 真― 万葉」は『和訓押韻』（北岡75・松平ナシ・龍門88）に「真―万」と在れど「火―」は無し。「十二韻」（記547・書73）も同じ。『漢和三五韻』は「7珠 真―万 火―和名 塔乃比散久加太」と在つて、『和語略韻』はこれを引いたものである。「154爐 火―和名 薫―万葉」は『和訓押韻』（北岡77・松平256・龍門90）三本共に注文が在るが、『龍門本』では「火― 熏―香炉也 万 火―和名」となつてゐる。「十二韻」（記549・書75）も『龍門本』とほぼ同じである。『漢和三五韻』は「163爐 熏―万 香―也 火―和名 比多岐」となつてゐる。ここは「十一韻」「十二韻」、「十五韻」が略同注である。「155弧 梓―万葉」は『和訓押韻』（北岡79・松平258・龍門92）に「梓―万」が見られ、「十二韻」（記551・書77）も同様である。『漢和三五韻』はやはり「164弧 梓―万」である。これも「十一韻」「十二韻」、「十五韻」と同じ熟字例を引用し継承してゐる。「163鏤 属―劔也 和名」は『和訓押韻』（北岡83・松平ナシ・龍門96）の『龍門本』のみ「属― 又」と在り、「十二韻」（記554・書80）も同じく「属―」と在る。『漢和三五韻』はやや委しく「172鏤 属― 属―劔ノ名 属―和名 豆流岐」となつてゐる。「181濡 石―苔也 三才圖會」は『和訓押韻』（北岡90・松平262・龍門103）に「石―」は存せず、「十二韻」（記618・書144）も同じ。『漢和三五韻』は「189濡 石―苔也 在テ曰レ二 石―ト 三才圖會」と在つて、本書『和』はこれを承けてゐる。「182殊 無レ― 日本紀」は『和訓押韻』（北岡91・松平263・龍門104）に「無ニ昼夜之―一 日本」と在り、「十二韻」（記562・書88）も「十一韻」を承けてゐて同様である。十五韻の『漢和三五韻』も「190殊 無ニ晝夜之―一 日本紀」と全く同じ用例である。「192枯 木― 冬― 裏― 槇立―」は『和訓押韻』（北岡102・松平270・龍門114）の注文と一致せず、「十二韻」（記572・書98）には「木—」とのみ在り。『漢和三五韻』は「12枯　木—　冬—　裏—　槙ノ立—」が存して、これが本書『和語略韻』にさながらに継承されてゐる。「194鋪　助—和名」は『和訓押韻』（北岡98・松平272・龍門116）に「助—」存せず、「十二韻」（記575・書101）も同じく存せず。『漢和三五韻』には「200鋪　助—和名　古夜一ニ云　比太岐夜」と在り。「202齬　齟—」は『和訓押韻』に標出字無く、「十二韻」（記627・書153）に「齟—」の熟字例存せり。『漢和三五韻』も「208齬　齟—ハクヒチカフト訓ス」と在つて「十二韻」を継承する。ただし「齟—」は既に『聚分韻略』に存する漢字注でもある。

〔灰咍韻　一〇〕『和訓押韻』（十一韻）と「十二韻」の韻書に「灰咍韻」が存せぬため、この韻では十五韻の『漢和三五韻』との対照を専ら実施する。「1隈　道—万葉一　八十—同二　笹—」は『漢和三五韻』の「2隈　道—万一　八十阿笹ノ—」を専ら承けたものと考へられる。同様に「3堆　耶摩—日本摠名　随書」も『漢和三五韻』の「4堆　耶摩—大和也　随書」を承けてゐる。「5臺　野馬—日本ノ惣名　魏志　夜—墳也　駱賓王詩　泉—同　歐陽脩文　靈—荘子　露　—　均—獄ノ名」も『漢和三五韻』の「1臺　露　—　均—獄ノ名　夜—墳也　駱賓王詩　泉—同　歐陽脩カ文　靈—心也　荘子　邪馬—魏志」を基にしてゐることが明らかである。「9魁　花—古詩　酒—盃也」は『漢和三五韻』の「9魁　酒—盃也　花—梅也　古詩」に基づいてゐる。「10雷　大忽—小忽—琵琶也　唐書」も『漢和三五韻』に「10雷　大忽—琵琶也　唐書　小忽—同上」と在るのに拠つてゐる。「16孩　幼—」は『漢和三五韻』の「17孩　幼—」を承ける。「25腮　龍—琴也　事物異名」は『漢和三五韻』の「26腮　龍—琴也」と同注であるが、『事物異名』の出典名が無い。「32來　往—　去—万葉　向—　万葉三　去—　比—万葉　來—　来—　去—　還不—万葉　及還—同　經去同」も『漢和三五韻』に「33來　比—万二　—　向—万二　朝鳥ノ往—万一　——万三　去—万三　經ニ去—万四　又還不—万九　客去君之及還—　万九　鶯ノ之往—万十」に依拠してゐる。「35獃　癡—」は『漢和三五韻』の「36獃　癡—」に一致する。「64瑰 玫―」は『漢和三五韻』に「64瑰 前相如ヵ傳玫―」と在り、かつ『聚分韻略』の漢字注も同じである。「73回 幾(イクタビ)―万葉 島(シマワ)― 道阿(ミチノクマワ)―万葉二 浦(ウラワ)―同上 逝(ユキ、)―往來也 同上 立(タチマフ)―同十一」は『漢和三五韻』の「74回 幾(イクタビ)― 島(シマワ)―万一 道ノ之阿(クマワ)―万二 浦(ワ)―万二 逝(ユキキ)―万八 立(タチマフ)―万十」と在つて、本書『和語略韻』がこれを承けてゐる。「75廻 八十之島(ヤソノシマワ)―万葉 浦(ウラワ)―同 礒(アサリ)―同 須蘇(スソワ)―同」は「76廻 八十之島(ヤソノシマワ)―万九 浦(ワ)―万三 礒(アサリ)―万三 須蘇(スソハ)―万九 山ノ乛ナリ」と『漢和三五韻』に在るのに拠つてゐる。「80開 朝(アサボラケ)― 不(サカザル)―花 万葉一 花(ハナサク)―同 旦(アサボラケ)― 万葉三 在(アリアケ)―同十一」は『漢和三五韻』の「81開 不(サカザリ)―万一 花ノミ(サク)―万二 旦(アサボラケ)― 万三 朝(アサケ)―万八 在(アリアケ)―万十一」に基づいてゐることが判る。次に「83哉 渡良(ワタルラン)― 有(アラメヤ)― 死(シ子トヤ)― 物念(モノヲモハメヤ)― 心間(コヽロヘタツナ)―」は『漢和三五韻』の「84哉 目間(メハヘタツモ) 心間(コヽロヘタツナ)―万七 戀死(ヒトシナハ)戀死(コヒモシ子トヤ)―万十一 物念(オモハメヤ)―万十一 渡良(ワタルラン)―万十一 有(アラメヤ)―万十一」を承けてゐるが、ここは出典名「万葉」を脱している。「86徊 徘(ウナタル タ、ズム タチモトヲ タチトマル)―」は『漢和三五韻』の「87徊 徘(タチトマリ)―万三 同四」に対応する。ここは逆に『和語略韻』の方に出典名「万葉」が無い。「87隤 虺(ツカレヤミヌ)―」は『漢和三五韻』で『小補韻会』を引用し、その中に「88隤 韻會ニ虺隤ハ馬痛通ノ作レ隤ニ 詩ニ我馬虺隤」と在る。この「虺―」は既に『聚分韻略』の注文として見られる。「89嵬 崔(ツチヤマ)―」も『漢和三五韻』の「89嵬 爾雅ニ石山戴レ土ヲ謂ニ之ヲ崔―ト」と『小補韻会』を引用した中に含まれてゐる。なほ「崔―」も既に『聚分韻略』の注文として見られる。「90皚 皚々(シロタヘニ) 詩経」も『漢和三五韻』の「91皚 杜甫ヵ詩ニ崖」沈谷」没ノ白ノ皚々」と在るのが対応する。ただし、この「皚々」も既に『聚分韻略』の注文として存してゐる。「91偲 見乍將(ミツ、シノバン)― 看乍(ミツ、シノハン)―共万葉」はやはり『漢和三五韻』の「92偲 見乍將(ミツ、シノハン)―万二 看乍(ミツ、シノハン)―万七」に基づいてゐること明らかである。『和語略韻』が先行の『漢和三五韻』を主要典拠の一つにしてゐることは確実である。

【眞諄臻韻 一一】「5濱 清白(キヨキシラハマ)―万葉六」は『和訓押韻』（北岡1・松平277・龍門1）の『松平本』と『龍門本』に「白

―」が存する以外は一致せず。「十二韻」（記669・書1）も「白―」が存するのみである。『漢和三五韻』は「2濱　清白―万六」があつて、「十一韻」、「十二韻」、「十五韻」の中では最もよく対応する。「6隣　莫囂圖―万葉　夕月ナリ也」は『和訓押韻』（北岡3・松平279・龍門3）に、例へば『龍門本』では「莫囂圖―万　夕月」と在り、他の二本も略同である。「十二韻」（記671・書3）も同じ。『漢和三五韻』も「13鄰　莫囂圖隣万」と在つて、ここは「十一韻」「十二韻」「十五韻」がほぼ同じになつてゐる。「7塵　游―霧也　玉―雪也」は『和訓押韻』（北岡4・松平280・龍門4）に「游―」「玉―」の熟字例無く、「十二韻」（記672・書4）も同じ。『漢和三五韻』には「20塵　游―霧也　玉―雪也」が見られる。本書『和語略韻』はこれを承く。「26申　初―申ノ字　獣ノ之時不レ可レ用ユ也」は『和訓押韻』に標出字存せず、「十二韻」（記753・書86）も同じ。『漢和三五韻』のみ「37申　初―万ニアサマシ　アラマシト云時ニ用　或曰ケタモノ、時ハ不レ可レ用ニ此ノ字一」と見られ、『和語略韻』はこれに基づいたもの。「31民　人―和名　御―　日本紀　蘇―墨也　國花合記」は『和訓押韻』（北岡14・松平291・龍門16）に「御―　蘇―墨也　国花」は在るが「人―」は無い。「十二韻」（記681・書13）には「御―　日本　蘇―墨也　人―和名」と在り、十五韻の『漢和三五韻』も「12民　人―和名　御―　日本　蘇―墨也」と「十二韻」を承けてゐる。「33麟　翠―馬也」は『和訓押韻』に標出字存せず、「十二韻」も同じ。『漢和三五韻』には「44麟　仁獣　翠―馬也」とある。本書『和』はこれに拠つてゐる。次に「36神　人―　動―万葉　樹―同上　道祖―　木―日本紀　地―同　大白―　大―　山―万葉　響―同　海―同　心―　六根秡」は『和訓押韻』（北岡15・松平293・龍門19）の『龍本門本』では「山―万　心―万　動―万　響―万　海―　道祖―　樹―　木―　水―　地―　人―　大白―」となつてゐる。「十二韻」（記684・書16）は「山―万　心―万　動―同　海―　道祖―　木―　樹―　水―皆和名也　地―和名」にて「十一韻」の「人―」「大白―」「響―」が承けつがれてゐない。『漢和三五韻』は「4神　山―万　動―同　響―同　海―　道祖―　樹―　木―　地―」と在る。本書『和語略韻』は『漢和三五韻』を承ける外、『漢和三五韻』に存せぬ熟字例「人―」「大白―」「大（水）―」「心―」が十一韻の『和訓押韻』に見受けられる。『和語略韻』が「十一韻」の『龍門本』(広本)を参看したであらうことも否定し得ないのである。「37人　氷(ナカフド)―闇(カドモリ)―和名　海(アマ)―　𪀚(クチトリ)―　神(カミ)―　婦(ヲカタ・タヲヤメ)―和名　真(マトウド)―文選　山下(ヤマカツ)―和名　渉(ワタシモノ)―左傳」は『和訓押韻』(北岡1689・松平244・龍門2990)では「山下(ヤマカツ)―　真(マメヒト)―文選　婦(タヲヤメ)―　闇(カミトモリ)―　守門者也　神―　海(アマ)―」と在る。「十二韻」(記685・書1780)は「山下(ヤマカツ)―　真(マメ)―文選　婦(タヲヤメ)―万　闇(ミカ)―(トモリ)万　守門者也　渉(ワタシモリ)―和名　𪀚(クチトリ)―和名　上(ウヘヒト)―　海(アマヒト)―」と在る。「十二韻」の韻書で『韻字記』は「685人」の一箇所に集められてゐて「十一韻」の『松平本』と同じであるが、『韻字之書』の方は「17人」「80人」の二箇所に分割して置いてゐる。「十一韻」の『北岡本』や『龍門本』と同じである。畢竟、広本系の『龍門本』に拠つたのであらう。最後に『漢和三五韻』を見ると「5人　真(マメヒト)―文選　婦(タヲヤメ)―和名　万　山下(ヤマカツ)―　氷―媒也　闇(カトモリ)―」などが見られる。斯く見来たると、本書『和』は十五韻の『漢和三五韻』を引くと共に、これに存せぬ「海―」「神―」を「十一韻」または「十二韻」から、さらに「十一韻」と「十五韻」には存せぬ「𪀚―」と「渉―」とを「十二韻」の韻書から引用してゐることも判る。ただしかし「氷―」は「十一韻」や「十二韻」に無い熟字例であるので、やはり十五韻の『漢和三五韻』に拠つてゐることも間違ひない。『和語略韻』は「渉―」を冒頭に近い処と最末尾の二箇所に重複させて掲出してゐるのは、二種の典拠にそれぞれ「渉―」が存した名残を示すものであらう。最末尾の例には「左傳」といふ出典表示になつてゐる。「38臣　君(キミマクヲ・キミノヤツコ)―日本紀　中(ナカトミ)―」は『和訓押韻』(北岡17・松平295・龍門21)の『松平本』と『龍門本』とに「君―」が見られる。「十二韻」(記687・書19)は「君―　中(ナカトミ)―」が在る。『漢和三五韻』も「十二韻」を踏襲してゐて「45臣　君(キミヒト)―　中(ナカヒト)―」である。「41荀　姓也」は『和訓押韻』に標出字存せず、「十二韻」も同じである。『漢和三五韻』に「48荀　姓也」と在る。これは既に『聚分韻略』にも漢字注が見られる。「45身　潔(ミソギ)―秡也　万葉四」は『和訓押韻』(北岡20・松平300・龍門29)に「潔(ミソキ)―万」が在る。「十二韻」(記692・書24)も同じである。『漢和三五韻』では『韻会』を引用した後の熟字例として「52身　潔(ミソギ)―万四　秡也」となつてゐて『和語略韻』に極めて近い表記になつてゐる。「60仁　不(カタワ・ヒトハタナラス・ミトモヲホヘス)―　能(ホトケ)―頭陀寺碑文」は『和訓押韻』

（北岡35・松平ナシ・龍門37）に「不―」「能―」は存せず、「十二韻」（記701・書33）には「不―」は在るが、「能―」は見られず。『漢和三五韻』は「65仁 説文親也 不― 能― 選頭陀寺碑文註天竺曰釈迦牟尼」と在つて、本書『和語略韻』がこれを承けたことが指摘し得る。「61姻 婚―」は『和訓押韻』に標出字存せず、「十二韻」も同じ。『漢和三五韻』には「66姻 婚―」と在つて本書『和』に一致する。ただし、「婚―」は既に『聚分韻略』の漢字注にも見られる。「68巡 逡― 幾―杜詩」は『和訓押韻』（北岡40・松平305・龍門40）には熟字例存せず。「十二韻」（記706・書37）に「逡―」「幾―」は見られない。『漢和三五韻』は「73巡 杜詩定 幾― 逡―」と在る。本書『和語略韻』はこれを承けたものである。「71薪 御―」は『和訓押韻』（北岡43・松平307・龍門44）には「御― 年中行事」と在る。「十二韻」（記709・書41）にも「御―」は見られる。斯くて十五韻の『漢和三五韻』も「十一韻」「十二韻」を承けて「76薪 御―」が存してゐる。「73筠 松―松竹也 杜詩」は『和訓押韻』（北岡45・松平309・龍門46）に「松―」は無く、「十二韻」（記711・書43）も同じである。『漢和三五韻』は「77筠 杜詩 柴門空閉鎮松―」と在る。『和語略韻』はこれに拠つたか。「74椿 山―樗也」は『和訓押韻』（北岡46・松310・龍門47）に「山―」が無い。「十二韻」（記712・書44）も同じ。『漢和三五韻』は「8椿 山―樗也」と在つて、本書『和』はこれを承けてゐる。「77檳 ―榔」は『和訓押韻』に標出字無し。「十二韻」も同じ。『漢和三五韻』は「79檳 ―榔」と在る。ただし、これは既に『聚分韻略』にも在り。「80巾 領―万葉 木頭―延喜式 山―霧也 瑣書」は『和訓押韻』（北岡49・松平311・龍門50）に「領―」が在る。「十二韻」（記714・書46）も同じ。『漢和三五韻』に「80巾 領―万 衣ノヒレナリ 木頭―延喜式 山―霧也 出瑣書」と在つて、本書『和語略韻』はこれを承けてゐる。「81緡 錢―尓雅」は『和訓押韻』（北岡50・松平312・龍門51）の『龍門本』のみに「錢―」が存せり。「十二韻」（記715・書47）には熟字例としての「錢―」は存せず。『漢和三五韻』に「82緡 爾雅綸也 一曰錢―」。ただし「錢―」は『聚分韻略』の漢字注にも既に見られる。「82銀 酸―鷺 桑―霜也 鄭谷詩」は

『和訓押韻』（北岡52・松平313・龍門53）に「国花合記集」の例「酸（サギ）—鷺也 国花」が存する。「十二韻」（記717・書49）も同じ。『漢和三五韻』は「14銀 酸（サギ）—鷺也 桑（シモ）—霜也 鄭谷詩」となつてゐて、本書『和』はこれ承けたことが判る。「84珍 上（イニシヘノミチ）— 古ノ道也」は『和訓押韻』（北岡54・松平315・龍門55）に「上—」が無く、「十二韻」（記719・書51）には「礼記ニ席（シク）上（イニシヘノミチ）之—｜ト云語アリ 上—ト書テ イニシヘノミチト訓ス」の注文が在る。『漢和三五韻』も「15珍 禮記ノ儒行ニ席上ノ之— 註ニ善也 上珍ト書テ イニシヘノミチト訓ス」と「十二韻」と同じ注文が見られる。「87輪 焚—」は『和訓押韻』（北岡57・松平ナシ・龍門58）に熟字例存せず、「十二韻」（記722・書54）には「焚（ハンリン）—（ツシカセ） ツジカゼト訓ス 焚（ハンリン）—ハ頽風也 ト介雅ニアリ」の注文が見られる。『漢和三五韻』も「88輪 焚— ツチカセト訓ス 爾雅ニ焚—ハ頽風也」と同じ注になつてゐる。「90帘 青（サカハヤシ）—」は『和訓押韻』に標出字存せず、「十二韻」（記779・書112）に注文無し。『漢和三五韻』は「90帘 廣韻ニ青— 酒家望子」と見られる。「91紐 裏（同）—万葉」は『和訓押韻』（北岡59・松平318・龍門60）に「裏（シタヒモ）—万」と在り。「十二韻」（記723・書56）も同じ。『漢和三五韻』は「91紐 裏（シタヒモ）—万」と在り。「十一韻」「十二韻」を承けてゐる。「92燐 狐（キツ子ビ）— 螢（ホタルヒ）—」は『和訓押韻』（北岡88・松平343・龍門89）に「狐—」「螢—」が共に在り、「十二韻」（記773・書106）も同じ。『漢和三五韻』も「92燐 狐（キツ子ビ）— 螢—」とあつて、「十一韻」、「十二韻」を継承してゐる。「94鈞 三十斤 大（ヲホソラ）—天也」は『和訓押韻』に標出字存せず、「十二韻」（記760・書93）には漢字注無し。『漢和三五韻』は「94鈞 韻會ニ三十斤也 又大（ヲホソラ）—ハ天也」と『小補韻会』を引いた後に熟字例を入れてゐる。『和』はこれに基づく。ただし「三十斤」は既に『聚分韻略』の漢字注に在り。「109真 胡王忽（サギ）鷺也 事物異名」は『和訓押韻』（北岡72・松平327・龍門73）に「胡王忽」は存せず、「十二韻」（記737・書69）も同じ。『漢和三五韻』は「190眞 胡王忽（サギ）鷺也 事物異名」と在つて、『和語略韻』がこれを承ける。「110因（チナム） 相（アフヨシ）—万葉 片（カタヨリ）—同七」は『和訓押韻』（北岡73・松平328・龍門74）に「相（アフヨシ）—万」と在り、「十二韻」（記738・書70）も同じ。『漢和三五韻』は「110因 相（アフヨシ）—万 片（カタヨリ）—万七」と在り、『和語略韻』に一致する。「111湮 捌脱（ハダヘ）—肌也」

は『和訓押韻』（北岡74・松平ナシ・龍門75）に「捌脱(ハタヘ)—肌也」と見られ、「十二韻」（記739・書71）も同じで、「国花合記集」からの引例が見受けられる。『漢和三五韻』も「111湮　捌脱(ハダエ)—肌也」と「十一韻」、「十二韻」を踏襲したものになつてゐる。「112陻　或ハ作レ坰ニ通ゾ作レ堙」は『和訓押韻』（北岡75・松平ナシ・龍門76）の『龍門本』に「堙同」と在り、「十二韻」（記695・書27）には相当する漢字注存せず。『漢和三五韻』は「112陻　或ハ作レ坰　通ゾ作レ堙」と在つて、まさしく『和語略韻』はこれを承けてゐる。「116振　振々(ウツクシ/サカンナリ)　詩経」は『和訓押韻』（北岡78・松平ナシ・龍門79）に漢字注無し。「十二韻」に標出字存せず、『漢和三五韻』には「115振　振々ハ盛也」と見られる。「117鎮　玉(タマ)—周禮」は『和訓押韻』（北岡79・松平ナシ・龍門80）に漢字注無し。「十二韻」に標出字存せず。『漢和三五韻』には「117鎭　周禮天府國之玉—　註ニ玉瑞也」と在る。「124峋　嶙—説文　番(ハシ)—橋也」は『和訓押韻』（北岡86・松平333・龍門87）の『北岡本』と『松平本』には「国花合記集」よりの引例「番(ハシ)—橋也」が在り、『龍門本』は「番—橋也」の他に「嶙—」も見られる。「十二韻」（記746・書78）も『龍門本』に同じ。『漢和三五韻』も「124峋　説文ニ嶙—　番(ハシ)—橋也」と在る。本書『和』はこれに拠つてゐる。「132詵　詵(ヤワラキアツマル)—　詩経」は『和訓押韻』（北岡85・松平ナシ・龍門86）に「詵—」は無し。「十二韻」（記745・書77）も同じである。『漢和三五韻』は「132詵　詩ニ螽斯羽——　詩註ニ衆多也　朱註曰——　和集ノ貌」となつてゐる。ここも『漢和三五韻』に依拠してゐる。

〖元魂痕韻　一三〗この韻目は十一韻の『和訓押韻』には存せぬゆゑ、「十二韻」と「十五韻」との対比において記すこととする。「1原　天(タカマハノハラ)—　万葉十　漢(アマノハラ)—　同　細(シノハラ)—万葉」は「十二韻」（記846・書40）は『書』に「漢(アマノカワラ)—　」が見られるくらゐである。『記』も同じ。『漢和三五韻』の「1原　天ノ—　細竹(ハラ シノハラ)—万葉十」は「漢—」が存せぬ代りに「天—」「細竹—」が見られ、本書『和語略韻』は「十二韻」と「十五韻」の双方を参照したことになる。「2源　水(カハウチカミ)—　日本紀」

は「十二韻」（記847・書41）の『書』の書入れには「水ノ―」が在り。『漢和三五韻』も「2源　水ノ―」と在り。「3垣　玉―（タマカキ）　中―（ナカカキ）　一重―（ヒトエカキ）　岩―（イハカキ）　芦―（アシカキ）　御―（ミカキ）　菊―（キクカキ）　柴―（シバカキ）用レ之ヲ」は「十二韻」（記891・書85）は「玉―　水―（ミツガキ）万四　芦―（アシカキ）万」が『記』『書』に共通して見られ、さらに『書』の書入れ部分に「松―」「竹―」「竹アメル―」が補入せられてゐる。『漢和三五韻』は「3垣　中―　玉―　柴―　一重―　岩―　松―　芦―　御―　菊ノ―」などと見られる。斯くて本書『和』は『漢和三五韻』に近い本文になつてゐる。「4園　梅―（ウメソノ）　桃―（モヽソノ）　御―（ミソノ）　花―（ハナソノ）　花―（ハナソノ）用レ之ヲ」は「十二韻」（記850・書44）に漢字注なく、『書』の書入れ部分に「花―　御―　桃―」が見られる。『漢和三五韻』は「4園　御―　花―　桃ノ―　梅―　桃―是舊迹也　一条ノ北　大宮ノ西」であり、本書『和』と多く一致する。「7門　水―（ミナト）　万葉七　桑―（ヨステヒト）　文選　大―（ナタ）　湍―（セト）万葉六　大―（ナタ）同三」は「十二韻」（記822・書14）の『記』に「水―（ミナト）万九　桑―（ヨステヒト）」が見られる。『漢和三五韻』は「5門　水―（ミナト）万七　アカシノ大―（ナタ）万三　湍―（セト）万六」と在り、ここは「十二韻」と「十五韻」の両方を参照したか。「8村　村―（ムラ〳〵）　味―（アヂムラ）万葉三　阿遅―（アヂムラ）同　同上」は「十二韻」（記826・書18）に熟字例存せず、『漢和三五韻』に「6村　―（ムラ〳〵）　味―（アヂムラ）万三　阿遅―（アヂムラ）トモ書」と在つて『和語略韻』はこれを承ける。「10崘　崑―（ナスビ）」は「十二韻」（記902・書96）に「崐―」と在り、『漢和三五韻』も「14崘　崑―也」である。「11坤　乾―」は「十二韻」（記812・書4）は「天地ヲ乾―（アメツチ）ト云也」といふ注文になつてゐる。『漢和三五韻』は「7坤　乾―（アメツチ）」である。ただし『聚分韻略』も既に「乾―」の漢字注を有してゐる。「15昏　黄―（タソカレ）　朝―（アサユフ）」は「十二韻」（記832・書25）に「黄―」が見られる。『漢和三五韻』には「10昏　黄―（タソカレ）　朝―（アサユフ）」と在る。「23猿　有―（アラマシ）万葉　淺―（アサマシ）同」は「十二韻」（記884・書78）に「淺―（アサマシ）」「有―（アラマシ）」が存する。『漢和三五韻』も「25猿　有―　淺―（マシ）万」と在る。熟字例の処出順からも本書は『漢和三五韻』に近いことが判る。「27昆　弟―（ハラカラ）」は「十二韻」（記809・書1）に「弟―」の例無く、『漢和三五韻』に「30昆　弟―（ハラカラ）」と在り、本書『和』はこれに拠る。ただし「弟―」は既に『聚分韻略』に漢字注として見られる。「30孫　天―（アメミコ）　曽―（ヒマゴ）　玄―（ヤシハゴ）書疏　離―（ムマゴヲヒ）」は「十二韻」（記827・書19）に「天―（アメミコ）　曽―（ヒコ）和ニ　玄―（ヤシハコ）同　離―（ムマゴヲ）男同離—女同 尓疏順也…」と在る。『漢和三五韻』には「33 孫又織女ヲ曰ニ天一一 天— 天—」と在り、ここは「十二韻」と「十五韻」の双方を参看してゐることになる。「32豚 河— 海— 江—同」は「十二韻」(記816・書8)は「江—魚名 河—魚名」と在る。而かるに『漢和三五韻』は漢字注が存しない。ここは「十二韻」に拠つてゐることが判る。「45援 鈎—詩経」は「十二韻」(記851・書45)に「鈎— 城ニ上ル橋也」と在り。『漢和三五韻』は「48援 鈎—詩皇矣」とある。「46喧 來— 来レ鳴ナリ也 不來—万葉八」は「十二韻」(記854・書48)に「雁 鳴来—同十」と在る。『漢和三五韻』は「49喧 ナドカ不来—万八 來—万十九 鴈之—所聞万十」となつてゐて本書『和』に近い。「47言 祝—中臣秡 晤— 矢— 私—長恨歌」は「十二韻」(記857・書51)には「私— 晤—ル」(ただし「晤—」は『記』のみ)と在る。『漢和三五韻』には「50言 矢—誓言也 祝— 私—」と在り、「十二韻」の『韻字記』に見られる「晤—」が『漢和三五韻』に存しない。ここは『和語略韻』が『漢和三五韻』以外に「十二韻」をも参照した箇所である。「65根 足千—万葉 石—」は「十二韻」(記838・書32)に「岩— 足千—」と在る。『漢和三五韻』は「68根 岩カ— 足千—万十一」となつてゐる。「69攀 山—花」は「十二韻」(記890・書84)に漢字注存せず、『漢和三五韻』は「72攀 韻會ニ山—ハ花ノ名」と『小補韻会』を引用してゐる。『和語略韻』はこれに拠るか、それとも『聚分韻略』の「山—花」に拠つてゐるか。恐らくは後者であらう。「71蘋 青—」も「十二韻」(記868・書63)は「草名」と在り「青—」は無い。『漢和三五韻』は「74蘋 説文青—ハ以レ莎香」と『韻会』の「説文」を引用した箇所を引く。ここも『聚分韻略』に「青—」と在るので、本書『和』はこれに基づいたものと思はれる。「73鈍 韻會不レ出ニ此ノ韻ニ」は「十二韻」(記909・書103)は無注にて、『漢和三五韻』に「76鈍 餛— 韻會不レ出ニ此韻ニ」と在り、本書『和』はこれをさながら承けたことになる。「74褌 犢鼻—司馬相如傳」は「十二韻」(記876・書70)に熟字例見られず、『漢和三五韻』に「77褌 司馬相如傳ニ著ニ犢鼻—ニ」と『韻会』を引用する。本書はこれに拠るか。「79幡 垣津—万葉七 棚—同上」は「十二韻」(記863・書57)に「棚—乃万十」が在る。

『漢和三五韻』には「82幡 垣津(カキツバタ)―万七 棚(タナハタ)―万」と在り、『和語略韻』はこれを引いたか。「80軒 連(トビアガル)― 文選 如(コトシ)レ―(アガル)同」は「十二韻」(記858・書52)に熟字例無く、『漢和三五韻』には「8軒 連―ト 文選海ノ賦ノ註ニ―ハ擧也 銑曰――ハ飛見」と在る。本書『和』はこれに基づいたか。「93番 番々(カズカズ/イサム)」は「十二韻」(記872・書66)に「番々」無し。『漢和三五韻』には「95番 ――(カスカス)」と在り。「95煩 涼(スヾミワツラフ)― 堀川百首」は「十二韻」(記869・書62)に「涼―」存せず、『漢和三五韻』には「96煩 堀川百首ニ蚊遣哥ニ涼ミ―フ」と在る。本書『和』はこれに拠つたのであらう。「100尊 石上振乃(イソノカミフルノミコト)― 万葉六」は「十二韻」(記824・書16)に「万葉」の用例存せず、『漢和三五韻』に「101尊 石上振乃(イソノカミフルノミコトハ)―者 万六」とある。『和語略韻』はこれを承けた。「103屯 韻會真韻」は「十二韻」(記912・書106)に漢字注無し。『漢和三五韻』の「104屯 韻會眞韻」と注記する。本書『和』はまさしくこれを承けてゐる。「105泫 泫々」は「十二韻」(記906・書100)には「――水ノ流皃」と在り、『漢和三五韻』は「106泫 ――(ナガル、) 韻會文韻」となつてゐる。ただし「泫―」は既に『聚分韻略』に存せり。最後に「106媛 韻會去声霰韻 ○古來ヒメト訓ス也 霰韻ニ美女ナリト註ス 尓雅ニ美女ヲ媛トス」は「十二韻」(記914・書108)に漢字注存せず。『漢和三五韻』には「107媛 韻會去声霰韻 ○按スルニ―ノ字 古来ヒメト訓ス 霰ノ韻ニ美女也ト註ス 爾雅ニ美女ヲ為レ―トト註スルヲ以テ見レバ ヒメノ時ハ去声タルベシ」と見られるので、『和語略韻』はこれを継承したものと思はれる。

〘寒韻 一四〙「1灘 大島(ヲホシマノナダ)― 芦屋(アシヤノナダ)―」は『和訓押韻』(北岡1・松平346・龍門1)の『北岡本』と『龍門本』に「大嶋(オホシマノナダ)―葦屋(アシヤノナダ)―」(『松平本』には「大嶋―」存せず)が存し、「十二韻」(記952・書6)も同じ。『漢和三五韻』は「10灘 大島ノ(ナダ)― 芦屋(アシヤ)ノ―」とやはり「十一韻」「十二韻」を承けた注になつてゐる。「3瀾 厦途(カツラ)―桂也」は『和訓押韻』(北岡2・松平348・龍門2)の『北岡本』と『龍門本』に近世の「国花合記集」の「厦途(カツラ)―桂也」は見受けられる。『松平本』にこれが存せぬのは中世成立（書写）の故か。「十二韻」（記947・書1）にも「厦途（カツラ）―桂也」は見られる。『漢和三五韻』にも同様に「厦途（カツラ）―桂也」は継承されてゐる。「4欄　勾（ヲバシマ）―」は『和訓押韻』（北岡3・松平350・龍門3）に「勾―」は無く、「十二韻」（記948・書2）も同じである。『漢和三五韻』は「2欄　廣韻ニ階除ノ木勾欄也」がある。「5湍　上津（カミツセ）―日本紀　瀧津（タキツセ）―同上」は『和訓押韻』（北岡4・松平347・龍門4）に「上津（カミツセ）―同　瀧津（タキツセ）―万」は見られ、「十二韻」（記949・書3）も同じ。『漢和三五韻』も「13湍　上津（カミツセ）―日本紀　瀧津―」は「十一韻」「十二韻」を踏襲してゐて見受けられる。「8磐　常（トキハ）―　堅（カキハ）―万葉」は『和訓押韻』（北岡6・松平351・龍門6）に「常―」「堅―」が存する。「十二韻」（記951・書5）も同じである。『漢和三五韻』は「16磐　常―　堅―」とあつて、「十一韻」や「十二韻」を承けてゐる。「11韓　國（クニノカラ）―　年中行事」は『和訓押韻』に標出字存せず、「十二韻」（記1001・書56）にも「國―」の熟字例は見られない。『漢和三五韻』は「18韓　國（クニノカラ）―　神祭見（タリ）二年中行事一」と在り、本書『和語略韻』はこれに拠つてゐる。「12汗　韻會翰韻」は『和訓押韻』に標出字無く、「十二韻」（記1037・書92）に「可―」と在り。『漢和三五韻』は「19汗　可―　韻會翰韻」と在る。本書『和』はこれに拠つてゐる。「17官　京（ツカサメシ）―　仕（ミヤツカヘ）―」は『和訓押韻』（北岡10・松平356・龍門10）の『松平本』に「京（ツカサメシ）―　除目　仕（ミヤツカヘ）―」（『北岡本』は無注、『龍門本』は「―人　京―」）となつてゐる。「十二韻」（記956・書10）も『松平本』に同じ。「18鸖　畢（ツル）―鶴也」は『和訓押韻』に標出字無し。「十二韻」（記1038・書93）に「畢―」存せず。『漢和三五韻』には「25鸖　畢（ツル）―鶴」と在り。本書『和』はこれを承ける。「23肝　心（コヽロキモ）―　村（ムラキモ）―万葉四」は『和訓押韻』に標出字存せず、「十二韻」（記1007・書62）に漢字注無し。『漢和三五韻』は「30肝　心（コヽロキモ）―　村（ムラキモ）―ノ心クダケテ万四」と在り、『和語略韻』はこれを承ける。「31斛　韻會韻瑞無二此字一」に標出字存せず、「十二韻」（記1040・書95）で漢字注は「臥氣嗷声」にて『和語略韻』と一致せず。而かるに『漢和三五韻』には「38斛　聚分韻ニ出トイヘトモ　韻會韻瑞ニ不レ出」と在つて、明の『小補韻會』と『五車韻瑞』にこの標出字が存せぬ由を記してゐる。『聚分韻略』と『海蔵略韻』にこの標出字の存する旨を記すが、『海蔵略韻』は『聚分韻略』の「平声」(三一韻)を基幹に編成した書であるから当然のことである。「34弾 琴(コトヒク)—」は『和訓押韻』(北岡16・松平361・龍門16)の『松平本』にのみ「琴—(ヒク)ニ用也」と在り。「十二韻」(記963・書17)には「琴—」存せず、『漢和三五韻』の「41弾」も『小補韻会』の引用記事のみとなつてゐる。「49竿 釣(ツリサホ)— 竹(タケノサホ)— 詩 竹竿」は『和訓押韻』(北岡25・松平368・龍門25)の『松平本』『龍門本』に「竹ノ— 釣—」(ただし『龍門本』の「竹—」は朱筆書入れ。また『北岡本』は「釣—」のみ)。『漢和三五韻』は「56竿 竹— 出レ前」と在るので「9竿 釣(サホ)—」と合はせると、『和語略韻』の二項を統合したことが判る。「50欄 大(トコナツ)— 万葉 林(クチナシ)— 梔也」は『和訓押韻』(北岡26・松平370・龍門26)では『龍門本』に「—芷」が存するのみ。「十二韻」(記972・書27)は「—芷 大(トコナツ)— 瞿麦也 林(クチナシ)— 梔ノヿ也」と在り。『漢和三五韻』には「4蘭 大(トコナツ)— 瞿麦也 林(クチナシ)— 梔也」と「十二韻」を受容する注文になつてゐる。「63鞍 移—」は『和訓押韻』(北岡33・松平ナシ・龍門3)の『龍門本』に「—韉」のみ在り、『和語略韻』と一致せず。「十二韻」(記979・書34)も『龍門本』に同じ。『漢和三五韻』のみ「70鞍 馬— ウツシ—」とあるゆゑ、本書『和』と「移(ウツシ)—」の熟字例と一致する。「64丸 雪(アラレ)— 万葉 欑(ウツホ)—」は『和訓押韻』(北岡34・松平374・龍門34)の『松平本』と『龍門本』に「雪—万」が見られる。「十二韻」(記980・書35)には「雪(アラレ)— 欑(ウツホ)—」の二つの熟字例が見受けられる。『漢和三五韻』は『71丸 —雪(アラレ) 欑(ウツホ)—」と存するので「十二韻」を継承してゐる。「68鑾 鈴也」は『和訓押韻』(北岡36・松平376・龍門36)の『松平本』に「鈴也」(『龍門本』は「—鈴」と在り、「十二韻」(記982・書37)は「—鈴」となつてゐる。『漢和三五韻』は『松平本』と同じく「鈴也」となつてゐる。ただし「鈴也」は既に『聚分韻略』に存する漢字注である。「71綄 船—上候レフ風ヲ羽楚謂レ之五—雨一ト」は『和訓押韻』に標出字存せず。「十二韻」(記1030・書85)は「船上候風羽楚謂之五雨」、『漢和三五韻』も「十二韻」を承けて「78綄 船上候レ(スル)風ヲ羽楚謂二之ヲ五雨」と同注になつてゐる。また既に『聚分韻略』にも同注が見受けられる。「76丹 牡(フカミクサ)— 和名 渥(アツクツケタルニ・アカキニ)—」は『和訓押韻』(北岡41・松平380・龍門41)に「牡(フカミクサ)—」が見られる。「十二韻」(記985・

書40）には「牡―和名 渥―(ウルヘルニ/アツクツケタルニ)」が存する。十五韻の『漢和三五韻』には「83丹 又牡丹ハ花名 牡―(フカミクサ) 和名」と在つて「渥―」が存せず。『和語略韻』は「十二韻」の韻書をも参照した例となる。「77寛 袂―(タモトユタカ) 万葉三」』は『和訓押韻』（北岡43・松平385・龍門43）に「袂―(タモトユタカ) 万」（『北岡本』無注）、「十二韻」（記987・書42）も同じ。『漢和三五韻』も「85寛 袂―(タモトユタカニ) 万三」と継承してゐる。「81端 無―(アジキナシ) 万葉 小―(ハツカ) 同 山―(ヤマノハ)」は『和訓押韻』（北岡46・松平381・龍門46）に「小―(ハツカ) 万 無―(ソヽロ) 山―(ヤマノハ)」（『松平本』は「無―」がなく「軒―(ナシ)(ソヽロ)」がある）と在る。「十二韻」（記990・書45）には「無―(ソヽロ) 万 山ノ― 小―(ハツカ) 同」と在り、「十一韻」とほぼ同注である。『漢和三五韻』は「3端 山ノ― 無―(ハシナシ) 無―(アヂキナシ) 小―(ハツカ) 万」と在つて、やはり「十一韻」や「十二韻」を承けてゐる。「84闌 夜―(ヨフクル) 万葉 日―(ヒタクル) 同」は『和訓押韻』（北岡47・松平387・龍門47）に「夜(ヨ)ノ―(フクル) 万 日ノタクル也」と見られ、「十二韻」（記988・書43）も同注。『漢和三五韻』も「5闌 夜ノ―(フクル) 万 日ノタクルニモ用」と「十一韻」、「十二韻」に基づいてゐる。「85乾 衣―(コロモサラス) 万葉 袖―(ソテホス) 万葉十三」は『和訓押韻』（北岡48・松平386・龍門48）に「衣―」「袖―」は無く、「十二韻」（記991・書46）も同じ。而かるに『漢和三五韻』には「92乾 袖―(ソテホス) 万十二 衣―(サラセリ) 万一」と在つて、本書『和語略韻』はこれを承けてゐる。「86干 射―(カラスアフギ) 艸 霜―(シモカレ) 万葉 塩―(シホカレ) 同」は『和訓押韻』（北岡49・松平401・龍門49）に一致する熟字例無く、「十二韻」（記992・書47）には「射―(カラスアフキ)」が見られる。『漢和三五韻』は「93干 射―(カラスアフキ) 塩―(ガレ) 万三 霜―(カレ) 万十」と最もよく一致する。本書『和』が『漢和三五韻』に拠つてゐる所以である。「87殘 名―(ナゴリ) 毖―(ヒザ) 膝」は『和訓押韻』（北岡50・松平388・龍門50）の『松平本』に「名― 比―(ヒザ) 膝也」と「名―」も「国花合記集」の例も存してゐる。因みに音訳仮名による「毖―」の例は、夙く『広本節用集』（文明本）にも見られるものである。「十二韻」（記993・書48）も『松平本』に同じ。『漢和三五韻』も「十一韻」や「十二韻」を継承してゐて「94殘 名―(ナゴリ) 毖―(ヒザ) 膝也」と在る。「88難 馬―(ムマナツム) 万葉七 得―(アナガテ) 万葉 宿―(イ子ラレズ) 同七 待―(マチカ子) 寝―(イ子ガテ) 三智 過―(スギガテ)」は『和訓押韻』（北岡51・松平389・龍門51）には「得―(エカテ) 万 寝―(イ子ガテ) 馬―(ナツム) 万」が見られる。「十二韻」（記994・書49）も「得―(エガテ) 万 馬―(ナツム) 万 過―(スギガテ) モ寝(イ子ガテ)―モ」と「過―」が『韻字記』に存せり。ただし同じ十二韻の『韻字之書』には「過―」が存しない。『漢和三五韻』は「95難　得(エガテ)―万　イ子―　馬(ナツム)―万七　月待(カ子)―万七」と在つて「十一韻」や「十二韻」に見られぬ「月待―」が見受けられるが、十二韻の『韻字記』に存する「過―」は見られない。本書『和語略韻』は斯く「十二韻」と「十五韻」の双方を参看したものと目される。なほ『和語略韻』に『詞林三智抄』からの引例が見られるが、「十二韻」の『韻字記』には『三智抄』からの引例が一七箇所に見受けられる。「89安　露霜消(ツユシモケヤスキ)―万葉十」は『和訓押韻』（北岡52・松平390・龍門52）に一致する例は無く、「十二韻」（記995・書50）も同じである。『漢和三五韻』に到つて始めて「7安　露霜ノ消(ケヤスキ)―万十二」と見受けられる。これを本書『和』は承けてゐる。「96跚　蹣(フミコユル)―　」は『和訓押韻』は『松平本』にのみ「397跚　蹣―　行不進遅　私曰タチモトヲル皃也」と在るが他の二本に標出字存せず。「十二韻」（記1026・書81）の漢字注は『松平本』に同じ。『漢和三五韻』は「103跚　韻會ニ蹣―ハ不レ進皃」と明の『小補韻會』を引用してゐる。「101桓　盤(タチモトヲル)―　古文桓々(タケクハゲシ)　」は『和訓押韻』（北岡56・松平398・龍門56）の『松平本』には「盤―　タチモトヲル」が存する。「十二韻」（記998・書53）には「盤―」も「桓々」も存せず（ただし『韻字記』は「――武也」とは在り）。『漢和三五韻』は「108桓　爾雅ニ――ハ威也」と在る。この韻目でも稀に「十二韻」を参照した箇所も存しはするが、原則的にはやはり『漢和三五韻』に基づいてゐることが判るのである。

『先仙韻　一六』「1天　蒼(ハル)―　分(フデ)―筆也　半(ナカソラ)―　」は『和訓押韻』（北岡1・松平408・龍門1）の『松平本』に「半(ナカソラ)―　蒼(ヲ、ソラ)―　分(フデ)―筆也　國花」と在る（『北岡本』は「半―」無し）。「十二韻」（記1088・書1）も『松平本』と同注であるが、『韻字記』には「半―」が無い。『漢和三五韻』は「1天　半(ナカソラ)―　蒼(ヲホソラ)―万　分(フデ)―筆也」とある。「4燕　國ノ名　印(イエ)―家也　國花合記」は『和訓押韻』に標出字存せず、「十二韻」（記1173・書87）には「印(イヘ)―家也」と「國花合記集」の引例在り。『漢和三五韻』は「20燕 國ノ名 印—（イヘ）家也」と見られる。「國ノ名」は『聚分韻略』にも既に存してゐる「5田 火（ヤキハタ）—和名 晩（ヲクテタ・ヲシ子）—」は『和訓押韻』（北岡5・松平410・龍門4）に例へば『北岡本』では「火（ヤキムタ）—和名 ヲクテ—（タ）」（『龍門本』も同じ。『松平本』には「火—」が無く、「ヲクテ—」は「晩稲—」となつてゐる）と在り。「十二韻」（記1089・書2）も「十一韻」とほぼ同注になつてゐて「火（ヤキムタ）—和名 ヲクテ—」が見られる。『漢和三五韻』は「2田 晩（ヲクテタ）— 火（ヤキハタ）—和名」が引かれてゐて、「十一韻」や「十二韻」を承けてゐる。「9淵 青（アヲフチ）—万葉」は『和訓押韻』（北岡6・松平411・龍門5）は『松平本』にのみ「青—」が存する。「十二韻」（記1097・書10）にも「青—」は在り。『漢和三五韻』にも「17淵 青（アヲブチ）—万」と継がれてゐる。「10涓 涓（セヽラギ）—」は『和訓押韻』（北岡ナシ・松平484・龍門ナシ）の『松平本』に「小流」と在るが「涓—」は存せず。「十二韻」（記1175・書89）にも「涓—」は無い。『漢和三五韻』に到つて「24涓 ——（セヽラキ）」が見られるやうになる。『和語略韻』はこれを承ける。「11邊 去（ユクヘ）— 君（キミカアタリ）— 枕（マクラノアタリ）— 万葉一 川（カハツラ）—同七」は『和訓押韻』（北岡7・松平412・龍門6）に「君（キミカアタリ）— 去（ユクエ）—万」は見られる。「十二韻」（記1098・書11）も同じ。『漢和三五韻』は「6邊 去（ユクヘ）— 君（キミガアタリ）— 枕之（マクラノアタリ）— 万一 川（カハツラ）— 万七」と多く一致する。本書『和』はこれを承けてゐる。「15漣 涙（ナミタナカル、）— 万葉」は『和訓押韻』（北岡9・松平409・龍門8）に「涙—」在り、「十二韻」（記1093・書6）も同じ。『漢和三五韻』も「十一韻」、「十二韻」を踏襲して「28漣 涙（ナミタナカル、）— 」となつてゐる。「16泉 温（イデユ）—和名 湯（同）—同 清（シミズ）— 庭多（ニハタヅミ）—和名」は『和訓押韻』（北岡10・松平414・龍門9）に「温（イテユ）— 庭多（ニハタツミ）—万」と見られる。「十二韻」（記1094・書7）には「庭（ニハ）—多（タツミ）—万 温（イテユ）— 清（シミツ）—」（『書』は「ニハタスミ」と四つ仮名混同）と在り、『漢和三五韻』も「5泉 清（シミツ）— 庭多（ニハタツミ）— 温（イテユ）— 湯— 和名 由」とほぼ「十二韻」を継承する。「19川 朝— 夕（ユフカハ）—万葉」は『和訓押韻』（北岡12・松平417・龍門10）に「夕—」のみ存する。「十二韻」（記1090・書3）も同じ。『漢和三五韻』は「3川 朝—万二 夕—万」と在る。「22年 昔（ソノカミ）— 毎（トシノハ）—万葉 瞑（ミ子）—嶺也 國花合記 至今（コトシマデ）—万葉 前（ヲト、シ）同 先（サキツトシ）—同」は『和訓押韻』（北岡11・松平419・龍門11）に「毎（トシノハ）—万 昔（ソノカミ）— 瞑（ミ子）—峯也 国花」は見受けられるが「至今—」は無い。「十二韻」（記1099・書12）には「毎（トシノハ）—万　昔（ソノカミ）—　瞑（ミ子）—峯也　至今（コトシマテ）—万」と在り、さらに『漢和三五韻』には「4年　毎（トシノハ）—万八　昔（ソノカミ）—　至今（コトシマデ）—万四　瞑（ミ子）—峯也　國華合記　前年之先（ヲトヽシノサキツトシ）—　万四」と在つて、本書『和語略韻』はこれに最も近い。「23𨅝　英雄所（エイイウノトコロヲル）—　文呉都賦」は『和訓押韻』（北岡14・松平ナシ・龍門13）に「英雄所—」が無い。「十二韻」（記1100・書13）の『記』に「呉都賦　英雄所レ—（ヤトル）」（『書』は「英雄所レ—（エイユウトコロヤトル）　文選」）となってゐる。『漢和三五韻』も「33𨅝　文選呉都ノ賦ニ英雄ノ所レ—（ヲル）」と在り、本書『和』に最も近い形になってゐる。「24仙　登（カミアガリ）—　死也」は『和訓押韻』（北岡13・松平415・龍門12）に「登—」は存せず、「十二韻」（記1096・書9）には「登（カミアカリ）—　死スル𛀀」と見られる。『漢和三五韻』も「10仙　登（カミアガリ）—　死ノ事也」となつてゐる。「26蚿　馬（ムカデ）—演雅」は『和訓押韻』には標出字存せず、「十二韻」（記1181・書95）は漢字注無し。『漢和三五韻』は「35蚿　韻會ニ馬蚿虫百足」と『小補韻会』を引用する。「32蟬　空（ウツせミ）—源氏　寒（ヒクラシ）—」は『和訓押韻』（北岡16・松平420・龍門17）に「空—」は在り（『北岡本』に「空—」は存せず）。「十二韻」（記1101・書15）も同じ。『漢和三五韻』には「7蟬　寒（ヒグラシ）—　空（ウツセミ）—」と在るので、本書『和』はこれを承ける。「47肩　題（タカ）—」は『和訓押韻』に標出字無し。「十二韻」（記1192・書106）に「題—」存せず。『漢和三五韻』は「54肩　題（タカ）—鷹也」と在る。音訳漢字「題肩」は中世近世の「国花合記集」に見受けられないし、『広本節用集』にも見られぬ用例である。この例に拠つても本書『和語略韻』が『漢和三五韻』を参看した証左となり得よう。「49憐　可（ヲモシロシ）—　遊仙窟」は『和訓押韻』（北岡21・松平424・龍門20）に「可—」存せず、「十二韻」（記1103・書17）も同じ。『漢和三五韻』に「56憐　—（オモシロ）」と在る。従つて厳密な意味では一致するものが「十一韻」、「十二韻」、「十五韻」には存せず。「51妍　婠（アテハカ）—日本紀」は『和訓押韻』（北岡46・松平445・龍門45）に「婠（アテハカ）—日本」と在り。「十二韻」（記1129・書42）も同じ。『漢和三五韻』は「58妍　婠（アテハカ）—日本紀」と「十一韻」「十二韻」を継承する。「52眠　片（カタ子フリ）—　一（ヒト子フリ）—」は『和訓押韻』（北岡23・松平425・龍門22）に漢字注存せず、「十二韻」（記1106・書20）に「片—」「一—」の熟字例無し。而かるに『漢和三五韻』には「59眠　片（カタ子フリ）—　一（ヒト子フリ）—」が見られる。本書『和』はこれを承けたもの。「55編　副—　周禮春官」は『和訓押韻』（北岡25・松平428・龍門24）に「副—」存せず、「十二韻」（記1107・書21）には「副—　周礼」と在り。『漢和三五韻』は「62編　副—　周禮春官」と在つて、本書『和』に最も近い（特に出典表示の仕方など）。「73煎　心—　」は『和訓押韻』に標出字存せず、「十二韻」（記1198・書114）には「心—」と在り。『漢和三五韻』にも「80煎　心—」と踏襲してゐる。「89棉　有レ花如レ綿作ル布ニ」は『和訓押韻』に標出字「綿」は存するが「棉」は無し。「十二韻」も同じ。『漢和三五韻』には「96棉　木—ハ樹ノ名有レ花如レ綿作レ布ニ」と在つて本書『和語略韻』と一致する。「96綿　木—万葉　白木—」は『和訓押韻』（北岡49・松平447・龍門47）に「白木—万　濱木—万」と在り、「十二韻」（記1132・書45）も同じ。『漢和三五韻』は「103綿　木—　濱木—万四」となつてゐる。「木—」は『漢和三五韻』に存するが「白木—」は無い。『和』の「白木—」は「十一韻」か「十二韻」に拠つたのであらう。「97船　迎孺—万葉八」は標出字を『和語略韻』が「般」とするのは誤刻である。『和訓押韻』（北岡50・松平448・龍門48）に「迎嬬—」は見られず、「十二韻」（記1131・書44）も同じ。而かるに『漢和三五韻』には「8船　牽牛之迎—　万八」が見受けられ、本書『和語略韻』がこれに基づいてゐることが判る。「101箋　紙—新楽府　緑—苔也　事物異名」は『和訓押韻』に標出字無し。「十二韻」（記1209・書125）に「紙—」「緑—」の熟字例存せず。『漢和三五韻』は「107箋　紙—　新楽府ニ云神ノ之来ル兮　風飄飄トメ紙—動兮　錦繖揺ク　俗云加美勢迩　緑—苔也」と委しい注が見られる。「108筵　狹—同　苔—　菅—　草—」は『和訓押韻』（北岡56・松平454・龍門55）に「狹—　苔—　菅—」はあるが「草—」は無い。「十二韻」（記1139・書53）もほぼ同じ。『漢和三五韻』も「15筵　狹—　苔—　菅—　草—」と在つて、「十一韻」、「十二韻」を承けてはゐるが「草—」が見られる。『和語略韻』はこれに拠つたのであらう。「125然　未—　黙—　肅—日本紀　黙—万葉」は『和訓押韻』（北岡63・松平459・龍門62）に「黙—」が『北岡本』『龍門本』に存し（『松平本』に無し）、「十二韻」（記1146・書60）も同じである。而かるに『漢和三五韻』は「132然　未—　肅—日本紀　黙—万」と本書『和』に受容されてゐるのである。「127千　遅(シナ〳〵 チ、バカリ)—　百(モ、チ、)—」は『和訓押韻』(北岡64・松平460・龍門63)の『北岡本』は無注、『松平本』に「且(チ、ハカリ也)—文選」、『龍門本』に「百千　且(チ、ハカリナリ)—　文選」と在る。「十二韻」(記1147・書)も「十一韻」の『龍門本』を承けてゐる。「128貝　員(カズ〳〵)—」は『和訓押韻』(北岡65・松平461・龍門64)に熟字例無し。「十二韻」(記1148・書62)も同じ。『漢和三五韻』には「135丁　—(カズ〳〵)—」とあつて本書『和』に一致する。「129先　後(アトサキ)—」は『和訓押韻』(北岡66・松平462・龍門65)の『龍門本』にのみ「—後」が見られる。「十二韻」(記1149・書63)も「—後」と在る。而かるに十五韻の『漢和三五韻』には「13先　後(アトサキ)—」と在つて『和語略韻』に一致する。「130前　今(イマモムカシモ)—　万葉　屋(ヤド)—宿也　同八　加(カゼ)—風也　武備志」は『和訓押韻』(北岡67・松平463・龍門66)は「今(イマモムカシモ)—　万　屋(ヤド)—宿也　万」があるが「加—」は無い。「十二韻」(記1150・書64)もほぼ同じ。『漢和三五韻』に到つて『武備志』からの引例「加—」が見られる。「12前　今(イマモムカシモ)—　万　屋(ヤド)—宿也　万八　加(カセ)—　武備志」とあるので、『和語略韻』はこれに基づいてゐる。「131堅　久(ヒサカタ)—　万葉」は『和訓押韻』(北岡68・松平464・龍門67)に「久—万」が見られる。「十二韻」(記1151・書65)も同じ。『漢和三五韻』も「十一韻」、「十二韻」を承けて「136堅　久(カタ)—　万三」となつてゐる。「135鐲　馬(ヲサムシ)—　腐(フ)草為(サウナルホタル)レ—　螢也　明堂月令」は『和訓押韻』(北岡70・松平ナシ・龍門69)で『龍門本』に「除也」と在るのみ。「十二韻」(記1153・書67)に「腐草為レ—(ホタル)　會」として明の『小補韻会』より引例する。十五韻の『漢和三五韻』はそのことをさらに明確に示し、「140鴇　韻會馬—也　引二明堂月令一ヲ　腐草為レ—ト」なつてゐる。本書『和』はこれを承けてゐる。「136懸　木綿(ユフトリカケテ)—　日本紀」は『和訓押韻』(北岡71・松平467・龍門70)に「木綿(ユフトリシテ、)—　日本」と在り、「十二韻」(記1154・書68)は「木綿(ユフトリカケテ シテ、)—　日本」(『書』は「シテ、」の左訓無し)。さらに『漢和三五韻』は「141懸　木綿(ユフトリカケテ)—　日本紀」と「十二韻」を承けてゐる。「138遷　左(サスラフ)—　史記　韓信傳」は『和訓押韻』(北岡73・松平468・龍門72)に熟字例「左—」は無し。「十二韻」(記1155・書69)の『韻字記』にのみ「左(サスラヘ)—」が見られる。而うして『漢和三五韻』も「143遷　左(サスラヘ)—」と「十二韻」

を承く。「139延 遷― 振― 万葉 葛― 塗―杖也 梅我―」は『和訓押韻』(北岡74・松平469・龍門73)に「葛― 万 塗―杖也」は見られる。「十二韻」(記1156・書70)は「十一韻」の熟字例の他に「振― 」も見られる。『漢和三五韻』は「144延 韻會ニ曰長也……又遷― 淹久ノ貎 又進也 禮記曲禮ニ主人延レ客祭 註ニ導也 葛― 振― 万 塗―杖也 梅我―枝也 松我―」と在り、『和語略韻』がこれに基づいてゐること諒解せられる。「142連 注― 和名 安闌―雹也 國花合記」は『和訓押韻』(北岡78・松平472・龍門76)は「注― 案瀾―霰也 國花」と在り、「十二韻」(記1159・書73)もほぼ同注である。『漢和三五韻』は「十一韻」や「十二韻」を承けつつも「14連 注―和名 シリクヘナハ 安闌―雹也」となつてゐる。「十一韻」「十二韻」の「案瀾―霰也」を「安闌―雹也」とするのは『漢和三五韻』にて、本書『和』はこれに基づいてゐる。「143聯 鷹一―」は『和訓押韻』(北岡79・松平471・龍門77)にこの熟字例は無い。「十二韻」(記1160・書74)には「鷹一―」の例が見られ、『漢和三五韻』も「十二韻」も承けて「147聯 鷹一―」と在る。「148縁 異所―万葉 夤― 韻會」は『和訓押韻』(北岡80・松平473・龍門79)に「異所―万」は在るが「夤―」は見られない。「十二韻」(記1166・書80)も同じ。而かるに『漢和三五韻』は「153縁 韻會ニ曰因也…又夤 ―ハ連絡也 異所―万」となつてゐる。『和語略韻』がこれに拠つてゐることは明らかである。「154傳 言―高唐賦 人― 天― 万葉」は『和訓押韻』(北岡85・松平478・龍門84)に「言―天―万」は在り。「十二韻」(記1167・書81)もほぼ同じ。『漢和三五韻』では「160傳 言― 天― 万 人―」と「人―」が入つてゐる。「156焉 心遮―万葉十二」は『和訓押韻』(北岡87・松平477・龍門86)は熟字例存せず。「十二韻」(記1169・書83)にも「心遮―」は見られず。『漢和三五韻』に「162焉 心遮― 万十二」と在り、『和語略韻』はこれに拠つてゐる。『161蹮 蹁― 説文」は『和訓押韻』に標出字損せず、「十二韻」(記1229・書145)は「―蝙」が在る。『漢和三五韻』にも「167蹮 説文蝙―ハ旋行 又舞貎」と『小補韻会』を引用した漢文注になつてはゐるが、『和語略韻』の熟字例は「十二韻」と同じ形になつてゐる。ただし「十二韻」の熟字例に「文選」の出典表示が見られぬことからせば、やはりここも『漢和三五韻』に拠つたとすべきであらう。「蝙—」は『聚分韻略』の漢字注にも既に見られるものである。「167平 平—(ヲサ〳〵シ) 市—(イチグラ) 漢書」は『和訓押韻』(北岡ナシ・松平483・龍門ナシ)の『松平本』に「市ノ—(サカシラ) 漢書」と在り。「十二韻」(記1234・書150)も『松平本』と同注。『漢和三五韻』は「173平 平々ハ辯治也 書ニ王道 又均也 市—(イチグラ) 漢書 —(ヘン サカシラ)」となつてゐる。『韻字記』の漢字注「——治也 又均也」も『漢和三五韻』と同様に『韻会』に拠つたのであらう。「169娟 嬋—(カハユシ) 㛹—(ウルハシ) 韻會」は『和訓押韻』に標出字存せず、「十二韻」(記1231・書147)は『韻字記』に「嬋—(ナマメク) 三」と『詞林三知抄』からの引例がある。『漢和三五韻』には「175娟 韻會嬋—ハ美好ノ貌」と在る。出典表示に「韻會」と在るのは『小補韻会』を引用した『漢和三五韻』に基づくものであらう。なほ「嬋—」は既に『聚分韻略』の漢字注に在り。「171湲 潺—(セヽラキ) 韻會」も『和訓押韻』に標出字存せず、「十二韻」(記1235・書151)には「潺—」と在り。『漢和三五韻』は「177湲 韻會ニ潺—(ヤリミツ) 水聲—」とある。『和語略韻』に『韻會』とある処から『漢和三五韻』に拠つたとすべきであるが、『聚分韻略』にも既に「潺—」は存するのである。この韻目でも本書『和語略韻』は多く『漢和三五韻』から引用されてゐることが判る。

〖蕭宵韻 二〗「1橑 椽(也)也」は『和訓押韻』に標出字無く、「十二韻」(記1314・書64)に「椽也」の漢字注無し。『漢和三五韻』は『小補韻会』を引用して「11橑 椽也」とする。「3潮 入—(イリシホ) 万葉」は『和訓押韻』(北岡2・松平489・龍門2)に「入—(アサル) 万」と在り、「十二韻」(記1255・書5)も同じ。
『漢和三五韻』も「4潮 入—万」である。「4飆 波—(ナミタツ) 万葉」は『和訓押韻』(北岡3・松平491・龍門3)に「波ノ—(ナミ タツ) 万」と在り。「十二韻」(記1251・書1)も同じ。『漢和三五韻』は「9飆 波—(ナミタツ) 万」として「波ノ—」の「ノ」が無く、本書『和』はこれを承けてゐる。「11朝 早—(アサマツゴト) 日本紀」は『和訓押韻』(北岡7・松平494・龍門7)に「早— 長恨哥」が見られ、

「十二韻」（記1257・書7）も同じ。『漢和三五韻』も「1朝 早—長恨歌」と、「十一韻」「十二韻」「十五韻」が全て「長恨歌」と出典表示せられてゐるのに、本書『和語略韻』のみ「日本紀」と在る。なほ「早—」は『聚分韻略』の漢字注にも見られる。「12枵 木ノ根也也」は『和訓押韻』に標出字存せず、「十二韻」（記1315・書65）の『韻字記』は「説文木根也 尒同」、『韻字之書』には「木根也」と在る。『漢和三五韻』は「15枵 説文木ノ根也」と在つて『韻字記』と同様に『小補韻会』を引用する。「15猫 唐—」も『和訓押韻』（北岡10・松平496・龍門9）に「猫 唐—」（『北岡本』は無注となつてゐる。「十二韻」（記1259・書9）も同じ（『書』は「カラ—」）。『漢和三五韻』も「18猫 唐—」と同注であるが、標出字が『和語略韻』と同じ「猫」である。「16鷁 雀—和名 初— 若—」は『和訓押韻』（北岡11・松平497・龍門10）は「雀—同（和名）」が見られる。「十二韻」（記1261・書11）も同じ。『漢和三五韻』は「19鷁 雀—和名 初— 若—」と在つて、本書『和』に最も近い。「18鵤 鵤—」は『和訓押韻』に標出字存せず、「十二韻」（記1320・書71）には「鵤—」と在り、『漢和三語韻』も「十二韻」を承けて「21鵤 鵤— 和名 佐々木」となつてゐる。『聚分韻略』の注文にも「鵤—」は見られる。「24蜩 第—和名 秋—」は『和訓押韻』（北岡13・松平499・龍門12）に「秋—」は無し。「十二韻」（記1263・書13）も同じ。『漢和三五韻』にのみ「28蜩 順和名引爾雅ノ註ヲ 第—和名 比久良之 秋—」と在つて、本書『和語略韻』はこれに基づいてゐる。「25貂 黒—和名」は『和訓押韻』に標出字存せず、「十二韻」も同じ。『漢和三五韻』にのみ「29貂 黒— 和名 布流木」と在り、『和語略韻』はこれを承けてゐる。「35翹 翹—詩経」は『和訓押韻』（北岡16・松平501・龍門15）に熟字例存せず、「十二韻」（記1265・書15）も同じ。而かるに『漢和三五韻』は「39翹 詩ニ——錯薪」と在つて、本書『和』がこれに拠つてゐることは明らかである。「40調 御—日本紀」は『和訓押韻』（北岡19・松平504・龍門18）に「御— 万」と在り、「十二韻」（記1268・書18）も同じ。『漢和三五韻』は「44調 御— 」と在る。「64雕 キザム ヱルナド、訓スルハ 彫ノ字ヘ通スル時ノ訓ナリ」は『和訓押韻』に標出字無く、「十二韻」に標出字「雕」

は存せず『記』に「1260雕 雕同」（書10）と在るのみ。而かるに『漢和三五韻』は「64雕 按スルニ ―ノ字 キザム エルナドノ訓スルハ 彫ノ字ヘ通スル時ノ訓ナリ」と、まさしく『和語略韻』に一致する注文となつてゐる。本書『和』が『漢和三五韻』に依拠した証左となり得よう。「72苗．若―（ワカナヘ） 藻塩 若草―（ワカサナヘ） 同上 村―（ムラナヘ） 同上夕草―（ユフサナヘ）」は『和訓押韻』（北岡34・松平517・龍門33）には「若―」がある。「十二韻」（記1283・書33）も同じ。『漢和三五韻』に「6苗 若―（ワカナヘ） 若早― 藻塩 村―同 夕早―（ユウサナヘ）」と在るのが『和語略韻』に最も近い。「81條 條―（ヲチヽ） 魚―（スハシリ） 魚 和名」は『和訓押韻』（北岡38・松平520・龍門37）に「魚―」存せず、「十二韻」（記1287・書37）には「枝―（ヲチヽ） 一ケ条二ケ条ノ義也」と在る。『漢和三五韻』は「86條 魚ノ― 和名スハヤリ」と在る。ここは「十二韻」と「十五韻」と双方を承けたか。「108寥 寂―（サビシ）」は『和訓押韻』（北岡54・松平534・龍門51）に「寂―」は見られる（『北岡本』には無し）。「十二韻」（記1302・書52）も同じ。『漢和三五韻』は「112寥 廣韻寂―也」と『小補韻会』を引用する。『聚分韻略』の漢字注にも「寂―」は存せり。「109消 思―（ヲモヒキユル） 定家歌 村―（ムラキヘ）雪」は『和訓押韻』（北岡55・松平535・龍門54）に「思―」「村―」は存せず。「十二韻」（記1303・書53）には「ムラ― 螢ノ飛―ル 雪ノ― タカユヘニタヘヌトタニモ白雪ノヨソニヤヽカテ思―（キユ）ラン 定家」と在る。「十二韻」に引用する。定家の証歌は『拾遺愚草』中（韻歌・恋一五七〇）のものである。「十二韻」を承けた『漢和三五韻』も「7消 村― タガユヘニタヘヌトタニモ白雪ノヨソニヤヽガテオモヒ―（キエ）ナン 定家」と在る。『和語略韻』は定家の証歌一首をさながら踏襲することをせずに「定家歌」と出典名の位置に表示してゐる。「113遙 逍―」は『和訓押韻』（北岡58・松平537・龍門57）に「逍―」は無く、「十二韻」（記1307・書56）も同じ。『漢和三五韻』で「8遙 韻會逍―也」と『小補韻会』を引用してゐる。「115揺 揺―（タヾヨヘリ） 詩経 歩―（サシグシ） 首飾也 消―（カケル） 尒雅」は『和訓押韻』（北岡60・松平539・龍門59）に熟字例は『龍門本』に「動―」と在るのみ。「十二韻」（記1308・書58）は「動―」「歩―（サシクシ） 女ノ首ノ飾（カザリ）也」と在つて、「歩―」が見受けられる。『漢和三五韻』は「119搖 爾雅ニ作也 又消―ハ猫ニ翱翔ノ貌一 詩ニ中心――（タヾヨヘリ）ト 又歩―（サシグシ） 首飾」と在るので、『和語略韻』はこの『漢和三五韻』に基づいた熟字例・注文であることがよく判る。「126嚶 嚶（ナク）—詩経」は『和訓押韻』に標出字存せず、「十二韻」（記1355・書105）の『韻字記』には「——虫声也 詩——屮虫 私云虫ノ外ニナクトハ不可」と在り。『韻字之書』は「——虫ノナク也」と前半部のみ見られる。『漢和三五韻』は「129嚶 詩ニ——ハ草虫 ——ハ虫聲」と在り、『韻字記』とほぼ同注である。『和語略韻』はこれらを承く。

〖歌韻 五〗「十一韻」と「十二韻」には「歌韻」存せず。従つてここでは「十五韻」のみと対照せしむ。「3阿 四（アツマヤ）— 万葉 有（アリウルハシキ）レ— 詩経 八十（ヤソクマ）—万葉一」は『漢和三五韻』の「6阿 又詩ノ隰桑ニ有（ウルハシキ）レ— 註ニ—然 美（トメ）貌（ナル） 四（アツマヤ）— 八十（ヤソ）—万一」と在るのに拠つてゐる。「5波 小（サヽナミ）— 五百重（イホエナミ）日本紀」は『漢和三五韻』の「5波 五百重（イホエ）— サヽ—」の熟字例が一致する程度にて、『和語略韻』の多くの熟字例は別の典拠から得て来てゐる。「9渦 沾（ウヲ）—魚也 梨（同）—」は『漢和三五韻』は「9渦 黎— 沾（ウヲ）—魚也」と在る。「沾—魚也」は『漢和三五韻』が「国花合記集」を引用したものをそのまま承けたものである。「沾—」は中世の「国花合記集」にも近世の「国花合記集」にも見られ、その上『広本節用集』（文明本）にも音訳漢字による仮名書の例として掲げられてゐるのが見出せる。「16鵝 駕（カリ）—鴈也 事物異名 天（カリ）—本艸」は『漢和三五韻』の「19鵝 駕（カリ）—鴈也 見ニ事物異名一ニ 鴿鳵（カリ） 事物異名ニ曰下ノ音哥 天（カリ）—本草」と在るのに拠つてゐる。「17蛾 飛（ヒトリムシ）— 韻書」は『漢和三五韻』に「20蛾 韻書曰 一種善ク拂ニ燈火一ヲ夜レ飛謂ニ之飛—一ト」と在るに拠るか。「18他 自（ワレヒト）— 任（サモアラハアレ）—」は『漢和三五韻』に「21他 自— 任（サモアレハアレ）—」とさながらに在るのに拠る。「20婆 孟（カゼ）—風也 丹鉛录」は『漢和三五韻』にも「23婆 孟（カセ）—風也 丹鉛録」と見受けられる。「21魔 心（コヽロノヲニ）—」は『漢和三五韻』の「24魔 心ノ—（ヲニ）」を承ける。「27伽 印特（ツキ）—月也 首楞厳経」も『漢和三五韻』の「30伽 印特（ツキ）—月也 首楞厳」と在るのに拠つてゐる。「28迦 釋（ホトケ）—」も『漢和三五韻』の「31迦 釋（ホトケ）—」を承ける。「31歌 和（ヤマトウタ）—」は『漢和三五韻』の「1歌 和（ヤマトウタ）—」を承けてゐる。「39儺 猗（タヲヤカ）—詩萇楚篇」も『漢和三五韻』の「42儺　詩隰有萇楚篇ニ猗（アタト）―（タヲヤカナリ）」に基づいてゐる。「45磨　旦（タマ）―玉也」は『漢和三五韻』に「54磨　旦（タマ）―玉也」と在るのに拠る。これは中近世の「国花合記集」の全てに見られ、かつ『広本節用集』にも出てゐる用例である。「49摩　遠波志（ヲバシマ）―檻也　万葉」も『漢和三五韻』に『小補韻会』の引用の後に「53摩　遠波志（ヲバシマ）―万　檻也」と在るのに拠る。「遠波志―」は中世の代表的な「国花合記集」（a～e）には見られず、近世のf『増補下学集』やg『国花集』附載の「国花合記集」に見られるものである。中世の「国花合記集」には「了晩遅蔓」（寒桓韻）「於波志摩」（歌戈韻）「迂墜志波」（歌戈韻）の音訳漢字の仮名書があり、これらは『広本節用集』にも掲載せられてゐるものである。「52茄　麻韻　水（セリ）―芹也　事物異名」は『漢和三五韻』の「58茄　水（セリ）―芹也　事物異名」と在るのに拠り、「麻韻」は『漢和三五韻』が注記する『小補韻会』の「古読」中に「茄」字が存し、かつ、その標出字に「麻韻」と記してゐる処から『漢和三五韻』が「58茄　麻韻」とするのに基づいたものである。「54莎　白（シラスゲ）―」は『漢和三五韻』の「60莎　白―」に拠る。「55荷　幔捲（サカツキ）―李適云」は『漢和三五韻』「61荷　幔捲（サカツキ）―盃也　李適之云」と在るのを承ける。「56蘿　女（サルヲカセ）―（マツノタマ）」は『漢和三五韻』の「62蘿　女―」に拠る。「61羅　満件（マクラ）―枕」は『漢和三五韻』の「67羅　満件（マクラ）―枕也」といふ「国花合記集」の用例を承けてゐる。「満件―」は中近世の「国花合記集」の全て（a～e、f～h）に存し、かつ『広本節用集』にも見受けられる用例である。因みに『和語略韻』の熟字例「殿罷（トノバラ）―」は『鶴林玉露』から引用で、その下の「加是（カシラ）―頭」は『鶴林玉露』および中世と近世の全ての「国花合記集」に見受けられ、かつ『広本節用集』にも存する用例である。斯く『和語略韻』は『鶴林玉露』並びに「国花合記集」を引用するのに、先行文献たる『漢和三五韻』所載のものをさながら継承（孫引き）するだけではなく、独自に引用してゐる事実がこの例によつて知られるのである。「75多　加吉都播（カキツバタ）―万葉十七」は『漢和三五韻』に「3多　加吉都播（カキツバタ）―万十七」と在るのを引く。ただし、『和語略韻』に「賀（コト）―琴」として「国花合記集」を引用するのは独自に行つたものにて、『漢和三五韻』に「賀―」は存せず。「賀多」は中世および近世の全ての「国花合記集」に見られ、かつ『広本節用集』にも見受けられる。「77那　卒（ソノ）—園也　國花合記　波（ハナ）—花也　同上」は『漢和三五韻』の「46那　卒（ソノ）—園也　國花合記」を承けてゐる。「卒—」は中近世の全て（a～e、f～h）の「国花合記集」に存し、かつ『広本節用集』に存するが、「波—」は近世の『国花合記集』（f・g・h）にのみ見られる用例にて、中世の「国花合記集」の音訳漢字は「発南」、「発拏」（『袖珍』）と「十二韻」の『松平本』）である。「78何　誰（ナジリトフ／タソトトフ）—」は『漢和三五韻』の「4何　誰（タソトトフ）—」を承けてゐる。「81和　洗（シホ）—塩也　国家合記　志（同）—同上　内（イヌ）—犬也　事物異名」（「国家合記」は「国花合記」の誤刻）は『漢和三五韻』の「55和　洗（シホ）—塩也　志（シホ）—同　共國花合記　内（イヌ）—犬也　事物異名ニ曰蒙古云」を承けたものである。

「85婆　婆—」は『漢和三五韻』の「89娑　婆—」に拠る。ただし「婆—」は既に『聚分韻略』にも存する漢字注である。「87陀　陂（ヲトロフ）—」は『漢和三五韻』「91陀　陂（ヲトロフ）—」に基づいたもの。この「陂—」も『聚分韻略』の漢字注に見られる。「88沱　江有（エニアリ）レ—（ミナマタ）　詩経　滂（ナガル）—同上」は『漢和三五韻』の「92沱」の注文とは一致しないが、「8沱　詩江ニ有レ—（ミナマタ）　詩ニ滂（ナガル）—（ト）」と在り、これを承けたことが判る。「89跎　蹉（スリチカフ）—」は『漢和三五韻』の「93跎　蹉—」に拠つてゐる。『聚分韻略』の漢字注も「蹉—」である。「94髿　鬖—」は『漢和三五韻』の「97髿　鬖—」に拠る。『聚分韻略』の漢字注も同じである。この韻目の最後の「95麼　末（モヽ）—桃　質（シモ）—霜」は『漢和三五韻』の「50麼　末（モヽ）—桃也　質（シモ）—霜也」を承けてゐる。「末—」は中近世の「国花合記集」（a～e、f～h）の全てに存し、かつ『広本節用集』にも存する用例である。また「質—」は中世の「国花合記集」（a～e）の全てと、近世の「国花合記集」（f・g）に存し、『増補国花集』（h）にのみ見られない例である。ただし『広本節用集』にも存する。

〖麻韻　六〗この韻目は「十一韻」、「十二韻」、「十五韻」共に在り。「3家　去（タビ）—旅也　万葉　驛（同）—同上」は『和訓押韻』（北岡2・松平555・龍門2）に「驛（ムマヤ）—万　去（タビ）—施也　万」と見られる。「十二韻」（記1391・書3）もほぼ同注であるが、「十二韻」

には定家の証歌（「サテモウシコトシモ春ヲムカヘツ、……」「ヲシムラントハレシ花モ散ハテ、……」の二首）が入つてゐる。『漢和三五韻』は「3家 驛(タヒ)—万去(タヒ)—万 旅也」とやはり「十二韻」と同注で、定家の証歌二首も「十二韻」を承けてゐるが、「驛—」の傍訓（和訓）が「タヒ」であり、本書『和語略韻』に一致する。『漢和三五韻』に拠つた証左とならう。「4霞 朝(アサカスミ)— 夕(ユフカスミ)— 薄(ウスカスミ)— 八重(ヤエカスミ)—」は『和訓押韻』（北岡3・松平556・龍門3）に「朝— 夕— 薄— 八重—」（『松平本』のみ「薄—」は無し）と在り、「十二韻」（記1390・書2）もほぼ同注。「十二韻」は末尾に定家の証歌（「サテモウシコトシモ春ヲ……」、「ヲシムラントハレシ花モ……」の二首）が存せり。『漢和三五韻』の「4霞 朝—夕— 薄— 八重—」と在り、かつ「十二韻」の定家の証歌が付せられてゐる。「5巳 説文ニ蟲(ナリ)—也」は『和訓押韻』に標出字存せず、「十二韻」（記1445・書57）に標出字は存すれども漢字注無し。『漢和三五韻』に到つて「5巳 説文—ハ蟲也 蛇名」と見られる。この『漢和三五韻』の注文は『小補韻会』よりの引用であり、『和語略韻』はこの『漢和三五韻』を直接に承けたものと思はれる。「13笆 竹(タケガキ)— 芦(アシカキ)— 柴(シハカキ)— 松(マツカ)— 玉(タマカキ)—」は『和訓押韻』（北6・松平559・龍門6）に該当する熟字例見られず、「十二韻」（記1393・書5）には「芦— 柴—」が見られる。『漢和三五韻』は「13笆 芦— 柴— 竹— 玉— 松—」と在り、本書『和』に最も近い。「16迦 牟尼釋(ムニサカ)—」は『和訓押韻』に標出字存せず、「十二韻」も同じ。従つて『和語略韻』は次の『漢和三五韻』の「16迦 釋(ホトケ)— 牟尼(ムニサカ)——」に拠つてゐることは確かである。「18鴉 山(ヤマカラス)— 朝(アサカラス)— 友(トモカラス)— 」は、『和訓押韻』（北岡11・松平563・龍門10）の『松平本』に「山—」はあるが「朝—」「友—」は無い。「十二韻」（記1398・書10）も『松平本』とほぼ同じ。『漢和三五韻』には「19鴉 山— 友— 朝—」が存するので、本書『和』はこれを承けてゐる。「22蛇 委(ヲモムロ)—詩経 逶(モコエフ)—日本紀」は『和訓押韻』（北岡14・松平565・龍門15）には「逶—日本」（『北岡本』には存せず）のみ、「十二韻」（記1400・書13）の『韻字記』は「逶—」のみであるが、『韻字之書』には「逶(モコヨフ)—日本 委(モコヨフ)— 毛詩ニハカク也」と在つて「十五韻」に近い。『漢和三五韻』は十二韻の『韻字之書』の系統本に基づいて

「23蚫 蛇同 逶(モコエフ)—日本 委—」と在る。『和語略韻』の「逶—」の和訓はこれと同じ「モコエフ」である。「24蟆 蝦(カヘル)—」は『和訓押韻』に標出字存せず、「十二韻」（記1452・書64）は漢字注無し。従つて本書『和語略韻』は「25蟆 蝦—」に依拠してゐる。ただし『聚分韻略』の漢字注も「蝦—」である。「28鯊 小魚」は『和訓押韻』に標出字存せず、「十二韻」（記1453・書65）は「小魚」、十五韻の『漢和三五韻』も「29鯊 小魚」と在る。『聚分韻略』も「小魚」との漢字注になつてゐる。「35牙 狼(コマツナギ)— 草也 本艸」は『和訓押韻』（北岡19・松平569・龍門21）に「葦(アシガヒ)— 日本」が在り、「十二韻」（記1407・書19）もほぼ同じ。而かるに『漢和三五韻』には「36牙 葦牙(アシカヒ)— 日本紀 一曰旗名 狼(コマツナギ)— 草名 和名」と在り、『和語略韻』がこれに拠つてゐることはよく判る。「38爬 搔也」は『和訓押韻』（北岡20・松平570・龍門22）の『龍門本』にのみ「搔也」と在り、「十二韻」（記1408・書20）には「搔也」が存せず、『漢和三五韻』は「39爬 搔也」と在る。「54麻 大(ヲホヌサ)—」（北岡32・松平580・龍門34）に「大—」は在り、「十二韻」（記1419・書31）も「大—」が在る外、「国花合記集」の用例「質(シモ)—霜也」がある。『漢和三五韻』も「55麻 大(ヲホヌサ)— 姿(シモ)—霜也 按質麼 資麼 姿麻(モ) 三様ニ出作ルニ質麻一者恐不可也」と在つて、「大—」の次に「十二韻」を承けた「国花合記集」の記事がある。因みに「質麼」は中世の「国花合記集」（a～e）と近世の「国花合記集」（f・g）に存し、かつ『広本節用集』にも見受けられる。それに比して「姿麼」はやや用例が少なく、中世の史料では『袖珍』、『韻書草稿』、近世の『国花集』（g）に存し、『広本節用集』にも存する例である。ここはなぜか『和語略韻』は『漢和三五韻』に在る「国花合記集」の用例を継承してゐない。「55瓜 木(モツカウ)— 王(カラスウリ)—」は『和訓押韻』（北岡33・松平581・龍門35）に熟字例存せず、「十二韻」（記1418・書30）は「玉(カラスウリ)— 月令 木(モケ)—」と在る。『漢和三五韻』も「56瓜 木(モケ)— 王(カラスウリ)—」は見られる。「63茶 山(ツバキ)—」は『和訓押韻』に標出字存せず、「十二韻」（記1460・書72）に「山(ツハキ)— ト訓ス 椿也」と在る。『漢和三五韻』も「十二韻」を承けて「64茶 山茶(ツバキ) ト訓 椿也」となつてゐる。「64杷 枇(ユフクベ)—」は『和訓押韻』に標出字存せず、「十二韻」（記1461・書73）には「枇—」存せり。『漢和三五韻』も「65杷 枇—」

と「十二韻」を承く。『聚分韻略』の漢字注にも「枇—」は在り。「70裟　袈—」は『和訓押韻』に標出字無し。「十二韻」(記1475・書80)は『韻字記』に「加—　六物ニ出」、『韻字之書』は無注。『漢和三五韻』には「91裟　袈—」とあり、本書『和語略韻』はこれを承けたか、それとも『聚分韻略』の漢字注に拠つたか。「75緺　不出韻書出韻瑞」は『和訓押韻』に標出字無く、「十二韻」(記1477・書90)は無注である。而かるに『漢和三五韻』は「76緺　出韻瑞不出韻會佳韻」と在つて、まさしく『和語略韻』はこれを承けたものである。「76笳　胡—　」は『和訓押韻』に標出字存せず、「十二韻」(記1463・書75)に漢字注なし。而かるに『漢和三五韻』には「77笳　胡—」と在り。ただし、『聚分韻略』の注文にも「胡—」は存せり。「80楇　馬—　鼓—　」は『和訓押韻』(北岡47・松平592・龍門49)に熟字例無し。「十二韻」(記1434・書46)の注文は「—八馬ノムチ也　—八鼓ノハチ也」となつてゐる。『漢和三五韻』は「78楇　馬ノ—　鼓ノ—」と在つて、本書『和』はこれを承ける。「82秅　禾四百秉直加切」は『和訓押韻』に標出字存せず、「十二韻」も同じ。『漢和三五韻』は「80秅　周禮四百秉ヲ為秅ト」と在るのに、内容は符合するが、この場合は『聚分韻略』の漢字注に一致するので、『和語略韻』は『聚分韻略』に依拠した。「85斜　口—　月—　万葉」は『和訓押韻』(北岡50・松平595・龍門52)は「月ノ—　万」がある。「十二韻」(記1437・書49)も「月—万」があり、その後に定家の証歌(「コヨイノミ春ヤカリ子ノ草枕……」)が置かれてゐる。『漢和三五韻』は「83斜　口—　月—　万」の後に、やはり定家の証歌(「今宵ノミ春ヤカリ子ノ草枕……」)を踏襲して付するが、『和語略韻』には継承されてゐない。「95耶　邪同　是—　非—」は『和訓押韻』(北岡ナシ・松平597・龍門ナシ)に「是—　非—　兩ラ不知文選」と在り、「十二韻」(記1446・書58)に「邪ト同　是—　非—　兩不知文集」となつてゐる。『漢和三五韻』は「94耶　是—　非—　邪同」と在り、これが本書『和語略韻』に一番近い。この韻目でも『和語略韻』が『漢和三五韻』の熟字例を承けてゐることが判つた。

〖陽唐韻 七〗この韻目には「十一韻」「十二韻」「十五韻」の全て存せり。「4梁 魚(ヤナ)— 獨(ヒトツハシ)— 和名 繞(コト)—琴也 事物異名 舟(フナゲタ)— 浮(モヤヒフ子)— 郭璞」は『和訓押韻』(北岡3・松平615・龍門3)の『北岡本』『龍門本』は「独(ヒトツハシ)— 和名 一橋也 魚(ヤナ)—和名」、『松平本』には「魚—」は在るが、「独—」は無し。「十二韻」(記1517・書9)は「独(ヒトツハシ)— 和名 一橋也 魚(ヤナ)—同 浮— 舟—」と在つて、次の『漢和三五韻』に見られぬ「舟— 浮—」が存してゐる。本書『和語略韻』が「十二韻」の韻書の熟字例を引用した事実が確認し得る。十五韻の『漢和三五韻』は「26梁 韻會水橋也 又澤梁屋(ヤナウツハリ)— 獨(ヒトツハシ)— 和名 繞(コト)—琴也 見事物異名」と在る。「繞—」は『漢和三五韻』にしか存しないので、ここは「十二韻」と「十五韻」の双方を参照したこととなる。「5郷 韓(カラクニ)—日本紀 海(ワタツミノクニ)— 同 常世(トコヨノクニ)—日本紀 故(フルサト)—」は『和訓押韻』(北岡5・松平616・龍門5)は『龍門本』では「故ル— 韓(カラクニ)—日本 常(トコ)世ノ—同 海(ハタツミノクニ)— 同」(『松平本』は「故—」のみ一致)となつてゐる。「十二韻」(記1510・書2)も『龍門本』に同じ。『漢和三五韻』は「2郷 故(フルサト)— 韓(カラクニ)—日本 海(ワタツミノクニ)— 常世(トコヨノクニ)—日本」となつてゐる。「6房 花幾(ハナイクフサ)— 花(ハナフサ)— 私(ワタクシノムロ)— 万葉」は『和訓押韻』(北岡6・松平617・龍門6)に「尼私(アマノワタクシノムロ)— 万」が見られる。「十二韻」(記1511・書3)もほぼ同注。『漢和三五韻』は「27房 花(ハナフサ)— 尼私(アマノワタクシノムロ)— 万 藤ノ幾(イク)—」となつてゐて、『和語略韻』と全同ではないが、『漢和三五韻』が最も近い。「11場 御狩(ミカリバ)— 鹿(シカノタチド)— 」は『和訓押韻』(北岡10・松平618・龍門10)に「御狩—」は存せず、「十二韻」(記1523・書15)も同じであるが、『韻字記』の右肩書き入れに「詩経 タチド 町疃(テイタンタルカノ)鹿—」と補入されてゐる。『漢和三五韻』は「19場 御狩(ミカリバ)—」が見られる。「12方 何(アナタ/イカサマ)—万葉 四(ヨモ)— 八(ヤマ)— 片(カタヘ)—万葉 去(ユクヘ)—同 行(ユクエ)— 秋來(アキノクルカタ)— 忠岑短哥」は『和訓押韻』(北岡11・松平621・龍門11)の『松平本』に「秋ノ来ル—古今ニ 八雲ニ 何(イカサマ)—万 去(ユクヘ)— 行(ユクヘ)—万 久— 片(カタヘ)—万」と在り、他の二本もほぼ同注。「十二韻」(記1512・書4)の『韻字之書』に「秋ノ来(クルカタ)—古忠岑 短哥右衛門也 八雲 何(イカサマ)—万 行(ユクエ)—万 玄(ユクエ)— 久— 片—万 —(ケタナリ) トハ四方ナルヿ也 (下略)」のごとくあり、「玄(ユクエ)—」は「去—」の誤写と見られるが、『韻字記』も「玄—」となつてゐる。『漢和三五韻』は「3方 何(イカサマ)—万 行(ユクエ)—万 去(ユクヘ)—万 四方(ヨモ) 秋ノクル忠岑短歌 片(カタヘ)—万」

と在る。「13坊　后―　」は『和訓押韻』（北岡12・松平620・龍門12）に「后―」は無く、「十二韻」（記1524・書16）に「―万　キサキマチナトニ用」と在る。『漢和三五韻』には「32坊　―万　キサキマチナドニ用　和名萬知」と在る。「19霜　露―文選」は『和訓押韻』（北岡14・松平622・龍門14）に「露―」は見られない。「十二韻」（記1496・書3）は入韻字にて、本韻に存せず。『漢和三五韻』は「6霜　露來選　露―」とある。本書『和』はこれに拠るか。「20牆　緋玉―　芦八重―　神―　柴―　篠―　岩―」は『和訓押韻』（北岡15・松平623・龍門15）の『松平本』では「緋玉―　芦ノ八重―　神―　篠―　柴―　岩―」などが見られ、他の二本もほぼ同じ。「十二韻」（記1513・書5）は標出字が「墻」にて、熟字例は「十一韻」とほぼ同じ。『漢和三五韻』も「4牆　緋ノ玉―　芦ノ八重―　神―　柴―　岩―　篠―」であつて、「十一韻」「十二韻」「十五韻」がほぼ同注になつてゐる。「21堂　客―心也　辨産須知」は『和訓押韻』に標出字無く、「十二韻」（記1638・書130）にも「客―」は存せず。『漢和三五韻』は「38堂　客―心也　出二辨産須知一」と在つて、本書『和語略韻』はこれを承く。「25浪　淋―説文」は『和訓押韻』に標出字存せず、「十二韻」（記1698・書190）は無注。『漢和三五韻』は「42浪　説文ニ滄―也（中略）又淋―　即淋漓也」と『小補韻会』を引用するが、『和語略韻』はこれに基づく。「30漢　天―　銀―同」は『和訓押韻』（北岡22・松平629・龍門22）の『松平本』『龍門本』に「天―」が見られる。「十二韻」（記1530・書22）の『韻字之書』には「天―　銀―　」と『漢和三五韻』にも存しない「銀―」が在る。『韻字記』は「天―」のみ。『漢和三五韻』は「46漢　天―　」である。本書『和語略韻』が「十二韻」をも参照した証拠となるものである。「38牂　敦―午」は『和語略韻』は「牀」に作るが、「牂」の誤刻である。『和訓押韻』に標出字無し。「十二韻」（記1640・書132）は漢字注存せず、『漢和三五韻』は『小補韻会』を引用して、「53牂　又太歳在レ午ニ曰二敦―一ト」と在る。「39陽　朝―　詩経　夕―　陰―　陰―　日本紀　清―　同上」は『和訓押韻』（北岡30・松平635・龍門29）の『龍門本』に「陰―　清―日本」があり、その後に定家の証歌（「サマ〳〵ニ春ノ半ソアハレナル……」）が付せられてゐる。「十二韻」（記1537・書29）には『韻字之書』

「陰《メヲ》—　清《スミアキラカナリ》—　日本紀」、『韻字記』には外に「朝《アサヒ》—」が存し、『漢和三五韻』は「1陽　陰《フユナツ》—夏也　日本紀五　陰《メヲ》—　清《スミアキラカ》—　日本紀　朝《ヒ》—　夕《ヒ》—」と在り、「十二韻」も「十五韻」も、「十一韻」と同様に定家の証歌を付してゐる。「41徨　彷《タチモトヲル》—　史記」（『和語略韻』は「偟」と誤刻）は『和訓押韻』（北岡129・松平707・龍門128）には「彷《タヽスム》—日本」がある。「十二韻」（記1635・書127）の『韻字記』は漢字注無く、『韻字之書』は「十一韻」と同じ用字「彷《タチヤスラウ》—　日本」となつてゐる。『漢和三五韻』は「55徨　文選相如ヵ賦ニ彷ニ徨ス乎海一ニ　通作レ皇ニ　史記ニ彷-皇」。この場合は「十一韻」「十二韻」「十五韻」の孰れが原拠になつてゐるかは決し難い。「47皇　大《ヲホキミ》—万葉　法《ノリノスヘラキ》—　千歳序」は『和訓押韻』（北岡34・松平638・龍門34）の『北岡本』『龍門本』に「大皇《オホキミ》万　法《ノリノスベラキ》—　千載序」（『松平本』に「大皇《ヲリヰノミカト》」存せず）、「十二韻」（記1540・書32）も「大《ヲホキミ》—万　法《ノリノスヘラキ》—　千載序」と「十一韻」を承けてゐる。而かるに『漢和三五韻』は「60皇　大《ヲホキミ》—万　法《ノリノスベラキ》—　千歳序」と「十一韻」「十二韻」に「千載序」とするのを「千歳序」に作る。本書『和語略韻』は『漢和三五韻』をさながらに承けて「千歳序」としてゐる。『和語略韻』が無批判にこれを踏襲したものである。「50蜋　螳《イボジリ》—」は『和訓押韻』に標出字無し。「十二韻」（記1643・書136）に「螳—」（『韻字記』は無し）、『漢和三五韻』は「63蜋　螳—　和名　以保無之利」と在る。『和語略韻』の「蟷—」はこれらとは一致しない。「51郎　泉《アマ》《カツキメ》—　白泉同　和名　女《ラホナゴ》—　喜《カサヽギ》—事物異名　戴冠《ニハトリ》—同上　女《ヲミナヘシ》—　同上　烏衣《ツバクラメ》—同上　黒衣《サル》—猿也　宣室志　佛《イシビヤ》—」は『和訓押韻』（北岡37・松平639・龍門37）は「女《ヲミナヘシ》—　泉《アマ》—万　海人也」と見られる。「十二韻」（記1543・書35）もほぼ同注。而かるに『漢和三五韻』は「64郎　泉《アマ》—　白水—　和名　阿萬　女《ヲミナヘシ》—　花ヲ去テモ用ナリ　喜《カサヽギ》—鵲也　事物異名　戴冠—雞也　事物異名　烏衣《ツバクラメ》—燕也　同上　黒衣《サル》—猿也　宣室志」と在つて、『和語略韻』がこれに基づいてゐることが判る。「52唐　荒《子ナシカヅラ》—　荘子」は『和訓押韻』（北岡38・松平670・龍門38）に熟字例存せず。「十二韻」（記1544・書36）に「荒—」がある。『漢和三五韻』も「18唐　荘子　荒《子ナシカツラ》—」と在る。「54王　親《ミコ》—万葉　内親王《ヒメミヤ》—」は『和訓押韻』（北岡41・松平640・龍門40）は『北岡本』と『龍門本』に「親《ミコ》—同　内親《ヒメミコ》—同」はある。『松平本』には無し。「十二韻」（記1546・書38）もほぼ同じ。『漢和三五韻』は「65王　親—(ミコ)　以上万　万内親王(ヒメミヤ)」と在つて、「ヒメミヤ」の和訓は『和語略韻』と同じ。「55鶺鴒—」は『和訓押韻』に標出字無く、「十二韻」(記1642・書134)は漢字注存せず。『漢和三五韻』は「66鶺　韻會鵜ノ下曰説文鶺鴒也」と『小補韻会』を引用する。「70蛲　蛣—(クソムシ)　演雅」は『和訓押韻』に標出字無し。「十二韻」(記1707・書199)は無注。『漢和三五韻』は「82蛲　一名ハ蛣—」と在る。「71腸　羊—(ツヽラヲリ)　呂氏春秋　月前—(ツキノマヘノモノヲモヒ)　朗詠」は『和訓押韻』に標出字存せず、「十二韻」(記1556・書48)「漢宮萬里月前ノ—(モノヲモヒ)　朗詠　羊—(ツヽラヲリ)」と在る。『漢和三五韻』は「83腸　羊—(ツヾラヲリ)　月前ノ—(モノヲモヒ)　朗詠」と在る。「74朓　膀—(ユハリフクロ)」は『和訓押韻』に標出字存せず、「十二韻」(記1710・書202)は無注。『漢和三五韻』は「86朓　膀—ハ水府」と在る。「79行　周—(ミチノホトリ/ヲホヒナルミチ)　詩経　鴈一—(カリノヒトツラ)　書一—(フミヒトクダリ)　此等ニ用之」は『和訓押韻』(北岡50・松平651・龍門50)の『松平本』に「雁ノ一—(ツラ)　書ノ一—(クダリニ)　用也」(『北岡本』無注、『龍門本』は『松平本』にほぼ同じ)と在る。「十二韻」(記1557・書49)もほぼ同じ。『漢和三五韻』は『小補韻会』を引用して、「13行　又寘ハニ彼ノ周行一ニ　傳ニ列也　箋ニ云　周ノ之列位謂ニ朝廷ノ臣一ヲ也　鴈ノ一—(ツラ)　書一—(フミヒトタダリ)」と在る。「91襄　七—(ナヽカヘリ)　七レ反也　詩経」は『和訓押韻』(北岡58・松平656・龍門58)に「七—」は無し。「十二韻」(記1565・書57)の『韻字記』には「織女終日七—(ヤトリヲコフ)　毛ニハラフ」と在るが、『韻字之書』は漢字注無し。『漢和三五韻』は「102襄　又詩ニ終日七レ—(カヘリ)　毛傳ニ友也」と『小補韻会』の引用文が在る。「100章　文—(タマツサ/ミサラ)　玉—　同」は『和訓押韻』(北岡64・松平661・龍門64)に「玉—(タマツサ)」が在る。「十二韻」(記1571・書63)には「文—　玉—」と在る。次の『漢和三五韻』に存せぬ「文—」が「十二韻」に在る。『漢和三五韻』は「112章　玉—(タマツサ)」のみであるので、本書『和語略韻』は「十二韻」にも依拠してゐる。「102翔　天—(アマカケル)」は『和訓押韻』(北岡66・松平662・龍門66)に「天—(アマトフ)　万」と在る。「十二韻」(記1573・書65)もほぼ同じ。『漢和三五韻』は「114翔　天—(アマカケル)」と在る。「105嘗　新—(ニイナメ)　大—(ヲホナメ)」は『和訓押韻』(北岡68・松平666・龍門68)に「大—　新—」が在る。「十二韻」(記1575・書67)も同じ。「112搶　韻會養匂」は『和訓押韻』(北岡72・松平668・龍門72)に『小補韻会』の引用なし。「十二韻」(記1574・書71)も同じ。『漢和三五韻』に「124搶　韻會養韻』と在つて、『和語略韻』は確実に『漢和三五韻』を承けてゐることが判る。「116楊　黄（ツゲ）—　玉緒（タマノヲヤナギ）—　万葉　春（アヲヤギ）—同」は『和訓押韻』（北岡74・松平671・龍門74）に「春（アヲヤキ）—万」（『松平本』の訓。『北岡本』と『龍門本』の訓は「ハルヤナキ」）が在る。「十二韻」（記1586・書78）に「春（アヲヤキ）—万　黄（ツゲ）—」と「黄—」もある。この「黄—」は次の『漢和三五韻』にもない。『漢和三五韻』は「10楊　春（アヲヤナギ）—万　玉ノ（ヲ）—」と在り、ここは「十二韻」と「十五韻」の双方に基づいたことになる。「118香　棹四（サヲシカ）—万葉　草乎思（サヲシカ）—」は『和訓押韻』（北岡76・松平672・龍門76）に音訳漢字による熟字例無し。「十二韻」（記1582・書74）も同じ。『漢和三五韻』にはまさしく「14香　棹四（サホシカ）—万　草乎思（サヲシカ）—万」と在つて、これを『和語略韻』が承けてゐる。「119樟　天岩（アマノイハクス）—　日本紀」は『和訓押韻』に標出字無し。「十二韻」（記1659・書151）には「天岩橡（アマノイハクス）—舟　日本紀　舟ノヿ也」と見られる。『漢和三五韻』は「129樟　天岩橡（アマノイハクスフ子）—舟　日本紀」と「十二韻」を承ける。「123芑　芭（ツギ）—荻三才圖會　石（スヽキ）—杜榮也」は『和訓押韻』に標出字存せず、「十二韻」（記1662・書154）に「芭—」無し。『漢和三五韻』にのみ「133芑　芭（ヲギ）—荻也　石（スヽキ）—杜榮也　大（ナルヲ）曰ニ芭—一ト小（ナルヲ）曰ニ石—一ト　三才圖繪」と在り、本書『和』はこれに基づく。「126梛　梹—　梹（ヒリヤウ）—車」は『和訓押韻』に標出字無く、「十二韻」（記1717・書209）は無注。『漢和三五韻』には「136梛　韻會ニ檳—ハ木ノ名」と在る。「127粮　不（アラズイナグサアラ）—　」は『和訓押韻』に標出字無し。「十二韻」（記1664・書156）に「不—」存せず。『漢和三五韻』には『小補韻会』を引用して、「137粮　詩ニ不レ—不レ莠」とある。「140漿　含（ハマグリ）—」は『和訓押韻』に標出字無し。「十二韻」（記1669・書161）に漢字注存せず。『漢和三五韻』は「150漿　一名ハ含—」と在る。「142裳　短（カリキヌ）—同上　珠（タマモ）—衣也」は『和訓押韻』（北岡82・松平677・龍門83）に「珠—　短—旧支本記」（松平本）、『北岡本』は「珠（タマモ）—万」のみ。「十二韻」（記1591・書83）も「珠（タマモ）—万　衣也　短（キヌ）—旧事本紀」と「十一韻」とほぼ同注。『漢和三五韻』は「152裳　珠（タマモ）—万　衣也　短（カリキヌ）—日本」となつてゐる。「143襠　裲（ウチカケヨロヒ）—　和名」は『和訓押韻』に標出字無し。「十二韻」（記1671・書163）に熟字例存せず。『漢和三五韻』は『小補韻会』を引用して、「153襠　韻會　裲—ハ衣ノ名　又袴ノ属　和名　裲襠　ウチカケヨロヒ」とする。『和語略韻』はこれに基づく。「151篋　花—　」は『和訓押韻』（北岡88・松平681・龍門86）に「花—」は存せず、「十二韻」（記1594・書86）に「花—　」が在る。『漢和三五韻』は『小補韻会』の長い引用をなすが、熟字例「花—」は無い。ここは『和語略韻』が「十二韻」に依拠してゐる例である。「166牀　蛇—　　敷妙—　」は『和訓押韻』（北岡97・松平686・龍門97）の標出字は「床」であるが、『龍門本』に「牀同　敷妙—」とある。「十二韻」（記1605・書97）も標出字「床」にて、注文に「敷妙—　蛇—　」が見られる。『漢和三五韻』は「9牀　敷妙—　蛇—　草名」となつてゐる。「167黄　玄—万葉　蒼—　黎—　昏—」は『和訓押韻』（北岡98・松平687・龍門98）に「玄—万」が見られる。「十二韻」（記1606・書98）には「昏—　玄—万　黧—　鶯也　蒼—　詩経」と在つて、それが『漢和三五韻』の「22黄　玄—万十三　昏—　黧—　鶯也　蒼—」に受け継がれてゐる。「168光　夕—　月遅将—万葉　漁父—　同　忍—同　高—　同　天—同」は『和訓押韻』（北岡100・松平688・龍門99）の『松平本』に「夕—　花ナト　漁父燭—万　高—　万　天—万　忍—万」（他本もほぼ同注）と在る。「十二韻」（記1607・書99）もほぼ同じ。『漢和三五韻』は「12光　漁父燭—万　高—　同　天—同　忍—万　満心　夕—　出來月乃遅将—　万六」と「十一韻」、「十二韻」を踏襲する。「169蒼彼—穹—詩経」は『和訓押韻』（北岡99・松平ナシ・龍門100）に該当する熟字例無し。「十二韻」（記1608・書100）の『韻字之書』に「穹—」が在る。『漢和三五韻』は「175蒼　穹—　彼—同」と在つて「彼—」が存するのはこの『漢和三五韻』のみ。『和語略韻』はこれを承ける。「171楊　清—　　詩経」は『和訓押韻』（北岡101・松平ナシ・龍門101）に「清—」無く、「十二韻」（記1609・書101）も同じ。而かるに『漢和三五韻』のみ「177楊　又詩ニ子カ清—」と『小補韻会』を引用してゐる。『和語略韻』はこれに基づくか。「172祥　不—　日本紀」は『和訓押韻』（北岡128・松平708・龍門129）に「不—日本」と在り、「十二韻」（記1679・書171）も同じ。『漢和三五韻』も「178祥　不—　日本紀」と「十一韻」「十二韻」を踏襲する。「173良　宇奈波—万葉五　久佐麻久—同十八　多麻可豆—同十三」は『和訓押韻』（北岡103・松平689・龍門102）に音訳漢字の注文無し。「十二韻」（記1610・書102）に「佐祢加豆—和名」は見られるが、『万葉集』の用例は存せず、『漢和三五韻』は「179良 宇奈波(ウナバラ)—万五 久佐麻久(クサマクラ)—万十八 多麻可豆(カツラ)—万十三 佐祢加豆(サネカツラ)—」と在つて、本書『和語略韻』は最後の『本草和名』の「佐祢加豆(サネカツラ)—」を除く三例の万葉仮名表記の用例を引用してゐる。「179相 方(ヲホビト)—大人也」は『和訓押韻』(北岡111・松平694・龍門108)に「方—」は無し。「十二韻」(記1616・書108)に「方(ヲホヒト)— ヲニアラヒノ時ノ大人也」と在り。『漢和三五韻』は「184相 方(ヲホビト)—ヲニヤラノ時ノ大人ト云者ナリ」と「十二韻」を承けてゐる。「181常 愛(ウツクシ)—万葉 尋(ヨノツ子)—ツ子ナラマシ 同」は『和訓押韻』(北岡113・松平698・龍門111)に「愛(ウツクシ)—万 尋(ヨノツ子)—」(『松平本』、『龍門本』)と見られる。「十二韻」(記1617・書109)もほぼ同じ。『漢和三五韻』も「17常 尋(ヨノツ子)—万 愛(ウツクシ)—同」と「十一韻」、「十二韻」を踏襲する。「185強 㝡(イチハヤシ)—万葉」は『和訓押韻』(北岡116・松平ナシ・龍門114)の『北岡本』『龍門本』に「㝡(イチハヤシ)—」が在る。「十二韻」(記1621・書113)も同注。『漢和三五韻』も『小韻韻会』引用の直前の和訓の位置に「189強 㝡(イチハヤキ)—万」と「十一韻」「十二韻」を承けてゐる。「190荒 風(カゼスサフ)—」は『和訓押韻』(北岡120・松平702・龍門118)に「風—」は存せず、「十二韻」(記1625・書117)の『韻字記』に「卒—」が見受けられる。而かるに『漢和三五韻』の「193荒 —(スサフ) 風スサブノ類ニ用」と在る。ここは『和語略韻』は十二韻の『韻字記』にも依拠してゐることが判る。「卒—」が「十五韻」に存せぬからである。「202徨 彷(ホノカ/タチヤスラフ)—日本紀」は『和訓押韻』(北岡129・松平707・龍門128)は「彷(タヽスム)—日本」と在り、「十二韻」(記1635・書127)は「彷(タチヤスラウ)—日本」と和訓が「タチヤスラウ」となつてゐる。『漢和三五韻』も「205徨 彷(タチヤスラフ)—日本紀 彷(ホノカ)—」と在り、『和語略韻』の「彷—」に「タチヤスラフ」と「ホノカ」と二重訓になつてゐるのは、『漢和三五韻』の二個の「彷—」の和訓をまとめたものになつてゐる。「204鏘 鏗(サヤカ)—日本紀」は『和訓押韻』(北岡ナシ・松平910・龍門130)に「鏗(サヤカ)—日本」が在る。「十二韻」(記1636・書128)も同じ。『漢和三五韻』は『小補韻会』を引用した後「209鏘 鏗(サヤカニス)—日本紀」と「十一韻」「十二韻」を踏襲する。「208徉 相—韻會」は『和訓押韻』に標出字無し。「十二韻」(記1686・書178)にも「彷—」があるのみ。『漢和三五韻』は「211徉 韻會彷徉ハ徙倚ノ貌…」と在り、『和語略韻』に「韻會」と出典注記するのは、この『漢和三五韻』に基づいたものと思はれる。「211硠　雷—（ナリハタメク）　韻會」も『和訓押韻』に標出字無く、「十二韻」（記1688・書180）に「雷—」と同趣の注文はあるが、熟字例としての「雷—」は無い。『漢和三五韻』はここも「214硠　韻會ニ石ノ聲（中略）又雷—ハ大聲」と在つて、『和語略韻』が「韻會」と出典注記するのは、この『漢和三十五韻』に依拠した証左である。「213猖　披—（ヲビトケヒロケ）　史記」も『和訓押韻』に標出字存せず、「十二韻」（記1689・書181）に「披—（ヲヒトケヒロケ）」と在る。『漢和三五韻』も「216猖　又披猖ハ縦裂ノ貌　披—（ヲビトケヒロデ）」と在る。この韻目においても、本書『和語略韻』の熟字例はその大半が『漢和三五韻』に依拠してゐるが、少数であつても「十二韻」に基づくものが確実にあることが判つた。

【庚耕清韻　八】この韻目も「十一韻」、「十二韻」、「十五韻」にそれぞれ有してゐる。「5棚　閼伽—（アカタナ）」『和訓押韻』（北岡2・松平719・龍門2）に「閼伽—（アカダナ）」は存する。「十二韻」（記1761・書11）も同じ。『漢和三五韻』も「26棚　閼伽—（アカ）」と見られ、「十一韻」、「十二韻」を踏襲する。「6霙　六—（ユキ）　雪也　方言」は『和訓押韻』（北岡3・松平720・龍門3）に「六—」は無い。「十二韻」（記1754・書4）も『広韻』や『小補韻会』を引くが、「六—」は存せず。而かるに『漢和三五韻』には「7霙　六—（ユキ）　雪也　方言」と『小補韻会』と『広韻』の引用の後に、この熟字例が存し、本書『和語略韻』がこれを承ける。「7京　左—（ヒタリノミサト）　万葉　平城—（ナラノミヤコ）　同上」は『和訓押韻』（北岡5・松平722・龍門4）に「平城—」は在るが「左—」はない。「十二韻」（記1753・書3）も同じ。而かるに『漢和三五韻』には「27京　平城—（ナラノミヤコ）　左—（ヒダリノミサト）」と在つて、『和語略韻』がこれに拠つてゐることが判る。「10泓　竇—（スヾリ）　山谷」は『和訓押韻』（北岡6・松平724・龍門6）は「水—」があるのみ。「十二韻」（記1755・書5）もほぼ同じ。『漢和三五韻』は「30泓　竇—（スヽリ）　硯也　山谷詩」と在る。本書『和』はこれに基づく。「13塋　古—（フルツカ）」は『和訓押韻』（北岡8・松平726・龍門8）に「古—」は無い。「十二韻」（記1758・書8）も同じ。而かるに『漢和三五韻』は『小補韻会』引用の後に「33塋　古—（フルツカ）」と在つて、『和語略韻』はこれを承く。「14城　干—（タテシロ）　詩経　葛—（カツラキ）

万葉　平(ナラ)—同　百磯(モヽシキ)—同」は『和訓押韻』（北岡10・松平725・龍門9）に「百磯—万　平—万　葛—山名」（『松平本』は「平—」無し）と在り、「十二韻」（記1760・書10）もほぼ同注。『漢和三五韻』は「18城　又詩ニ公侯ノ千城　百礒(モヽシキ)—万　葛(カツラキ)—万　平(ナラ)—万」と多くを「十一韻」「十二韻」より承けてゐるが、「干—」が入つてゐるのは『漢和三五韻』のみで、『和語略韻』はこれを承けてゐることが明らかである。「15紘　八(アメノシタ)—日本紀」は『和訓押韻』に標出字無し。「十二韻」（記1844・書96）の『韻字之書』に「八(アメノシタ)—日本記三」が見られる（『韻字記』は無し）。『漢和三五韻』は「34紘　八(アメノシタ)—日本紀」と『小補韻会』の引用の後に在る。「17正　月(ムツキ)—」は『和語略韻』に標出字存せず。「十二韻」（記1846・書98）に「月(ムツキ)—正月也」が見られる。而かるに十五韻の『漢和三五韻』は「37正　韻會去聲敬韻(下略)」と『小補韻会』の引用のみにて、熟字例「月—」が見受けられない。『和語略韻』が「十二韻」の韻書に依拠した例である。「18庚　長(ユフツヽ)—」は『和訓押韻』（北岡11・松平727・龍門11）に「長(ユフツヽ)—」は在り、「十二韻」（記1762・書12）に「長(ユフツヽ)—」が在る。『漢和三五韻』は「38庚　長(ユフツヽ)—」と「十二韻」を承けてゐる。「19更　五(アカツキ)—万葉八　三(ヨナカ・マタアケサル・マタヨフカシ)—同　夜三(サヨカ)—同　衣(コロモカヘ)—同　去(ユキカエル)—」は『和訓押韻』（北岡13・松平732・龍門12）に「五—　五(アカツキ)—万　三(ヨナカ)—万　衣(カヘヌル)—　年(トシ)—ノ　去(ユキカヘル)—万」などが見られ、「十二韻」（記1763・書13）もほぼ同じ。『漢和三五韻』は「8更　五(アカツキ)—万八　三(ヨナカ)—万九　夜三(ヨナカ)—万七　衣(カヘ)—　去(ユキカヘル)—万」と在つて、熟字例の処出順や出典『万葉』の巻数までもが略一致する『漢和三五韻』が『和語略韻』の直接の典拠になつてゐることが十分考へられる。「20晴　天(アツハレ)—旧事本紀　雨(アマバリ)—」は『和訓押韻』（北岡12・松平729・龍門13）に「天—　雨(アマバリ)—」が『松平本』『龍門本』に見られる。「十二韻」（記1764・書14）も同注。『漢和三五韻』も「9晴　雨(アマバリ)—　天—」と「十一韻」、「十二韻」を踏襲する。「21鶊　鶬(ウグヒス)—」は『和訓押韻』に標出字無し。「十二韻」（記1765・書15）に「鶬(ヒハリ)—万」と在る。『漢和三五韻』の「39鶊　鶬(ウクヒス)—」は和訓「ウクヒス」は『和語略韻』に一致する。「十二韻」は「ヒハリ」である。「27兄　花(ムメ)—　妹(イモセ)—　弟(ハラカラ)—」は『和訓押韻』（北岡18・松平733・龍門16）に「弟(ハラカラ)—　妹与(イモトセ)—　花(ノアニ)—桜也」（『松平本』）と在る。「十二韻」（記1767・書17）は「弟(ハラカラ)—

妹与—万」である。『漢和三五韻』も「45兄 弟— 妹與—万 花— 」と「十一韻」の『松平本』に一致する。「30氓 万— 國—可レ用レ之」は『和訓押韻』（北岡19・松平734・龍門17）に熟字例無し。「十二韻」（記1768・書18）も同じ。『漢和三五韻』のみ「49氓 万— 國— 」と在つて『和訓押韻』に一致する。「32鸚 鵡」は『和訓押韻』に標出字在せず。「十二韻」も同じ。『漢和三五韻』は「50鸚 —鵡」と在り、『和語略韻』はこれを承ける。「33嬴 姓也」は『和訓押韻』に標出字無く、「十二韻」も同じ。『漢和三五韻』は「51嬴 秦ノ姓」と在るが、『聚分韻略』に「姓也」と在るので、本書『和訓押韻』に標出字存せず、「十二韻」（記1853・書105）にはこれに拠つたのであらう。「36槍 攙— 史記 天—韻書」は『和訓押韻』に標出字存せず、「十二韻」（記1853・書105）に「攙— ハ、キ星也」が在る。『漢和三五韻』は「54槍 爾雅ニ彗星ヲ為二攙—一ト 天— 攙— 共ニ彗星也」と『小補韻会』を引用してゐる。『和語略韻』に「韻書」と在るのは『韻会』を指すのであらう。「39名 若草— 」は『和訓押韻』（北岡21・松平737・龍門21）に「若草— 」は無し。「十二韻」（記1772・書22）に「若草— 」が見受けられる。『漢和三五韻』も「19名 若草— 」が見受けられる。「40聲 川—万葉」は『和訓押韻』（北岡22・松平717・龍門22）に「川—万」が在る。「十二韻」（記1773・書23）も同じ。『漢和三五韻』も「6聲 川—万」が踏襲されてゐる。「41情 人— 」は『和訓押韻』（北岡23・松平738・龍門24）の『松平本』に「ウキ人— 」が見られる。「十二韻」（記1774・書24）も『松平本』に同じ。『漢和三五韻』は「57情 ウキ人— 」と「十二韻」を踏襲する。「48鳴 馬— 鶏— 万葉 小豆—同十一 鴈之—同八」は『和訓押韻』（北岡26・松平741・龍門23）に「鶏—万 鴈— 馬—万」（『北岡本』『龍門本』は「馬— 」）が見られる。「十二韻」（記1777・書27）もほぼ同注（「馬— 」となつてゐる）。『漢和三五韻』は「11鳴 鶏—万 鴈之—万八 馬— 小豆—万十一」と在つて、「小豆— 」が入つてをり、『和語略韻』はこれに拠つてゐる。「50生 今— 双—日本紀 蒼— 蓬— 桑寄— 蘿— 來— 更—菊也 事物異名 壽光先—圓機 見—能ク見也」は『和訓押韻』（北岡27・松平742・龍門27）に「蓬— 蘿— 今— 来—万 寄—万 双— 日本」（『松平本』は「寄— 」「双— 」存せず）と在る。「十二韻」（記1778・書28）も「十一韻」の

『龍門本』とほぼ同注であるが、『韻字記』に「見(ミハヤス)—三 ヨク見也」が補入せられてゐる。これは『詞林三知抄』からの引用である。『三知抄』の引用は『韻字之書』には見られない。『漢和三五韻』は「13生 蓬(ヨモキフ)—蘿(コケムス)—万 今(コノヨ)—来(コンヨ)—寄(ヤトリキ)—蒼(アヲヒトクサ)— 更(キク)—菊也 事物異名 壽光先(カヽミ)—鏡也 同レ上」と在つて、「十一韻」や「十二韻」に存せぬ「更—」や「壽光先—」が見られるので、『和語略韻』が『漢和三五韻』に依拠したことは確実であるが、一方『漢和三五韻』に存せぬ「双—」や「見—」が『和語略韻』に引用されてゐるので、「十二韻」の韻書を参看したことも事実である。「53迎 駒(コマムカヘ)— 春(ハルヲムカフ)— 」は『和訓押韻』(北岡30・松平745・龍門30)の『松平本』に「春(ヲ)—」が見られる。「十二韻」(記1782・書32)もほぼ同じ。『漢和三五韻』には「67迎 春(ヲ)— 駒(ルムカヘ)—」と在つて、「十一韻」や「十二韻」に存せぬ「駒—」が見られ、本書『和』はこれを承けてゐることが判る。「55行 是(コノタヒ)—日本紀 七瀬不(ナヽセノヨド)—万葉 觴(サカツキメグル)— 李部王記 川不(カハヨド)—万葉」は『和訓押韻』(北岡32・松平746・龍門31)に「是(コノタビ)—日本 觴(サカツキメクル)—七六巡「李部王記 七瀬(ナヽセノヨト)—万」と在る。「十二韻」(記1783・書33)もほぼ同注。『漢和三五韻』は「12行 是(コノタビ)—日本紀 觴(メグル)— 六七巡李部王記 七瀬不(ナヽセヨド)—万 川不(ヨド)—」と「十一韻」、「十二韻」をほぼ踏襲してゐる。「65征 撃(タカ)—鷹也」は『和訓押韻』(北岡33・松平755・龍門38)に熟字例無し。「十二韻」(記1789・書39)の『韻字之書』に「撃(タカ)—鷹也」が見られる。『漢和三五韻』は「77征 撃(タカ)征鷹也」と『韻字之書』と一致する。「70令 丹(アダナシ)—菅家万葉 寺人之(シンノツカイセリ)—詩経」は『和訓押韻』(北岡43・松平759・龍門43)に「丹—菅家万葉」と在り。「十二韻」(記1794・書44)も「十一韻」に同じ。和訓「アタナシ」。『漢和三五韻』は「82令 詩ニ寺人之(ツカヒセリ)— 丹(アダナレ)—菅家万葉」と「寺人之—」が補入せられてゐる。『和語略韻』はこれを承けてゐる。「76瑩 琇(ウルハシキイシ)— 詩経」は『和訓押韻』(北岡46・松平762・龍門46)に「琇—」存せず。「十二韻」(記1797・書46)も同じ。『漢和三五韻』は『小補韻会』を引用して「88瑩 詩充耳琇(ウルハシキイシ)—」と在るのを本書『和』が承ける。「77裎 裸(アカハダカ)— 増韻」は『和訓押韻』に標出字存せず、「十二韻」(記1865・書118)にも「裸—」は無し。而かるに『漢和三五韻』はここも『小補韻会』を引用して「89裎 増補ニ裸—ハ露レ體ヲ也」とし、それに『和語略韻』が依拠したのであらう。「82栟 —櫚」は『和訓押韻』に標出字無し。「十二韻」も同じ。而かるに『漢和三五韻』には「94栟 —欄也」と在る。ただし、『聚分韻略』に既に「—欄」が在り、『和語略韻』は標出字の直下の和訓の位置に小字で置かれてゐるので、『聚分韻略』に基づくものと見られる。「83楨 周之—(シウノコアシ) 詩経」は『和訓押韻』に標出字存せず、「十二韻」(記1867・書120)に「周之—」は無し。而かるに『漢和三五韻』は『小補韻会』を引用して「95楨 詩ニ維レ周ノ之—(コアシ)」と在るのに拠つたものと思はれる。「86茎 粟—(アハガラ) 日本紀 劔—(ツルギツカ) 周禮考工記註 女—(キク) 菊也 事物異名」は『和訓押韻』(北岡51・松平766・龍門51)に「粟—(アハカラ) 日本」は見られる。「十二韻」(記1802・書51)は「粟—(アハカラ) 日本 劔—(ツルキノツカ) 周礼」が存する。而かるに『漢和三五韻』は「14茎 粟—(アハカラ) 日本紀 劔—(ツルキノツカ) 見ニ—(タリ)周禮 考工記鄭司農ノ註ニ 女—(キク)菊也」と在つて「十二韻」に存せぬ「女—」が在り、『和語略韻』はこれに基づいたものである。「87櫻 朱—(カバザクラ) ハヽカ 山—(ヤマサクラ) 緋—(ヒサクラ) 家—(イヘサクラ)」は『和訓押韻』(北岡52・松平714・龍門52)「山— 家— カバ—」が見られる。「十二韻」(記1803・書52)もほぼ同注。而かるに『漢和三五韻』は入韻字の「2櫻 山— 家— 緋 カバ—」と「緋—」が存して、本書『和』がこれに拠つたことが判る。「88蘅 杜—(ツフ子クサ)(カキツバタ) 和名」は『和訓押韻』に標出字無し。「十二韻」(記1869・書122)に「杜—」存せず。『漢和三五韻』には「99蘅 杜—和名 フタマカミ 一云ツク子クサ 杜— カキツバタ」と在る。「91英 玄—(フユ)冬 舜—(ムクゲ) 水—(セリ)」は『和訓押韻』(北岡55・松平768・龍門55)に「玄—」「水—」無し。「十二韻」(記1805・書54)の『韻字記』は「十一韻」と同じであるが、『韻字之書』には「蕣—(アサカホノハナ)」が在る。而かるに『漢和三五韻』には「3英 一名ハ水英 又爾雅ニ四時ノ冬ヲ為ニ玄英一ト 水—(セリ) 玄—(フユ)」と『小補韻会』を引用した後に補入してゐる。本書『和』はこれを承く。「92杭 早—(ワサイ子)」は『和訓押韻』に標出字無く、「十二韻」(記1806・書55 133)は漢字注無し。而かるに『漢和三五韻』には「102杭 早—(ワサイ子)」と在る。「93菁 蕪—(アブナ) 菁—(サカンナリ) 詩経」は『和訓押韻』(北岡57・松平ナシ・龍門57)に「蕪—」が見られる。「十二韻」(記1807・書56)の『韻字記』にも「蕪—」が存する。十五韻の『漢和三五韻』は「103菁 詩—— 者ハ莪(サカンナル)ト」と『小補韻会』を引用してゐる。『和語略韻』

が『漢和三五韻』を承けると同時に「十二韻」にも依拠してゐる証左となる例である。「100纓 鞶(ハルビ)―左傳註」は『和訓押韻』に標出字無し。「十二韻」（記1784・書127）には「鞶(ハルヒ)―傳」が在る。『漢和三五韻』は『小補韻会』を引用して「115纓 韻會ニ云 又鞶―ハ左傳ノ註 ―ハ在ニ馬ノ膺前ニ如ニ索羣ニ」と在る。『和語略韻』に出典注記「左傳註」とするのは、これに依拠したのであらう。「104笙 呉ノ人謂レテ簞ヲ為レ―ト」は『和訓押韻』に標出字存せず、「十二韻」（記1875・書128）には「簞ノ義ニ用」との注文在り。『漢和三五韻』は「113笙 又呉人謂レテ簞ヲ為レ笙ト」と『小補韻会』を引用する。『和語略韻』はこれに基づく。「110瓊 潮涸(シホヒル)― 潮満(シホミツニ)―日本紀 干ノ珠満ノ珠」は『和訓押韻』（北岡66・松平ナシ・龍門66）に該当する熟字例無し。「十二韻」（記1816・書68）も同じ。而かるに『漢和三五韻』は「120瓊 潮満(シホミツ)―ニ 潮涸(シホヒル)―ニ 日本紀 満珠干珠」と在り、本書『和』はこれを承く。「119明 空(ミツノツキ)― 晨(アリアケ)― 石決(アハビ)―和名 黎(同)―和名 遅(同)―同 會(アケボノ・ホノ〳〵)― 万葉 啓(アカボシ)―詩経 松(タイマツ)―和名 羞(マバユシ)― 和名 不(クラシ・ヤヨ)―万葉 決(エビスクサ)― 万葉」は『和訓押韻』（北岡72・松平776・龍門71）の『松平本』に「不(ホノカ)― 會(ホノ〳〵)―万 空ル―」が見られる。「十二韻」（記1751・書1）に「遅(アクルコロヲヒ)― 黎(同)― 羞(マハユシ)― 決(アハヒ)―貝 アハビ也 啓(アカホシ)―星ノ名 和名 松(タイマツ)― タイマツ也 不(ホノカ)―万 會(ホノ〳〵)―同 空ル―ラン 晨(アカツキ)―文選廿九 蘇子卿詩」と次の『漢和三五韻』に見られぬ「空―」「晨―」「啓―」が見受けられる。十五韻の『漢和三五韻』は『小補韻会』を引用した後に「15明 會(アケボノ)―万 遅(アクルコロホヒ)― 黎(同)― 羞(マバユシ)― 松(タイマツ)― 不(ホノカ)―万 會(ホノ〳〵)―万 決(エビスクサ)―」と在る。ここは『和語略韻』は『漢和三五韻』の他に「十二韻」にも依拠してゐる。「123平 不(コト〳〵シ・ナヤマス・ミダル、)― 遊仙 立(タチナラス)― 万葉十九 雪踏(ユキフミナラス)― 同 野(ノバラ)―野原也 文選」は『和訓押韻』（北岡74・松平778・龍門74）に「立(タチナラス)― 万」と在り、「十二韻」（記1824・書76）もほぼ同じ。『漢和三五韻』は「132平 立(タチナラス)― 万十九 雪踏(ナラシ)―之 ―(ハラ)原也 文選 不(ミタル、)―乱也」と『小補韻会』の後に熟字例を付する。本書『和』はこれを承く。「125衡 軛(クヒキ)―韻會」は『和訓押韻』に標出字無し。「十二韻」（記1883・書137）に「軛―」は存せず。『漢和三五韻』は『小補韻会』を引用し「135衡 又車軛ヲ曰レ―」と在るが、『和語略韻』はこれに基づくか。「128清 太(ヲホソラ)― 心(コ、ロスカ〳〵シ)― 日本紀 清(サヤカニスム)― 万葉 太山(ミヤマモサヤニ)― 同 水(コト)―琴也 事物異名」は『和訓押韻』（北岡77・松平780・龍門78）に

「太山― 万」が見られる。「十二韻」(記1826・書78)もほぼ同じ。『漢和三五韻』は「16清 太―空也 我心― 日本紀 清―万六 太山― 万 水―琴也 事物異名」と在り、本書『和語略韻』はこれを承ける。「129精 火― 陽― 陰―月也 天津―日本紀」は『和訓押韻』に標出字無し。「十二韻」(記1882・書136)に該当する熟字例存せず。『漢和三五韻』は「137精 陽―日也 陰―月也 火― 天津―」と在り、本書『和』はこれを承く。「130盈 周―菊也 尓雅」は『和訓押韻』(北岡79・松平782・龍門79)に「周―」が無い。「十二韻」(記1828・書80)もほぼ同じ。『漢和三五韻』は「138盈 周―菊也 爾雅」と在り、本書『和』はこれに拠る。「131成 目―楚辞 五月蠅―日本紀 混― 同 欲―万葉 聲― 同上 秋― 日本紀」は『和訓押韻』(北岡80・松平783・龍門80)は「混― 日本 五月蠅―万 欲― 声― 万」と在る。「十二韻」(記1829・書81)もほぼ同注。『漢和三五韻』は「17成 五月蠅―日本紀 目―楚辞 混― 日本 欲―万 ― 日本紀 實也 声― 万」と在つて、「十一韻」、「十二韻」に無い「目―」が見られ、『和語略韻』はこれに拠る。「134并 枕― 」は『和訓押韻』(北岡83・松平786・龍門83)の『松平本』に「枕―」が在る。「十二韻」(記1832・書84)にも「枕― 」は見られる。『漢和三五韻』も『小補韻会』の引用の後に「140并 枕― 」を付す。「138萌 下― 竹―」は『和訓押韻』(北岡87・松平715・龍門87)に「下―」が見られる。「十二韻」(記1836・書88)には「下― 竹―」が在る。『漢和三五韻』も『小補韻会』引用の後に「4萌 下― 竹―」を続けて、「十二韻」を踏襲する。「141榮 夕― 杜―釈名 梅花― 万葉」は『和訓押韻』(北岡89・松平716・龍門89)に「夕― 梅ノ花―万」と在り、「十二韻」(記1839・書91)もほぼ同じ。『漢和三五韻』は「5榮 杜― 梅ノ花―万 夕―」と『小補韻会』引用の後に付す。「147丁 丁― 詩経」は『和訓押韻』に標出字存せず、「十二韻」(記1888・書142)に熟字例無し。『漢和三五韻』は『小補韻会』を引用し、「151丁 詩ニ伐木――聲」と在る。「148鏗 金石ノ声」は『和訓押韻』に標出字無し。「十二韻」(記1889・書143)に「金石ノ声」は存せず。『漢和三五韻』は「152鏗 廣韻又金石ノ聲也」と『小補韻会』を引用するのに符合する。ただし、ここは『聚分韻略』に見える漢字注に一致するので、それに拠ったのであらう。「158錚 金ノ声」は『和訓押韻』に標出字存せず、「十二韻」(記1897・書151)は「金声 又鉦也」と在る。『漢和三五韻』は『小補韻会』を引用し、「162錚 韻會金聲也 又鉦也」となつてゐる。『聚分韻略』の漢字注も「金ノ声」である。

『尤侯幽韻 一二』この韻目も「十一韻」「十二韻」「十五韻」が揃つてゐる。「1鄹 玄衣督—亀也 古今註」は『和訓押韻』に標出字存せず、「十二韻」(記1996・書88)も「玄衣督」は存せず。『漢和三五韻』は「11鄹 玄衣督亀也 古今註」と『小補韻会』引用の後に置く。『和語略韻』はこれを承く。これは『和語略韻』編纂の基本方針であると看て取れる。「2流 風— 遊仙窟 水— 石— 万葉二 人—遊仙窟 所知—万葉二 波都波—万葉二十 雪布—同上」は『和訓押韻』(北岡1・松平799・龍門1)は「水— 石— 万 風—万 人—遊仙窟 河海 宿木ニ有」と在る。「十二韻」(記1909・書1)には「水— 石—万 風—万 人—」と在り、最後に定家の証歌(「カケタヘテ山モヤヌシハシノフラン…」)が置かれてゐる。『漢和三五韻』は「2流 石—万 風— 万 風—万四 人— 遊仙窟 所知—万二 波都波—万二十 雪布—万二十」と在り、続けて定歌の証歌(「カケ絶テ山モヤスレバシノブラン…」)を置き、「十二韻」を継承してゐる。『和語略韻』は確実に『漢和三五韻』に基づいてゐるが、「水—」は「十一韻」と「十二韻」にしか存せぬ熟字例であり、ここも本書『和』は「十二韻」をも参照したのであらう。「3洲 大八— 流— 秋津—同 奥津—同 沫道—同」は『和訓押韻』(北岡6、3・松平799・龍門6、3)の『北岡本』『龍門本』の「入韻字」の方に「大八—ノ類」、「本韻」の方には「流— 興津— 秋津— 日本 沫道—同」と在る。「十二韻」(記1911・書3)もほぼ同注。「大八— 日本ヲ云」も入つてゐる。『漢和三五韻』の「3洲 流— 秋津— 奥津— 大八—日本紀 沫道—」と在つて、『和語略韻』はこれらの熟字例を全て承けてゐる。「4湫 沫道—日本紀」(『和語略韻』の標出字「4洲」は「4湫」の誤刻。さらに熟字例「沫道—日本紀」も「3洲」の最末尾のものに牽引せられ、誤り置く。「十二韻」の注文のごとく「水池也」とでも在つたか。)まづ『和訓押韻』(北岡2・

松平800・龍門2）の『松平本』と『龍門本』に「水池也」と在り。「十二韻」（記1910・書2）は「水池也」。『漢和三五韻』は「12湫　又水ノ名（中略）北人呼ニ水池ノ名ヲ」と『小補韻会』を引用する。「11漚　海—（ウタカタ）　浮—（クシガタ）和名」は『和訓押韻』（北岡8・松平805・龍門8）の『松平本』に「海—（ウタカタ）」、『龍門本』に「浮—」が見られる。「十二韻」（記1917・書9）は「浮—海—（ウタカタ）」と在る。『漢和三五韻』は「19漚　浮—ハ水上ノ泡也　海—（ウタカタ）」と在り、『小補韻会』が引用されてゐる。「12樓　括—（カラスウリ）和名　高—（タカドノ）同」は『和訓押韻』（北岡9・松平806・龍門9）に該当する熟字例は無い。「十二韻」（記1918・書10）に「括—（カラスウリ）」が在る。『漢和三五韻』は「10樓　高—　括—（カラスウリ）和名」と在つて、本書『和』はこれを承ける。「13溝　御—（ミカハミツ）」は『和訓押韻』（北岡10・松平807・龍門10）に「御—（ミカハミツ）」がある。「十二韻」（記1919・書11）も同じ。『漢和三五韻』は「20溝　御—（ミカハミツ）」と「十一韻」、「十二韻」を踏襲する。「14涪　水ノ名」は『和訓押韻』に標出字無し。「十二韻」（記1997・書89）は「泡也」と在る。『漢和三五韻』は「21涪　水名」と在る。ただし、『聚分韻略』の漢字注に「水ノ名」がある。「18秋　都邊—（ミヤコベノアキ）定家歌」は『和訓押韻』（北岡14・松平810・龍門13）の『龍門本』に「春—」が在るのみ。「十二韻」（記1922・書14）も「春—」に定家の証歌（「我宿ノ光トシメテ分入バ…」）を踏襲する。『漢和三五韻』は「1秋　春—（アキ）　立—（アキ）」の後に定家の証歌（「吾宿ノ光トシメテ分入ハ…」）を続けてゐる。本書『和語略韻』の「都邊—（ミヤコベノアキ）」は定定の証歌の第五句「ミヤコベノ—（アキ）定家」を漢字表記にしたものである。「29鳩　雎—（ミツトリ）詩経　鴨—（ハタヲリ）　鶻—（ハヤブサ）和名　蒙—（サヽキ）鳩ノ鵴也ナリ　勧學篇　鵫—（タカ）鷹也　本艸」は『和訓押韻』（北岡19・松平815・龍門19）の『北岡本』、『龍門本』は「鴡—（ミサコ）和名」と在り、「十二韻」（記1928・書20）は「雎—（ミサゴ）鳩鵴也　和蒙—（サヽキ）」が見られる。『漢和三五韻』は「35鳩　又鵫—（タカ）ハ今ノ之鷹也（中略）鶻—　和名　八夜布佐（ハヤフサ）—　鴡　和名　美佐古　蒙—（サヽキ）佐ゝ木—　鴨—（ハタヲリ）莎雞也」と在つて、「十一韻」や「十二韻」に存せぬ「鶻—」「鴨—」が『漢和三五韻』には在るので、『和語略韻』はこれを承けてゐる。「32逑　好—（ヨキタグヒ）詩経」は『和訓押韻』（北岡22・松平817・龍門22）に「好—」は無し。「十二韻」（記1931・書23）も同じ。『漢和三五韻』は『小補韻会』を引用して「38逑　詩君子好—　註君子之好匹」と在るのに基づく。「33蜉 蚍（クマアリ）―」は『和訓押韻』（北岡23・松平ナシ・龍門23）の『龍門本』に「蚍―大蟻」と在る。「十二韻」（記1932・書24）も『龍門本』と同注。『漢和三五韻』は「39蜉 蚍―ハアリ ―蝣ハ渠畧也 カケロフ」と在る。「35侯 醶（サケ）―酒也 異名集 醴泉（サケ）―唐子西陸請傳」は『和訓押韻』に標出字無し。「十二韻」（記2002・書94）に該当する熟字例存せず。『漢和三五韻』は「41侯 醶（サケ）―酒也 醴泉（サケ）―同 唐子西陸請ノ傳」と在り、『和語略韻』はこれに依拠した。「39鷗 群（ムラカモメ）―」は『和訓押韻』（北岡25・松平819・龍門25）の『松平本』『龍門本』に「群（ムラカモメ）―」が在る。「十二韻」（記1934・書26）にも「群（ムラカモメ）―」が見られる。『漢和三五韻』は「45鷗 羣（ムラカモメ）―」と「十一韻」、「十二韻」を踏襲する。「41蝣 蜉（カゲロウ）―本艸」は『和訓押韻』に標出字無し。「十二韻」（記2003・書95）に「蜉―」は見られず。『漢和三五韻』は『小補韻会』を引用して「47蝣 爾雅蜉―ハ渠略」と在る。「44牛 牽（イヌカイホシ・ヲタナハタ・ヒコホシ）―万葉 蝸（カタツムリ）―白氏文集」は『和訓押韻』（北岡26・松平820・龍門26）に「牽（ヒコホシ）―万 牽（アサガホ）―万」と在る。「十二韻」（記1935・書27）に「牽（アサカホ）―万 蝸（カタツフリ）―」と在る。『漢和三五韻』は「6牛 牽（ヒコホシ）―万 牽（アサカホ）―万 蝸（カタツフリ）―」と「十二韻」を踏襲する。「48鰌 海（クジラ）―尓雅 泥（ウナギ）―同上」は『和訓押韻』に標出字存せず、「十二韻」（記2006・書98）に「泥（ドジヤウ）― 海（クジラ）―」が在る。『漢和三五韻』は「53鰌 泥（トせウ）― 又海（クジラ）―ハ 爾雅翼ニ云 海― 大者数十里」とする。『爾雅翼』は『爾雅』とは別書である。『漢和三五韻』は『小補韻会』を引用してゐる。「57髏 髑（シヤレカウベ）―」は『和訓押韻』に標出字存せず、「十二韻」（記2013・書105）に熟字例は無い。『漢和三五韻』は『小補韻会』を引き、「62體 説文髑―也」と在る。「體―」は『聚分韻略』にも漢字注として見られる。「58頭 纏（カヅク）―万葉 挿（カザス）―万葉 将挿（カザヽン）―万葉 鳴（ナクダツ）―同 緑（カモ）―事物異名」は『和訓押韻』（北岡27・松平821・龍門27）は「挿（カサシ）―万 鴨（ツキクサ）―八雲 纏（カケモノ）―」と在る。「十二韻」（記1936・書28）も「十一韻」とほぼ同注。『漢和三五韻』は「7頭 挿（カサシ）― 将挿（カサヽン）―万十 鳴（ナクダツ）―万四 纏（カツケモノ）― 緑（カモ）―鴨也 事物異名」と在つて、「十一韻」や「十二韻」に存せぬ「緑―」がある。『和語略韻』はこれを承けた。「68嘎 咿―韻會」は『和訓押韻』に標出字無し。「十二韻」も同じ。『漢和三五韻』は「72嘎 韻會―語未定貌 又咿― 嘆聲」と在り、本書『和語略韻』の出典表示も「韻会」とある通り、この『漢和三五韻』に拠つてゐる。「74麻 木―（コカゲ）」は『和訓押韻』（北岡35・松平ナシ・龍門36）に「木―」存せず、「十二韻」（記1945・書37）も同じ。『漢和三五韻』は「78麻 ―（カゲ）木陰ナトニ用」に拠るか。「87羞 珍―（メツラシキアヂハヒ）遊仙窟」は『和訓押韻』（北岡43・松平833・龍門44）に「珍―」は存せず、「十二韻」（記1953・書45）も同じ。『漢和三五韻』には「91羞 珍―（メツラシキアチハヒ）遊仙窟」がまさしく見られる。本書『和』はこれを承く。「88游 屋―（ヤノウヘノコケ）雑俎 東―（アツマアソヒ）泝―（サカノボル）上―（ミナカミ）」は『和訓押韻』（北岡44・松平834、835・龍門45）の『松平本』は「834遊 東―（アツマアソヒ）神楽類也」「835游 遊同」と在る。「十二韻」（記1954・書46）には「游同 東―（アツマアソヒ）神楽ノ類 泝―（サカノボル）上―（ミナカミ）」と在り、続けて定家の証歌（「コケノウヘニキノウノ紅葉タキステ、…」）が置かれてゐる。『漢和三五韻』は「92遊 屋―（コケ）苔也 雑俎 東―（アツマアソヒ）泝―（サカノボル）上―（ミナカミ）」と在る。「十一韻」、「十二韻」に無い「屋―」が『漢和三五韻』に在ることから、『和語略韻』はこれに基づいてゐることが判る。「92優 俳―（ワザヲキ）日本紀」は『和訓押韻』（北岡45・松平852・龍門46）に熟字例存せず。「十二韻」（記1955・書47）は「俳―（ワサヲキ）狂言スル義也」がある。『漢和三五韻』は『小補韻会』を引用して「96優 俳―（ハ）者 又調戯也」と在る。「104留 黄離―（ウグヒス）事物異名」は『和訓押韻』（北岡50・松平839・龍門51）に「黄離―」が存せず、「十二韻」（記1960・書52）には「黄離―（ウクヒス）鶯也」（『龍字記』は「黄鸝―（ヒクセス）」）がある。『漢和三五韻』も「108留 黄離―（ウグヒス）」を踏襲する。「105榴 山海石―（ヤマツバキ）万葉七 山石―（ツヽジ）」は『和訓押韻』（北岡51・松平841・龍門52）に「海石―（ツバキ）万」がある。「十二韻」（記1961・書53）も同じ。『漢和三五韻』は「109榴 山海石―（ヤマツバキ）万七 山石―（ツツシ）杜鵑花也」と在り、本書『和語略韻』はこれに拠つてゐる。「106楸 紋―（コ）碁也」は『和訓押韻』（北岡52・松平842・龍門53）に「紋―」は無し。「十二韻」は標出字「楸」存せず。『漢和三五韻』は「110楸 紋―（コ）碁也」と在り、本書『和』はこれを承く。「107萩 木顯―（モトアラノハギ）匂秋―（ニホフアキハギ）定家歌」は『和訓押韻』（北岡53・松平843・龍門54）に「秋― 木荒―（モトアラノ）」が在る。「十二韻」（記1962・書54）は「秋― 本荒―」の後に定家の証歌（「山里ノ門田フキコス夕風ニ…」）を置く。『漢和三五韻』も「5萩 秋― 本荒ノ―（ハギ）」の後に定家の証歌（「山里ノ門田フキコス夕カゼニ…」）を続ける。『和語略韻』の「匂秋―（ニホフアキハギ）定家歌」は定家の証歌の第五句

「ニホフ秋(カゼ)―」を漢字表記したもの。「108蕕 薫―」は『和訓押韻』(北岡55・松平823・龍門29)の『龍門本』に「薫―」がある。「十二韻」(記1938・書30)も「薫―」が見られる。『漢和三五韻』の「111蕕 左傳ニ一薫一―」とするのは『小補韻会』の引用であるが、「薫―」は『聚分韻略』の漢字注に在り、『和語略韻』はこれを承けたものと思はれる。「十一韻」と「十二韻」には「末(マユ)―眉也」といふ「国花合記集」の引例が認められるのに、『漢和三五韻』はこれを受容してゐない。従つて「十一韻」や「十二韻」の「薫―」を『和語略韻』が承けたのであれば、「国花合記集」の「末―」も引用してゐる筈である。ここは『漢和三五韻』といふより、『聚分韻略』に拠つたとすべきであらう。而かも『和語略韻』の「薫―」は標出字の直下の和訓を置くべき位置に、やや小字で刻されてゐる。本書『和』の場合、この位置に刻されるのは『聚分韻略』に依拠したものが多い。「122舟 緋小(アケノソホフ子)― 和名 緋粃(同)―同」は『和訓押韻』(北岡60・松平848・龍門59)に該当する熟字例は「アケノソホ―」(『松平本』『龍門本』)が見られるくらゐであり、享受の関係は認め難い。「十二韻」(記1964・書59)もほぼ同注であるが、「十二韻」は新たに注文の末尾に定家の証歌(「秋ノヨノ月ニイツトモワカシカシ…」)を補入する。『漢和三五韻』も「4舟 アケノソホ―」と「十二韻」と同様、『和語略韻』は注文中の熟字例を『漢和三五韻』からは殆んど受容してゐない。『三五韻』にも「十二韻」の定家の証歌(「秋ノ夜ノ月ニイツトモワカジカシ…」)は踏襲してゐる。「127鍪 兜(カブト)―初學記」は『和訓押韻』に標出字存せず、「十二韻」(記2031・書124)に熟字例無し。『漢和三五韻』は『小補韻会』を引用して、「129鍪 初學記首鎧謂ニ之ヲ兜―(ト)一」と在る。『和語略韻』はこれに基づいてゐること明確である。「128帿 射(マト)―」は『和訓押韻』に標出字存せず、「十二韻」も同じ。『漢和三五韻』には「130帿 射―」が存し、本書『和』はこれを引用した。「129篌 箜(クタラゴト)―」も『和訓押韻』に標出字無し。「十二韻」(記2032・書125)に熟字例存せず。而かるに『漢和三五韻』は『小補韻会』を引用して「131篌 韻會箜―ハ楽器」と在る。『和語略韻』はこれに基づくか。ただし「箜―」は『聚分韻略』の漢字注としても存せり。「134韝 鷹(タカタヌキ)―」は『和訓押韻』

に標出字無し。「十二韻」（記2035・書128）に熟字例存せず。『漢和三五韻』は『小補韻会』の引用文の後に「136韝　—音溝訓ハ太加太沼岐（タカタヌキ）」と在る。「144髹　赤—多ク黒—少キハ之色」は『和訓押韻』に標出字存せず、「十二韻」も同じ。而かるに十五韻の『漢和三五韻』には「146髹　一曰赤多黒少ノ之色」として『小補韻会』を引用する。ただし、「赤—多ク黒—少キハ之色」は既に『聚分韻略』に存してをり、この注文も『和語略韻』の和訓の位置に小字で刻されてゐるので、『聚分韻略』を承けたものと目される。「148幽　闇（ヒラク）レ—（カクレタルヲ）」は『和訓押韻』（北岡70・松平856・版本70）に該当する熟字例無し。「十二韻」（記1979・書71）に相当する熟字例は見られぬが、注文の末尾に定家の証歌（「タレカスムハヤマカシタノ…」）が付せられてゐる。『漢和三五韻』は「入韻字」の「8幽　——事（カクレタルコト）日本紀」と在るが、本書『和』はこれに拠るか。「157周　一—（ヒトメグリ）　道—（ミチノクマ）　崔罔—（ホト、ギス）尓雅」は『和訓押韻』（北岡78・松平864・版本78）には「一—（ヒトメグリ）」が在る。「十二韻」（記1986・書78）には「一—（ヒトメクリ）　道—（ノホトリ）　巂—（ホトヽキス）子規也」（『韻字之書』）と在る。『漢和三五韻』は「157周　一—（メグリ）　道—（ノクマ）　巂—（ホト、キス）　子規也」と在り、本書『和語略韻』は「十二韻」あるいは「十五韻」の孰れかに拠つたこととなる。「160由　所—（ユヘ）万葉　於毛保—（ヲモホユ）同十五　見—（ミユ）同十五」は『和訓押韻』（北岡81・松平867・版本81）は「所—（ユヘ）万」が在り、「十二韻」（記1989・書81）もほぼ同注。『漢和三五韻』に到ると、「160由　所由（ユヘ）万　於毛保—（オモホユ）万十五　見—（ミユ）万十五　之良都—（シラツユ）万二十」と在り、「十一韻」と「十二韻」には「所—」のみ在り、「於毛保—」以下の「万葉仮名」による表記の用例は「十五韻」が新たに補入したものである。『和語略韻』はまさしくこの『漢和三五韻』に依拠したことが明白となる。「168猶　夷—（タ、ズム）尓雅」は『和訓押韻』に標出字存せず、「十二韻」（記1994・書86）は「夷—（タ、スム）　犬子也」と在り、『漢和三五韻』も「168猶　夷—（タ、ズム）　不レ行ル貌」と『小補韻会』の引用が在る。『和語略韻』の「夷—尓雅」と出典名「爾雅」が存するのは、『漢和三五韻』所引の『小補韻会』の注文に「爾雅—ハ」と在るのによる。「175蟉　龍ノ皃」は『和訓押韻』に標出字存せず、「十二韻」（記2047・書142）にも「龍皃」は無い。而かるに『漢和三五韻』は『小補韻会』を引用して「175蟉　一曰幽—ハ龍貌」と在る。ただし、『聚分韻略』の漢字注に「龍ノ皃」は見られる。本書『和語略韻』は和訓の位置に在るので、『聚分韻略』に拠つたか。「177悽――」は『和訓押韻』に標出字無し。「十二韻」(記2048・書143)の『韻字記』には「――敬謹皃」と在る。『漢和三五韻』も「177悽 韻會――ハ謹敬之貌」と在る。この漢字注「――」も『聚分韻略』に既に見られる。「178飈 ――」も『和訓押韻』に標出字存せず。「十二韻」(記2049・書144)は『韻字記』に「――(スサマシ)」と見受けられる。『漢和三五韻』には「178飈 博雅――ハ風也」と在る。『聚分韻略』にも注文「――」が存するので、本書『和語略韻』はこれに拠つたか。斯く『和語略韻』の標出字の直下の和訓の位置に見られる漢字注、あるいは熟字例で、やや小字に刻されてゐるものは、『聚分韻略』に依拠したものと見做すことができる。[なほ、『和訓押韻』(十一韻)の『龍門本』の「尤侯幽韻」の「65釣」の後を『版本』に拠つてゐるのは、『龍門本』の末尾が欠けてゐるためである。]

以上の記述によつて判断し得るやうに、『和語略韻』は、特に注文中(主にその末尾)に見られる熟字例の相当部分を、先行書『漢和三五韻』に依拠してゐることが指摘し得た。けれどもしかし、十五韻の『漢和三五韻』には存せぬ熟字例で、確実に十二韻の『韻字記』または『韻字之書』の系統の本文に基づいたものも少数ながら存在するのである。このことは本稿において逐条調査を実施した結果判つたことで、逐一的全例調査の重要性を改めて痛感するのである。

三　現存「聯句連歌」の年代別分布状況一覧《『連歌総目録』を典拠とする》

成立年（西暦）	韻字連歌	漢和	和漢	連歌	計
正慶１年（1332）				1	1
元弘３年（1333）				1	1
明応８年（1346）				1	1
文和４年（1355）				5	5
延文５年（1360）				1	1
応安５年（1372）				1	1
応安６年（1373）				1	1
永和３年（1377）				1	1
至徳２年（1385）				1	1
応永１年（1394）			1	0	1
応永15年（1408）				3	3
応永18年（1411）				1	1
応永19年（1412）				1	1
応永20年（1413）				2	2
応永24年（1417）				2	2
応永25年（1418）			1	3	4
応永26年（1419）				5	5
応永27年（1420）				4	4
応永28年（1421）				2	2
応永29年（1422）			3	3	6
応永30年（1423）				6	6
応永31年（1424）			1	7	8
応永32年（1425）				11	11
永享４年（1432）				1	1
永享６年（1434）				1	1
永享９年（1437）				2	2
永享12年（1440）				1	1
嘉吉１年（1441）				1	1
嘉吉３年（1443）				1	1
文安１年（1444）				1	1
文安２年（1445）				22	22
文安４年（1447）				6	6
文安５年（1448）				2	2
宝徳１年（1449）				10	10
宝徳３年（1451）				2	2
宝徳４年（1452）				12	12
享徳２年（1453）				14	14
享徳３年（1454）				1	1
康正２年（1456）	1			10	11
康正３年（1457）				1	1

成立年（西暦）	韻字連歌	漢和	和漢	連歌	計
長禄２年（1458）				1	1
長禄３年（1459）				10	10
寛正２年（1461）				10	10
寛正４年（1463）			2	3	5
寛正５年（1464）				4	0
寛正７年（1466）				2	2
文明２年（1467）				2	2
応仁２年（1468）				3	3
文安５年（1470）				10	10
文明３年（1471）				11	11
文明４年（1472）				13	13
文明５年（1473）				3	3
文明６年（1474）				1	1
文明７年（1475）				1	1
文明８年（1476）				14	14
文明９年（1477）				1	1
文明11年（1479）			1	4	5
文明12年（1480）				14	14
文明13年（1481）			5	4	9
文明14年（1482）		1	3	71	75
文明15年（1483）			5	16	21
文明16年（1484）			4	2	6
文明17年（1485）			6	3	9
文明18年（1486）			3	22	25
長享１年（1487）			6	18	24
長享２年（1488）				19	19
長享３年（1489）				7	7
延徳２年（1490）			1	9	10
延徳３年（1491）				3	3
延徳４年（1492）			2	10	12
明応２年（1493）				4	4
明応３年（1494）			1	16	17
明応４年（1495）	1			7	8
明応５年（1496）				13	13
明応６年（1497）				1	1
明応７年（1498）				7	7
明応８年（1499）				10	10
明応９年（1500）				6	6
文亀１年（1501）				2	2
文亀２年（1502）			1	2	3

成立年（西暦）	韻字連歌	漢和	和漢	連歌	計
文亀３年（1503）			1	4	5
文亀４年（1504）			2	12	14
永正２年（1505）			1	4	5
永正３年（1506）			1	1	2
永正４年（1507）				2	2
永正６年（1509）			3	2	5
永正７年（1510）			3	7	10
永正８年（1511）			3	5	8
永正９年（1512）				1	1
永正10年（1513）			2	4	6
永正11年（1514）				12	12
永正12年（1515）			2	1	3
永正13年（1516）			1	13	14
永正14年（1517）				5	5
永正15年（1518）			2	15	17
永正16年（1519）			1	13	14
永正17年（1520）				4	4
永正18年（1521）			2	16	18
大永２年（1522）			1	13	14
大永３年（1523）			2	6	8
大永４年（1524）				25	25
大永５年（1525）			2	17	19
大永６年（1526）				4	4
大永７年（1527）			8	4	12
大永８年（1528）		1	7	6	14
享禄２年（1529）			6	2	8
享禄３年（1530）			3	4	7
享禄４年（1531）				3	3
享禄５年（1532）				16	16
天文２年（1533）			1	7	8
天文３年（1534）				17	17
天文４年（1535）				3	3
天文５年（1536）				7	7
天文６年（1537）			3	16	19
天文７年（1538）				13	13
天文８年（1539）				13	13
天文９年（1540）			1	15	16
天文10年（1541）			2	10	12
天文11年（1542）				4	4
天文12年（1543）				16	16

成立年（西暦）	韻字連歌	漢和	和漢	連歌	計
天文13年（1544）			1	8	9
天文14年（1545）			1	7	8
天文15年（1546）				23	23
天文16年（1547）				16	16
天文17年（1548）				8	8
天文18年（1549）			1	18	19
天文19年（1550）		1	1	9	11
天文20年（1551）			1	19	20
天文21年（1552）			1	7	8
天文22年（1553）				4	4
天文23年（1554）		4	9	5	18
天文24年（1555）		3	9	41	53
弘治２年（1556）		3	7	8	18
弘治３年（1557）				22	22
永禄１年（1558）			2	19	21
永禄２年（1559）				7	7
永禄３年（1560）				18	18
永禄４年（1561）				39	39
永禄５年（1562）				19	19
永禄６年（1563）				24	24
永禄７年（1564）			2	18	20
永禄８年（1565）				1	1
永禄９年（1566）			1	5	6
永禄10年（1567）				8	8
永禄11年（1568）			1	4	5
永禄12年（1569）		1	3	11	15
永禄13年（1570）			2	6	8
元亀２年（1571）			1	28	29
元亀３年（1572）			1	9	10
元亀４年（1573）				18	18
天正２年（1574）				18	18
天正３年（1575）		1		27	28
天正４年（1576）		1		95	96
天正５年（1577）				6	6
天正６年（1578）		1		22	23
天正７年（1579）				9	9
天正８年（1580）			1	27	28
天正９年（1581）				32	32
天正10年（1582）			1	18	19
天正11年（1583）				23	23

成立年（西暦）	韻字連歌	漢和	和漢	連歌	計
天正12年（1584）				11	11
天正13年（1585）			1	10	11
天正14年（1586）		1		19	20
天正15年（1587）				16	16
天正16年（1588）				31	31
天正17年（1589）		1		19	20
天正18年（1590）			1	41	42
天正19年（1591）		8	24	32	64
天正20年（1592）			1	18	19
文禄２年（1593）		4	8	70	82
文禄３年（1594）				40	40
文禄４年（1595）			1	35	36
文禄５年（1596）				44	44
慶長２年（1597）			4	22	26
慶長３年（1598）			6	48	54
慶長４年（1599）		2	4	28	34
慶長５年（1600）			8	31	39
慶長６年（1601）			2	17	19
慶長７年（1602）				25	25
慶長８年（1603）		1		41	42
慶長９年（1604）		4	7	46	57
慶長10年（1605）				31	31
慶長11年（1606）			1	6	7
慶長12年（1607）			1	98	99
慶長13年（1608）		1	3	45	49
慶長14年（1609）		3	3	21	27
慶長15年（1610）			1	9	10
慶長16年（1611）			1	31	32
慶長17年（1612）		1	2	12	15
慶長18年（1613）			1	17	18
慶長19年（1614）				24	24
慶長20年（1615）				30	30
元和２年（1616）		1	2	45	48
元和３年（1617）			2	16	18
元和４年（1618）		3	1	12	16
元和５年（1619）		1		19	20
元和６年（1620）				16	16
元和７年（1621）		2		27	29
元和８年（1622）		9	3	30	42
元和９年（1623）		3		20	23

成立年（西暦）	韻字連歌	漢和	和漢	連歌	計
元和10年（1624）		1		20	21
寛永２年（1625）		3	1	32	36
寛永３年（1626）			1	21	22
寛永４年（1627）		1		17	18
寛永５年（1628）		2		23	25
寛永６年（1629）		1		27	28
寛永７年（1630）			1	41	42
寛永８年（1631）			1	39	40
寛永９年（1632）		2	2	21	25
寛永10年（1633）		1	1	38	40
寛永11年（1634）				37	37
寛永12年（1635）		8	7	57	72
寛永13年（1636）		9	8	13	30
寛永14年（1637）		1	4	21	26
寛永15年（1638）		1	2	28	31
寛永16年（1639）				41	41
寛永17年（1640）				61	61
寛永18年（1641）		2	1	21	24
寛永19年（1642）				74	74
寛永20年（1643）				49	49
寛永21年（1644）				20	20
正保２年（1645）				121	121
正保３年（1646）				13	13
正保４年（1647）			1	86	87
正保５年（1648）				28	28
慶安２年（1649）				21	21
慶安３年（1650）				9	9
慶安４年（1651）				10	10
慶安５年（1652）				19	19
承応２年（1653）				9	9
承応３年（1654）				26	26
承応４年（1655）				6	6
明暦２年（1656）				17	17
明暦３年（1657）				5	5
明暦４年（1658）		1		7	8
万治２年（1659）		1		9	10
万治３年（1660）		1		9	10
万治４年（1661）		3	4	12	19
寛文２年（1662）			2	13	15
寛文３年（1663）				9	9

成立年（西暦）	韻字連歌	漢和	和漢	連歌	計
寛文４年（1664）				9	9
寛文５年（1665）				34	34
寛文６年（1666）				14	14
寛文７年（1667）				25	25
寛文８年（1668）		2		14	16
寛文９年（1669）				18	18
寛文10年（1670）		3	4	25	32
寛文11年（1671）		7	7	39	53
寛文12年（1672）		10	12	42	64
寛文13年（1673）		10	8	49	67
延宝２年（1674）		6	4	8	18
延宝３年（1675）		1	2	12	15
延宝４年（1676）		2	1	13	16
延宝５年（1677）		2	2	10	14
延宝６年（1678）		1		29	30
延宝７年（1679）		3		25	28
延宝８年（1680）				30	30
延宝９年（1681）		2	4	22	28
天和２年（1682）		3	2	13	18
天和３年（1683）		16	2	18	36
天和４年（1684）		8	8	14	30
貞享２年（1685）		6	1	22	29
貞享３年（1686）		3		6	9
貞享４年（1687）				33	33
貞享５年（1688）				25	25
元禄２年（1689）		1		6	7
元禄３年（1690）		1		26	27
元禄４年（1691）		1	1	28	30
元禄５年（1692）		1		34	35
元禄６年（1693）		1		20	21
元禄７年（1694）				20	20
元禄８年（1695）				29	29
元禄９年（1696）				9	9
元禄10年（1697）				11	11
計	2	190	342	4563	5097

四 『実隆公記』の聯句・連歌関連記事の分布状況

年　紀（西暦）	漢　和	和　漢	連　歌	聯　句	漢詩(詩歌)
文明６年（1474）		2	4	3	4
文明７年（1475）		1	8	3	2
文明８年（1476）			3	3	4
文明９年（1477）		2	1	2	1(3)
文明10年（1478）		1	1		1
文明11年（1479）		11	17	9	2
文明12年（1480）		4	7	1	3
文明13年（1481）		7	19	4	7
文明14年（1482）					
文明15年（1483）	2	17	21	19	2(3)
文明16年（1484）	1	11	19	10	3
文明17年（1485）	2	28	37	9	(1)
文明18年（1486）	3	21	40	13	
文明19年（1487）		13	13	5	
長享２年（1488）		15	27	5	1
延徳１年（1489）		20	22	6	1
延徳２年（1490）		22	44	7	3(1)
延徳３年（1491）		24	31	7	5
延徳４年（1492）	2	4	7	3	
明応２年（1493）	2	6	2		
明応３年（1494）		1	2		
明応４年（1495）	1	21	71	8	2
明応５年（1496）		18	45	12	8(1)
明応６年（1497）		11	26	9	1
明応７年（1498）		19	46	9	1
明応８年（1499）		8	22	2	1
明応９年（1500）					
文亀１年（1501）			4	1	1(1)
文亀２年（1502）		6	1	2	5
文亀３年（1503）		15	13	6	15
文亀４年（1504）	3	21	3	7	1
永正２年（1505）		26	6	13	12
永正３年（1506）		28	9	8	11
永正４年（1507）		28	13	25	10
永正５年（1508）		37	16	6	14
永正６年（1509）		27	19	16	19
永正７年（1510）		20	20	15	9
永正８年（1511）		24	15	13	8
永正９年（1512）	1	14	11	5	4
永正10年（1513）		4	6		
永正11年（1511）		1	1		1
永正12年（1512）		1	4		
永正17年（1520）	1	4	11	2	6
計	19	543	687	268	168(10)

五 『宣胤卿記』の聯句・連歌関連記事の分布状況

年　紀（西暦）	漢　和	和　漢	連　歌	聯　句	漢　詩
文明12年（1480）		8	2		
文明13年（1481）		1	21	2	
長享２年（1482）		3			
長享３年（1489）	1	13	11		
明応３年（1494）			2		
文亀１年（1501）			5		
文亀２年（1502）		2	14	1	
文亀３年（1503）					
永正１年（1504）		3	12		1
永正３年（1506）		17	11		1
永正４年（1507）		22	11	1	1
永正５年（1508）					
永正８年（1511）					
永正11年（1514）					
永正14年（1517）		17	20		1
永正15年（1518）		6	22	1	
永正16年（1519）		5	11		1
計	1	97	142	5	5

『十輪院内府記』の聯句・連歌関係記事年代別分布状況

年　紀（西暦）	漢　和	和　漢	連　歌	聯句（漢詩）	計
文明９年（1477）				1	1
文明11年（1479）		12	4	2（1）	18（1）
文明12年（1480）		3	18	（1）	21（1）
文明13年（1481）		18	28	12（2）	58（2）
文明14年（1482）	2	12	22	4（1）	40（1）
文明15年（1483）	3	8	17	10（2）	38（2）
文明16年（1484）	1	12	19	8（2）	40（2）
文明17年（1485）	1	19	11	17（2）	48（2）
文明18年（1486）		9	4	1（1）	14（1）
文明19年（1487）		9	1	2	12
長享４年（1488）		1	1		2
計	7	103	125	56（12）	291（12）

〔六〕『言継卿記』の聯句・連歌関連記事の分布状況

年　紀（西暦）	漢　和	和　漢	連　歌	聯　句	漢　詩
大永７年（1527）		5	6		1
大永８年（1528）		1	5		
享禄２年（1529）		1	7		
享禄４年（1531）					
天文１年（1532）		1	7	1	1
天文２年（1533）	1		11	1	1
天文３年（1534）			10		
天文６年（1537）			1		
天文11年（1542）		2	4		
天文13年（1544）		10	35	1	1
天文14年（1545）		19	34	2	
天文15年（1546）		6	7		
天文16年（1547）		2	4		
天文17年（1548）		5	8		
天文18年（1549）		6	12	4	
天文19年（1550）	1	31	18		2
天文20年（1551）		3	2		
天文21年（1552）		17	14	1	
天文22年（1553）		22	35		1
天文23年（1554）		21	9	2	
弘治１年（1555）		3	1		
弘治２年（1556）			3		
弘治３年（1557）	1				
永禄１年（1558）		2	12		
永禄２年（1559）		1	4		
永禄３年（1560）		1	1		
永禄６年（1563）		1	5		
永禄７年（1564）	1	4	9		
永禄８年（1565）			10		
永禄９年（1566）		7	16	1	1
永禄10年（1567）		6	14		
永禄11年（1568）		5	21		
永禄12年（1569）		1	8		
永禄13年（1570）		4	11		
天亀２年（1571）	1	9	15		
天正４年（1576）			4		
計	5	194	363	13	9

[七]『鹿苑日録』記事中に見る「聯句連歌」の年代別分布状況一覧

『鹿苑日録』に見る聯句連歌（漢和・和漢）と聯句・漢詩の年代別分布状況

年　紀（西暦）	漢和	和漢	聯句	（詩）	計
長享1年（1487）			6	（3）	6
長享2年（1488）			2	（5）	2
延徳1年（1489）				（4）	0
明応2年（1493）				（1）	0
明応8年（1499）		3	26	（13）	29
明応9年（1500）		1	1	（4）	2
文亀3年（1503）			1		1
天文5年（1536）				（1）	0
天文6年（1537）			1	（5）	1
天文7年（1538）				（1）	0
天文8年（1539）				（4）	0
天文9年（1540）				（1）	0
天文10年（1541）			1	（1）	1
天文11年（1542）					0
天文12年（1543）				（1）	0
天文13年（1544）				（2）	0
天文18年（1549）				（1）	0
永禄9年（1566）		1	21	（7）	22
天正17年（1589）		5	2		7
天正19年（1591）	4	40	11	（1）	55
文禄1年（1592）	1	6	23	（1）	30
文禄2年（1593）	3	9	24	（14）	36
文禄3年（1594）	5	5	33	（6）	43
文禄5年（1596）		2	3		5
年紀未詳	1				1
慶長2年（1597）	1	1	7		9
慶長4年（1599）			1		1
慶長5年（1600）				（2）	0
慶長6年（1601）		1		（1）	1
慶長7年（1602）		1	1		2
慶長8年（1603）		1	8	（2）	9
慶長9年（1604）		1	7	（2）	8
慶長10年（1605）		4	4	（3）	8
慶長11年（1606）	1	1	6	（1）	8
慶長12年（1607）			7	（2）	7
慶長14年（1609）	2	1	4	（1）	7
慶長15年（1610）			5		5
慶長16年（1611）			10		10

年　紀（西暦）	漢和	和漢	聯句	（詩）	計
慶長17年（1612）	6	7	11	（6）	24
慶長18年（1613）	3	2	14	（15）	19
慶長19年（1614）	1	2		（1）	3
元和1年（1615）	2	1	15	（4）	18
元和2年（1616）	4		13	（14）	17
元和3年（1617）			1		1
元和4年（1618）	14	3	2	（3）	19
元和5年（1619）	4		5	（2）	9
元和6年（1620）	1		8	（1）	9
元和7年（1621）	2		17	（1）	19
元和8年（1622）	2	1	5		8
元和9年（1623）			5	（4）	5
寛永1年（1624）	1	1	1	（6）	3
寛永2年（1625）	1		2		3
寛永3年（1626）	1		4	（2）	5
寛永4年（1627）	2		5	（2）	7
寛永5年（1628）	1		4	（1）	5
寛永6年（1629）				（5）	0
寛永7年（1630）	1		3		4
寛永8年（1631）	1		5	（2）	6
寛永9年（1632）			3		3
寛永10年（1633）			1		1
寛永11年（1634）			1	（3）	1
寛永12年（1635）			9	（1）	9
寛永13年（1636）	3		11	（2）	14
寛永14年（1637）	1		14	（2）	15
寛永15年（1638）			10		10
寛永16年（1639）			7	（3）	7
寛永17年（1640）			1	（3）	1
寛永18年（1641）	1				1
寛永19年（1642）			2	（2）	2
寛永20年（1643）			1		1
寛永21年（1644）					0
正保2年（1645）					0
慶安4年（1651）					0
合　計	70	100	395	（185）	565

四、『新韻集』に『聚分韻略』の占める語数とその比率

	平声			他声				平声			他声		
	収録語数	共通語数	比率（%）	収録語数	共通語数	比率（%）		収録語数	共通語数	比率（%）	収録語数	共通語数	比率（%）
イ	159	134	84.3	205	18	92.2	ヰ	1	1	100	3	3	100
ロ	7	7	100	4	4	100	ノ	46	42	91.3	64	59	92.2
ハ	175	152	86.9	190	177	93.2	オ	→ヲ			→ヲ		
ニ	45	42	93.3	51	49	96.0	ク	152	124	81.6	139	131	94.2
ホ	76	74	97.3	72	68	94.4	ヤ	100	71	71.0	88	83	94.3
ヘ	8	8	100	13	13	100	マ	100	89	89.0	121	116	95.9
ト	120	103	85.8	141	136	96.4	ケ	25	23	92.0	29	24	82.8
チ	26	22	84.6	32	29	90.6	フ	93	79	84.9	102	96	94.1
リ	2	2	100	0	0	0	コ	114	99	86.8	115	95	82.6
ヌ	12	9	75.0	23	23	100	エ	32	26	81.3	23	22	95.7
ル	0	0	0	0	0	0	テ	4	4	100	11	11	100
ヲ	184	150	81.5	267	253	94.8	ア	275	234	85.1	307	279	90.9
ワ	57	48	84.2	66	63	95.5	サ	164	131	79.9	182	169	92.9
カ	332	288	86.7	348	326	93.7	キ	64	62	96.9	86	80	93.0
ヨ	62	59	95.2	66	65	98.5	ユ	43	34	79.1	53	50	94.3
タ	207	182	87.9	238	228	95.8	メ	42	41	97.6	29	27	93.1
レ	0	0	0	0	0	0	ミ	124	108	87.1	97	94	96.9
ソ	45	41	91.1	67	65	97.0	シ	134	116	86.6	135	127	94.1
ツ	136	127	93.4	224	209	93.3	ヱ	→エ			→エ		
ネ	27	18	66.7	23	22	95.7	ヒ	152	129	84.9	142	137	96.5
ナ	123	113	91.9	110	104	94.5	モ	83	67	80.7	78	74	94.9
ラ	2	0	0	1	1	100	セ	20	19	95.0	27	26	96.3
ム	74	59	79.7	75	69	92.0	ス	84	78	92.9	126	123	97.6
ウ	186	148	79.6	159	152	95.6	計	3917	3363	85.9	4332	4071	94.0

総語数 8,249	共通語数 7,434	比率 90.1 %

駒澤大学 国語研究　全7巻　別巻2冊

①	假名文字使 蜆縮涼鼓集	大友信一・木村晟 編	総202頁	3883円
②	假名文字遣	大友信一・木村晟 編	総458頁	品切
③	新撰假名文字遣	大友信一・木村晟 編	総266頁	4500円
④	快言抄	木村晟 編	総244頁	4500円
⑤	童訓集	木村晟 編	総292頁	5500円
⑥	廣益字盡重寶記綱目 言語并世話	木村晟 編	総562頁	11000円
⑦	和訓押韻	木村晟 編	総300頁	5500円
別一	中世辞書の基礎的研究	木村晟 著	総632頁	12000円

（本体価格）

平成十四年五月　発行

駒澤大学　国語研究　資料別巻一

中世辞書の基礎的研究

著　者　木　村　晟
発行者　石　坂　叡　志
印刷所　モリモト印刷

発行所　汲　古　書　院
〒102-0072東京都千代田区飯田橋二－五－四
電　話〇三（三二六五）九七六四
FAX〇三（三二二二）一八四五

ISBN4-7629-9735-8 C3381

人名索引

○現代仮名遣ひによる

さ

た

な

は

ま

書名索引

○現代仮名遣ひによる

あ

か

さ

な

わ